高等卫生职业院校课程改革教材

供高职医学检验技术专业使用

生物化学检验技术

主　编　谭红军
副主编　仲其军　罗春华　刘　军　杜　江
编　者（按姓氏汉语拼音排序）

蔡玉华　合肥职业技术学院
杜　江　合肥职业技术学院
雷　呈　南阳医学高等专科学校
刘　军　宜春职业技术学院医学院
吕慧玲　运城护理职业学院
罗春华　湖北三峡大学第一临床医学院
宋利萍　承德护理职业学院
谭红军　湖北三峡职业技术学院（医学院）
杨　洁　黑龙江农垦职业学院护理分院
杨雅麟　红河卫生职业学院
仲其军　广州医科大学卫生职业技术学院（从化校区）
周　静　赤峰学院（医学院）

科学出版社
北　京

·版权所有，侵权必究·

举报电话：010-64030229；010-64034315；13501151303（打假办）

内 容 简 介

全书共十九章，编写中力求反映检验医学发展的新成果，教材内容按"必需、够用"原则合理取舍，加重职业岗位普遍应用的理论、原理、技术部分；教材注重实现教学过程的实践性、开放性和职业性，教材增设实验项目，既有理论与原理的系统性，又有技术与方法的可操作性，强调"教、学、做"一体化教学方法和特色；内容编排方面吸收国外先进教学理念、模式，图、表比重大，版式活泼，适合进行PBL教学、案例教学与探究性学习。本书为高等学校医学检验专业教学使用的改革教材，也可作为在职医学检验人员继续教育、成人教育、临床医学各专业的教学教材，自学教材及参考书。

图书在版编目（CIP）数据

生物化学检验技术/谭红军主编. —北京：科学出版社，2016.8
高等卫生职业院校课程改革教材
ISBN 978-7-03-047660-9

Ⅰ．生… Ⅱ．谭… Ⅲ．生物化学－医学检验－高等职业教育－教材
Ⅳ．R446.1

中国版本图书馆CIP数据核字（2016）第049602号

责任编辑：高 磊/责任校对：李 影
责任印制：赵 博/封面设计：金舵手世纪

版权所有，违者必究。未经本社许可，数字图书馆不得使用

科学出版社 出版
北京东黄城根北街16号
邮政编码：100717
http://www.sciencep.com
北京中石油彩色印刷有限责任公司印刷
科学出版社发行 各地新华书店经销
*

2016年8月第 一 版　开本：787×1092　1/16
2025年8月第十一次印刷　印张：28
字数：664 000
定价：83.80元
（如有印装质量问题，我社负责调换）

前　言

　　党的二十大报告指出："人民健康是民族昌盛和国家强盛的重要标志。把保障人民健康放在优先发展的战略位置，完善人民健康促进政策。"贯彻落实党的二十大决策部署，积极推动健康事业发展，离不开人才队伍建设。党的二十大报告指出："培养造就大批德才兼备的高素质人才，是国家和民族长远发展大计。"教材是教学内容的重要载体，是教学的重要依据、培养人才的重要保障。本次教材编写旨在贯彻党的二十大报告精神和党的教育方针，落实立德树人根本任务，坚持为党育人、为国育才。

　　随着社会和科技的进步，检验医学日新月异，国际标准化组织"ISO15189：2012""ISO15189—2007《医学实验室——质量和能力的专用要求》"拓宽了检验医学的内涵和学科发展方向。本教材即是依据 ISO15189—2007、国家卫生和计划生育委员会对医学检验工作的一系列新的标准和要求，为达到培养专科层次的技术技能型人才培养目标编写而成。

　　"生物化学检验"是医学检验专业的主干专业课程，编写中以适应社会需要为目标，以"临床应用"为主旨和特征构建医学检验专业课程和教学内容体系。本教材编写中注重三个方面：①学科理论方面，力求反映检验医学发展的新成果，教材内容按"必需、够用"原则合理取舍，加重职业岗位普遍应用的理论、原理部分，在实验室基本知识、技术原理等方面予以加强，贴近临床医学检验技士（师）岗位职业能力及全国卫生专业技术资格考试需要，安排"目标检测"与之衔接。②实践体系方面，强调原理与技术的应用性，临床实验室（clinical laboratory）就是"检验科"，注重实现教学过程的实践性、开放性和职业性，教材增设实验项目，列出每一实验项目的 IFCC 方法学属性，规范统一参数表达，强化质量控制理论的运用，既有理论与原理的系统性，又有技术与方法的可操作性，强调"教、学、做"一体化教学方法和特色，以培养学生的技术应用能力，让使用本教材者无须配套"实验指导"。③内容编排方面，吸收国外先进教学理念、模式，结合国内的教育教学改革，除"学习目标"，教材中融入实际"案例""链接"等内容，与临床典型工作任务和情景接轨，适合进行 PBL 教学、案例教学与探究性学习，图、表比重大，版式活泼。

　　教材进行了整体编排优化，使各门课程教材之间相互衔接，减少重复，又不遗漏重要知识点，同时能照顾到各学校教学的实际情况。如"生物化学检验的标本"及"血液以外其他标本"安排于《临床检验基础》；"肿瘤标志物"安排于《免疫学检验》；"妊娠与新生儿"等一般实验室少用或临床作为专科实验室项目本教材未编入。《分子生物学检验技术》《临床实验室管理》等课程的独立开设在部分高校中尚处过度阶段，故本教材仍涵盖"质量控制"等内容；分子生物学检验技术中除 PCR 外，其余部分略去。

　　本教材的编委都是长期从事医学检验专业教学、科研工作一线的教师和学者，同时也吸收了综合性医院检验科及临床检验中心的技术骨干和专家。本教材的编写是在科学出版社领导下进行的。在此谨对编委会教师和专家、对出版社领导和支持帮助过此书编写出版的全体同志们表示衷心感谢！

　　本书不妥之处恳请同行专家、教师学生和读者批评指正。

谭红军
2023 年 7 月

目　　录

第1章　绪论 …………………………………………………………………………（1）
　第1节　生物化学检验的研究目的和任务 ……………………………………（1）
　第2节　生物化学检验发展简史 ………………………………………………（2）

第2章　生物化学检验实验室基本知识 ………………………………………（5）
　第1节　生物化学检验实验室一般规则 ………………………………………（5）
　第2节　实验用纯水 ……………………………………………………………（10）
　第3节　临床实验室常用器材 …………………………………………………（14）
　第4节　生物化学检验试剂 ……………………………………………………（21）
　第5节　参考范围和医学决定水平 ……………………………………………（28）
　第6节　量值溯源、实验方法到参考物质概述 ………………………………（31）
　第7节　实验方法的选择与评价 ………………………………………………（38）
　第8节　实验的临床诊断性能评价 ……………………………………………（55）

第3章　谱分析技术与电化学分析技术 ………………………………………（63）
　第1节　光谱分析技术 …………………………………………………………（63）
　第2节　电化学分析技术 ………………………………………………………（82）

第4章　电泳技术 ………………………………………………………………（89）
　第1节　基本原理 ………………………………………………………………（89）
　第2节　影响电泳的因素 ………………………………………………………（91）
　第3节　分类 ……………………………………………………………………（93）
　第4节　常用电泳技术 …………………………………………………………（94）
　第5节　特殊电泳技术介绍 ……………………………………………………（100）

第5章　其他常用分析技术 ……………………………………………………（105）
　第1节　层析技术 ………………………………………………………………（105）
　第2节　离心技术 ………………………………………………………………（108）
　第3节　基因扩增技术 …………………………………………………………（111）

第6章　酶学分析技术 …………………………………………………………（115）
　第1节　酶学分析的基本知识 …………………………………………………（115）
　第2节　酶活性与代谢物的测定 ………………………………………………（123）
　第3节　同工酶测定 ……………………………………………………………（139）
　第4节　血清酶及临床应用 ……………………………………………………（141）

第7章　自动生化分析技术 ……………………………………………………（145）
　第1节　自动生化分析仪的类型与结构 ………………………………………（146）
　第2节　自动生化分析方法与校准方法 ………………………………………（152）
　第3节　自动生化分析仪的参数设置 …………………………………………（156）
　第4节　自动生化分析仪的性能评价 …………………………………………（161）
　第5节　自动生化分析仪的质量保证 …………………………………………（163）

第 8 章　生物化学检验的质量控制 （168）
第 1 节　全过程质量控制 （169）
第 2 节　室内质量控制 （176）
第 3 节　室间质量评价 （191）

第 9 章　血浆蛋白质检验 （198）
第 1 节　概述 （198）
第 2 节　血浆蛋白质测定 （207）

第 10 章　糖代谢紊乱检验 （217）
第 1 节　概述 （217）
第 2 节　糖代谢的相关检验 （224）

第 11 章　血脂及血浆脂蛋白检验 （238）
第 1 节　概述 （239）
第 2 节　血脂、血浆脂蛋白及载脂蛋白测定 （246）

第 12 章　钠、钾、氯和酸碱平衡检验 （261）
第 1 节　概述 （261）
第 2 节　血清钠、钾、氯测定 （264）
第 3 节　酸碱平衡和血气分析 （270）

第 13 章　钙、磷、镁和微量元素检验 （285）
第 1 节　钙、磷、镁代谢及其调节 （285）
第 2 节　微量元素与疾病 （290）
第 3 节　钙、磷、镁和微量元素铁、铜、锌的测定 （293）

第 14 章　肝脏功能检验 （303）
第 1 节　概述 （303）
第 2 节　血清氨基转移酶测定 （309）
第 3 节　血清碱性磷酸酶的测定 （315）
第 4 节　血清 γ- 谷氨酰基转移酶测定 （319）
第 5 节　血清胆红素测定 （321）
第 6 节　血清胆汁酸测定 （326）
第 7 节　血清胆碱酯酶（ChE）测定 （330）
第 8 节　肝功能试验的选择和评价 （332）

第 15 章　肾功能检验 （336）
第 1 节　概述 （336）
第 2 节　肾小球滤过功能检查 （349）

第 16 章　心肌损伤标志物检验 （364）
第 1 节　概述 （365）
第 2 节　心肌损伤标志物的测定 （369）
第 3 节　心力衰竭标志物 （382）
第 4 节　心肌损伤标志物的选择和评价 （385）

第 17 章　胰腺疾病检验 （389）
第 1 节　概述 （389）

第 2 节　胰腺疾病检验 ……………………………………………………………（395）
第 18 章　内分泌功能检验 ………………………………………………………………（402）
　　第 1 节　概述 ………………………………………………………………………（402）
　　第 2 节　甲状腺功能测定 …………………………………………………………（406）
　　第 3 节　肾上腺功能测定 …………………………………………………………（409）
第 19 章　治疗药物浓度监测 ……………………………………………………………（417）
　　第 1 节　概述 ………………………………………………………………………（417）
　　第 2 节　治疗药物监测 ……………………………………………………………（421）
主要参考文献 ………………………………………………………………………………（429）
生物化学检验技术教学大纲 ………………………………………………………………（431）
目标检测参考答案 …………………………………………………………………………（434）

第1章 绪 论

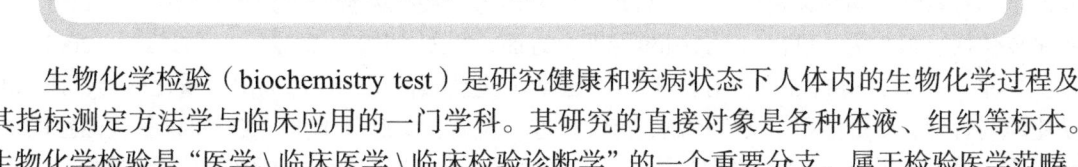

掌握：生物化学检验的概念、研究对象、目的、任务。
了解：生物化学检验的发展简史。

生物化学检验（biochemistry test）是研究健康和疾病状态下人体内的生物化学过程及其指标测定方法学与临床应用的一门学科。其研究的直接对象是各种体液、组织等标本。生物化学检验是"医学＼临床医学＼临床检验诊断学"的一个重要分支，属于检验医学范畴，更广义的概念也称为临床生物化学或临床化学。

检验医学（laboratory medicine）是指对临床标本进行正确收集和测定，并对检验结果作出正确解释和应用的一门科学，是医学的一个分支。担负着为临床医疗、预防医学等提供实验室数据的重任，工作内容是检验、质量控制、诊断咨询三大方面，具有技术性强、高新技术运用广泛等特点。20世纪末的二三十年间因本学科的迅猛进展和完善而由"医学检验（技术）"（medical technology）演变改名为现在的检验医学。

第1节 生物化学检验的研究目的和任务

一、研究目的

临床生物化学（clinical biochemistry）是在人体生理生物化学代谢基础上，主要研究疾病状态下病理生物化学理论和代谢物的质与量改变，为疾病诊断、药物监测、疗效观察、预后判断和疾病预防等方面提供信息和决策依据的一门学科。此亦即生物化学检验的研究目的。它是一门在化学、生物化学与临床医学结合基础上，与生物学、分子生物学、药理学、数理统计学、分析化学、光谱学、仪器学、计算机信息技术科学等多方知识密切联系，有其独特研究领域、性质和作用，迅速发展而成熟的，理论和实践性强的，交叉性边缘性应用型的独立学科，也是检验医学中的主干学科之一。

二、任务

1. 开发和使用临床生物化学检验方法和技术，并对检验结果作出正确解释和应用。生物化学检验应用科学技术的研究成果，研发新方法和新试验并进行方法学评价。近年来，随着生物化学检验技术的进步、手段的更新，呈现仪器自动化、试剂商品化、方法标准化、管理信息化的特点，临床检测项目已多达几百至上千项，生物化学检验继续向着微量准确、快速高效、简便自动化方向发展。

生物化学检验应用成熟的检测方法和技术为临床服务。通过检验提供及时、准确的报告，以及对检验结果数据及其临床意义作出评价，为临床提供咨询服务，最大限度地将数据正确地应用于诊断、治疗和预防工作中去。这部分内容侧重于实验室技术方法的开发与应用，故称之为临床化学（clinical chemistry）。

2. 阐述疾病时的生物化学变化（或称病理生物化学）：阐述有关疾病的生物化学基础和疾病发生发展中生物化学变化。这些生物化学改变可以是原发性的，也可能是某种原因引起器官病损或并发症导致体液生化组成发生的继发性改变。这部分内容侧重于基础理论，从本质上论述疾病的发病机制，又称之为化学病理学（chemical pathology）或临床生物化学。

3. 质量控制：阐述建立行之有效的实验室质量管理体系，持续改进工作流程及实验室信息管理系统，通过全过程质量管理和检测项目诊断性能评价，保证检验结果的准确性、可靠性、及时性、有效性，向临床提供科学、合理的解释服务，使检验资源得到充分利用。质量管理体系主要包括组织结构、过程、程序和资源四个方面，"ISO 15189：2012""ISO/15189—2007《医学实验室——质量和能力的专用要求》"对医学实验室的各项工作都提出了量化标准，该标准从组织与管理、质量体系、文件控制、持续改进、人员、设施与环境、实验室设备、检验程序、结果报告等方面提出了 24 项管理与技术的具体要求，这是专门针对医学实验室管理的第一个国际标准，以保证临床实验室的质量。这部分内容现已发展成独立的《临床实验室管理学》学科。

第 2 节　生物化学检验发展简史

生物化学检验是由生物化学、临床医学等学科交叉渗透逐渐形成的一门独立学科，其发展过程自然与生物化学的发展密切相关。追溯历史，相关知识用于对疾病的分析自古就有，比如 3000 年前就有"泡沫尿表明有疾病"的记载，现知是尿液中出现较多蛋白质所致；公元前 500 年古埃及人将尿液倒在干沙上，记录吸引蚂蚁的数量来判断疾病，现知尿液中吸引蚂蚁的物质就是葡萄糖。但采用现代科学方法进行研究只有约最近一百年的时间，故生物化学检验是一门相当年轻的学科，在近代学科发展史上，几次较有标志意义的概念和技术上的重大突破促进了本学科的进步和发展。

▶▶ 一、以比色分析技术为代表的初期阶段

1. 比色法和光度法　对促进生物化学检验的发展起到了根本性推动作用　20 世纪初以前，血液及尿中成分多采用传统的重量分析和滴定分析法（容量法），灵敏度不高，标本用量多，方法烦琐，耗费时间长，限制了它在临床上的广泛应用。1904 年 Folin 用比色法测定肌酐，从此建立了一系列血液生物化学成分测定的比色分析法。

2. "临床化学"名词的由来　Biochemistry（生物化学）这一名称是 1903 年由 Neuberg 提出的，1918 年，Lichtwitz 首先采用 Clinical chemistry（临床化学）作为教科书名公开出版，1931 年，Peter 和 Van Slyke 又出版了两卷"临床化学"为名的专著，标志着这一学科的初步形成。

3. "内环境相对稳定"概念及体液生物化学组分的分析应用　1926 年，Waiter Gannon 使用了"homeostasis"（内环境相对稳定）一词，取代和发展了 Claude Bernard 的细胞"内环境恒定"的概念，这对推动临床生物化学的发展起着深远影响。至今临床生物化学中相当部分工作就是细胞外液（即 Bernard 提出的内环境）的临床生化，由 Van Slyke 等开创的体液水、电解质、酸碱平衡的理论与实践在临床诊断和治疗中广泛应用。

二、以酶学技术和自动化技术为代表的发展阶段

1. 血清酶活力测定作为细胞与组织损伤的重要指标 1908 年 Wohlgemuth 首先提出，检测尿淀粉酶活性作为急性胰腺炎的诊断指标，随后又有血清碱性磷酸酶和脂酶的测定，但由于方法学原因，应用进展缓慢；1954 年 Ladue、Worblewski、Karmen 等先后发现血清乳酸脱氢酶、转氨酶在不少疾病时增高，此后应用血清酶活力测定作为监测细胞、器官损害及肿瘤生长的指标，使临床生物化学的工作又增加了新内容，血清酶在诊断上的研究和应用非常活跃；现在方法学上已有很大发展，同工酶的概念和检测以及酶谱分析，大大增加了诊断的特异性和灵敏度，近 30 年来它已发展成诊断酶学分支。

2. 自动化装置、计算机数据处理与组合报告 由于临床生物化学工作内容迅速扩大，促进了分析仪器的机械化和自动化，1957 年 Skeggs 等首先在临床生物化学实验室中引用了单通道连续流动式分析仪（continuous flow analyzer），1964 年使用多通道分析仪（multichannel analyzer），随后离心式分析仪（centrifugal analyzer，1969），分立式分析仪（discrete analyzer），干化学分析仪（dry chemical analyzer）等先进技术的生化自动分析仪纷纷推出，加上微处理机的使用，使临床化学工作大大改进了分析的质和量，提供了检测大批标本的工作程序，改进了对结果的处理和应用，设计出各种组合报告（profile reporting），例如将蛋白质、血清酶、电解质和血气等多种项目结果配套分析，经过处理（分析、结合）使数据转化为更高层次的报告。现在在肝功能、肾功能、心肌损害、肿瘤标志、血脂分析以及内分泌功能检测方面成套试验（profile tests）被广泛使用。

3. Levy–Jennings 质量控制体系的建立 1950 年 Levy 和 Jennings 首先将 Shewhart 工业质量管理上的控制图移植到医学检验中来，实际上是一种统计质量控制，此后，质控图方法逐渐被广泛接受，至 50 年代后期，统计质量控制由只作为质量控制方法的一部分，发展为更趋完备的全面质量控制（total quality control，TQC），为检验结果的准确性、可靠性提供了保障。现在检验质控已遍及各个领域，并已成为国际性的活动。

三、以分子生物学技术为代表的发展阶段

1. 分子生物学及技术的发展与应用 1953 年，Watson 和 Crick 对 DNA 双股螺旋结构的阐述，标志着生物化学进入了分子生物学时期；70 年代基因重组与基因工程技术建立，1985 年 Mullis 发明聚合酶链反应（PCR）技术，90 年代发展起来生物芯片技术，2000 年人类基因组计划完成等，均标志着生物化学出现了重大突破和巨大发展，也为分子生物学及技术的发展与临床应用奠定了基础。例如生物芯片技术，利用分子杂交技术在固相芯片表面构建微型生物化学分析系统，可实现对代谢物的准确、快速检测，对于体内一些微量蛋白质、多肽等生物活性物质的测定，基因（核酸片段）的超微量分析以及它们在多种疾病中的变化，为临床医学提供了极有价值的数据。相关分子生物学技术在疾病的诊断、治疗、病因学研究等方面必将带来革命性改变。

2. 治疗药物浓度监测成为临床生物化学的一个重要分支 由于病人对治疗药物的反应和代谢存在着个体差异，随着新的、有效的微量检测血液药物浓度技术的发展，以及药代动力学知识的进展，治疗性药物监测工作在现代化医院中所占比重日益增加，这对促使临床医生更有效、合理地使用药物，提高疗效，减少药物副作用，了解药物在体内的转化与代谢规律等方面都具有重要意义。

3. 新技术的应用　电解质测定在 100 多年前使用重量分析法，20 世纪 50 年代开始用火焰光度法测定才被广泛应用于临床。生物化学检验在广泛应用离心、电泳、层析及电化学技术的基础上，20 世纪 70 年代以后，放射性同位素技术、放射免疫技术、化学发光、电化学发光技术等不断普及，极大地扩大了检测范围，提高了检测的特异性和灵敏度，使临床生物化学工作内容日益扩大深入。

4. 全实验室自动化（total laboratory automation，TLA）　随着各种自动化检验仪器在生化、血液、免疫、微生物等专业领域大量应用，检验医学正逐步向自动化、智能化、信息网络化迈进。经过半自动、全自动两个发展阶段，1981 年日本开始建立由实验室信息系统（laboratory information system，LIS）、标本传输系统、标本处理系统、分析系统、分析后标本输出与储存系统组成的全实验室自动化，也称实验室自动化系统（laboratory automation system，LAS），把多台不同的仪器通过标本传输系统串联在一起，形成几个检测系统（如临床化学、血液学、免疫学、微生物学等）的系统化整合，在临床实验室内实现了大规模自动化流水线作业。LAS 的建立，在全面提高检验结果的准确度精密度、提高全过程质量管理水平、提高生物安全性、缩短样本检测周期、减少操作误差等方面意义显著。实验室自动化系统是检验医学的一项重大进展，已成为 21 世纪临床实验室的一个显著特征（图 1-1）。

图 1-1　全实验室自动化（TLA）

临床生物化学已发展为一个独立的学科和专业，拥有不同层级的学术组织及出版刊物。国际纯化学与应用化学协会（International Union of Pure and Applied Chemistry，IUPAC）于 1952 年设立了临床化学专业委员会（Commission of Clinical Chemistry，Division of Biological Chemistry）；IFCC 于 1999 年将原名称扩增为国际临床化学"和检验医学"联合会（International federation of clinical chemistry "and laboratory medicine"，IFCC）。著名的刊物有《临床化学杂志》（Clinical Chemistry，美国）、《临床生物化学年鉴》（Annuals of Clinical Biochemistry，英国），我国 1980 年开办有《国外医学——临床生物化学与检验学分册》，《中华医学检验杂志》在 2000 年改名为《中华检验医学杂志》。

目标检测

A1 型题

1. 关于临床化学的基本概念不恰当的是（　　）
   A. 它是一门新兴的、年轻的学科
   B. 它是化学、生物化学、临床医学的结合
   C. 目前已经发展成为一门成熟的独立学科
   D. 它是一门实践性比理论知识更重要的应用学科
   E. 它是检验医学中一个独立的主干学科
2. 临床化学的主要作用不包括（　　）
   A. 阐述有关疾病的生物化学基础和疾病发生、发展过程中的生物化学变化
   B. 疾病时组织细胞的病理形态改变
   C. 开发应用临床化学检验方法和技术
   D. 对检验结果及其临床意义做出评价
   E. 帮助临床作出诊断和采取争取的治疗措施
3. Lichtwitz 首先采用临床化学作为教科书名公开出版是（　　）
   A. 1901 年　　　　B. 1915 年
   C. 1918 年　　　　D. 1931 年
   E. 1941 年
4. Skeggs 等首先在临床生物化学实验室中引用了连续流动式分析装置是（　　）
   A. 1918 年　　　　B. 1931 年
   C. 1953 年　　　　D. 1957 年
   E. 1981 年

（谭红军）

第 2 章 生物化学检验实验室基本知识

学习目标

掌握：试剂盒的选择与评价，实验方法与参考物质的分级，方法学评价指标、五种方法学评价试验的目的、原理、应用及注意事项。

熟悉：实验用纯水等级、检查指标，化学试剂规格与保存，参考范围和医学决定水平，临床诊断试验的评价标准与指标。

了解：实验室安全及废弃物处理、实验方法选择与评价的原则、内容和步骤。

能规范、熟练地进行常用临床实验室器材使用、玻璃仪器清洗、常用量器校正、试剂配制、五种方法学评价试验。

临床实验室（clinical laboratory）也称医学实验室（medical laboratory），参考美国国会1988年通过的"临床实验室改进修正案"（Clinical Laboratory Improvement Amendment1988, CLIA'88）和国际标准化组织（ISO）2012年制定的ISO 15189（2012）"医学实验室-质量和能力的专用要求"（Medical Laboratories-Particular requirements for quality and competence），我国卫生和计划生育委员会颁发的"医疗机构临床实验室管理办法"对临床实验室的定义是：医疗机构临床实验室是指对取自人体的各种标本进行生物学、微生物学、免疫学、化学、血液免疫学、血液学、生物物理学、细胞学等检验，并为临床提供医学检验服务的实验室。实验室可以提供其检查范围的咨询性服务，包括结果解释和为进一步适当检查提供建议。临床实验室的作用就是为人类疾病的诊断、治疗、预防以及健康状况的评估提供有益的、重要的及科学的信息。我国医疗卫生机构将该名称称为"检验科"。

生物化学检验实验室是临床实验室（检验科）的有机组成部分。掌握好临床实验室的基本知识，包括实验用纯水、实验室常用器材、试剂、试剂盒、参考范围和医学决定水平、实验方法与参考物质、实验方法的选择与评价、临床诊断性能评价等，是从事医学实验室工作和检验质量控制的基础。

第 1 节 生物化学检验实验室一般规则

生物化学检验实验室是学习生物化学检验基本知识、训练并掌握生物化学检验基本技术技能的重要场所，是临床实验室的一部分，从事研究和学习者可能会受到生物源性、化学性等危害，了解实验室基本规则，加强实验室（生物）安全管理，对指导实验室工作人员的规范操作、避免和减少实验活动对工作人员、环境和社会造成危害具有十分重要的意义。

一、实验室规则

（一）实验前—准备工作

1. 预习实验，明确目标 应理解实验的原理及各操作步骤的意义，对涉及准确度和安全方面的注意事项应特别熟悉。

2. 准备实验，充分有序 穿着工作服，必要时佩戴安全眼镜和防护手套。

（二）实验中—良好的习惯与技能

1. 积极思考、善于分析 积极思考各种实验现象和每一步操作的含义，理论联系实际，培养科学严谨的思维习惯和方法。

2. 操作规范，技术娴熟 在保证各项操作正确、规范的前提下，反复训练各项基本技术技能，逐步练成规范娴熟的专业技能。

3. 仔细观察、忠实记录 仔细观察实验现象、呈色和结果，准确、忠实地记录原始数据。

4. 鼓励创新 但学生若有新的见解和建议，要改变实验步骤或试剂与用量时，须征得教师的同意。

5. 试剂使用应遵循 "塞芯朝上、原瓶原盖、防止污染"的原则，加样等器材使用应遵循在试剂瓶"同侧放置、原处放置"的原则。

6. 注意 生物源性危害、化学性危害、毒气、火、爆炸等安全（后述）。

（三）实验后—结束工作

1. 整理、分析实验数据，计算实验结果，完成实验报告。
2. 清理环境：正确维护处理试剂与仪器，正确清洗使用过的器材，特别是附有蛋白质、油脂类的器皿和传染性标本污染的器皿，正确处理医疗废弃物（后述）。
3. 检查完毕水、电、气、门、窗、照明，保证实验室安全，方能离开实验室。

二、实验室安全及应急处理

在生物化学检验实验过程中，要经常接触各种已知或未知的病原微生物、有机和无机化学试剂，有些属强酸、强碱、有毒、易燃、易爆的危险品，还要使用各种仪器设备，不正确规范操作使用，就可能发生实验室相关感染、火灾、触电和中毒等安全事故。

（一）生物源性危害及应急处理

生物源性危害是指由动物、植物、微生物等生物体对人体和环境造成的伤害。实验室相关感染是指在实验活动中发生的生物因子的感染。造成实验室相关感染的原因很多，如被锐器刺伤、吸入气溶胶、被动物咬伤或抓伤、感染性材料的清除污染和处理不当等。国际通用的生物危害警示标志如图2-1。

实验室配备有必要的物理、生物防护措施如操作服、护目镜、面罩、手套、生物安全柜、洗眼器等，应严格按操作规程进行实验。如不慎有患者标本溅入眼睑或黏膜，应立即用洗眼器进行相应部位的冲洗。

图2-1 生物危害

第 2 章　生物化学检验实验室基本知识

> **链接**
>
> **实验室生物安全手册（laboratory biosafty manual）**
>
> 世界卫生组织（WHO）于1983年出版了第一版"实验室生物安全手册"，2002年底爆发的"非典型肺炎"SARS对指导并规范全世界从事致病性微生物人员的实验室生物安全操作具有重要意义。

（二）化学性危害及应急处理

化学性危害是指由化学试剂等对人体和环境造成的危害。这种危害可以是急性剧毒的、腐蚀性的、也可以是慢性、甚至是致癌的。①若酸灼伤皮肤，应立即用大量自来水冲洗，再用 0.6mol/L 碳酸氢钠溶液冲洗，再涂上少许油膏。②若碱灼皮肤，应立即用大量自来水冲洗，再用 5% 硼酸溶液或 2% 乙酸溶液冲洗。③误服强酸，应立即用自来水或 0.1mol/L 氢氧化钠漱口，再服用 2.5% 氯化镁溶液、牛奶、蛋清、食用植物油等，起解毒和润滑作用。④误服强碱，应立即用自来水漱口，口服食醋或柠檬酸中和碱，再给予食物油等润滑保护黏膜组织。

（三）毒气及应急处理

毒气是对生物体有害气体的统称。有自然界产生（如一氧化碳、一氧化氮、硫化氢、二氧化硫、氯气）和人工制造两种，人工通过化学手段制造的毒气一般用于军事目的，属于化学武器，如光气、氰化氢等化学毒气。毒气主要通过呼吸道、皮肤和消化道三个途径进入人体。

实验室中主要是指易挥发的试剂如溴、氯、苯、乙醚、氯仿、氨水、四氯化碳，具有腐蚀性气体的硫酸、硝酸、盐酸、高氯酸以及反应过程中产生的有害气体等。①实验室内应保持空气流通加以预防，相关操作应在通风橱中进行；②发现有毒气时，应迅速远离污染源，向上风或侧风方向转移；③来不及撤离，应寻找结构较好较密闭的建筑物内藏身，远离有缝隙的地方；④使用就便器材进行自我保护，如用湿毛巾、湿口罩等保护呼吸道，用雨衣、手套、雨靴等覆盖保护皮肤。

（四）防火防爆

爆炸是指在较短时间和较小空间内，能量从一种形式向另一种或几种形式转化并伴有强烈机械效应的过程。其中，由于物质发生极迅速的化学反应，产生高温、高压而引起的爆炸称为化学性爆炸。可燃物、氧化剂和点火源，称为化学爆炸三要素。燃烧与爆炸是密不可分的。

很多试剂（如乙醚、乙醇、甲醇、丙酮、氯仿、甲苯、异丙醇）均极易燃烧，它们与空气的混合物都有不同程度的爆炸性，2，4，6-三硝基苯酚（TNP）也是炸药的一种，作试剂时称苦味酸。使用时要特别注意，①远离火源热源，加强空气流通；②严禁将易燃试剂放在火源上直接加热（必要时可使用热水浴）；③水浴加热时，切勿使容器密闭；④酒精灯只可单独点燃，切不可互相倾斜点火，以防酒精溢出。

还应注意电离辐射的危害（图 2-2）。

●● 图 2-2　电离辐射 ●●

三、医疗（实验室）废物分类与处理

根据《中华人民共和国传染病防治法》和《中华人民共和国固体废物污染环境防治法》，我国有关部门制定了一系列相关法律法规，如"医疗废物管理条例 2003"（国务院）、"医疗卫生机构医疗废物管理办法 2003"（国家卫生和计划生育委员会）、"医疗废物分类目录 2003"（国家卫生和计划生育委员会）等。

（一）医疗废物的概念与分类

医疗废物是指医疗卫生机构在医疗、预防、保健以及其他相关活动中产生的具有直接或者间接感染性、毒性以及其他危害性的废物。我国将医疗废物分为感染性废物、病理性废物、损伤性废物、药物性废物及化学性废物五大类（表2-1）。对于临床实验室而言，废弃物主要为感染性废物、化学性废物，有时还涉及放射性废物。

表 2-1 医疗废物分类目录（中华人民共和国国家卫生和计划生育委员会 2003）

类别	特征	常见组分或废物名称
感染性废物	携带病原微生物具有引发感染性疾病传播危险的医疗废物	1. 被病人血液、体液、排泄物污染的物品，包括： ——棉球、棉签、引流棉条、纱布及其他各种敷料 ——一次性使用卫生用品、一次性使用医疗用品及一次性医疗器械 ——废弃的被服 ——其他被病人血液、体液、排泄物污染的物品 2. 医疗机构收治的隔离传染病病人或者疑似传染病病人产生的生活垃圾 3. 病原体的培养基、标本和菌种、毒种保存液 4. 各种废弃的医学标本 5. 废弃的血液、血清 6. 使用后的一次性使用医疗用品及一次性医疗器械视为感染性废物
病理性废物	诊疗过程中产生的人体废弃物和医学实验动物尸体等	1. 手术及其他诊疗过程中产生的废弃的人体组织、器官等 2. 医学实验动物的组织、尸体 3. 病理切片后废弃的人体组织、病理蜡块等
损伤性废物	能够刺伤或者割伤人体的废弃的医用锐器	1. 医用针头、缝合针 2. 各类医用锐器，包括：解剖刀、手术刀、备皮刀、手术锯等 3. 载玻片、玻璃试管、玻璃安瓿等
药物性废物	过期、淘汰、变质或者被污染的废弃的药品	1. 废弃的一般性药品，如：抗生素、非处方类药品等 2. 废弃的细胞毒性药物和遗传毒性药物，包括： ——致癌性药物，如硫唑嘌呤、苯丁酸氮芥、萘氮芥、环孢霉素、环磷酰胺、美法仑（苯丙氨酸氮芥）、司莫司汀、三苯氧胺、硫替派等 ——可疑致癌性药物，如：顺铂、丝裂霉素、阿霉素、苯巴比妥等 ——免疫抑制剂 3. 废弃的疫苗、血液制品等

续表

类别	特征	常见组分或废物名称
化学性废物	具有毒性、腐蚀性、易燃易爆性的废弃的化学物品	1. 医学影像室、实验室废弃的化学试剂 2. 废弃的过氧乙酸、戊二醛等化学消毒剂 3. 废弃的汞血压计、汞温度计

一次性使用卫生用品是指使用一次后即丢弃的，与人体直接或者间接接触的，并为达到人体生理卫生或者卫生保健目的而使用的各种日常生活用品。

一次性使用医疗用品是指临床用于病人检查、诊断、治疗、护理的指套、手套、吸痰管、阴道窥镜、肛镜、印模托盘、治疗巾、皮肤清洁巾、擦手巾、压舌板、臀垫等接触完整黏膜、皮肤的各类一次性使用医疗、护理用品。

一次性医疗器械指《医疗器械管理条例》及相关配套文件所规定的用于人体的一次性仪器、设备、器具、材料等物品。

医疗卫生机构废弃的麻醉、精神、放射性、毒性等药品及其相关的废物的管理，依照有关法律、行政法规和国家有关规定、标准执行。

（二）医疗废物的处理

在实验室内，废弃物最终的处理方式与其污染情况是紧密相关的。医疗废弃物处理的主要原则：①分类收集、集中转运、集中处置；②清除污染，避免伤害；③必须与生活垃圾严格分开，严禁混淆；④焚烧处理要严防二次污染，必须达标排放；⑤焚烧过程中的飞灰必须视同危险废物，要妥善处理。

对于日常用品而言，很少有污染物需要真正清除出实验室或销毁。大多数的玻璃器皿、实验服及仪器都可以重复或循环使用。

1. 分类收集、集中转运、集中处置 根据医疗废物的类别，将医疗废物分置于无渗漏、密闭的、有警示标识的专用包装物、容器内，进行运送、暂时贮存、直至指定的医疗废物集中处置单位做集中统一处理。废弃物的清运及交接均应严格记录，记录应妥善保存。所有弃置的生物样本、培养物和被污染的废弃物在从实验室中运走之前，应使其达到生物学安全水平。

2. 自行处置——特殊情况 不具备集中处置医疗废物条件的实验室，应根据相关要求，自行就地处置医疗废物。

3. 清除污染 所有感染性废弃物必须在实验室内清除污染，一般采用高压消毒、化学消毒或焚烧等方式。有害气体、气溶胶、污水、废液（包括放射性废液）应经适当的无害化处理后排放，应符合国家相关要求。

（1）高压灭菌：是清除污染的首选方法。

（2）化学消毒：应严格依据操作手册中消毒要求（如针对不同目的的消毒剂种类、浓度、使用方法）进行。一般实验室推荐使用"次氯酸钠"和"酚类化合物"作为消毒剂。

（3）碱水解：可作为焚烧的替代方法，用于感染性废物的最终处理。

4. 焚烧——废弃感染性废物的终极处理 所有废弃的污染物应放置在防渗漏的容器（如有颜色标记的可高压灭菌的塑料袋）中高压灭菌后运送至焚烧炉。

5. 锐器 废弃锐器进行取下、折弯等处理，防止发生刺伤，应直接、完整地弃置于容器中焚烧。盛放锐器的容器绝对不能在普通垃圾场处理。

6. 其他 用来处理过感染性废弃物而具有潜在危害的所有物品，在被丢弃前应考虑以下主要问题：

（1）是否已采取规定程序对这些物品进行了有效地清除污染处理？

（2）如果没有，这些物品是否置于规定的容器，以便就地焚烧或运送到指定的医疗废物集中处置单位进行处理？

（3）丢弃已清除污染的物品时，是否会对直接参与人员或设施外可能接触到丢弃物的人员造成任何潜在的生物学或其他方面的危害？

医疗废物处理流程如图2-3。

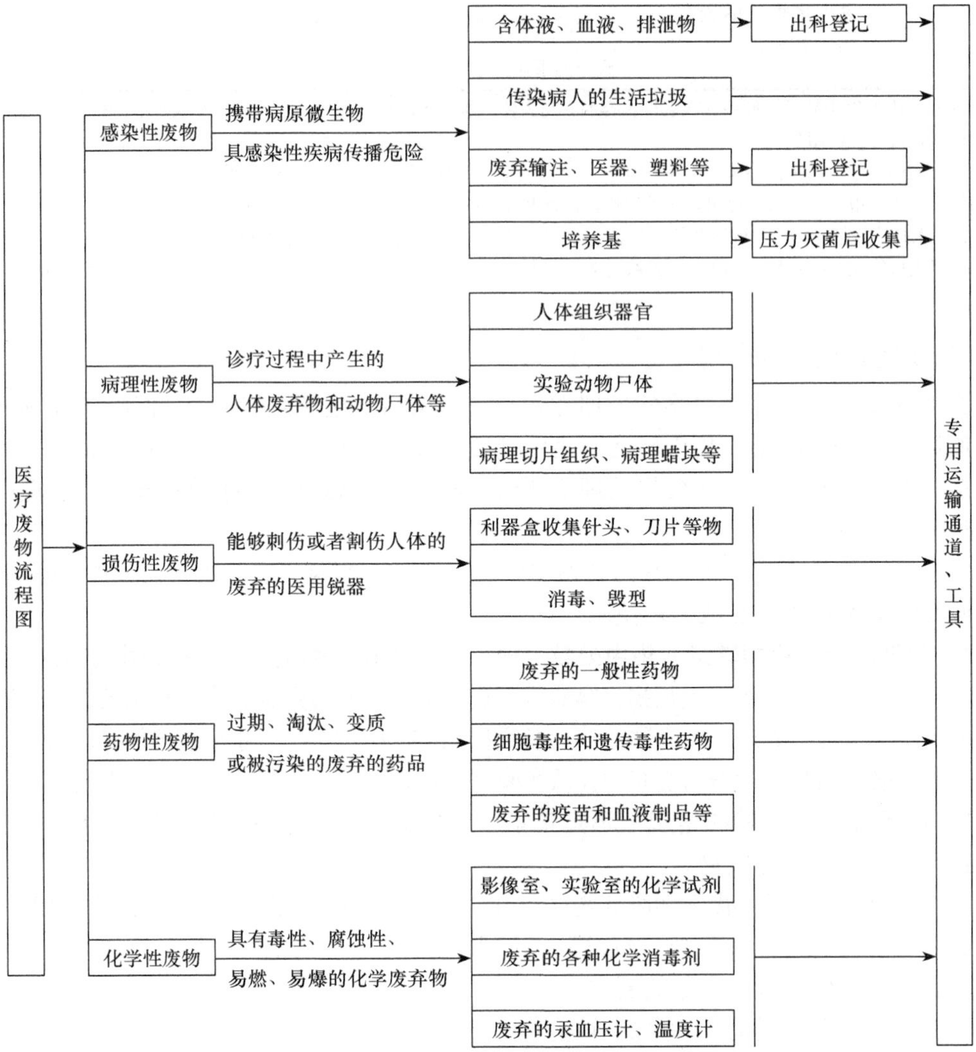

医疗废物流程图	感染性废物	携带病原微生物具感染性疾病传播危险	含体液、血液、排泄物	出科登记	专用运输通道、工具
			传染病人的生活垃圾		
			废弃输注、医器、塑料等	出科登记	
			培养基	压力灭菌后收集	
	病理性废物	诊疗过程中产生的人体废弃物和动物尸体等	人体组织器官		
			实验动物尸体		
			病理切片组织、病理蜡块等		
	损伤性废物	能够刺伤或者割伤人体的废弃的医用锐器	利器盒收集针头、刀片等物		
			消毒、毁型		
	药物性废物	过期、淘汰、变质或被污染的废弃的药品	废弃的一般性药物		
			细胞毒性和遗传毒性药物		
			废弃的疫苗和血液制品等		
	化学性废物	具有毒性、腐蚀性、易燃、易爆的化学废弃物	影像室、实验室的化学试剂		
			废弃的各种化学消毒剂		
			废弃的汞血压计、温度计		

图2-3 医疗废物处理

1. 放入利器盒的物品不得取出，利器盒不得重复使用
2. 医疗废物应先放入包装袋再置于周转箱内后才能进行搬运

第2节 实验用纯水

实验用纯水是指天然水或自来水经过蒸馏、活性炭吸附、过滤、离子交换等处理后除去了杂质的水。天然水中含有许多杂质，包括泥沙等悬浮物、无机物、有机物、微生物、气体等五类，天然水经简单的物理、化学方法处理，除去悬浮物质和部分无机盐即得到自来水，再由自来水（或天然水）制备实验用纯水。实验用纯水并非不含任何杂质，纯水质量的好坏直接影响到检验结果的准确度和精密度。

一、实验室用水等级

1985年，美国国家临床实验室标准委员会（National Committee for Clinical Laboratory Standards，NCCLS）将实验用水分为Ⅰ级、Ⅱ级、Ⅲ级（见表2-2）。中国国家技术监督局先后于1992年、2000年、2008年批准实施的《中国国家实验室用水标准》（GB6682-1992、GB6682-2000、GB6682-2008），也将实验用水分为三个等级（表2-3），几次实施标准的区别主要是电导率的计量单位不同。

表2-2　美国NCCLS等级纯水的规定及用途（1985年）

级别	Ⅰ级	Ⅱ级	Ⅲ级
pH	未定	未定	5.0~8.0
电阻率（MΩ·cm，25℃，最大值）	10	2	1
硅（以SiO_2计，mg/L，最大值）	0.05	0.1	1
微生物含量（每毫升最大菌落数）	10	10^3	未定
微粒	0.2μm微孔膜过滤	未定	未定
有机物质	活性炭过滤	未定	未定
用途	原子吸收，火焰光度，电解质，酶，荧光，高效层析，电泳，参比液，缓冲液	实验室一般的定量分析，以及器皿冲洗	器皿冲洗，要求不高的定性试验

表2-3　中国国家实验室分析用水标准（GB6682-2008）

名称		一级水	二级水	三级水
pH范围（25℃）		—	—	5.0~7.5
电阻率（比电阻）MΩ·cm（25℃）		≥10	≥1	≥0.2
电导率（25℃）	ms/m	≤0.01	≤0.10	≤0.50
	μs/cm	≤0.1	≤1	≤5
可溶性硅（以SiO_2计）含量（mg/L）		≤0.01	≤0.02	—
可氧化物（以O计）mg/L		—	≤0.08	≤0.40
吸光度（254nm，1cm光程）		≤0.001	≤0.01	
蒸发残渣（mg/L）			≤1.0	≤2.0

1. 由于在一级水、二级水的纯度下，难于测定其真实的pH，因此，对于一级水、二级水的PH范围不作规定
2. 由于在一级水的纯度下，难于测定可氧化物质和蒸发残渣，对其限量不做规定，可用其他条件和制备方法来保证一级水的质量

Ⅰ级（一级）水最好，水越纯，所含离子越少，则电阻越大，导电性越差，即电阻越大，电导率越小；所含SiO_2、细菌数、有机物等就越少。临床实验室一般的定量分析选用Ⅱ级水即可，Ⅰ级水主要用于电解质、酶、高效液相层析等有严格要求的实验，Ⅲ级水仅用作玻璃器皿自来水清洁后的冲洗，或用于要求不高的定性实验。

二、纯水的制备方法

（一）蒸馏法

自来水（或天然水）在蒸馏器中加热汽化形成水蒸气，经冷凝后得到蒸馏水（distilled

water，DW），蒸馏法只能去除非挥发性的物质。其优点是设备较简单。缺点：①挥发性物质（如 NH_3）难以去除；②蒸馏法耗能大，冷凝水消耗亦多；③若进水为硬水，需注意管道清洁，为防止蒸馏器的离子进入水蒸气中，蒸馏器材质通常采用玻璃材料。

蒸馏水的电阻率约为 $0.1MΩ·cm$（25℃），达不到Ⅲ级标准，常用作洗涤剂和溶剂。

（二）离子交换法

自来水通过离子交换树脂以除去水中杂质离子的方法，称为离子交换法，制成的水称去离子水（deionized water，DW）。离子交换树脂是一种人工合成的带有交换活性基团的多孔网状结构的高分子化合物。

其原理是水中的杂质离子先通过扩散进入树脂颗粒内部，然后水中的 Na^+、Ca^{2+} 等与阳离子交换树脂中的活性基团 H^+ 发生交换，水中的 Cl^-、SO_4^{2-} 等则与阴离子交换树脂中的活性基团 OH^- 发生交换。由于树脂为多孔网状结构，具有非常强的吸附、过滤能力，故除了可去除杂质离子以外，还兼具吸附电中性杂质、过滤颗粒杂质的作用。缺点是由于离子交换为可逆反应，故需定期更换新的离子交换树脂，需要一定成本。

去离子水的电阻率约为 $5.0MΩ·cm$（25℃）以上，为Ⅱ级水。

蒸馏水与去离子水的英文缩写均为 DW，但因蒸馏水里面含有挥发性物质和杂质，存在离子干扰，故临床实验室多用去离子水，或先蒸馏、后去离子的纯水。

（三）活性炭吸附法

活性炭是一种非常优良的吸附剂，它是利用木炭、各种果壳和优质煤等作为原料，通过物理和化学方法对原料进行破碎、过筛、催化剂活化、漂洗、烘干和筛选等一系列工序制造而成。活性炭对水中微量有机物具有较强的吸附性，主要用于除去水中有机物。其优点是设备简单，操作方便；同时具有物理吸附和化学吸附的双重特性，可以有选择地吸附液相、气相中的各种有机物。但因炭吸附法的制备效率低，仅作为制备纯水的一种配套措施。

（四）超滤膜法

超滤是以压力为推动力的膜分离技术之一。超滤膜是一种额定孔径范围为 1~20 纳米、孔径规格一致的微孔过滤膜，是最早开发的高分子分离膜之一。在膜的一侧施以适当压力，就能分离分子量大于 500 道尔顿、粒径大于 10~20 纳米的颗粒。主要用于除去细菌、较大分子物质和悬浮物，所得水还需进一步纯化。所以也是作为制备纯水的一种配套措施。

（五）电渗析法

电渗析法（electrodialysis，ED）是指在外加直流电场的作用下，利用阴离子选择性透过膜和阳离子选择性透过膜的选择透过性，使一部分离子透过离子选择性透过膜而迁移到另一部分水中，从而使一部分水淡化而另一部分水浓缩的过程。

离子选择性透过膜是只允许同种电荷离子通过的高分子材料薄膜，是电渗析器的关键部分。其原理是电渗析器中许多阳（离子选择性透过）膜和阴膜交替排列，分隔成小水室，当原水进入时，在直流电场的作用下，溶液中的离子定向迁移，阳膜只允许阳离子通过而把阴离子截留下来，阴膜只允许阴离子通过而把阳离子截留下来。结果一部分小室含离子很少，称淡水室，排出淡水，而与淡水室相邻的小室则聚集大量离子称为浓水室，排出浓水。其优点是不需要消耗化学药品，设备简单，操作方便，对于含盐量高的海水用此法比离子交换法更为经济；但消耗电能，当原水中盐浓度过低时，溶液电阻大，用电渗析也不经济。与离子交换法相比，离子选择性透过膜不需要再生，但消耗电能，而离子交换树脂必须再生，但不消耗电能。

电渗析水的电阻率为 0.01～0.1MΩ·cm（25℃），比蒸馏水纯度略低。

（六）反渗透法

反渗透（reverse osmosis，RO）是指在半透膜的原水一侧施加比溶液渗透压高的外界压力，原水只允许水透过，其他物质不能透过而被截留在膜表面的过程，因与自然渗透的方向相反，称为反渗透。半透膜是反渗透法的关键部位，反渗透膜的额定孔径范围为0.1～1纳米，比超滤膜的孔径还小。反渗透法的特点：①分离物质广，纯度高：不仅可以从水中除去99%以上的胶体、微生物等有机悬浮物，而且可以去除90%以上的无机盐类；②无相态变化、常温操作；③节能：它的能耗仅为电渗析法的1/2，蒸馏法的1/40；④设备简单、操作方便。缺点是需要高压设备，原水利用率只有75%～80%，另外膜需要定期清洗。

反渗透水的电阻率为 5～10MΩ·cm（25℃），可接近Ⅰ级水。

（七）混合纯化系统

目前多采用混合纯化系统制备纯水，即用砂芯滤板、纤维滤柱预处理系统供水、再经炭吸附、反渗透、离子交换、最后再用超滤膜过滤。自动生物化学分析仪配套使用的自动纯水处理机一般即采用混合纯化系统，可获得Ⅱ级甚至Ⅰ级水。

三、水的纯度检查

水的纯度检查首先测定电阻率或电导率，然后检测残留物含量。

1. 电阻率利用电导仪或兆欧表测定 电导（conductance，G）表示导电能力的强弱程度，单位是西门子（Siemens，S），简称西。电阻（R），单位欧姆。电导与电阻互为导数，即 G=1/R=I/U（欧姆定律 I=U/R 其中 I 是电流，U 是电压）。

电导率（σ）为每厘米长的电导，单位是西门子每米（S/m）或 μS/cm。电阻率（ρ）表示电阻特性的物理量，单位是欧姆米（Ω·m），常用单位为"欧姆·厘米"（Ω·cm）。电导率与电阻率互为倒数，即 σ=1/ρ。

电导仪的表头读数单位为 μS/cm，因此，电导仪读数为1时，电阻率为 $1×10^6$Ω·cm＝1MΩ·cm。

2. 可溶性硅定性方法 纯水 10ml，加入 1% 的钼酸溶液 15 滴，草酸、硫酸混合液 8 滴（按 4% 草酸 1 份加 4mol/L 硫酸 3 份的体积比），混匀置室温 10 分钟，加 1% 硫酸亚铁溶液 5 滴，摇匀，以不显蓝色为合格（0.05mg/L）（以上百分比均为 W/V）。

3. 细菌菌落计数 按细菌常规菌落计数法进行检测。

四、实验用纯水的贮存与运输

1. 水的贮存 各级用水均使用密闭、专用的聚乙烯或聚丙烯容器。

各级用水在贮存期间，其污染主要来源于容器可溶成分的溶解，空气中的二氧化碳和其他杂质。因此，一级水不可贮存，使用前制备；二级水、三级水可适量贮存在预先经过同级水清洗过的相应容器中。

2. 水的运输 各级用水在运输过程应避免一切可能的污染，切勿用手接触纯水或容器内壁。

第3节 临床实验室常用器材

临床实验室常用器材包括普通的玻璃器材以及非玻璃器材。玻璃器材又分为量器类和容器类，非玻璃器材包括微量加样器、一次性注射器、采血器、塑料试管、塑料吸管、试剂瓶、洗瓶等，以塑料为主。

一、分类及规格

（一）分类

玻璃器材可分为容器和量器两大类。用于贮存和运输各种液体、作为物质的反应容器者称为容器，如试管、烧杯、试剂瓶等；用于计量液体体积者称为量器，如量筒、容量瓶、刻度吸管等。

计量玻璃仪器的技术标准分为"一（Ⅰ）等、二（Ⅱ）等"，体积计量单位为毫升（ml），计量的检定条件是以20℃为标准，故在量器上都标有"ml""20℃"字样。国家计量局对于容量仪器有量入式和量出式之分（表2-4）。

表2-4 量器的分类

	定义	定量分度	标记	残留液体
量入式	用于测定注入量器中液体体积	由下往上递增	TC（to contain） In B（blow）	吹
量出式	用于测定从量器中倾出液体体积	自上往下递增	TD（to deliver） D Ex（exit）	不吹

（二）规格

1. 刻度吸管 是生化检验中使用最广泛的计量仪器，其准确度较高，使用灵活方便，用橡皮球吸液。常用规格有0.1ml、0.2ml、0.25ml、0.5ml、1ml、2ml、5ml、10ml。

2. 容量瓶 容量瓶简称量瓶，瓶颈上刻有一环线刻度表示容量，具磨口瓶塞，是一种较准确的容量量器。规格有10ml、25ml、50ml、100ml、250ml、500ml、1000ml。

3. 量筒、量杯 量筒呈圆柱形，分有嘴和无嘴有塞两种；量杯呈圆锥形，带倾液嘴。量筒、量杯常用于量取体积要求不甚精确的液体，量筒的准确度高于量杯。规格有5ml、10ml、25ml、50ml、100ml、200ml、250ml、500ml、1000ml。

二、常用量器的使用

玻璃量器在使用过程中需注意以下事项。

1. 辨识量器各项指标：制造厂或商标，等级（"Ⅰ""Ⅱ"等），标识的检定温度（20℃），标称容量，单位（ml），定量分度，量入式或量出式等。

2. 使用前应清洗干净，观察量器水面上升、下降时，应"表面光洁，无挂液"，内壁不应有挂珠及油污现象。

3. 有活塞或盖的量器，清洁后观察装好活塞或盖后有无漏水、渗水现象。

4. 正确掌握液体流出时间和等待时间是获取准确量的必要条件之一。

5. 应尽量使用量器的直线段量取液体体积，避免使用管嘴或端点处（欠准确）。

6. 正确读取液面位置是量器使用中的关键点，观察者视线应与液面在同一水平，液面的弯月凹面最低点与分度线相切；若观察水银弯月凸面应是最高点与分度线相切，不得俯视或仰视。

7. 正确判断和操作口端残液是否需要全部排出：量入式要吹出，量出式不得吹出。

三、加样器

加样器又称移液器，俗称加样枪，主要用于移取微量（μl～ml）液体，具有使用方便、重复性好、残留液体少等优点。加样器作为一种精密的液体计量器具，已广泛用于临床实验室，是实验室定量移取各种液体必不可少的工具。

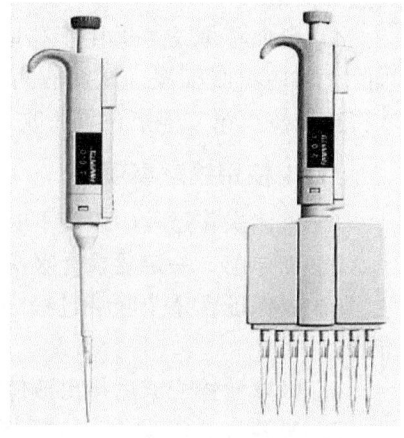

●● 图 2-4　加样器 ●●

（一）基本结构与工作原理

结构包括：按钮、按钮推杆、手柄、吸头弹出杆、吸头（位）、数字刻度（或读数窗）等（图 2-4）。

其工作原理是利用活塞的定程运动形成负压吸入定量的液体，吸液量由活塞的移动距离确定，活塞的移动距离可由调节轮控制螺杆实现调节。

（二）分类

可分为：①单道加样器；②单道连续加样器；③多道加样器。

（三）规格

加样器的移液量程一般在数微升到数毫升之间，常用规格有 0.5～10μl、2～20μl、5～50μl、10～100μl、20～200μl、25～250μl、100～1000μl、500～5000μl 等多种。

（四）技术参数

加样器的主要技术参数包括：常量范围、容量误差、重复性误差。

（五）移液方法

加样器的使用操作有一定的技巧，临床实验室往往需要根据待移取液体的种类和体积选择相应的移液方法。

1. 前向移液法（forward pipetting）　适用于常规液体的移取，特点是"吸需量加需量"。具体操步骤（图 2-5）。

2. 逆向移液法（reverse pipetting）　适用于有①起泡倾向；②高度黏性；③极小量体积液体的移取。特点是"吸过量加需量"。

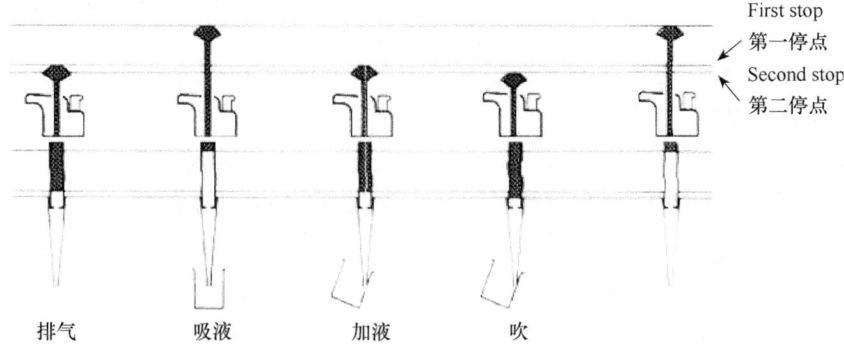

　　　　排气　　　　吸液　　　　加液　　　　吹

•• 图 2-5　加样器的操作 ••

3. 重复操作移液法　适用于快速、简便地重复转移等体积的同种液体，特点是"含着过量加需量"。

4. 全血移取法　适用于移取全血，操作同前向移液法，不同之处是"加样"（将全血排除）时应将吸嘴浸入试剂液面下，在按钮起始位置和第一停点位置之间反复几次，最后才将按钮按至第二停点位置（吹）结束操作。

（六）使用注意事项

1. 整体操作过程中以及平时的放置，应保持加样器垂直。
2. 加样前，一定要检查吸头是否上紧，以免液体漏出或取液不准。
3. 要保证在整个吸液过程中，吸头尖端要一直处于液面之下，即防止吸空造成吸样不准确。
4. 吸取液体完成后排出液体之前，要防止接触吸头尖端。
5. 吸液和排液动作，大拇指应保持缓慢而平滑，特别是黏性液体。液体的黏度越高，越应该注意动作的缓慢。
6. 排出液体时，应让吸头尖端接触容器内壁，让嘴尖的余液排尽，同时避免形成气泡和气溶胶，影响后续反应。
7. 加样完成后，应在弃去用过的吸头后，方可松开按钮至起始位置，以免吸头内的残留液体回吸到枪头，造成交叉污染。
8. 吸头疏水性质的质量很重要，注意使用一次性吸头，避免交叉污染。

（七）维护

　　正确使用和合理维护会延长加样器的使用寿命，还可保证加样器的准确度与精密度。日常维护主要包括：①避免腐蚀：尽量避免让加样器接触有腐蚀性的物质。②保护弹簧：长期不用时，应让加样器的刻度或读数停止在移液量程的最大值处，以免损坏弹簧。③垂直放置。

【实验 2-1】　加样器与刻度吸管的使用

【原理】
同上。

【器材与试剂】
各种规格的加样器、刻度吸管、纯水及相关容器。

【实践步骤】

加样器与刻度吸管的规范操作与要点见表 2-5。

表 2-5　加样器与刻度吸管的使用

	刻度吸管	微量加样器
常用规格	0.1、0.2、0.25、0.5、1、2、5、10ml	5～25μl、……200～1000μl
取液范围	一般 0.01～10ml	一般＜1000μl
选用原则 操作注意	1. 按加液量"一次"到位，吸管的规格略大于或等于加液量 2. 尽量避免在管尖段取液（用直线段） 3. 只能手持吸管上 1/3 段 4. 不使用时严禁插于试剂瓶中 5. 正确判断"量入式、量出式""管尖残液要吹出否"	1. 整个操作中，大拇指动作应保持缓慢而平滑，特别是黏性液体 2. 保持加样器垂直 3. 不使用时严禁插于试剂瓶中
准备	先将吸管吸、排几次，以保证通畅	1. 套吸嘴：将塑料吸嘴套在加样器管头上，轻轻转动，以保证密封 2. 先将加样器吸、排几次，以保证腔内外气压一致
Ⅰ．排气	1. 右手拇指、中指固定吸管，食指控制上口 2. 吸管的刻度面向自己 3. 左手拇指、中指固定橡皮球，食指下压排出空气	1. 右手握住加样器，指钩朝外 2. 大拇指按下按钮至 first stop 并固定
Ⅱ．吸样	4. 吸管尖插入液面下约 1cm ①太深，吸管外壁黏附的液体多，误差大 ②太浅，易吸入空气，将液体吸入橡皮球 5. 橡皮球嘴对准吸管上口，左手小指帮助维持相对固定 6. 左手食指缓慢放松橡皮球，将液体吸至所需量，稍过标线 2～3cm（过线太多，易增加误差）左手食指控制住 7. 右手食指迅速控上口，将管尖移离液面，将多余液体放出 ①吸管（尖）垂直 ②试管倾斜 ③管尖靠管口处管壁 8. 读数要求 ①吸管液面与双眼视线水平 ②管内液体弯月面恰与所需量之分度线相切 ③一般应用干净滤纸试净吸管外壁液，但不要触及吸管口	3. 吸嘴尖轻轻浸入液面下 2～3mm（视情况 1cm） ①太深，吸嘴外壁黏附的液体多，误差大 ②太浅，易吸入空气 4. 右手大拇指缓慢放松按钮使之复位 5. 等待 1～2 秒后取出（如有必要擦净吸嘴外壁液，但不要触及吸嘴口，并避免碰撞任何物品）
Ⅲ．加样	9. 加样技术要求 ①吸管垂直地面 ②管尖插入容器壁（试管）管口部 ③试管倾斜，让吸管尖紧贴承受液体重量的管壁面 10. 放液：放出液体时不可加压加快流出（以免误差加大）	6. 嘴尖插入试管底部，并靠壁（底部侧壁） 7. 放液：大拇指轻压按钮至 first stop
Ⅳ．吹	11. 以下三种情况必须吹出（管尖不能自然流出的液体） ①量入式（TC） ②标有"吹"字的吸管 ③规格 0.1ml 的吸管，不管标"吹"与否（通常是量入式的）	8. 停留约 1 秒后，完全压下按钮至 second stop 9. 取出：吹的同时塑料吸嘴沿容器壁向上滑动取出 10. 取出后，大拇指放松按钮，使之复位（如有必要，更换吸嘴，继续加样）

▶ 四、常用玻璃器材的清洗

（一）常用清洗液及配制

1. 清洁液（重铬酸钾清洁液）　比色皿不能刷洗，或玻璃器皿内壁不易洗净，以及测定无机盐或酶等定量分析要求较高的实验用到的器皿如刻度吸管等，可先经合成洗涤剂洗净晾干后，再用重铬酸钾清洁液浸泡。

（1）配方：清洁液配方较多（表2-6），可根据需要选用。

表 2-6　重铬酸钾清洁液配方

配方	Ⅰ	Ⅱ	Ⅲ	Ⅳ	Ⅴ
重铬酸钾（g）	80	60	50	200	100
浓硫酸（ml）	100	90	900	500	800
蒸馏水（ml）	1000	750	100	500	200

（2）配制方法：先将所需重铬酸钾在蒸馏水中溶解冷却后，再将浓硫酸缓缓沿壁加入上液，边加边用玻璃棒小心搅拌，促其散热，硫酸加入过快，可能因产生高热使容器破裂；严禁颠倒顺序把重铬酸钾水溶液加入浓硫酸中（因硫酸密度1.84比水大得多）。配好放冷，装瓶加塞备用，以耐酸陶瓷缸为最佳容器。

（3）性质与清洗对象：铬酸洗液是利用其在硫酸强酸性环境中重铬酸钾的强氧化性去除污物的，清洗的对象主要是无机物以及少数有机物。其反应为：

$$K_2Cr_2O_7 + H_2SO_4 \rightarrow K_2SO_4 + Cr_2(SO_4)_3 + 4H_2O + 3[O]$$

（4）使用注意：①新配制的洗液为红褐色，若变为（深）绿色 $[Cr_2(SO_4)_3]$ 则失效，表明已无氧化洗涤能力，需重新配制；②器皿均要先清洗，再浸泡，因为有机物较多会迅速使清洁液还原失效，应先清除器皿的有机物；③水可使硫酸稀释而降低去污能力，故器皿放入洗液前应沥干，同时应加盖加塞避免吸收空气中的水分；④严禁浸泡带金属的器材，重金属应先除去；⑤使用中应佩戴长统橡皮手套，玻璃器皿应用耐酸塑料袋扎紧后浸入，提绳留置在容器外，浸泡时间应在12小时以上，连袋取出，连袋冲洗；⑥铬酸洗液去污效果好，但六价铬污染水质，故如能用其他洗涤剂洗净器皿，则尽可能避免使用铬酸洗液。

2. 乙二胺四乙酸二钠洗液　使用50～100g/L乙二胺四乙酸二钠溶液，加热煮沸可洗脱玻璃仪器内壁之白色沉淀物（钙、镁盐类）和不易溶解的重金属盐类。

3. 草酸洗液　可洗脱高锰酸钾之痕迹，如在草酸溶液中加入少量硫酸，则效果更佳。

4. 硫代硫酸钠洗液　可除去碘液污染，稀酸性硫代硫酸钠溶液还可除去高锰酸钾污渍。

5. 7.5%mol/L 尿素溶液　可除去黏附在器皿的血液或蛋白质污物。

应根据玻璃器皿污染源的不同而选择合适的洗涤液。

（二）洗涤方法

肉眼观察玻璃器皿的洗净标准是"表面光洁、水成片流下，无挂液"。

1. 新购置玻璃器皿的清洗　新玻璃器皿均含有游离碱，应先放入2%盐酸中浸泡2～6小时，取出后，用自来水反复冲洗，再用温肥皂水（或洗衣粉溶液，洗涤剂溶液）浸泡、洗刷，用自来水冲干净，最后经蒸馏水冲洗3次，晾干或烘干备用。

2. 无污染玻璃器皿的清洗　凡确定无病原体或检验标本污染过：

（1）容器类：一般的试管、烧杯等，倒掉内容物，先用自来水水冲洗，再用洗涤剂洗刷或浸泡，自来水反复冲洗干净后，再用蒸馏水冲洗2～3次，干燥后备用。

（2）量器类：如刻度吸管等，使用后应立即浸泡于凉水中，以防止物质的干涸；然后用自来水水冲洗，沥干后，浸泡在重铬酸钾清洁液中4～6小时（或过夜），用自来水冲洗干净，最后用蒸馏水冲洗2～3次，晾干备用。

3. 污染玻璃器皿的清洗　污染过血、尿等（包括传染性）标本的器皿，均具有潜在生物源性危害，应将所含试样倒入盛有2%次氯酸溶液的容器中灭菌，器皿立即放在盛有5g/L的过氧乙酸消毒液的玻璃筒中浸泡过夜（浸泡刻度吸管的筒底垫缓冲垫），再分别按容器与量器的方法清洗备用。

（三）干燥方法

1. 自然干燥　是一种简单而实用的方法，适用于不能高温烧烤的量器及不急于使用的玻璃仪器，如刻度吸管、量筒、量杯、容量瓶等。洗净后倒挂在专用架上，室温下自然干燥。

2. 快速干燥　即置于120～150℃的烤箱中烘烤干燥，适用于除量器和壁厚薄不等、结构复杂玻璃仪器以外的器皿，如试管、烧杯、三界角烧瓶、试剂瓶等。

注意：计量类玻璃仪器等只要加热过，就不能测量容积了！因高温会使玻璃变形。

五、常用量器的校正

一般的玻璃量器虽然有标明"一（Ⅰ）等"和"二（Ⅱ）等"，但通常均未经个别鉴定，因此，用作定量的刻度吸管、容量瓶、量筒、包括加样器等均需进行成批或个别检定。

1. 校正方法及条件　量器的校正方法有称重法和容积对比法，校验物质有纯水（体积0.2ml以上）和纯汞（体积0.2ml及以下，因为水银密度大，同时也不易黏附量器内壁），检定条件（标准温度）为20℃。

容积的基本单位是升，"升"是指在真空中重量为1000g的水在3.98℃（密度最大）时的体积。温度的选择以接近实验室全年平均温度为佳，一般采用20℃。温度和气压的影响因素：①温度对水（或水银）密度的影响；②温度对容量仪器（玻璃的热胀冷缩）的影响；③空气浮力对所称水（或水银）重量的影响。

2. 校正原理　通过量器在某温度时所容纳的水（或水银）重量，来推算其真体积。量器容积的校正方法多采用称重法，即在某一室温时，称重某量器容纳的纯水（或水银）的重量（Wt），然后根据该水温时水的密度（Dt），将水（或水银）的重量换算成20℃时的体积（$V_{20℃}$）。

$$V_{20℃} = \frac{W_{20}}{D_{20}} = \frac{Wt}{Dt}$$

不同温度时水的密度、水银的密度见表2-7，表2-8。

表2-7　水在10～40℃时的密度（g/ml）

t, ℃	Dt	t, ℃	Dt	t, ℃	Dt
10	0.99814	21	0.99699	32	0.99431
11	0.99834	22	0.99679	33	0.99401
12	0.99826	23	0.99659	34	0.99371
13	0.99817	24	0.99637	35	0.99340
14	0.99806	25	0.99614	36	0.99307
15	0.99794	26	0.99591	37	0.99274
16	0.99781	27	0.99566	38	0.99241
17	0.99767	28	0.99541	39	0.99206
18	0.99751	29	0.99515	40	0.99171
19	0.99735	30	0.88488		
20	0.99715	31	0.99460		

表 2-8 不同温度时水银的密度（g/ml）

t, ℃	Dt	t, ℃	Dt	t, ℃	Dt
11	13.568	20	13.546	29	13.524
12	13.566	21	13.544	30	13.522
13	13.563	22	13.541	31	13.519
14	13.561	23	13.539	32	13.517
15	13.559	24	13.536	33	13.514
16	13.556	25	13.534	34	13.512
17	13.554	26	13.532	35	13.509
18	13.551	27	13.529		
19	13.549	28	13.527		

3. 量器的允许误差 实际上没有误差的量器是不存在的，临床化学实验室常用容量瓶、刻度吸管的国家法定误差等级标准见表 2-9。如果在允许误差范围内即为合格，超出允许误差范围则应弃去不用或重新刻度。

表 2-9 20℃时标称量器的允许误差（ml）

容量	容量瓶		刻度吸管	
	一等	二等	一等	二等
1000	±0.30	±0.60	—	—
500	±0.15	±0.30	—	—
250	±0.10	±0.20	—	—
100	±0.01	±0.20	—	—
50	±0.05	±0.10	—	—
25	±0.03	±0.06	—	—
10	±0.02	—	±0.03	±0.06
5	—	—	±0.02	±0.04
1	—	—	±0.01	±0.02
0.5	—	—	±0.01	±0.02
0.2	—	—	—	±0.002
0.1	—	—	—	±0.001

例：28℃时，容量 5ml 的刻度吸管放出蒸馏水重 4.9657g，求该刻度吸管 20℃时的容积及标准等级。

解：查表可知，28℃时蒸馏水的密度为 0.99541，代入公式计算得：

$$V_{20℃} = \frac{Wt}{Dt} = \frac{4.9657}{0.99541} = 4.9886 \text{（ml）}$$

校正值为：4.9886－5.000＝－0.0114（ml）

查表可知，此刻度吸管为"一等"品。

【实验 2-2】 量器的校正

【原理】

同上。

【试剂及器材】

称量瓶、分析（电子）天平（1/10000g）、纯水、水银、量器。

【实践步骤】

1. **称量瓶、盖及量器的准备** 按规范程序洗净称量瓶、盖及待校正的量器，并干燥。
2. **洗净双手** 操作者洗净双手并干燥。
3. **初称（W1）** 用洁净纸条拿取空称量瓶、盖，按操作规程称取初重（W1）。
4. **加样操作** 按操作规程操作量器，规范加样（纯水或水银）至称量瓶。
5. **载（再）称（W2）** 用洁净纸条拿取载重的称量瓶及盖，按操作规程再称载液的称量瓶（及盖）载量（W2）。
6. **最后** 通过温度计记录下室温，查表，计算分析。

【计算与分析】

$$V_{20℃} = \frac{Wt}{Dt} = \frac{W2-W1}{Dt}$$

分别计算 20℃时的体积、校正值，并判断其等级标准。

第 4 节 生物化学检验试剂

临床化学实验涉及各种化学试剂、配制及试剂盒，正确选择、保存与配制是实验室工作的基本要求，也是保证实验结果准确度、控制检验质量的重要环节。

一、化学试剂的规格与保存

（一）规格

参照进口化学试剂的质量标准，我国化学试剂纯度有国家标准（GB）、化学工业部部颁标准（HG），对通用试剂制定有四种常用规格。即一级保证试剂（guaranteed reagent，G. R.），也称优级纯；二级分析纯试剂（analytical reagent，A. R.）；三级化学纯（chemical pure，C. P.）；四级实验试剂（laboratory reagent，L. R.）。

进口试剂规格种类繁多，各国的等级规定与我国的不尽相同，名词术语也不一致，使用时应加以区别。国产化学试剂的品级、色标、纯度和用途见表 2-10。

表 2-10 国产化学试剂的品级规格和用途

级别	名称	缩写	色标	用途
一级	保证试剂	GR	绿	纯度高，杂质含量低，适用于研究和配制标准液
二级	分析试剂	AR	红	纯度较高，杂质含量较低，适用于定量和定性分析
三级	化学纯	CP	蓝	纯度略低于二级试剂，用途近似二级试剂
四级	实验试剂	LR	黄（棕）	纯度较低，用于一般定性试验

随着科学的发展，市场上尚出现有许多特殊规格的试剂。这类试剂属专用试剂，不分等级。生物试剂（biological reagents，BR）瓶签黄褐色；生物染色剂（biological stains，BS），瓶签褐色；指示剂（IND），瓶签红色；光谱纯（spectroscopically pure，SP）；超纯（UP）；层析纯（chromatography pure，CHP）；微量分析试剂（MAR）；特殊试剂（RS）；光学分析试剂（US）等。

（二）选用

1. 选用原则 应根据实验方法的要求及样本含量来决定，试剂纯度越高，试剂引起误差就越小；但盲目地选择高品质试剂，则会导致不必要的浪费。如配制标准物的试剂必须用优级纯。

2. 核对瓶签 所用试剂必须有瓶签，应核对瓶签上的化学分子式、品级、纯度、成分百分率、不纯物质（杂质）的最高数据。

3. 观察试剂性状 有些化合物本身不稳定，经过长期贮存亦能逐渐发生分解、氧化、还原、聚合、升华、蒸发、沉淀析出等变化。一旦出现浑浊、沉淀、颜色改变等，一般不再使用，应弃之。

（三）保存

妥善保管试剂具有二方面的含义，一是保证使用安全，加强责任心，二是保证试剂质量。

化学试剂的保存原则如下：①库房应阴凉、避光、通风、干燥。②按液体、固体性状分类存放，并按序排列、做好标记、便于查找。③强酸、强碱试剂应分别存放。④需冷藏保存的试剂并非温度越低越好，应根据瓶签上标示的贮存温度分别置冰箱、冰盒中。如生物制品 2~4℃贮存较好。⑤易燃、易挥发的试剂除盖好内塞瓶盖，必要时加蜡封口密封。⑥剧毒药品则应"专人专柜、加锁保管"，严格"登记请领"制度。

▶▶ 二、化学试剂的配制

多数化学试剂只有配制成实验试剂才能用于项目检验。化学试剂的配制，根据是否直接配制情况分为直接配制法和间接配制法，根据溶质是固体还是液体分为称重法和容量法。

直接配制法是指直接称取规定质量的溶质（有必要先进行恒重）溶解在定量的溶剂中；适用于标准溶液和一般溶液的配制。间接配制法是指先配成近似浓度的溶液，再用标准溶液标定出准确浓度；适用于不易恒重的固体试剂和含量不准的液体试剂，如酸碱溶液、$KMnO_4$ 溶液、$Na_2S_2O_3$ 溶液的配制。

（一）试剂的浓度表示法及计算

1. 百分浓度 是指溶质的质量或体积占溶液总质量或总体积的百分比。一般在数值后面带一个百分符号（%）。

（1）质量-质量百分浓度（质量分数）：指100g溶液中所含溶质的克数，符号%（g/g）。如98%的浓硫酸表示100g溶液中含98g硫酸，同理36%盐酸亦指盐酸的质量分数。

（2）体积-体积百分浓度（体积分数）：指100ml溶液中所含溶质的毫升数，符号%（ml/ml）。如75%的乙醇溶液是指100ml溶液中含有75ml乙醇。

2. 质量-体积浓度 通常指1L溶液中所含溶质的克数，符号m/V（g/L）。如某患者血清总蛋白含量为 75g/L。

3. 物质的量浓度 是指 1L 溶液中所含溶质的量。符号 C。物质的量可以用 mol、mmol、μmol 等表示，故量浓度 C 的单位为 mol/L、mmol/L、μmol/L。

例： 配制 0.4mol/L 氢氧化钠溶液 500ml，应取氢氧化钠多少克？如何配制？

解： 已知氢氧化钠的量浓度（C）=0.4mol/L

$$物质的量浓度C(mol/L)=\frac{物质的量(n)}{溶液的体积(L)}=\frac{\frac{质量m(g)}{摩尔质量M(g/mol)\cdot xH_2O}}{体积(L)}$$

式中 xH_2O 表示结晶水。氢氧化钠的摩尔质量 M_{NaOH}=40g/mol，代入公式

$$0.4(mol/L)=\frac{\frac{质量m(g)}{40g/mol}}{0.5(L)}$$

需氢氧化钠的质量 m=40×0.4×0.5=8（g）

既称取氢氧化钠 8g，溶于约 250ml Ⅱ级水中，等冷却后，加 Ⅱ级水至 500ml 即可。

4. 百分浓度与物质量浓度之间的换算 市售硫酸、盐酸、硝酸等采用%（g/g）表示物质的浓度，而实验室常用物质的量浓度，两者间常需换算。计算公式如下：

$$C(mol/L)=\frac{1000(ml)\times d(g/ml)\times \%(g/g)}{M(g/mol)} \quad (d 表示密度)$$

例： 96%（g/g）浓硫酸，密度为 1.84，求其物质的量浓度是多少？

解： 已知 %（g/g）=96%，d=1.84，硫酸的摩尔质量 $M_{H_2SO_4}$=98.08g/mol

$$C=\frac{1000\times 1.84\times 96\%}{98.08}=18(mol/L)$$

5. 溶液的稀释 稀释是指向浓溶液中加入溶剂变成稀溶液的操作。根据溶液在稀释前后其溶质的量保持不变，可得如下稀释公式：

$$C_浓\times V_浓=C_稀\times V_稀$$

式中 C 为浓度，V 为体积。应用此公式要注意稀释前后浓度单位和体积单位要一致。

例： 96%（g/g）浓硫酸的量浓度为 18mol/L，现需 1mol/L 硫酸溶液 1000ml，如何配制？

解： 已知 $C_浓$=18mol/L　　$C_稀$=1mol/L　　$V_稀$=1000ml

$$则\ V_浓=\frac{1\times 1000}{18}=55.6(ml)$$

在 1000ml 洁净容量瓶中加 Ⅱ级水约 500ml，再量取浓硫酸 55.6ml 缓缓加入盛 Ⅱ级水的容量瓶中，待冷却后，加 Ⅱ级水至刻度，混匀即可。

6. 溶液的混合 两种溶液混合不发生化学反应，则混合后溶质的量应等于混合前两溶液的溶质量之和。溶液混合公式如下：

$$C\times(V_1+V_2)=C_1V_1+C_2V_2$$

式中 C_1、V_1 分别表示浓溶液的浓度、体积，C_2、V_2 分别表示稀溶液的浓度、体积，C 表示混合后溶液的浓度。

例： 某患者需用 10%（g/ml）葡萄糖溶液 500ml，应取 50%（g/ml）和 5%（g/ml）的葡萄糖溶液各多少毫升混合？

解： 设应取 50%（g/ml）的葡萄糖溶液 X 毫升，则

$$50\%X+5\%(500-X)=10\times500$$
$$X=55.6\text{ml}$$

则应取 5%（g/ml）葡萄糖溶液的毫升数为

$$500-55.6=444.4\text{ml}$$

（二）试剂配制的程序和方法

以固体溶质配制试剂，一般都用称重法。以液体溶质配制试剂，除特殊要求外，一般均用容量法。

1. 登记签名 建立试剂登记与"双查双签"制度，指由两人针对试剂信息分别查对、分别签字。配制者应在试剂登记簿上：①登记配制试剂处方，处方应体现原试剂级别、浓度、pH、加入先后顺序；②配制方法；③配制总量，配制总量应根据其工作量与试剂保存期限来确定；④计算准确，固体试剂和液体试剂应以瓶签所注明的化学式、比重和百分数作为计算组成量的依据。最后由另一人核对并双人签名。

2. 试剂恒重 部分化学试剂在存放过程中会吸收空气中的水分，如果直接称量配制，显然是不准确的。用适当的方法除去吸收的水分，使试剂恢复到吸潮前的状态，这一过程称为恒重。各种试剂的恒重方法不尽相同，除了溶解性固体外一般恒重系指连续两次灼烧或烘烤后的质量差异在 0.2mg 以下。

需要注意的是，如果恒重后固体试剂仍含结晶水，则计算时要考虑结晶水的问题。

3. 试剂的纯化与称重 部分试剂在贮存过程中会发生氧化（如邻甲苯胺、胆红素等）、分解（如丙烯酰胺等）、聚合（如甲叉双丙烯酰胺）等反应，使其变得不符合使用要求，另有些则因本身纯度不够，因而在使用前需对这些试剂进行一定的处理，使其纯度满足需要，此过程称为纯化。一般固体试剂称取，应有称量瓶、玻璃纸等盛试剂，以便冲洗，一般不用纸盛试剂，尤其是粗糙的纸。对易潮解、易挥发的试剂称量应迅速。标准物须用万分之一天平称取。

4. 溶剂 试剂配制中的溶剂一般为Ⅱ级水，特殊试剂或非水为溶剂的试剂应注明清楚。如微量元素测定用水，必须达Ⅰ级水。

试剂配好后要在试剂瓶上写明"名称、浓度、配制时间、配制者姓名"，必要时可注明用途、用量。

试剂配制的规范程序和方法归纳如下表 2-11。

表 2-11 试剂配制规范程序和方法

	称重法—固体溶质	容量法—液体溶质
1	登记签名：书写试剂组成、数量并核算	同左
2	找出符合规格的试剂，并核对瓶签	同左
3	必要时，进行烘烤恒重	必要时可进行过滤、抽滤或加热等操作
4	洗净双手，必要时戴手套或使用专用钳称量	同左
5	准备器皿：①称量瓶或不吸水的玻璃纸；②准备洁净烧杯，内盛少量溶剂	准备洁净烧杯，先取适量溶剂（约总量的一半）于烧杯
6	准确称量：按操作规程使用天平	取规定量溶质
7	将称妥的溶质加入溶剂内溶解	将溶质缓慢加入溶剂内，边加边搅拌均匀
8	必要时加热助溶（有机溶剂需隔水加热），加热时必须搅拌以避免受热不均匀而爆沸溅出	—

续表

		称重法—固体溶质	容量法—液体溶质
9	完全溶解、冷却后，倒入容量瓶，以溶剂洗涤烧杯并加入容量瓶，少量多次（不少于三次）		同左
10	以溶剂补足至刻度线		同左
11	混匀，倒入试剂瓶，密塞保存备用		同左
12	贴标签（①浓度；②名称；③时间；④姓名）另一人核对、签名		同左

三、试剂的使用规则

1. 观察瓶签。使用实验试剂时，首先要看清瓶签（试剂名称、浓度、配制时间等）。瓶签上可刷一层薄蜡以防腐蚀脱落。无瓶签的试剂不宜使用。

2. 观察试剂性状。观察试剂有无变质，观察试剂的颜色、透明度、有无浑浊、沉淀等，变质的试剂不可使用。

3. 试剂使用应遵循"塞芯朝上、原瓶原盖、防止污染"的原则，加样等器材与试剂瓶、盖等应"同侧放置、原处放置"。

4. 要求低温存放的试剂，用毕应立即放回冰箱，以防变质。

四、试剂盒的选择与评价

1979 年 IFCC 对试剂盒（reagent kit 或 kit）的定义是：两种或两种以上的临床或普通实验室使用的材料，附带有操作所需的组分、说明书组合而成的包装。1957 年 Skeggs 发明自动生化分析仪应用于临床实验室后，要求试剂向商品化、微量化方向发展，诊断用商品试剂盒由此问世并逐渐发展。诊断试剂的商品化大规模生产，减少了因各个实验室自配试剂的麻烦和浪费，更重要的是避免了各实验室自配试剂造成的检验结果无法比较的难题，商品化的试剂盒是现代检验医学的特点之一，也是实现实验室间质量评价和 ISO 15189：2012《医学实验室——质量和能力的专用要求》进行实验室认可的基本保证。

（一）试剂盒的类型

生化试剂盒按剂型可分为液体试剂、冻干试剂、干粉试剂、干（片）试剂等四种类型；其中液体试剂按试剂成分又可分为液体单试剂和双试剂两种类型。

1. 液体型试剂 即用液体溶剂配制而成的实验试剂。优点是①无需加入任何辅助试剂及蒸馏水复溶，避免了外源性水质的影响，试剂组分高度均一；②瓶间差异小；③避免了复溶水中重金属离子、微生物、NH_3 及杂质对检测结果的影响；④测定重复性好；⑤使用方便。临床实验室中应用最广。其不足之处是保存时间较短（尤其是酶试剂）、不便于运输。

液体试剂按试剂成分的分装又可分为液体单试剂和双试剂两种类型。

（1）液体单试剂：就是将某检验项目所需用到的各种试剂科学地混合在一起，组成为一种试剂。20 世纪 50—70 年代，某些液体单试剂先由厂家配制成两瓶或多瓶不同成分的试剂，使用前临时按一定比例混匀成一种（工作）试剂使用。应用时，只须将标本和试剂按一定比例混合（往往是 1∶100）即可。

优点是占用仪器的试剂通道少、成本低等，一些液体单试剂可在室温下运输和保存。缺点是抗干扰能力较差，给测定结果带来较大分析误差；同时试剂的稳定性较差。

（2）液体双试剂：就是将某些生化检测项目所用到的试剂，按用途科学地分成两类，配成两种试剂，通常第一试剂加入后可起到全部或部分消除某些内源性干扰的作用，第二试剂为启动被检测物质反应的试剂，两种试剂先后加入才能完成被检项目的生化反应。其优点如下：

①抗干扰能力强：许多检验方法由于受到某种因素的干扰使检测结果的准确度和精密度下降，采用液体双试剂可以减少甚至避免这种干扰。如标本中的胆红素、维生素C等还原性物质可对Trinder反应造成干扰，在试剂1（R1）中加入一定量的维生素C氧化酶，让标本与R1反应一段时间后将维生素C消耗殆尽，即可去除维生素C的干扰，然后再加入试剂2（R2）启动Trinder反应，从而大大提高Trinder反应的特异性，提高检测结果的准确度。另外，在酶活性测定中，为降低内源性物质对被测酶的干扰，可在R1中加入相应的工具酶，在孵育期先消除内源性物质的干扰后再加入R2启动酶促反应，从而消除或降低内源性物质的干扰。②排除瓶间差：因液体双试剂也无需复溶，开盒即可使用，避免了水质不纯和加水量不准的影响，提高了检测结果的准确度和精密度。

2. 冻干型试剂 是将各种化学试剂溶解混合配制成液体试剂后，先分装在不同试剂瓶内，再经冻干处理而成。使用前需加一定量的纯水或缓冲液复溶。优点同液体试剂，试剂中各组分混合均匀，便于运输。缺点是试剂中残留的含水量不易准确控制，造成瓶间差较大。

3. 干粉型试剂 是将各组分干燥的化学试剂经粉碎成粉剂后直接混合加工而成干粉剂。使用前加入指定的溶液复溶成液体试剂。优点是各瓶间含水量均一，便于运输。缺点是①加工过程中的混合和分装过程中的称量容易造成瓶间差；②冻干型与干粉型试剂均存在复溶问题：加水量的准确度会造成瓶间差较大；③复溶的水质优劣对稳定性和可靠性影响较大，引起复溶后保存期较短、稳定性较差而造成浪费。

4. 干（片）试剂 干片（dry sheet）试剂与干化学检测仪器共同组成干化学（dry chemistry）分析系统。是在干片载体上，携带有某一项目测定所必需的部分或全部试剂的固相材料，即把相应的试剂都做成干片（或压片）。干片试剂具有体积小、携带使用方便、操作简单等优点。缺点是：①结果存在一定假阳性和假阴性，一般作为过筛实验；②环境温度、湿度对干片的加载与反应过程的影响较湿化学更大，要求控制得更严格，否则将影响检验结果；③干片试剂的储存要求更严，否则将缩短其有效期。

（二）试剂盒的选择

选择（购）试剂盒时一般应遵循以下原则：

1. 应选择方法特异性好、灵敏度高，准确度和精密度符合IFCC、WHO和卫生与计划生育委员会临床检验中心等组织推荐的质量标准的试剂盒。

2. 选用前应先对试剂盒的包装、理学性能、方法学性能有充分了解或考察，最好亲自试用，各种性能参数符合试剂说明书的承诺和本实验室的要求。

3. 必须有国家食品药品监督管理总局（China Food and Drug Administration，CFDA）的批准文号。

4. 应有配套使用的校准品，校准物质符合IFCC、WHO及卫生与计划生育委员会临床检验中心推荐的标准和要求，最好能提供溯源性的材料和说明。

5. 试剂盒的有效期至少1年。

6. 试剂对环境的污染小，不容易燃烧或爆炸，对工作人员无明显毒害作用，无强烈腐蚀性。

（三）试剂盒的评价

试剂盒的评价主要包括外观目测的初评和方法性能指标的实验检测评价两部分。

1. 外观目测 必须具有完整牢固的内外包装、详尽明确的说明书和优良的试剂外观。

（1）内外包装

1）外包装：完整牢固、封口严密。应印有清晰的试剂相关信息：①产品名称（和商品名）；②可供检测的次数；③保存条件；④生产日期与失效日期；⑤产品批号；⑥生产批准文号；⑦生产单位及地址；⑧试剂盒封签。

2）内包装：应包括使用说明书，与说明书相符的相应试剂及其他附属物。每个试剂瓶均应有清晰完整的标签，粘贴牢固，标签上还应标明：①本瓶试剂的名称；②装量；③复溶方法及溶剂量。

试剂瓶应封口完好，不松动，液体试剂瓶无渗漏；冻干型、干粉型、干片试剂应密封在棕色瓶内，并有防潮措施；见光氧化或不稳定的试剂应用棕色瓶并用黑纸包装避光。

（2）说明书：说明书应印刷清楚、详尽，必须包含有卫生与计划生育委员会和国家食品药品监督管理总局规定的内容。其基本内容包括：①正式名称（也可同时附商品名）、方法学类别。②目的与用途。③测定原理与技术要求：并附主要参考文献。④适用仪器与机型。⑤包装组成与试剂内容。⑥样本要求。⑦试剂准备。⑧测定步骤。⑨参考范围。⑩注意事项。⑪性能指标（准确度、精密度、特异性、干扰因素、线性范围）。⑫保存条件、有效期与失效指标等。⑬生产批准文号与产品批号。⑭生产单位和地址等。

（3）试剂外观检查：包括肉眼观察试剂颜色、性状及溶解度。

1）颜色：说明书中应指明试剂正常的颜色，若出现异常的颜色表明该试剂已变质。一般正常的粉剂或片剂应为白色或灰白色，液体酶试剂常呈淡黄或无色；当粉剂或片剂出现黄色或红色，液体酶试剂呈红色或深黄色时常表示该试剂已经变质。

2）性状：液体试剂应均匀、清澈、无浑浊、无沉淀等。粉状试剂溶解后应均匀无凝块、不黏附于瓶壁，若出现凝块或黏附于瓶壁表示试剂受潮。液体试剂或酶试剂应无沉淀、清澈不浑浊，若出现沉淀或浑浊说明该试剂已经变质或污染。

3）溶解度：除少数试剂溶解较慢外，一般粉状或片状试剂加入溶剂后应在5分钟内溶解完全，溶解速度慢常表示试剂质量欠佳。

2. 实验检测 方法性指标的实验检测评价是指应用该试剂盒的试剂，按指定要求进行实际操作，视结果是否符合说明书上标示的指标而进行评估，而说明书上标示的性能指标应是符合 IFCC、卫计委和国家食品药品监督管理总局的相关标准。应注意评价试验前要对所用仪器、量器进行校正，同时严格控制实验条件，并由熟练的技术人员操作。这些主要技术指标如下。

（1）准确度：回收率一般要求在 100%±5% 以内。

（2）精密度：以变异系数 CV 表示，CV 越小精密度越高。包括批内和批间 CV 两种，批内 CV 值一般小于批间，高含量标本的 CV 一般小于低含量标本。

（3）干扰物试验：以干扰值表示，干扰值越小，表示该干扰物引起的误差越小。

（4）线性范围：指按试剂盒说明进行操作可准确测定的浓度范围。该指标既是试剂盒质量的重要指标，也是鉴定试剂盒能否正常使用的关键指标之一。一旦线性范围变窄（通常是上限降低），该试剂盒即应废弃（如要继续使用，常规工作中则需调整样本与试剂的体积比例）。线性太宽会造成成本增加，原材料浪费。

造成试剂盒线性范围变窄的常见原因：①生产中组分投料量不足；②生产后组分稳定性差；③运输、贮存不当，导致试剂盒组分的含量发生变化。

（5）稳定性：稳定性是指试剂盒能保持测定准确性的性能，亦即试剂质量的有效期限。多数试剂的稳定期限在一年以上。大多数试剂盒具有"原包装试剂形式"和使用前经简单准备而成的"工作试剂"两种形式，少数试剂盒的原包装即为工作试剂（液），评估试剂盒的稳定性应包括原包装和工作液两方面的稳定性。

在临床实验室，工作人员更关心的是试剂在复溶后配成工作试剂的稳定性，因为它直接关系到检验结果的准确性和重复性。一般要求复溶后酶试剂的稳定时间在室温下应达到8~24小时以上，4℃冷藏则至少要达到24~48小时以上。在订购试剂特别是酶试剂时，一定要根据试剂复溶后稳定期限和工作量情况选择合适的包装。

上述指标详细参见"实验方法的选择与评价"和"酶学分析技术"章节。

第5节　参考范围和医学决定水平

临床生物化学检验结果有何临床意义，是正常还是异常，如何给予医疗措施以及疗效判断等，这都涉及项目的参考范围及医学决定水平。

一、参考范围

（一）由"正常范围"到"参考范围"

参考值（reference value）是指绝大多数正常人的各种生理及生化指标常数，医学中是经统计学处理从某一参考人群中获得的测定值均数（$\overline{X}$）。参考范围（reference range）也称参考区间（referenceinterval），是指经统计学处理从某一参考人群测定数据的95%的分布区间（$\overline{X} \pm 2S$）。

在20世纪80年代以前，参考值与参考范围曾被称为"正常值""正常范围""正常值范围"等，使用一度十分混乱。"正常值""正常范围"等使用不合理的原因在于：①5%的"正常"人被判断为"不正常"："正常"给人的感觉是健康，若检测值不在其范围内，照此理解即为"不正常"。参考样本即健康人群5%的正常人在95%分布的"正常范围"之外，被判断为患病，显然是错误的，若在"参考范围"之外就好理解了。②95%的"正常"人也是相对的：实际上，绝对的健康是不存在的，每个人身上都可能存在着某种程度的亚健康状态、病理状态。③不正常的人被纳入"正常"：从疾病的发生发展过程来看，从早期的阴性到后期的阳性，都有一个或长或短的过程，参考样本中可能存在患有某疾病但处于早期的受试者，或者患有与所检测项目无关或暂时无关的另一种疾病，所有这些情况都不属于"正常"。

由于"正常值""正常范围"的概念容易产生误解，1969年由Grasbeck等提出了用参考值代替正常值，用参考范围代替正常范围；1978年，IFCC作了正式推荐；现在，医学界普遍主张使用"参考值""参考范围"这一概念。

（二）参考范围的建立

参考范围的建立应包括参考个体、参考总体、参考样本、参考值、个体值范围与个体值分布、参考范围（或参考区间）等。它们各自的意义及相互关系如下。

参考个体——	按预定标准选择的个体。即界定了地区、民族、性别、年龄段等条件的个体，并包括排除标准，如不能有器质性疾病，乙型病毒性肝炎（乙肝）阳性，近期急性感染、输血或手术、服药、妊娠或哺乳等
↓组成	
参考总体——	所有参考个体的集合，其人数是估测的
↓选定	
参考样本——	从参考总体中选择一定数量的参考个体组成的集合，其足以代表参考总体
↓测定	
参考值——($\overline{X}$)	每一个参考个体测定后的个体值经统计学处理求得的均值
↓观察	
个体值范围——	每一个参考个体的个体值剔除离群值并补充数据后的所有（100%）个体值的集合范围，其分布即"个体值分布"，可呈正态或偏态 （包括95%参考总体的个体值的分布区间）
↓计算	
参考范围—— ($\overline{X}\pm 2S$)	双侧时：正态：$\overline{X}\pm 1.96S$，即（$\overline{X}-1.96s$）～（$\overline{X}+1.96S$）；偏态（百分位数法）：2.5%位数（$P_{2.5}$）的参考限～97.5%位数（$P_{97.5}$）的参考限
↓比较	
分析判断	将受试者结果 Xi 与$\overline{X}$、$\overline{X}\pm 2S$进行比较

在建立参考值、参考范围时应该注意：①参考样本的个体数：参考样本人数一般应有100例以上，若为偏态分布则应在120例以上，特殊情况时至少也应在30例以上。②离群值的判断与处理：将疑似离群值和其邻近值相减后的绝对值除以极差（最大值－最小值），若≥1/3（或界限值$P_{0.05}$）则为离群值。离群值必须剔除，再补足数据。③个体值范围与参考范围（95%个体值分布区间）：个体值范围是指所有个体值剔除离群值并补充数据后的整个集合（100%数据的）范围。参考范围（95%个体值分布区间）是指所有个体值剔除离群值并补充数据后95%数据的分布范围（区间）。可见两个概念并不相等，参考范围只是个体值范围的大部分（95%）。④按统计学要求处理单、双侧位界：项目偏高、偏低均属异常的为双侧参考范围，如上述。项目只偏低或只偏高属异常的则取"单侧参考范围"，正态：$\overline{X}-1.65S$ 或 $\overline{X}+1.65S$；偏态：P_5 或 P_{95} 的参考限。⑤除个体本身的影响（一般不特别指出时为成人），参考范围还随测定方法学（测定原理）、试剂厂家与批号、仪器、测量程序等的不同而不同，并非一成不变，故不能机械地进行比较。

二、医学决定水平

根据参考值及参考范围来解释某一诊断试验的结果时，虽能区分被检者结果正常与否，但不能完全确定或排除受检者是否患病，同时受检者处于疾病的不同时期其检测结果也不相同。因此临床上需要一个确定病情、判断疗效和预后的一个临界值。

1968年Beknett首先提出了医学决定水平（medical decision level，MDL，DL）的概念：MDL是对临床诊治疾病具有决定性作用的被分析物质的浓度，是临床上按照不同病情给予不同治疗方案而确定的阈值。MDL可以用来确定或排除某一临床情况或预告将会出现某一生理变化。

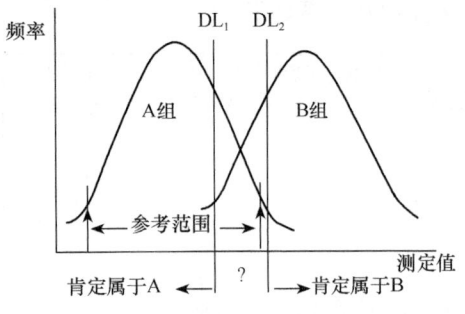

图 2-6 实验室测定结果的理论分布

医学决定水平与参考范围是两个完全不同的概念，从健康与疾病两组人群的实验室测定结果的理论分布可以说明医学决定水平与参考范围之间的关系（图 2-6）。A 组为健康状态良好的人群，其所得出的参考范围如图所示，B 组则为某种疾病的患者，DL_1、DL_2 分别为低值、高值医学决定水平，DL_1 左侧的数值可排除 B 组疾病，DL_2 右侧的数值可确定患者患有 B 组疾病；DL_1 与 DL_2 之间则表明健康与疾病存在交叉（灰区）。

医学决定水平是一阈值，不同指标的医学决定水平的数量、数值不同（表 2-12）。如血清清蛋白（Alb）有三个 DL，分别是 20g/L、35g/L、52g/L，其中 20g/L 表示肝病患者预后严重；35g/L 为检查低清蛋白血症的界值；52g/L 则稍高于参考范围上限，可排除许多假阳性。血清总钙有三个 DL，分别是 1.75mmol/L、2.75mmol/L、3.38mmol/L，其中 1.75mmol/L 作为低血钙抽搐的第一个决定性水平值，等于或低于 1.75mmol/L 时，应加做其他检查以明确病人发生抽搐的可能性，并采取预防措施；2.75mmol/L 作为观察副甲状腺功能是否亢进的血清钙低限值，等于或高于该值时，应加做其他检查以确诊或排除原发性副甲亢的诊断；若大于 3.38mmol/L 则考虑为高血钙昏迷，应及时做出诊断，不得延误。

表 2-12 临床生物化学检验指标的医学决定水平

指标（单位）	参考范围	DL_1	DL_2	DL_3
Alb g/L	35~50	20	35	52
TP g/L	60~80	45	60	80
Glu mmol/L	3.9~6.1	2.5	7.0	8.9
TC mmol/L	3.90~6.50	2.4	6.5	10.4
TG mmol/L	0.22~1.98	0.22	2	4.4
Na^+ mmol/L	138~146	115	135	150
K^+ mmol/L	3.7~5.3	3	5.8	7.5
Cl^- mmol/L	98~109	90	112	—
总 Ca mmol/L	2.25~2.65	1.75	2.75	3.38
Mg^{2+} mmol/L	0.6~1.2	0.4	0.9	2.5
P^{3+} mmol/L	0.81~1.62	0.5	0.8	1.7
Fe^{3+} μmol/L	9.0~29.5	7	40	70
ALT U/L	5~30	20	60	300
AST U/L	8~30	20	60	300
ALP U/L 成人	25~90	—	—	—
儿童	50~350	50	135	400
GGT U/L	5~30	15	45	150
TB μmol/L	1.7~17.1	25	40	350
Urea mmol/L	2.9~9.3	2	10	18
Cr μmol/L	62~133	50	140	530
UA μmol/L	150~410	120	470	630
CK U/L	10~120	60	200	1500
LDH U/L	100~320	200	450	800
AMY U/L	110~330	90	225	370

第6节 量值溯源、实验方法与参考物质概述

临床检验结果准确，具有跨时空的可比性，是防病治病的需要，也一直是检验医学的工作目标。临床实验室普遍采用商品常规方法，方法原理、品种多种多样，不可能也不应该要求所有实验室使用同一方法进行临床检验，那么实现检验结果准确性和可比性的有效手段是建立和保证不同方法结果的计量学溯源性，而开展量值溯源的必要条件是具备参考（测量）系统。

一、量值溯源的基本概况

以下概念由国际标准化组织（International Organization for Standardization，ISO）定义。

（一）量、量值及有关概念

1. 量与量值 "量"的定义是：现象、物体或物质可定性区别和定量确定的属性。是一个重要的计量学概念，如长度、温度。"量值"是指由一个数和一个合适的计量单位表示的特定的量，常可简称为"值"（value）。如 1.82m，37.5℃。"测量结果"是指通过测量得到的赋予被测量的值。

2. 真值（true value） 与给定的特定量的定义一致的值称为真值。理论上真值只有通过完美的测量才能获得，现实中很难获得，故严格地讲真值是未知的。在实际工作中经常使用的是约定真值。

3. 约定真值（conventional true value） 是一个特定量的赋予值，对于给定的目的具有适当的不确定度，有时通过约定而被采用为真值，称为约定真值。通常约定真值是用不确定度符合要求的测定程序多次测量的平均值。有时也称为定值、赋值、最佳估计值或参考值。

（二）测量方法与程序

1. 测量方法（method of measurement） 是指进行测量时所用的、按类别叙述的逻辑操作次序。

2. 测量程序（measurement procedure） 是用于特定测量的、根据给定的测量方法具体叙述的一组操作。

方法和程序是不同的概念。测量程序对测量操作的每一个细节进行了规定，它有相对固定的性能指标，可使操作者直接进行相应特定量的测量并得到测量结果，无须提供另外的说明；测量方法则不能，它是一般描述性的，不具备具体的性能参数，一个测量方法可以产生出多个测量程序。测量程序有时也称为标准操作程序（standard operating procedure，SOP）或分析方案（analytical protocol），相当于临床检验操作规程。

测量方法（实验方法）产生测量程序，部分测量程序可溯源至国际单位制（international system of units，SI）单位；测量程序为下一级参考物质定值，参考物质又校准下一级测量程序，直至常规样本（图 2-7）。

（三）测量系统与基质效应

1. 测量系统（measuring system） 又称检测系统（test system），是指完成一个检验项

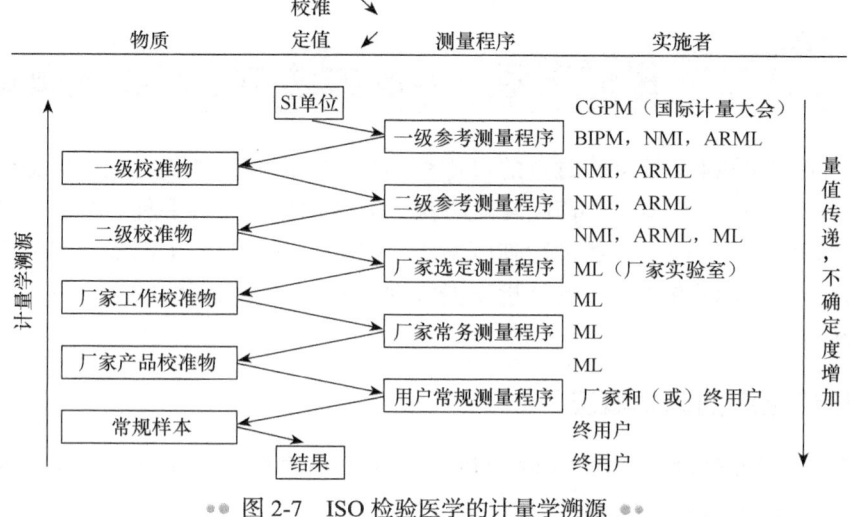

图 2-7　ISO 检验医学的计量学溯源

CGPM. 国际计量大会　　BIPM. 国际计量局　　NMI. 国家计量机构
ARML. 认可的参考测量实验室（可以是独立或厂家实验室）ML. 厂家实验室

目所涉及的仪器、试剂、校准物、质控品、操作程序、质量控制、维护保养程序等的组合。更广义地也包括样本采集器、检测用水等，若是有手工操作步骤，则还包括操作人员。

测量系统中的任何一个组合都可能对检验结果产生影响，因而他们的任何改变都可能反映在检验结果上。所以临床实验室应该保证所采用检测系统的完整性和有效性。

2. 参考测量系统（referencemeasuring system）　有时简称为参考系统（referencesystem），是由参考物质（reference material）、参考测量程序（reference measurement procedure）和参考测量实验室（reference measurement laboratory）组成的测量系统。参考系统是检验医学量值溯源的基础。参考物质见后述。

3. 参考测量程序　是指经过充分研究的测量程序，测量结果的不确定度适合其预期用途，尤其是评价测量相同量的其他测量程序的正确性和鉴定参考物质方面的用途。具体是指决定性方法产生的一级参考测量程序、参考方法产生的二级参考测量程序、国际约定参考测量程序三类。

4. 参考测量实验室　简称参考实验室，是运行参考测量程序、提供有给定不确定度的测量结果的实验室。参考实验室有很高的技术和管理要求，往往需要通过特定的程序才能成为参考实验室。对于同一检验指标，参考实验室最好形成国际网络，并定期进行测量比对，以保证参考测量的有效性。目前国际上有参考实验室网络的检验指标有胆固醇、酶催化活性、糖化血红蛋白等。

5. 基质及基质效应（matrix effect）　基质又称基体或介质，是指在分析样本中，除了被分析物以外的所有其他物质和组分（包括溶剂）。基质效应是指检测系统在分析样本中的被分析物时，被分析物周围的基质对被分析物测定结果的影响。

因此单一纯品的标准液，经过加工处理的商品化的质控品和校准品其基质与临床样本的基质是不同的，所产生的基质效应也不相同，使用时必须了解它们的差别及专用属性。

（四）量值溯源与校准

1. 量值溯源　量值溯源作为一个计量学概念在检验医学领域过去很少受到关注，近年来，检验医学的量值溯源问题在国际上广受重视。源自 1998 年欧盟签署"体外诊断医疗器具指令"（Directive98/79/EC）法律文件（2003 年生效），该指令要求"体外诊断器具的校准物质和（或）质控物质定值必须通过参考测量程序或参考物质保证溯源性"。为配合该指令的实施，欧洲标准化委员会 1999 年起草有关标准，后被国际标准化学组织（ISO）采用，于 2002 年到 2003 年出版了五个相关标准，包括 ISO 15193（2002）"体外诊断器具 - 生物源样本中量的测量——参考测量程序的内容和表述"、ISO15194（2002）"体外诊断器具 - 生物源样本中量的测量——参考物质的描述"、ISO 15195（2003）"检验医学 - 参考测量实验室要求"、ISO 17511（2003）"体外诊断器具 - 生物源样本中量的测量——校准物和质控物定值的计量学溯源性"、ISO 18153（2003）"体外诊断器具 - 生物源样本中量的测量——酶催化浓度校准物和质控物定值的计量学溯源性"。

检验医学的量值溯源的另一个推动因素是实验室认可，ISO 15189（2012）"医学实验室—质量和能力的专用要求"也对临床检验结果的溯源性作出了明确要求。量值溯源作为提高和保证检验结果准确性的重要手段，已逐渐被广泛接受，检验结果的溯源性将成为检验试剂生产和临床实验室检验中质量的重要指标。

溯源性（traceability） 通过一条具有规定不确定度的不间断的比较链，使测量结果或测量标准的值能够与规定的参考标准，通常是与国家或国际测量标准相联系起来的特性，称为溯源性。溯源性是测量结果（包括测量标准即校准物的测量结果）的属性，不宜用于测量方法或测量程序。

"量值溯源"则是指量值从下而上通过不间断的校准而最终溯源至 SI 单位，实现检验结果准确性和可比性的过程。"量值传递"是自上而下通过逐级检定而构成检定系统。如图 2-7。

连续的比较链是指计量学级别由低到高的、交替出现的测量程序和校准物，也称为溯源链。"测量标准"在检验医学领域可简单理解为参考物质或参考测量程序的等级水平，与参考标准的联系可以是直接的，也可以通过中间测量程序和校准物间接进行，即溯源链可长可短，但理论上应使溯源链尽可能短（如二级参考测量程序直接定值厂家工作校准物），因为溯源链越长，测量不确定度往往越大。溯源链的理想终点是 SI 单位的定义，但前提是必须有一级参考测量程序，在几百种检验项目中，目前只有 25～30 种定义明确的小分子化合物（如某些电解质、代谢产物和底物类、固醇类激素、甲状腺激素等）可以溯源至 SI 单位，而多数项目只能溯源至国际约定校准物质或国际约定参考测量程序，甚至是厂家校准物和（或）测量程序。

2. 校准

（1）定义：是在规定条件下，为确定测量仪器或测量系统所指示的量值，或实物量具、参考物质所代表的量值，与对应的由标准所复现的量值之间的关系的一组操作。其主要含义为：①在规定条件下，用参考测量标准对包括实物量具或参考物质在内的测量仪器的特性赋值，并确定其示值误差；②按照比较链（或校准链），将测量仪器所指示或代表的量值溯源到由测量标准所复现的量值上。

（2）主要目的：①确定示值误差；②得出标称值偏差的报告值，并对仪器或其示值加以修正；③给标尺标记赋值，或给参考物质的特性赋值；④实现溯源性。

（五）不确定度（uncertainty）

1. 定义 是与测量结果相联系的、表征合理地赋予被测量值的分散性的参数。其基本含义是对测量结果的"怀疑"，是一个代表测量结果质量的参数。

2. 不确定度的分类 不确定度一般包括多种组成部分（图 2-8）。①标准不确定度：用

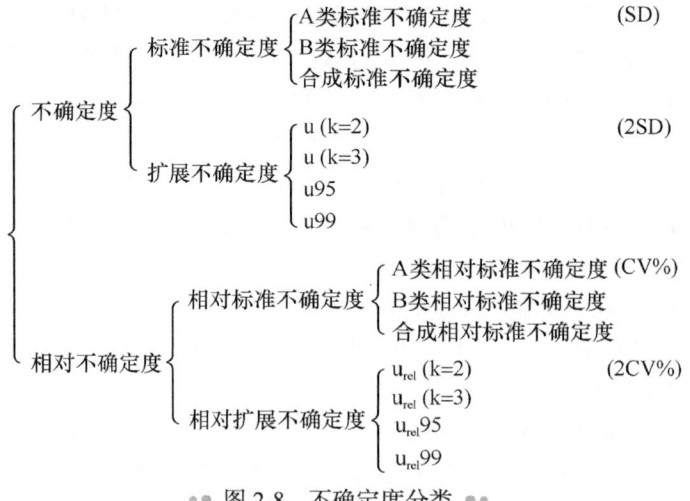

图2-8 不确定度分类

标准(偏)差(SD)给出的不确定度。用SD表示。②A类标准不确定度：不确定度通过实验进行评定，称不确定度的"A类评定"，此类是用统计方法评定出的不确定度。③B类标准不确定度：不确定度根据实验以外的经验性信息或数据进行评定，称"B类评定"，此类是用非统计方法评定出的不确定度。④合成不确定度：当测量结果是由若干个其他量的值求得时，按其他各量的方差和协方差算得的标准不确定度。⑤扩展不确定度：确定测量结果区间的量，合理赋予被测量之值分布在指定概率内含于此区间。用2SD表示。⑥相对不确定度：相对标准不确定度是不确定度（SD）除以被测量之值（$\bar{X}$）。用CV%表示。相对扩展不确定度用2CV%表示。

过去一直用一组重复测量的结果的标准差（SD）或变异系数（CV）来描述测量结果的分散性，但这只是结果的不确定性的一部分，只反映所使用的测量程序在规定条件下的随机不确定性，还有另外一些因素如仪器、方法、样本、试剂等非重复测量因素造成的结果不确定性，需采用不确定度这一参数。

二、实验方法的概念与分级

国际临床化学与检验医学联合会（IFCC）将分析方法根据其准确度与精密度的不同分为决定性方法、参考方法和常规方法三级。ISO15189文件又将其具体细化为相应的一个或多个测量程序。

（一）决定性方法

决定性方法（definitive method）指准确度最高，系统误差最小，经过详细研究尚未发现其不准确或不精密的方法。其测定结果与"真值"最为接近。主要方法有同位素稀释-质谱分析法（isotopic dilution mass spectrometry，ID-MS）、中子活化法、重量分析法等（表2-13）。

表2-13 临床生化检验项目的决定性方法、参考方法和常规方法

项目	决定性方法	参考方法	常规方法
钠	中子活化法、重量法	火焰光度法	火焰光度法、离子选择电极法
钾	ID-MS、中子活化法	火焰光度法	火焰光度法、离子选择电极法

续表

项目	决定性方法	参考方法	常规方法
氯	ID-MS，中子活化法	电流（库伦）滴定法	硫氰酸汞法、离子选择电极法
钙	ID-MS	原子吸收分光光度法	邻甲酚酞络合酮法、TMB 法
镁	ID-MS	原子吸收分光光度法	甲基麝香草酚蓝（TMB）法
磷	ID-MS	—	米吐尔直线法、孔雀绿试剂法
清蛋白	—	免疫化学法	溴甲酚绿法
总蛋白	—	凯氏定氮法	双缩脲法
葡萄糖	ID-MS	己糖激酶法	葡萄糖氧化酶法
胆固醇	ID-MS	Abell-kendall 法	L-B 反应直接法、酶法
TG	ID-MS	Van Handel 法	酶法
ALT	—	LD-NADH 法	赖氏法
AST	—	MDH-NADH 法	赖氏法
GGT	—	连续监测法	r-L-谷氨酰-α 萘酚比色法
CK	—	NAD^+ 速率法	比色法
胆红素	—	重氮反应法	J-G 法
尿素	ID-MS	尿素酶法	二乙酰一肟法、脲酶波氏法
肌酐	ID-MS	离子交换层吸法	碱性苦味酸法
尿酸	ID-MS	尿酸酶法（紫外）	磷钨酸比色法

由于技术条件要求太高，费用昂贵，这类方法通常不直接用于鉴定常规方法的准确性，只用于产生一级参考测量程序、评价参考方法和对一级标准品定值。国际上研究该类方法的实验室较少，主要在美国、法国、德国和丹麦等。

决定性方法的测量原理等同于 ISO 的一级测量原理，由其产生的测量程序称为一级参考测量程序（primary reference measurement procedure），是基于特异、不需同量校准物而能溯源至 SI 单位、低不确定度的测量程序，是具有最高计量学特性的参考测量程序。一般由国际或国家计量机构建立，或国际科学组织批准认可，在相应的校准实验室内运行。其操作可被完全描述和理解，所有的不确定度可用 SI 单位表示，结果不用参考被测量的测量标准而被接受。一级参考测量程序为一级参考物质定值。

（二）参考方法

参考方法（reference method）是指准确度与精密度已经被充分证实，且经公认的权威机构（国家主管部门、相关学术团体和国际性组织等）颁布的方法。这类方法干扰因素少，系统误差很小，有适当的灵敏度、特异度、较宽的分析范围并且线性良好，重复测定中的随机误差可以忽略不计。

参考方法可在生产厂家经过高度专业培训的人员开展，也可在条件优越的实验室用于常规分析。主要用于：①鉴定常规方法的准确度，评价其误差大小、干扰因素，并决定是否可以被接受；②为二级标准品和质控物（血清）定值；③评价商品试剂盒的质量等；④产生二级参考测量程序。

参考方法可再分为两类：①公认的参考方法：已用决定性方法和一级参考物证实，作为参考方法已在学术界得到公认。②推荐的参考方法：分析原理合理，但还有待证实，或者待测物本身性质复杂或化学组成不清楚，没有决定性方法可以证实，因此仅被部分学术组织认可与推荐。

按照参考方法的测量原理建立的测量程序称为二级参考测量程序（secondary reference measurement procedure），在临床检验领域中发挥主要作用，它们被称作"二级"，只是计量学上的分级，因需一级参考物质校准。它们是高度特异、精密，适合于分析复杂生物样本的方法，而一级参考测量程序在不少情况下只适合于一级参考物质（纯物质）的鉴定，不适合生物基质样本的分析。二级参考测量程序一般在国家计量机构或经认可的参考测量实验室内建立和运行。

如上所述一个测量方法可以产生出多个测量程序，参考方法可以产生厂家选定测量程序、厂家常务测量程序、用户常规测量程序，前两个程序为厂家工作校准物、厂家产品校准物定值。

还有一类比二级参考测量程序等级低的国际约定参考测量程序（international conventional reference measurement procedure），它们得出的结果不能溯源至SI单位，但被广泛承认。其可以为厂家工作校准物定值。

一级、二级、国际约定参考测量程序可统称为参考测量程序。

（三）常规方法

常规方法（routine method）具有足够的精密度、准确度和特异度，有适当的分析范围，经济实用，性能指标符合临床或其他检测需要的方法。根据准确度确定与否可分为偏差已知的常规方法、偏离未知的常规方法两种。

常规方法在作出评价以后，经有关学术组织认可即可作为推荐方法。目前临床实验室使用的检测方法大多属于常规方法。

三、参考物质的分级

ISO对参考物质（reference material，RM）的定义：是指具有一种或几种物理或化学性质已经充分确定，用以校准仪器、评价测量方法或给材料赋值的一种材料或物质。国内过去多称为标准物质、标准试剂、标准品、标准物。参考物质可以是纯的或混合的液体、固体（如镨钕滤光片）或气体（如标准的CO_2气体）。

参考物质的结果一般表示为：标准值 ± 总不确定度。附有"参考物证书"的参考物质称为有证参考物（certified reference material，CRM），其特性值由建立了溯源性的测量程序确定，每个参考物都附有其置信水平的不确定度。

参考物质分为校准物质（calibration material）和正确性质控物质（trueness control material）两类。校准物质又称校准物（calibrator），是在校准函数中其值被用作自变量的参考物质，用于对测量系统校准或对材料赋值。正确性质控物质（国内多称为质控物、质控品、控制物、质控血清）是用于评价一种测量系统的测量偏差的参考物质（图2-9）。

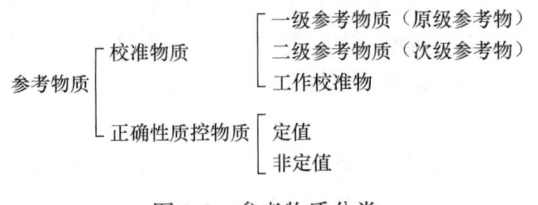

图2-9 参考物质分类

（一）校准物质

根据参考物质的校准性质一般可分为三级。

1. 一级参考物质（primary reference material） 是一种高度稳定而均一的、其含量由决定性方法产生的一级参考测量程序确定、所含杂质已经定量的、具有最高计量学特性的参考物质。也称为原级参考物、一级校准物、一级标准品。一般是高度纯化的被测物质。

一级标准品均有证书，属于有证参考物质，在美国由国家标准和技术研究院（National Institute of Standards and Technology，NIST）颁发，并且指明了它的性质和相关数据。美国由于发现标准物质最早，又一直处于世界领先地位，至今仍将一级参考物质称为标准参考物质（standard reference material，SRM）。

一级参考物质主要用于二级参考测量程序的校准以及为二级参考物质定值。也可用于校正决定性方法。

例如，我国一级标准品"人血清无机成分分析标准品GBW09135""血清胆固醇标准品GBW09138"是准确度达国内最高水平的有证标准物质，由国家技术监督局批准、颁布并授权生产。

2. 二级参考物质（secondary reference material） 由参考方法产生的二级参考测量程序定值，或通过一级参考物质比较而确定，可以是水、有机溶剂或某特殊基质的纯溶液，也可以是与实际临床样本基质相似的物质，也称为次级参考物、二级校准物、二级标准品。可由实验室自己配置或为商品。在发达国家的二级参考物质通常是有证参考物质。有学者将二级参考物质称为主校准物（master calibrator）。

二级标准品主要用于试剂盒"厂家选定测量程序"的校准，也用于校正常规方法和为控制物定值。如我国的"胆红素标准物质GBW（E）090002"。

需要强调的是，只有对于可溯源至SI单位的小分子检验项目，才可分为一级参考物质和二级参考物质。

另外，还有一类重要参考物质是国际约定校准物质（international conventional calibration material），它们的量值不能溯源至SI单位，但属于国际约定的，因而也被广泛承认。与其相对应的定值测量程序是国际约定参考测量程序，国际约定校准物可以校准厂家选定测量程序。

3. 工作校准物（working calibrator） 工作校准物可以分为厂家工作校准物、厂家产品校准物，分别由"厂家选定测量程序""厂家常务测量程序"定值。

其用途分别是：厂家工作校准物用于厂家常务测量程序的校准；厂家产品校准物用于用户常规测量程序的校准。亦即一般的临床实验室对样本的常规测量程序使用的校准物为厂家产品校准物。

按定义，参考物质是一个较宽泛的概念，一级、二级校准物、试剂盒中的校准物都是参考物质，但一般情况下参考物质是指较高级别的校准物质，它们多数是有证参考物质。因此，一级、二级参考物质多称为标准品、标准物（液），试剂盒及临床实验室配制的校准液一般不能称为标准液。有证参考物质和一般参考物质的区别是前者有明确的溯源性和不确定度要求。

（二）正确性质控物质

正确性质控物质是指具有与检测过程相适应的特性，其成分均匀、稳定且基质与检测样本相同或相似的参考物质，也称控制物（control material）、质控物、质控品、质控血清。

控制物用于常规质量控制，即用来控制患者样本的检测误差。

常规生化定量分析控制物根据有无定值可分为定值和非定值血清两种；定性分析有阴性和阳性对照控制物。根据物理性状又可分为冻干质控物（血清）、液体质控物（血清）和混合血清。

可见参考物质有校准和评价测量系统两个主要功能。一种参考物质在一个测量程序或测量系统中或用作校准物质，或用作正确性质控物质，但不可以同时用作校准物质和正确性质控物质，即校准物不能当作质控物使用，质控物也不能校准仪器或方法。

第7节 实验方法的选择与评价

20世纪70年代由Barnett和Youden首次提出了选择和评价临床实验室的客观计划。选择实验方法的目的在于选择一个既符合本实验室条件、又有较好性能特点的方法。方法性能由方法学评价试验得到。方法学评价指通过实验途径测定分析方法的技术性能，并评价其能否被接受。

一、实验误差

（一）概念

实验误差（error）简称误差，是指量值的给出值与其客观真值的不符合性。给出值包括测量值、标准值等，具有广泛性。标本中待测物的真实浓度为真值，它是客观存在的，如前所述，严格地讲真值是未知的，在实际工作中经常使用的是约定真值。

（二）分类

按照误差的来源性质，实验误差可分为系统误差、随机误差两大类（图2-10）。

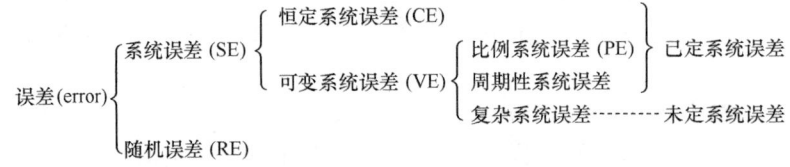

图2-10 误差分类

1. 系统误差（systematic error，SE）

（1）定义：是指一系列测定值对真值存在同一倾向的偏差。系统误差具有单向性，即或正或负，一般由恒定的因素引起，并在一定条件下多次测定中重复出现。当找到引起误差的原因后，采取一定措施即可纠正。消除系统误差能提高测定的准确度。

系统误差相当于不准确度（inaccuracy）或偏倚（bias），指重复多次测量结果的均值（$\bar{x}$）与真值（T）之差：

$$bias = \bar{x} - T$$

（2）分类：系统误差按变化规律分为两种类型：①恒定系统误差（constant error，CE）：指由干扰物引起的大小恒定的误差。误差大小与被测物浓度无关，而与干扰物浓度相关，有正负之分。②可变系统误差（variable error）：包括比例系统误差（proportional error，PE）、周期性系统误差和复杂系统误差。其中，PE 又称为线性系统误差，是指与被测物浓度成一定比例的误差。CE、PE、周期性系统误差可统称为已定系统误差，误差能够修正；复杂系统误差称为未定系统误差，误差的方向和大小未知或部分未知，但通常可以估计其界限，其中的一部分可以在测试中加以消除。

在系统误差中常见的是 CE 和 PE。

（3）系统误差的主要来源：①方法误差：这是生化检验中最严重、最难避免的误差，是由方法分析性能存在固有缺陷所致。如方法特异性不高、抗干扰能力差等。可以通过方法的选择和评价减小误差。②仪器误差：由仪器的技术性能不佳所产生的误差。常见于仪器波长未经校正、量器不准、温度控制不准等。可通过波长校准、量器定期校准、仪器技术性能的认真考核等措施来有效减小仪器误差。③试剂和实验用水误差：常见于试剂质量差、实验用水不合格等造成。

（4）评价与表示：SE 用准确度表示，常用干扰值表示 CE，用回收率表示 PE。

2. 随机误差（random error，RE）

（1）定义：1993 年国际计量局（BIPM）、国际标准化组织（ISO）等国际组织对随机误差的确定定义是："测量结果与在重复性条件下对同一被测量样本进行无限多次测量所得结果的平均值之差"。随机误差可正可负，大小不定，数据呈正态分布；分析步骤越多，造成这种误差的机会越多；客观存在，具有不可预测性、不可避免、不可消除，但可控制在一定范围内；随着测定次数增加，其算术均数就越接近真值。消除随机误差能提高测定的精密度。

随机误差相当于不精密度（imprecision），或绝对偏差（d_i），指某次测量值（x_i）与重复测量均值（$\bar{x}$）之差：

$$d_i = x_i - \bar{x}$$

（2）来源：造成随机误差的主要原因有：①技术人员的操作不规范及习惯变化等。②仪器、试剂、环境因素等条件的突然改变。按照 SOP 及严格控制实验条件可减小随机误差。

引起随机误差与系统误差的原因是相对的，同时，在一定条件下两类误差也可相互转化，见图 2-11。

（3）评价与表示：用精密度表示，常用标准差（SD）、变异系数（CV）表示随机误差（RE）。

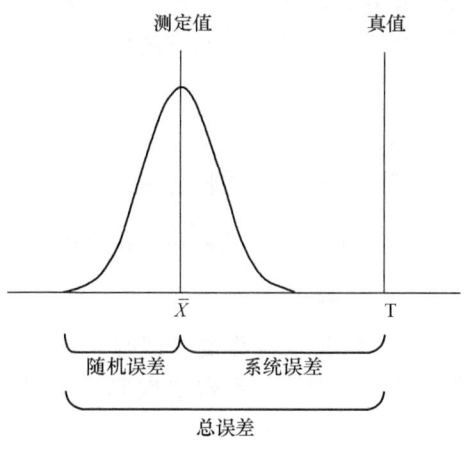

图 2-11　系统误差与随机误差

（三）表示方法

因误差性质不同，实验误差采用不同的表示方法，主要有以下几种：

1. 绝对误差和绝对偏差　绝对误差指某次测定值（x_i）与真值（T）之差，又称为偏差（deviation）。

$$绝对误差 = x_i - T$$

绝对误差有正值和负值。如果样本进行了一组平行测量，则上式中多用均值（$\bar{x}$）代替单次测量值（x_i）即为偏倚（$bias = \bar{x} - T$）。

绝对偏差是指某次测定值（x_i）与测定均值（$\bar{x}$）间的差值。

$$绝对偏差（d）= x_i - \bar{x}$$

绝对误差、绝对偏差表示误差绝对值的大小，无法比较测定误差之间的大小。偏差与偏倚常被相互套用，并多用含义较为通俗的偏差。

2. 相对误差和相对偏差 相对误差为绝对误差与真值的百分比值。相对偏差为绝对偏差与测定均值的百分比值。

$$相对误差 = \frac{x_i - T}{T} \times 100\% \quad 相对偏差 = \frac{x_i - \bar{x}}{\bar{x}} \times 100\%$$

绝对误差与相对误差是描述准确度的指标，有正负之分。

3. 平均偏差（$\bar{d}$） 指各绝对偏差（d）取绝对值后的算术平均值，即测定值（x_i）与测定均值（$\bar{x}$）之差的平均值。

$$\bar{d} = \frac{\sum |d_i|}{n} = \frac{\sum |x_i - \bar{x}|}{n}$$

4. 标准差（standard deviation，SD） 即标准偏差。是方差（S^2）的平方根值。其单位与原始数据单位相同，测定次数一般要求20次（$n=20$）以上。表示一组正态分布资料的离散程度，是表示精密度的较好指标。

$$SD = \sqrt{\frac{\sum(x_i - \bar{x})^2}{n-1}} = \sqrt{\frac{\sum x_i^2 - \frac{(\sum x_i)^2}{n}}{n-1}} = \sqrt{\frac{\sum d_i^2}{n-1}}$$

5. 变异系数（coefficient of variation，CV） 指样本标准差与样本均值的百分比。CV没有单位，故不受单位影响，主要用于比较各组数据间的离散度，CV值越大，反映各组数据间的变异越大，精密度越差。

$$CV = \frac{SD}{\bar{x}} \times 100\%$$

二、方法学评价指标

实验方法评价指标包括精密度、准确度、检测能力、线性范围等。

（一）精密度

1. 精密度与重复性试验 精密度（precision）是指同一标本在一定条件下多次重复测定所得到的一系列单次测定值之间的符合程度。是表示测定结果中随机误差大小的指标。

精密度自身无量度指标，常用标准差（S）或变异系数（CV）表示不精密度。SD和CV愈小，表明重复性愈好，精密度愈高。值得注意的是，在使用标准差及变异系数时，应注明实验的重复次数（n）及其均值（$\bar{x}$）。

重复性试验是指将同一份材料分成多份试验样本，进行多次分析测定（一般为20次），其目的在于评价或验证试验方法的随机误差或不精密度。根据重复性试验的时间安排可用批内、日内、日间重复性试验加以描述。

2. 精密度的表达形式 分析方法的精密度有以下四种：

（1）连续测定精密度在相同条件下，对同一标本连续进行n次重复测定结果之间的符合程度。按上式计算标准差，在有限次测定情况下，一般用σ（总体标准差）的估计值SD（样本标准差）来表达。

（2）重复性精密度（repeatability precision）又称室（批）内精密度。指在相同条件下（同一种方法、同一种试剂和标准品、同样仪器、在同一实验室、由同一人操作，并尽可能保持实验期间准确性不变）对同一标本在尽可能短的时间内进行 m 轮 n 次重复测定（"五同一短"的测定条件）结果之间的符合程度。重复性精密度（S_r）的计算公式为：

$$S_r=\sqrt{\frac{\sum S_i^2}{m}} \quad S_i^2=\frac{\sum(x_i-\overline{x_i})^2}{n-1}$$

（3）再现性精密度（reproducibility precision）又称室（批）间精密度。指在改变了测量条件下（不同实验室、不同操作者、不同方法、不同试剂和标准品、不同仪器，在不同时间）对同一标本重复测定（"一同"）结果之间的符合程度，也可以保持方法不变来考察（"二同"）。报告统计学数据时要详细说明测量条件。

$$S_L=\sqrt{\frac{\sum(\overline{x_i}-\overline{\overline{x}})^2}{m-1}-\frac{S_r^2}{n}} \quad S_R=\sqrt{S_L^2+S_r^2}$$

同样，也可以用 S_R、总均值（$\overline{\overline{x}}$）计算变异系数 CV 来表示再现性精密度。

（4）平行双样精密度：一个样本分成两管同步平行测定，用两次测定结果之差（d）按下式计算标准差：

$$SD=\sqrt{\frac{\sum d_i^2}{2n}}$$

（二）准确度

准确度（accuracy）是指测定值与真值之间的符合程度。准确度主要受系统误差支配，同时也受随机误差的影响，所以准确度是表示测定结果中系统误差和随机误差的综合。

实际工作中样本的真值难以获得，因而常常采用多次反复测定的平均值（$\overline{x}$）即约定真值来代表真值。准确度是没有度量指标，常以不准确度来衡量，一般用偏倚和偏倚系数（coefficient of bias, CB）来表示：

$$bias=\overline{x}-T \quad CB=\frac{\overline{x}-T}{T}\times 100\%$$

评价准确度的方法有回收试验、干扰试验、方法比较试验、线性范围试验。

准确度与精密度的关系：准确度与精密度的关系可以用打靶来比喻说明，图2-12中描述了四种打靶结果，其靶心可比作真值，每一个弹孔比作测定值，弹孔与靶心的距离比作不准确度，弹孔与弹孔之间的分布与距离比作不精密度。

图2-12中可见：①准确度低，精密度低；②准确度低，精密度低；但较①系统误差小、随机误差大；③准确度低，精密度高；④准确度高，精密度高。

准确度主要反映系统误差（和随机误差的综合），精密度主要反映随机误差。测量的精密度好，准确度不一定好，因为系统误差的

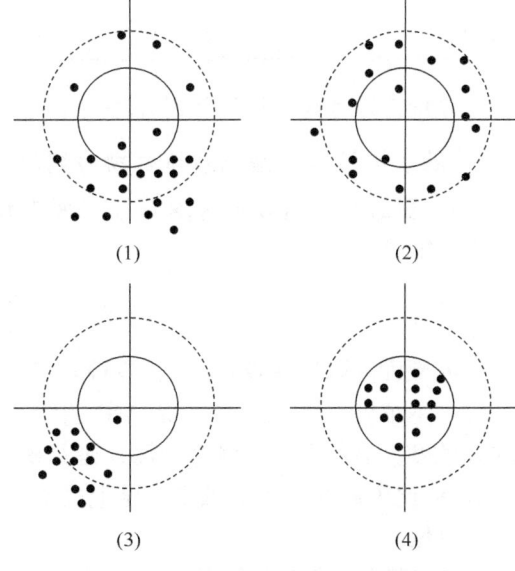

图2-12 准确度与精密度的关系

存在并不影响测量的精密度，精密度好只说明随机误差小，准确度不好说明系统误差较大。一般来说，精密度不好，也不会有良好的准确度，因为测量精密是保证良好准度的先决条件。准确度与精密度的关系可表示为：准确度和精密度都不好、准确度不好而精密度好、准确度和精密度都好。

（三）特异性与干扰

样本中被分析物的检测存在基质效应，如前所述，基质效应是指样本中被测物以外的基质对被测物的值的影响。"基质效应"描述的主要问题是非特异性和干扰。

特异性（specificity）即专一性，是指在特定实验条件下分析试剂只对待测物质起反应，而不与其他结构相似的非被测物质发生反应。非特异性（unspecificity）则是指非被测物也能与试剂发生反应产生测定信号，即特异性差。分析方法的特异性越高，其测定结果越准确。

干扰（interference）是指标本中某些非被测物质本身不与分析试剂反应，不产生测定信号，但以其他形式使测定值偏高或偏低。这些非被测物质称为干扰物。对待测物而言则是被干扰。

例如用邻甲苯胺法测定血清（浆）葡萄糖、半乳糖、甘露糖等也能与试剂邻甲苯胺反应，产生与葡萄糖相似的吸收光谱，引起正误差，这是特异性不足所致。苦味酸法测定肌酐中，假肌酐也能与苦味酸反应，也表明特异性低。GOD-POD 法测定葡萄糖中，第一步由 GOD 催化葡萄糖生成 H_2O_2 的反应特异性高，但尿酸、维生素 C 可与 H_2O_2 反应，使部分 H_2O_2 不能参与 POD 催化的第二步反应，造成显色程度下降。尿酸、维生素 C 本身未与试剂直接反应，但是葡萄糖测定的干扰物。特异性与干扰的关系见表 2-14。

表 2-14 特异性与干扰的关系

	待测物	非待测物	结果
试剂	反应	不反应，不影响结果	特异性
试剂	反应	反应	非特异性
试剂	反应	不反应，但影响结果（干扰物）	干扰
试剂	不反应		无意义

评价特异性与干扰的常用方法为干扰试验。

（四）灵敏度、检测限与生物检测限

1. 灵敏度（sensitivity，S） 是指检测信号变化量（Δy）与被测物变化量（Δx）的比值，又称为敏感度：

$$S = \frac{\Delta y}{\Delta x} = \frac{\Delta A}{\Delta C} = \varepsilon L = 灵敏度$$

灵敏度可以反映仪器、试剂对样本浓度变化的反应能力。如吸收光谱分析中，吸光度 A 与样本浓度 C 的关系为一条 A-C 曲线（校准曲线），曲线的斜率值（$\Delta A/\Delta C$）即为反应的灵敏度，显色反应的颜色越深，则灵敏度越高。比尔定律表达式变换后的 $\Delta A/\Delta C$＝吸光系数×比色皿光径＝灵敏度（见上式），可见，吸光系数与灵敏度成正比。注意灵敏度有计量单位。

灵敏度的高低应按照其样本的医学决定水平（Xc）来选择合适的化学反应，并不是灵敏

度愈高愈好。如双缩脲法测定血清总蛋白（g/L）合适，而测定脑脊液和尿蛋白定量（mg/L）却因为反应的敏感性较低而不合适；相反适合于微量蛋白测定的高敏感性方法，如考马斯亮蓝、丽春红等染料反应却不适合于血清总蛋白的测定。

2. 检测限（detection limit，DL；或 limit of detection，LOD） 是指在给定的置信水平上能够检出被测物的最小浓度或最小质量。以浓度表示的称为相对检测限，以质量表示的称为绝对检测限。在生物化学检验中接触最多的是相对检测限，常简称为检测（出）限或检测能力。

对于吸收光谱分析，其与空白信号相区别的最小信号 Y_L 由下式计算：

$$Y_L = \overline{Y_b} + KS_b$$

式中 $\overline{Y_b}$：空白信号的平均值，S_b：空白信号的标准差，K：根据一定置信水平确定的系数，国际纯粹与应用化学联合会（IUPAC）建议 K 值取 3（99.7% 的可能性）。即检测限的最小信号为"空白读数+3S"。

能产生净响应信号为 $Y_L - \overline{Y_b}$ 的被测物浓度就是方法对该物质的检测限（DL）：

$$DL = \frac{A}{\varepsilon L} = \frac{Y_L - \overline{Y_b}}{S} = \frac{3S_b}{S}$$

式中 S 为灵敏度。上式的含义即为检测出信号为 $3S_b$ 时的样本浓度。检测限的计量单位为浓度单位。

3. 生物检测限（biologic limit of detection，BLD） 某样本单次检测所具有的最小响应信号刚大于空白检测限响应信号的浓度称为生物检测（出）限。大于检测限的响应信号说明样本内含有被测物，但是方法还不能正确报告定量结果。

如前所述，99.7% 的可能性：BLD 信号 = DL 信号 + 3S$_{检测限样本}$

检测限与灵敏度的关系为：方法灵敏度越高，检测限就越低，检测能力就越强。另外，检测限与测定噪声（noise，在没有被测物时所产生的响应信号的波动或变化值）密切相关，为此，IUPAC 推荐采用检测限而不用灵敏度来衡量分析方法的检测能力。

（五）线性范围与测量范围

线性范围（linear range）指检测信号与被测物浓度呈线性时的被测物浓度范围。测量范围（measuring range，分析范围）指在允许误差极限内所能检测的被测物浓度范围。除了浊度法等以外，生物化学检验项目的校准曲线（或称为剂量反应曲线，dose-response curve）都是一条直线，因此可以检测校准曲线的线性区间，用线性范围代替测量范围。线性范围应该足够宽，至少应包含 95% 的临床样本；太窄容易导致系统误差。

评价线性范围的常用方法为线性范围试验。

三、实验方法选择与评价的原则、内容和步骤

检验方法选择和评价是实验室质量控制的基础。当建立一个新方法或引进新的方法、试剂、仪器时，都应对它们的技术性能（精密度、方法比较、线性范围等）作出评价，判断是否可接受，以便科学地选择和应用。

（一）实验方法选择的原则

1. 实用性

（1）微量快速：标本用量少、检测速度快，分析效率高。

（2）方法简便：试剂种类少，方法操作简便，易于实现自动化分析。

（3）安全可靠：试剂无毒、腐蚀性小，无需特殊防护措施。

（4）成本低廉：试剂价格合理，无需昂贵仪器和设施。

2. 可靠性 指所选方法应预计有较高的精密度、准确度、较宽的测量范围，这些特性均应在后面的评价试验中得以验证，并保证检测结果的准确性符合方法的允许误差。

（二）实验方法评价的基本内容

实验方法评价的基本内容就是通过一系列评价试验，检测表示其精密度和准确度的相应误差类型及大小（表2-15），与规定的性能指标比较，决定候选方法能否被接受。

表2-15 方法评价实验与试验误差类型的关系

方法学评价指标	表示方法	分析误差类型	评价试验	
			初步试验	最后试验
精密度	SD、CV	随机误差（RE）	批内重复试验	日间重复试验
准确度	干扰值	恒定系统误差（CE）	干扰试验	方法比较试验
	回收率	比例系统误差（PE）	回收试验	

（三）实验方法选择与评价的步骤

1. 查阅文献 广泛、仔细查阅国内外已发表的相关纸质版和电子版文献，有条件时通过实验室之间的交流（最好是现场考察），再根据方法选择的原则对各种方法进行比较，充分认识各种方法的科学依据与使用价值，进行初步筛查。

2. 确定候选方法 条件好的实验室可建立或选择参考方法，一般实验室可选择国内外推荐的常规分析方法或使用方便的参考方法，以便于方法的规范和质量控制。根据本实验室的仪器设备、技术人员素质以及工作量等具体情况，选择适合于本实验室的方法作为候选方法。有些反应条件可能还需要验证、探讨与调整，主要包括：方法的吸收曲线与检测波长的选择（吸收光谱分析时）、呈色稳定性、反应温度和时间、样本与试剂的体积比（加样试剂比）、试剂的最佳配方、缓冲体系的种类以及方法线性范围的考察等。

一旦候选方法确定以后，应当制定出该方法的原理、所用仪器、试剂来源和纯度、具体操作规程、计算、参考范围、样本收集要求、注意事项及参考文献等。

3. 初步评价试验 也称预试性实验，包括线性范围试验、批内和日内重复性试验、回收试验和干扰试验。该阶段可在较短的时间内完成。

4. 最后评价试验 在初步评价试验合格以后进行，包括日间重复性试验以及方法比较试验，并对该方法性能进行总体的可接受性判断。

5. 评价后试验 在方法性能可接受以后，再进行相关临床研究，包括确定参考范围以及特殊患者样本的检测方式等。

6. 方法应用 候选方法一旦完全被确定以后，即可纳入常规工作，制定测量程序（标准操作程序，SOP）、建立质量控制系统、培训操作者等。

▶ 四、方法学评价试验

评价试验包括重复性试验、回收试验、干扰试验、方法比较试验、线性范围试验等。下面选择血糖作为测定项目，以葡萄糖氧化酶-过氧化物酶（glucose oxidase-peroxidase，GOD-POD）法作为候选方法，己糖激酶(hexokinase,HK)法作为比较方法进行五项方法学评价试验。

（一）重复性试验

重复性试验的目的是检测和评价候选方法的随机误差，考察其精密度。方法是将同一份材料分成多份试验样本，进行多次分析测定（一般为20次），计算出均值（$\bar{x}$）、标准差（SD）和变异系数（CV）。

1. 试验形式与方法 根据试验的时间安排可分为批内、日内、日间重复性试验。

（1）批内重复性试验：指在相同条件下（同一种方法、同一种试剂和标准品、同样仪器、在同一实验室、由同一人操作，并尽可能保持实验期间准确性不变）对同一标本在尽可能短的时间内进行m轮n次重复测定（"五同一短"的测定条件），计算SD和CV，代表批内不精密度。

（2）日内重复性试验：在一天内对一个或数个标本作数批重复测定，计算其SD和CV。因一天内重复性实验所受影响因素比批内多，所得日内SD可能比批内大。

（3）日间重复性试验：将同一标本每天一次随机插入常规标本中测定，连续测定20个工作日，计算SD和CV。这样在同一标本（"一同"）和同一方法（"二同"）测定条件下得到的CV比上述批内和日内大，适用于实际工作中患者标本测定的精密度评价。

（4）患者标本平行双份测定：选择一批患者标本（20～100份），其待测浓度不超过方法的分析范围，分一批或数批测定，每一个样本分成两管同步平行测定，用两次测定结果之差（d）计算SD（公式前述）。该法主要用于不含合适基质的不稳定标本的精密度评价，可设计成批内、日内、日间患者标本平行双份测定。

2. 性能可接受性判断 ①推荐标准：20世纪90年代著名的临床化学专家Westgard等提出高效检验对精密度要求的观点，从中引出批内不精密度CV、天间不精密度CV应分别小于允许分析误差（allowable analyticalerror，E_A）的1/4、1/3。E_A采用CLIA'88临床化学室间质量评估指标（表2-16）。②较低标准：$1.96S \leq E_A$，可以初步接受，进一步判断见后述的方法性能判断。其依据是95%的随机误差值为1.96S。但该标准比上述推荐标准宽松很多。③其他标准：若CV<世界卫生组织（WHO）对中等实验室提出的最佳条件下的变异（optimal conditions variance，OCV）的±3%，说明实验室的控制达到了最佳条件。另外，日间CV>批内CV，要加以区别。

表2-16 美国CLIA'88临床化学室间质量评估指标

项目	可接受范围
丙氨酸氨基转移酶（ALT）	T±20%*
天冬氨酸氨基转移酶（AST）	T±20%
碱性磷酸酶（ALP）	T±30%
淀粉酶（AMY）	T±30%
乳酸脱氢酶（LDH）	T±20%
乳酸脱氢酶同工酶（iso-LDH）	LDH_1/LDH_2（+或−**），或T±30%
肌酸激酶（CK）	T±30%
肌酸激酶同工酶（iso-CK）	MB检出，或T±30%
总蛋白（TP）	T±10%
清蛋白（Alb）	T±10%

续表

项目	可接受范围
葡萄糖（GLU）	T±0.3mmol/L 或 ±10%（取大者）
甘油三酯（TG）	T±25%
胆固醇（TC）	T±10%
高密度脂蛋白胆固醇（HDL-C）	T±30%
总胆红素（TBIL）	T±6μmol/L 或 ±20%（取大者）
肌酐（CREA）	T±27μmol/L 或 ±15%（取大者）
尿素（UREA）	T±0.5mmol/L 或 ±9%（取大者）
尿酸（UA）	T±17%
钠（Na）	T±4mmol/L
钾（K）	T±0.5mmol/L
氯（Cl）	T±5%
总钙（Ca）	T±0.25mmol/L
镁（Mg）	T±25%
总铁（TIRON）	T±20%
血气 pH	T±0.04
血气 PCO_2	T±0.667KPa（5mmHg）或 8%（取大者）
血气 PO_2	T±3SD

* T±20%：靶值 ±（靶值 ×20%），E_A＝靶值 ×20%

** ＋或－：例如电泳时将 LDH_1、LDH_2 区分出来

【实验 2-3】 批内重复性试验

【原理】

将 1 份稳定样本随机插入临床血清样本序列中，做批内重复测定，所得的批内不精密度 CV 应小于允许分析误差（E_A）的 1/4 为合格。E_A 采用 CLIA′88 可接受范围指标。

【试剂】

1. 样本　①临床血清样本若干份。②稳定样本 1 份：收集无肝炎病毒污染、无溶血、无脂浊的人（或动物）血清配制成 1 份混合血清，其血糖含量大约为 6.6mmol/L。

2. 其他试剂　GOD-POD 法测定血糖试剂。

【实践步骤】

将血清标本用 GOD-POD 法做 5 轮、每轮 4 次血糖测定，即可获得 20 个测定数据。填入表 2-17 中。

表 2-17　批内重复性试验的数据处理

测定批次（m）	每轮测定次数（n）及测定值				$\sum x_i$	$\bar{x}_i$	S_i	S_i^2
	1	2	3	4				
1								
2								
3								
4								
5								
合计								

【计算】

1. 若有离群值应剔除。方法见后述。

2. 计算 $\bar{x}$、SD、CV 先计算出 m 个平均值 $\bar{x}_1$、$\bar{x}_2$、$\bar{x}_3$…$\bar{x}_m$，批次标准差 S_1、S_2、S_3…S_m，按下式计算各批次方差 S_1^2、S_2^2、S_3^2…S_m^2，填入表内；再将五轮的 S_i^2 总和代入以下公式即可计算出批内标准差 Sr。最后计算 CV。

$$S_i^2 = \frac{\sum(x_i - \bar{x}_i)^2}{n-1} \quad S_r = \sqrt{\frac{\sum S_i^2}{m}}$$

【评价标准】

三种判断标准见"性能可接受性判断"。

【注意事项】

1. 样本的选择 重复性试验可以采用校准液、控制物、患者样本或混合血清，视用途而定。但若用校准液，必须要与血清同基质。可将校准液配成不同浓度，较为方便，可以反映最好的重复性。因此，选用校准液做重复性试验，结果满意只能说明方法操作适宜，可进一步选用其他样本进行重复测定，若结果不佳则需改进方法或另选方法。

日间重复性试验可选用稳定方便的冻干质控血清，但应注意质控物中加有某些稳定剂或防腐剂而与患者样本的不一致。选用患者样本时则应注意详细记录患者样本的特性，如浑浊、溶血和药物等。

2. 被测物的浓度 应在该项目的医学决定水平处进行重复性试验。如血糖的医学决定水平分别为：2.5、7.0、8.9 和 16.5mmol/L。

3. 离群值的剔除 要检验数据的离散程度，剔除离群值。检验方法有格鲁布斯（Grubbs）法和狄克逊（Dixon）法（亦称 Q 检验法）等，经模拟试验发现，Grubbs 法效果较好。

4. 重复测定形式 不能单独将重复测定样本设为一组测定 20 次，而应该穿插在临床血清样本中随机排序后测定。

计算批内标准差 Sr 时，注意不能将所有测量结果直接代入连续测定精密度计算 SD，否则标准差数据将明显偏低，造成虚假的高精密度。

（二）回收试验

回收试验是用来考察候选方法对加入到常规分析样本中的纯分析物含量进行准确测定的能力，其目的是检测候选方法的比例系统误差（PE），以恒量该方法的准确度，用回收率表示。

【实验 2-4】 回 收 试 验

【原理】

将浓度已知的含被测物的各校准液加入至患者样本（原样本）中成为一系列分析样本（回收样本），在原样本中加入相同体积的无被测物的溶剂作为基础样本，用候选方法对这些样本进行同步测定，计算回收率和平均回收率，考察候选方法的比例系统误差。一般项目的平均回收率应在 95%～105%。

【试剂】

1. 样本 收集无肝炎病毒污染、无溶血、无脂浊的人（或动物）血清，用候选方法测定其血糖浓度，再用生理盐水稀释至 3.0mmol/L。

2. 葡萄糖校准液 浓度分别为：36.0mmol/L、70.0mmol/L。

3. 其他试剂 GOD-POD 法测定血糖试剂。

【实践步骤】

1. 样本制备

原样本：混合血清

基础样本：混合血清 0.9ml ＋生理盐水 0.1ml。

回收样本Ⅰ：混合血清 0.9ml＋36.0mmol/L 葡萄糖校准液 0.1ml

回收样本Ⅱ：混合血清 0.9ml＋70.0mmol/L 葡萄糖校准液 0.1ml

2. 血糖浓度测定 按 GOD-POD 法对以上各样本进行双份检测，结果取平均值。

【计算】

1. 计算公式

$$回收浓度（mmol/L）=回收样本测定浓度-基础样本测定浓度$$

$$加入浓度（mmoL/L）=校准液浓度（mmol/L）\times \frac{校准液量（ml）}{患者样本量（ml）+校准液量（ml）}$$

$$回收率（\%）=\frac{回收浓度}{加入浓度}\times 100=\frac{回收样本测定浓度-基础样本测定浓度}{\frac{校准液浓度（mmol/L）\times 校准液量（ml）}{患者样本量（ml）+校准液量（ml）}}\times 100$$

2. 结果处理 将所有计算结果填入表 2-18 中。

表 2-18 GOD-POD 法回收试验结果

样品	平均吸光度	测得浓度(mmol/L)	回收浓度(mmol/L)	加入浓度(mmol/L)	回收率（%）
原样本			—	—	—
基础样本			—	—	—
回收样本Ⅰ					
回收样本Ⅱ					
平均回收率	—				

【评价标准】

理想的回收率为 100%。一般的实验方法要求回收率在 95%～105%。比例系统误差＝平均回收率－100%，理想的比例系统误差为 0。

例如某回收率为 95%，原样本的测定值为 6.7mmol/L，则其比例系统误差为－5%，比例系统误差值为－5%×6.7mmol/L＝－0.335mmol/L，则原样本的准确值应为 6.7/95%mmol/L＝7.05mmol/L。

【注意事项】

1. 样本类型 基础样本指混合血清加入了不含被测物的溶剂（常为蒸馏水），其总体积与回收样本管的总体积一致，因此，计算回收浓度时可以直接相减。回收样本指混合血清中加入了含被测物的校准液，其校准液的浓度根据需要可配成数种。

2. 所加校准液的基质 应尽量与样本的基质相同，使他们的反应性质一致，以免所产生的基质效应影响回收率。

3. 加入校准液的体积 加入的校准液体积要小,一般不超过样本体积的10%。若稀释过大,会造成误差的改变或消失。

4. 加入校准液的浓度 ①在回收样本管中加入的校准液浓度应比欲增加的浓度高10倍,因为校准液加入到样本中以后被稀释了10倍。若使0.9ml混合血清加入0.1ml校准液后增加3.6mmol/L,应配制36.0mmol/L的糖校准液。②加入被测物的校准液浓度最好使试验样本中被测物的浓度达到医学决定水平(X_C),即回收试验应在X_C上进行。如混合血清中葡萄糖浓度为3.0mmol/L,葡萄糖的X_C为7.0mmol/L、8.9mmol/L,因此分别加入36.0mmol/L或70.0mmol/L的葡萄糖校准液,使加入后回收样本达到7.0mmol/L或8.9mmol/L。③总浓度须在测定方法的分析范围之内。

5. 准确加量 应选择经校正过的量器规范操作。

6. 重复测定次数 回收试验一般须做高、中、低不同浓度校准液的回收,最后计算平均回收率。

7. 设置原样本的作用 ①考察样本中被测物的浓度是否达到X_C。②考察稀释过程的准确性,原样本与基础样本的浓度应该相差约10%。③计算该方法对样本所测得的准确值。

(三)干扰试验

干扰试验用于检测某物质加到样本中所产生的恒定系统误差。误差的大小与被测物浓度无关,只随干扰物的浓度而变化。当样本中干扰物浓度一定时,则产生恒定量的误差。该试验可同时考察方法的非特异性与干扰,从而评价候选方法的准确性。

【实验2-5】 干 扰 试 验

【原理】

将可能引起干扰的物质配成一系列浓度的溶液加到病人样本中成为若干个干扰样本,在原样本中加入相同量的无干扰物质的溶剂作为基础样本,然后用候选方法测定,各干扰样本与基础样本结果之差表示一定浓度下该干扰物质产生的干扰值(偏差)。本试验选用尿酸作为干扰物进行检测(影响机制见本节"方法学评价指标"和糖代谢紊乱检验章节)。

【试剂】

1. 样本 同回收试验的混合血清。

2. 尿酸校准液 浓度为:4.5mmol/L 和 9.0mmol/L。

3. 其他试剂 GOD-POD法测定血糖试剂。

【实践步骤】

1. 样本制备

原样本:混合血清

基础样本:混合血清 0.9ml +生理盐水 0.1ml。

干扰样本Ⅰ:混合血清 0.9ml+4.5mmol/L 尿酸校准液 0.1ml

干扰样本Ⅱ:混合血清 0.9ml+9.0mmol/L 尿酸校准液 0.1ml

2. 血糖浓度测定 按GOD-POD法对以上各样本进行双份检测,结果取平均值。

【计算】

1. 计算公式

$$干扰值(mol/L)=干扰样本测定浓度-基础样本测定浓度$$

$$\text{干扰物的加入浓度（mmol/L）}=\text{干扰物浓度（mmol/L）}\times\frac{\text{干扰物溶量液（ml）}}{\text{患者样本量（ml）}+\text{干扰溶液量（ml）}}$$

$$\text{单位（干扰物浓度下的）干扰值}=\frac{\text{干扰值}}{\text{加入浓度}}$$

$$\text{单位（干扰物浓度下的）平均干扰值}=\frac{\frac{\text{干扰值1}}{\text{加入浓度1}}+\frac{\text{干扰值2}}{\text{加入浓度2}}}{2}$$

$$\text{干扰率（\%）}=\frac{\text{干扰值}}{\text{基础样本值}}\times 100$$

2. 结果处理 将所有计算结果填入表 2-19 中。

表 2-19 GOD-POD 法干扰试验结果

样品	平均吸光度	测得浓度（mmol/L）	尿酸加入浓度（mmol/L）	干扰值（mmol/L）	单位干扰值（mmol/L）	干扰率（%）
原样本			—			
基础样本						
干扰样本 I						
干扰样本 II						
单位平均干扰值	—	—	—			—

【评价标准】

若干扰值即偏差≤允许误差（E_A）的临界值，则干扰物所引起的偏差可以初步接受，进一步判断见后述的方法性能判断。

【注意事项】

1. 干扰物质 根据方法的化学反应原理找出可能的干扰物，一般应考虑的主要有黄疸、溶血、脂血、防腐剂、抗凝剂和药物等。设置干扰样本对于黄疸可考虑加入胆红素校准液；溶血则可采用加蒸馏水破碎红细胞（渗透压差）制备溶血样本；脂血则采用高脂样本作萃取前后的对比。

2. 可疑干扰物浓度 加入的可疑干扰物浓度应明显高于通常所见浓度的上限，应尽可能达到病理样本的最高浓度值，即必须达到有价值的范围，如尿酸升高的变化范围为 0.42～0.9mmol/L。当明确有影响后应测定在何种浓度时，所产生的误差在临床上无意义，即确定造成分析结果影响临床应用价值的最低可疑物浓度值。

3. 干扰物溶液体积与测定次数 同回收试验。

4. 消除干扰的常用方法 ①设立样本和试剂空白，其中样本空白（样本＋空白试剂）用来校正样本中被测物以外的其他物质的影响；试剂空白（蒸馏水＋试剂）则校正样本读数中试剂部分带入的影响。②采用各种物理、化学的方法分离除去干扰物质，如制备无蛋白滤液以排除蛋白质的干扰，利用脂溶剂进行抽提萃取以除去脂类的干扰，用维生素 C 氧化酶以消除维生素 C 的干扰，用胆红素氧化酶或亚铁氰化钾以消除胆红素的干扰。③采用双波长或多波长法检测排除干扰。④若误差太大而又无法消除，则应改进或更换方法。

（四）方法比较试验

方法比较试验的目的是检测候选方法的系统误差，包括恒定系统误差和比例系统误差，以评价候选方法的准确度，是考核候选方法可否被接受的重要试验。

【实验2-6】　　　　　　　　　　方法比较试验

【原理】

利用候选方法 GOD-POD 法与比较方法即准确度已知的参考方法 HK 法，同时测定一组病人样本，观察两者之间的差异，以评价 GOD-POD 法测定血糖的总系统误差。

【试剂】

1. 样本　血糖浓度高低不同的临床血清样本40份。

2. GOD-POD 法测定血糖试剂。

3. HK 法测定血糖试剂。

【操作步骤】

对40份临床血清样本分别采用 GOD-POD 法和 HK 法各进行双份测定，并计算两法各样本的测定结果均值。

【计算】

1. 绘制散点图　以比较方法的测定值为横坐标（X轴）、候选方法的测定值为纵坐标（Y轴）作散点图。散点图能够提供初步印象，便于及时发现问题。如果所有测定值的对应点在坐标图中大约呈45°角的直线分布，则提示两法有较好的相关性。对于遇到的溶血、脂血和黄疸样本应在散点图中做出相应的记号。

2. 统计学处理　可进行配对资料的直线回归、相关分析、配对t检验等。

（1）直线回归分析计算 a、b，得到直线回归方程：

$$\hat{Y}=a+bX$$
$$a=\bar{Y}-b\bar{X}$$
$$b=\frac{n\sum XY-\sum X\sum Y}{m\sum X^2-(\sum X)^2}$$

回归方程中的 $\hat{Y}$ 为按回归方程求得的对 Y 值的估计值（拟合值）；a 为回归直线在 Y 轴上的截距，代表恒定系统误差的大小；b 为回归系数，即直线的斜率，代表比例系统误差的大小（图2-13）。

在评价一个候选方法时，最理想的情况是回归直线通过零点，呈45°角分布（图中"2"线），这时 a=0，表明无恒定误差，b（Y/X 比值）=1.0，表示无比例误差存在。但实际上 X 和 Y 都会存在随机误差，a 和 b 只是估计值，是会有所波动的。如果 a≠0，b 的数值稍偏离1.0，但只要这种偏离程度比较小（可以忽略不计），据经验判断这一候选方法可以被接受，就能适用于临床检验的常规分析。假如要对回归系数 b 作出较严密的统计判断，就需要进一步做回归系数的显著性检验。

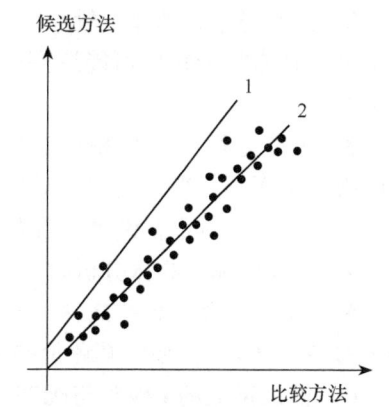

●● 图2-13　方法比较试验的直线回归 ●●

根据计算出的回归方程的 a、b 值，可以计算出候选方法的系统误差（SE），并与不同医学决定水平（Xc）的允许误差（E_A）进行比较，对候选方法系统误差的可接受性作出判断。SE 的可接受性判断指标为：

$$|(a+bX_C)-X_C|<E_A$$

如血糖测定的 X_C = 2.8、6.7、8.9 mmol/L 时，Barnett 提出的 E_A 值为 0.56 mmol/L。

（2）相关分析：相关系数（r）可通过系统软件或下列公式求得：

$$r=\frac{\sum(x-\bar{x})(y-\bar{y})}{\sqrt{\sum(x-\bar{x})^2\sum(y-\bar{y})^2}}=\frac{n\sum xy-\sum x\sum y}{\sqrt{[n\sum x^2-(\sum x)^2][n\sum y^2-(\sum y)^2]}}$$

相关系数（r）对随机误差敏感，r 越接近 1.000 表明两者相关性越强。其数值与测定值的浓度范围有关，如分析范围广，则 r 接近 1.000。

一般情况下，如 $r \geqslant 0.975$ 或 $r^2 \geqslant 0.950$，则认为两者有相关性。

（3）F 检验：用于比较方法间的随机误差或精密度。F 值可由下式求得：

$$F=\frac{S_1^2}{S_2^2}$$

式中 S_1 和 S_2 分别为两种方法的标准差，且 $S_1 > S_2$。如果 $F_值 > F_{临界值}$，则统计学上认为两种方法的精密度存在差别；如果 $F_值 < F_{临界值}$，则表明两种方法的精密度无明显差别。

（4）t 检验：用于比较两种方法间的系统误差。可通过系统软件或下列公式求得：

$$t=\frac{|\bar{y}-\bar{x}|}{\frac{SD}{\sqrt{n}}} \quad SD=\sqrt{\frac{\sum[(y-x)-bias]^2}{n-1}}$$

式中 $\bar{x}$、$\bar{y}$ 表示两法的均数；n 表示样本数，$\bar{y}-\bar{x}$ 为偏差，即系统误差；SD 是两种方法的标准差。t 检验对随机误差和比例系统误差敏感，当不存在比例误差时，$\frac{SD}{\sqrt{n}}$ 表示随机误差，这时 t 值表示系统误差相当于随机误差的倍数。

【注意事项】

1. 比较方法的选择 一般应选择参考方法或决定性方法，这样在解释结果时，可将方法间的任何分析误差都归于候选方法。在没有参考方法时可选择偏差已知的常规方法，则有部分误差来自于比较方法（已知偏差相同的那一部分），剩余的部分误差则属于候选方法。

2. 试验样本的选择一般 做 40~100 例，至少 40 例；种类上应包括各种疾病的样本，其浓度应在常规分析中可能遇到的整个分析范围。选择合适的样本比增加试验样本数目更为重要。

3. 重复分析 一般每个样本用两种方法各测定一次，但最好各重复测定两次，且分成两批测定而不是平行测定，最好在 4 小时内进行。分批测定时，空白、校准需重新操作，样本的序号位置应重新设置。若两次的重复值相差较大，则需要重做。

4. 时间间隔 临床分析时一般每天分析测定 2~5 个样本，大约 20 天完成。

5. NCCLS 的 EP-9 文件 至少 40 个样本用 2 种方法分别做双份测定。因此一共是 40×2×2=160 个结果。其评价参见前述的专业书籍。

6. 相关系数的 t 检验与配对 t 检验 两者的含义有所区别，若两种方法的相关性好、但截距很大，则候选方法不能被选用；若两种方法的截距很小或差值很小、但相关性差，则候选方法也不能被选用。

（五）线性范围试验

线性范围试验的目的是观察一种检测方法或一个检测系统的检测范围。通过该实验可以了解其最高检测值（上限）和最低检测值（下限），是对患者检测结果可报告范围的一种评价。一个比较好的实验方法或检测系统应具有较宽的线性范围，一般应覆盖临床可能出现的高值。

1. 试验样本　线性范围评价理想的样本是患者的低值和高值血清标本，实际上这种标本往往不容易收集到，因此，可用人工方法制备。为使样本基质与实际测定的标本一致，多用混合血清作基质，制备方法如下：

（1）混合血清收集：无溶血、无脂血、无黄疸的正常人血清若干混合而成（必要时可做特殊处理以降低分析物浓度，如分析物为酶时可以加热，小分子化合物可以透析，脂类可用超速离心或多价阴离子沉淀等）。

（2）低值（low value）样本：将上述混合血清一分为二。在一份血清中加入一定量的蒸馏水（体积不能超过血清体积的1/10），充分混匀即成。

（3）高值（high value）样本：①直接收集病理高值样本的混合血清，有理想的样本基质。②对于难以获得病理高值样本的测定，可在上述另一份血清中加入与蒸馏水等量的高浓度分析物贮存液（体积不能超过血清体积的1/10，但可使浓度达到高限），充分混匀，有适当的样本基质。

（4）系列浓度的确定：在相同条件下，对以上低值、高值样本做多次重复测定，分别求其均值作为各自浓度。按下列比例混合，使之成为一系列不同的分析物浓度。

1号样本：为原低值样本。按5份体积计算，则为5L。
2号样本：低值样本与高值样本按4∶1比例混匀，即4L+1H。
3号样本：低值样本与高值样本按3∶2比例混匀，即3L+2H。
4号样本：低值样本与高值样本按2∶3比例混匀，即2L+3H。
5号样本：低值样本与高值样本按1∶4比例混匀，即1L+4H。
6号样本：为原高值样本，即5H。

根据以上配制方法还可以配制成若干个分析样本，但一般要求5~10个即可。样本中分析物浓度计算：

$$样本中分析物浓度（C_X）=\frac{C_1V_1+C_6V_6}{V_1+V_6}$$

式中：C_1为低值样本浓度；V_1为低值样本体积；C_6为高值样本浓度；V_6为高值样本体积。由此公式求得的浓度值为预期值。

2. 样本检测　用被评价方法对以上样本在一天内进行两批各3次重复检测，第一批测定顺序从低浓度到高浓度，第二批从高浓度到低浓度，每个样本共获6个测定值，6个样本共有36个测定值。

3. 实验数据统计分析

（1）离群值的判断与剔除：若有离群值应剔除。方法见重复性试验。

（2）图形初步分析以预期值（X）为横坐标，以实测均值（Y）或吸光度为纵坐标，绘制X-Y线性图，初步观察预期值与实测值的相关性、线段走向及线性范围。

（3）直线回归分析：求出直线回归方程$\hat{Y}=a+bX$（见方法比较试验），理想状态下，

该直线为一条斜率 b 为 1，截距 a 为 0，即通过原点的直线。但是，实际统计的结果 b 不可能正好等于 1，a 也不可能为 0。

一般要求实测值与预期值偏倚小于 10%，$b \leqslant 1 \pm 0.05$，相关系数 $r \geqslant 0.975$，则认为以上 6 个浓度为被评价方法或被评价检测系统的线性范围。

若 b 不接近 1，a 不接近 0，应对 b 和 1，a 和 0 进行显著性检验。

五、方法性能判断

判断候选方法能否被接受，必须将评价试验所测得的误差与某一标准规定的允许误差进行比较后才能得出结论。不少学者对其进行了大量的研究，并且运用统计学方法制定出了方法性能标准（performance standards，PS）。

（一）方法性能标准

1. 允许分析误差（allowable analytical error） 用 E_A 表示，它被规定为 95% 样本的允许误差限度。

2. 医学决定水平 用 X_C 表示。

E_A 和 X_C 的值需由临床医师和实验室人员共同研究确定。两者组成了某方法的性能标准，即在每一医学决定水平上 95% 的样本允许误差限度，也就是在 X_C 值下的 E_A 值。Barneff、Tonks、Gilbert 和 Cotlove 等不同的学者由于经验和看法的不同提出了不同的 E_A 值。目前，多倾向以美国 CLIA'88 临床化学室间质量评估指标的可接受范围作为 E_A 值（表 2-21），查表时用"可接受范围"换算 E_A 值即可。

（二）方法性能判断指标

将通过方法评价试验得到的各种误差与 E_A 值相比较，若均小于 E_A，则表示该方法可以接受；否则为不能接受。目前，有两套性能判断指标：①单值判断指标：判断"误差值"能否被接受，方法简单，可用于初步估量。②置信区间判断指标：判断"误差范围"能否被接受，该指标较复杂，但可客观评价方法性能，起到最后判断作用。

1. 单值判断指标 利用单值判断指标公式计算（表 2-20），初步判断方法能否被接受。

表 2-20 单值判断指标

误差类型	判断指标	备注
随机误差（RE）	$1.96SD < EA$	SD：重复性试验的标准差
比例系统误差（PE）	$(\lvert \overline{R} - 100 \rvert)(Xc/100) < EA$	$\overline{R}$：平均回收率
恒定系统误差（CE）	$\lvert 偏差 \rvert < EA$	由干扰试验测出
系统误差（SE）	$\lvert (a+bXc) - Xc \rvert < EA$	对比试验回归方程
总误差（total error，TE）	$1.96SD + \lvert (a+bXc) - Xc \rvert < EA$	包括随机误差、系统误差

2. 置信区间判断指标 测定结果的可靠性随测定次数的增加而增加，但在实际工作中不可能对同一样本进行大量的测定。因此，在统计学中为了估量分析误差的不确定性，计算每一误差的置信区间，用置信上限（upper confidence limits）和置信下限（lower confidence limits）来代替对单值的估量。E_U 代表误差的置信上限，E_L 代表误差的置信下限，多采用 95% 置信上限和 95% 置信下限计算各项试验误差（表 2-21）。

表 2-21 置信区间判断指标

误差类别	实验	接受指标 $E_U<E_A$	排除指标 $E_L>E_A$
随机误差（RE）	重复性	$1.96SD_{TMU}<EA$	$1.96SD_{TML}>EA$
比例系统误差（PE）	回收	$\left\|\overline{R}_{U或L}-100\right\|_U \dfrac{X_C}{100}<E_A$	$\left\|\overline{R}_{U或L}-100\right\|_L \dfrac{X_C}{100}>E_A$ *
恒定系统误差（CE）	干扰	$\|\overline{d}\|+t.SD/\sqrt{n}<E_A$	$\|\overline{d}\|-t.SD/\sqrt{n}>E_A$ **
系统误差（SE）	方法对比	$\|(a+bX_C\pm W)-X_C\|_U<E_A$	$\|(a+bX_C\pm W)-X_C\|_L>E_A$ ***
总误差（TE）	重复性和方法对比	$\sqrt{(1.96SD_{TMU})^2+W^2}+\|(a+bX_C)-X_C\|<E_A$	$\sqrt{(1.96SD_{TML})^2+W^2}+\|(a+bX_C)-X_C\|>E_A$ ****

* 特例. 当 $\overline{R}_U>100>\overline{R}_L$，$PE_L=0$
** 特例. 当 $t.SD/\sqrt{n}>|偏差|$，$CE_L=0$
*** 特例. 当（$a+bXC+W$）$>X_C>$（$a+bXC-W$），$SE_L=0$。W 是回归线置信区间宽度
**** 特例. 当 $SE_L=0$，$TE_L=RE_L$

（1）若 $E_U<E_A$，以 95% 的可能性接受候选方法。

（2）若 $E_L>E_A$，以 95% 的可能性拒绝候选方法。候选方法必须改进，以减少误差，否则排除。

（3）若 $E_U>E_A$ 且 $E_L<E_A$ 时，则此时仅有的数据不足以做出任何有关可接受或可拒绝的结论，还需要进一步试验以增加数据，再做较完整的估量。

由表 2-28 可知，每种类型误差分别用可接受性（$E_U<E_A$）和拒绝性（$E_L>E_A$）两个指标进行判断。

对 RE、PE 和 CE 的判断指标仅用了误差估量的上限与下限，而在 SE 和 TE 的判断指标中引入了"W"，是指回归线置信区间的宽度（与给定的 X_C 相对应的 Y_C 值范围），对于某一给定的 X_C，Y_C 的上下置信限由方程（$a+bX_C$）±W 计算得到。计算公式如下：

$$W=t(s_{Y/X})\left[\dfrac{1}{n}+\dfrac{(X_C-\overline{x})^2}{\sum(x_i-\overline{x})^2}\right]^{\frac{1}{2}} \quad S_{Y/X}=\sqrt{\dfrac{\sum(y_i-\hat{y}_i)^2}{n-2}}$$

式中 t 为据 $v=n-2$ 查得的双侧 $t_{0.05}$ 值，$S_{Y/X}$ 为回归线标准差。

（三）评价试验的书面报告

评价试验完成后应就候选方法写出书面报告。内容主要包括：方法的原理、仪器、试剂、具体操作规程、各项性能指标等。若候选方法可接受，即可进行评价后试验，见前述的"实验方法选择与评价的步骤"。

第 8 节 实验的临床诊断性能评价

通过方法学评价试验可以得知候选方法的随机误差和系统误差，解决了方法学本身的问题，即样本与检验方法的关系问题。但对于一个试验方法的好坏，在临床上应用价值如何，还必须与临床诊断相结合，即还要解决检验方法（或项目）与受试者的关系问题，提供该试验的诊断灵敏度、诊断特异度和预测值等临床评价指标。

一、诊断试验的评价标准与指标

应用临床流行病学原理和方法对临床诊断试验进行科学的研究和评价,可以为临床医生提供各种诊断试验的特性和临床诊断价值。

(一)诊断试验与金标准

1. 临床诊断试验(diagnostic test) 是指用于诊断疾病的方法,广义上讲,包括临床实验室检查、影像检查和仪器检查,也包括一些病史及临床检查资料等。具有费用低、操作方便、快速、对患者无损害等优点。本书所叙述的是前者中生物化学检验方法的内容,文中叙述时简称"诊断试验"。

2. 金标准(gold standard) 指当前临床医学界公认的、诊断某种疾病最可靠的、临床上能获得肯定结论的诊断方法。可通过活检、尸检、外科手术和随访等作出决定性诊断,又称确诊试验。如诊断肿瘤的金标准一般是病理学检查,诊断胆结石的金标准是手术所见,诊断心肌病、肾炎的金标准是心肌活检和肾活检等。具有费用高、需时长、创伤性大等特点,因此在实际工作中常难以完全用金标准方法做研究,此时,可用与金标准方法严格比较的诊断试验来进行弥补。临床上首先是利用诊断试验提供病人是否患病,再决定是否需要做金标准检查。

3. 诊断试验的评价方法 研究诊断试验的诊断价值最基本的方法就是与诊断该疾病的金标准进行盲法和同步比较。首先确立金标准,将选定的研究对象诊断为"有病"或"无病",其次用诊断试验同步地测试这些研究对象为"阳性"或"阴性",然后将所得结果汇入四格表进行各种分析(表 2-22)。

表 2-22 诊断试验结果与患病的关系及评价指标

诊断实验结果	金标准				总计	指标
	有病		无病			
阳性	(灵敏)TP	a	b	FP(误诊)	(a+b) TP+FP	阳性预测值 $(+PV)=\dfrac{a}{a+b}$
阴性	(漏诊)FN	c	d	TN(特异)	(c+d) FN+TN	阴性预测值 $(-PV)=\dfrac{d}{c+d}$
总计	TP+FN	(a+c)	(b+d)	FP+TN	(a+b+c+d) TP+FP+FN+TN	
指标	灵敏度(Sen)真阳性率=$\dfrac{a}{a+c}$(TPR)		$\dfrac{b}{b+d}$ =	误诊率(α)=假阳性率(FPR)=1−特异度	$\dfrac{a+d}{a+d+c+d}$	阳性似然比 $(+LR)=\dfrac{TPR}{FPR}$
指标	漏诊率(β)=假阴性率(FNR)=1−灵敏度	$\dfrac{c}{a+c}$	$\dfrac{d}{b+d}$ =	特异度(Spe)真阴性率(TNR)	$\dfrac{TP+TN}{TP+FP+FN+TN}$	阴性似然比 $(-LR)=\dfrac{FNR}{TNR}$
	患病率(Prev)流行率 $=\dfrac{a+c}{a+b+c+a}$					准确度 Acc=总符合率

TP. true positive,真阳性
FP. false positive,假阳性
TN. true negative,真阴性
FN. False negative,假阴性
Acc. accuracy,准确度
Prev. prevalence,患病率,又称流行率

Sen. sensitivity,灵敏度,又称真阳性率(true positive rate,TPR)
Spe. specificity,特异度,又称真阴性率(true negative rate,TNR)
(+PV). positive predictive value,阳性预测值
(−PV). negative predictive value,阴性预测值
(+LR). positive likelihood ratio,阳性似然比
(−LR). negative likelihood ratio,阴性似然比

（二）诊断试验的常见评价指标

真阳性（true positive，TP）指经诊断试验被正确分类的患者数目；假阳性（false positive，FP）指经诊断试验被错误分类的非患者数目；真阴性（true negative，TN）指经诊断试验被正确分类的非患者数目；假阴性（false negative，FN）指经诊断试验被错误分类的患者数目。

1. 灵敏度（sensitivity，Sen）与漏诊率（β） 灵敏度（敏感性）又称真阳性率（true positive rate，TPR），指诊断试验检出阳性数占患病者总数的百分比。灵敏度反映诊断试验正确地识别患病者的能力，该值愈大愈好，理想的诊断灵敏度为100%。灵敏度高的诊断试验主要用于：①疾病漏诊可造成严重后果者，通过普查或定期健康体检进行某疾病的筛选，以防止漏诊。②拟诊为某疾病时，可起到排除某病的诊断或早期确诊。

$$诊断灵敏度（Sen）=\frac{试验检出阳性数}{理论阳性数}×100\%=\frac{TP}{TP+FN}×100\%=\frac{a}{a+c}×100\%$$

漏诊率（β）也称为假阴性率（false negativerate，FNR），指诊断试验检出阴性数占患病者总数的百分比。反映将患者诊断错误的概率，该值愈小愈好。

临床上诊断灵敏度越高则漏诊率越低：

$$漏诊率（β）=1-灵敏度（Sen）$$

2. 特异度（specificity，Spe）与误诊率（α） 特异度（特异性）又称真阴性率（true negative rate，TNR），指诊断试验检出阴性数占非患病者总数的百分比。特异度反映诊断试验正确地鉴别非患病者的能力，该值愈大愈好。理想的诊断特异度为100%。特异度高的诊断试验主要用于：①拟诊疾病严重但疗效与预后均不好的疾病，以防误诊，尽早解除患者的压力。②拟诊患有某病的概率较大时，以便确诊。

$$诊断特异度（Spe）=\frac{试验检出阴性数}{理论阴性数}×100\%=\frac{TN}{FP+TN}×100\%=\frac{d}{b+d}×100\%$$

误诊率（α）也称假阳性率（false positive rate，FPR），指诊断试验检出阳性数占非患病者总数的百分比。反映将患者诊断错误的概率，该值愈小愈好。临床上诊断特异度越高则误诊率越低：

$$误诊率（α）=1-特异度（Spe）$$

3. 准确度（accuracy，Acc） 又称诊断效率，指诊断试验检出的真阳性和真阴性例数之和占全部受检者的百分率。反映诊断试验正确诊断患者与非患者的能力。理想的诊断试验准确度应为100%。

$$诊断准确度（Acc）=\frac{TP+TN}{TP+FP+TN+FN}×100\%=\frac{a+d}{a+b+c+d}×100\%$$

4. 预测值（predictive value，PV） 又称预告值，指一项诊断试验能够确定或排除某疾病存在与否的诊断概率，包括阳性预测值（+PV）和阴性预测值（-PV），也称为试验后诊断概率（post test probability）。

（1）阳性预测值（positive predictive value，PPV 或 +PV）指在诊断试验检出的阳性例数中，真正患病的例数所占的百分率。表示确定诊断的概率，理想试验的 +PV 应为100%。

$$阳性预测值（+PV）=\frac{TP}{TP+FP}×100\%=\frac{a}{a+b}×100\%$$

（2）阴性预测值（negative predictive value，NPV 或 −PV）：指在诊断试验检出的阴性例数中，非患病的例数所占的百分率。表示排除诊断的概率，理想试验的 −PV 应为 100%。

$$阴性预测值（-PV）=\frac{TN}{TN+FP}\times100\%=\frac{d}{c+d}\times100\%$$

5. 患病率（prevalence，Prev） 也称流行率。指由金标准确诊的真正患者人数占受检对象总人数的百分率。又称为试验前诊断概率（pre test probability）。

$$患病率（Prev）流行率=\frac{TP+FN}{TP+FP+TN+FN}\times100\%=\frac{a+c}{a+b+c+d}\times100\%$$

级别不同的医院中某种疾病的患者集中程度不同，因此，同样的疾病在不同医院的患病率也不同，并影响阳性或阴性预测值的结果。

诊断试验的预测值（+PV、−PV）都与疾病的患病率及试验的灵敏度、特异度有关。据以上定义可以推导出：

$$+PV=\frac{患病率\times灵敏度}{患病率\times灵敏度+（1-患病率）\times（1-特异度）}$$

$$-PV=\frac{（1-患病率）\times特异度}{（1-患病率）\times特异度+患病率\times（1-灵敏度）}$$

由以上式子可见，患病率、灵敏度、特异度增大时，$+PV$ 增大；患病率下降、灵敏度和特异度增大时，$-PV$ 增大。

患病率与阳性预测值的关系见表 2-23。由表可见，即使诊断灵敏度和特异度都很高时，只有在患病率达到 50% 才有较高的阳性预测值。所以在临床诊断中应先询问病史，对有怀疑的病人再做诊断试验检查。

表 2-23　患病率与阳性预测值的关系

患病率（%）	阳性预测值（%）	
	灵敏度=95%，特异度=95%	灵敏度=99%，特异度=99%
0.1	1.9	9.0
1.0	16.1	50.0
2.0	27.9	66.9
5.0	50.0	83.9
50.0	95.0	99.0

6. 似然比（likelihood ratio，LR） 诊断灵敏度和特异度无法帮助医生直接判断病人患病的可能性，从而引入似然比的概念。

（1）阳性似然比（positive likelihood ratio，+LR）：在诊断性试验中，真阳性率（TPR）与假阳性率（FPR）的比值即为阳性似然比。可用以描述诊断试验阳性时，患病与不患病的机会比，+LR 提示正确判断为阳性的可能性是错误判断为阳性的可能性的倍数。+LR 的数值越大，提示确诊该病的概率越大，若 +LR≥1.0，则随 +LR 的增大，患病的概率也增大；+LR=2.0~5.0，诊断试验不太好；+LR>10.0，诊断试验较好。若 +LR<1，则患病的概率较小。阳性似然比的计算公式为：

$$阴性似然比（+LR）=\frac{TPR}{FPR}=\frac{灵敏度}{1-特异度}=\frac{a}{a+c}/\frac{b}{b+d}$$

（2）阴性似然比（negative likelihood ratio，−LR）：在诊断性试验中，假阴性率（FNR）与真阴性率（TNR）的比值即为阴性似然比。可用以描述诊断试验阴性时，患病与不患病的机会比。−LR 提示错误判断为阴性的可能性是正确判断为阴性的可能性的倍数。−LR 的数值越大，提示确诊该病的概率越小，−LR 数值越小，提示能够确诊该病的概率越大。−LR≤1.0，表示患病的概率较大，−LR=0.5～0.2，诊断试验不太好，−LR＜0.1，诊断试验较好。阴性似然比的计算公式为：

$$阴性似然比（-LR）=\frac{FNR}{TNR}=\frac{1-灵敏度}{特异度}=\frac{c}{a+c}/\frac{d}{b+d}$$

似然比性质稳定，不受患病率高低的影响。

例：560 名收入冠心病监护室的患者，入院当天抽血做血清肌酸激酶（CK）检查，医生在不知道 CK 结果的情况下，根据临床报告和心电图等，确诊 340 名患者患心肌梗死，其他 220 名无心肌梗死。根据资料确定 10、180、360、720U/L 四个阈值，并计算诊断灵敏度（真阳性率）、误诊率（假阳性率）、特异度（真阴性率）、漏诊率（假阴性率）、阳性预测值、阴性预测值、准确度、患病率、阳性似然比、阴性似然比及试验后诊断的可能性（表 2-24）。

表 2-24 CK 结果在不同阈值时的患者人数及其评价指标的应用

		CK 阈值（U/L）							
		≥720		≥360		≥180		≥10	
		107	2	317	22	336	56	340	220
		233	218	23	198	4	164	0	0
灵敏度（Sen）真阳性率（TPR）	（%）	31.47		93.24		98.82		100.00	
误诊率（α）假阳性率（FPR）	（%）	0.91		10.00		25.45		100.00	
特异度（Spe）真阴性率（TNR）	（%）	99.09		90.00		74.55		0.00	
漏诊率（β）假阴性率（FNR）	（%）	68.53		6.76		1.18		0.00	
阳性预测值（+PV）	（%）	98.17		93.51		85.71		60.71	
阴性预测值（−PV）	（%）	48.34		89.59		97.62		—	
准确度（Acc）总符合率	（%）	58.04		91.96		89.29		60.71	
患病率（Prev）流行率	（%）	60.71		60.71		60.71		60.71	
阳性似然比（+LR）		34.62		9.32		3.88		1.00	
阴性似然比（−LR）		0.69		0.08		0.02		—	

由上表可知，当选定 360U/L 水平为阈值时，各项诊断试验评价指标相对最优，所产生的假阳性和假阴性人数（22+23=45）最少。

二、受试者工作曲线

1. ROC 曲线的定义 受试者工作特征曲线（receiver operating characteristic curve，ROC）又称相对工作特征曲线、相对工作曲线（relative operating characteristic curve）。以假阳性率（FPR）为横坐标、真阳性率（TPR）为纵坐标，将相对应的各点连接起来的折线图即为 ROC 曲线。该曲线研究起源于 20 世纪 50 年代的统计决策理论，目前在临床诊断试验中，用于参考值临界点的合理选择。

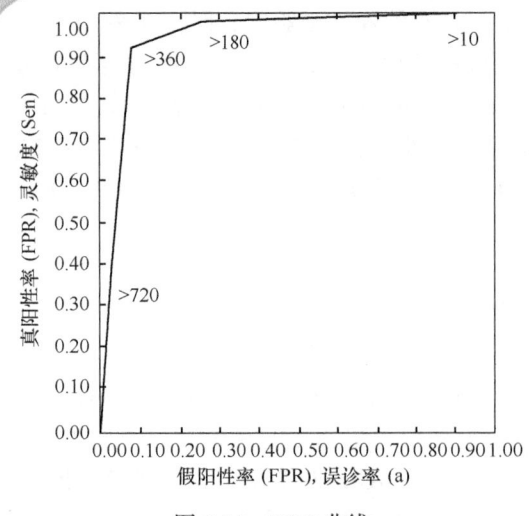

图 2-14　ROC 曲线

2. ROC 曲线绘制　依据专业知识，对疾病组和参照组测定结果进行分析，确定测定值的上下限、组距以及截断点（如上例中 CK 的 10、180、360、720U/L），按选择的组距间隔列出频数分布，一般要求最少有五组连续分组测定数据，分别计算出各截断点的真阳性率 TPR（灵敏度）、假阳性率 FPR（误诊率即 1- 特异度）、特异度（真阴性率 TNR）。以假阳性率 FPR（误诊率）为横坐标、真阳性率 TPR（灵敏度）为纵坐标，将相应各点连接做图即为 ROC 曲线（图 2-14）。也可应用 SPSS、SAS 等统计分析软件自动计算并绘制 ROC 曲线。

3. ROC 曲线的作用　①确定临界值。坐标左上角的顶点代表一个完美的诊断试验的临界值（理论值），此时真阳性率 TPR＝100%（即所有病人均呈阳性），假阳性率 FPR＝0（正常人均为阴性）。实际的诊断试验 ROC 曲线中最靠近左上角的点是错误最少的最好阈值，其假阳性和假阴性的总数最少。在上例以血清肌酸激酶（CK）诊断急性心肌梗死的诊断试验中，选定 CK 为 360U/L 作为诊断的临界值，产生的假阳性和假阴性最少（图 2-14）。②诊断性能比较。比较两种或两种以上不同诊断试验的诊断价值。将各诊断试验的 ROC 曲线绘制到同一坐标中，可直观地鉴别优劣，越靠近左上角的 ROC 曲线所代表的受试者工作试验准确越高；亦可分别计算各试验 ROC 曲线下的面积（area under the curve，AUC）进行比较，AUC 值越大者，诊断试验性能越好。

目标检测

一、A1 型题

1. 关于纯水描述，错误的是（　　）
   A. 水越纯，所含离子越少
   B. 水越纯，则电阻越大
   C. 水越纯，导电性越好
   D. 水越纯，所含的细菌数就越少
   E. 水越纯，所含的 SiO_2、有机物等就越少

2. 某一方法经反复测定所得出的结果很接近于真值，可用下列哪一名称表示（　　）
   A. 准确度
   B. 精密度
   C. 灵敏度
   D. 以上均可
   E. 特异性高

3. 用同一方法反复测定某一样本所获得的值间的一致性，可用下列哪一名称来表示这一结果（　　）
   A. 准确度　　　　B. 精密度
   C. 饱和度　　　　D. 差异度
   E. 灵敏度

4. 比较两组不同资料变异程度的指标是（　　）
   A. 变异系数　　　B. 方差（S2）
   C. 组距（R）　　　D. 标准差（SD）
   E. 平均值

5. 在方法学评价中，一般认为相关系数是对于下列哪种情况的估计（　　）
   A. 偶然误差　　　B. 系统误差
   C. 过失误差　　　D. 相对偏差
   E. 绝对偏差

6. 在检验方法学的研究中，最有价值的精度是下列哪项（　　）
   A. 批内精度　　　B. 批间精度
   C. 总重复性　　　D. 单次重复
   E. 日间精度

第 2 章 生物化学检验实验室基本知识

7. 标准定值血清可用来作为（ ）
   A. 室间质控 B. 室内检测
   C. 批间核查 D. 批内核查
   E. 日间核查

8. 实验方法按其准确度与精密度不同，可分为（ ）
   A. 决定方法 B. 参考方法
   C. 常规方法 D. 参考方法和常规方法
   E. 以上均是

9. 任何一个实验方法，本身都有误差。因此选择方法时，重点应考虑该方法的（ ）
   A. 实用性 B. 方法本身可靠性
   C. 操作特性 D. 特异性
   E. 以上都是

10. 引起检测结果不正确时，最常见的是系统误差，它有两种类型，一种是恒定系统误差，另一种则是（ ）
    A. 比例误差
    B. 随机分析误差
    C. 重复测定值的不一致性
    D. 方法选择性误差
    E. 偶然误差

11. 当检测结果在某一浓度作为医学解释是最关键的浓度时称这一浓度为（ ）
    A. 平均浓度 B. 平均水平
    C. 决定水平 D. 以上均是
    E. 真值水平

12. 理想的回收率与实际的回收率有一定的差距，这里所指的理想回收率应该是（ ）%
    A. 50 B. 60
    C. 120 D. 90
    E. 100

13. 回收率的计算公式下列哪一项是正确的（ ）
    A. （回收浓度/加入浓度）100%
    B. 加入浓度100%
    C. 回收浓度100%
    D. 以上均可
    E. （加入浓度/回收浓度）100%

14. 为了检查某种检测方法的特异性，常在检测中加入一定浓度的其他成分以造成误差，这类试验称为（ ）
    A. 相关试验 B. 方法比较试验
    C. 干扰试验 D. 回收试验
    E. 重复试验

15. 标本的采集将直接影响检验的结果，所以应对标本的采集加以控制，具体措施是（ ）
    A. 空腹采血
    B. 防止溶血，避免影响因素
    C. 标本处理及时，严防污染
    D. 正确使用抗凝剂
    E. 以上均是

16. 回收试验中加入标准液的体积一般应小于样本体积的（ ）
    A. 5% B. 10%
    C. 20% D. 50%
    E. 60%

17. 回收试验的合格回收率应为（ ）
    A. 90%±5% B. 95%±10%
    C. 90%±10% D. 100%±10%
    E. 100%±5%

18. 下列哪个试验可反映实验方法的精密度（ ）
    A. 重复性试验 B. 回收试验
    C. 干扰试验 D. 空白试验
    E. 对照试验

19. 重复试验测得的CV值，正确的排序是（ ）
    A. CV批内＞CV日间＞CV日内
    B. CV批内＞CV日内＞CV日间
    C. CV日间＞CV批内＞CV日内
    D. CV批内＞CV日内＞CV日间
    E. CV日间＞CV日内＞CV批内

20. 某方法经反复测定得出的结果与真值很接近，说明该方法（ ）
    A. 准确度高 B. 精密度高
    C. 灵敏度高 D. 重复性好
    E. 特异性高

21. 血清葡萄糖测定的参考方法是（ ）
    A. ID-MS B. 己糖激酶法
    C. 葡萄糖氧化酶法 D. 邻甲苯胺法
    E. 免疫法

22. 血清总蛋白测定的常规方法是（ ）
    A. 凯氏定氮法 B. 染料结合法
    C. 双缩脲法 D. 酚试剂法
    E. 免疫法

23. 回收试验的目的是检测候选方法的哪种误差（ ）
    A. 随机误差 B. 比例误差
    C. 恒定误差 D. 系统误差
    E. 总误差

24. 干扰试验的目的是检测候选方法的哪种误差（　　）
    A. 随机误差　　　　B. 比例误差
    C. 恒定误差　　　　D. 系统误差
    E. 总误差

25. 用于评价常规方法和试剂盒的分析方法是（　　）
    A. 决定性方法　　　B. 参考方法
    C. 常规方法　　　　D. 经典方法
    E. 以上都行

26. 某方法经反复测定得出的结果很接近于真值，说明该方法（　　）
    A. 准确度高　　　　B. 线性范围宽
    C. 灵敏度高　　　　D. 精密度高
    E. 操作方便

27. 评价实验的过程就是评价测定方法的（　　）
    A. 精密度　　　　　B. 准确度
    C. 不精密度　　　　D. 不准确度
    E. 误差

28. 反映整个分析体系可重复程度的是（　　）
    A. 总 CB　　　　　 B. 批内 CV
    C. 日间 CV　　　　D. 总 CV
    E. 日内 CV

29. 诊断的金标准是（　　）
    A. 目前最先进的诊断方法
    B. 灵敏度最高的方法
    C. 指当前国内外公认的、诊断某种疾病最可靠的、在临床上能获得肯定结论的方法
    D. 精密度最好的方法
    E. 准确度最好的方法

30. 下列哪项不属于消除干扰的常用方法（　　）
    A. 试剂空白试验　　B. 标本空白试验
    C. 重复性试验　　　D. 双波长检测
    E. 双试剂试验

二、X 型题

1. 一级标准品主要用于（　　）
    A. 校正决定性方法　B. 评价及校正参考方法
    C. 为次级标准品定值　D. 常规方法的标化
    E. 质量控制

2. 常规方法的选择在可靠性方面应具有（　　）
    A. 较高的检测精密度
    B. 较大的检测能力
    C. 较低的检测费用
    D. 较快的检测速度
    E. 较好的检测准确度

3. 方法比较试验测定的是候选方法的（　　）
    A. 偶然误差　　　　B. 比例误差
    C. 恒定误差　　　　D. 总误差
    E. 系统误差

4. 临床生化检验方法的性能标准应（　　）
    A. 由临床医学家研究制定
    B. 由临床化学家研究制定
    C. 由临床医学家和临床化学家共同制定
    D. 反映临床应用与解释结果的要求
    E. 基本符合实验室所能达到的技能状态

5. 方法的性能标准也称分析目标，应根据不同的应用目的而异。由下列决定（　　）
    A. 参考值　　　　　B. 参考范围
    C. 医学决定水平　　D. 允许分析误差
    E. 临床特异度

6. 诊断实验的评价指标包括（　　）
    A. 特异性　　　　　B. 灵敏度
    C. 阳性预示值　　　D. 阴性预示值
    E. 诊断效率

7. 美国临床实验室标准化委员会（NC-CLS）所规定的一级水中没有明确规定的特征指标是（　　）
    A. 微生物含量　　　B. 电阻率
    C. pH　　　　　　　D. 微粒
    E. 有机物质

（杜　江　谭红军）

第3章 光谱分析技术与电化学分析技术

学习目标

掌握：吸收光谱分析原理，标准曲线法、标准对照法、摩尔吸光系数法等定量测定方法，离子选择电极分析原理与影响因素。

熟悉：荧光分析法、火焰光度法等发射光谱技术，比浊法等散射光谱技术，常用离子选择电极的类别。

了解：原子吸收分光光度法。

能规范、熟练地使用各类分光光度计，进行各类分光光度计的波长检测、杂光检测、比色皿的配套检测及维护和保养，使用电解质分析仪、血气分析仪。

临床生物化学分析技术多采用近代生物技术并逐步运用现代生物技术，常用的有光谱分析技术、电化学分析技术等定性定量技术，电泳技术、离心技术、层析技术等分离技术，自动生化分析技术、干化学分析技术等，本章介绍光谱分析技术、电化学分析技术的基本原理及其在临床生化检验中的应用。

第1节 光谱分析技术

光谱分析（spectral analysis）技术指根据物质的吸收、发射和散射光谱的波长特性及强度对物质进行定性、定量和结构分析的技术，简称光谱法。该方法具有灵敏、准确、快速、简便、选择性好和不破坏样品等特点并被广泛应用。

光的波长单位用纳米（nm）表示。波长范围400~760nm的光为可见光，短于400nm为紫外线，短于200nm为远紫外线，长于760nm为红外线。

单一波长不能分解的光称为单色光，如红光、紫光等。纯单色光是很难获得的，激光就是单色光，其单色性虽然很好，但也只能是接近于单色光。含有多种波长的光称为复合光，如日光、白炽灯光等。将两种色光按一定强度比例混合而能形成白光（无色），这两种颜色的光就称为互补色光。图3-1为互补色示意图，图中处于直线关系的两种色光即为互补光。

光谱（spectrum）原指复合光通过色散系统（如光栅、棱镜）进行分光后，依照光的波长（或频率）大小顺次排列形成的图案，即光学频谱。最初由英国科学家牛顿提出。当物质与辐射能相互作用时，物质内部发生能级跃迁，记录能级跃迁所产生的辐射能强度随

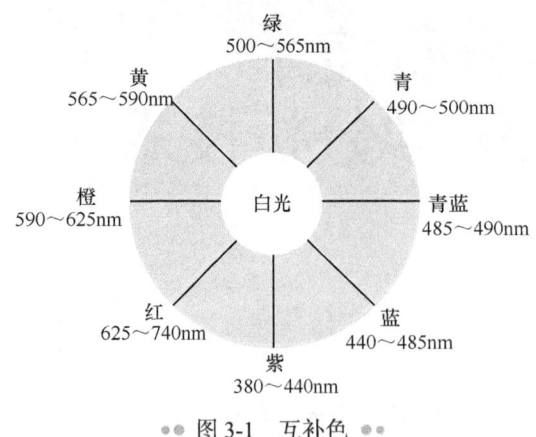

●● 图 3-1 互补色 ●●

波长（或相应单位）变化的图谱称光谱曲线，也简称为光谱。

产生光谱的基本粒子是分子或原子。在正常状态下，原子处于最低能级，电子在离核最近的轨道上运动的稳定状态称为基态（S_0），原子吸收能量后从基态跃迁到较高能级，电子在离核较远的轨道上运动的定态称为激发态（S_1、S_2），物质的原子或分子吸收与其能级跃迁相对应的能量，而从基态或低能态跃迁到激发态，这种跃迁称为激发，如图 3-2。被激发的粒子约在 10^{-8} 秒后又回到基态。

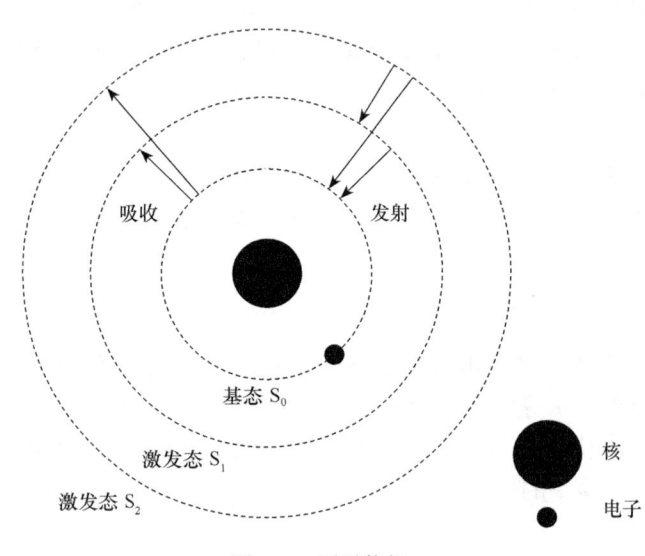

●● 图 3-2 原子能级 ●●

按产生本质，光谱可分为分子光谱与原子光谱。在辐射能作用下，分子内能级间发生跃迁而产生的光谱称为分子光谱（molecular optical spectrum）。分子能级的变化包括电子运动能级、原子间的振动能级、分子整体的转动能级的变化，许多光谱线密集在一起而形成分子光谱，故为带状光谱。原子光谱（atomic optical spectrum）是原子核外电子在不同能级间跃迁而产生的光谱，一般只研究原子外层电子跃迁。原子光谱为线状光谱。

按产生方式，光谱可分为吸收光谱、发射光谱和散射光谱。分子或原子在室温时基本处于基态，当电磁辐射通过某些物质时，物质选择性吸收相应的辐射能跃迁到激发态而产生的原子或分子光谱称为吸收光谱（absorption spectra）。原子吸收光谱为暗线，分子吸收光谱为暗带。物质的原子、离子或分子接受外界能量（辐射、热、电、化学能）而被激发到较高能态，当其由激发态（不稳定）返回低能态或基态时产生的光谱称为发射光谱（emission spectra）。常见的有原子发射光谱、（原子、分子）荧光光谱和磷光光谱。发射光谱有三种：线状光谱、带状光谱和连续光谱。线状光谱主要产生于原子或离子，由一些不连续的亮线组成；带状光谱主要产生于分子，由一些密集的某波长范围内的光组成；连续光谱则主要产生于炽热的固体、液体或高压气体受激发而发射的电磁辐射，由连续分布的一切波长的光组成。

当光照射到物质上时会发生散射,散射光波长与入射光波长相同称为瑞利散射(Rayleigh scattering),因发生弹性碰撞,无能量交换,仅改变方向;散射光波长与入射光波长不同称为拉曼散射(Raman scattering),因非弹性碰撞,能量和方向均改变,所产生的光谱称为拉曼(散射)光谱。1928 年由印度科学家拉曼发现。

根据电磁辐射的本质,光谱分析技术分为原子光谱分析和分子光谱分析,根据电磁辐射能量的传递方式,分为吸收光谱分析、发射光谱(包括荧光光谱)分析、散射光谱分析等。表 3-1 列出常见光谱分析方法及其主要用途。

表 3-1 常见光谱分析方法分类及其主要用途

分类	方法名称	辐射能作用的物质	主要用途
吸收光谱	紫外可见光分光光度法	分子外层价电子	分子或微量单元素定量
	红外光谱法	分子振动或转动	结构分析或有机物定性定量
	原子吸收分光光度法	气态原子外层电子	痕量单元素定量
发射光谱分析技术	分子荧光光谱法	分子	分子或微量单元素定量
	原子荧光光谱法	气态原子外层电子	微量单元素定量
	火焰光度法	气态原子外层电子	微量元素连续或同时定性定量
散射光谱	比浊法	混悬颗粒	(半)定量

一、吸收光谱技术

利用物质的吸收光谱进行定性定量及结构分析的(方法)技术称为吸收光谱(法)技术。包括分子吸收(紫外可见光分光光度法、红外光谱法)和原子吸收分光光度法。

(一)吸收光谱曲线

物质所吸收的光波长(λ)与其吸光度(absorbance,A)可用仪器测定,以 A(或透光率 T)为纵坐标,λ 为横坐标所描绘的曲线称为吸收(光谱)曲线(A-λ 曲线),也称吸收光谱。如图 3-3,吸收曲线上吸光度最大的地方称为吸收峰,最大吸收峰对应的波长称为最大吸收波长(λ_{max});峰与峰之间吸光度最小的地方称为谷,最小吸收谷对应的波长称为最小吸收波长(λ_{min})。

物质的分子(原子)结构不同,可呈现特异的分子(原子)吸收光谱,吸收曲线的形状特征与物质的结构与性质有关,故可作为物质定性或结构分析的依据。例如蛋白质溶液的 λmax 为 280nm,核酸溶液的 λmax 为 260nm。根据物质吸收曲线的特征,选择适宜波长(如 λmax)测量其吸光度,即可对物质进行定量分析。

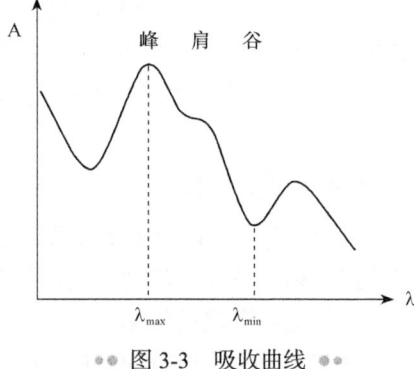

图 3-3 吸收曲线

(二)光吸收定律及影响因素

1. 透光率与吸光度 当一束光通过均匀、透明的溶液时,主要出现两种情况:一部分光被溶液吸收,一部分光透过溶液,另外还有反射和散射,如图 3-4。设入射光强度为 Io,透

图 3-4 光的吸收与透射

射光强度为 It，则透过光强 It 与入射光强 Io 之比称为透光率（transmittance，T），常用百分数表示。T＝It/Io×100%。

物质对入射光的吸收程度称为吸光度，用透光率的负对数表示。A＝－lgT＝－lgIt/Io。

2. Lambert-Beer 定律　吸收光谱定量分析的理论基础是光吸收定律，即朗伯-比尔定律（Lambert-Beer law，简称朗-比定律），是指在一定浓度范围内某物质对单色光的吸收程度与该物质的浓度及液层厚度成正比。Lambert 定律说明吸光度与厚度的关系，Beer 定律说明吸光度与浓度的关系。其表达式为：

$$A = KCL$$

式中 C 为溶液浓度，L 为溶液层厚度，称为光径，K 为比例常数，称为吸光系数，亦用 ε 表示。

3. 偏离 Lambert-Beer 定律的因素　根据朗-比定律，吸光度 A 与浓度 C 之间应是一条通过原点的直线。实际测定中往往容易偏离直线而产生误差，见图 3-5。以负偏离（偏向浓度一侧）居多，误差的来源主要有光学和化学两方面。

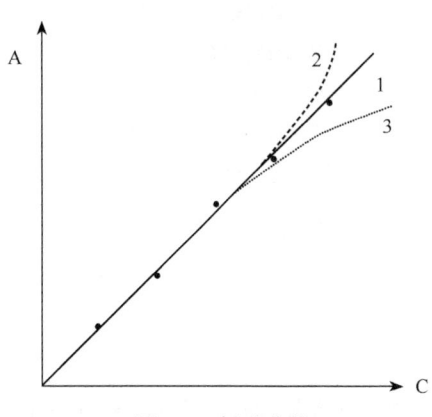

●● 图 3-5　标准曲线 ●●
1. 无偏离；2. 正偏离；3. 负偏离

（1）光学因素：① Lambert-Beer 定律要求入射光是单色光。但真正的单色光是难以得到的，现在技术条件下的单色器分离出的单色光都包括一定的谱带宽度，其他波长的杂色光是引起误差的主要原因，入射光谱带越宽，其误差越大。②散射光与反射光。Lambert-Beer 定律要求被测物是真溶液而不能是浑浊液、乳浊液。浑浊液等质点大，散射光和反射光强，常使 A 偏高，导致正偏离。

（2）化学因素：① Lambert-Beer 定律通常只适用于稀溶液。一般将 A 值控制在 0.2～0.7（T63%～20%），相对误差较小（当 A＝0.4343，T 约 36.8% 时测量误差最小）。因为高浓度时，吸光物质间距减小，粒子的电荷分布互相影响，使 ε 发生变化。②溶液的浓度、溶剂、pH、温度等影响吸光物质的离解、缔合、异构互变、与溶剂作用等的化学平衡，使 ε 发生变化。

（三）吸光系数

吸光系数（absorptivity）是吸光物质在单位浓度及单位厚度时的吸光度。即 $\varepsilon=A/CL$。在给定入射光波长、溶剂、温度等条件下，ε 是物质的特征性常数，ε 值愈大，灵敏度愈高，所以 ε 是定性和定量依据。

吸光系数常用的有两种表示方式，即摩尔吸光系数（用 ε^{mol} 表示）和质量（或百分）吸光系数（用 $\varepsilon^{1\%}$ 表示）。

1. 摩尔吸光系数　是指 1mol/L 浓度的溶液，厚度为 1cm 时，对某波长光的吸光度。

$$\varepsilon^{mol}_{1cm,\lambda} = \frac{A}{C(mol/L) \cdot L(cm)}$$

单位是升/（摩尔·厘米）[即 L/(mol·cm)]。Lambert-Beer 定律只适用于稀溶液，实际测定时一般不用 1mol/L 的高浓度溶液测定，而是以适当的低浓度条件下测定吸光度再计算 $\varepsilon^{mol}_{1cm,\lambda}$ 值。例如 NADH 在 260nm 处为 15000，写成 $\varepsilon^{mol}_{260nm}=1.5\times10^4$；在 340nm 处为

6200，写成 $\varepsilon_{340nm}^{mol} = 6.22 \times 10^3$。

2. 质量（或百分）吸光系数 是指 1%（W/V，g/dl）质量浓度的溶液，厚度为 1cm 时，对某波长光的吸光度。

$$\varepsilon_{1cm,\lambda}^{1\%} = \frac{A}{C(g/dl) \cdot L(cm)}$$

单位是分升/（克·厘米）[即 dl/（g·cm）]。

当已知待测物的相对分子质量（Relative molecular mass，Mr；旧称分子量，molecular weight，MW）时，可用 $\varepsilon_{1cm,\lambda}^{mol}$ 分析；若化合物组成不很清楚，Mr 未知，则可用 $\varepsilon_{1cm,\lambda}^{1\%}$ 分析。两者的关系是（式中 Mr 是吸光物质的摩尔质量）：

$$\varepsilon^{mol} = \frac{Mr}{10} \varepsilon^{1\%}$$

3. 吸光度的加和性质 如果溶液中存在两种或多种吸光物质时，只要共存物质不互相影响吸光性质，即不改变各自的吸光系数，则溶液的总吸光度是各组分吸光度之和。

$$A_{总} = A_a + A_b + A_c + \cdots + A_n$$

式中 a，b，c，n 等表示各组分吸光物质。因各组分的吸光度由各自的吸光系数所决定，吸光度的这种加和性质是分光度法测定混合组分的依据。

（四）比色分析法与分光光度法

1. 比色分析法 是以可见光作光源，根据有色溶液颜色深浅来测定物质含量的方法。有目视比色法和光电比色法。

比色法的主要特点有三：入射光由滤光片产生，单色光纯度较低；检测波长范围为可见光区（400～760nm）；待测物为有色物。

2. 显色反应和显色剂 对本身无色或颜色很浅的物质，需要在一定条件下进行显色反应。一般要求显色剂及显色反应具备下列条件：①灵敏度高，即 ε 值大；②特异性好；③反应迅速完全、产物稳定；④来源方便价廉。

3. 紫外可见光分光光度法 是用紫外、可见光作光源，根据物质分子对某特定波长光线的吸收程度以测定物质含量的方法。

分光光度法的主要特点是：入射光由棱镜或光栅等分光产生，更接近于单色光；检测波长范围大（200～1000nm）；待测物可以无色。

4. 测定波长的选择 入射光最适波长的选择原则是：吸收最大，干扰最小，选择波长的依据是吸收曲线。比色分析法中，滤光片的选择一般按光的互补色关系，因互补光（λmax）可使被测物质单位浓度的吸光度变化（ΔA）最大，提高灵敏度；同时也应具有最小的空白及干扰读数，分光光度法中同时比较待测物与干扰物的吸收曲线选择入射光波长，为提高特异性和准确性，可选择特有而非 λmax 进行测定。

（五）定性定量方法

吸收光谱分析是检验医学中应用最广泛的一类分析技术。灵敏度高，检测浓度范围在 $10^{-5} \sim 10^{-2}$ mol/L，操作简便快速。

1. 定性方法 对待测物进行定性分析的主要依据是最大吸收波长 λmax 和摩尔吸光系数 $\varepsilon_{1cm,\lambda}^{mol}$。

（1）最大吸收波长 λmax 制作待测物溶液的吸收曲线，根据其 λmax 及形状特征，与标准品相比较，可对待测物进行定性分析。

（2）摩尔吸光系数 $\varepsilon_{1cm,\lambda}^{mol}$　根据 Lambert-Beer 定律 $\varepsilon = A/CL$，准确配制待测物溶液的浓度，可求得 $\varepsilon_{1cm,\lambda}^{mol}$，与标准品的 $\varepsilon_{1cm,\lambda}^{mol}$ 相比较，可对待测物进行定性分析。

2. 定量方法　根据 Lambert-Beer 定律 $A=KCL$，只要测定出 A，即可求出浓度。

（1）标准对照法（比较法）：是指将已知浓度的标准品溶液和待测样品溶液用同一方法、在相同条件下同时测定，读取吸光度，根据标准品浓度计算出待测样品浓度的方法。根据 Lambert-Beer 定律，则

$$\frac{Ax}{As} = \frac{Cx}{Cs} \qquad \text{故：} Cx = \frac{Ax}{As} \times Cs$$

也可写作：$Cx = \dfrac{Cs}{As} \times Ax = F \times Ax \qquad F = \dfrac{Cs}{As}$

式中，Ax、As 分别为样品液、标准液吸光度，Cx、Cs 分别为样品液、标准液浓度。后式中 F 为因子（factor，F）。

该方法较简单，误差相对较大，应使 Cs 尽量接近 Cx 并在测定的浓度区间内以使结果准确，一般都将 Cs 选在平均值附近。

（2）标准曲线法：标准曲线（工作曲线，A-C 曲线）是指将一系列不同浓度的标准液（校准液）按规定方法操作处理，分别测其吸光度，以吸光度为纵坐标，浓度为横坐标，按最小二乘法原理，绘制通过原点的直线，称为标准曲线。以所测样本的吸光度查标准曲线或代入直线回归方程得到样本浓度的方法称为标准曲线法。

绘制标准曲线的目的在于研究和表达吸光度 A 随待测物浓度 C（或待测酶活力）变化而变化的规律。①帮助确定方法的线性范围（即吸光度 A 与浓度 C 有直线回归关系的浓度范围）；②用标准曲线法（实际是多个标准）代替单标准或双标准法可减少系统误差；③通过标准曲线的斜率（$K=A/C$），可比较各方法的灵敏度；④作为计算基础，可直接由待测物吸光度 A 值从曲线上读出其浓度 C 值；⑤可由 A-C 曲线计算出 F 值，$F=C/A$，则可根据 $Cx=F\times Ax$ 计算出待测物浓度。

标准曲线法是经典的定量方法，适用于比较稳定的检验方法和大量样本分析。

制作和使用标准曲线，应注意以下几点：①设置的浓度范围需足够大，直至观察到"拐点"（即线性范围），应包含病理性增高或降低的浓度范围，能满足临床应用；②制作一条标准曲线至少 5～6 个浓度；③为减少随机误差，每个浓度的标准液做 3 次平行测定，并计算 3 次结果的平均吸光度；④坐标比例应适当选择，使绘出的直线与横坐标的夹角在 45°左右；⑤试剂更换、仪器检修或校正波长后，须重新制作标准曲线；⑥如待测物浓度超出了线性范围，则应稀释后再测定，并将结果乘以稀释倍数。

标准曲线的制作　常用方法有作图法和直线回归方程计算法两种，除了手工绘制外，还可以使用计算机软件绘制，如用 Excel 软件进行数据处理并作图。

1）作图法：步骤如下。①制备标准液：配制一系列浓度的标准液（应包含参考范围和医学决定水平），至少 5～6 个浓度。如总蛋白测定时选取 20g/L、40g/L、60g/L、80g/L、100g/L 等浓度。②显色反应并测定吸光度：按规定条件进行反应，测定各吸光度，并计算平行管的平均吸光度。③作图：以各标准管的吸光度 A 为纵坐标，以相应的浓度 C 为横坐标，在坐标纸上标出各点，按最小二乘法的原理，绘制通过原点的直线，即为标准曲线（A-C 曲线），如图 3-5。待测溶液测定吸光度后，即可从标准曲线上查出其浓度。④作检量表：根据实际测定需要，选定适当范围，查出各吸光度 A 对

应的浓度 C 值，填入检量表内。（表 3-2）。即可根据待测样本的吸光度在表中查出样本浓度。

表 3-2 标准检量表

项目 _____　　　方法 _____　　　日期 _____

A	0	1	2	3	4	5	6	7	8	9
0.1										
0.2										
0.3										
0.4										
0.5										
…										

2）直线回归方程计算法：在测得各标准液吸光度后，以已知浓度为 x，以相应吸光度为 y，按最小二乘法来确定直线回归方程：

$$\hat{y}=a+bx$$

式中，a 为截距，b 为斜率。还可求出相关系数 r。

$$b=\frac{\sum(x-\bar{x})(y-\bar{y})}{\sum(x-\bar{x})^2}=\frac{n\sum XY-\Sigma X\Sigma Y}{n\sum X^2-(\Sigma X)^2}$$

$$r=\frac{\sum(x-\bar{x})(y-\bar{y})}{\sqrt{\sum(x-\bar{x})^2\sum(y-\bar{y})^2}}=\frac{n\sum xy-\sum x\sum y}{\sqrt{[n\sum x^2-(\sum x)^2][n\sum y^2-(\sum y)^2]}}$$

计算出 a，b 值后，在实际工作中，即可根据待测样本的吸光度（y）值，利用直线回归方程计算出样本浓度（x）：

$$x=\frac{y-a}{b}$$

也可根据直线回归方程，计算出不同吸光度对应的浓度值，制成检量表。

链　接

用 Excel 软件制作标准曲线和直线回归方程

按血清总蛋白（TP）标准曲线制作为例，步骤如下。

血清总蛋白（TP）标准曲线数据

C（g/L）	0	20	40	60	80	100
A	0.000	0.145	0.294	0.432	0.587	0.719

① 在 Excel 窗口中录入上表数据。

② 按住鼠标左键拖动选定这两行（或两列）数据，单击"插入""图表""散点图"，就可以绘制简单图形。通常选择"带直线和数据标记的散点图"。

③ 线性回归分析：右击标准曲线，选择"添加趋势线"，在"设置趋势线格式"窗中，趋势预测/回归分析类型中选择"线性"，趋势线选项选择"显示公式"和"显示 R 平方值"，如图 3-6。结果如图 3-7 所示。

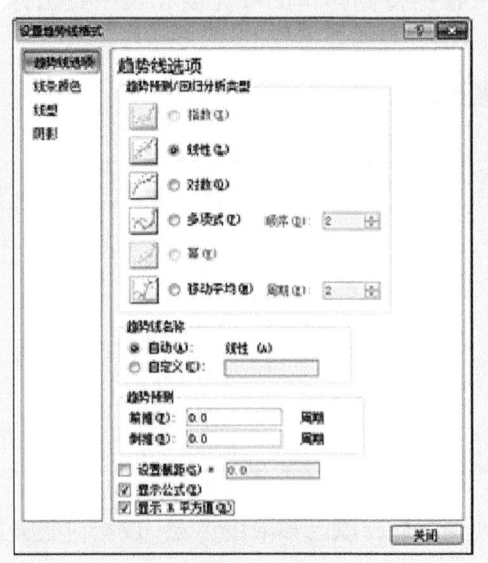

图 3-6 设置趋势线格式

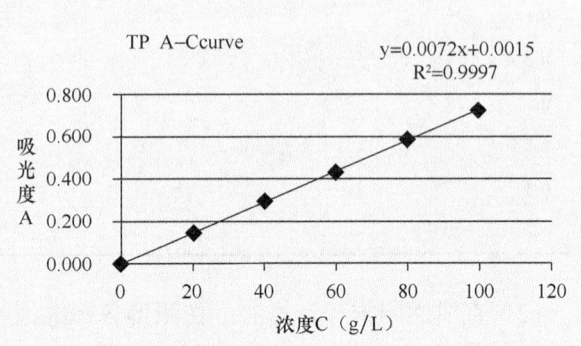

图 3-7 标准曲线制作

线性回归分析结果可见,本实验的直线方程为 y＝0.0072x＋0.0015,斜率为 0.0072,相关(确定)系数为 R＝0.9997,相关系数的绝对值越接近 1,说明实验数据越接近线性。一般要求所作工作曲线的相关系数 R 要大于 0.999。

(3) 吸光系数法:根据 Lambert-Beer 定律 A＝KCL,若吸光系数 K 已知,即可根据测得的 A 求出待测物浓度。

$$C = \frac{A}{K \cdot L}$$

一般 ε^{mol} 或 $\varepsilon^{1\%}$ 可从文献中查到,这种方法也称绝对法。

在酶学分析中,连续监测法测定酶活性浓度即用到吸光系数法,公式如下。详见酶学分析章节。

$$酶活性浓度(U/L) = \Delta A / min \times \frac{10^6 \times TV}{\varepsilon \times L \times SV}$$

(六) 分光光度计的基本结构

分光光度计类型很多,但基本原理和结构相似,都主要由光源、单色光器、吸收池、检测器、显示系统等五个部件组成,如图 3-8。

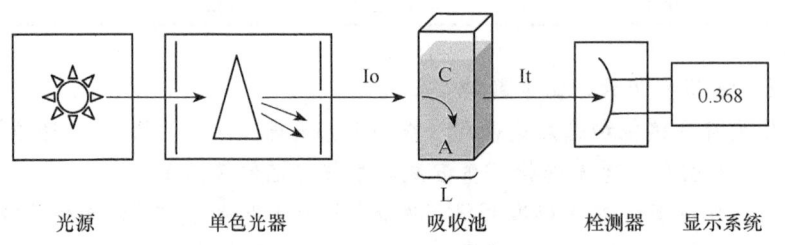

图 3-8 分光光度计的基本结构

1. 分类 根据分光光度计的光学光路系统，可分为单波长与双波长分光光度计，单波长分光光度计又分为单波长单光束、单波长双光束分光光度计。如图 3-9。根据分光系统位于比色杯前还是比色杯后，又有前分光与后分光之别。

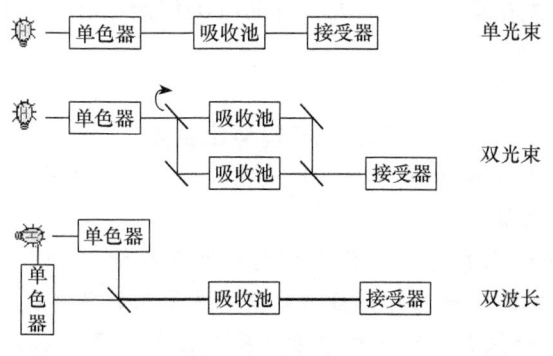

••• 图 3-9 几种光路类型 •••

2. 光路类型与工作原理 上述几种不同的光路类型如图 3-9 所示。721 型分光光度计光路如图 3-10，属于传统的前分光系统，其工作原理详见分析化学和检验仪器等相关内容。

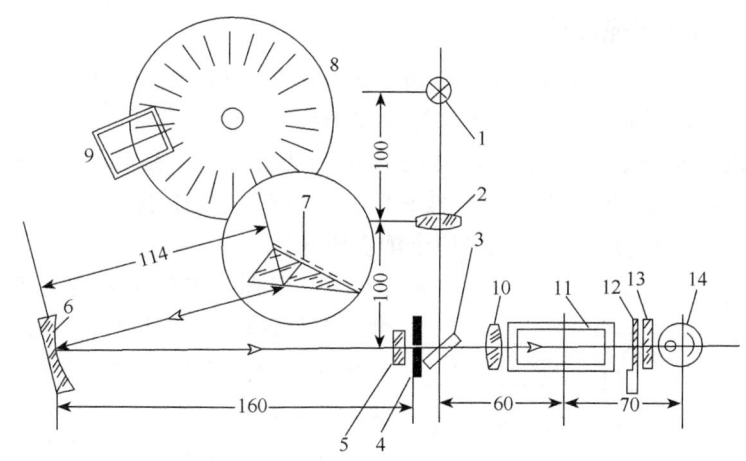

••• 图 3-10 721 型分光光度计光路图 •••

1. 钨灯光源；2. 10. 透镜；3. 平面反射镜；4. 狭缝；5. 13. 保护及限光玻璃；6. 准直球面反射镜；7. 色散棱镜；8. 联动波长调选盘；9. 波长选择标尺；11. 比色皿；12. 光路闸门；14. 光电管

3. 主要部件

（1）光源：光源的作用是提供所需光谱区域内有足够辐射强度的、良好稳定性的连续光谱辐射。实际应用的光源一般分为可见光光源和紫外光光源。可见光光源常用钨灯或卤钨灯，其辐射波长范围在 320～2500nm，工作波长是 360～1000nm。紫外光光源常用氢灯或氘灯，能发射 150～400nm 的连续光谱，工作波长是 185～375nm。

（2）单色器（分光系统）：作用是将来自光源的复合光色散为单色光并从中分离出一定宽度的谱带。由入射狭缝、色散元件、准直镜和出射狭缝等组成。其中色散元件是关键部位，常用的色散元件棱镜和光栅。

（3）吸收池（比色皿、比色杯）：作用是盛装待测溶液。常用光径（厚度）为 1.0cm，也有 0.5cm、2cm 等规格。光学玻璃制成的吸收池只来用于可见光区，用熔融石英（氧化硅）适用于紫外区，也可用于可见光区。

（4）检测器：作用是检测透过吸收池的光信号，并将光信号转换为电信号。也称光电转换器。常用的类型有光电池、光电管、光电倍增管、光电二极管阵列等。

（5）显示系统：作用是放大信号并以适当方式显示或记录下来。显示方式有电表指针显示、数字显示、屏幕显示等，与计算机整合即可进行数据处理、打印等功能扩展，并可用于仪器自动控制。

> **链接** 　　　　　　　　　　**后分光与塑料比色杯**
>
> 　　医院广泛使用的全自动生化分析仪的光路设计上，越来越多地采用了后分光式和矩阵式光电二极管检测器。
>
> 　　后分光测定是将一束白光（混合光）先照到吸收池，然后用光栅对透过光分光，再用一列光电二极管排在光栅后作为检测器检测某波长的吸光度。
>
> 　　在全自动生化分析仪上，比色杯常常又是反应杯，用有机玻璃（塑料）制成，价格低廉；同时比色杯做得越来越小，反应液总量在100~150μl就可满足比色，这样可节省试剂，节约成本，但易吸附污物，不耐用。

（七）原子吸收分光光度法

原子吸收分光光度法（atomic absorption spectrophotometry，AAS）是利用原子吸收光谱测定元素组成和含量的方法。使用的仪器为原子吸收分光光度计。

1. 基本原理　原子吸收光谱法也称原子吸收分光光度法，是基于蒸气相中待测元素的基态原子能吸收相同原子所发射的特征波长的光，其吸收规律也遵循朗伯-比尔定律，即在一定条件下，原子的吸光度与蒸气中原子浓度成正比。

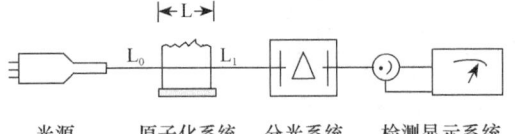

●● 图3-11　原子吸收分光光度计基本结构

2. 仪器、方法和特点　原子吸收分光光度计与普通的紫外可见光分光光度计的结构基本相同，只是用空心阴极灯锐线光源代替了连续光源，用原子化器代替了吸收池。其结构一般由光源、原子化器、单色器和检测系统四个部分组成。如图3-11。

原子吸收分光光度法的特点：①灵敏度高：能测定10^{-9}~10^{-6}g/L的元素，一般要比火焰光度分析高1~2个数量级。②干扰小，准确度高：因为原子吸收为线状光谱，所受干扰少；同时特定的锐线光源只发射特定波长的光，其他（共存）元素不影响测定，故选择性好，抗干扰能力强。③操作简便快速：通常采用自动化装置，30分钟内可测出50个样本中6元素的含量。④测量范围广：能测几乎全部金属元素和部分非金属元素达70多种。

原子吸收分析的局限性主要是：①标准曲线线性范围窄，一般为1个数量级范围。②通常每测一种元素要使用一种空心阴极灯，使用不便。

3. 临床应用　原子吸收分光光度法在医学检验中主要用于体液中Ca、Mg、Al、Fe、Zn、Cu等常量微量元素的检测，还可用于检测痕量有害元素（如As、Hg、Pb等）和慢性金属中毒等情况，故在工业卫生、环境监测、职业病防治等方面的应用日益增多。

【实验3-1】　　　（721、722型）分光光度计的使用

72系列分光光度计为国产常见仪器。721型分光光度计以棱镜为单色器，测定范围

360～800nm，722型分光光度计以衍射光栅为单色器，测定范围330～800nm，均为单光束光路系统，指针或数码显示。仪器可靠性好，使用方便，性能较稳定。

【实践步骤】

仪器使用步骤以722型分光光度计为例，见表3-3。

表3-3　722型分光光度计的使用步骤（测定吸光度A）

		步骤与按钮	档	光路	意义
	1	开盖			打开吸收池暗箱盖（光门自动关闭）或黑体置于光路
	2	选择灵敏度			"1档"。选择原则是保证能使空白档顺利调到"100%"的情况下，尽量采用最低档，以保证仪器有较高的稳定性。故先调"1"挡，不够时再逐渐升高
	3	开启电源			使光电管在无光照射的情况下，预热20分钟
λ	4	选择波长λ			选择所需波长λ
	5	置溶液于比色架			置溶液于比色架
	6	置于"T"			选择开关：置于"T"
机械调零	7	0 开盖调 0T%	T	光门或黑体	开盖（光门关闭）或黑体置于光路，光电转换器无光照射，调节机械零：T=0%
	8	100 关盖调 100T%	T	空白液	关盖（光门打开），光电管受光，空白液置入光路，调节：T=100%。如调不到100，可适当增加灵敏度档位。反复调"0""100"几次至稳定
	9	置于"A"			选择开关：置于"A"（关盖避免外界光线影响）
A调零	10	消光零 调 A 零	A		用"消光零"旋钮调节：A=0
测A	11	测ABS	A	待测液	拉动比色架，置入待测液，读取A
	12	开盖			打开吸收池暗箱盖（光门自动关闭）或黑体置于光路

比色皿的操作：①手持毛面（毛玻璃面）。②加液量2/3～3/4。过少可导致入射光未通过液体，过多则外溢污染腐蚀仪器。③光面（透光面）保持洁净。如有液体应用滤纸（或细软纸）吸干（不要擦拭，以免损伤光学表面），保证光线通过时不受影响。

【实验3-2】　镨钕滤光片吸收曲线制作与（721型光度计）波长校正

单色器是分光光度计的主要部件，波长特性是该仪器的主要性能指标。仪器在长时间工作、经搬动、更换零件（如光源灯等）或检修后，要检查波长的准确性，以确保仪器的正常使用和测定结果的可靠性。

【目的】

1. 学会吸收曲线的绘制方法，并根据镨钕滤光片吸收曲线了解分光光度计波长指示盘（值）的正确性和仪器的灵敏度。

2. 学会721型分光光度计波长校正的方法。

【原理】

光源通过棱镜（或光栅）色散成连续光谱。转动准直镜使色散光谱中某一部分由出光狭缝射出而成一单色光束，该光束的主波长由随同准直镜转动的波长刻度盘（值）指示。度盘读数与出射光束实际波长是否相符，可通过测绘已知吸收峰波长的标准溶液或标准滤

表 3-4　吸收曲线的波长与吸光度

λ	A1	A2	A3
<u>510</u>			
512			
<u>514</u>			
516			
518			
<u>520</u>			
522			
<u>524</u>			
526			
527			
528			
△ <u>529</u>			
<u>530</u>			
531			
532			
<u>534</u>			
536			
538			
<u>540</u>			
542			
<u>544</u>			
546			
548			
<u>550</u>			

光片（如镨钕滤光片）的吸收曲线而确定。

镨钕滤光片在可见光区内有许多固定的吸收峰。我们选择 λ_{max} 为 529nm，若偏差值超出 529±3nm 时应予校正。

【实践步骤】

1. 测定吸光度　按照分光光度计操作程序，在表中规定波长范围内，每隔 2nm（或按下划线指定波长）测量镨钕滤光片的吸光度值（每一波长测 3 次，求平均值），并按下表 3-4 格式记录测定数据。

2. 绘图　取方格坐标纸，以波长 λ 为横坐标，吸光度 A 为纵坐标，将所测吸光度数值按相应波长描绘在坐标纸上，然后将各点连成光滑曲线，即得镨钕滤光片的吸收光谱曲线（A-λ 曲线）。也可用 Excel 软件制作吸收曲线（方法同"链接：用 Excel 软件制作标准曲线和直线回归方程"）。

3. 判断　镨钕滤光片在 529nm 处有吸收峰。从 A-λ 曲线上找出 λ_{max} 值（实测值），观察与 529nm（标准值）是否相符，若不符合，即单色器存在偏差。若偏差值在 360～600nm 范围内超过 ±3nm，在 600～700nm 间超过 ±5nm，在 700～800nm 间超过 ±8nm，则应进行校正。

4. 校正　将波长度盘转到指示 529nm 处，调节光路空白至透光率 T 为 100%，然后将镨钕滤光片推入光路；打开仪器（721 型光度计）左侧的调节窗盖，认定"☆"标记的调节螺杆，再根据吸收曲线上 λ_{max} 实测值与 529nm 之间的偏离位置以螺丝刀轻微转动"☆"标记的调节螺杆：如需峰尖向左移，则逆时针方向转动；需向右移，则顺时针方向转动，同时观察透光率变化，使 T 达到最低值（或使 A 达到最大值）。然后再按前述方法制作吸收曲线，直至 λ_{max} 偏差值≤529nm±2nm。

【实验 3-3】　分光光度计性能检测

【原理】

1. 波长检测　同镨钕滤光片吸收曲线的制作与波长校正的原理。

2. 杂光检测　光电转换器检测到的除所需波长单色光以外的辐射都称为杂光，是检测中的主要误差来源，可导致偏离朗伯-比尔定律，影响检测准确度。其来源有：①仪器因素：比色槽盖漏光、单色光器的设计、制作、光学元件老化、尘染与霉蚀、光源光谱分布与波带宽度、零件的反射和散射等。②样本与试剂因素：荧光、散射等。

常以测光讯号较弱的波长处所含杂光的强度百分比为指标。可用截止滤光器测定杂散光，截止滤光器对边缘波长或某特定波长的光可全部吸收，而对其他波长的光却有很高的透光率，因此测定某种截止滤光器在边缘波长或某特定波长的透光率，即表示杂散光的强度。镨钕滤光片在 585nm 处吸光度 A 最大，透光率 T 最小，在可见光区也可用此处的透光率表示杂光的大小。

3. 比色皿配套 一套比色皿的材质、厚度、色泽、空白吸收等应该一致,以免影响检测结果。

4. 光度重复性 相同工作条件下,重复测量同一样品 5 次,透光率最大值与最小值之差应小于 0.5%。

【试剂与器材】

1. 分光光度计、比色皿、镨钕滤光片、黑体(或黑纸板)等。
2. 蒸馏水、0.02mol/L $KMnO_4$ 标准溶液。

【实践步骤】

1. 波长检测 同镨钕滤光片吸收曲线制作。

2. 杂光检测 ①调波长 585nm,黑体置入光路,关比色槽盖(光门打开),调 0%T。②关比色槽盖,空气置入光路,调 100%T。③关比色槽盖,镨钕滤光片置入光路,测 585nm 时镨钕滤光片的 T,即为杂光水平。

3. 比色皿配套 ①选取配套的比色皿,按操作规程加蒸馏水,放入比色槽。②在波长 585nm 处,调第 1 支比色皿透光率为 100%T,依次测出其他几只比色皿的 T。比较其差值,不合格需重新配对,直至有 2 个以上的比色皿合格。

4. 光度重复性 ①按操作规程,选取波长 525nm,以蒸馏水为空白,调 100%T。②对 $KMnO_4$ 标准溶液(0.02mol/L)连续测量 5 次,记录透光率值进行比较。

【参考范围】

1. 波长检测 镨钕滤光片 λmax≤529nm±2nm 为合格。

2. 杂光检测 T≤5% 为合格。

3. 比色皿配套 $T_{max}-T_{min}$≤0.5% 为合格。

4. 光度重复性 $T_{max}-T_{min}$≤0.5% 为合格。

二、发射光谱技术

发射光谱是指构成物质的原子、离子或分子受到外界辐射能、热能、电能、化学能的激发而产生的光谱,发射光谱技术主要有火焰光度法(flame photometry)、(原子、分子)荧光光度法(fluorophotometry)和化学发光法(chemiluminescence assay)等,具有如下特点:①灵敏度高,但检出限比原子吸收光谱法低 1～3 个数量级,通常为 10^{-6}g/L 级;②发光参数多,提供的信息量大;③线性范围比吸收光谱法大;④选择性比吸收光谱法好;⑤应用范围不及吸收光谱法,但采用探针技术可拓宽。

(一)火焰光度法

火焰光度法是利用火焰中激发态原子返回至基态时发射出的光谱强度进行含量分析的方法,属于原子发射分光光度法(atomic emission spectrophotometry,AES)。使用的仪器为火焰光度计,仪器结构和操作与火焰原子吸收法相似,只是去掉了光源。

1. 原理 样本溶液和助燃气(压缩空气)喷雾变成雾状后,与可燃气体一起混合,经雾化室喷入火焰,样品中原子在火焰中蒸发和激发,激发态原子回降到低能态或基态时发生光辐射,发射光谱经单色器分光后到达检测器,然后由显示系统指示其发射光强度。

由于火焰激发的能量较低,故被激发的元素只限于碱金属与碱土金属,如 Li、Na、K、Rb、Cs、Ca、Mg 等可发射出各自特有的光谱。如 Na 的特征光谱波长为 589nm(呈黄色)、

K 的特征光谱波长为 767nm（呈红色）。多数元素都能形成 2~3 条特征谱线，可据此对元素定性分析，检测其中某个灵敏度高的谱线强度，可定量测定。

样本中待测元素激发态原子的发射光强度 I 与该元素浓度 C 有 $I=aC^b$ 关系。式中 a 为常数，与样本的组成、蒸发和激发过程有关。b 为谱线自吸收系数，在低浓度时 $b\approx1$，即发射光强度 I 与待测元素浓度 C 成正比关系，此式为火焰光度法定量分析的基本公式：

$$I=aC$$

火焰光度法为血液或血清中 Na、K 测定的参考方法。

2. 火焰光度计 火焰光度计型号很多，都由主机、空气压缩机、燃气供应装置等组成。主机由原子化系统、光学系统、检测显示系统组成，如图 3-12。

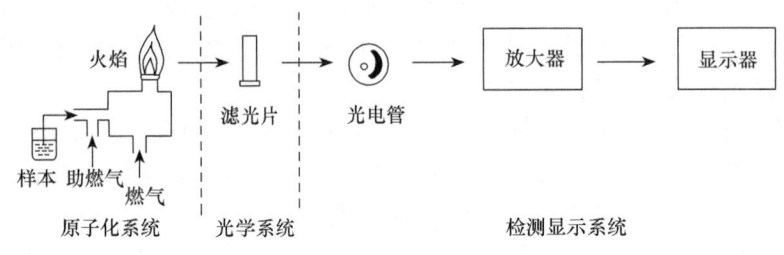

图 3-12 火焰光度计工作原理

原子化系统：压缩空气恒压输入，其形成的负压将样本吸入，在雾化室内进行雾化，与一定比例的燃气混合后到达燃烧器（头）。光学系统：燃烧的火焰经反光镜、聚光镜组成的导光系统，以平行光束通过滤光片（或单色器）照射到光电转换器上。如钠的滤光片为 589nm，钾的滤光片为 767nm。检测显示系统：发射光谱通过滤光片（或单色器）照射到光电转换器转变为电能，经放大后在电流表（或显示器）上显示结果。

3. 影响因素 火焰光度法存在着各种干扰因素，如燃气质量、供气压力、校准液组成、样本导入量、有机溶剂和无机酸的影响以及金属元素间的相互作用等。

（1）火焰的影响：火焰的纯度和燃烧状态会直接影响结果的准确度，要求火焰①温度高呈蓝色稳定态；②背景色浅无杂色；③边缘整齐不发虚。常用燃料为煤气、天然气和汽油汽化气等，虽然它们的燃烧温度都较低，但来源与使用较方便，是实验室主要燃料。此外燃气的压力、与助燃气的比例、进样速度均应考虑。

（2）共存元素的影响：样本中的非待测元素也会受到火焰的激发，当其发射光谱与待测元素发射光谱接近甚至重叠时，可产生干扰引起误差。Li、Na、K 的发射光谱线相隔很远，测定其一时用一简单的滤光片就可消除其他两种元素的干扰；而 Ca、Sr 的发射光谱在 Li、Na 光谱附近，对 Li、Na 测定有明显干扰。

（3）校准液的影响：单纯以水作为溶剂配制的校准液与血样基质不同（存在共存元素的干扰），测定结果有很大差异。最好使用定值血清为校准液以消除误差。

（4）浓度的影响：样品浓度过高会产生自吸收现象，导致结果偏低。

（二）荧光光度法

有些物质有光致发光现象，即物质被电磁辐射激发后再发射出相同或较低频率的辐射能，光致发光最常见的类型是荧光（fluorescence）和磷光（phosphorescence）。根据物质的荧光波长及其强度对物质进行定性和定量分析的方法称为荧光（光度）法（fluorimetry），包括分子荧光和原子荧光分析法。荧光的产生由价电子引起，波长范围位于紫外和可见光区，本处介绍分子荧光。

荧光光度法的主要特点是①灵敏度高，检出限可达 $10^{-7}\sim10^{-9}$g/L 比紫外-可见分光光度法（约 10^{-4}g/L）高 $10^3\sim10^4$ 倍；②选择性好，对激发与发射都有一定的光谱条件，故特异性强。

1. 原理 分子（或原子）在室温时基本处于电子能级的基态（S_0），当吸收了紫外-可见光的辐射能后，电子只能跃迁到第一、第二激发单线态（S_1、S_2）的各个不同振动、转动能级，激发态的分子是不稳定的，它可以三种去活化过程释放多余的能量而返回至基态：分子内辐射跃迁（光能）、分子内无辐射跃迁（热能）、分子间能量转移。当其由较高激发态返回至低能态或基态时辐射跃迁产生的光谱即为发射光谱。其中，较高激发单线态的分子，通过运动或与其他分子碰撞而将过多的能量转移给其他分子，很快回到第一激发单线态（S_1）的最低振动能级，然后以辐射形式发射光量子而返回到基态（S_0）的任一振动能级，$S_1\to S_0$ 发射的光量子即为荧光，如图 3-13。荧光由单线态-单线态跃迁产生，寿命较短约 10^{-8} 秒，激发一停，荧光立即停止，基本不受温度影响。

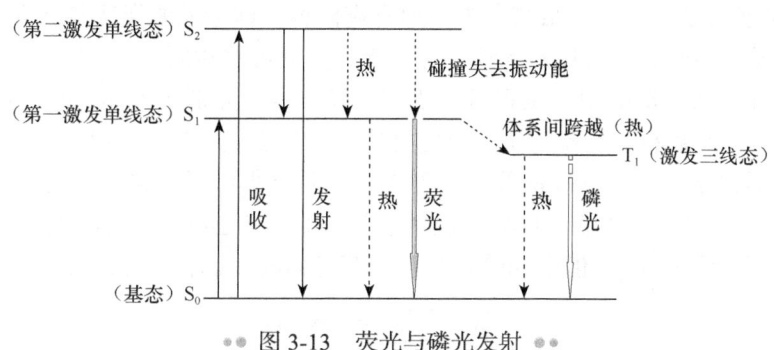

图 3-13 荧光与磷光发射

返回到第一激发单线态最低振动能级的分子，当其最低振动能级与激发三线态（T_1）的最高振动能级重叠时，则有可能发生电子自旋反转的体系跨越，而由第一激发单线态最低振动能级跨越到激发三线态的某一振动能级，然后通过运动碰撞而降至三线态的最低振动能级，分子在三线态的最低振动能级可以存活一段时间，最后返回到基态的任一振动能级，此 $T_1\to S_0$ 发射的光量子即为磷光。磷光由三线态-单线态跃迁产生，因此是缓慢的光致冷发光现象，寿命较长 $10^{-2}\sim100$ 秒，激发停止后，发光现象持续存在，强烈受温度影响。

在荧光分析中，涉及激发光和发射光两种辐射，激发光谱和发射光谱两种特征光谱。待测物分子激发为激发态所吸收的光称为激发光，处于激发态的分子返回基态时所产生的荧光称发射光。固定发射光荧光波长，所得激发光波长与相应荧光强度的关系曲线称为激发光谱（excitation spectrum）。制作时以不同波长的激发光照射荧光物质同时检测某一特定波长的荧光强度，以荧光强度（I_F）为纵坐标，激发光波长（$\lambda_{激发}$）为横坐标作图，即可得到 I_F-$\lambda_{激发}$ 曲线；激发光谱图上荧光强度最强的激发波长，称最强激发波长（用 λex.max 表示）。固定激发光波长和强度，所得各种荧光波长与相应荧光强度的关系曲线称为荧光光谱（fluorescence spectrum），为发射光谱。测绘时将 $\lambda_{激发}$ 固定，测定不同波长荧光的强度，可得 I_F-$\lambda_{荧光}$ 曲线；荧光光谱中荧光强度最强的波长，称最强荧光波长（属发射光谱 emission spectra，用 λem.max 表示）。磷光波长比荧光波长要长，而发射光波长比激发光波长要长，如图 3-14。λex.max 和 λem.max 是物质定性的依据，也可作为定量测定波长，在这两个波

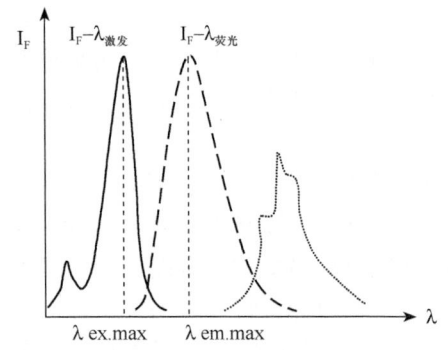

▸▸ 图3-14 激发光谱、荧光光谱和磷光光谱 ◂◂

长下测定灵敏度最大。

物质产生的荧光强度（I_F）与物质浓度（C）的定量关系可用下式表示：

$$I_F = KC$$

式中 K 在一定条件下为常数。即当激发光波长、强度、溶剂、温度等条件固定时，物质在一定（低）浓度范围内，其发射的荧光强度（I_F）与物质浓度（C）成正比关系，此为荧光分析法的定量依据。

荧光物质浓度高时，会发生分子间碰撞，使荧光强度有所减弱，这种现象称为自熄灭，自熄灭现象将随浓度的增加而增强，导致荧光强度与物质浓度不成正比，故荧光分析法应在低浓度溶液中进行，最佳浓度范围为 $10^{-8} \sim 10^{-1}$ g/L。当浓度较高，吸光度 A＞0.05 时，荧光强度与浓度的线性关系将向浓度轴偏离。

2. 定量分析方法 荧光定量测定方法通常有两种，即标准曲线法和标准对照法，其操作过程和计算基本与吸收光谱技术的紫外可见光分光光度法相同。

（1）标准曲线法：即配制一系列不同浓度的标准液，分别测出其 I_F 后，制作 I_F-C 曲线或获得回归方程；然后在相同条件下，测定样本的荧光强度（$I_{F(x)}$）得出样本浓度 C_x。

（2）标准对照法：如果标准曲线通过原点，则可选择线性范围，用标准对照法进行测定。但由于空白液的荧光强度（$I_{F(B)}$）通常不为0%，应先测定 $I_{F(B)}$，再从样品荧光强度 $I_{F(X)}$ 和标准品荧光强度 $I_{F(S)}$ 值中扣除空白液的荧光强度（$I_{F(B)}$），再计算。

$$Cx = \frac{I_{FX} - I_{FB}}{I_{FS} - I_{FB}} \times Cs$$

3. 荧光光度计 荧光光度计的结构与分光光度计相似，不同之处是检测器与光源成直角而不是直线，以消除透射光和杂散光对荧光测量的影响；并且有两个单色器，分别用于选择激发光波长和发射光波长。如图 3-15。

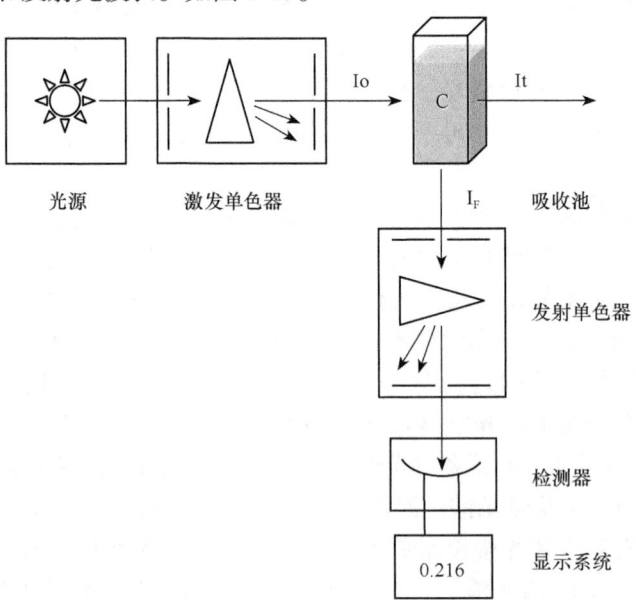

▸▸ 图3-15 荧光分光光度计结构 ◂◂

第3章 光谱分析技术与电化学分析技术

4. 临床应用 凡能产生荧光的化合物,均可采用荧光分析法进行定性或定量。荧光分析法已广泛应用于各领域,在生物化学检验方面可用于某些无机物与有机物的分析。

部分有机化合物的荧光测定见表 3-5。

表 3-5 部分有机化合物的荧光测定

待测物	试剂	激发波长(nm)	荧光波长(nm)	灵敏度(μg/ml)
核酸	溴化乙啶	360~365	580~590	0.1
蛋白质	曙红 y	紫外	540	0.06
氨基酸	氧化酶等	315	425	0.01
肾上腺素	乙二胺	420	525	0.001
维生素 A	无水乙醇	345	490	0.001
NAD(P)H	自身为荧光物质	340	450	10^{-6}mol/L
ATP	己糖激酶、6-磷酸葡萄糖脱氢酶、6-磷酸葡萄糖	340	450	2×10^{-6}mol/L

> **链 接**　化学发光(chemiluminescence)与化学发光免疫分析(CLIA)
>
> 化学发光(chemiluminescence)是物质在化学反应过程中伴随的一种光辐射现象。其机制是某些物质在进行化学反应过程中,吸收了反应产生的化学能(非辐射、热、电能等)而被激发,属于发射光谱,可分为直接发光和间接发光。
>
> 化学发光免疫分析(chemiluminescence immunoassay,CLIA)是将发光分析和免疫反应相结合,用于检测微量抗原抗体的新型标记免疫分析技术。兼有发光分析的高灵敏度和抗原抗体反应的高特异性及无放射性危害等优点。
>
> 已基本取代放射免疫分析,广泛应用于各种激素、肿瘤标志物、药物浓度及其他微量生物活性物质测定。

三、散射光谱技术

当一束光线透过胶体溶液,从入射光的垂直方向可以观察到一条光带,此现象称为丁达尔现象,也称丁达尔效应(Tyndall effect),这是胶体溶液散射光的结果。带有小粒的胶体溶液或悬浮液都具有向四面八方散射入射光的性质。测定光线通过溶液混悬颗粒后的光吸收或光散射程度的一类定量方法称为散射光谱分析法,常用方法为比浊法(turbidimetry)。散射光谱分析测定方法、过程等与比色法类同,但本质不同,各种悬浮液都没有特异吸收光谱,故准确度和特异性较差。

可见光的波长在 400~760nm,当光线射入分散体系时,一部分透过,一部分被吸收、反射或散射,根据粒子大小不同,可能发生以下三种情况:①当光线通过真溶液,由于分子或离子等粒子直径一般不超过 1nm,溶液十分均匀,散射光强度随粒子体积的减小而明显减弱,散射光因相互干涉而完全抵消,透射和吸收作用明显,散射作用很微弱或看不见散射光;②当光线通过胶体溶液,分散质的粒子直径一般在 1~100nm,小于入射光波长,主要发生散射作用,出现丁达尔现象;③当光线通过粗分散体系,分散质的粒子直径大于入射光波长(甚至大于入射光波长很多倍),主要发生反射或折射,使体系呈现浑浊。

（一）基本原理

一束光线通过胶体溶液时，会发生吸收、散射（以及反射、折射）等现象而使透射光的强度相应减弱。浊度分析按光路可分为透射比浊法和散射比浊法两大类。在光源的光路方向上测量透射光强度（实际包括透射光与散射光）与胶体溶液中微粒浓度的关系，称为透射浊度法（transmission turbidimetry）；在光路的 5°~95° 方向上测量散射光强度与胶体溶液中微粒浓度的关系，称为散射浊度法（nephelometry）。散射浊度法按反应时间进程又分为终点法、定时法和速率法，如图 3-16。在一定条件下，散射光强度与溶液中微粒浓度成正比关系，类似于比尔定律，是浊度法的定量原理。

比浊法中的散射光波长与入射光波长相同，无能量交换，仅改变方向，属弹性碰撞，主要有瑞利散射（Rayleigh scattering）、米氏散射（Mie scattering）等。颗粒的直径与波长的关系不同，所产生的散射类型也不同，如图 3-17。

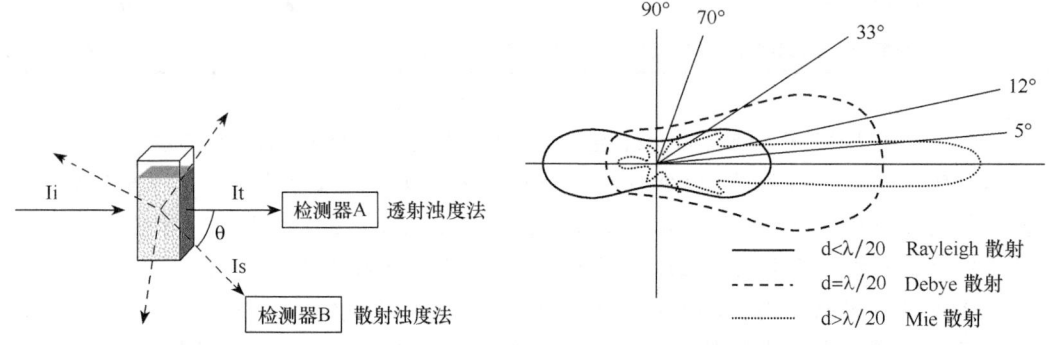

图 3-16　透射浊度法与散射浊度法的光路　　图 3-17　颗粒直径与散射光分布关系

当颗粒直径小于入射光波长的 1/20（即 d<λ/20）时，微粒细小，可以均匀地再辐射入射光，散射光分布以微粒为中心呈哑铃状、对称或各向同性，散射光强度在光线前进方向和反方向上程度相同，而在与入射光线垂直方向上程度最低，这种散射称为 Rayleigh 散射。血液中大多数蛋白质反应后的复合物分子直径 5~10nm，因而只产生瑞利散射，宜选择散射浊度法测定。由 Rayleigh 散射定律可知，散射光强与微粒浓度、微粒半径的三次方成正比，与入射光波长 λ 的四次方成反比：

$$I_S \propto \frac{I_i}{\lambda^4}$$

随着颗粒直径的增大，散射光的方向性越来越朝向光线向前的方向，散射光的强度也随之增强。当颗粒直径近似入射光波长的 1/20（即 d=λ/20）时，散射光分布逐渐变为保龄球瓶状，前向散射比后向散射强，方向性比较明显，这种散射称为 Debye 散射。

若颗粒直径大于入射光波长的 1/20（即 d>λ/20）甚至大于整波长时，散射光分布呈宝剑状，散射光具有较强的前向散射能力，甚至只有前向散射场，这种散射称为 Mie 散射。抗原抗体复合物粒子为 35~100nm，选择波长 290~410nm 时，即为 Mie 散射，因散射光呈前向散射场，故应采用透射浊度法。米氏散射光强度与入射光波长的二次方成反比：

$$I_S \propto \frac{I_i}{\lambda^2}$$

在化学反应中，随着颗粒由小变大，散射光强度与各种因素之间的关系也由 Rayleigh 公式逐渐向 Debye 和散射 Mie 修正公式过渡和转移。

（二）影响因素

浊度法受多种因素影响，如颗粒大小与波长、反应条件、悬液的稳定性等，从制备混悬液至测定整个过程中必须严格控制以下条件，以克服重复性和准确度较差的缺点。

1. 颗粒的大小与混匀溶液的方法和速度 因颗粒的直径与波长的关系决定着散射类型和浊度分析方法，所以混悬液中微粒大小应尽可能相同并稳定，使重复性好。标准管和测定管中颗粒大小也应力求一致，因此用标准溶液和样品制作混悬液时，操作步骤和手法方式要保持一致。一般而言，缓慢、逐滴加入试剂，不断摇匀，易产生粗颗粒沉淀；而迅速加入试剂，迅速摇匀，易产生胶态溶液。

2. 悬液的稳定性与测定时间 混悬液应在一定时间（至少10分钟）内维持稳定，颗粒不易聚集变粗变大。而混悬液的稳定性一般较差，大多数混悬液随放置时间的延长颗粒聚集变大而沉淀，浊度值下降，因此应及时比浊。如出现沉淀太快，可以加入保护性胶体，如聚乙烯吡咯烷酮、表面活性剂等，但应注意加入后是否会引起颗粒及光学性质的变化。

3. 温度 温度升高可加快分子间的碰撞，常使某些在室温下细小均匀的颗粒变为粗大的絮状沉淀。

4. pH 溶液pH影响沉淀的形成及颗粒的大小。如蛋白质、酶类等，当pH=pI时，溶解度最低，最易形成颗粒并沉淀。

5. 电解质 缓冲液中电解质的性质和强度会对免疫复合物的形成和稳定性造成一定影响，称为盐效应。电解质因能中和表面电荷、破坏水化膜，促使蛋白质等两性电解质间相互吸引与结合，而易于沉淀，故离子强度大，会加速抗原抗体复合物的形成；另外，电解质也影响着溶液的pH。

6. 沉淀剂或抗体的浓度 一般情况下浊度随反应物浓度的增高而增大。

7. 波长 根据Rayleigh散射定律，散射光强与波长λ的四次方成反比，波长愈短散射光愈强，所以蓝光至紫外光区比红光等可见光区的散射光强度大、灵敏度高。

（三）仪器与应用

透射浊度法与分光光度法都是测量透射光强度，所以，各种比色计或分光光度计都能用于透射浊度法测定（可将透射浊度法看作是分光光度分析的一种特殊情况），该法测定吸光度代表浊度，常用于临床分析，应用较为方便，但检测信号中包含了透射光与散射光，受入射光影响大，灵敏度低。

散射浊度法的检测器与光路成一定角度，故需专用的散射光度计，荧光光度计也可用于散射浊度测定，测量角度在90°～270°时，入射光等杂散信号最少，灵敏度较高。但散射光因微粒直径、波长、散射夹角等不同而有不同强度，因此设置散射夹角对获取准确的光信号十分重要。

在临床检测分析中，目前使用最多的比浊法是免疫比浊法，由经典的免疫沉淀反应发展而来。利用抗原和抗体特异性结合形成复合物，通过测定复合物形成量的多少，对抗原或抗体进行定量的方法称为免疫比浊法。抗原抗体反应的最大特点是抗原抗体的结合具有高度特异性，结合自动分析检测系统，方法的稳定性、灵敏度不断提高，自动分析快速简便，逐渐突破对样品的定性或半定量分析，实现了定量或微量检测，现用于测定免疫球蛋白、补体系统、载脂蛋白（ApoA、ApoB等）、急性期反应蛋白系列（前清蛋白、清蛋白、α_1-抗胰蛋白酶、触珠蛋白、铜蓝蛋白、转铁蛋白、β_2-微球蛋白、C反应蛋白等）、尿微量蛋白、小分子药物系列等,其中大部分已能快速定量。

第2节 电化学分析技术

利用物质的电化学性质,测定化学电池的电位、电流、电导(阻)、电量的变化进行定性定量分析的方法称为电化学分析法。根据测定方式不同,电化学分析可分为三类:第一类是根据被测物浓度与化学电池电位、电流或电量的关系进行分析,是电化学分析的主要类型,如测定原电池电动势以求物质含量的分析方法称为电位法(potential method)或电位分析法,通过测定电阻以求物质含量的分析法称为电导法;第二类是以上述参数的突变点作为终点指示点的滴定分析,也称电滴定分析法,如电位滴定、电导滴定、电流滴定等;第三类是通过电极反应将溶液中的被测组分转变为金属或氧化物析出,根据析出物的量得出被测组分的含量,也称电重量分析法,如电解法、溶出法。临床生物化学检验分析中的电解质分析和血气分析,都属离子选择电极分析法(第一类的电位分析法)。

一、离子选择电极的结构与基本原理

电位分析法是利用电极电位和浓度之间的关系来确定物质含量的分析方法。包括直接电位法和电位滴定法。直接电位法是通过直接测定试液组成原电池的电动势,以求得待测离子活度(浓度)的方法,电位滴定法是通过测量滴定过程中原电池电动势的变化来确定滴定终点的方法。

离子选择电极(ion selective electrode,ISE)是一类利用膜电位测定溶液中离子的活度或浓度的电化学传感器。作为电位分析中应用最多的一类指示电极,能将溶液中某特定离子的活度转变成电位信号,在一定范围内,其电位与溶液中特定离子活度的对数呈线性关系。它们与一般金属基电极体系不同,离子选择电极电位不是来源于交换电子的电极反应,而是来源于响应离子在电极膜上的离子交换和扩散作用。国际纯粹与应用化学联合会(International Union of pure and Applied Chemistry,IUPAC)定义:离子选择电极是电化学的敏感体,它的电位与溶液特定离子的活度存在对数关系,这种装置不同于含氧化还原反应的体系。

离子选择电极分析法具有如下特点:①选择性好:多数情况下共存离子干扰小。②灵敏度高:一般 $10^{-4} \sim 10^{-8}$ mol/L。③操作方便,标本用量少:许多情况下不破坏试液,或标本不用复杂预处理,对有色、浑浊(溶血、黄疸及脂血)溶液都可进行分析。④设备简单,平衡时间短(毫秒至分钟)、分析快速,易于自动化。⑤发展迅速、应用广泛:直接测量的是溶液中离子的活度(而非浓度),这是生物领域中一个重要物理量。

1. ISE 基本结构 通常由电极管、内电极、电极内充溶液、电极膜(或称敏感膜)四部分组成,其核心部件是电极前端的感应膜,能选择性地只允许特定离子透过。ISE 敏感膜和电极内充溶液均含有与待测离子相同的离子;电极内充溶液中特定离子浓度恒定,其中插入一内电极,膜的外表面与待测离子接触。如图 3-18。

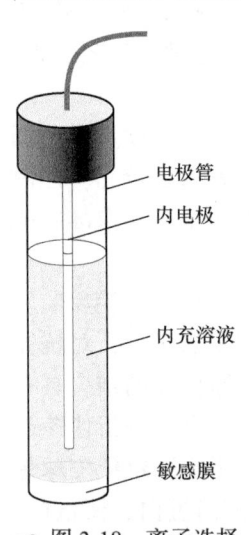

图 3-18 离子选择电极基本结构

2. 电极电位测量　由于单个电极电位的绝对值无法测量，故需将两个性能不同的电极插入同一被测液中构成原电池，实质是在零电流条件下测定两电极间各相界电位的代数和（即原电池的电动势）进行分析测定。

欲测某电极电位 φ_x 值，可将它作为负极，与一参比电极（电极电位为 $\varphi_{参}$）作为正极组成原电池。该电池电动势为：$E_{电池} = \varphi_{参} - \varphi_x$。如图 3-19。

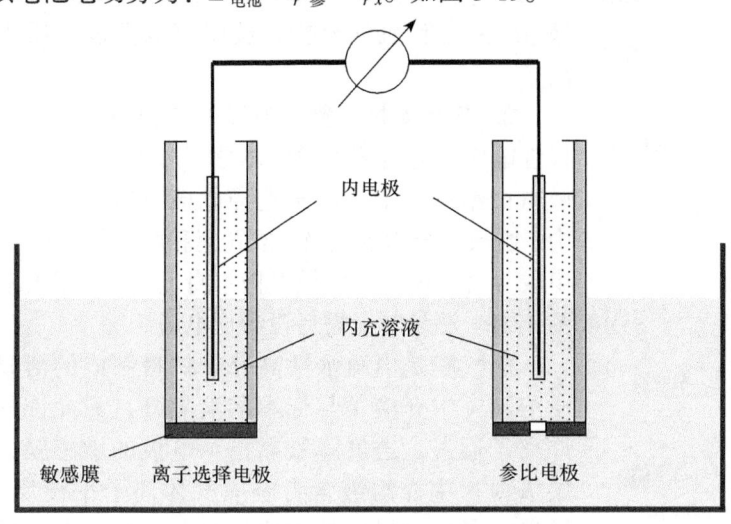

图 3-19　离子选择电极的测量原理

$$E_{电池} = K \pm \frac{2.303RT}{nF} \lg \alpha = K \pm \frac{2.303RT}{nF} \lg rC$$

式中，$E_{电池}$ 为电池电动势，K 为电极常数（包括膜内电极电位、内表面电位、不对称电位等），R 为气体常数（8.314J/mol·K），T 为绝对温度（273.15+t℃），α 为待测离子活度，$\alpha = rC$，C 为离子浓度，r 为离子活度系数（当浓度极低时，活度系数 r≈1，$\alpha = C$，因此只有极稀溶液，活度可以代表浓度），n 为离子电荷数，F 为法拉第常数（96487C/mol）。±：当指示电极（测量电极 φ_x）作正极，参比电极 $\varphi_{参}$ 作负极时，对阳离子取＋号，对阴离子取－号。因此，只要测量电池电动势即可求得被测离子的活度（浓度）。

二、离子选择电极的分类与应用

离子选择电极的核心部件是对被测离子选择性响应（透过）的敏感膜，根据该敏感膜的组成及响应机制，国际纯粹与应用化学联合会（IUPAC）推荐的分类（图 3-20）。

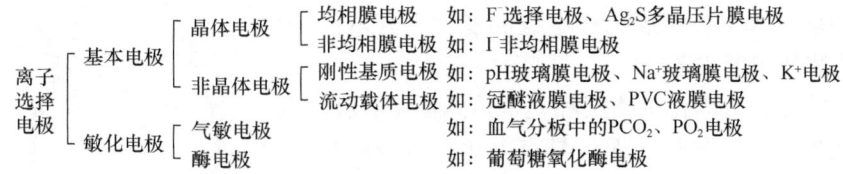

图 3-20　离子选择电极分类

临床检验工作中常用的离子选择电极列举如下。

1. 玻璃膜电极　玻璃膜电极属于非晶体、刚性基质电极，敏感膜由玻璃材料制成。由于玻璃的组成不同，可制成 H^+、Na^+、K^+、Li^+ 和 Ag^+ 等阳离子选择性电极。如 pH 电极的玻璃组成为 $SiO_2$72%、Na_2O22%、CaO6%；Na^+ 电极的玻璃组成为 $SiO_2$71%、Na_2O11%、$Al_2O_3$18%；K^+ 电极的玻璃组成为 $SiO_2$67%、Na_2O27%、$Al_2O_3$6%。

最常见的玻璃膜电极是 PH 电极，其敏感膜为一玻璃球，膜厚约 0.05mm，球内盛有 0.1mol/L HCl 内参比溶液，内参比电极为 Ag-AgCl 电极。PH 玻璃电极广泛用于溶液 pH 测定和血气分析。玻璃膜电极也可用于测量钠、钾等离子。

2. 气敏电极（复合电极） 气敏电极是一类敏化的离子选择性电极，能对溶液中气体分压产生响应，又称气敏探头。气敏电极结构与上述离子选择电极有所不同，由一个参比电极中、插入一个指示电极、透气膜和内电解质溶液（也称中介液）组成复合电极，故气敏电极本身就是一个完整的电池装置。如图 3-21。测量时无需另设参比电极。

透气膜是由疏水性高分子材料制成的薄膜，将管内电解质溶液（中介液）与标本溶液隔开，只允许气体通过，不允许离子通过，透气膜紧靠指示电极的敏感膜，其间的中介液层极薄；中介溶液含有响应气体离子平衡反应需要的组分，及稳定参比电极电位需要的组分；指示电极通常采用玻璃电极，作用是对中介液中待测气体的浓度或分压的变化有选择性响应；参比电极通常为 Ag-AgCl 电极。

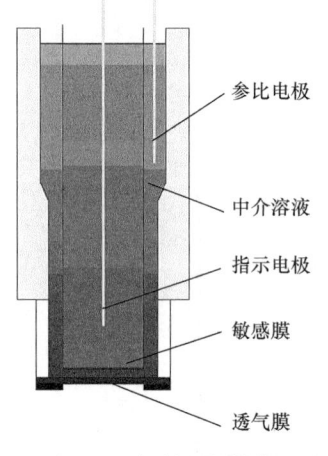

图 3-21 气敏电极结构

其工作机制包括两个过程：当气敏电极与待测溶液接触时，被测气体透过透气膜扩散到内电解质溶液（中介液），并与其中某一组分发生化学反应，产生能与指示电极响应的离子或改变响应离子的活度；另一过程是指示电极与参比电极的电池电动势发生变化，当气体扩散达到平衡后，测量气敏电极电位（电池电动势）从而计算中介溶液中响应离子的活度变化（待测气体浓度）。

不同气敏电极的内电解质溶液（中介液）组成也不一样，中介液中需含有与待测气体建立化学平衡的离子。气敏电极在生物体液中常用于 CO_2、O_2、NH_3 的测定，其中 O_2 是利用电解氧的原理进行测定的。

3. 酶电极 是另一种敏化电极，是一类将含酶的凝胶涂布于一般离子选择电极的敏感膜上固化而制成的生物传感器。如图 3-22。当酶电极浸入溶液中，溶液中的待测物与酶接触发生化学反应，生成的产物经凝胶层扩散至离子选择电极的敏感膜上，引起电极电位的变化，其电位变化与溶液中待测物浓度成正比。

这类传感器将（固化）酶层和化学传感器结合在一起，不仅具有酶的高度特异性，而且具有电化学电极的高灵敏度，同时在许多实际分析中能够省去样品预处理程序直接测定。酶电极常用于葡萄糖、胆固醇、尿素、尿酸、肌酐以及乙醇、乳酸、氨基酸等物质的测定。

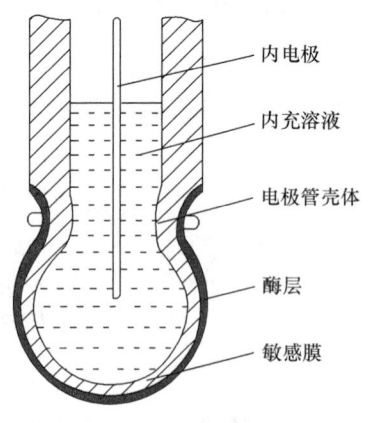

图 3-22 酶电极

三、离子选择电极的分析方法

（一）样品测定方式

1. 直接法 指样品不经处理直接由电极测量离子活度。优点是可采用全血测定，迅速方便，结果准确，不会因外加试剂而影响结果。

2. 间接法 指样品经一定离子强度缓冲液稀释后由电极测量离子活度。间接法样品用量少，活度系数相对稳定，样品因稀释不易堵塞管道，降低了血脂、不溶性蛋白质对电极的污染及损耗，可延长电极寿命。

（二）定量方法

1. 标准曲线法 配制一系列不同浓度的标准溶液，对测得的电动势 E 与活度对数 lgα（浓度对数 lgC）作图，得 E-lgα（lgC）标准曲线。然后在相同条件下测定样本的 E 值，从标准曲线上即可查得待测样本的活度（或浓度）。

2. 标准比较法 在相同条件下测定标准溶液和待测溶液的 Es 和 Ex 值，由于标准液浓度 Cs 已知，根据比较法即可求出待测物质浓度 Cx。

$$E_x - E_s = \pm \frac{2.303RT}{nF} \times (\lg \alpha_x - \lg \alpha_s)$$

3. 标准加入法 对待测液基质组成复杂，变动性大，或没有基质相同的标准液，或没有人工合成基质可利用时，宜用此法。基本方法是先测定体积为 Vx、浓度为 Cx 的待测液的电动势 E1，然后在此溶液中加入小体积 Vs（通常是 Vx 的 1/100）、高浓度 Cs（通常是 Cx 的 100 倍）的标准溶液，用相同方法测得此时的电动势 E2，则

$$\Delta E = E_2 - E_1 = \pm \frac{2.303RT}{nF} \left(\lg \frac{C_X V_X + C_S V_S}{V_X + V_S} - \lg C_X \right), \quad 令, \quad S = \pm \frac{2.303RT}{nF} \quad 得：$$

$$C_x = \frac{C_S V_S}{(V_X + V_S) \cdot 10^{\Delta E/S} - V_X}$$

标准加入法的优点是：仅需配制一种标准溶液，因加入小体积标准溶液后，溶液的基质几无变化，能校正基质效应（基底干扰），但加入标准液的准确度要求高，有一定操作难度。

（三）影响因素

1. 离子强度 离子选择电极分析法实际测量的是离子活度（α），临床报告和使用的却是离子浓度（C）。α 和 C 之间存在定量关系：α=rC，r 又与离子强度呈反向函数关系，故离子强度直接影响着离子选择电极分析的测定结果，实际工作中很少通过计算活度系数来求得浓度，因此应注意保持标准液与待测样本间离子强度的一致性，稳定活度系数，使离子活度与离子浓度正相关。

> **链 接**
>
> **离子强度、离子活度、离子的活度系数**
>
> 离子强度（ionic strength, I）等于溶液中每种离子 i 的摩尔浓度（Ci）与该离子价数（Zi）平方的乘积所得诸项之和的一半。$I = \frac{1}{2} \sum C_i Z_i^2$。它表达了溶液中离子（导）电性强弱的程度。
>
> 离子活度（ion activity, α）是指电解质溶液中参与电化学反应的离子的有效浓度。由于离子周围均被一层异性离子团（离子氛）包围，使离子之间互相牵制，不能完全自由运动，故发挥作用的离子数目少于完全解离时应有的数目，则其导电性、离解度

等低于理论值。因此离子活度一般总低于电解质总浓度。

因实际应用需浓度值 C，目前还没有很好的计算方法，而活度 α 是理论计算用的浓度表示，故以一校正系数 r（活度系数）表示实际有效浓度与理想溶液的偏差，即 α＝rC，且 r 通常小于 1。

溶液中离子浓度越大，所带电荷数越多，离子与它的离子氛之间的作用就越强，离子强度越大，活度系数就越小。离子浓度很小（溶液无限稀），且电荷数小时，离子强度接近于零，离子间相互作用趋于零，此时活度系数趋于 1，离子活度就近似等于实际浓度。

2. 干扰离子 溶液中的共存离子会干扰待测离子的测定。主要的干扰途径有：①共存离子与待测离子形成络合物或发生氧化还原反应，导致待测离子浓度下降。②敏感膜对不同离子的选择性穿透是相对的，如其选择性较低，即敏感膜可对共存离子发生响应；干扰离子覆盖在敏感膜表面而致敏感膜的响应性降低。③共存离子加大待测液的离子强度，降低待测液离子的活度系数，从而影响测定结果。常用的消除干扰的方法有加入隐蔽剂及氧化、还原剂、研究电极的选择性特性必要时预先分离干扰离子、调节 pH 等。

3. 温度 温度的变化对离子选择性电极电位的影响称为温度效应。主要表现在：①影响电活性物质的溶解度、检出下限。②影响化学平衡的移动以至待测离子浓度发生明显变化。③影响电极的响应斜率、E-lgα（lgC）标准曲线的截距、待测离子活度系数、标准电极电位、参比电极电位和液接电位。通常的温度补偿装置仅可校正电极的斜率，不能校正其他误差。所以必须控制反应液的温度并使其保持恒定。

例如甘汞电极电位的变化滞后于温度的变化，尤其是从高温降到低温时通常要半小时以上才能达到稳定，这种特性被称为甘汞电极的温度滞后性。

4. 溶液 pH 其变化可影响待测离子在溶液中的存在状态。例如 pH 偏碱的环境中，蛋白结合钙增加，Ca^{2+} 降低，pH 每增加 0.1，Ca^{2+} 可降低 5% 左右。可用加入 TISAB 缓冲液维持 pH 恒定。

目标检测

一、A1 型题

1. 可见光的波长范围是（　　）nm
   A. 200～800　　　　B. 340～600
   C. 400～760　　　　D. 500～600
   E. 650～760

2. 波长 200～400nm 的电磁波称为（　　）
   A. 红外光　　　　　B. 可见光
   C. 紫外光　　　　　D. 无线电波
   E. 微波

3. 比色分析中 A 表示（　　）
   A. 透光率　　　　　B. 吸光度
   C. 电流　　　　　　D. 电压
   E. 离子强度

4. 可见 - 紫外分光光度法的理论基础为（　　）
   A. Beer 定律　　　　B. 米氏方程
   C. 牛顿第一定律　　D. 氧离曲线
   E. ROC 曲线

5. 朗伯 - 比尔定律只适用于（　　）
   A. 单色光，非均匀，散射，低浓度溶液
   B. 白光，均匀，非散射，低浓度溶液
   C. 单色光，均匀，非散射，低浓度溶液
   D. 单色光，均匀，非散射，高浓度溶液
   E. 单色光，均匀，散射，低浓度溶液

6. 比色分析法中，误差最小的吸光度范围应为（　　）
   A. 0.368　　　　　　B. 0.1～1.0
   C. 0.434　　　　　　D. 0.2～0.7
   E. 0.8～1.0

7. 分光光度法测定中制作标准曲线所广泛采用的方式为（　　）

A. A-λ 曲线   B. logT-C 曲线
C. A-C 曲线   D. A-T 曲线
E. ROC 曲线

8. 符合比尔定律的有色溶液稀释时，其最大吸收峰的波长位置是（　　）
   A. 向长波长方向移动
   B. 向短波长方向移动
   C. 不移动，但峰高值增大
   D. 不移动，但峰高值降低
   E. 向长波长方向移动，且峰高值增大

9. 紫外可见吸收光谱的产生是由于（　　）
   A. 物质分子内电子由基态跃迁到激发态
   B. 物质分子内电子由激发态回到基态
   C. 基态原子中电子由基态跃迁到激发态
   D. 原子中电子由激发态回到基态
   E. 分子（或原子）内电子由第一激发单线态回到基态

10. 临床生物化学检验中应用最广泛的一类分析技术是（　　）
    A. 发射光谱分析法
    B. 散射光谱分析法
    C. 吸收光谱分析法
    D. 可见光分光光度法
    E. 原子吸收分光光度法

11. 如果样品基体对测定单色光有干扰吸收，为抵消这一影响应采用（　　）
    A. 平行操作空白   B. 样品空白
    C. 试剂空白   D. 溶剂空白
    E. 对照管

12. 原子吸收分光光度法属于（　　）
    A. 发射光谱分析技术 B. 吸收光谱分析技术
    C. 散射光谱分析技术 D. 紫外光谱分析技术
    E. 荧光分析法

13. 用原子吸收分光光度法测定尿锌时，光源应采用（　　）
    A. 钨灯   B. 锌元素空心阴极灯
    C. 卤元素灯   D. 氘灯
    E. 空心阴极灯

14. 在原子吸收分析中，原子蒸气对共振辐射的吸收程度与基态原子数（　　）
    A. 成反比   B. 成正比
    C. 成指数关系   D. 非线性关系
    E. 无确定关系

15. 原子吸收分析法选择性好是因为（　　）
    A. 原子化效率高
    B. 光源发出的特征辐射只能被特定的基态原子所吸收
    C. 检测器灵敏度高
    D. 原子蒸气中基态原子数不受温度影响
    E. 原子光谱为带状光谱

16. 原子吸收分光光度计与紫外可见分光光度计的区别是（　　）
    A. 光源不同   B. 单色器不同
    C. 检测器不同   D. 吸收池相同
    E. 显示器不同

17. 火焰发射光谱的产生是由于（　　）
    A. 物质分子内电子由基态跃迁到激发态
    B. 物质分子内电子由激发态回到基态
    C. 基态原子中电子由基态跃迁到激发态
    D. 原子中电子由激发态回到基态
    E. 分子由三线态回到基态

18. 荧光光度法测定某物质是根据下述哪一项原理（　　）
    A. 测激发光强度   B. 测发射光强度
    C. 测吸收光强度   D. 测散射光强度
    E. 以上都不对

19. 荧光光谱分析法比吸收光谱灵敏度高（　　）
    A. 100～1000 倍   B. 1000～10000 倍
    C. 10～100 倍   D. 10～1000 倍
    E. 100～10000 倍

20. 荧光法中，固定激发光波长和强度，进行发射光波长扫描，可绘制（　　）
    A. 荧光光谱   B. 激发光谱
    C. 吸收光谱   D. 散射光谱
    E. 拉曼光谱

21. 一种物质能否发出荧光，主要取决于（　　）
    A. 分子结构和具有较高的荧光效率
    B. 激发光的波长
    C. 分子吸光能力的强弱
    D. 分子结构中有无极性基因
    E. 时间

22. 某荧光物质的吸收光谱有两个不同强度的吸收峰，如分别用两个最大吸收波长作激发光时，该物质的两种荧光光谱为（　　）
    A. 形状和荧光强度都相同
    B. 形状相同，荧光强度不同
    C. 荧光强度相同，形状不同
    D. 形状和荧光强度都不同

E. 不确定

23. 在荧光分析中，正确说法是（　　）
    A. 溶液温度升高，荧光效率增加，荧光强度增加
    B. 溶液温度降低，荧光效率增加，荧光强度增加
    C. 溶液温度升高，荧光效率不变，荧光强度不变
    D. 溶液温度降低，荧光效率不变，荧光强度不变
    E. 溶液温度降低，荧光效率降低，荧光强度降低

24. 要使荧光强度与荧光物质的浓度成正比，应使（　　）
    A. 激发光必须很强
    B. 样品浓度应适中
    C. 待测物吸光系数必须很大
    D. 光源与检测器应与样品在同一线上
    E. 液槽厚度要足够厚

25. 由 Rayleigh 散射定律可知（　　）
    A. 波长愈长，散射光愈强
    B. 红色光的散射程度比蓝色光大
    C. 可见光的散射程度比紫外光区灵敏
    D. 波长愈短，散射光愈强
    E. 波长与散射光强无关

26. 下列关于光学检测原理的叙述何者正确（　　）
    A. 荧光检测时，激发光与发射光处于同一直线上
    B. 反射比色检测时，入射光与反射光同一直线上
    C. 透射比浊检测时，入射光与透射光同一直线上
    D. 散射比浊检测时，入射光与散射光同一直线上
    E. 磷光计检测时，入射光与发射光同一直线上

27. 利用物质的电化学性质，测定化学电池的电位、电流或电量的变化进行分析的方法称为（　　）
    A. 电化学分析法　　B. 电泳分析
    C. 荧光分析法　　　D. 光谱分析法
    E. 高效液相层析

28. 离子选择电极的结构不包括（　　）
    A. 电极管　　　　　B. 内电极
    C. 内充溶液　　　　D. 敏感膜
    E. 电位计

29. 玻璃电极电位值（$\varphi_{玻璃}$）决定于
    A. 膜内 $[H^+]$　　　B. 膜内 $[Na^+]$
    C. 膜外待测液 $[H^+]$　D. 膜内外 $[H^+]$ 之和
    E. 膜内外 $[Na^+]$ 之和

30. 下列属于复合电极的是（　　）
    A. 玻璃电极　　　　B. 气敏电极
    C. 酶电极　　　　　D. 液膜电极
    E. Na^+ 电极

31. 以下电极中，不是酶电极的是（　　）
    A. 尿素电极　　　　B. 葡萄糖电极
    C. 胆固醇电极　　　D. 钠电极
    E. 尿酸电极

32. 以下影响因素中，不会引起离子选择电极测定误差的是（　　）
    A. 温度滞后效应　　B. pH
    C. 干扰离子　　　　D. 离子强度
    E. 样品不经外加试剂直接测定

二、B1 型题

（33～35 题共用备选答案）
    A. 火焰光度法
    B. 可见及紫外分光光度法
    C. 电泳
    D. 荧光光度法
    E. 比浊法

33. 属于散射光谱分析技术的是（　　）
34. 属分子发射光谱分析技术的是（　　）
35. 属于吸收光谱分析技术的是（　　）

（36～39 题共用备选答案）
    A. 临床生物化学检验中应用最广泛的一类分析技术
    B. 临床生物化学常用的荧光分析法和火焰光度法
    C. 测定光线通过溶液混悬颗粒后的光吸收或光散射程度的一类定量方法
    D. 带电分子的移动速率通过观察界面的移动来测定
    E. 测定化学电池的电位、电流、电导（阻）、电量的变化进行定性定量分析的方法

36. 发射光谱分析法（　　）
37. 吸收光谱分析法（　　）
38. 散射光谱分析法（　　）
39. 电化学分析技术（　　）

（谭红军）

第4章 电泳技术

学习目标

掌握：电泳的原理，影响电泳的因素，血清蛋白醋酸纤维素薄膜电泳及血清脂蛋白琼脂糖凝胶电泳的方法与注意事项。

熟悉：聚丙烯酰胺凝胶电泳的原理，电泳区带测定的方法。

了解：电泳的分类方法，特殊电泳技术的种类。

能：规范、熟练地操作电泳及区带定量测定。

电泳（electrophoresis，EP）是指带电粒子在电场中向着与其所带电荷电性相反的电极移动的现象。利用电泳对混合物进行分离、纯化、测定的技术叫电泳技术，实现电泳分离技术的仪器称为电泳仪（electrophoresister）。

1809年俄国物理学家首先发现了电泳现象，1937年瑞典科学家A.Tiselius利用U形管建立了自由电泳（移动界面电泳），首次证明血清蛋白质是由清蛋白A、α、β、γ-球蛋白等四种蛋白组成，并获1948年诺贝尔化学奖，开创了电泳技术的新纪元。同年Wieland和Fischer建立了滤纸电泳，奠定了区带电泳技术的基础。20世纪50年代后纸上电泳和聚丙烯酰胺凝胶电泳在生物学研究中普遍使用，80年代以来，越来越多的自动化电泳仪器相继被引入临床实验室，电泳技术已成为基础医学和临床医学研究的重要工具之一。如今，电泳技术已广泛应用于蛋白质和核酸等生物大分子的分离分析。

第1节 基本原理

一、溶液中粒子的带电状态

溶液中粒子必须带有净电荷才能在电场中移动，如果净电荷为零，则不能移动。粒子在溶液中的带电状态主要由粒子表面的化学基团和溶液的pH决定。

生物分子如蛋白质、核酸、氨基酸和核苷酸等在溶液中既发生酸性解离，同时也发生碱性解离，这样的分子称为两性电解质。蛋白质和氨基酸分子既带有羧基（—COOH）等酸性基团，又带有氨基（—NH$_2$）、咪唑基等碱性基团；核酸与核苷酸分子既带有磷酸基（—PO$_3$H$_2$）等酸性基团，又带有含氮碱基等碱性基团；因此它们都属于两性电解质，在溶液中发生两性电离，既带有正电荷，又带有负电荷。

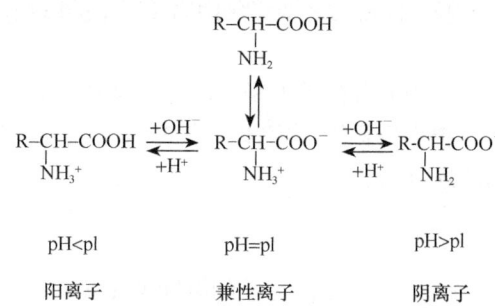

两性电解质所带正、负电荷相等时溶液的 pH 称为该物质的等电点（isoelectric point, pI）。此时两性电解质解离成阳离子和阴离子的趋势或程度相等，成为兼性离子，呈电中性。血清蛋白的等电点见表 4-1。

表 4-1　血清蛋白等电点和电泳迁移率与相对分子量

血清蛋白	等电点（pI）	迁移率（$cm^2/s \cdot V$）	分子量（MW）
清蛋白	4.84	5.9×10^{-5}	69,000
α_1-球蛋白	5.06	5.1×10^{-5}	200,000
α_2-球蛋白	5.06	4.1×10^{-5}	300,000
β-球蛋白	5.12	2.8×10^{-5}	90,000—150,000
γ-球蛋白	6.85～7.30	1.0×10^{-5}	156,000—300,000

按照同离子效应，粒子在溶液中电离状态和荷电量可以通过调节溶液的 pH 加以控制。当 pH=pI 时，粒子全部成为兼性离子，正负电荷数相等，净电荷为零，在电场中不移动；当 pH<pI 时，羧基电离减弱，氨基电离加强，正电荷数大于负电荷数，粒子带正电荷，在电场中向负极移动；当 pH>pI 时，羧基电离加强，氨基电离减弱，负电荷数大于正电荷数，粒子带负电荷，在电场中向正极移动。pH 与 pI 之间的差值越大，粒子荷电量越多。

二、电泳迁移率

带电粒子在单位电场强度下的移动速度称为电泳迁移率（electrophoretic mobility）。用 μ 表示电泳迁移率（厘米^2/伏特·秒），v 为电泳速度（厘米/秒），E 为电场强度（伏特/厘米），则：

$$\mu = \frac{v}{E} = \frac{d/t}{U/L} = \frac{cm/s}{V/cm} = \frac{d \cdot L}{U \cdot t} = \frac{cm^2}{V \cdot s}$$

式中 d 为粒子的移动距离，t 为电泳时间，U 为电压，L 为电泳桥实际长度。

测定电泳迁移率一般在无支持介质的自由界面电泳下进行，支持物对粒子移动的影响因素较多，因此有支持物的区带电泳不宜作电泳迁移率的测定。蛋白质的电泳迁移率（μ）值范围为 $1.0 \times 10^{-5} \sim 1.0 \times 10^{-4}$ 厘米^2/伏特·秒。

电泳迁移率是物质的特征性常数，混合物各组分的分子大小、带电量不同，其电泳迁移率也不同，即可在电场中彼此分离。也可以通过测定电泳迁移率对未知物质进行鉴定。

若溶液中粒子的净电荷量为 Q，在电场强度为 E 的电场中，受到的电场力（F）为：

$$F = EQ$$

粒子泳动时还要受到阻力（F'）的影响，据 stockes 定律，球形粒子运动时受到的阻力为：

$$F' = 6\pi r \eta v$$

式中 r 为粒子半径，η 为黏度系数。

根据牛顿第一定律，当 $F=F'$ 时，粒子做匀速直线运动（或静止），即 $EQ=6\pi r \eta v$，则电泳速度为：

$$v = \frac{EQ}{6\pi r \eta}$$

由上式可知，粒子的电泳速度 v 与其所带电荷量 Q、电场强度 E 成正比，与颗粒半径 r、

液体黏度系数 η 成反比。同一颗粒在不同电场中的电泳速度是不同的，因此 v 不能反映颗粒本身的特性。

因 $\mu = v/E$，将上式代入得：

$$\mu = \frac{v}{E} = \frac{Q}{6\pi r \eta}$$

由式可见，迁移率与颗粒的带电荷量 Q、半径 r、介质黏度 η 有关，而与电场强度 E 无关。所以迁移率是物质的特征性常数，在一定条件下是恒定的。

第 2 节　影响电泳的因素

除质点自身的理化性质外，影响电泳的外界因素主要有电场强度、缓冲液的 pH、缓冲液的离子强度、电渗等。

一、电场强度

电场强度是指每单位长度的电位降落，也称电位差或电势梯度。$E = U/L$。根据电泳速度的公式可知，电场强度越大，电泳速度越快；电流强度也增大，产热增多，蛋白质变性概率增加；同时使支持物上的缓冲液水分蒸发增加，支持物上缓冲液离子强度增加，支持物分电流增加，样品分电流降低，电泳速度反而减慢。电场强度降低，产热减少，但电泳速度减慢，不仅耗时长，而且样本扩散增加，导致区带模糊、分辨率下降。为使电泳得到满意结果，要选择适宜的电场强度。

根据电场强度大小，可把电泳技术分为低压电泳（2～10 伏特/厘米）、常压电泳（10～50 伏特/厘米）和高压电泳（>50 伏特/厘米）。常压电泳分离时间较长，需数小时到数天；高压电泳分离时间短，有时则仅需数分钟。因高压电泳产热量大，需对高压电泳的电泳槽安装降温装置，以保证电泳效果。

二、缓冲液的 pH

两性解离中，溶液的 pH 决定被分离物质的解离程度和质点的带电性质及所带净电荷量。pH 与 pI 差值越大，粒子荷电量越多。以血清蛋白为例，在缓冲液 pH 为 8.6 时，蛋白质组分荷电量由大到小的顺序为清蛋白、α_1-球蛋白、α_2-球蛋白、β-球蛋白、γ-球蛋白（表 4-1）。虽然加大 pH 与 pI 的差值可增加粒子荷电量，使电泳速度加快，但如缓冲液过酸、过碱，易使蛋白质发生变性。缓冲液 pH 一般设在 4.5～9.0 为宜。

在电泳过程中，溶液中的各种离子也在做定向移动，当它们移动到两极，发生氧化还原反应会使缓冲液 pH 发生改变。以 H^+ 和 OH^- 为例：

正极：$4OH^- - 4e \rightarrow 2H_2O + O_2$　　负极：$2H + 2e \rightarrow H_2$

结果使正极 pH 降低，负极 pH 升高。为了使缓冲液 pH 保持一致，可在每次电泳后将正负极交换，或两极缓冲液混合后重新分配。

三、缓冲液的离子强度

缓冲液不仅维持 pH 稳定，还起到了导电作用。缓冲液的导电能力可用离子强度表示。

离子强度（ionic strength, I）等于溶液中每种离子 i 的摩尔浓度（Ci）与该离子价数（Zi）平方的乘积所得诸项之和的一半。它表达了溶液中离子（导）电性强弱的程度，离子强度的单位用 mol/L 表示：

$$I = \frac{1}{2}\sum C_i Z_i^2$$

例：计算含 0.01mol/L Na_2HPO_4 及 0.005mol/L NaH_2PO_4 缓冲液的离子强度。

因每分子 Na_2HPO_4 解离为 2 个 Na^+、1 个 H^+、1 个 PO_4^{-3}；每分子 NaH_2PO_4 解离为 1 个 Na^+、2 个 H^+、1 个 PO_4^{-3}。根据公式：

I=1/2{［2×0.01×(+1)²+0.01×(+1)²+0.01×(-3)²］+［0.005×(+1)²+2×0.005×(+1)²+0.005×(-3)²］}＝0.09mol/L

缓冲液的离子强度影响缓冲容量、电泳速度和产热效应。离子强度大，缓冲容量大，pH 稳定，反之离子强度小，缓冲容量小，pH 不稳定；离子强度大，缓冲溶质离子所载分电流大，样本所载分电流小，样本电泳速度慢；离子强度大，电流强度大，产热多，蒸发快，蛋白质易变性；上述几种情况反之亦然。电泳速度过慢，会导致电泳时间过长、样本扩散；电泳速度过快，会导致区带不整齐、分辨率下降。为了得到较好的电泳结果，上述三种效应需要综合考虑，将缓冲液离子强度设置在一个合适的范围，一般设在 0.02～0.20mol/L 为宜。

四、电渗

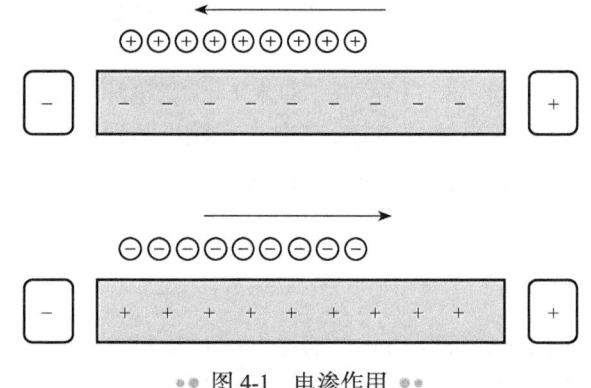

图 4-1 电渗作用

电场中液相对固相的相对移动称为电渗。产生电渗作用的原因是固相支持介质表面带有电荷，例如淀粉、纤维素和琼脂糖等具有很多羟基，这些基团都带有负电荷，在固相支持介质表面形成负电层，吸附缓冲液中的 H_3O^+ 离子，形成贴壁正电层，在电场作用下向负极定向移动。如果支持介质表面带有正电荷，则吸附缓冲液中的负离子，形成贴壁负电层，在电场作用下向正极定向移动（图 4-1）。

电渗作用不仅可以发生在液相-固相之间，也可发生在液相-液相之间。在不同支持介质的自由电泳中，也存在电渗作用。在毛细管电泳中，玻璃毛细管内壁硅酸根离子带有负电荷，吸附 H_3O^+ 离子形成贴壁正电层；H_3O^+ 离子贴壁正电层又吸附 OH^-、Cl^- 等离子形成负电层；如此形成了由玻璃毛细管内壁向轴心分布的正→负→正→负电荷层，在液相-液相之间也发生了相对电渗，只有在双电层以外的部位（如毛细管轴心处）才没有电渗作用，样本的移动速度才是纯电泳速度。因此在观察细胞电泳时，应将镜头聚焦在毛细管的轴心部位。

电渗作用对混合物各组分影响相同，因此电渗作用只影响电泳速度而不影响分辨率。电渗方向与电泳方向相同，粒子的表观移动速度等于两者速度之和；电渗方向与电泳方向相反，粒子的表观移动速度等于两者速度之差。电渗现象可用不带电的有色颜料或有色葡聚糖点在支持介质中间，经电泳后观察电渗作用的移动方向和距离。

一般应尽可能选择低电渗作用的支持物以减少电渗的影响，滤纸和淀粉等支持物电渗作用明显，醋酸纤维和聚丙烯酰胺凝胶等支持物电渗较小。但有时电渗作用是可以被利用的，例如对流免疫电泳选用琼脂糖作支持介质，琼脂糖含有许多带负电荷的硫酸基（OSO_3^-），吸附大量 H_3O^+ 形成密集贴壁正电荷层，在电场中向负极移动。在 pH8.6 的缓冲溶液中，蛋白带负电荷，向正极电泳，较快的电渗速度大于免疫球蛋白的电泳速度，结果将免疫球蛋白推向负极，形成对流作用。

▶ 五、其他影响因素

1. 样品 主要包括分子的形状、分子大小及荷电量。蛋白质、核酸等生物大分子，分子量相当时，球状分子比纤维状分子移动速度快；荷电量相当时，分子量小的电泳移动速度快；荷电量愈多，电泳速度愈快（见电泳原理）。

2. 支持介质的吸附作用 支持介质对电泳的影响除了电渗作用还有吸附作用。各种支持介质或多或少对样本有吸附作用，吸附作用可阻滞样本的移动，使电泳速度减慢，出现区带拖尾现象，因此要选择吸附作用小的支持介质。吸附力的大小与支持介质的性质有关，纤维素、淀粉为多聚葡萄糖，琼脂糖为多聚半乳糖，分子表面具有很多羟基，这些基团可带电荷，对蛋白质、核酸等具有一定的吸附能力。醋酸纤维素的侧链基团为乙酰基，聚丙烯酰胺的侧链基团为酰胺基，这些基团电流很弱，基本不带电荷，对样本的吸附作用很小。

3. 蒸发 蒸发对薄膜电泳的影响较大。滤纸、醋酸纤维素薄膜等支持介质液层薄、蓄液量少、电阻大，电泳时产热多，水分蒸发快；如前所述，电场强度增加也可使水分蒸发导致支持介质缓冲液浓缩，离子强度增加，样本分电流减小，电泳速度减慢。由于支持介质水分的蒸发，使虹吸作用加强，两边电泳槽中缓冲液沿着支持介质向中间对流，使样本区带向中间集中并弯曲，导致分辨率下降。随着蒸发的继续，离子强度继续增加，电流强度越来越大，产热越来越多，形成恶性循环。

为减少蒸发，电泳槽密闭性要好，电流强度不宜过大，必要时开启冷却循环装置。

第 3 节 分 类

电泳技术分类方法有多种，可从分离目的、电场强度、电泳媒介、电泳装置、缓冲液 pH 等不同角度分类。

1. 根据分离目的分类 分为分析电泳和制备电泳。

2. 根据电场强度的不同分类 根据电场强度大小，分为低压电泳（2～10 伏特/厘米）、常压电泳（10～50 伏特/厘米）和高压电泳（>50 伏特/厘米）。高压电泳产热量大，电泳槽必须具有冷却循环装置。

3. 根据有无固体支持物以及支持介质的种类分类 根据有无固体支持物分为自由电泳和区带电泳两大类。自由电泳的媒介即为溶液，适用于生物大分子和活细胞的电泳分离，包括 Tiselius 移动界面电泳、显微电泳（细胞电泳）、柱电泳、自由流动幕电泳、等速电泳等。区带电泳根据支持介质不同分为滤纸电泳、薄层电泳（薄膜或薄板）、凝胶电泳（淀粉凝胶、琼脂凝胶、琼脂糖凝胶、聚丙烯酰胺凝胶）等，适用于蛋白质、核酸等样本的分离。

4. 根据支持介质的位置或形式分类 根据支持介质的位置分为水平式电泳和垂直电泳。根据形状分为板状电泳、柱状电泳、U形管电泳、毛细管电泳等。

5. 根据缓冲液pH的连续性分类 分为连续pH电泳和不连续pH电泳。连续pH电泳指电泳的全过程中保持恒定的pH，如纸电泳和醋酸纤维素薄膜电泳等。不连续pH电泳指电极缓冲液和电泳支持物中的pH不同，以及从正极到负极呈现梯度分布，如聚丙烯酰胺凝胶电泳、等电聚焦电泳、等速电泳等。

6. 根据电泳方向不同分类 分为单向电泳和双向电泳。

第4节 常用电泳技术

常用电泳技术包括醋酸纤维素薄膜电泳、琼脂糖凝胶电泳、聚丙烯酰胺凝胶电泳等。

一、醋酸纤维素薄膜电泳

醋酸纤维素薄膜电泳（cellulose acetate electrophoresis，CAE）是以醋酸纤维素薄膜作为支持物的一种电泳技术。醋酸纤维素是将纤维素的羟基醋酰化而形成的纤维素醋酸酯（纤维素中每个葡萄糖单位的两个游离羟基均与醋酸脱水缩合，生成二乙酰葡萄糖），将其制成薄膜后作为支持物，可简称醋纤膜。

醋纤膜作为电泳支持物具有以下优点：①分辨能力好，电泳区带结果清晰。②薄膜微孔细小，质地致密，故对蛋白质的吸附极少，基本上没有拖尾现象。③不与染料着色，漂洗时容易去掉区带以外的染料，背景白净，对结果测定无干扰。④易于透明化处理，便于光密度扫描，并可长期保存。

醋纤膜的主要缺点表现：①有电渗作用发生，但作用均匀，不影响蛋白质的分离。②所含缓冲液的量较少，容易被蒸发，因此必须在密闭的容器中进行，而且电流不能过大，否则会发热导致缓冲液蒸发。③该膜质地较脆，透明化处理以后容易皱缩。但是醋纤膜优点大于缺点，因此被广泛使用。临床检测中，血清蛋白电泳、血红蛋白电泳、甲胎蛋白及同工酶电泳常用醋纤膜作为支持物。

二、琼脂糖凝胶电泳

琼脂糖凝胶电泳（agarose gel electrophoresis，AGE）是以琼脂糖凝胶作为支持物的一种电泳技术。主要特点：①琼脂糖是将琼脂中含硫酸根和羟基基团的琼脂胶去掉以后的成分，化学成分为[D-半乳糖-O-3,6-脱水-L-半乳糖]n的链状多糖，由于去掉了含酸性基团的琼脂胶，半乳糖及其衍生物不带电荷，所以琼脂糖的电渗作用和吸附作用很小，分离蛋白质时几无拖尾现象；②琼脂糖链通过氢键或其他作用力，形成绳状琼脂糖束大网孔型凝胶，用于大分子量DNA分离时，具有分子筛效应，区带分离清晰、整齐（但低浓度如10g/L的凝胶网络结构疏松，允许分子量10^6及以下的蛋白质自由通过，又因含水量大，相当于自由界面电泳，没有分子筛效应）；③凝胶透明度高，能透过200～700nm的光，故电泳后无需"透明"处理，可直接进行区带扫描，减少处理误差；④琼脂糖不与染料结合，染色后背景染料容易洗脱；⑤凝胶易于干燥制成薄膜，可长期保存；⑥但由于琼脂糖上的样本区带容易扩散，因此电泳后必须立即染色固定（图4-2）。

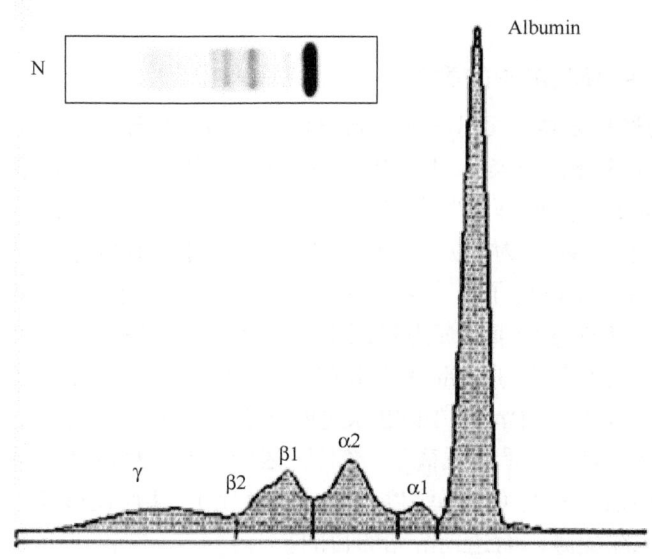

图 4-2　血清蛋白琼脂糖凝胶电泳图谱及光密度扫描曲线

琼脂糖凝胶电泳适用于血浆脂蛋白、免疫球蛋白、同工酶和核酸等的分离分析。

三、聚丙烯酰胺凝胶电泳

聚丙烯酰胺凝胶电泳（polyacrylamide gel electrophoresis，PAGE）是以聚丙烯酰胺凝胶（PAG）作为支持物的一种电泳技术。

（一）聚丙烯酰胺凝胶的聚合原理

聚丙烯酰胺凝胶是以丙烯酰胺（acrylamide，Acr）作单体，以甲叉双丙烯酰胺（bisacrylamide，Bis）双体作交联剂，在催化剂和加速剂作用下聚合交联为三维网状结构的聚丙烯酰胺凝胶。交联聚合有化学催化聚合与光催化聚合两种方式。

化学聚合的凝胶孔径比光聚合凝胶的小，重复性、透明度都要好些；但是化学聚合的过硫酸铵是强氧化剂，在凝胶中残存量多时易使蛋白质失活，或产生畸变的电泳图谱。

聚丙烯酰胺凝胶富含酰胺键，亲水性强，而且在溶液中不电离、不带电荷，吸附作用与电渗作用很小，是一种理想的电泳支持物。

（二）聚丙烯酰胺凝胶的机械性能与孔径的调节

聚丙烯酰胺凝胶的机械性能（包括强度、弹性、透明度、黏度）以及筛孔直径（简称孔径）大小取决于凝胶的总质量浓度（T）和交联度（C）。凝胶的总质量浓度（T）指100ml凝胶溶液中含有 Acr 及 Bis 的总克数；交联度（C）指交联剂 Bis 占单体 Acr 与 Bis 总量的百分数。即：

$$T=(Acr+Bis)\ g/dl$$
$$C=(Bis/T)\times 100\%$$

凝胶的孔径大小可通过调节总质量浓度和交联度大小来加以调节。总质量浓度越大，孔径越小；当质量浓度固定不变时（不论T多大），交联度为5%时的孔径最小，大于或者小于5%时孔径都将增大。

凝胶的机械强度、弹性、透明度和黏度也可以通过调节总质量浓度和交联度大小来改变。总质量浓度升高，硬度增加，黏度降低，脆性增加；总质量浓度降低，则硬度下降，黏度增加，脆性下降。

（三）聚丙烯酰胺凝胶电泳的类型

1. 根据凝胶的形状分类　可分为圆柱形电泳和平板形电泳。

2. 根据凝胶浓度和pH分类　可分为连续凝胶电泳和不连续凝胶电泳。

不连续凝胶电泳的分离原理主要有浓缩效应、电荷效应及分子筛效应三种。

1）浓缩效应：甘氨酸pI为6.0，在pH 8.3的Tris-甘氨酸缓冲液中少量解离为甘氨酸负离子，电泳开始后，该负离子进入浓缩胶，由于pH下降到6.7，与甘氨酸的pI距离减小，甘氨酸的羧基解离程度变小，荷电量减少，电泳速度减慢，故称为慢离子。而浓缩胶中Tris-HCl缓冲液中的HCl几乎全部释放出Cl^-，且不受pH影响，电泳速度较快，故Cl^-称为快离子。在浓缩胶中，血清蛋白的电泳速度介于快离子与慢离子之间，形成由负极向正极分布的"甘氨酸负离子-蛋白质离子－Cl^-"区域，此区域内离子浓度偏低即形成了一个低电导区，使电场强度增大（电场强度与电导成反比），从而使慢离子加速向前移动，这样就将蛋白质样本压缩变薄，而达到浓缩的目的。

2）电荷效应：不同的蛋白质所带电荷数不同，电泳迁移率也不同，当样本通过浓缩胶形成一个狭窄区带进入分离胶后，分离胶的pH为8.9，与甘氨酸的pK_a（9.7～9.8）相近，这使甘氨酸的解离度增大，甘氨酸负离子增多，因而其有效电泳迁移率增大，迅速赶上并超过所有蛋白质分子，随之高电场强度消失，使得蛋白质样本就在均一的电场强度和pH条件下通过分离胶。不同组分会受到电场力的作用而进一步依次分离，从而达到分离目的，此即为电荷效应所发挥的作用。

3）分子筛效应：是指相对分子质量大小不同的组分在电泳移动过程中所受到的阻力不同，相对分子质量小的组分受到的阻力小，电泳速度较快；反之，相对分子质量大的组分则电泳速度较慢。当电泳迁移率相同时，只要分子量有一定差异，也能电泳分离，这是PAGE分辨率高的重要原因之一。

在上述3种效应的作用下，不连续凝胶电泳的分辨效率得以大大提高。

【实验4-1】　醋酸纤维素薄膜电泳分析血清蛋白质

【原理】

血清中各种蛋白质的等电点（pI）大都低于7.0，在pH8.6的缓冲液中它们都解离带负电荷，在电场中向正极泳动。

清蛋白（白蛋白）泳动最快，其后依次为α_1-球蛋白、α_2-球蛋白、β-球蛋白及γ-球蛋白区带（图4-3）。固定染色及漂洗后可看到清晰的区带，由于染料与蛋白质的结合量与蛋白质的量成正比，因此将各蛋白区带剪下，经洗脱、比色即可计算出各蛋白组分的百分含

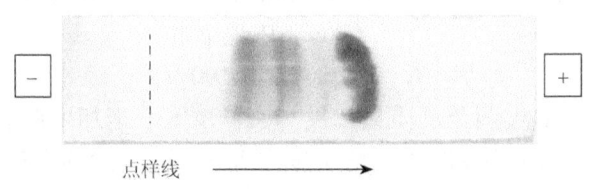

图4-3　血清蛋白电泳图谱

量，或经透明处理后直接用光密度计扫描定量。如测定出血清总蛋白浓度，还可计算出各蛋白组分的绝对浓度。

【试剂与器材】

1. 巴比妥缓冲液（pH8.6±0.1，离子强度0.06） 称取巴比妥2.21g，巴比妥钠12.36g，于500ml蒸馏水中加热溶解，冷至室温后，用蒸馏水定容至1L。

2. 染色液

（1）丽春红S染色液：称取丽春红S0.4g、三氯醋酸6g，用蒸馏水溶解，定容至100ml。

（2）氨基黑10B染色液：称取氨基黑10B0.1g，溶于无水乙醇20ml中，加冰醋酸5ml，甘油0.5ml，使溶解；另取磺基水杨酸2.5g，溶于74.5ml蒸馏水中；再将二液混合摇匀。

3. 漂洗液

（1）3%（V/V）醋酸溶液：适用于丽春红染色的漂洗。

（2）甲醇45ml、冰醋酸5ml，蒸馏水50ml，混匀。适用于氨基黑10B染色的漂洗。

4. 透明液 称取柠檬酸（$C_6H_5O_7Na_3·2H_2O$）21g和N-甲基-2-吡咯烷酮150g，以蒸馏水溶解，并稀释至500ml。亦可选用十氢萘或液状石蜡透明。

5. 洗脱液 0.4mol/L氢氧化钠溶液。

6. 醋酸纤维素薄膜规格 2cm×8cm（比色法），6cm×8cm（扫描法）。

7. 电泳仪 晶体管或电子管整流的稳压稳流电源，电压0～600V，电流0～300mA。

8. 电泳槽 铂（白金）丝电极的水平电泳槽。

9. 加样器 专用电泳血清加样器、血红蛋白微量吸管、0.2m×1.5cm载玻片、X线胶片。

10. 光密度计、分光光度计

【操作】

1. 准备

（1）电泳槽准备：将缓冲液加入电泳槽中，保证足够体积；调节两侧槽内的液面在同一水平面；用三层滤纸或四层纱布搭桥。

（2）醋纤膜的准备：取长时浸透（20分钟以上，过夜更好）的醋纤膜（2cm×8cm），夹于洁净滤纸中间，轻吸表面缓冲液，在无光泽面一端1.5cm处，用铅笔轻划一点（线）做点样样记。

2. 点样 用点样器或微量吸管或X线胶片均匀蘸取血清3～5μl，垂直印在醋纤膜无光泽面的点样线处，使血清渗入膜内。

3. 架桥与平衡 将点样后的醋纤膜无光泽面向下，点样侧置于负极端，平直地贴于电泳槽支架的两端，平衡约5分钟，待醋纤膜重新吸足缓冲液。

4. 电泳 接通电源，注意醋纤膜上的正、负极，切勿接错。调节电压90～150V，电流0.4～0.6mA/cm膜宽。夏季通电45分钟，冬季通电60分钟，待电泳区带展开35～40mm，关闭电源。

5. 染色 通电完毕，取下薄膜直接浸于丽春红S或氨基黑10B染色液中，染色5～10分钟（以清蛋白带染透为止）。染色过程中可轻晃动染色皿，以使染色充分；薄膜条较多时，应避免彼此紧贴致染色不良。

6. 漂洗 准备3～4个漂洗皿装入漂洗液，从染色液中取出薄膜条尽量沥去染色液，按顺序投入漂洗液中反复漂洗，直至背景无色为止。

7. 定量

（1）洗脱比色法：取六支试管，分别标明"A、α_1、α_2、β、γ、空白"。将漂洗净的薄膜条吸干，剪下各蛋白区带分别放入相应的试管中，另从空白背景处剪一条平均大小的薄膜条置于空白管。

1）氨基黑 10B 染色法：于清蛋白管内加入 0.4mol/L 氢氧化钠溶液 6ml（计算时吸光度乘以 2），其余五管各加入 3ml；置 37℃水浴 20 分钟，期间振摇数次，待染料脱净后取出。用分光光度计，600～620nm 波长，以空白管调零，读取各管吸光度值。

2）丽春红 S 染色法：洗脱液用 0.1mol/L 氢氧化钠，加入量同上。10 分钟后，向清蛋白管内加入 40%（V/V）醋酸溶液 0.6ml（计算时吸光度乘以 2），其余五管各加入 0.3ml，以中和部分氢氧化钠，使溶液色泽加深。如出现沉淀，可离心后取上清液比色。用分光光度计，520nm 波长，以空白管调零，读取各管吸光度值。

（2）光密度计扫描法

1）透明：不保留的电泳图谱可用液状石蜡或十氢萘浸透后，取出夹在两块优质薄玻璃间，供扫描用，此法透明的薄膜不能久藏，易发生皱褶。

2）扫描定量：将已透明的薄膜放入全自动光密度计内，选择 520nm 波长进行扫描分析。

【计算】

$$A_T = A_{Alb} \times 2 + A_{\alpha1} + A_{\alpha2} + A_{\beta} + A_{\gamma}$$

$$各组分蛋白质百分比（\%）= \frac{A_X}{A_T} \times 100\%$$

各组分蛋白质绝对浓度（g/L）= 各组分蛋白质百分比(%) × 血清总蛋白(g/L)

式中 A_T 表示各组分蛋白质吸光度总和；A_X 表示各个组分蛋白质的（Alb,α_1,α_2,β,γ）吸光度。

【参考范围】

各实验室应根据不同的实验条件建立参考范围。各种方法参考范围见表 4-2 至表 4-4。

表 4-2 丽春红 S 染色直接扫描法参考范围

蛋白质组分	绝对含量(g/L)	占总蛋白百分比(%)
白蛋白	35.0～52.0	57.0～68.0
α_1-球蛋白	1.0～4.0	1.0～5.7
α_2-球蛋白	4.0～8.0	4.9～11.2
β-球蛋白	5.0～10.0	7.0～13.0
γ-球蛋白	6.0～13.0	9.8～18.2

表 4-3 氨基黑 10B 染色直接扫描法参考范围

蛋白质组分	绝对含量(g/L)	占总蛋白百分比(%)
白蛋白	48.8±5.1	66.6±6.6
α_1-球蛋白	1.5±1.1	2.0±1.0
α_2-球蛋白	3.9±1.4	5.3±2.0
β-球蛋白	6.1±2.1	8.3±1.6
γ-球蛋白	13.1±5.5	17.7±5.8

表 4-4 氨基黑 10B 染色洗脱比色法参考范围

蛋白质组分	占总蛋白百分比(%)
白蛋白	66.2±7.6
α_1-球蛋白	4.2±1.7
α_2-球蛋白	6.6±2.1
β-球蛋白	10.2±3.1
γ-球蛋白	17.3±4.2

【临床意义】

正常血清蛋白醋纤膜电泳，一般可分离出五条主要区带，即 Alb、α_1、α_2、β、γ-球蛋白。见图 4-3，图 4-4（1）。

在疾病情况下血清蛋白质可出现质或量的变化，下列几种疾病时电泳分析结果可有较明显的异常特征，有助于临床疾病的诊断（表 4-5）。

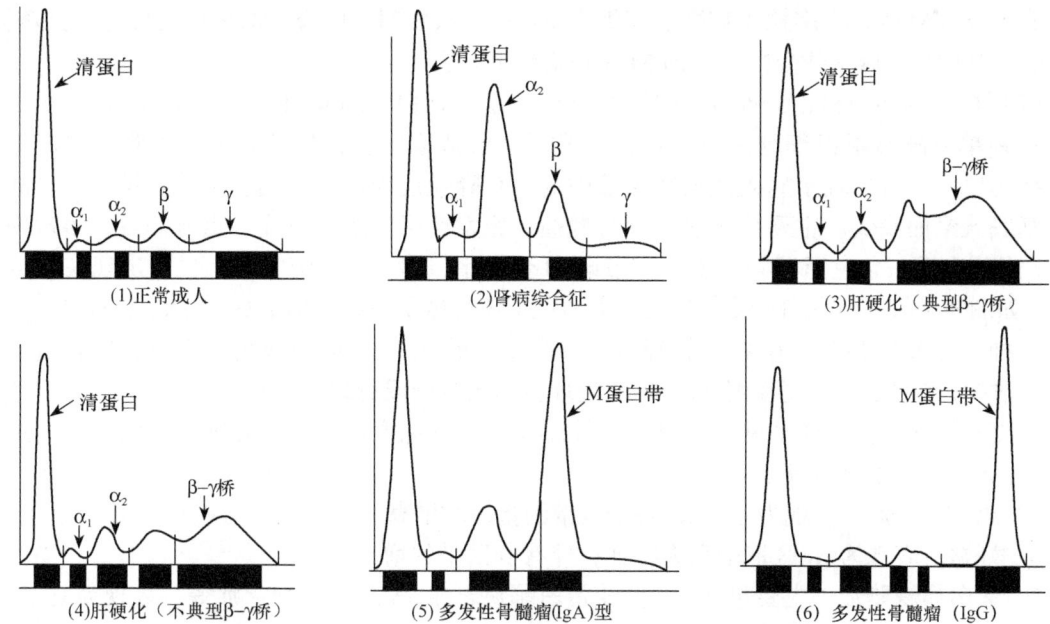

图 4-4　几种典型电泳图谱及其扫描曲线

表 4-5　几种疾病时血清蛋白电泳变化

疾病	总蛋白	Alb	α_1	α_2	β	γ
肾病	↓↓	↓↓		↑↑	↑	↓
弥漫性肝损伤	↓ N	↓↓	↑	↑	↓	↑
肝硬化	↓ N ↑	↓↓	↓	↓	β-γ桥↑（融合）	
原发性肝癌	↓↓	AFP				↑
M蛋白血症（多发性骨髓瘤）			在 α～γ 区带中出现 M 蛋白区带			
慢性炎症		↓		↑		
急性炎症或急性时相反应症	N	↓N	↑	↑		N
妊娠	↓N			↑	↑	N
丙种球蛋白缺乏症						↓↓
蛋白质缺陷症			个别区带出现特征性缺乏			
双白蛋白血症*		双峰				

N 正常；↑升高，↓降低；↑↑显著升高，↓↓显著降低

* 双白蛋白血症，Knedal（1957）报道一种家族性白蛋白异常的双白蛋白血症，与遗传有关，为常染色体显性遗传

1. 肾病　可见于急、慢性肾炎、肾病综合征、肾衰竭等，由于尿中丢失大量低分子量蛋白质，表现为 Alb、α_1 蛋白急剧下降，α_2 蛋白显著升高、β蛋白增加、γ蛋白下降。

2. 肝病　肝硬化及慢性肝炎时，因肝脏合成白蛋白等减少，主要表现为 Alb 下降，β和γ球蛋白增高，甚至出现两带难以分离而相连的"β-γ桥"，如图 4-5（3）（4），此现象往往是由于 IgA 增高所致，与肝纤维化有关。

3. 原发性肝癌　成人原发性肝癌患者（80%）血清电泳中在 Alb 与 α_1 球蛋白之间可增加一条甲胎球蛋白（AFP）区带，胃癌等其他肿瘤也可见 AFP 升高；此外 AFP 仅出现在胎儿血清中。

4. M 蛋白血症型　正常人血清电泳结果显示的宽γ区带主要成分是免疫球蛋白，包括

IgG、IgA 和 IgM 等，由多株（克隆）浆细胞所产生。疾病时 γ 球蛋白增多可表现为单克隆、多克隆，其中单克隆 γ 球蛋白血症即 M 蛋白血症型。

M 蛋白（monoclonal protein）亦称单克隆免疫球蛋白（monoclonal immunoglobulins），是由一种单克隆 B 淋巴细胞因抗原刺激异常增殖形成浆细胞，异常浆细胞克隆增殖产生大量结构单一、可出现于病人血清或尿液中的单克隆免疫球蛋白或其轻链或重链片段，故区带基底狭窄而高尖。主要见于多发性骨髓瘤、原发性巨球蛋白血症、重链病等，表现为 Alb 下降，出现一条色泽深染的狭窄区带即 M 蛋白带，多位于 γ 带之中，也可出现在 α 或 β 带，如图 4-5（5）（6）。M 蛋白有三种类型：①免疫球蛋白型，即 IgG、IgA、IgM 或 IgD 中的一种（主要是 IgG 或 IgA）；②轻链型，由于 κ 或 λ 轻链的合成超过重链，使轻链游离于血清中；③重链型，浆细胞只产生免疫球蛋白的重链或有缺陷的重链。

多克隆性 γ 球蛋白增多见于反复或慢性感染、自身免疫性疾病、肝细胞疾病或寄生虫感染，γ 区带呈弥散性升高。

5. 急慢性炎症　表现为 $α_1$、$α_2$ 两个区带的蛋白均增高。

6. 妊娠　表现为 $α_1$ 区带增高为特征，伴有 β 区带的增高。

7. 蛋白质缺陷症　主要包括 $α_1$- 抗胰蛋白酶缺乏症、γ 球蛋白缺乏症等，表现为 $α_1$、γ 两个区带蛋白缺乏或显著降低。

【注意事项】

电泳图谱效果不佳甚至电泳失败的常见类型与原因如下。

1. 电泳图谱分离不清、不整齐　①点样过多、电流过低；②点样不均匀、不整齐，样本触及薄膜边缘；③薄膜过湿，样本扩散；④薄膜未完全浸透或温度过高致使膜面局部干燥或水分蒸发；⑤薄膜与滤纸或纱布桥接触不良；⑥薄膜放置不正确，与电流方向不平行；⑦薄膜质量不高：结构过分细密、透水性差、导电差等；⑧缓冲液变质。

2. 染色问题

（1）清蛋白中间着色浅：①由于染色时间不足；②染色液陈旧；③清蛋白含量过高。

（2）染色时间：一般以 5～10 分钟为宜，室温低时，时间可延长约 2 分钟；若时间过长，$α_1$ 球蛋白与染料结合率增加，导致球蛋白百分比上升，A/G 比值会下降。

（3）如血清总蛋白含量超过 80g/L，用氨基黑 10B 染色时，应将血清稀释 2 倍后加样，避免清蛋白染色不透，甚至出现空泡，蛋白膜脱落在染色液中，导致定量不准。

3. 透明问题

（1）薄膜透明不完全：①烘箱温度未达到 90℃即将薄膜放入；②透明液陈旧，或透明液中冰醋酸含量不足，或透明过程中遇水分；③浸泡时间不足。

（2）薄膜在透明液中溶解：透明液中冰醋酸含量过高，可酌情减量。

（3）透明膜上有气泡：玻璃片上有油脂，使薄膜部分脱开，或贴膜时滚动不佳。

（4）透明后薄膜皱缩：薄膜未完全干燥即从玻片上取下。

第 5 节　特殊电泳技术介绍

一、SDS-PAGE

在 PAGE 系统中加入一定浓度的十二烷基硫酸钠（sodium dodecyl sulfate，SDS）称为

SDS-PAGE，与还原剂共同作用，主要用于测定单链蛋白质或蛋白质亚基的相对分子质量和变性蛋白质的分离。

SDS 是一种阴离子表面活性剂，分子由疏水的十二烷基和亲水的硫酸基组成，分子式 $C_{12}H_{25}SO_4Na$。当其浓度达到蛋白质量的 5~10 倍时，SDS 的疏水端插入蛋白质分子内部，与三级和四级结构内核区域的疏水基团紧密结合，分子内氢键断裂，空间结构发生改变；大量的亲水基团硫酸基朝向外表，蛋白质表面负电荷大增，远远超过蛋白质原有的电荷量，使得蛋白质原有电荷效应可忽略不计，这样，蛋白质电泳迁移率就只取决于相对分子质量，而与自身所带电荷无关；同时亚基之间强大的电荷排斥力使蛋白质聚合体的亚基彼此分离，为分析亚基组成和测定蛋白质相对分子质量打下基础。

但 SDS 不能破坏肽链之间的二硫键，故需加还原剂巯基乙醇等将二硫键还原为巯基，切断二硫键而使两条肽链解开为单链，并能避免被重新氧化，这样分离出的谱带即为蛋白质亚基。

二、等电聚焦电泳

等电聚焦电泳（isoelectric focusing electrophoresis，IFE）是利用 pH 梯度变化的电泳介质来分离 pI 不同的蛋白质的一种电泳技术。其分辨率很高，特别适合于相对分子质量相同而电荷量不同的两性大分子物质的分离。

IFE 必须具有一个稳定的 pH 梯度介质，其 pH 从正极到负极依次增加，形成一个线性 pH 梯度。当不同 pI 的蛋白质混合物加入 pH 梯度变化的电泳管中，通电一定时间后，混合物中各组分将聚集在与各自 pI 相应的 pH 介质区域，形成分离的蛋白质区带，再经固定、染色、切片和洗脱，即可测定蛋白质含量。

IFE 形成 pH 线形梯度的机制是，将两性电解质混合物加入凝胶应用液，加入凝胶柱。通电前凝胶柱整个区域 pH 相等，通电后由于两性电解质混合物各组分 pI 不同，导致电泳速度也不同。pI 最小的两性电解质（pI_1）解离后带负电荷，移向正级，直至与正级电离出来的 H^+ 结合后停止泳动，其周围溶液的 pH_1 等于 pI_1；pI 稍大的两性电解质解离后带的负电荷略少些，也移向正级，在靠近 pH_1（pI）区域时停止泳动，其周围溶液的 pH_2 等于 pI_2。以此类推，经过一段时间的电泳后便形成由正极到负极 pH 依次升高的梯度。

在 IFE 过程中，蛋白质聚焦后会由于分子的扩散和对流而影响聚焦效果，所以在电泳管中必须加有对抗对流的电泳介质，以减少扩散。聚丙烯酰胺凝胶作为支持物可以很好地避免以上问题。

三、双向电泳

双向电泳（two-dimensional electroPhoresis，2-DE）是指首先进行第一向电泳，然后将方向旋转 90°，再进行第二向电泳。第一向步骤常用的方法是 IFE，各样本组分由于 pI 不同而被分离；第二向步骤时，对电荷效应相同的同一区带根据相对分子质量（Mr，相对分子量）的差别来进行分离，常用的方法是 SDS-PAGE。经两次电泳之后，通过凝胶染色、扫描，再用专业分析软件包对其图谱进行分析、比对。血清蛋白双向电泳第一次 IFE 可分出 50 多条区带，也就是 50 多个组分，这些组分进一步通过 SDS-PAGE 最终可分出 200 多条区带，极大地提高了分辨率。

双向电泳的应用包括蛋白质组分析、细胞差异性分析、疾病样本检测、治疗检测、药物开发、癌症研究、纯度检测和微量蛋白纯化。

四、印迹法

印迹法(blotting)是指将 PAGE 的分离区带通过吸附或再电泳转移到固相载体上的方法。最常用的是硝酸纤维素（nitrocellulose，NC）膜。

southern 于 1975 年建立了检测 DNA 片段的杂交技术，将凝胶电泳所得到的 DNA 区带转移到固相载体上，再用样记探针杂交结合，该方法称为 DNA 印迹（southern blot）法。此后，人们又将该方法应用于 RNA 及蛋白质的转移，将电泳后 RNA 的转移与杂交的方法称为 RNA 印迹（Northern blot）法；把电泳后蛋白质的转移并与特异性抗体结合的方法称为蛋白质印迹（western blot）法；将 2-DE 后的蛋白质转移到硝酸纤维纸上的印迹法称为 Eastern 印迹法。

以上每一种印迹法又均可分为斑点印迹法与电泳转移印迹法。斑点印迹法是将电泳后样本直接吸附于固相载体上，就像将墨迹吸到纸上一样；电泳转移印迹法是将电泳后样本再通过另一次电泳转移到固相载体上。两种方法印迹之前的凝胶电泳分离蛋白质与印迹之后的对固相载体剩余吸附位点的封阻、探针样记、杂交和放射自显影(或酶显色等)检测操作基本相同。

蛋白质印迹法兼有 PAGE 的高分辨率与免疫反应的高特异性，为蛋白质的分类检测提供了更大的便利，同时也扩大了凝胶电泳的应用范围如用其他蛋白质配体来检测未知的蛋白质。

五、细胞（显微）电泳

将细胞制备成悬浮溶液，使其单个游离的细胞分散于等渗的介质溶液中，在电场力作用下，细胞在电泳室内发生运动。细胞表面具有一定的电荷，其表面吸附着被极化的水分子层，它与介质间存在着电位差。各种细胞在恒定的条件下（如温度、电流、电压、pH 和介质浓度等）其电泳速度和电位差十分稳定；但在各种有害因子或病理状态的影响下，其表面电荷可降低，细胞的电泳速度和电位差值因此减小。目前，此法已用于研究生命结构的表面性质、鉴定细胞或者单细胞有机体的功能和病理状态（肿瘤细胞）等方面。

六、自由界面电泳

最简单的界面电泳是在一"U"形管中装入一定量的带色胶体溶液如黄色硫化砷胶体溶液或血红蛋白溶液，然后小心地分别在此管两端注入等量的稀电解质溶液如 NaCl 溶液或一定 pH 的缓冲液，使其与胶体溶液之间有明显的界面，接着在该管两端插入铂电极，通直流电，过一段时间即可看到一边胶体溶液的界面上升，另一边则下降，这是胶体颗粒产生泳动的结果。由于该电泳不受支持物的影响，所以分离效果较好，一般适用于胶体物质的纯度鉴定及电泳速度的测定。为了得到清晰的界面以及使界面移动能用光学系统反映出来，通常需要一套复杂的电泳仪装置，这就使自由界面电泳的广泛应用受到了限制。

当前，全自动电泳系统已上市，是用计算机控制电泳、烘干、染色、漂洗，最后用光密度计自动扫描，打印出图形及定量报告。

目标检测

A1 型题

1. 琼脂糖凝胶电泳用 pH8.6 的巴比妥缓冲液可以把血清蛋白质分成五条区带，由正极向负极数起它们的顺序是（　　）
   A. 白蛋白，β- 球蛋白，α_1- 球蛋白，α_2- 球蛋白，γ- 球蛋白

B. 白蛋白，$α_1$-球蛋白，$α_2$-球蛋白，β-球蛋白，γ-球蛋白

C. 白蛋白，$α_1$-球蛋白，$α_2$-球蛋白，γ-球蛋白，β-球蛋白

D. $α_1$-球蛋白，$α_2$-球蛋白，β-球蛋白，γ-球蛋白，白蛋白

E. 白蛋白，β-球蛋白，$α_1$-球蛋白，γ-球蛋白，$α_2$-球蛋白

2. 在区带电泳中，能产生电荷效应和分子筛效应的固体支持介质有（　　）
   A. 醋酸纤维素薄膜、纤维素、淀粉
   B. 纤维素、淀粉、琼脂糖
   C. 硅胶、琼脂糖、聚丙烯酰胺凝胶
   D. 淀粉、琼脂糖、聚丙烯酰胺凝胶
   E. 醋酸纤维素薄膜、硅胶、纤维素

3. 利用流动相中的离子能与固定相进行可逆的交换性质来分离离子型化合物的方法是（　　）
   A. 凝胶层析法　　B. 吸附层析法
   C. 分配层析法　　D. 亲和层析法
   E. 离子交换层析法

4. 大多数蛋白质电泳用巴比妥或硼酸缓冲液的 pH 是（　　）
   A. 7.2～7.4　　B. 7.4～7.6
   C. 7.6～8.0　　D. 8.2～8.8
   E. 8.8～9.2

5. 下列有关电泳时溶液的离子强度的描述中，错误的是（　　）
   A. 溶液的离子强度对带电粒子的泳动有影响
   B. 离子强度越高，电泳速度越快
   C. 离子强度太低，缓冲液的电流下降
   D. 离子强度太低，扩散现象严重，使分辨力明显降低
   E. 离子强度太高，严重时可使琼脂板断裂而导致电泳中断

6. 电泳时 pH、颗粒所带的电荷和电泳速度的关系，下列描述中正确的是（　　）
   A. pH 离等电点越远，颗粒所带的电荷越多，电泳速度也越慢
   B. pH 离等电点越近，颗粒所带的电荷越多，电泳速度也越快
   C. pH 离等电点越远，颗粒所带的电荷越少，电泳速度也越快
   D. pH 离等电点越近，颗粒所带的电荷越少，电泳速度也越快
   E. pH 离等电点越远，颗粒所带的电荷越多，电泳速度也越快

7. 一般来说，颗粒带净电荷量、直径和泳动速度的关系是（　　）
   A. 颗粒带净电荷量越大或其直径越小，在电场中的泳动速度就越快
   B. 颗粒带净电荷量越小或其直径越小，在电场中的泳动速度就越快
   C. 颗粒带净电荷量越大或其直径越大，在电场中的泳动速度就越快
   D. 颗粒带净电荷量越大或其直径越小，在电场中的泳动速度就越慢
   E. 颗粒带净电荷量越小或其直径越大，在电场中的泳动速度就越快

8. 电泳时对支持物的一般要求除不溶于溶液、结构均一而稳定外，还应具备（　　）
   A. 导电，不带电荷，没有电渗，热传导度小
   B. 不导电，不带电荷，没有电渗，热传导度大
   C. 不导电，带电荷，有电渗，热传导度大
   D. 导电，不带电荷，有电渗，热传导度大
   E. 导电，带电荷，有电渗，热传导度小

9. 醋酸纤维素薄膜电泳的特点是（　　）
   A. 分离速度慢，电泳时间短，样品用量少
   B. 分离速度快，电泳时间长，样品用量少
   C. 分离速度快，电泳时间短，样品用量少
   D. 分离速度快，电泳时间短，样品用量多
   E. 分离速度慢，电泳时间长，样品用量少

10. 聚丙烯酰胺凝胶是一种人工合成的凝胶，其优点是（　　）
    A. 机械强度好，弹性小，无电渗作用，分辨率高
    B. 机械强度好，弹性大，有电渗作用，分辨率高
    C. 机械强度好，弹性大，有电渗作用，分辨率低
    D. 机械强度好，弹性大，无电渗作用，分辨率低
    E. 机械强度好，弹性大，无电渗作用，分辨率高

11. 缺铁性贫血时可由于转铁蛋白的升高而呈现增高的区带是（　　）
    A. 白蛋白　　　　B. $α_1$球蛋白
    C. $α_2$球蛋白　　D. β球蛋白
    E. γ球蛋白

12. 血清蛋白电泳图谱能辅助进行某些疾病的诊断

及鉴别诊断，下述区带中急性炎症时加深的是（　　）
A. 白蛋白　　　B. α_1、α_2
C. α_2、β　　　D. β、γ
E. α_1

13. 应用电泳技术进行患者血液中 Hb 的类型及贫血类型的临床诊断，其增高能表现"β-轻型地中海贫血"的重要特征的血红蛋白是（　　）
A. HbC　　　B. HbD
C. HbA_2　　　D. HbE
E. HbS

14. 电泳分析的血样本，冰箱冷藏保存样本可稳定的时间是（　　）
A. 1周　　　B. 2周
C. 3周　　　D. 4周
E. 5周

15. 电泳试剂的保存要遵循试剂的保存条件进行，一般凝胶片保存的条件是（　　）
A. 2~8℃　　　B. 干燥的室温
C. 0℃　　　D. －20℃
E. －80℃

16. 电泳法分离蛋白质时，缓冲液的离子强度一般要求是（　　）
A. 0.01~0.05　　　B. 0.02~0.1
C. 0.02~0.2　　　D. 0.1~0.2
E. 0.2~0.5

17. 聚丙烯酰胺凝胶电泳分离蛋白质，除一般电泳电荷效应外，欲使分辨力提高还应有的作用是（　　）
A. 浓缩作用　　　B. 扩散作用
C. 重力作用　　　D. 分子筛作用
E. 电渗作用

（雷　呈）

第5章 其他常用分析技术

学习目标

掌握：层析技术的基本原理，离心力、相对离心力、沉降系数等概念，PCR的基本原理及反应体系。

熟悉：根据两相状态的层析技术的分类，常见离心技术的特点及用途，实际应用中转速（rpm）的求法，PCR的实验室要求和注意事项。

了解：层析、离心、PCR的临床应用。

能规范、熟练地使用普通离心机，使用层析、离心设备。

案例5-1

"硫酸葡萄糖-镁沉淀法"测定HDL-C（比较方法）中，第一步"HDL分离"：离心管中加入血清500μl和DS沉淀剂50μl，混匀，置室温5～30分钟，离心12 000g 5分钟或1500g 30分钟，取上清液胆固醇ALBK法测定。

请思考：

1. 是否可以离心12 000rpm 5分钟或1500rpm 30分钟？为什么？
2. 实验室如何实现rpm与RCF（×g）的换算？

临床生物化学分析在近代、现代对物质分离的方法主要是采用电泳技术、离心技术、层析技术等三大分离技术等，本章主要介绍离心技术、层析技术及基因扩增技术的基本原理及其在临床生化检验中的应用。

第1节 层析技术

层析技术（chromatography technology）是目前广泛应用的一种分离技术，1906年，俄国植物学家M.Tswett在层析柱中分离得到叶绿素、叶黄素等不同色素带而发现，故又称色谱技术、色层技术。经过不断的完善和发展，层析技术现已广泛应用于无机化合物、有机化合物以及生物大分子等许多重要的研究领域。

一、层析技术的基本原理

层析技术是利用各物质理化性质的不同，将混合物进行分离的技术。配合相应的光学、电学等检测手段，可作定性、定量分析。

层析系统一般由固定相和流动相组成，固定相（stationary phase）是指固体物质或附着在固体物质上的成分；流动相（mobile phase）是可以流动的物质，如水或各种缓冲液，也可以是气体。当待分离物质随流动相流经固定相时，因各物质间理化性质存在差异，在流动相和固定相间发生吸附、解吸附、溶解、结合与亲和作用等的能力不同，因而在两相中的分布出现差异。随着流动相的向前移动，待分离物质不断地在两相中进行再分配，最终导致与固定相结合相对较弱、与流动相结合相对较强的物质移动速度相对较快，先流出层析柱；而与固定相结合相对较强、与流动相结合相对则较弱的物质随流动相移动的速度相对较慢，后流出层析柱。通过分步收集各时间段流出的物质，即可达到将目标物质分离、纯化的目的。如图5-1。

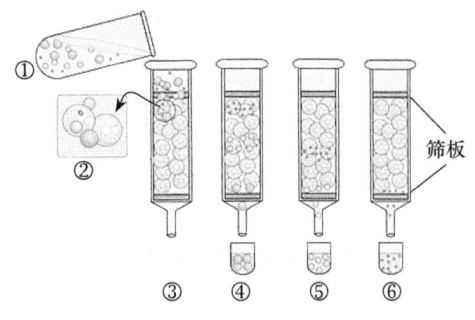

① 样本　② 凝胶　③ 加样　④⑤⑥ 收集不同组分

●● 图 5-1　凝胶层析 ●●

层析技术的分辨率、灵敏度、选择性较高，尤其适用于标本含量少而杂质含量多的复杂生物标本的分析。

物质在固定相和流动相中分配的数量关系用分配系数表示。分配系数是一种物质在特定固定相和流动相中达到平衡时，在两相中浓度的比值，在温度恒定时，该系数是一个常数，用 K 表示。

$$K = \frac{C_s}{C_m}$$

上式中，K 为分配系数，C_s 为固定相中的浓度，C_m 为流动相中的浓度。

不同的层析机制中 K 的意义不同。在分配层析中，K 为分配系数；在离子交换层析中，K 为交换常数；在吸附层析中，K 为吸附平衡常数。但其表达的意义基本一致：K 越大，该物质在固定相中滞留程度越大，移动慢，即从层析柱上洗脱下来所需的时间越长；反之，K 值越小的物质在固定相中滞留程度越小，移动快，从层析柱上洗脱下来所需的时间也越短。

二、层析技术的分类

层析技术所涉及的因素较多，按照不同的分类标准，可以有不同的分类方法。

（一）按固定相的性质的形式分类

1. 柱层析（column chromatography）　是将固定相填充在玻璃管或金属管内，或涂敷在玻璃毛细管或金属毛细管的内壁，样本中各粒子随流动相在柱内朝同一个方向移动时速度不同，从而达到分离的目的。又称填充柱或毛细管柱层析。

2. 纸层析（paper chromatography）　固定相为滤纸，样本点在滤纸的一端，用流动相展开，经特殊显色剂显色后，根据色斑的位置和大小对混合物进行分离鉴定分析。该方法主要进行快速的定性分析，定量分析结果较粗略。

3. 薄层层析（thin layer chromatography，TLC）　固定相为涂覆在玻璃板或其它材料薄板上的吸附剂，标本点在固定相一端，随流动相展开，从而对混合物进行定性和定量分析。其主要用途和优缺点基本同纸层析。

（二）按固定相和流动相的状态分类

按流动相的物态不同，流动相是液体的，称为"液相色谱"（liquid chromatography，

第 5 章 其他常用分析技术

LC），流动相是气体的称为"气相色谱"（gas chromatography，GC）。

固定相也有两种物态：可以是固体，也可以是液体（涂敷在载体表面的液体）。因此，根据固定相和流动相物态的不同，可有以下四种类型：

1. 液 – 液色谱法　流动相是液体，固定相也是液体，也称为液液分配色谱法。

固定相 \ 流动相	液体	气体
液体	液 - 液层析	气 - 液层析
固体	液 - 固层析	气 - 固层析

2. 液 – 固色谱法　流动相是液体，固定相是固体吸附剂，或称为液固吸附色谱法。高效液相色谱（high performance liquid chromatography，HPLC）采用了高压泵及填有很细颗粒的高效色谱柱，并通常配合紫外可见光检测，因此高效液相色谱可以对大量有机化合物进行分析。它特别是对高沸点、高熔点、易分解物质的分析具有气相色谱不可替代的作用。

3. 气 – 液色谱法　流动相是气体，固定相是液体，或称为气液分配色谱法。

4. 气 – 固色谱法　流动相是气体，固定相是固体吸附剂，或称为气固吸附色谱法。

（三）按分离机制分类

1. 吸附层析（absorption chromatography）　固定相为固体吸附剂，其对标本中各分子的吸附力不同，当流动相携带标本中各分子通过固定相时，标本中各分子的移动速度不同而实现分离。

2. 分配层析（partition chromatography）　固定相为涂敷在载体表面的液体，标本中各分子在流动相及液态固定相中的分配系数不同而实现分离。分配系数小的分子较先流出层析柱。

3. 离子交换层析（ion exchange chromatography）　固定相为附载在固体上的离子交换剂，标本中各分子在一定 pH 值的流动相中所带电荷的数量和性质不同，随流动相流经离子交换柱时，与离子交换柱上的基团发生交换反应的能力不同，从而达到分离的目的。

4. 凝胶层析（gel chromatography）　固定相为具有不同大小网孔的凝胶，标本中各分子随流动相通过凝胶时，直径大的物质不能进入凝胶小网孔，行程短而先流出层析柱；相反，直径小的分子能进入凝胶小网孔，行程长而后流出层析柱，从而达到分离的目的。该法利用了待分离组分的相对分子质量大小和几何形状的差异而进行分离，同时凝胶也有分子筛效应。所以凝胶层析也称为凝胶过滤、分子筛层析或排阻层析等。见图 5-1。

5. 亲和层析（affinity chromatography）　固定相为在载体上偶联的对待分离物质具有可逆结合与特殊亲和作用的对应分子（如特定的抗原与抗体、配体与受体、酶与底物等），当标本流经层析柱时，只有待分离物质与固定相上对应分子发生可逆的特异性结合，其余组分则迅速通过层析柱，然后更换其它特定的流动相将目标分子洗脱出来，从而达到分离的目的。

此外，根据分离机制的不同，还有免疫层析、聚焦层析、反相层析等。

【实验 5–1】 胶体金免疫层析法测定血清心肌肌钙蛋白 I

该法是 cTn I 的定性测定，最低检测阈值为 0.3μg/L，无需特殊设备，是一种简单、快速的检测方法，广泛用于急、重症患者的现场粗筛。

【原理】

采用固相层析双抗体夹心技术定性检测人 cTn I。检测试纸起点处膜中包被有胶体金标记 cTn I 抗体（示踪标志物），测试区（T）线处固定包被 cTn I 单克隆抗体，质控区（C）

线处包被有抗 IgG 抗体。T、C 线均出现紫红色色带为阳性：将血清（浆）滴入加样孔，样本中 cTn I（浓度需在检测卡灵敏度以上）展开与起点处膜中胶体金标记 cTn I 抗体结合形成复合物，该复合物通过毛细作用，移行至检测线（T）处，被固定于此的 cTn I 抗体捕捉，形成一条"胶体金标记 cTn I 抗体 -cTn I -cTn I 抗体"双抗体夹心紫红色带；膜中包被的胶体金标记 cTn I 抗体继续层析移动至质控区（C）线，形成"胶体金标记 cTn I 抗体 - 抗 IgG 抗体"紫红色带。反之，则为阴性。在任何情况下，C 线不出现紫红色色带，则反应系统无效。

【实践步骤】

试剂盒、样本、对照品平衡至室温（15℃～30℃）。撕开铝箔袋，取出检测卡，置于干净、水平的桌面。样本孔内垂直滴加 2～3 滴或 100～150μl 血清或血浆，15min 内观察结果。

【结果】结果见图 5-2。

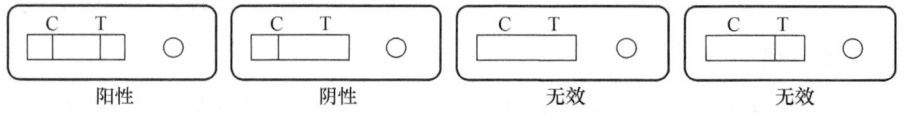

•• 图 5-2　胶体金免疫层析法测定 cTnI 结果判断示意图 ••

【临床意义】见"心肌损伤标志物检验"。

第2节　离心技术

离心技术（centrifugation technology）是根据离心运动发展起来的对混合物的分离分析技术。离心技术在生物医药等多方领域应用广泛。

一、离心技术的原理

在离心力场中，悬浮液中的颗粒由于其密度、形状和大小的差异可在液体介质中发生沉降或悬浮。颗粒在离心运动中受到离心力、重力、浮力（重力场中的浮力 fg 和离心场中的浮力 fc）、摩擦力的共同作用。

（一）离心力与相对离心力

1. 离心力（centrifugal force，Fc）　离心力是指当物体做圆周运动时，离心加速度产生的使物体远离圆心方向的力。离心力的大小等于离心加速度 $\omega^2 r$ 与颗粒质量 m 的乘积，即：

$$F = m\omega^2 r$$

其中 m 是质量，以克为单位；ω 是旋转角度速度，以弧度/秒为单位；r 为旋转半径，以 cm 为单位，指颗粒至转轴中心间的距离。

2. 相对离心力（relative centrifugal force，RCF）　RCF 是指离心力相当于重力（gravity，Fg）的倍数。实际上也就是离心加速度相当于重力加速度的倍数。用"数字 ×g"表示。

重力为颗粒质量与重力加速度的乘积：$Fg = mg$，所以

$$RCF = \frac{Fc}{Fg} = \frac{m\omega^2 r}{mg} = \frac{\omega^2 r}{g} = \frac{\left(\frac{2\pi n}{60}\right)^2 r}{980} = 1.118 \times 10^{-5} \times n^2 \times r$$

式中 n 为每分钟的转数（Revolution per minute，rpm），r 为半径，g 为地球重力加速度（980cm/sec^2），。从上式中可以看出，相对离心力与转速平方和旋转半径的乘积成正比。

（二）沉降速度与沉降系数

1. 沉降速度（sedimentation velocity，）沉降速度是指在离心力场作用下，单位时间内粒子移动的距离。

$$Vs = \frac{\Delta d}{\Delta t} = \frac{2r^2(\rho-\rho_0)}{9\eta} = \frac{d^2(\rho-\rho_0)}{18\eta} \times \omega^2 r$$

式中，r 为旋转半径，d 为球形粒子直径；η 为流体介质粘度，ρ 为粒子密度，ρ_0 为介质密度；Δd 为移动距离，Δt 离心时间。

2. 沉降系数（sedimentation coefficient，S）沉降系数是指在单位离心力场作用下的沉降速度。最早由 Svedberg 提出，用 S 表示。$1S = 1 \times 10^{-13}$ 秒。

$$S = \frac{Vs}{\omega^2 r} = \frac{d^2(\rho-\rho_0)}{18\eta}$$

沉降系数与颗粒的大小、形状、密度、介质密度和黏度等有关。如血红蛋白的沉降系数约为 4×10^{-13} 秒或 4S，大多数蛋白质和核酸的沉降系数为 4~40S，核糖体及其亚基为 30~80S，多核糖体在 100S 以上。

从 Vs 和 S 公式中可见，①当 $\rho > \rho_0$ 时，$S > 0$，粒子顺着离心方向沉降；②$\rho = \rho_0$ 时，$S = 0$，粒子到达某一位置后达到平衡；③当 $\rho < \rho_0$ 时，$S < 0$，粒子逆着离心方向上浮。因此，S 与粒子的大小、形状、密度、介质密度和黏度等有关。

（三）沉降时间

沉降时间（sedimentation time，Ts）是指在离心力作用下某一溶质从溶液中全部沉降分离出来所需要的时间。Ts 以小时为单位。根据沉降系数（S）公式可得：

$$S = \frac{Vs}{\omega^2 r} = \frac{\frac{\Delta d}{\Delta t}}{\omega^2 r} \qquad Ts = \frac{1}{S\omega^2} \times \frac{\Delta d}{r}$$

（四）实际应用中转速（rpm）的求法

一般情况下，低速离心时以转速来表示，即每分钟的转数 rpm；而高速离心时则以相对离心力（RCF）来表示，即重力加速度的倍数（×g）。实际应用中转速（rpm）可按下述三类方法求得。

1. 公式计算法 当已知 RCF 和离心机半径，可根据 RCF 公式求得 rpm。例如，要求"3000g 离心 10min"，如所使用离心机的转子半径为 6cm，代入公式：

$$3000 = 1.118 \times 10^{-5} \times n^2 \times 6$$

n=6687.5 转/分。则在半径 6cm 离心机上，应用"6688rpm 离心 10min"。

2. 列线图法 在 RCF 公式基础上，Dole 和 Cotzias 制作了与转子速度和半径相对应的离心力的转换列线图，见图 5-3。在图中，只要知道其中任意两个参数，就可通过两点间直线延长线上的交叉点，查到另外一个参数。

3. 曲线法 超高速离心机往往根据不同半径的转头确定了相应的关系曲线，同样知道其中两个参数，可找另一个参数（见相关书箱）。

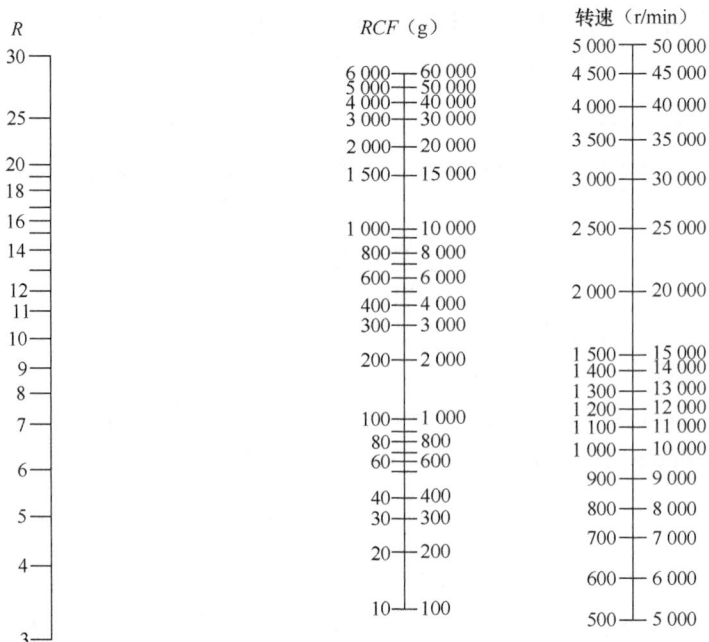

●● 图 5-3 离心机转速与 RCF 列线图 ●●

二、离心技术的方法

离心的方法很多，根据用途可分为制备离心法和分析离心法两大类，根据原理又可分主以下几类，实际工作中应根据生物样本的特点及离心目的，选择合适的离心技术。

（一）制备性离心法

制备性离心法主要利用离心场力，把混合物中不同沉降系数或密度的粒子分开而分别收集各组分的方法。制备性离心法又可分为沉降离心、差速离心和密度梯度离心法等。

1. 沉降离心法 沉降离心法一般只选用一种离心速度，使溶液中的悬浮颗粒在离心力作用下完全沉降下来，这种方式也称为沉淀离心。沉降离心的目的就是将颗粒与液体介质进行分离，一般要求液体介质的密度较小，主要颗粒的大小差异不大，沉降系数才会基本一致，因此离心速度要偏大，才能保证沉降系数较小的颗粒也能完全沉降。该法在检验领域中应用广泛，尤其在样本的前处理过程中。

2. 差速离心法 差速离心法是利用不同组分的沉降系数不同，通过逐级增加 RCF 多次离心，使非均匀混合液内不同粒子分步沉淀、收集的方法。操作过程一般是选择 RCF 先将密度大的颗粒沉淀，倾倒出上清液，加大 RCF 对上清液中的低密度颗粒再次离心，如此循环不断提高 RCF，逐级分离出所需物质。所以又称差级离心法。

本法优点是操作简便，可用于量大的样本的分离制备；缺点是①辨率有限：沉降系数在同一数量级的粒子不易分开；②壁效应严重：特别是当颗粒很大或浓度很高时，在离心管一侧会出现沉淀；③反复多次长时间离心，颗粒被挤压、变形、聚集而失活；④对沉淀的多次溶解和再沉淀，容易引起组分的丢失，回收率明显下降。适用于要求不严格的初步分离和大批量样本的处理。

3. 密度梯度离心法 密度梯度离心法是指使用密度梯度介质，在离心力作用下混合物各组分进行离心沉降，各组分被分配到相同密度的梯度液中形成不同区带的方法。故也称区带离心。一次离心分离多个组分，密度梯度本身又具有很好的抗对流、抗扰动作用，因此大大提高了分辨率。按照离心分离原理，密度梯度离心又可分为连续密度梯度离心（速率区带离心）和不连续密度梯度离心（等密度离心）。

（1）连续密度梯度离心（速率区带离心）：是根据形状不同、大小各异的被分离组分在密度梯度液中的沉降系数不同建立起来的分离方法。操作是离心前先在离心管内装入含密度梯度的液体介质，使之形成一个底部浓度大、顶部浓度小的连续密度梯度液柱，再把混合样本平铺在梯度液面的顶部，离心后，被分离组分在离心力作用下以不同的速度沉降，当沉降到相同密度的区域时，其离心力与浮力达到平衡，该组分就停留该密度区域内（区带），各组分得到分离。该法分离效果主要与被分离物质的大小和形状有关，与介质的密度无关。

本法优点是①分辨率高：组分间沉降系数相差 20% 以上即可选用此法，有经验的操作者甚至可以将沉降系数相差 5%～10% 的组分也能进行很好的分离；②离心时间短，一次即可分离出较纯的颗粒。缺点是①样本液浓度不能太高，否则操作条件很难控制；②一次分离的样本量：较差速离心法小。

连续密度梯度离心法可分离与介质密度相当的细胞、细胞器、DNA、RNA 和蛋白质等。

（2）不连续密度梯度离心（等密度离心）：是在离心前预先配制好不同密度的梯度液，按从大到小的顺序，从离心管底部开始依次加入，此密度梯度液包含了被分离样品中所有粒子的密度；样品铺在梯度液顶部。离心时，离心管底部的样本组分因密度小于梯度液密度，粒子上浮；顶部的样本密度一般较梯度液密度小，粒子沉降。或者在离心前，将标本均匀地混合于梯度介质中，离心时，介质会自动形成密度梯度，标本中的各粒子也会移动到相应密度的介质区带位置。最后当粒子密度与梯度液密度相等时，粒子受力平衡，形成一个纯组分的区带而不再移动。粒子形成纯组份的区带，与粒子的密度有关，而与粒子的大小和形状等参数无关，因此只要转速、温度不变，则延长离心时间亦不会再移动。如果样本中有几个密度不同的组分，它们将分别集中于相应的密度梯度液柱中，形成不连续的区带，从而达到分离提纯的目的。

本法优点是①分辨率高：等区带组分纯，回收率也较高；②效率高：一次离心即可得到多种纯度较高的产品，样本的处理能力大于连续密度梯度离心法。缺点是①离心时间长：达到平衡有时甚至需几十个小时；②对于不稳定的样本，长时间处于高浓度的梯度液中可能会引起损伤。

（二）分析离心法

与制备性超速离心不同：分析性超速离心主要是为了研究生物大分子的沉降特性和结构，而不是专门收集某一特定组份。因此它使用了特殊的转子和检测手段，以便连续监视物质在离心场中的沉降过程。主要应用于生物大分子相对分子量的测定、纯度的评估及构象变化的分析等。

第 3 节　基因扩增技术

PCR 是一种选择性体外扩增 DNA 或 RNA 片段的分子生物学技术，广泛应用于分子生物学研究的各个领域。

一、PCR 的基本原理

PCR 的基本原理和过程与细胞内 DNA 复制相似,每一次扩增包括变性、退火和延伸三个步骤。

1. 变性(denatureation) 变性是将被复制的 DNA 片段在高温(94~95℃)下,双螺旋解离成单链的过程。

2. 退火(annealing) 退火是将反应体系的温度降低至寡核苷酸(引物)的熔点温度以下(比 Tm 值低 3~5℃),引物与单链模板 DNA 序列互补结合,形成杂交链的过程。引物能够与模板专一性结合,是保证扩增片段特异性的先决条件。

3. 延伸(extension) 延伸是将反应体系的温度升高至 72℃,反应体系按照模板链的序列,以 dNTP 为原料,按碱基互补规则,从引物 3′-OH 端开始,沿 5′→3′ 方向延伸,形成新的 DNA 双链。

变性、退火和延伸三个步骤构成了 PCR 的一个循环,经过 25~35 个循环后,理论上可使基因扩增 10^9 倍以上,实际上一般可达 10^6~10^7 倍。见图 5-4。

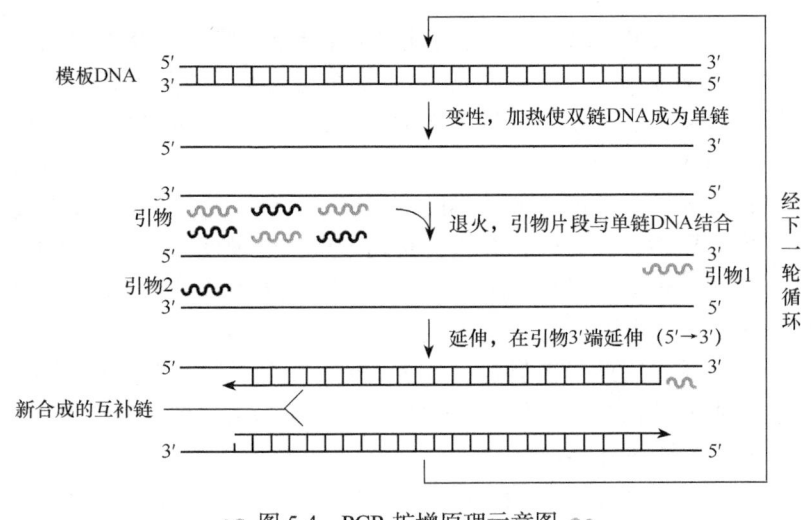

图 5-4 PCR 扩增原理示意图

二、PCR 反应体系

PCR 反应的主要成分包括模板、引物、dNTP、Taq DNA 聚合酶和和 Mg^{2+}。

1. 模板(template) 一般临床检测标本,可采用快速简便的方法溶解细胞,裂解病原体,消化除去染色体的蛋白质使靶基因游离,直接用于 PCR 扩增。RNA 模板提取一般采用异硫氰酸胍或蛋白酶 K 法,要防止 RNase 降解 RNA。

2. 引物(primer) 引物是 PCR 特异性反应的关键,PCR 产物的特异性取决于引物与模板 DNA 互补的程度。

3. 酶及其浓度 目前有两种 Taq DNA 聚合酶(Taq DNA polymerase)供应,一种是从栖热水生杆菌中提纯的天然酶,另一种为大肠菌合成的基因工程酶。酶量 2.5 U(指总反应体积为 100μl 时)。

4. dNTP 的质量与浓度 dNTP 的质量与浓度和 PCR 扩增效率有密切关系,在 PCR 反应中,dNTP 应为 50~200μmol/L,尤其是注意 4 种 dNTP 的浓度要相等,如其中任何一种浓度不同于其它几种时,就会引起错配。

5. Mg^{2+} 浓度 Mg^{2+} 对 PCR 扩增的特异性和产量有显著的影响，在一般的 PCR 反应中，各种 dNTP 浓度为 200μmol/L 时，Mg^{2+} 浓度为 1.5~2.0 mmol/L 为宜。

三、PCR 的实验室要求

用于临床检验目分析的实验室，原则上应分为 4 个分隔开的工作区域：①试剂贮存和准备区；②样本制备区；③扩增反应混合物配制和扩增区；④扩增产物分析区。若使用全自动分析仪，区域可适当合并。

各工作区域必须有明确的标识，避免不同工作区域内的设备、物品混用。

各工作区域必须严格按照单一方向进行，即试剂贮存和准备区→样本制备区→扩增反应混合物→配制和扩增区→扩增产物分析区。

不同的工作区域使用不同的工作服（如颜色区分等）。工作人员离开各工作区域时，不得将工作服带出。

四、PCR 的临床应用

PCR 技术在临床应用范围较广，主要有：①人类遗传疾病的诊断与研究，如珠蛋白生成障碍性贫血、血友病、苯丙酮尿症等致病基因的检测；②病原体的检测，包括细菌、病毒、支原体、衣原体以及原虫等的检测，用于传染病的诊断、变异珠分析、流行病学研究；③肿瘤检测，如检测白血病、淋巴瘤、消化道肿瘤等细胞基因的改变；④其他，如优生检测、法医学等。

案例5-1问题精要
1. 否。因为 12 000g≠12 000rpm。
2. 见正文。

目标检测

1. 层析图是指（ ）
   A. 某组分的流出曲线
   B. 某组分的层析峰
   C. 整个层析分离过程所得的各组分流出曲线
   D. 层析分离过程所得的单组分流出体积
   E. 层析分离过程中某个组分的层析峰
2. 下列哪项不是吸附层析常用的吸附剂（ ）
   A. 氧化铝　　　B. 硅胶
   C. 活性炭　　　D. 琼脂糖
   E. 聚酰胺
3. 凝胶层析分离混合物的基本原理是（ ）
   A. 吸附力差异　　B. 分子筛作用
   C. 离子交换　　　D. 配体亲和差异
   E. 高效液相层析
4. 物体在离心力场中表现的沉降运动现象是指（ ）
   A. 向心现象　　B. 离心现象
   C. 离心力　　　D. 向心技术
   E. 失重现象
5. 相当离心力是（ ）
   A. 在离心力场中，作用于颗粒的离心力相当于地球重力的倍数
   B. 在离心力场中，作用于颗粒的地球重力相当于离心力的倍数
   C. 在离心力场中，作用于颗粒的离心力与地球重力的乘积
   D. 在离心力场中，作用于颗粒的离心力与地球重力的和
   E. 在离心力场中，作用于颗粒的离心力
6. 高速离心机可达到的最大转速（ ）
   A. 5000　　　　B. 10000
   C. 15000　　　 D. 20000

E. 25000

7. 差速离心法和速率区带离心法进行分离时，主要的根据是不同样品组份的（　　）
   A. 密度　　　　　　B. 重力
   C. 沉降系数　　　　D. 体积
   E. 形状

8. PCR 技术扩增 DNA，需要的条件是（　　）
   ①目的基因 ②引物 ③四种脱氧核苷酸 ④ DNA 聚合酶 ⑤ mRNA ⑥核糖体
   A. ①②③④　　　　B. ②③④⑤
   C. ①③④⑤　　　　D. ①②③⑥
   E. ①②④⑤

9. PCR 是引物、模板和 4 种脱氧核苷酸存在的条件下依赖于 DNA 聚合酶的酶促合成反应，其特异性决定因素为
   A. 模板　　　　　　B. 引物
   C. dNTP　　　　　 D. 镁离子
   E. DNA 聚合酶

10. 镁离子在 DNA 或 RNA 体外扩增反应的浓度一般为（　　）
    A. 0.3～1mmol/L　　B. 0.5～1mmol/L
    C. 0.3～2mmol/L　　D. 0.5～3mmol/L
    E. 0.5～2mmol/L

（周　静　蔡玉华）

第6章 酶学分析技术

学习目标

掌握：酶活性单位的表示方法和计算，酶活性测定的终点法、定时法和连续监测法，代谢物的酶学测定，血液中酶的来源。

熟悉：酶促反应进程，酶促反应动力学，酶活性测定的直接法与间接法，酶活性测定的影响因素。

了解：同工酶的产生机制和测定方法，酶活性单位的校准，空白管与对照管的区别。

能正确、熟练地应用酶学分析方法进行酶活性测定与代谢物浓度测定。

酶（enzyme）是由活细胞合成的对特异底物具有高效催化作用的蛋白质，属于生物催化剂；核酶（ribozyme）和脱氧核酶（deoxyribozyme）可催化 RNA 和 DNA，也属于生物催化剂。前者是临床酶学分析技术的主体。酶学分析技术是以酶作为试剂，用于检测其他酶活性或某待测物浓度的分析方法。自 20 世纪 70 年代发展以来，随着现代免疫学技术的渗透和自动生化分析技术的广泛使用，酶学分析在临床医学上进入了一个崭新的时期，目前临床酶学分析占临床生化实验室常规工作量的 25%～55%，是临床生物化学检验的一项重要内容。

第 1 节 酶学分析的基本知识

酶学分析的重要内容是对酶进行测定，包括酶质量测定和酶活性测定两种方式。酶质量（绝对质量）测定是将酶作为一种蛋白质对其酶蛋白质量进行定量测定的方法；酶活性（相对质量）测定是将酶作为一种催化剂对其催化反应速率进行定量以间接代表酶质量的测定方法。由于大部分酶在血液中的质量在 μg/L 甚至 ng/L 水平，测定酶质量十分困难，除少数酶如肌酸激酶同工酶（CK-MB）质量、α_1-抗胰蛋白酶等可用免疫方法进行直接测定质量外，绝大多数都是根据酶具有极高催化效率的特点，测定酶活性较比较方便，因此临床上广泛采用酶活性测定用于间接表示酶量。

一、酶活性

酶活性（enzyme activity）又称酶活力，表示酶催化底物的能力。一般用酶促反应速度来表示，即在规定条件下单位时间内底物（substrate）的减少量或产物（product）的生成量。

$$\upsilon = \frac{d[P]}{dt} \text{ 或 } \upsilon = \frac{d[S]}{dt}$$

式中 υ 为反应速度；[P] 为产物浓度；[S] 为底物浓度；t 为时间。

在实际测定时，由于底物浓度设计往往过量，难以准确测定，而产物是从无到有，容易准确测定，因此酶促反应速度以测定单位时间内产物的生成量为好。

二、酶活性单位与酶活性浓度

（一）酶活性单位

酶活性的高低用酶活性单位来计量。酶活性单位是指在一定条件下，单位时间内催化生成一定量的产物或消耗一定量的底物所需的酶量。酶活性单位有三种表示方法，即惯用单位（一定的反应量/一定的反应时间）、国际单位（μmol/分）和 Katal 单位（mol/秒）。

1. 惯用单位 20 世纪 50 年代以前的命名方式，由酶活性测定方法的建立者所规定的单位。如碱性磷酸酶（ALP）的金氏单位（king）、氨基转移酶的卡门氏单位（karmen）等。由于各单位对反应条件及物质量的定义不同，彼此难以比较，给临床诊断带来困难，现在应用较少。

2. 国际单位（IU） 1961 年国际生物化学学会（International Union of Biochemistry, IUB）的国际酶学委员会（International Enzyme Commission, IEC）推荐采用国际单位（international unit, IU 或 U）统一标准，即在规定条件下（25℃，最适底物浓度，最适pH），每分钟催化 1μmol 底物转变成产物的酶量。1IU＝1μmol/分。后来考虑到不同地区温度的差异，取消了对温度的限制。2001 年，国际临床化学联合会（IFCC）开始规定几个酶的反应温度为 37℃，与人体体温接近，加快了反应速率。

3. Katal 单位 1972 年为了与国际单位制（SI）相接轨，IEC 推荐使用 Katal 单位（也称催量，可简写为 Kat）。1Katal 指在规定条件下，每秒钟催化 1mol 底物的酶量。1Katal＝1mol/s。由于 Katal 单位相对于血清中的酶量而言其单位太大，可用 nKatal 表示。1Katal＝10^9nKatal。

IU 与 Katal 单位之间的关系：1IU＝16.67nKatal，1Katal＝$60×10^6$IU。

（二）酶活性浓度

临床上测定酶活性时还需考虑样本体积。酶活性浓度是指单位体积样本中的酶活性单位。近些年来，我国及世界各国的临床实验室常习惯使用 IU/L（或 U/L）来表示体液中酶活性浓度，katal/L 较少用。酶活性浓度才具有临床可比性，但其多数情况下都被不严格地称为酶活性单位或酶活性。

三、酶活性单位的计算与校准

（一）酶活性单位的计算

1. 酶活性单位计算公式 可根据所测定的酶所用方法的不同，利用标准管法、标准曲线法或吸光系数法进行计算求取酶活性单位。计算酶活性单位的原始公式为：

$$E 单位/升 \ υ = \frac{d[P]}{dt}/L$$

在计算酶活性浓度之前，首先应明确测定方法的酶单位定义，确定物质量、体积和时间的单位，然后进行计算。

$$酶单位/升 = \frac{产物的增加量}{每单位规定的产物增加量} × \frac{每单位规定的保温时间}{实际保温时间} × \frac{1000（ml）}{实际标本用量（ml）}$$

在分光光度法测定中,也可利用底物或产物的摩尔吸光系数加以计算,无需做标准管或标准曲线,更为方便。摩尔吸光系数(ε^{mol})是在特定条件下,光径为1.00cm时,1.00mol/L吸光物质对特定波长光的吸光度。根据Lambert-Beer定律:

$$C=\frac{A}{\varepsilon L}(mol/L)$$

根据国际单位的定义,样品中酶活性浓度(U/L)计算公式为

$$E\text{ 单位}/\text{升}=\frac{(A/\varepsilon L)\times 10^6(\mu mol)/\text{升}}{1\mu mol}\times\frac{\text{每单位规定的保温时间}}{\text{实际保温时间}}\times\frac{TV}{SV}$$

式中:A:吸光度;ε:摩尔吸光系数[L/(mol·cm)];L:光径(cm);TV:total volume 反应体系总体积(ml);SV:sample volume 样品体积(ml);10^6:将mol换算为μmol。

在反应进程的不同反应时间测定方法中,公式换算如下:
(1)终点法:上述公式中去除时间项,即:

$$IU/L=(Au-Ac)\times\frac{10^6\times TV}{\varepsilon L\times SV}$$

式中:Au:样本管吸光度 Ac:对照管吸光度
(2)定时法

$$IU/L=(Au-Ac)\times\frac{\text{每单位规定的保温时间}}{\text{实际保温时间}}\times\frac{10^6\times TV}{\varepsilon L\times SV}$$

(3)连续监测法

$$IU/L=\Delta A/min\times\frac{10^6\times TV}{\varepsilon L\times SV}$$

式中:$\Delta A/min$为反应体系在线性范围内每分钟吸光度的变化。

2. 系数K值的计算与应用　在实际工作中,特别是自动化分析测定同一种酶时,条件固定,从理论上来讲,TV、SV和L均为固定值,ε为常数,上述公式可简化为:

$$IU/L=\Delta A/min\times K \quad K=\frac{10^6\times TV}{\varepsilon L\times SV}$$

K称为酶活性浓度定量系数(或称为常数),亦称计算因数Factor值(F值),常用于临床酶活性测定的计算与校准。如连续监测法测定血清LD活性浓度,已知NADH的ε为$6.22\times 10^3 cm^2/mol$,血清50μl,底物液1ml,比色杯光径1cm,则K=($10^6\times 1.05$)/($6.22\times 10^3\times 1\times 0.05$)=3376。

系数K值对酶的测定具有十分重要的意义,K值过高,虽然测定的线性范围较宽,但重复性差;K值过低,虽然精密度较好,但检测线性窄。因此应根据实际情况进行合理的设置与应用,同时还应考虑被测酶的参考区间上限及测定时间两个方面,以保证测定结果的可靠。

通常自动分析仪吸光度噪声都需控制在0.001水平,即保证对同一溶液反复测定时,吸光度误差控制在0.001左右。如K值为8000,每分钟测定吸光度如有0.001的微小变化,根据上式将出现8U/L左右的误差,这对参考值较低的酶如转氨酶来说显然太大。如测定时间只有0.5分钟时,K值一般不超过4000。改变K值最简单的方法是改变样本的稀释度,稀释倍数越大,K值越大。

在酶活性测定试剂盒的说明书中，一般都标明了指示物的理论ε，有些还直接给出了系数K值，其系根据测定程序中样品用量和反应体积比例，以理论摩尔吸光系数ε计算而来，称之为理论K值。各厂家虽然设置是同一测定项目的同一方法，但由于设置的样本与试剂体积比不同，K值也有较大差别。因此，理论K值仅供用户求实测K值参考。常用指示物的ε与用途见表6-1。

表6-1　常用指示物的ε（cm^2/mol）与用途

指示物	主波长	次波长	用途
NADH	$\varepsilon_{340nm} 6.22\times10^3$	$\varepsilon_{380nm} 1.33\times10^3$	测ALT、AST、LD、α-HBD等
NADPH	$\varepsilon_{340nm} 6.22\times10^3$	$\varepsilon_{380nm} 1.33\times10^3$	测G6PD、CK
对硝基苯酚	$\varepsilon_{405nm} 18.5\times10^3$	$\varepsilon_{476nm} 0.20\times10^3$	测ALP
对硝基苯胺	$\varepsilon_{405nm} 9.9\times10^3$	$\varepsilon_{476nm} 0\times10^3$	测γ-GT
5-硫代-2-硝基苯甲酸	$\varepsilon_{405nm} 3.6\times10^3$	$\varepsilon_{476nm} 2.80\times10^3$	测CHE

（二）酶活性单位的校准

酶活性测定的影响因素很多，由于各实验室的检测方法、试剂来源、测定仪器等条件的不同，对同一样本的检测结果会有较大的差异。如果在试剂制备及样本测定后进行校准（校正、定标），可使测定结果更具可比性和准确性。

酶活性浓度测定校准常用有两种方式：一是用实际测定的摩尔吸光系数ε进行校准，二是用酶校准物进行校准。

1. 实测ε校准　用速率法测定酶活性，试剂生产厂商一般都提供了理论摩尔吸光系数ε和理论K值。实际工作中，仪器诸多因素如波长的准确性、半波宽的大小、比色池光径及磨损与清洁度、温控的准确性、加样系统状况等，若不符合要求或发生变化都会影响指示物的ε值或K值，因此，应定期检查和实际测定ε值或K值。现在主张在能获取校准品的情况下，应尽量采用标准管法或标准曲线法进行校准，以减少上述影响。

实测ε校准即是用实际测定的ε设定K值（实测K值）。使用已知浓度的指示物标准品（如NADH、4-NP、4-NA等）或底物（如葡萄糖）等作为样本进行酶活性测定，根据测出的吸光度值计算出真实摩尔吸光系数ε，然后根据实测ε得出实测K值。该法简单、实用，可消除或减少测量系统的系统误差，提高测定结果的准确性，很多常规实验室采用此法。

例：已糖激酶（HK）法测定葡萄糖NADPH的ε与K值校准。

已知葡萄糖校准液浓度为5.56×10^{-3}mol/L，校准液体积为5μl，HK法试剂量为450μl，在340nm处，光径1cm，用空白管调零后测得吸光度值为0.353，求NADPH的真实ε和K值。

解：根据Beer定律：

ε=（A×TV）/（C×L×SV）=（0.353×455μl）/（5.56×10^{-3}mol/L×1cm×5μl）

≈5.778×10^3（L/mol·cm）

而 K=（10^6×TV）/（ε×L×SV）=（10^6×455μl）/［5.778×10^3L/(mol·cm)×1cm×5μl］≈1.575×10^4μmol/L

2. 酶校准物校准 利用稳定的、定值准确的酶校准物或酶参考物进行校准后得到K值。酶校准物质量要求非常高，目前国内外推荐有证参考物（certified reference material CRM）、标准参考物（standard referen ce material SRM）和酶参考物（ERM）用于酶学测定的校准。这些物质的定值可溯源各自的参考方法或推荐方法。该方法代表了目前国际上临床酶学标准化的一个新途径。

可用作酶活性测定的校准物分两类。一类是产物的基准物质，如对硝基苯酚、对硝基苯胺等，可用于校准仪器的摩尔吸光系数。产物NAD（P）H的摩尔吸光系数可以用葡萄糖测定试剂（己糖激酶法）来校正。另一类称酶校准物，多是用人血清或动物血清作介质，目的是为了与标本基质接近。在实际工作中，使用酶校准物的优点：①改进方法间的符合程度；②缩小方法内因保护剂、原材料等试剂配方不同等造成的差异；③校正试剂稳定性稍有下降造成的误差；④校正仪器的某些系统误差，如波长带宽、温度、加样误差等。但需注意的是，酶校准物无法补偿分析系统自身的性能缺陷，而且不同的检测系统应使用不同的校准物。

对同一个样本来说，一个有良好精密度的测定系统，速率法测定酶活性国际单位的计算公式中ΔA/min在校准前后应是相同的，即使出现偏差，也应是在系统本身的不精密度所造成的误差范围内。设酶校准物的活性浓度测定值为U_L，理论K值为K_L，酶活性浓度校准值为U_J，校准K值为K_J，根据公式$U=\Delta A/min \times K$，可得出校准K值。

$$\frac{U_J}{K_J}=\frac{U_L}{K_L} \quad 则 \quad K_J=K_L \times \frac{U_J}{K_L}$$

例：生化分析仪K值的校准。在K值为3000μmol/L的某生化分析仪上测定80U/L的某酶校准物及一患者样本，测定结果分别为100U/L、200U/L。假定其恒定系统误差可以忽略不计，求校准后K值和患者样本校准后的酶活性浓度。

解：将酶校准物当成样本检测，即U_L=100U/L，已知K_L=3000μmol/L，U_J=80U/L，根据公式，校准K值为：

$$K_J=（3000 \times 80）/100=2400μmol/L$$

已知患者样本测定值为U_L=200U/L，校准后的酶活性浓度为：

$$U_J=（2400 \times 200）/3000=160μmol/L$$

此方法是一种理想校准方法，实际操作简便，可对酶测定中仪器、试剂及反应条件等差异造成的偏差进行校准，还可促进方法间的一致性和增加常规酶测定方法的可靠性，可使不同实验室之间的测定结果相对统一。但由于酶制品提纯难、不稳定，且提纯酶与血清酶反应性不一定一致，所以此校准方法长期未解决。近年来各种动物源性、人源性酶制品，特别是源于基因工程的酶制品已相继研制成功，将为该方法学提供巨大的发展空间。

四、酶促反应进程

酶促反应不同于一般的化学反应，反应不能瞬间完成。一个典型的酶促反应过程一般包括延滞期、线性期、非线性期三个阶段。如果将酶促反应过程中的产物生成量（或底物消耗量）对反应时间作图，可得到酶促反应时间进程曲线（如图6-1）。

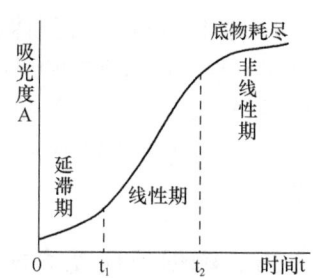

图6-1 酶促反应进程曲线

从酶促反应时间进程曲线可以看出，酶促反应各期具有以下特点：

1. 延滞期 酶促反应开始时，由于温度、酶与底物分子结合程度的影响，反应速度很慢，底物或产物的变化量与时间不成正比，称为延滞期。此期时间从数秒到数分钟，通常为1~3分钟。

在双试剂法中，我们将第一试剂与样本中的内源性干扰物质的反应期称为孵育期（预温期），加入第二试剂后至线性期之前的时间段称为延滞期，也有将它们统称为延滞期。

2. 线性期 经过延滞期后，酶与底物分子结合增多，反应速度达到并保持恒定速度进行反应的时期，称为线性反应期（liner phase）。此时，反应速度不受底物浓度的影响，而只与酶活性浓度成正比，即反应速度（υ）与底物浓度[S]的零次方成正比，又称为零级反应期（zero order）。此期底物虽有所消耗，但未明显改变酶促反应速度，为反应初速度，初速度是指底物消耗量小于5%时的反应速度，是酶活性测定的最佳时期，一般为1~5分钟。

3. 非线性期 随着反应时间的推移，底物消耗越来越多，酶促反应速度明显下降，偏离线性期，进入非线性期。酶活性浓度越高，线性期就越短。若为单底物反应，此时反应速度（υ）与底物浓度[S]的一次方成正比，故称为一级反应期（first order），如果反应速度受两种或两种以上底物浓度的影响，则为二级或多级反应。此期的酶促反应速度不再与酶活性成正比。

因此，代表酶活性大小的是线性期的酶促反应速度。要准确测定酶活性，必须找出酶促反应的线性期，即在过量底物存在条件下的零级反应期的速度，而避开延滞期和非线性反应期。传统的手工分析技术无法准确在线性期内测定酶促反应速度，故结果不够准确。自动生化分析仪能方便准确地找到线性期，结果准确可靠。

【实验 6-1】　　血糖测定 GOD-POD 法 A-t 曲线制作

国家卫生与计生委员会颁发的"质量检定暂行标准"中对试剂盒检定的技术指标主要有：测定的精密度、准确度、干扰、稳定性、线性范围和酶促反应或化学反应时间曲线等性能指标，对这些性能指标均应逐项检定。

【原理】

用稍高于参考值上限的标准液或定值血清，按试剂盒说明书的样品与试剂比例进行测定，以观察反应持续和终止的时间。

【试剂】

1. 8.9mmol/L 葡萄糖标准溶液，6.7mmol/L 葡萄糖标准溶液。
2. GOD-POD 法测定葡萄糖试剂盒。

【实践步骤】

1. 取 8.9mmol/L 葡萄糖标准溶液，按试剂盒说明书规定的样品与试剂比例进行测定，每 2~10 秒（根据反应情况可适当调整）记录一次吸光度。连续监测 20 分钟（同时用蒸馏水代替样品做试剂空白的相应曲线）。
2. 以吸光度为纵坐标，以反应时间为横坐标作图，观察平衡期的出现，持续和终止的时间。

五、酶促反应动力学

酶促反应动力学是研究酶促反应速度规律及其影响因素（如底物浓度、酶浓度、温度、

pH、激活剂和抑制剂等)的科学。酶的主要特征是提高化学反应速度,通过酶促反应动力学研究,可以掌握酶促反应速度的规律,指导选择酶作用的底物种类、确定底物浓度,确定酶作用的最适温度、pH、激活剂和抑制剂类型和含量等,从而准确测定酶活性或代谢物浓度。

(一)中间产物(复合物)学说和米–曼氏方程

1903 年 Henri 通过蔗糖酶水解蔗糖的实验发现,在酶浓度不变的情况下,酶促反应速度与底物浓度之间呈矩形双曲线关系(图 6-2)。即随着底物浓度的增加,酶促反应依次经过一级反应、混合级反应和零级反应三个阶段。

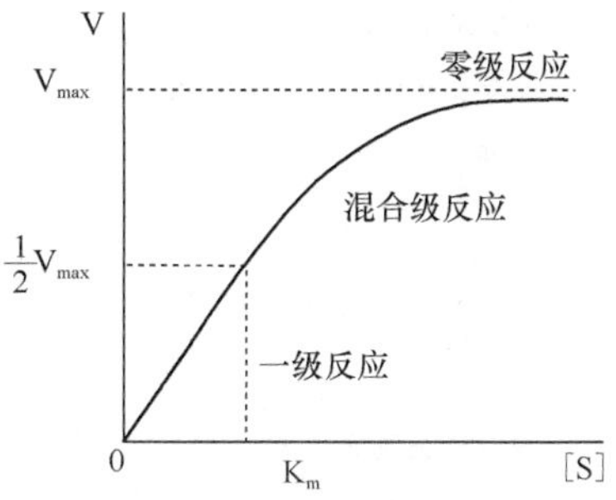

根据实验结果,Bronn 和 Henri 提出了中间复合物学说,该学说认为,酶促反应进行时,酶首先与底物结合形成中间产物,然后再催化底物反应生成产物。

$$E+S \rightleftharpoons ES \longrightarrow E+P$$

式中 E 代表酶,S 代表底物,ES 代表中间产物,P 代表产物。

图 6-2 底物浓度与酶促反应速度的关系

中间产物学说指出,酶浓度和底物浓度是决定酶促反应速度的两个关键因素。当底物浓度较低时,酶分子未被底物饱和,中间产物随着底物浓度的增加而增加,反应速度与底物浓度成正比,该阶段为一级反应;随着底物浓度的增加,大部分酶分子已被底物饱和,自由酶分子很少,不能使中间产物成正比增加,反应速度与底物浓度不成正比,该阶段为混合级反应;当底物浓度达到一定量时,所有酶分子已被底物充分结合达到饱和状态,再增加底物浓度也不能增加中间产物浓度,反应速度达到最大值,该阶段为零级反应。在零级反应阶段,反应速度不受底物浓度的影响,只与酶活性浓度成正比。

1913 年 Michaelis 和 Menten 根据中间产物学说进行数学推导,得出了单底物的 V 与 [S] 关系的公式,即著名的米–曼氏方程式,简称米氏方程:

$$V = \frac{V_m [S]}{K_m + [S]}$$

式中 V:酶促反应速度,V_m:最大反应速度,[S]:底物浓度,K_m:米氏常数。

米氏方程可以很好地解释图 6-2:[S] 为自变量,V 为因变量,反应条件一定时,方程中 V_m 和 K_m 为常数。底物浓度很低时,即 [S]≪K_m 时,方程中的分母 K_m+[S]≈K_m,方程形式可简化为 V=V_m[S]/K_m,表现为一级反应;随着底物浓度的增加,方程中的分母不能简化,而为双曲线形式,反应速率不再与底物浓度成正比升高,表现为混合级反应;当底物浓度达到相当高时,即 [S]≫K_m 时,方程中的分母 K_m+[S]≈[S],方程形式可简化为 V=V_m[S]/[S]=V_m[S]^0,表现为零级反应,即反应速度与底物浓度 [S] 的零次方成正比。

(二)K_m 的含义及应用

1. K_m 的含义 当 V=1/2V_m 时,K_m=[S]。因此,K_m 值为反应速度达到最大反应速度一半时的底物浓度。

2. K_m 的应用 K_m 是酶的特征性常数之一,只与酶的结构、底物性质以及反应条件(如温度、pH、离子强度等)有关,而与酶浓度无关。各种酶的 K_m 分布范围很大,一般在 $10^{-6} \sim 10^{-1}$ mol/L(表 6-2)。

表 6-2　一些酶的 K_m 值

酶（符号缩写）	底物	K_m（mmol/L）
过氧化氢酶（CAT）	H_2O_2	25.0
谷氨酸脱氢酶（GLDH 或 GLD）	谷氨酸	0.12
己糖激酶（HK）	D-葡萄糖	0.15
	D-果糖	1.5
碳酸酐酶（CA）	HCO_3^-	9.0
乳酸脱氢酶（LDH 或 LD）	丙酮酸	0.017
蔗糖酶	蔗糖	28.0
	棉籽糖	350
肌酸激酶（CK 或 CPK）	肌酸	0.6
	磷酸肌酸	5.0
丙酮酸脱氢酶	丙酮酸	1.3
β-半乳糖苷酶	D-乳糖	4.0
葡萄糖-6-磷酸脱氢酶（G6PD）	葡萄糖-6-磷酸	0.058

（1）鉴别酶的种类：K_m 是酶的特征性常数。同一种酶的 K_m 值相同，不同种类的酶 K_m 不同，同工酶对同一底物的 K_m 值也不相同。对于一种未知的酶，可在规定条件下测定其 K_m 来判断是否为不同的酶。

（2）反映酶与底物的亲和力：酶与底物亲和力与 K_m 值成反比。由米氏方程可见，K_m 值越大，酶与底物亲和力越小，K_m 值越小，酶与底物亲和力越大。可直接用 $1/K_m$ 表示酶与底物亲和力的大小。

（3）选择酶的最适底物：当酶有几种不同的底物存在时，K_m 最小的底物为该酶的最适底物或天然底物。酶活力测定时，应优先选择酶的最适底物，使酶促反应容易进行，并节省底物用量。

（4）计算不同底物浓度时酶促反应速度与最大反应速度的比率，设计适宜的底物浓度：由米-曼氏方程计算得出：当[S]=1K_m 时，V=0.5V_m；当[S]=9K_m 时，V=0.90V_m；当[S]=19K_m 时，V=0.95V_m；当[S]=99K_m 时，V=0.99V_m；由此可以计算出不同底物浓度时酶促反应速度相当于最大反应速度的比率，以推算酶的活性中心被底物饱和的分数。

酶促反应进程曲线表明，只有初速度才能真正代表酶活性。为了使酶反应的初速度接近 V_m，一般要求[S]设计在 10～20K_m，此时 V 相当于 V_m 的 90.9%～95.2%、底物消耗率为 1%～5%，这样即可近似表示酶活性，又不至于使底物浓度过高而造成浪费。

（5）判断可逆反应的速率：对于可逆反应，如测得该酶催化正逆两个方向底物的 K_m 及底物浓度，基本上可推测其催化反应的方向及催化效率。

（6）判断酶偶联反应的限速反应：在多个工具酶催化的连锁反应体系中，各工具酶的 K_m 是不相同的，一般 K_m 值最大的酶所催化的反应是该酶系反应中的限速反应，该酶则为限速酶。

（7）计算工具酶的用量：在利用工具酶测定代谢物浓度或酶活性时，可根据米氏方程来计算工具酶的用量。

(三) V_m 的含义及应用

1. V_m 的含义 酶促反应的最大反应速度（V_m）是指酶完全被底物饱和时的反应速度，与酶活性浓度成正比。在一定的酶活性浓度和测定条件下，对于特定的底物，V_m 也是一个常数。

2. V_m 的应用 如果已知酶量，则可用 V_m 计算酶的转化率（turnover number，TN），即当酶被底物充分饱和时，单位时间内每分子酶可将底物转变成产物的分子数。计算公式如下，单位是（/s）。

$$TN = \frac{V_m}{[E]} = \frac{底物转化量（mol/L/s）}{酶量（mol/L）}$$

例如，10^{-4} mol/L 的碳酸酐酶溶液 2 秒钟催化生成 0.6mol/L 的碳酸，则 TN=（0.6/2）/10^{-4}=3×10^3/s。

TN 代表酶的催化效率，TN 越大，酶的催化效率越高。大多数酶的 TN 在 $10^1\sim10^4$/s 范围内。

(四) K_m 和 V_m 的测定

如果用 V 对 [S] 作图所得的双曲线求 K_m 和 V_m 不够现实，因为根据米-曼氏方程计算可知，要使 V=99%V_m，则 [S] 要达到 99K_m，如此高浓度的底物已超过底物的溶解度，而且实验成本高，实际上是做不到的，况且 V_m 是一个渐近值，不可能从实验中直接得到。如果将双曲线的米-曼氏方程转换成直线方程，然后根据直线的斜率或用外推法处理，则可以方便地求得 K_m 和 V_m。最常用的方法为 Linweaver-Burk 双倒数作图法。

将米-曼氏方程作两侧同时取倒数，得到：

$$\frac{1}{V} = \frac{K_m + [S]}{V_m[S]} = \frac{K_m}{V_m} \cdot \frac{1}{[S]} + \frac{1}{V_m}$$

令 $1/V=y$，$K_m/V_m=b$，$1/[S]=x$，$1/V_m=a$，上式可改写为 $y=bx+a$，即直线方程。以 $1/V$ 为纵坐标，$1/[S]$ 为横坐标作图可得一条直线。纵轴截距为 $1/V_m$，斜率为 K_m/V_m，横轴截距为 $-1/K_m$（图 6-3）。根据 $1/K_m$ 和 $1/V_m$ 的数值即可求得 K_m 和 V_m。

该方法简便易行，但也存在明显的局限性。当 [S]≥K_m 时，斜率很小，直线近乎水平，与负 X 轴很远相交，虽可测得 V_m，但难以测得 K_m；当 [S]≤K_m 时，斜率很大，直线近乎垂直，与负 X 轴的交点接近原点，V_m 和 K_m 均难测得；只有将底物浓度范围设计在 K_m 附近，并将 $1/[S]$ 设计成等差数列，使工作点在直线上间隔均匀，方可测得较为准确的结果。

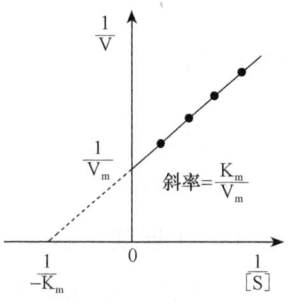

图 6-3 Linweaver-Burk 双倒数作图法

第 2 节 酶活性与代谢物的测定

酶活性测定方法至少有三种分类方式。按仪器检测方法分类，可分为分光光度法、浊度法、荧光法、放射性核素法、电极法、量气法等，其中分光光度法最为常用；按反应时间分类，可分为固定时间法（fixed time assay）、连续监测法（continuous monitoring assay）和终点法（end point assay）；按检测对象分类，可分为直接法和间接法。下面介绍后两种分类方法。

一、按反应时间分类的酶活性测定方法

（一）固定时间法

简称定时法，是早期测定酶活性的方法。通过测定酶促反应开始后一段时间内（t_1~t_2）产物的生成量或底物的消耗量来测定酶活性的方法。该方法一般需要在反应进行到一定时间后用强酸、强碱、蛋白沉淀剂等终止反应。

定时法酶促反应的进程有三种可能情况（图6-4）：三种反应虽然所生成的产物量相同，但实际区别很大。曲线1说明酶促反应已接近终点，速度已经减慢；曲线2说明在反应早期存在延滞期；曲线3完全处在线性期，可以用定时法准确测定代表酶活性的反应速度。

定时法的优点是操作简单，在酶促反应到达预定时间后，加试剂终止反应后再进行测定。因最后测定时酶促反应已被终止，故比色时无需保温设备，显色剂的选择也不用考虑对酶活性的影响。

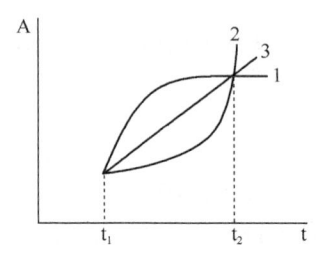

图6-4　定时法三种时间 - 反应进程

缺点是如果不做预试验则难以确定酶促反应进程（t_1~t_2）是否处于线性期（零级反应），难以确保测定结果的准确性。

因此，要用定时法准确测定酶活性，必须先做预实验测定时间进程曲线，找出线性期后再进行测定，以避开延滞期和非线性期。

实际测定时，延滞期很短并难以确定，对酶活性测定产生的影响可以忽略不计，因此，一般从保温一开始就计时（t_1）。随着保温时间的延长，酶变性失活加速；随着底物的减少和产物的增多，逆反应也加强。因此，定时法时间段的预定不宜太长，一般以30分钟左右为宜。

一般情况下，定时法可称为两点法（two point assay），因为t_1和t_2是整个反应进程中的两个点。但严格来说，两者是有区别的：定时法需要终止反应，两点法则不需要。

（二）连续监测法

连续监测法又称为速率法、动力学法。是指在酶促反应过程中，测定底物或产物浓度随时间的变化量，即在酶促反应的线性期（零级反应期）每间隔一定时间测定一次产物（或底物）的生成量（或消耗量），根据其变化量间接计算酶活性浓度的方法（图6-5）。

连续监测法的优点是即时观测反应进程，可将多点测定结果绘图连线，快速、直观地查看反应进程，很容易找到反应的线性期，结果准确可靠，标本和试剂用量少，可

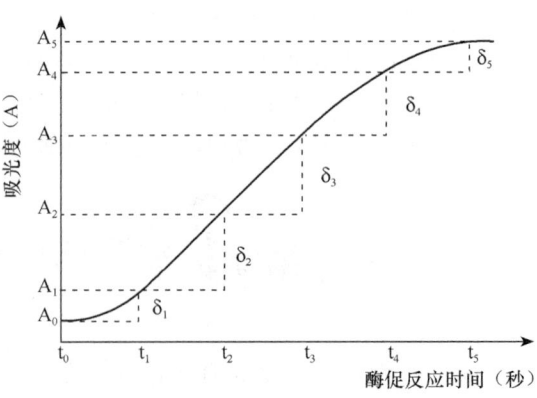

图6-5　速率法时间 - 反应进程曲线

在短时间内完成。与固定时间法不同的是无需终止酶促反应进程，不需要添加其他显色试剂。

连续监测法的测定结果常较固定时间法高，这是因为在酶促反应初始阶段底物最充裕，而产物的抑制作用、逆向反应和酶变性等均很小，所以反应后期的吸光度等检测信号就比定时法要高且真实，因而测定结果也较定时法准确，在高浓度标本时尤为明显。

该方法是在一定的反应时间区段内（至少 9~120 秒）每隔一定时间（常为 2~30 秒）读取一次吸光度值，连续测定多点（至少 4 点），然后对吸光度数据做最小二乘法处理，再用线性期内的数据计算单位时间内的反应速率 $\Delta A/min$，最后根据公式计算出酶活性。

连续监测法要求准确地控制温度、pH 和底物浓度等反应条件，并具有恒温装置及自动监测功能，半自动或全自动生化分析仪都能满足这些要求。

连续监测法要求不显色而直接测定产物或底物的变化量，因此，在方法学设计上，可以选择紫外吸收法或色原显色法等。例如利用 NAD（P）H 在 340nm 波长紫外吸收的改变、利用对硝基酚（*p*-nitrophenol，4NP，PNP）在 405nm 波长光吸收的变化等。

（三）终点法

终点法是指酶促反应基本完成达到平衡时，通过测定产物生成量或底物消耗量来求出酶活性的方法，又称为平衡法。

与定时法不同，终点法是在酶促反应平衡期（底物和产物浓度不变）的任何一点进行测定，此时吸光度等检测信号的变化很小，基本保持稳定，即反应时间曲线平坦，无需终止反应。由于测定是在非线性期、不是零级反应、不能代表初速率、反应时间长、有可逆反应影响等，导致测定结果不准确，现已很少使用。

终点法可分为一点终点法和两点终点法，各又可再分为单试剂和双试剂形式。参见自动生化分析技术。

【实验 6-2】 **定时法测定血清淀粉酶 AMY（碘 - 淀粉比色法）**

血液中心淀粉酶（α-amylase，AMY 或 AMS）主要来自胰腺和唾液腺。

AMY 测定的方法主要有 3 类，第一类是碘量法（通过测定酶作用后剩余的淀粉量推算出酶活性，如碘 - 淀粉比色法）；第二类是糖化法（通过测定淀粉水解生成的小分子糖量进而计算出酶活性）；第三类是染料释放法（通过测定染色淀粉水解后释放出的可溶性色素计算酶活性）。

【原理】

血清（或血浆）中 α- 淀粉酶催化淀粉分子中 α-1,4 糖苷键水解，产生葡萄糖、麦芽糖及含有 α-1,6 糖苷键支链的糊精。在底物过量（浓度已知）的条件下，反应规定时间后加入碘液终止反应，并与未被水解的淀粉结合，生成蓝色复合物。其蓝色的深浅，与未经酶促反应的空白管比较，可以计算出淀粉酶的活力单位。

【试剂】

1. 0.4g/L 淀粉缓冲液。
2. 0.1mol/L 碘贮存液。
3. 0.01mol/L 碘应用液。

【实践步骤】

血清先用生理盐水作 10 倍稀释，按表 6-3 操作。

表 6-3　定时法测定淀粉酶操作步骤

加入物（ml）	空白管（B）	测定管（U）	加入物（ml）	空白管（B）	测定管（U）
淀粉缓冲液（37℃预温 5 分钟）	1.0	1.0	混匀，置 37℃水浴 7.5 分钟		
			碘应用液	1.0	1.0
稀释血清	—	0.2	蒸馏水	6.2	6.0

混匀，波长 660nm，以蒸馏水调零，读取各管吸光度。

【单位定义】

100ml 血清中的淀粉酶，在 37℃、15 分钟水解 5mg 淀粉为 1 个单位。

【计算】

$$淀粉酶（U）=\frac{A_B-A_U}{A_B}\times\frac{0.4}{5}\times\frac{15}{7.5}\times\frac{100}{0.02}$$

$$=\frac{A_B-A_U}{A_B}\times 800$$

【参考范围】

血清 80～180U，尿液 100～1200U

【临床意义】

见胰腺疾病检验。

【方法学评价】

本法线性范围<400U，批内 CV3.1%～9.0%，批间 CV12.4%～15.1%，与以 4-NP-麦芽庚糖（4-NP-G_7）为底物的速率法相比较，在酶活性低时相关性良好，但酶活性较高时相关性差。

【注意事项】

1. 酶活性在 400U 以下时，与底物的水解量呈线性。如测定管吸光度小于空白管吸光度一半时，应加大血清稀释倍数或减少稀释血清加入量，重新测定，测定结果乘以稀释倍数。

2. 本法亦适用于其他体液 AMY 的测定。尿液先做 20 倍稀释后测定。

3. 唾液含高浓度 AMY，须防止带入。

【实验 6-3】 连续监测法测定血清乳酸脱氢酶 LDH（LD-L 法）

乳酸脱氢酶（lactate dehydrogenase，LD，LDH）活性的测定方法有两种：①乳酸氧化成丙酮酸的正向反应（L→P），340nm 波长吸光度上升，称 LD-L 法；②丙酮酸还原成乳酸的逆向反应（P→L），340nm 波长吸光度下降，称 LD-P 法。

正向反应最适 pH 为 8.8～9.8，偏碱，能使平衡偏向生成丙酮酸的方向。其优点是乳酸和 NAD^+ 稳定性好，且 NAD^+ 纯品易得、价格较低，过量乳酸对 LD 活性的抑制较小，反应线性较好。缺点是需要较高的底物浓度，反应速度较慢。

逆向反应的最适 pH 为 7.4～7.8，与生理性 pH 相同。其显著的优点在于 NADH 用量少，仅为正向反应的 3% 左右，而反应速度比前者约快 3 倍，灵敏度高。但丙酮酸与 NADH 的稳定性较差，过量的丙酮酸对 LD 活性的抑制作用较大。

LD 活性测定时正向反应和逆向反应都可以运用，但 1996 年中华医学会检验学会酶学组专家推荐选择正向反应。

第6章 酶学分析技术

【原理】

乳酸脱氢酶催化反应如下：

$$L\text{-乳酸} + NAD^+ \xrightarrow{LDH} \text{丙酮酸} + NADH + H^+$$

在反应过程中，乳酸氧化生成丙酮酸，同时 NAD^+ 还原生成 NADH，NADH 在 340nm 处有紫外吸收峰，从而引起 340nm 的吸光度升高。吸光度升高速率与 LDH 活性呈正比。

【试剂】

1. Tris-乳酸锂缓冲液（含 Tris 52.5mmol/L，乳酸锂 52.5mmol/L，pH8.9）。

2. 底物应用液（含 Tris 52.5mmol/L，乳酸锂 52.5mmol/L，NAD^+ 6mmol/L，临用前现配）按 Tris-乳酸锂缓冲液 1ml 加 NAD^+ 4.2mg 的浓度比例配制。

【操作】

主要参数如下。

第一波长	340 nm	孵育时间（Incubation）	30秒
第二波长	— nm	延迟时间（delay time）	120秒
比色杯光径	1.0 cm	间隔时间（rate time）	秒
温度（temperatrue）	37 ℃	测定次数（read number）	4
吸样量（aspirate volume）	50 μl	连续监测时间	60秒
试剂 I	1000 μl	血清稀释倍数	21
试剂 II	— μl	系数 Factor	3376

【计算】

$$LDH\,(U/L) = \Delta A/min \times \frac{10^6}{6220} \times \frac{1.05}{0.05}$$

$$= \Delta A/min \times 3376$$

式中，$\Delta A/min$ 为平均每分钟吸光度增加值；6220 为 340nm 处 NADH 的摩尔吸光系数；1.05 为比色液体总体积；0.05 为血清用量（ml）。

【参考范围】

成人 109～245 U/L

【临床意义】

见心肌损伤标志物检测。

【方法学评价】

1. 本实验是根据正向反应（L-P）建立的连续监测法，其优点是乳酸盐和 NAD^+ 底物溶液稳定性较好，冰冻放置可稳定 6 个月以上；两溶液的浓度对测定方法的影响最小，NAD^+ 较少被产物抑制。

2. **线性范围** 可达 726 U/L

3. **精密度** LDH 为 65 U/L 时，日间 CV% 为 5.8%；LDH 为 149 U/L 时，日间 CV% 为 3.2%。

4. **特异性** 本法特异性高，因血清中非 LDH 的其他 NAD^+ 类氧化酶的内源性底物很少，加上样本被高度稀释，故这些酶的干扰作用可忽略不计。

【注意事项】

1. 由于红细胞、血小板中含有大量的 LDH，故标本严禁溶血。使用血浆标本时，必须用 3000rpm 离心 15 分钟，以去除血小板。

2. 不同的 LDH 同工酶对低温的敏感性不同，LDH_4 和 LDH_5 对低温很不稳定，组织提取液若放于 -20℃过夜，LDH_4 和 LDH_5 会全部丧失活性。

3. LDH 活性能被巯基试剂所抑制，硼酸、丙二酸、草酸以及 EDTA 都是竞争性抑制剂。

二、按检测对象分类的酶活性测定方法

（一）直接法

直接法是指使用各种分析手段，如分光光度法、荧光法、pH 计、旋光计、电导仪等，在不停止酶促反应条件下，直接测定反应体系中产物或底物的变化，从而计算出酶活性浓度的方法。该方法的待测酶酶促反应的产物或底物通常有特征性的理化性质，可通过特殊的仪器直接检测。其常用方法种类如下：

1. 基于 NAD（P）H 的反应原理　利用 NAD（P）H 在 340nm 处有特异紫外吸收峰的特点，监测 340nm 吸光度的变化可反映 NAD（P）H 量的变化，其变化与待测酶活性成正相关。利用该原理能测定以 $NAD(P)^+$ 或 NAD（P）H 为辅酶的脱氢酶类，如 LDH、葡萄糖 -6- 磷酸脱氢酶（G6PD）、谷氨酸脱氢酶（GLDH）等。

2. 基于人工合成的色素原底物　人工合成某些底物，其本身为无色或微黄色，通过酶促反应后，其化合物中的某一基团被水解或转移，使无色的底物转变成有色的产物，这类底物称为色素原底物，检测有色产物在 405nm 波长吸光度的变化可测定酶活性，常用于测定一些水解酶和转移酶。

人工合成的色素原底物的要求：①酶促反应特异性高；②酶促反应效率高；③稳定，自发水解、分解少；④纯度高，接近无色；⑤溶解性好。常见的人工合成的色素原底物见表 6-4。

表 6-4　一些人工合成的色素原底物

人工合成的色素原底物	待测酶	产物的毫摩尔吸光系数
对硝基苯酚磷酸二钠盐（PNPP-Na_2）	ALP	对硝基苯酚（4-NP）（405nm，pH10.3）18.5
L-γ- 谷氨酰 -3- 羧基对硝基苯酚	GGT	2- 硝基 -5- 氨基苯甲酸（405nm，pH8.1）9.49
2- 氯 - 硝基酚 -α- 半乳糖 - 麦芽糖苷	AMY	2- 氯酚（2-CP）（405nm，pH6.0）6.1
2- 氯 - 硝基酚 -α- 岩藻糖苷	α- 岩藻糖苷酶（AFU）	2-CP（405nm，pH6.5）6.2

3. 基于氧的消耗　氧化酶在催化反应时不断消耗氧气，可用氧电极连续监测耗氧量以测定酶活性。

4. 其他　胆碱酯酶（ChE）催化乙酰胆碱水解产生乙酸，pH 下降，可监测 pH 以测定 ChE 活性。脱羧酶催化反应时产生 CO_2，可用量积法监测 CO_2 变化以测定酶活性等。

（二）间接法

间接法是指加入相应试剂后间接测定酶促反应的产物转化物或底物转化物的理化指标以测定酶活性的方法。这类方法通常是酶促反应的底物和产物没有特征性的理化性质，需通过另一个（或多个）化学反应，将底物或产物转化为有明显特征理化性质的另一个化合物。直接法测定的酶类非常有限，很多情况下不得不采用间接法来检测酶活性。其常用方法种类如下：

1. 酶偶联法 在测定待测酶活性时，常采用偶联一个工具酶或几个工具酶，将待测酶的某一产物转化为可以直接测定的产物，从而对待测酶的活性进行测定。（详见下节工具酶）。

2. 化学反应法 在反应体系中加入一些与酶促反应无关，同时也不影响酶活性的试剂，这些试剂只与酶反应物（一般是产物）迅速作用，产生信号变化。如胆碱酯酶（ChE）的丁酰硫代胆碱测定法，ChE 催化底物丁酰硫代胆碱后，生成的硫代胆碱（SCH）与 5,5′- 二硫代 - 双（2- 硝基苯甲酸）（5，5′-DTNB）反应，生成黄色的 5- 巯基 -2- 硝基苯甲酸（5-TNBA）；酸性磷酸酶测定，利用 α- 萘酚磷酸盐做底物，经酸性磷酸酶水解后释放萘酚，与试剂中的固红 TR 发生偶氮反应，生成黄色化合物等。其中的 DNTB、固红 TR 就是上述所加的试剂。

三、工具酶

在酶学分析技术中作为试剂用于测定化合物浓度或酶活性的酶称为工具酶。利用工具酶进行酶学分析常见于两种方式，一是利用工具酶来测定化合物浓度。二是利用工具酶来测定待测酶的活性，如转氨酶、肌酸激酶、淀粉酶等。

常用的工具酶多为氧化还原酶类，因其产物容易被直接监测。以 NAD（P）H 为辅酶或辅基的脱氢酶和过氧化物酶（POD）是常用的酶偶联法的工具酶。常用工具酶的名称及缩写符号见表 6-5。

表 6-5 常用工具酶的名称及缩写符号

名称	缩写符号	名称	缩写符号
乳酸脱氢酶	LDH	己糖激酶	HK
苹果酸脱氢酶	MDH	肌酸激酶	CK
6- 磷酸葡萄糖脱氢酶	G6PD	丙酮酸激酶	PK
谷氨酸脱氢酶	GLDH	甘油激酶	GK
葡萄糖氧化酶	GOD	脂蛋白脂肪酶	LPL
胆固醇氧化酶	COD	胆固醇酯酶	CE
磷酸甘油氧化酶	GPD	脲酶	
过氧化物酶	POD	肌酐酶	

在一系列利用工具酶的反应中，要保持酶偶联体系中待测酶所催化的反应为零级反应速率，通常将工具酶及其辅助底物设定为过量，而将待测化合物或待测酶设定成限速因素，故工具酶应便宜易得，来源要广，一般在富含这些工具酶的生物组织中提取。

在酶学分析技术中，分光光度法是最常用的测定手段。根据测定方法的原理不同一般将其分为单酶反应和酶偶联反应两种技术。

（一）单酶反应（属直接法）

单酶反应比较简单，一般将工具酶和待测物一起保温，可按照定时法或连续监测法对待测产物或底物进行测定，在相对应的氧化还原酶作用下产生可以直接检测的信号。如尿酸在尿酸氧化酶作用下生成尿囊素，在 293nm 处有特异吸收峰；胆红素在胆红素氧化酶作用下生成胆绿素，引起 450nm 吸光度处吸光度下降；乳酸、丙酮酸、酮体、乙醇等经氧化还原反应，使 NAD（P）H 在氧化型与还原型之间转换，从而用分光光度法检测。

（二）酶偶联反应（属间接法）

在酶活性测定中，如果底物或产物不能直接测定或难于准确测定，即可采用酶偶联反应测定。表 6-6 列举了临床用酶偶联法测定的常用酶与工具酶。

表 6-6　常用酶偶联法测定的酶

待测酶	测定方法	辅助酶	指示酶	指示系统
丙氨酸氨基转移酶（ALT）	IFCC 推荐方法	无	LD	NAD（P）H
门冬氨酸氨基转移酶（AST）	IFCC 推荐方法	LD	LD、MD	NAD（P）H
肌酸激酶（CK）	IFCC 推荐方法	HK	G6PD	NAD（P）H
5'- 核苷酸酶（5'-NT）	5'-AMP 做底物 ADA-GLDH 法	腺苷酸脱氨酶（ADA）	GLD	NAD（P）H
5'- 核苷酸酶（5'-NT）	5'-IMP 做底物 NP-XOD-PO 法	核苷磷酸化酶（NP） 黄嘌呤氧化酶（XOD）	POD	NAD（P）H
脂肪酶（LPS）	GK-GPO-PO 法	GK、GPO、共脂酶	POD	H_2O_2

单酶反应测定的项目相对有限，目前，酶偶联反应技术是应用最广泛的酶学分析技术。

1. 酶偶联反应原理　最简单的酶偶联反应模式为：

$$A \xrightarrow{E_x} B \xrightarrow{E_i} C$$

待测酶（E_x）催化的反应称为始发反应；反应产物（B）被偶联酶催化，产生能被检测的产物 C（如 NADH），故称此为指示反应，此偶联酶称为指示酶（indicator enzyme，E_i）。利用双试剂用酶偶联法实际测定酶活性浓度时，酶促反应进程存在四个时相：①预孵育期：先将 E_i（试剂1）加入样本（含 E_x）中保温，以使内源性底物 A 和产物 B 耗尽，指示反应不检测。②延滞期：加入底物 A（试剂2）启动反应，在启动后一段时间内，产物 B 开始出现并逐渐增加，但仍处于较低水平，指示酶反应速度也较慢，不能代表测定酶的反应速度。③线性反应期（稳态期或恒态期）：随着产物 B 的生成速度等于转化为 C 的速度，E_a 和 E_i 的反应速度相同，反应达到动态平衡，线性期的速度代表真实的酶活性。④偏离线性期（非恒态期）：反应后期，底物已经大部分消耗，反应速度减慢，进入非恒态期。图 6-6 为酶偶联法双试剂测定 ALT 时吸光度变化曲线。

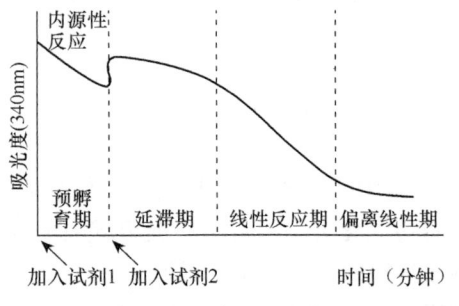

图 6-6　酶偶联法测定 ALT 的吸光度变化曲线

如果一些酶促反应找不到合适的指示酶与其直接偶联，此时往往可在始发反应和指示反应之间加入一个或多个工具酶，将两者连接起来，此反应称为辅助反应。模式为：

$$A \xrightarrow{E_x} B \xrightarrow{E_a} C \xrightarrow{E_i} P$$

式中 A 为底物，B、C 为中间产物，P 为终产物（必须能直接测定），E_x 为待测酶，E_a、E_i 为工具酶。按工具酶的作用不同，E_a 称为辅助酶（auxiliary enzyme），E_i 称为指示酶。此连续反应称为酶偶联体系。

2. 常用指示酶及其指示反应　近年来在临床生化检验中，许多项目的测定均有工具酶参与，即所谓共同（或通用）反应途径。最常用的两类指示酶反应系统：一是利用氧化-还原酶偶联NAD（P）$^+$或NAD（P）H的指示系统，直接通过分光光度法或其他方法测定NAD（P）H的变化量；二是偶联H_2O_2的指示系统，即用较高特异性的过氧化物酶产生过氧化氢（H_2O_2），再加氧化发色剂进行比色的方法。常用的共通型显色反应如表6-7。

表6-7　临床化学常用的共通型显色反应

呈色反应	酶	底物	显色剂	呈色
氧化酶 oxidase	过氧化物酶（POD）	供氧体（oxygen donor）	邻联甲苯胺（OT）	蓝色
			四甲基联苯胺（TMB）	蓝色
			四甲基联苯胺加硫酸	黄色
			邻联茴香胺（ODA）	黄色
			邻联茴香胺加硫酸	红色
			4-氨基安替比林（4-AAP）	红色
			3-甲基-2-苯并噻唑酮腙（MBTH）	深红色
脱氢酶 NADH/NAD PH	过氧化氢酶（catalase）	甲醇	变色酸（CTA）	红紫色
			Hantzsch反应	黄色
	脱氢酶（dehydrogenase）	NAD+/NADP+	紫外光比色	无色
			吩嗪甲酯硫酸盐（PMS）	红色
			硝基四氮唑蓝（NBT）	蓝紫色

（1）偶联NAD（P）$^+$或NAD（P）H的指示系统（紫处吸收法）：用作工具酶的脱氢酶（DH）都是以NAD（P）H为辅酶的脱氢酶。其反应式如下：

$$P + NAD(P)H + H^+ \xleftrightarrow{DH} PH_2 + NAD(P)^+$$

式中，P代表待测酶产物。还原型的NAD（P）H在340nm波长处有吸收峰，而氧化型的NAD（P）$^+$没有此吸收峰，另外两者在260nm波长处均有吸收峰，这是因为分子中含有腺嘌呤（图6-7）。因此，测定340nm波长处吸光度的变化可以反映反应体系中NAD（P）H量的增减量。另外，NAD（P）H除了可用紫外吸收分光光度法测定以外，还可采用荧光分析法进行测定，即用365nm波长的紫外光激发NAD（P）H，使其在460nm波长处发射强烈荧光加以测定。

目前，运用此类反应测定各种酶活性以及代谢物浓度的方法已经成为应用最为广泛的一类方法。如LDH、MDH、G6PD、GLDH、葡萄糖、尿素、三酰甘油、血氨、β-羟丁酸、ALT、AST、CK、异柠檬酸脱氢酶（ICD）、醛缩酶（ALD）等。但该方法也有几个不足之处：①仪器要求：须使用具有紫外光区的分光光度仪器，如紫外分光光度计等，限制了其应用。②费用较高：要求使用高纯度的酶和辅酶。③灵敏度低：因为NAD（P）H的

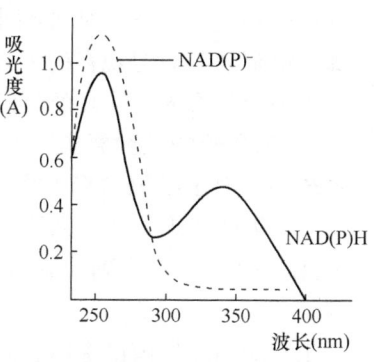

图6-7　NAD（P）$^-$、NAD（P）H紫外吸收曲线

摩尔吸光系数只有 $6.22\times10^3\text{cm}^2/\text{mol}$。

（2）偶联 H_2O_2 的指示系统（色原显色法）：在临床化学测定中，可利用葡萄糖氧化酶、尿酸氧化酶、胆固醇氧化酶、甘油氧化酶、丙酮酸氧化酶等工具酶分别氧化葡萄糖、尿酸、胆固醇、甘油、丙酮酸等代谢物产生 H_2O_2，再在过氧化物酶（peroxidase，POD）催化下，H_2O_2 与 4-氨基安替比林（4-amino antipyrine，4-AAP）和酚（phenol）反应（POD、4-AAP 和酚统称为 PAP），生成红色醌亚胺，反应如下：

Trinder 在 1969 年提出，故称为 Trinder 反应。后来提出了很多酚类或苯胺的衍生物来代替酚，如 2，4-二氯酚、2，6-二氯酚、2-羟基-3，5-二氯苯磺酸、邻联甲苯胺（OT）、四甲基联苯胺（TMB）、邻联茴香胺（ODA）等，极大提高生色基团的稳定性和溶解度以及产物的灵敏度和色泽的稳定性。后来的方法虽然色原成分有所改变，但是仍称为 Trinderd 反应。偶联 H_2O_2 的指示系统属于基于"色素原"底物理化特性的测定方法。所谓"色素原"底物，是指其本身为无色或微黄色，在酶作用下可生成有色化合物，常适用于测定水解酶和一些转移酶。Trinderd 反应中"4-氨基安替比林""酚"是两个"色素原"，产物"醌亚胺"是色素。

该系统优点在于：①在可见光范围，便于推广应用；②对酶的纯度要求不高，酶制剂生产方便价格相对低廉；③灵敏度较脱氢酶系统高。该法的主要缺点是容易受维生素 C、尿酸、胆红素、谷胱甘肽等还原性物质的干扰，严重时测定结果可出现假性负值。目前一般多采用双试剂剂型，在试剂Ⅰ中加入抗坏血酸氧化酶、亚铁氰化钾等来消除维生素 C、胆红素的干扰。

此外，还有酶循环法（enzymatic cycling methods），采用催化可逆反应的工具酶来催化底物与产物之间的循环反应（底物循环），使被测物放大扩增，从而使检测灵敏度提高。目前酶循环法测定总胆汁酸已应用于临床常规检测项目。

（三）工具酶的应用

1. 工具酶的来源和理化性质 临床生物化学酶试剂中的工具酶主要来自动植物组织提取及微生物发酵工程。如脲酶来源于豆类种子，POD 来源于辣根，LD 来源于心肌，COD 来源于链霉菌等。但现在的工具酶主要依赖于微生物发酵工程获得，微生物发酵工程包括高产酶菌种的筛选、放大培养和酶提取纯化 3 个部分。

2. 工具酶的纯度要求 不同的酶试剂系统对工具酶的纯度要求不同。在 NADH 的指示系统中，由于组织匀浆中往往含有 NADH-细胞色素 c 还原酶，会消耗 NADH 而出现干扰反应，因此要求该测定系统的工具酶有较高的纯度。而在 Trinder 反应中，由于人体液中的 POD 等较少，产生副反应的机会较少，因此对该测定系统中工具酶的纯度要求就相对低一些。

工具酶纯度的衡量指标是比活性，且要对其杂酶含量进行限制。

（1）酶的比活性（specific activity，比活力）：是指每毫克酶蛋白所含的酶活性单位数（U/mg）。酶的比活性代表酶的纯度，其值越高，纯度越高。

（2）杂酶含量：为兼顾工具酶的较低生产成本和保证酶试剂质量，要对工具酶中容易引起副反应的其他酶即杂酶含量进行限制。杂酶含量要少，以基本不影响测定为标准。

四、代谢物的酶学分析

代谢物酶学分析是指用酶学分析技术来测定人体内代谢物浓度的方法。其优点在于酶作用的特异性高，成分复杂的血清等样本往往不需预处理，反应条件温和、安全，实验程序简单，在准确性、精密度、灵敏度和线性范围等方面均优于传统的化学法，因此被广泛应用于临床。

代谢物的酶学分析方法也可按仪器检测方法、检测对象或反应时间分类，前两种分类情况与酶活性测定极为相似，而按时间分类法则有所不同。

（一）终点法

终点法是指样本中代谢物即待测底物与工具酶保温一定时间后，全部转变为可检测的产物，以产物量来计算代谢物浓度的方法。如乙醇脱氢酶（alcohol dehydrogenase，ADH）法测量乙醇：

$$乙醇 + NAD^+ \xrightarrow{ADH} 乙醛 + NADH + H^+$$

反应达到终点法后，产物 NADH 的浓度与乙醇的浓度成正比。

终点法是实验室检测代谢物最常用的方法之一，通常被测底物的量有限，通过反应逐渐转变为产物，当剩余底物的量很小（<1%～5%）时，指示反应逐渐达到平衡，即达到反应终点。

终点法要求工具酶的用量要足够大，能使反应在 1～3 分钟达到平衡，以保证较快完成测定；反应要朝正方向进行，如果反应的平衡常数太低，可用增加底物浓度、偶联反应移去生成物、改变 pH 等方法加快酶促反应速率、缩短反应时间，并设标准管一起到达平衡以后测定；K_m 在保证测定线性的前提下要尽量小。其中，可与酶促反应产物结合，减少逆反应，使正向反应进行得比较完全的试剂称为陷阱试剂（如赖氏法测定 ALT 中的 2,4-二硝基苯肼）。

（二）速率法

速率法不要求将代谢物或辅助底物完全转变为可检测的物质，而是利用工具酶的一级反应速率或零级反应速率来测定其浓度。速率法灵敏、快速，一般不需做样本空白，但需要设校准管用标准对照法测定。

1. 一级反应速率法 一级反应速率法的基本要求是样本中代谢物的浓度 [S] 远小于工具酶的 K_m 值，具体要求是 [S]/K_m<0.05，最大不能超过 0.2，以确保反应为一级反应或假一级反应。所谓假一级反应（或拟一级反应）指双底物反应中另一个底物浓度很大，反应过程中浓度基本无变化。如水解酶反应就是假一级反应，因为水解反应中的溶剂水在反应前后的变化可以忽略不计。

该法适用于 K_m 值高的工具酶、浓度很低的代谢物，如葡糖氧化酶的 K_m 值约 $7×10^{-2}$mol/L，而样本中葡萄糖浓度通常为 $4×10^{-3}$mol/L～$6×10^{-3}$mol/L，故符合一级反应。

如 K_m 太小，可加入竞争性抑制剂，以提高工具的 K_m 值，以保证较长的反应动态期；酶的用量要合适，太少可能导致动态期缩短，甚至一级反应丧失。

2. 零级反应速率法 零级反应速率法所测定的代谢物是某个工具酶的激活剂或抑制剂,其浓度可决定该工具酶的反应速率,在测定时工具酶和底物都是足量的,故反应为零级反应,以测定零级反应速率来确定代谢物的浓度。为激活剂的例子有β-半乳糖苷酶法测定 Na^+、异柠檬酸脱氢酶法测定 Mg^+ 等;为抑制剂的例子有 ChE 法测定有机磷等。

终点法与速率法测定比较见表 6-8。

表 6-8 终点法与速率法测定比较

区别	速率法	终点法
测定时间	较短	较长
检测速度	较快	较慢
检测成本	酶用量小、成本低	酶用量大、成本高
产物堆积	影响较小	影响较大
样品色原	影响较小	影响较大
测定仪器	要求电噪声小,A 读准到 0.0001,温差<0.1%	要求不严

另外,终点法的试剂酶活性下降对测定影响远没有速率法明显,仅使达到平衡所需时间延长,检测范围变窄。但速率法可能导致线性期缩短甚至一级反应丧失。因此,代谢物酶法分析大多选择终点法。

▶ 五、酶活性测定的影响因素与对照管

测定酶活性浓度方法所选择的测定条件应是酶促反应的"最适条件",即指能满足酶促反应速率达到最大反应速率所需的条件。主要包括:①合适的底物及底物浓度;②理想的缓冲液及最适离子强度;③最适温度;④最适 pH 值;⑤合适的辅助因子、激活剂浓度;⑥酶偶联反应中合适的指示酶和辅助酶的种类和浓度;⑦合理的测定时间;⑧合适的样本与反应试剂的比例;⑨足够的检测范围;⑩尽量除去各种抑制剂等。在某些情况下,为使最终测定系统达到最大的测定重复性,可考虑对最适条件进行适当修改。下面从样本采集和处理、试剂因素、方法学因素、仪器因素四个方面进行具体分析。

(一)样本采集和处理

1. 采集 采集时,一定要防止溶血。大部分酶在细胞内外浓度差异明显,且其活性远高于血清(或血浆),只要轻微溶血即可引起血清中酶明显升高。如红细胞内的 LD、AST 和 ALT 活性分别较血清中高 150、15 和 7 倍左右,故测定这些酶时,样本应避免溶血。另外,溶血时红细胞释放的血红蛋白在 300m~500nm 可见光波段能使吸光度值明显升高,从而干扰光谱分析。

2. 处理 在静脉采血后的 1~2 小时应及时离心分离出血清(浆),并及时测定,避免血细胞因膜能量不足通透性增加导致血细胞内酶释放入血或因其他因素影响造成误差。如 ACP 因血中 CO_2 丧失极快,可使 pH 在 15 分钟内由 7.4 增至 8.0,对碱性灵敏的 ACP 活性因而急剧下降;CK 可因吸收蓝光而引起酶发生不可逆地失活,其失活程度与暴光时间的长短成正比。

大多数抗凝剂在一定程度上会影响酶活性,应加以注意。如草酸盐、柠檬酸盐和

EDTA 等抗凝剂为金属螯合剂，可抑制需 Ca^{2+} 的 AMY，也可抑制需 Mg^{2+} 的 CK 和 5′-NT；草酸盐即可与丙酮酸或乳酸发生竞争性抑制，又能与 LD 及 NADH 或 NAD^+ 形成复合物，从而抑制 LD 催化的还原或氧化反应。柠檬酸盐、草酸盐对 ACP、ChE 均有抑制作用；EDTA 还能抑制 ALP；氟化物也可抑制 ChE。故用上述抗凝剂分离的血浆一般不宜做酶活性测定。肝素是黏多糖，对 ALT、AST、CK、LD 和 ACP 等无影响，适用于急诊时迅速分离血浆进行测定，但可使 γ-GT 升高，AMY 下降。

3. 保存　由于血清清蛋白对酶蛋白有稳定作用，如无细菌污染，某些酶如 AST、γ-GT、ALP 等存在于清蛋白中可在室温保存 1～3 天，而活性不受影响。但有些酶极不稳定，如血清前列腺 ACP，在 37℃放置 1 小时，活性可下降 50%。大部分酶在低温中比较稳定，一般应在血清分离后的当天进行测定，否则应在 2～6℃冰箱中加塞冷藏。要保存更久则应加塞冰冻或冰冻干燥（冻干）。

4. 样本与试剂的体积比　样本与试剂的体积比与方法检测的灵敏度和检测上限有关，与测定的误差也有关。一般推荐样本与试剂的体积比为 1∶10。

如样本所占比例过小，则使稀释倍数加大，K 值变大，误差加大。例如，某仪器噪声（即空白 ΔA/min）为 0.001，样本与试剂体积比为 1∶10 时，K 值为 4000 时，误差为 4U/L；体积比变为 1∶20 时，K 值为 8000 时，则误差为 8U/L，可见不考虑其他因素，仅由仪器噪声造成的检测误差就将成比例加大。样本所占比例过大，则会使测定线性下降，样本要稀释后复检的机会增多。同时，体液样本本身就是缓冲液，体积比影响整个反应体系的 pH，从而影响酶活性测定结果。因此，应当严格控制样本与试剂的体积比，一旦确定，就不能随意改变。

（二）试剂因素

1. 底物的种类　有些酶的专一性不强，可作用于多种底物，须根据需要选择合适的底物。选择底物时应注意以下几项原则：①一般选择 Km 最小的底物；②底物应有足够的溶解度；③酶对底物的特异性高；④底物的稳定性好；⑤有较高的临床诊断价值。

2. 底物的浓度　①对于单底物酶促反应，根据米氏方程式，一般酶测定时底物浓度最好为 Km 值的 10～20 倍，此时反应速度可达最大反应速度的 90% 以上，测定的误差可以接受。②对于双底物酶促反应，按动力学机制可分为乒乓反应（如 ALT、AST）、有序反应（如 LD、GLDH）和随机反应（如 CK）三种，底物浓度的确定以米氏方程为基础，可参考相关论著。

3. 缓冲液的种类、pH 和离子强度

（1）种类：临床酶学测定时发现，用不同种类缓冲液配制相同 pH 介质中所测的酶活性并不相同，因此，选择合适的缓冲液种类，是酶活性测定的必要保障。理想的缓冲液应具备以下条件：①有足够的缓冲容量；②纯度高，不含有抑制酶活性的杂质；③受温度影响小，即 pH 不易受温度的变化而变化；④对酶活性表达有促进作用则更好；⑤对酶有稳定作用。

根据对酶活性的影响，缓冲液分为活性缓冲液、惰性缓冲液和抑制性缓冲液三大类。活性缓冲液含有对酶起激活作用的氨基，如 GOOD 缓冲液（或称两性离子缓冲液）、三羟甲基氨基甲烷（Tris）、三乙醇胺（triethanolamine TRA）、二乙醇胺（diethanolamine，DEA）、2-氨基-2-甲基-1-丙醇（2-amino-2-methyl-1-propanol，AMP）；惰性缓冲液对酶的活性既无激活也无抑制作用，如碳酸盐缓冲液、巴比妥缓冲液；抑制性缓冲液对酶具有一定的抑制作用，如甘氨酸缓冲液等。磷酸盐缓冲液（PBS）有时为活性惰性缓冲液，有时为抑制性惰性缓冲液，现已越来越少用。酶活性测定时应尽量选用活性或惰性缓冲液，不宜选用抑制性缓冲液。

（2）pH：酶与底物结合的能力，酶的催化活性，会受不同 pH 的影响，只有在最佳缓冲系统内才能充分表达。各种酶在一定条件下都有其特定的最适 pH，多数酶在最适 pH 的一定范围内相对恒定，故测定酶活性时一定要选择在最适 pH 处。

一般来说，植物和微生物酶的最适 pH 多在 4.5～6.5，动物酶多在 6.5～8.0。

（3）离子强度：缓冲液的离子强度也能影响酶活性。研究表明，离子强度过高的电解质干扰酶与底物的结合，酶活性将逐步下降；离子强度过低也会抑制酶活性。一般选择与生理环境的体液比较接近的离子强度。

4. 辅助因子　一些金属离子和维生素类辅酶是结合酶的辅助因子，是酶发挥活性所必需的非蛋白质部分，按其与酶蛋白结合的紧密度又分为辅基和辅酶。如 Zn^{2+} 是羧基肽酶的辅基，Mo^{6+} 是黄嘌呤氧化酶的辅基，NADH 是不需氧脱氢酶的辅酶等。结合酶离开它们的辅基或辅酶就不能表现活性，因此在酶活性测定时，要保证辅基或辅酶的供给。例如，测定 ALT 时加入磷酸吡哆醛（PLP）为辅酶时，其测定值比不加 PLP 时明显增高。

5. 激活剂　凡能使酶活性提高的物质都称为酶的激活剂，其中大部分是无机离子或简单的有机化合物。如 Mg^{2+} 是 CK 的激活剂，Cl^- 是 AMY 的激活剂，N-乙酰-L-半胱氨酸（NAC）是 CK 的激活剂等。

合适的金属离子浓度是必要的，但过量的离子往往会抑制酶反应速率。激活剂的用量一般要通过反复实验才能确定。

6. 抑制剂　凡是能降低酶促反应速度，但不引起酶分子变性失活的物质统称为酶的抑制剂。抑制作用可分为不可逆的抑制作用和可逆的抑制作用两类。酶活性测定过程中最常见的抑制剂有产物、底物、分析器材或试剂中的重金属及体液中的药物等，不同的抑制剂，其抑制类型也不相同。在设计和选择酶的测定方法时，应设法避免抑制剂对酶促作用的影响，以达最适条件。例如，脲酶测定时，一般可先通过透析、凝胶色谱或超滤等方法将尿中一些小分子抑制剂与酶分开，以使测定结果更准确可靠。

（三）方法学因素

1. 方法等级的选择　究竟是选择参考方法还是常规方法，是选择 IFCC 推荐的速率法还是定时法，主要由实验室条件所决定。

速率法比定时法测定迅速、准确，不需做样本空白，线性范围广，是首选方法，但仪器要求相对较高。定时法对仪器要求较低，在有些实验室还在使用。

2. 底物或产物测定对象的选择　原则上应选择测定产物的生成量而不是底物的消耗量，另外还要考虑是否有检测信号、干扰等因素。

在酶活性测定时，为了使酶能全部与底物结合，底物浓度设计往往过量，且测定的是酶促反应的初速度，反应时间短，底物消耗量不明显，如测定底物消耗量则误差较大。而产物是从无到有，反应显色明显，检测灵敏度和准确度较高；并且测定产物的生成量是测定吸光度的增加值，在生化分析仪上描述为正向反应方向（向上，＋），测定底物消耗量描述为负向反应方向（向下，－）。现除部分测定 NAD（P）H 减少可以看成测底物消耗量外，已很少有项目采用测定底物的消耗量。

如酶促反应有两个以上的产物，则应从测定的方便性和内源性干扰等方面综合考虑，选择测定合适的产物。如 ALT 测定：

$$\text{L-丙氨酸} + \alpha\text{-酮戊二酸} \xrightarrow{\text{ALT}} \text{L-谷氨酸} + \text{丙酮酸}$$

既可测定 L-谷氨酸的生成速率，也可测定丙酮酸的生成速率。IFCC 推荐法是偶联 LD 测定丙酮酸的生成速率。反应如下：

$$\text{丙酮酸} + \text{NADH} + \text{H}^+ \xrightarrow{\text{LD}} \text{L-乳酸} + \text{NAD}^+$$

理论上讲，测定 L-谷氨酸也是可行的，可以偶联 GLDH，测定 NADH 在 340nm 吸光度的增加速率。则反应如下：

$$\text{L-谷氨酸} + \text{NAD}^+ + \text{H}_2\text{O} \xrightarrow{\text{GLDH}} \text{NH}_4^+ + \alpha\text{-酮戊二酸} + \text{NADH}$$

但是该法至少有以下缺点：①底物与产物的交叉影响：α-酮戊二酸既是待测酶 ALT 的底物，又是指示酶 GLDH 的产物。根据待测酶对底物的要求，α-酮戊二酸的用量必须较大，但是过量的 α-酮戊二酸必定会抑制指示酶 GLDH 的反应速率，结果使延滞期延长，指示酶用量也必须加大。②最适 pH 的影响：待测酶 ALT 的最适 pH 与指示酶 GLDH 的最适 pH 相差较大，要快速达到平衡，也需要增加指示酶的用量，而待测酶 ALT 与 LD 的最适 pH 接近。③内源性干扰：内源性谷氨酸的干扰较大。综合以上因素，通常选择测定丙酮酸的生成速率。

3. 启动模式的选择 酶促反应的启动模式有两种形式：底物启动模式（底物启始反应）与样本启动模式（样本启始反应）。

底物启动模式是指样本先与缺乏某种底物的"试剂 1"预孵育一定时间后，再加入含这种底物的"试剂 2"，开始启动样本中的待测酶的酶促反应。这种模式需要双试剂剂型（双试剂法）。其优点在于待测酶促反应之前，可以除去某些干扰物，包括内源性干扰物和外源性干扰物。IFCC 推荐法多采用底物启动模式。

样本启动模式是指反应所需的试剂先混合在一起，然后加入样本，依靠样本中的待测酶来启动酶促反应。该模式采用单一试剂型（单试剂法），只是在延滞期能消除部分干扰物。需要注意的是某些双试剂剂型看起来似乎是底物启动模式，但实际上是样本启动模式，这是基于试剂稳定性考虑，并没有将底物单独作为第二试剂，也起不到消除干扰的作用。

4. 正向反应与逆向反应的选择 其依据是反应速率、内源性干扰、底物价格和稳定性等因素。一般选择对底物亲和力大，酶转换率高的方向，再综合考虑其他因素。

例如，CK 催化肌酸与 ATP 反应生成磷酸肌酸与 ADP，此为正向反应，CK 的测定普遍采用逆向反应，因其逆向反应速率是正向反应的 6 倍，而且不受 ATP 酶、ALP 和内源性丙酮酸的干扰。

但是，LDH 测定正逆向反应方向的选择尚有争议。LDH 催化乳酸氧化成丙酮酸（L→P）为正向反应，而丙酮酸还原成乳酸（P→L）为逆向反应，国内多采用正向反应（L→P），与 IFCC 在 2001 年发表的操作手册一致，原因是正向反应有利于 LD_1 的活性表达，对急性心肌梗死有更高的诊断灵敏度，试剂稳定性好、成本低廉。而以前国外常用的方法却是逆向反应（P→L），其理由是逆向反应速率是正向反应的 3 倍。

（四）仪器因素

1. 反应温度 温度对酶活性影响具有双重性，温度越高，酶促反应速度加快，灵敏度高，延滞时间和测定时间都可能缩短，有利于提高工作效率，但同时酶的变性失活也增加。

早期曾推荐使用25℃为酶的测定温度，其优点为接近室温，反应体系很容易平衡到此温度。但温度过低反应太慢，加之地区差异，当室温超过25℃时，还需使用降温系统很不方便，目前已很少有实验室采用此温度。

1986年，IFCC推荐酶活性测定的温度为30℃，因为纯镓的熔点为29.77℃，镓作为该温度的基准物质，保证了测定仪器在30℃的高度准确性。在此温度下既保证了一定的酶促反应速度，又不至于使酶变性失活。

2001年，IFCC正式发表了"37℃下检测酶催化活性浓度的IFCC一级参考方法操作手册和参考制品认可系统"，包括CK、LD、ALT、AST和γ-GT等五个酶在内。目前常规实验室越来越多使用37℃。

反应体系（如自动生化分析仪）的温度变化应控制在37±0.1℃内。

2. 反应时间 酶促反应进程曲线包括延滞期、线性期和非线性期。其中与酶活性测定相关的时间是延滞时间和线性期监测时间。

因不同样本的酶活性不同，所存在的介质中内源性干扰物和抑制剂不同，因此不同样品中同一种酶作用的延滞期和线性期不同。延滞期和线性期监测时间的确定需要观察多例在线性范围内的浓度不等、病理情况不同的样本，选择延滞期最长者作为确定值，选择线性期最短者为监测时间的确定值。同时，计算出线性度，以不大于15%为原则，从而进一步判断监测时间的可靠性。

对线性期时间的确定主要是通过读数次数和读数间隔来决定。在一定的反应时间区段内每隔一定时间读取一次吸光度值，读数不少于四次，读数间隔按一般仪器要求30秒就可以，线性期在2分钟即可。中华医学会检验学会规定酶活性测定要求线性期不短于2.5分钟，其测得酶活性的最高浓度就是该法的测定上限。

3. 其他 工作中，应熟悉所使用的生化分析仪器的操作、参数设置以及基本维护。

（五）对照管

在测定体液中其他成分而不是测定酶时所用的不加体液的"试剂管"称为空白管，目的是清除试剂中各种成分的影响，消除系统误差，用于测定时调零。

在测定酶活力时用以消除非酶促反应的产物而设立的加体液的"试剂管"称为对照管。在测定酶活力时，应正确设计适当的对照管，以消除非酶促反应生成的产物对测定结果的影响，即用测定管中的产物量减去对照管中的产物量才是由酶催化生成的产物量（即测定时调零）。常用的对照有样品对照、底物对照和时间对照，应用时可根据具体情况予以选择。

1. 样品对照 只加样品、不加底物的对照管。临床上测定酶活性的样品大多数是体液，其中含有多种酶的成分，也可能含有一些待测定的产物或在反应体系中通过旁路反应生成的相同产物，这些都可以通过设计只加样品、不加底物的样品对照管予以抵消。

2. 底物对照 只加底物、不加样品的对照管。某些酶的底物能自发地部分分解为同一待测产物，这可通过单加底物、不加样品的底物对照管予以抵消。

3. 时间对照 既加样本、又加底物，但反应时间为零的对照管。待测样品中既有其他酶的存在，又有同一待测产物，且有底物自发分解的情况并存，则必须做一个既含有酶、又含底物，但反应时间为零的对照管。也可以先用蛋白沉淀剂或其他试剂停止反应后，再加底物予以抵消。

第3节 同工酶测定

同工酶（isoenzyme）是指催化同一反应，但其分子结构、理化性质和免疫学性质等方面都不同的一组酶，是同一种属中由不同基因或等位基因所编码的多肽链单体、纯聚体或杂化体，在体内器官分布和细胞定位不同。

1959年，Markert首次用电泳分离法发现动物的LD具有多种分子形式，并将其称为isozyme，曾译为"同功酶"和"同工酶"，1964年IUB建议用"isoenzyme"表示，后被各国学者所接受。由于"isoenzyme"虽然催化同一反应，但在各组织或亚细胞组分中分布的不同，决定了其在体内的"功能"是不同的，只是做同一"工作"，故译为"同工酶"较为合适，而"同功酶"不妥，已被弃用。迄今已发现百余种同工酶，且50%以上的酶分子都发现有同工酶的存在。

由于同工酶在体内呈现组织器官或细胞内区域化分布，具有组织特异性，因而同工酶的测定具有很重要的临床诊断价值。体内一些重要的同工酶见表6-9。

表6-9 体内一些重要的同工酶

名称（符号缩写）	同工酶种类	相关疾病
肌酸激酶（CK）	CK-MM, CK-MB, CK-BB	心肌梗死，肌病，颅脑损伤，肿瘤
乳酸脱氢酶（LDH）	LDH_1, LDH_2, LDH_3, LDH_4, LDH_5	心肌梗死，肌病，肺梗死，脑病，肿瘤
碱性磷酸酶（ALP）	肝型，肠型，骨型，胎盘型，肾型	肝胆疾病，骨病，妊娠，肠炎，肿瘤
γ-谷氨酰转肽酶（γ-GT）	$γ\text{-}GT_1$, $γ\text{-}GT_2$, $γ\text{-}GT_3$, $γ\text{-}GT_4$	肝病，阻塞性黄疸
淀粉酶（AMY）	P-AMY（胰型），S-AMY（唾液型）	胰腺炎，腮腺炎
丙氨酸氨基转移酶（ALT）	ALT_S, ALT_M	心肌梗死，肝病
天冬氨酸氨基转移酶（AST）	AST_S, AST_M	心肌梗死，肝病
酸性磷酸酶（ACP）	红细胞型，前列腺型，溶酶体型	前列腺癌、血液病、骨肿瘤

一、同工酶的产生机制

根据产生酶分子不同结构形式的原因，可将同工酶分为：

1. 基因性同工酶 基因性同工酶（genetic isoenzyme）或原级同工酶（primary isoenzyme）是由不同基因或等位基因所编码的多肽链所组成的酶蛋白。不同基因可以是不同染色体，也可以是同一染色体的不同位点上，决定着酶蛋白氨基酸组成不同。如LDH同工酶。

2. 次生同工酶或转译后同工酶 次生同工酶或转译后同工酶是由同一基因、同一mRNA转录、翻译生成原始的酶蛋白，再经过不同的化学修饰，如磷酸化、肽链断裂、糖链上的糖基增减等形成不同结构的酶蛋白，它们的免疫性往往相同。按照同工酶的定义，化学修饰产生的同工酶不是真正意义的同工酶，因为它们与遗传因素无关，只是在多肽链上进行化学修饰后形成的多分子形式，即所谓同工酶亚型（也称同工型），同工型往往在基因编码产物从细胞内释入血浆时因肽酶作用降解而形成。

二、同工酶的测定方法

由于同工酶的一级结构互不相同，因此其在电荷、溶解度、吸附性、生物学特性、动力学性质、相对分子质量以及分子形状等方面均有差异，这就为同工酶的分离与鉴定提供了理论基础。同工酶的检测按其检测对象分类，可分为直接法和间接法两大类。直接法是利用同工酶催化反应动力学性质或免疫原性的不同，不对各组分预先分离，直接采用化学抑制、免疫抑制和热变性等原理，测定同工酶某组分的方法；该方法只能测定同工酶的某一组分，操作方便，适合于自动生化分析仪。间接法则是依据同工酶理化性质（如带电性、分子大小和糖链等）的不同，先利用电泳技术、色谱技术等将同工酶各组分分开，再定量检测酶活性或酶蛋白的方法；该方法操作复杂，需要特殊装置，不适合自动生化分析仪，但能同时分析同工酶的各个组分。

最常见的是按照检测原理及方法特点分类，同工酶的测定主要有电泳法、色谱法、免疫法、光谱法四大类。

（一）电泳法

电泳法中的区带电泳在临床上应用最早最广。

电泳法主要分为谱带分离、活性显色和定量检测三个步骤。谱带分离方法与其他蛋白电泳相似。

活性显色是选择合适的显色系统使谱带呈色。常用的显色系统：①偶氮染料：水解酶类作用于人工合成的萘酚或萘胺衍生物后产生的萘酚或萘胺，可与偶氮染料如固蓝B、固蓝BB等生成深蓝色、紫色等难溶于水的重氮化合物。如ALP、γ-GT等同工酶的测定。②电子传递染料：脱氢酶类催化底物脱下的氢由NAD（P）H传递给吩嗪二甲酯硫酸盐（PMS），再由PMS传递给硝基四氮唑蓝（NBT），生成不溶性的紫褐色的甲䐶。如LD同工酶测定。③荧光染料：水解酶类作用于人工合成的荧光色素底物后产生荧光，如ALP同工酶测定；或脱氢酶类反应后产生的NAD（P）H直接在紫外激发光365nm波长照射下产生荧光。如ALT、AST、CK等同工酶测定。

定量检测是将染色后的谱带经光密度扫描仪、荧光计等直接对谱带扫描进行定量分析，或将谱带切下洗脱比色测定。

电泳法方法简便、快速、分离效果好，并且一般不会破坏酶的天然状态，是临床常规实验室应用最广泛的方法。但用电泳法测定同工酶时，要特别注意酶与免疫球蛋白或其他蛋白质形成的复合物（又称为巨分子酶）的影响，如CK-BB-IgG、CK-MM-IgA、LD-IgA等出现的新的谱带。如果患者同工酶图谱显示的区带数与同工酶数不一致时，最好用其他方法再测定同工酶，以免出现误差。

（二）色谱法

色谱法（层析法）是利用同工酶分子电荷量、亲和力及相对分子量的不同，可用离子交换层析法加以分离。此法往往用于同工酶的提纯和制备，方法费时烦琐，通常不适用于临床同工酶的常规检测。

（三）免疫法

由于同工酶的一级结构不同，因而抗原性也不同。可将同工酶分离纯化后制备抗血清，此抗体只与同工酶产生特异性免疫反应，可用于同工酶的分离鉴定。常用的方法有免疫抑制法、免疫沉淀法和免疫化学法。

1. 免疫抑制法　向标本中加入特异性抗体，该抗体与同工酶的一种亚基结合，酶活性会受到抑制，其他同工酶的活性则不受影响，故测定加与不加抗体前后样本中酶活性的变化，可计算该型同工酶的活性。该法简单、快速，适用于急诊及批量样本的自动化测定。

2. 免疫沉淀法　向标本中加入特异性抗体，抗体与相应的同工酶形成抗原-抗体复合物沉淀，离心后测定上清液中其他型别的酶活性。将加入抗体前后的酶活性相减，即可求出被测定的同工酶活性。如 PACP 和胎盘 ALP 的测定。与免疫抑制法不同，沉淀的形成过程一般都很缓慢，37℃常需 1 小时，低温时则需过夜甚至几日才能沉淀完全。

免疫化学法不适用于等位基因编码的同工酶，仅适用于不同基因位点编码的同工酶，因其酶蛋白氨基酸组成差异较大，抗原特异性较强。

（四）光谱法

光谱法是控制酶促反应条件，用光谱光度分析（主要是分光光度法、荧光法）测定酶活性的方法。可分为选择性抑制法、底物特异性分析法、热变性法、最适 pH 控制法等。需要说明的是，虽然电泳法最后根据酶蛋白活性或蛋白质性质显色扫描也采用了光谱法，但是电泳法的特点是在其合适的电泳条件下获得同工酶谱的全貌，而不是某一种或几种同工酶。

1. 选择性抑制法　利用一些化学抑制剂对部分同工酶选择性抑制的特性，对未被抑制的同工酶进行测定的方法。如前列腺释放的 PACP 受 L-酒石酸的抑制，而破骨细胞、红细胞等组织来源的 ACP 则不受 L-酒石酸的抑制，称为抗酒石酸 ACP。将待测样本在不含 L-酒石酸的基质中测定，得到的是 ACP 总活性，在含 L-酒石酸的基质中测定，得到的是抗酒石酸 ACP，两者活性之差即为前列腺 PACP 的活性。

2. 底物特异性分析法　利用同工酶对底物的 Km 及亲和力的差别，对同工酶进行鉴定的方法。如 AST 同工酶的鉴定，在用 L-天门冬氨酸作底物时，胞质 AST 的 Km 为 5.07mmol/L，线粒体 AST 的 Km 为 0.7mmol/L，两者差别很大，据此可通过测定它们的 Km 值加以鉴定。

3. 热变性法　利用各型同工酶对热的稳定性差异的分析方法。如 ALP 同工酶中，ALP_4 耐热而其他同工酶不耐热，将温度升高至 56℃保持 15 分钟，ALP_4 仍有足够的活性，其他同工酶都被灭活，此时测定的就是 ALP_4 的活性。

4. 最适 pH 控制法　利用同工酶的最适 pH 的差异进行分析的方法。如 AST 的最适 pH 为 7.4，将 pH 调至 6.5 时，胞质 AST（ASTs）的活性明显降低，而线粒体 AST（ASTm）仍保持足够活性。因而在 pH7.4 时测定 AST 总活性，再测定 pH6.5 时 ASTm 的活性，两者相减即得 ASTs 的活性。

第 4 节　血清酶及临床应用

临床上可根据不同体液中酶浓度的变化来诊断各种疾病，尤其是血清酶或血浆酶的测定。

▶ 一、血液中酶的来源

根据酶的来源及其在血浆中发挥催化功能的情况，可将血液中的酶分成血浆特异酶和非血浆特异酶两大类。

（一）血浆特异酶

在血浆中发挥特定催化作用的酶，也称为血浆固有酶。如凝血酶原及一些凝血因子、纤溶酶原、胆碱酯酶（ChE）、卵磷脂胆固醇脂酰转移酶（LCAT）、铜氧化酶（铜蓝蛋白）、脂蛋白酯酶等。血浆特异酶大多数由肝脏合成，故血浆特异酶活性的改变，除反映血液功能外，还反映来源器官的功能，当肝实质性病变，该类酶在血中的浓度明显下降，常作为肝功能检验的重要项目。

（二）非血浆特异酶

不是血浆所固有的酶，在血浆中不起催化作用，血浆中含量一般很低，可分为外分泌酶和细胞内酶。

1. 外分泌酶 来源于外分泌腺的酶。如胰淀粉酶、胰蛋白酶、胰脂肪酶、胃蛋白酶、前列腺酸性磷酸酶等。这些酶随着外分泌腺的分泌迅速进入体液，又很快通过消化道、胆道、肾脏排出体外，因此正常体液中外分泌酶活性低而稳定。当这些酶的来源增加或排泄受阻时，血浆中此类酶活性增高。

2. 细胞内酶 存在于组织细胞中发挥催化作用的酶类，该类酶极少进入血液，细胞内外浓度差异悬殊。当组织细胞病变、细胞膜通透性增加或细胞坏死等病理状态下，细胞内酶可大量进入血液，导致血浆酶活性显著增高。常用于临床诊断，如转氨酶、LD、CK 等。

二、酶的区域化分布与诊断中的应用

人体内已知的酶有 2000 余种，大多数酶分布于机体各组织细胞中，不具备组织器官特异性；而有些酶呈区域化分布，具有组织器官特异性，能反映来源组织器官的病变，具有临床诊断价值。目前，血清酶学分析已成为临床诊断和治疗疾病的一个非常重要的手段，占生化检验常规工作量的 25%～55%。常见疾病血清酶的来源见表 6-10。

表 6-10 常见疾病血清酶的来源

血清酶	符号	组织来源	主要疾病
丙氨酸氨基转移酶	ALT	肝、肾、心	肝炎等
天门冬氨酸氨基转移酶	AST	心、肝、骨骼肌	肝炎等
γ-谷氨酰基转肽酶	γ-GT	肝、胆、肾、小肠	肝胆梗阻性疾病
碱性磷酸酶	ALP	小肠、胎盘、肝、肾	肝胆梗阻性疾病
单氨氧化酶	MAO	肝、肾、脑	肝纤维化疾病
肌酸激酶	CK	骨骼肌、心、脑	心肌梗死、肌病
乳酸脱氢酶	LDH	心、肾、骨骼肌、肝	病种广泛
淀粉酶	AMY	胰、唾液腺	胰腺炎
脂肪酶	LPS	胰	胰腺炎
酸性磷酸酶	ACP	前列腺、红细胞、血小板	前列腺疾病等

第6章 酶学分析技术

目标检测

一、A1 型题

1. 酶活力测定应是（　　）
   A. 延滞期　　　B. 零级反应期
   C. 一级反应期　D. 二级反应期
   E. 混合期

2. 已知某酶的 Km 为 0.05mmol/L，要使此酶所催化的 v 达 Vmax 的 90%，底物浓度应是（　　）
   A. 0.1mmol/L　　B. 0.2mmol/L
   C. 0.4mmol/L　　D. 0.5mmol/L
   E. 1.0 mmol/L

3. 由酶反应进程曲线，可以（　　）
   A. 求得反应线性的时间范围
   B. 求得反应线性的酶量范围
   C. 选择适宜的 pH
   D. 选择适宜的酶量
   E. 选择适宜的酶浓度

4. 关于 Km 值的描述，不正确的是（　　）
   A. Km 是酶促反应达最大反应速度一半时的底物浓度
   B. Km 值是酶的特征常数
   C. Km 值越大，酶与底物的亲和力越大
   D. Km 值取决于酶的种类和底物的性质
   E. Km 值越大，酶与底物的亲和力越小

5. 酶活力测定连续监测法又称（　　）
   A. 二点法　　B. 终点法
   C. 速率法　　D. 平衡法
   E. 定时法

6. 下列哪种辅助因子生成可通过测定340nm处吸光度的降低数来表示（　　）
   A. $FADH_2$　　B. NAD^+
   C. NADH　　　D. FMN
   E. NADPH

7. 酶活性测定方法中两种常用的共通（或通用）反应途径为（　　）
   A. 色素原底物系统与酶偶联系统
   B. 酶偶联系统与 NAD（P）H 反应系统
   C. 色素原底物系统与 NAD（P）H 反应系统
   D. 辅助酶系统与指示酶系统
   E. NADH 反应系统与辅助酶系统

8. Trinder 反应中最常用的色原是（　　）
   A. 联苯胺　　　B. 邻联茴香胺
   C. 2、4-二氯苯酚　D. 邻联甲苯胺
   E. 4-AAP 和酚

9. 在下列偶联反应 A $\xrightarrow{E_1}$ B $\xrightarrow{E_2}$ C $\xrightarrow{E_3}$ D 工具酶是（　　）
   A. E_x　　　　B. E_a
   C. E_x 和 E_i　D. E_a 和 E_i
   E. E_i

10. 临床上常用来分析同工酶的方法（　　）
    A. 电泳法　　B. 层析法
    C. 沉淀法　　D. 热失活分析法
    E. 蛋白酶水解法

11. 正常人血清 LDH 同工酶的电泳结果为（　　）
    A. $LDH_1>LDH_2>LDH_3>LDH_4>LDH_5$
    B. $LDH_2>LDH_1>LDH_3>LDH_4>LDH_5$
    C. $LDH_1>LDH_3>LDH_2>LDH_4>LDH_5$
    D. $LDH_2>LDH_1>LDH_3>LDH_5>LDH_4$
    E. $LDH_1>LDH_2>LDH_3>LDH_5>LDH_4$

12. 当细胞膜受损，膜的通透性改变，使血清中的酶活性升高，同一细胞内不同种类的酶的逸出速度决定于下列因素，哪项除外（　　）
    A. 酶在细胞内合成速度
    B. 酶分子大小
    C. 酶的细胞定位
    D. 酶细胞内外的浓度差
    E. 酶的存在形式

13. 关于酶速率法测定代谢物浓度的叙述正确的是（　　）
    A. 酶用量大、成本高
    B. 一般不需设置样品空白
    C. 产物的堆积对反应的影响较大
    D. 不需设防止底物耗尽的参数
    E. 孵育温度波动，测定结果不受影响

14. 诊断 AMI 最为敏感特异的血清酶是（　　）
    A. ALT 和 AST
    B. ALP 和 CK
    C. AMY 和 LPS
    D. AST 和 AMY
    E. CK 和 CK-MB

15. 诊断骨骼肌疾病的酶是（　　）

A. ALP   B. ALT
C. γ-GT   D. CK
E. LD

二、A2 型题

16. 患者男，45 岁。4 小时前曾大量饮酒，出现上腹部剧烈持续疼痛 1 小时伴呕吐入院。查体：血压 105/70mmHg，脉搏 85 次/分，肠鸣音减弱，腹部有反跳痛。实验室检查：血清外观浑浊，TC 9.0mmol/L，TG 16.8mmol/L，血液 AMY 560U/L。该患者最有可能的诊断是（　　）
    A. 胆结石   B. 肠梗阻
    C. 胃溃疡
    D. 急性胰腺炎继发高三酰甘油血症
    E. 心肌梗死

17. 患者男，52 岁。胸痛发作 24 小时，伴心悸、气短、面色苍白。患者有慢性支气管炎史和 25 年吸烟史。心电图示 ST 段抬高。查血清 AST250U/L，LD3680U/L，CK1460U/L，CK-MB18%，最有可能的原因是（　　）
    A. 急性心肌梗死   B. 急性肾衰竭
    C. 右心衰竭   D. 肝硬化
    E. 骨骼肌疾病

三、B 型题

A. ALT 和 AST   B. ALP 和 CK
C. AMY 和 LPS   D. AST 和 AMY
E. CK 和 CK-MB

18. 用于肝脏疾病诊断的酶（　　）
19. 用于急性心肌梗死诊断的酶（　　）
20. 用于骨骼疾病诊断的酶（　　）
21. 用于胰腺炎诊断的酶（　　）

A. 丙氨酸＋α-酮戊二酸→丙氨酸＋谷氨酸
B. 天冬氨酸＋α-酮戊二酸 → 草酰乙酸＋谷氨酸
C. 肌酸＋ATP →磷酸肌酸＋ADP
D. 丙酮酸＋NADH →乳酸＋NAD
E. 草酰乙酸＋NADH →苹果酸＋NAD

22. AST 催化的反应（　　）
23. ALT 催化的反应（　　）
24. LDH 催化的反应（　　）
25. CK 催化的反应（　　）

四、X 型题

26. 下列对酶活性浓度测定描述正确的是（　　）
    A. 可测定产物生成量
    B. 可测定底物消耗量
    C. 与底物浓度无关
    D. 需最适温度
    E. 需最适 pH

27. 连续监测法进行酶学测定中常见的干扰因素有（　　）
    A. 样本本身含有其他酶和物质干扰
    B. 工具酶中混有其他酶的污染
    C. 非酶反应的干扰
    D. 分析容器的污染与沉淀形成
    E. 使用双试剂

28. 测定酶活性的理想条件是（　　）
    A. 最适 pH
    B. 最适温度
    C. 足够的检测范围
    D. 含有必需的激活剂
    E. 含有抑制剂

29. 下列哪些酶类可作为工具酶（　　）
    A. 氧化还原酶类   B. 转移酶类
    C. 水解酶类   D. 异构酶类
    E. 合成酶类

30. 临床上应用酶检测诊断疾病时，一般考虑下列哪些因素（　　）
    A. 组织与血清酶活性较小
    B. 组织损伤后，酶能较快地释放到血液中
    C. 要有合适的生物半衰期
    D. 同工酶有一定组织分布特异性
    E. 酶的组织分布广

（刘　军）

第7章 自动生化分析技术

学习目标

掌握：分立式自动生化分析仪的基本结构，自动生化分析仪分析方法的类型及特点，前分光与后分光技术的特点，双波长与双试剂分析的原理及优点，参数设置及其意义。

熟悉：生化分析仪的常用校准方法，性能评价，质量保证体系。

了解：自动生化分析仪的主要类型及特点。

能正确、规范地依据标准操作程序对自动生化分析仪进行参数设置，校准和检测，日常保养和维护。

案例7-1

患者男，消化病区。2天前大量饮酒后突然出现腹痛、呕吐等症状，呈持续性绞痛，吐后腹痛并不缓解，1天前开始发热，体温38.7℃。

实验室检查：白细胞总数：$16.5×10^9/L$，中性粒细胞百分比：91%，血清CRP：125.6mg/L，血清淀粉酶：8U/L，脂肪酶：256U/L。

临床医生对结果表示怀疑，电话告知淀粉酶结果与临床不符，要求复查。检验者对原始标本和用生理盐水稀释10倍后的标本进行检测，淀粉酶结果分别为10U/L和759U/L。

问题：
1. 分析患者淀粉酶几次检测结果差异如此巨大的原因？
2. 怎样才能避免此种情况再次发生？
3. 简要分析本案例中实验室检查各项目之间的联系。

国际纯化学与应用化学协会（International Union Of Pure And Application Chemistry，IUPAC）对自动化的定义为：由机械化的仪器设备取代人的手工操作过程，这种仪器设备有信息反馈、自我监控、自我调节功能。自动化生化分析仪是检验医学实验室中应用最普遍的仪器之一，经过50多年迅猛的发展，尤其是最近20多年来，高度自动化、高度集成化的仪器逐步装备现代化的实验室，其不仅可以应用于临床生化的常规检测，同时还能够测定尿液、脑脊液成分、各种药物与毒物、电解质、特定蛋白、激素等，为实验医学提供了广阔的应用空间。

第 1 节 自动生化分析仪的类型与结构

一、自动生化分析仪的类型

自动生化仪按分类标准的不同有多种分类方法：①按自动化程度分半自动和全自动生化分析仪；②按仪器的复杂程度及功能的多少可分为小型、中型和大型生化分析仪；③按同时可测得的项目数可分为单通道和多通道生化分析仪；④按反应装置的原理可分为管道式、离心式、分立式和干片式生化分析仪；⑤按使用的试剂状态可分为湿化学和干化学生化分析仪。

（一）管道式分析仪

管道式分析仪是世界上最早的生化分析仪，1957年由Technicon公司根据Skeggs医生提出的方案设计生产。这种检测分析过程是一个标本跟着一个标本在连续流动的管道中完成，故称之为连续流动式分析仪。

管道式分析仪主要由样本盘、比例泵、混合器、透析器、恒温器及检测与记录装置等组成。基本原理是基于流动室"气泡隔离连续分析"，在微电机的驱动下，通过比例泵将样本和试剂按一定比例挤压到管道系统中，在连续流动的过程中，样本与试剂在管道内完成混合、去除干扰物、保温、化学反应、比色测定、信号放大，然后按照所测得的吸光度值计算出结果，显示并打印输出，见图7-1。目前的全自动生化分析仪很少使用连续流动式原理，但在半自动生化分析仪上仍然较广泛应用。这一类生化仪存在交叉污染，现已逐渐淘汰。

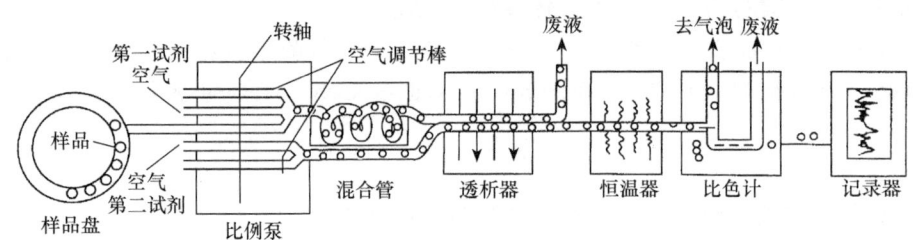

图 7-1 管道式分析仪分析原理

（二）离心式分析仪

离心式分析仪（centrifugal analyzer）于20世纪70年代初由Norman Anderson设计，主要由有两部分组成：加样部分和分析部分。加样部分包括样本盘、试剂盘、吸样臂、试剂臂以及控制加样过程的电子系统。加样时转头位于加样部分，加样完毕后被移至离心机上。分析部分包括离心机、装有转头的离心转盘、温控系统、光学监测系统以及信息处理系统。

离心式分析仪的基本原理是利用离心力作用将样本和试剂混合、反应、流入比色池检测，见图7-2。全自动生化分析仪基本上不用基于离心式原理设计。

与管道式仪器相比，离心式分析仪有以下优点：①样本与试剂用量为微量级，节约了样本用量，降低了试剂成本；②同一离心转盘上的各样本与试剂混合、保温反应以及检测等步骤，几乎是同时完成的，真正做到了样本间的同步分析；③分析速度大大加快，每小

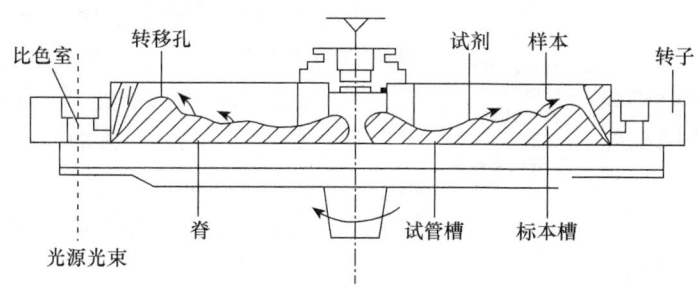

•• 图 7-2　离心式分析仪分析原理 ••

时可达 600 个测试；④可使用多种原理和方法进行检测，包括光度法、浊度法、散射法以及动态法和终点法等。

离心式分析仪虽然具有诸多优点，但其缺点也是明显的：①无反应盘自动清洗功能，没有真正做到无人化和自动化，分析速度也需要进一步提高；②与管道式分析仪的缺点类似，即同一个离心盘一般同时分析一个项目，离实验室的实际需要相距甚远。

（三）分立式分析仪

分立式分析仪（discete analyzer）按照手工操作的方式编排程序，通过程序控制代替手工的各种机械动作，用加样针将微量样本加入到独立的反应杯中，试剂针则在规定的时间点自动加入预先定量的试剂，搅拌混匀后在设定的温度下反应规定的时间，经反应监测、特定波长比色、特定公式计算等复杂过程完成一个项目的测试。仪器随即自动清洗使用过的反应杯，检测杯空白吸光度并判断反应杯是否足够洁净以供后续使用。

分立式分析仪的特点是待测样本与相应试剂在各自的反应杯中独立进行，交叉污染少，分析效率高，自动化程度高，具有反应杯自动清洗和实时监测功能。

分立式分析仪是目前应用最广泛的一类生化分析仪，各仪器厂商以分立式分析仪为基础，改进并设计出了形状不同、功能各异的自动生化分析仪，但其各单元均以图 7-3 为基础。

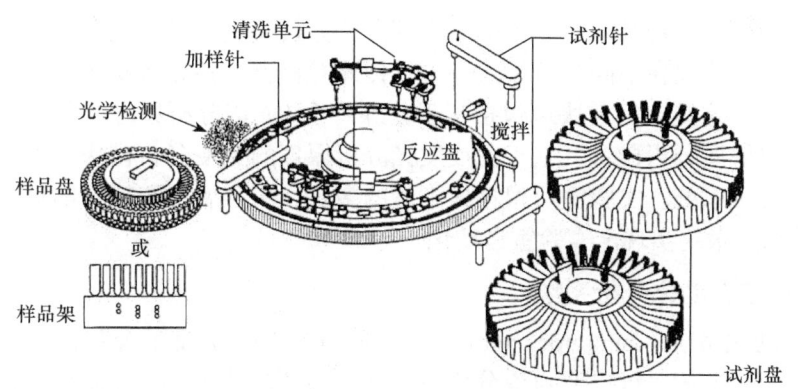

•• 图 7-3　分立式分析仪分析原理 ••

（四）干片式分析仪

干片式分析仪的核心技术是干化学技术。所谓"干化学"是相对于用液体试剂进行检测的"湿化学"而言，干化学技术是将原先发生在液相反应中所必需的全部或部分试剂附着在固相载体上，实际上干化学也是在不同程度的潮湿状态下进行的化学反应和检测过程。

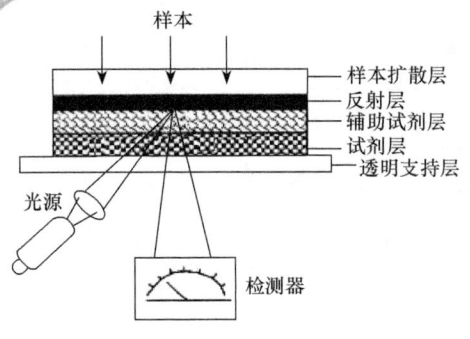

图 7-4 干化学分析仪原理

干化学分析系统由干片（dry sheet）试剂和检测仪器两部分组成。所有检测项目的试剂都做成干片，干片试剂的结构从上到下一般分为样本扩散层、反射层、辅助试剂层、试剂层、透明支持层，见图 7-4。待测样本定量加到干片试剂上，由扩散层把样本均匀展开，并且阻挡固体物质如红细胞和大分子物质，样本透过反射层，进入辅助试剂层、试剂层，样品中的水分成为干式试剂的溶剂，将固相试剂溶解，试剂与待测物质进行化学反应。试剂层的结构还能控制多步化学反应的反应次序，化学反应的产物在显色层与显色试剂起呈色反应。支持层为一透明胶片，仅起支撑试剂干片的作用。整个过程经过一段规定时间，由反射光度计进行检测分析。光度计的单色光透过支持层、显色层、试剂层，一部分光线被吸收，另一部分光线则反射到接收器被检测。待测物浓度越高，光线被吸收越多，检测到的反射光越弱，因而待测物浓度与吸光度成正比。

干片式生化分析仪种类繁多，功能各异，它们共同的特点是体积小、质量轻、操作简便和检测结果快速等，但试剂成本较常规"湿化学"略高，所以多用于急诊检验。

（五）半自动生化分析仪

半自动生化分析仪与全自动分析仪相比，只有部分操作实现了自动化，如保温、比色测定、结果的计算与打印等，而加样本、加试剂、振荡混匀和吸入反应液等部分操作则需手工完成。

该类仪器的主要结构一般包括完整的光学系统、流动比色池、进样与废液排放系统、小型打印系统及简单的计算机控制系统等，一般没有样本加载与获取装置和试剂加载与分配装置。

（六）自动模块化系统

将相同或不同的两台或两台以上的分析部分（分析模块）进行组合连接，采用样品架方式使样品通过传输线在不同分析模块间进行传递并检测。各分析模块所分析项目的组合提高了分析效率，这些分析模块可包括基于紫外-可见光谱分析原理的分析模块、基于离子选择电极的电解质分析模块、基于免疫发光分析原理的免疫分析模块，以及样本前处理系统和检测后处理系统。实验室可根据样本量的多少、所开展检测项目的具体情况选择性购买或逐步购买，最终实现全实验室自动化。

（七）实验室自动化分析系统

实验室自动化系统（laboratory automation system，LAS）是组合各自动分析系统如生化分析系统、免疫分析系统以及血液分析系统等，样品自动运输，控制系统管理自动分析系统的运行，其目的是为了提高工作效率。

实验室自动化系统包括样品处理系统、样品输送系统和各样品分析系统。样本处理系统，包括扫描单元、离心分离部、开盖部、在线分注部、封管、样品收存部等模块构成前处理和后处理系统；样本传输轨道；全自动检测仪；系统控制软件和结果分析处理软件。强大的实验室信息系统（laboratory information system，LIS）可对检测结果进行自动审核，对可疑或不符合的结果自动进行复检。每一模块既是系统的部分，又是独立的单元，可根据不同需要选择使用,具有灵活性和扩展性。随着检测样本量的增加,只需添加需要的模块,将其插入连接,即可扩大处理能力。当一模块发生故障时,其余模块仍在运行,24小时内任意时间对模块进行交替保养维护,不影响日常工作。

二、分立式分析仪的主要结构

分立式分析仪的基本结构可以分为硬件部分和软件部分,硬件部分指的是机械组成部分,由样本加载与获取单元、试剂加载与获取单元、反应单元、检测单元和清洗单元组成。软件部分指的是计算机单元,包括仪器自动控制软件和中文处理及远程报告软件。

(一)样本加载与获取单元

该单元主要包括样本盘(或样本架)和加样装置,二者通过协调的机械动作,将样本分配到反应杯中。

1. 样本盘和样本架 根据自动分析仪设计的不同,样本加载装置可使用圆盘状样本盘(sample disk)或条带状样本架(sample rack),样本盘和样本架都是供放置样本杯或直接放置离心后的样本采集管,样本采集管里面盛装的是待检样本,而样本杯里可以根据需要盛装常规(或急诊)样本、校准品、质控品,以及用于作空白或稀释用的纯水等。校准品、质控品和纯水往往被设置在样本盘中某一特定的位置。

样本盘通过转动将样本输送到加样装置指定的位置,供加样针吸取,样本盘一次加载的样本数量多,转动恒定,故障率降低。样本架则通过传送带将其运输到加样装置指定的位置,样本盘通过初始化位置和所转动的距离确定样本所处的具体位置,样本架则通过侧面的条形码及底部编码孔识别样本架号及样本架所处的具体位置。部分仪器还有放置急诊样本、校准品和质控品的专用架,并以不同的颜色加以区分,样本架通过轨道传送,由步进马达控制其运动,达到加样臂指定位置后缓慢步进移动,实现逐一顺序进样。根据轨道数的多少分为单通路和双通路,双通路轨道的优点是可实现样本在不同模块间的传递。样本架的优点是可以随时插入待查样本或急诊样本,还可以使生化仪各模块间和不同仪器间的联系更加紧密,适合于模块组合式自动化分析仪和全实验室自动化系统。

样本盘或样本架上可放置带有条形码的样本采集管,这些条形码中携带有受试者的基本信息和申请检测的项目信息,具有条码阅读功能的分析仪可以自动从条形码中获取相关信息并完成检测,无条形码阅读功能的分析仪,则需手工输入所申请的检测项目。

2. 加样装置 加样(sampling)装置由机械臂,步进马达(油压泵或机械螺旋传动泵)、加样注射器和加样针所组成。能定量吸取样本并加入到反应杯中。不同分析仪的加样范围不同,一般为 2~35μl,步进 0.1μl。最低加样量往往是评价分析仪性能的一个重要指标,因为加样量越少,后续步骤中按比例加入的试剂就越少,可有效节约试剂支出。

当待检样本到达规定的吸样位置时,加样针在机械臂带动下水平旋转至样本上方并垂直下降,一旦接触到样本液面就缓慢下降并开始吸样,下降高度可根据吸样量计算得出。加样针通常具有液面感应功能和随量跟踪功能,可有效防止空吸,装机时工程师一般根据实验室所用的样本杯具体规格,设置加样针的下降范围。目前大部分加样针还具有水平感应装置,当加样针在机械臂带动下水平旋转遇到障碍或阻力时,加样针会立即停止运动并发出警报,以避免更严重的损害继续发生。某些加样针还具有阻塞报警功能,当加样针被样本中的纤维蛋白、血细胞或血凝块等阻塞时,仪器会发出警报,并加大压力冲洗加样针,或跳过当前样本继续后面的操作。

（二）试剂加载与获取单元

该单元主要包括试剂室（也称试剂仓）和试剂分配装置，二者互相协调共同完成试剂的加载与获取。

1. 试剂室 试剂室用来加载与储存试剂。由多个单元组成的大型分析仪，一般每个单元都有两个试剂室，分别放置该单元检测项目所需要的第一试剂和第二试剂。试剂盘位于试剂室内，可自由转动，每个试剂盘被分隔成众多小间隔，可提供十几个至几十个试剂瓶位置，通过与不同规格支架匹配可放置不同规格的试剂瓶。大多数试剂室都配备有制冷系统，为实际保存提供适宜的温度环境，该系统一般独立供电，即使在主机关闭的情况下，制冷系统仍然发挥作用，这样可保证试剂在低温环境中稳定，与样本加载装置一样，有些分析仪的试剂室也有条码识别装置，可自动识别位于试剂室任何位置的带条形码的试剂瓶。无条形码识别装置的仪器，试剂瓶放的位置与规格则需要预先设定。

2. 试剂分配装置 当试剂盘转动到特定的吸取位置时，试剂针在计算机指令下，按照预先设计的程序完成单试剂、双试剂或多试剂的添加。试剂针可加试剂量一般为20~380μl，步进1~5μl。与加样针一样，试剂针也具有防碰撞功能、液面感应功能，以及随量跟踪功能。液面感应系统在感应到剩余试剂高度后，结合试剂瓶规格和单个测试需消耗的试剂量，实时计算并显示试剂瓶中的试剂还可以做多少个相同的测试，当剩余试剂量少于预先设定的试剂预警限时，仪器将报警并以不同颜色标示。某些分析仪的试剂臂还有预热装置，在试剂吸取过程中即对冷藏的试剂进行预热，使反应温度更加恒定。

（三）反应单元

该单元主要包括反应杯、搅拌混匀装置和恒温装置，在计算机准确计时下完成恒温反应，供光学检测。

1. 反应杯 反应杯是样本与试剂混合并发生反应的场所，一般选择透光性能好的硬质塑料或石英玻璃制成，同时兼做比色杯用。数量不等的反应杯沿反应盘外延围成一圈，固定在反应盘上，随反应盘旋转而旋转。某些分析仪反应盘上有内外两圈反应杯，可提供更多反应场所，满足快速测试需要。

反应杯一直处于恒温系统中，反应盘通过转动将特定编号的反应杯带至完成某些功能的指定位置，分别完成加样，加试剂，搅拌混匀，光学检测等操作，一个测试完成后，全自动生化分析仪会自动清洗反应杯，自动检测反应杯的空白光吸收值，并在后续测试中继续使用空白合格的反应杯，否则仪器会发出警报或停止工作，提示操作人员手工清洗或更换反应杯。

2. 搅拌混匀装置 搅拌混匀装置是保证反应充分进行的必需部件，一般由电机和搅拌棒组成，电机带动搅拌棒高速转动，充分混匀反应体系。搅拌棒下端一般为光滑金属片，有的还涂敷不粘材料，以降低携带率，减少交叉污染。

3. 恒温装置 为反应提供稳定的温度环境，常用的反应温度为37℃（和30℃），分析仪一旦选定某一反应温度后，则该仪器上发生的所有反应均在这个温度下进行。恒温的介质较多，多选用水浴，其优点是温度可精确控制，波动小，波动范围一般在0.1℃之内。也有使用空气浴、油浴以及特殊恒温液的分析仪。

（四）检测单元

主要由光源、分光装置和检测器组成。

1. 光源（light source） 一般为卤素钨丝灯（halogen tungsten filament lamp），也有采用长寿命的氙灯（xe lamp），要求在340～800nm波长范围内能发射出稳定的高强度的光能。

2. 单色器 干涉滤光片（interference filter）分光系统：半自动分析仪中常用，一般带有340nm、380nm、405nm、500nm、550nm、600nm、660nm等几种滤光片，各滤光片固定在转盘上，以转盘旋转的方式来选择波长。

光栅（raster）分光系统：全自动分析仪中一般采用光栅分光，是生化分析仪的核心部件，常在340（或293）～850nm范围内选择10～13种固定的单色光。

3. 前分光和后分光技术 传统分光普遍采用前分光技术，是先将光源灯用滤光片、棱镜或光栅分光，通过可调节的狭缝，取得单色光之后，再照射到样品比色杯，见图7-5。

现代生化分析仪普遍采用后分光技术，是直接以光源灯发出的混合光先照射到比色杯，透过待测溶液后，再经分光装置对透过光进行分光，然后将纯度很高的不同波长的单色光照射到光电二极管矩阵上，检测任何波长的光吸收能量。见图7-6。

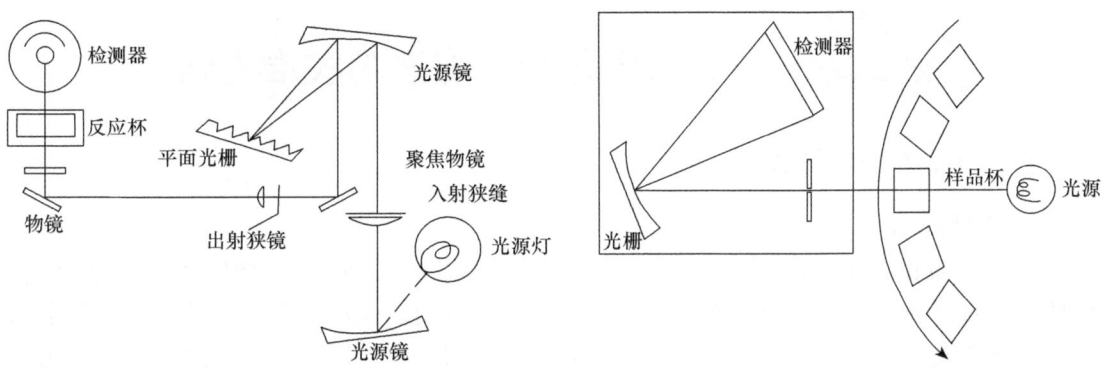

图7-5 前分光光路　　　　　　　　　　图7-6 后分光光路

后分光的优点：①光路中无可动部分，无需移动仪器比色系统的任何部件，稳定性好，速度快，故障少；②可同时选用双波长或多波长进行测定，大大降低比色噪声；③通过双波长或多波长测定，可有效抑制浑浊、溶血、黄疸对测定结果的影响；④双波长或多波长可有效补偿电压波动造成的影响。

4. 检测器（光电转换器） 检测器是光电信号转换装置，其作用是接收光信号，将其转换为电信号并放大后，传送至计算机处理计算得到测定结果。

以前光度分析的检测器采用光电管和光电倍增管。通常易受其他电磁波的干扰而影响测试结果。现代大型的自动生化分析仪多采用光信号数字直接转换技术，数字信号由光导纤维传导，无衰减和干扰。

（五）清洗单元

主要完成加样针、试剂针、搅拌棒以及反应杯的清洗。目前的自动生化分析仪采用的冲洗系统分为激流式单向冲洗系统和多步骤冲洗系统。加样针、试剂针、搅拌棒采用激流式单向冲洗，水流由上至下单向冲洗，将探针携带的污物冲入清洗液排水口。比色杯则采用多步骤清洗法。多步骤冲洗系统（清洗站）一般由吸液针、排液针和擦拭刷组成，清洗程序一般包括吸弃反应液、加注清洗液、吸弃清洗液、加注纯水、吸弃纯水、擦拭刷擦干等步骤。清洗液分为酸性洗液和碱性洗液，应根据仪器的要求进行选择或交替使用。反应杯清洗完成后，全自动分析仪还将进行杯空白的吸光度检查，并根据吸光度值自动判断反应杯是否足够干净以供继续使用。

（六）计算机单元

计算机是自动生化分析仪器的"大脑"，是仪器的核心部分。

1. 操作控制系统　操作系统随计算机软件的发展而不断改善，一般采用 Windows 操作界面，各类仪器操作软件不尽相同，但基本功能大致相当，包括分析参数设置、样本信息录入或识别、校准管理、质控管理、仪器故障提示、仪器维护及远程监控等功能。

2. 项目组合功能　全自动生化分析仪都可以把特定相关项目进行分类组合，在操作界面上指定一个键，给它一个组合名称，再把该组合需要包含的项目加入进去。

3. 数据统计与管理功能　一般具有室内质量控制数据处理功能，还能对选定样本号的检测结果均值、标准差、变异系数进行计算等。由计算机输出的各种信息，还可与实验室信息系统（LIS）和医院信息系统（HIS）联网，实现信息共享。

第2节　自动生化分析方法与校准方法

一、分析方法的种类

（一）终点法

终点法（end point assay）又称平衡法，反应混合物经一定时间的恒温反应后达到终点，此时反应的底物和产物处于动态平衡，不再有量的改变，通过检测终点处吸光度值求出待测物浓度或活性的方法称为终点法。根据测光点的个数不同，分为一点终点法和两点终点法。

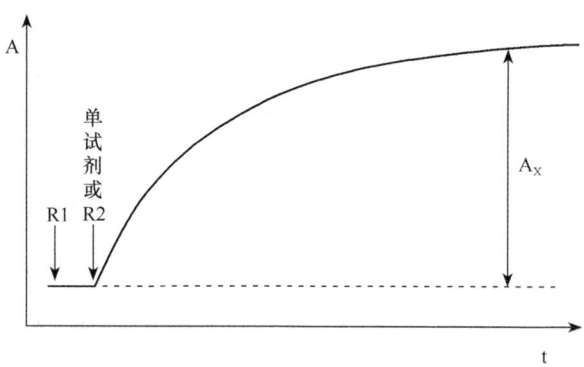

图 7-7　一点终点法分析

1. 一点终点法（one point end essay）　反应达到终点后，选择一个时间点检测吸光度值，求出待测物浓度或活性的方法称一点终点法。如图 7-7 所示。

为判断反应是否到达终点，分析仪通常在反应终点附近读取相邻两个时间点的吸光度（A_e 和 A_{e-1}），根据两点吸光度差值大小判断反应是否真正到达终点，并以两点吸光度值的平均值计算结果，测定吸光度 $A_x=(A_e+A_{e-1})/2$，这是不进行样品空白补偿的终点法。主要用于总蛋白、白蛋白、钙（偶氮砷Ⅲ法）、磷（紫外法）、镁（二甲苯胺蓝法）等使用单试剂方式分析的项目。

2. 两点终点法（two point end essay）　在触发实质性反应发生的试剂（往往为第二试剂）加入以前，选择某一时间点读取吸光度值（A1），加入触发实质性反应发生的试剂后，经一定时间反应到达终点（平衡），再选择第二个时间点读取吸光度值（A2），根据两个时间点吸光度值之差计算结果，这种方法称为两点终点法。其反应曲线见图 7-8。则

为 $\Delta A = A_2 - A_1$。其中 A1 主要由样本本身以及第一试剂与样本的非特异反应引起，相当于样本空白，A2 与 A1 之差才是被测物与试剂反应所引起吸光度值的真实变化。两点终点法有效地消除了试剂颜色、样本颜色（溶血、黄疸）、样本浊度（脂浊）以及内源性干扰物带来的影响，这是其比一点终点法优越之处。

在使用双试剂的测试中，A1 的读取点选择在第一试剂加入后、第二试剂加入前，由于读取 A1 和 A2 时的反应液总体积不一样，所以此时需液量校准：

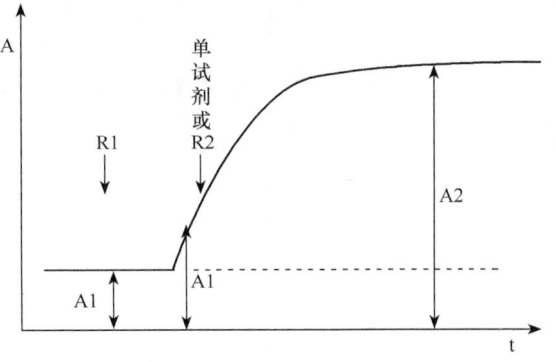

图 7-8 二点终点法分析

$$\Delta A = A_2 - A_1 \times \frac{V_S + V_{R1}}{V_S + V_{R1} + V_{R2}}$$

如果是单试剂的测试，则 A1 的读数选择在样本与试剂混合后的反应延滞期（见图中虚线箭头），不需液量校准，即 $\Delta A = A_2 - A_1$。

两点终点法常用于血清总胆红素、直接胆红素、总胆汁酸、葡萄糖、尿酸、总胆固醇、三酰甘油、高密度脂蛋白胆固醇、低密度脂蛋白胆固醇等使用双试剂分析的项目。

（二）固定时间法

在酶促反应的线性期（零级反应），根据两个时间点间吸光度变化，计算酶活性或待测物浓度的方法，称为固定时间法（fixed time assay）。过去亦称两点速率法。固定时间法常常是根据特定反应的需要，为解决某些反应的非特异性问题而做出的选择。固定时间法的反应曲线见图 7-9。此时，用于计算的吸光度值等于两个特定时间点吸光度值之差，则为 $\Delta A = A_B - A_A$，与终点法不同的是，在两个特定时间点的反应总体积一致，无需进行液量校正。

使用固定时间法测定的经典例子就是苦味酸法测定肌酐，用该法消除干扰物带来的不良反应。

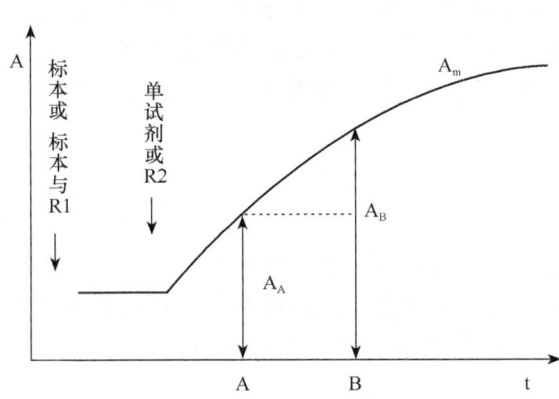

图 7-9 二点速率分析法分析

（三）连续监测法

连续监测法（continuous monitoring essay）又称速率法（rate essay），在测定酶活性或测定代谢物浓度时广泛使用。连续监测法是在酶促反应的零级反应期（线性期），每隔一定时间（2～30秒）连续读取多个吸光度值，求出单位时间内吸光度值的变化（$\Delta A/\min$），即吸光度值的变化速率来计算结果。速率法的反应进程曲线与测光点见图 7-10。

本法的依据是在酶促反应的线性期，反应速率与待测物的活性或浓度成正比。所谓线性期就是相同间隔时间的各点吸光度差值相等，如图 7-10 所示，加入试剂 R2 后，A1 至

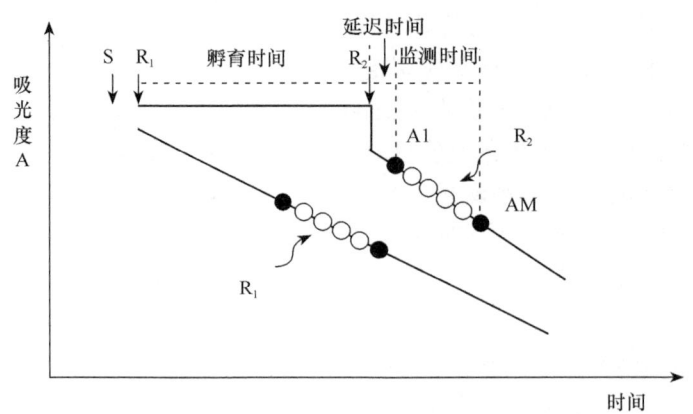

图7-10 速率法分析

Am反应期间曲线呈线性,连续监测法自动选择零级期计算酶活性或浓度,大大提高了检测的准确度和分析速度,这是手工操作无法完成的。

$$酶活性(U/L)=\Delta A/min \times K$$

连续监测法的计算方法有最小二乘法和多点δ法。该法主要用于血清丙氨酸氨基转移酶、血清天门冬氨酸氨基转移酶、肌酸激酶、乳酸脱氢酶、淀粉酶等检测。

(四)比浊法

比浊法是通过测定反应混合物(如抗原-抗体免疫复合物)对光透射(或散射)能力的改变来计算待测物浓度的方法。该决测定的是浊度,而不是对光的吸收,但也可视为终点法的一种。比浊法分为透射比浊法与散射比浊法两种,自动生化分析仪一般只能做透射比浊,如要散射比浊则需配备另外的设备。比浊法主要用于特种蛋白的测定及药物浓度监测,常见的有载脂蛋白、免疫球蛋白、补体、前清蛋白、类风湿因子、C反应蛋白和抗链球菌溶血素"O"等。

二、自动生化分析仪的校准方法

自动生化分析仪的校准(calibration)也称定标,其作用与手工操作中的校准管(或校准曲线)相同,都是为计算结果时提供比对的依据。生化分析仪在每个项目开始测试前都应进行校准,计算出校准系数,储存在计算机中供测试样本计算结果时使用。

(一)校准方法

自动生化分析仪的校准方法包括一点校准、两点校准和多点校准。用户应根据检测项目的具体情况选择校准方法,在计算机系统设置校准品的浓度和位置,并在样本盘的对应位置放置校准品后,即可执行校准程序。执行校准程序后,系统会根据计算机内存储的拟合方法计算出校准系数,供测定时使用。

一点校准也称水定标,即把纯水看做浓度为零的校准品使用,实际上就是做试剂空白,通过公式计算出K因素计算测定结果。多用于酶类项目的测定,如ALT、ALP和LDH等。在日间补充试剂后,为消除不同批号试剂间的差异以及相同批号试剂的瓶间差异,一般也选择一点校准(即做试剂空白)。在一点校准时其实并没有使用校准液。

两点校准即运用两个不同浓度的校准品进行校准,一般使用一个已知浓度的校准品,另一个则仍将纯水当做浓度为零的校准品使用。这种方法要求校准曲线呈直线并通过坐标零点，在生物化学检验中广泛使用，如葡萄糖、总蛋白、清蛋白、尿酸、尿素、三酰甘油和总胆固醇等项目均使用该法校准。

多点校准则是使用多个呈浓度梯度的校准品进行校准，它在校准曲线呈非线性时使用，须用3~6个或更多浓度的校准液进行，利用浓度与吸光度之间的关系绘制成非线性标准曲线。关于多点校准，各自动生化分析仪提供的曲线拟合方式各不相同，使用时应根据仪器与试剂盒说明书选择合适的多点校准拟合曲线。一般自动生化分析仪上用比浊法测定的项目均需作多点校准，如免疫球蛋白、脂蛋白（a）和类风湿因子等特种蛋白均使用该法校准。

（二）校准曲线模式

应根据试验资料的性质和实际数据呈现的趋势，正确选择数学模型（即校准曲线模式），使估计误差为最小或接近最小。常用的校准曲线模式主要分线性曲线和非线性曲线两类。

1. 线性曲线 指浓度（X）与吸光度（Y）成线性，用下列直线方程式：

$$Y = aX + b$$

式中，a为斜率，b为截距。一个校准点时，要求曲线必须通过零点（b=0），如图7-11所示；一个以上校准点时，曲线不一定通过零点，可有截距（b≠0），如图7-12所示。因此，有截距的项目（如硫氰酸汞法测定氯）不能用一点定标。线性范围应通过性能评价和验证确定，只在定标浓度内有效。

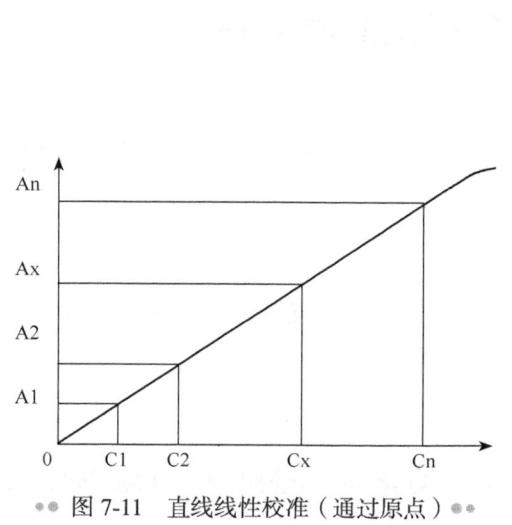

图7-11 直线线性校准（通过原点）

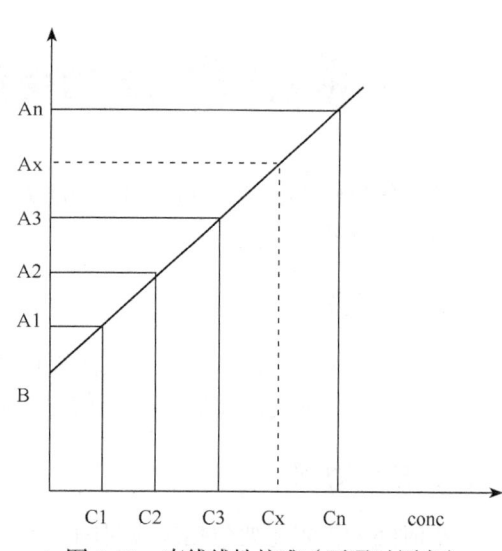

图7-12 直线线性校准（不通过原点）

2. 多点线性曲线 常用线性逐点内插法，即以线性计算公式、用分段插值方式计算每两个校准点间的最适曲线。校准点须≥2，适用性广，但用于曲线误差较大，适宜用作未找到更佳拟合曲线前的暂用模式。

3. 二次方程曲线 数学方程式：$Y = aX^2 + bX + c$。曲线成抛物线，有一个极大值或极小值的拐点，变化趋势随之反向。校准点须≥4（校准点应比方程次数多2以上），如图7-13。

4. 三次多项式曲线 数学方程式：$Y = aX^3 + bX^2 + cX + d$。曲线成双抛物线或多峰形，医学实验中常呈不典型的"消退型"，有一凹一凸的拐点，类似S形，有的Y变量随X自变量增加而增加，有的Y随X增加而减少。校准点须≥5，是免疫比浊法常用曲线，如图7-14。

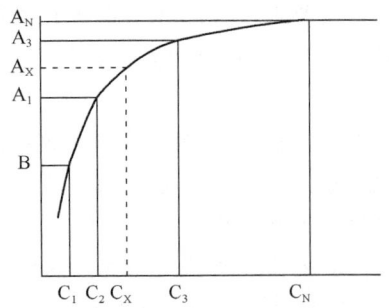

•• 图 7-13　非线性校准类型（抛物线型）••

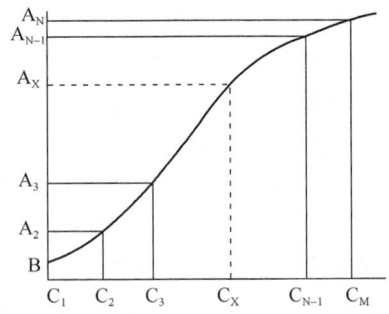

•• 图 7-14　非线性校准类型（S 型）••

5. logit 变换和 logistic 函数　根据校准品的个数（3、4 或 5）相应地选择 logit（3P）、logit（4P）和 logit（5P）校准模式，其校准曲线成抛物线形，仪器设置的类似模式有 TOSHIBA 系列的 logit-4、logit-5，HITACHI 系列的 logit-log4P、logit-log5P。校准点数目应比参数的数目多 2，常用于 S 形曲线。此模式模拟了免疫反应物理特征：随浓度增加，抗体逐渐饱和，反应近极限。方程式为：$Y=Kc/\{1+\exp[-(a+b\ln X)]\}+RO$。Y 是吸光度，X 是浓度或剂量，含 Kc、RO、a 和 b 四个参数。四参数适用于一般平衡型的免疫反应，测定非平衡系统，呈不对称曲线，宜增加参数，采用五参数曲线等，是酶的免疫法常用曲线。

6. 其他　对数曲线或指数曲线及其他校准方法。

第 3 节　自动生化分析仪的参数设置

自动生化分析仪的参数设置包括分析方法、分析时间、波长、反应温度、样本量与试剂量、线性范围等的设置。

一、分析方法

自动生化分析仪一般都具备一点法终点法、二点终点法、固定时间法、连续监测法（速率法）等。应结合试剂盒说明书和具体反应原理合理选择。

二、分析时间

分析时间的设置主要包括反应时间、孵育时间、延迟时间、监测时间、间隔时间、测定次数等。

1. 反应时间（Reaction Time）　指仪器的一个分析周期中，从试剂和样本混合到最末一点测定读数的时间跨度。反应时间的长短与方法学选择，试剂组成密切相关，它对终点法尤其重要，是终点法的瓶颈。

2. 孵育时间（incubation time）　指双试剂法分析中，从加入样本和试剂 1（主要含指示酶等成分）开始到加入试剂 2（底物）的时间跨度。一般为 5 分钟左右。主要目的是将样品中的内源性产物等干扰物质有效消除完毕，提高测定的准确性。

3. 延迟时间（delay time）　指双试剂法分析中，从加入试剂 2（底物）（单试剂法中指试剂与样本混合后）到监测开始之间的时间跨度。一般用于固定时间法和速率法，某些情况下也用于终点法。目的是避开反应最初期的延滞期,有利于准确测定,减少试验误差。通常为数秒至 3 分钟。

4. 监测时间　是指反应时间进程进入到线性期后从第一次读数到最后一次读数之间的时间跨度。线性期一般为 1~5 分钟,监测时间应在此线性期间内完成。

在连续监测法中,间隔时间(rate time)是指进入到监测时间(线性期)后,连续测定的相邻两次读数点之间的时间跨度,一般为 2~30 秒。测定次数或读点次数(reading number)是指在监测时间(线性期)内,每隔相同的间隔时间连续读取吸光度值的次数,至少 4 次。见图 7-10。如测定次数为 4 个点时,则会有 3 个相同的 ΔA。

三、波长

大多数自动生化分析仪有单波长和双波长供选择,个别仪器只能选择双波长法。单波长法是指采用一个波长对反应混合物进行吸光度值测定的方式。

双波长法则同时使用一个主波长和一个次波长进行吸光度值检测,根据主波长和次波长的吸光度值之差来计算结果。优点是可消除背景吸收,减少样本颜色和浊度、溶血、黄疸等共存组分的干扰,并将噪声部分降到最低限度,既提高了检测结果的准确性,又扩大了检测样本的范围。全自动生化分析仪常用双波长或多波长分析。

(一)双波长分光光度法的原理

双波长分光光度法是在传统分光光度法的基础上发展起来的,它的理论基础是差吸光度和等吸收波长。它与传统分光光度法的不同之处,在于它采用了两个不同的波长即测量波长(又叫主波长 λp, Primary Wavelength)和参比波长(又叫次波长 λs, Second Wavelength)同时测定一个样品溶液,以克服单波长测定的缺点,提高了测定结果的精密度和准确度。早期的双波长分光光度计在测定时,两束不同波长的单色光经斩光器(Chopper)处理后,以一定的时间间隔交替照射比色杯,经待测溶液吸收后,再照到光电管,产生两个不同的吸光度,将这两个吸光度相减,就得到了差吸光度 ΔA。根据 Lamber-Beer 定律,得:

$$A_{\lambda p}=\varepsilon_{\lambda p}LC+Ap \tag{1}$$

$$A_{\lambda s}=\varepsilon_{\lambda s}LC+As \tag{2}$$

式中 $A_{\lambda p}$、$A_{\lambda s}$ 分别为待测溶液在主波长和次波长处的吸光度;$\varepsilon_{\lambda p}$、$\varepsilon_{\lambda s}$ 分别为待测溶液在主波长和次波长处的摩尔吸光系数;L 为光径;C 代表待测溶液的浓度;Ap、As 分别为待测溶液在主波长和次波长处的散射或背景吸收。

当 λp、λs 相差不太大时,由同一待测溶液产生的光散射吸光度和背景吸光度大致相等,即 $Ap=As$,将(1)式 - (2)式得:

$$A_{\lambda p}-A_{\lambda s}=\Delta A=(\varepsilon_{\lambda p}-\varepsilon_{\lambda s})LC \tag{3}$$

对于同一待测溶液来说,$\varepsilon_{\lambda p}-\varepsilon_{\lambda s}$ 是一常数 K,在光径 L 不变的情况下,(3)式可简化为:

$$\Delta A=KC \tag{4}$$

(4)式说明,待测溶液在 λp 与 λs 两个波长处测定的差吸光度 ΔA 与试样中待测物质的浓度 C 成正比。这就是双波长法定量测定的理论公式。它的差吸光度在 2.5 以内时,线性范围良好。

(二)双波长技术在生化仪上的应用

全自动生化仪设计中常应用双波长测定法。即在整个反应过程监测中,主、副波长

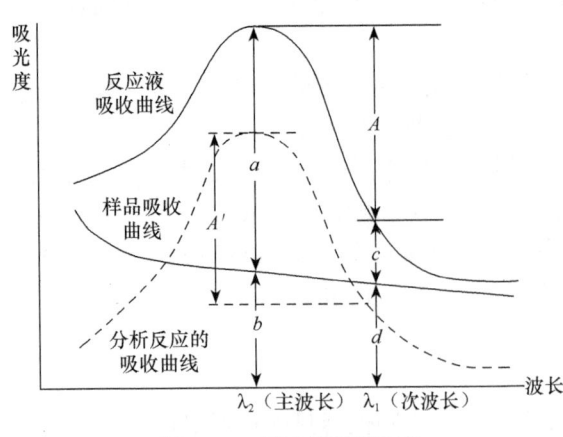

图 7-15 双波长测定原理

同时监测,全过程每点主波长吸光度值都同时减去同点副波长吸光度值,见图 7-15,即:

$$A = A_{\lambda 2} - A_{\lambda 1} = (a+b) - (c+d)$$

在选择波长时如果能使 b=d,则

$$A = A_{\lambda 2} - A_{\lambda 1} = (a+b) - (c+d) = a-b = A'$$

(三)波长的选择原则"吸收最大,干扰最小"

实际上,选择波长时,b=d 只是一个理想状态,一般情况下无法达到,但应注意遵循一些原则。下面分别介绍主、副波长的选择原则,如使用单波长法,其波长的选择原则与双波长法中的主波长相同。

1. 主波长的选择 ①吸收最大:波长的选择应根据吸收光谱曲线,选择特定反应产物对入射光有最大吸收峰时的波长为单波长法的测定波长或双波长法的主波长。②干扰最小:尽量选择待测物与干扰物吸收相差悬殊的波长做主波长。NAD(P)$^+$或 NAD(P)H 选择其吸收峰 340nm 为测定波长很合理,因为 340nm 是 NAD(P)H 的第二吸收峰,而此处 NAD(P)$^+$的吸光度很低,如图 7-16。③使用全息衍射光栅获得的单色光,波长的个数是固定的,用户只能选择,不能自由更改,如待测组分的最大吸收峰不在所列波长范围内,则主波长只能选择距最大吸收波长最近者。例如,某分析仪在 400~500nm 范围内只有 420nm、470nm 两个波长可供选择,用钒酸盐氧化法测定总胆红素的吸收峰是 450nm,则测定波长只能选择 470nm。④多方面因素考虑:例如,ALP 底物对-硝基酚磷酸盐(4NPP)被 ALP 水解生成产物对-硝基苯酚(4NP),两者吸收光谱如图 7-17 所示。4NP 吸收峰在 402nm,但在此波长来自底物 4NPP 的背景光吸收明显,这会造成分析范围受限;如果选用 410~420nm 为测定波长,4NP 的吸收尽管有所下降,但 4NPP 的吸光度下降更明显,两者差距加大,有利于降低 4NPP 干扰,并提高了测定灵敏度和特异度;但在 410~420nm 这段正是 4NP 吸收谱线的倾斜段,仪器波长稍有偏移就会导致 4NP 摩尔吸光系数有较大波动,为避开这一弊端,IFCC 在建立 ALP 推荐方法时,选择 405nm 为测定波长。这样,一是靠近 4NP 吸收峰,同时又明显降低了反应混合物起始吸光度,并且 405nm 又是在光源真空汞灯较强的发射光谱内,有利于提高仪器分析的灵敏度。⑤有时选择的测定主波长不得不偏离待测

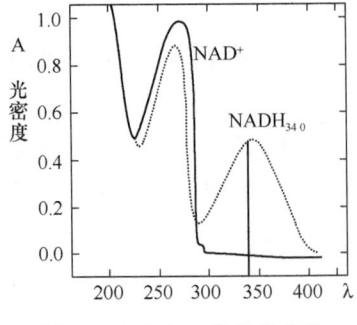

图 7-16 NADH 的吸收曲线

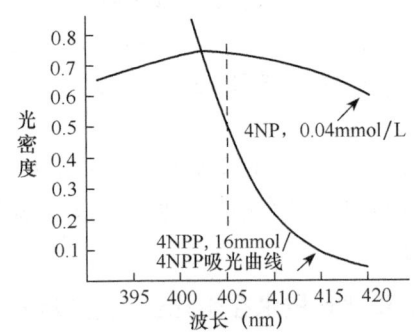

图 7-17 4NP、4NPP 的吸收光谱曲线

成分的吸收峰。例如，以 γ-谷氨酰-3-羧基-4-硝基苯胺为底物测定 GGT，产物 5-氨基-2-硝基苯甲酸的吸收峰在 380nm，但在此波长底物也有明显吸收。随着波长增加，底物吸收迅速下降，而待测组分（产物）的吸收仅轻微下降，因此选择 410nm 为测定波长。

2. 次波长选择 次波长选择原则是干扰因数在主波长与副波长有相同的吸光度或是越接近越好，但不应影响测定的灵敏度及次波长不要设在有色物吸收的灵敏区内。波长的正确选择有利于提高测定的灵敏度和减少测定误差。具体设定时还应考虑：①吸收峰作主波长，吸收光谱曲线中的波谷作为次波长。这样主次波长间的吸收差值最大，可提高测定灵敏度，如图 7-18。②据待测物与干扰物的吸收光谱选择次波长，使干扰物在主、次波长处有尽可能相同的吸光度，而待测物在主、次波长处的吸光度有较大差异，如图 7-19。③选择试剂空白的吸收峰为次波长，在反应液中待测物浓度越大，剩余的显色剂量越小，主次波长的吸光度差距越大，使表观吸光度增大，提高了检测灵敏度，如图 7-20。④单波长测定易受样品溶血、黄疸、脂浊等因素干扰。溶血样品中的血红蛋白在 350nm、400nm、540nm、580nm 有 4 个吸收峰；黄疸样品中的胆红素在 300～500nm 均有吸收，在 400～500nm 时有强吸收峰；脂血样品中的脂质吸收光谱从 300～600nm 均有吸收，呈逐渐下降的趋势，见图 7-21。由于脂血、溶血、黄疸样品在较宽的波长范围内有较强的吸收光谱存在，因而常常同测定波长有重叠，此时测得的吸光度包含待测物质的吸光度和干扰物质的吸光度，选用辅助波长可消除干扰物质的吸光度。在辅助波长选择中，根据测定波长选择辅助波长，要求干扰物质在测定波长同辅助波长有相同的吸光度。双波长测定可以通过次波长加以修正，减少甚至消除干扰因素，提高测定准确性。双波长选择常见：血红蛋白在 340nm 和 380nm 波长吸光度相同，以 NADH 或 NADPH 作为测定底物或产物的试验常采用 340nm/380nm，有的也采用 340nm/405nm；ALP 和 GGT 常使用 405nm/476nm，Trinder 反应多选取 520nm/600nm 或 550nm/660nm，免疫比浊常选用 340nm/700nm 等。

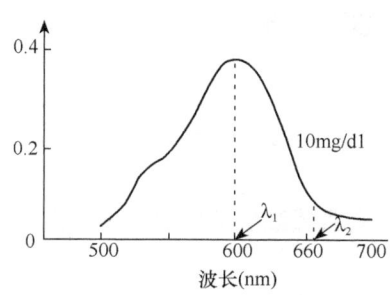

图 7-18 主、次波长选择模式之一

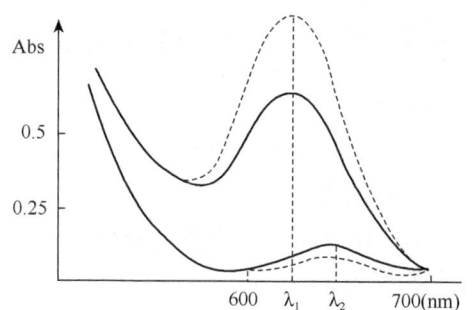

图 7-19 主、副波长选择模式之二

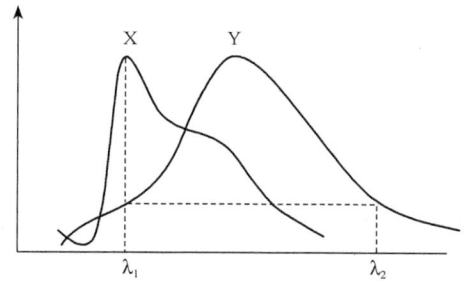

图 7-20 主、次波长选择模式之三

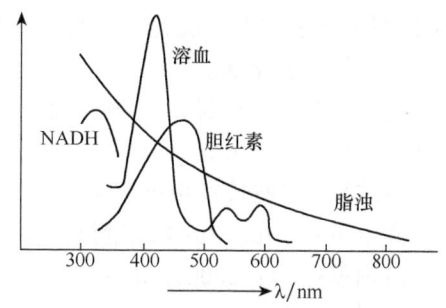

图 7-21 溶血、脂浊、黄疸、NADH 的吸收光谱

四、反应温度

一台全自动生化分析仪的反应温度只需设定一次，一旦设定，改分析仪上所发生的反应均在这个温度环境中进行。反应温度一般有30℃、37℃可供选择，通常固定为37℃。

五、样本量与试剂量

生化分析仪都标注有仪器的样品最小用量及样品加试剂的最小反应体积，样品量和试剂量的设置主要由样品体积分数（sample volume fraction，SVF）来决定。SVF是样品体积（Vs）与反应总体积（Vt）的比值，即SVF＝Vs/Vt。Vt包括反应系统中所用的样品体积、样品稀释液体积、试剂体积、试剂稀释液体积之和。SVF越大，线性范围越窄，灵敏度越高。但有证据表明，随意改变SVF是不可靠的，尤其是在酶活性测定时，将酶样品稀释，SVF减少，酶的变性失活、酶的抑制或激活、酶的聚合或解离等都随之发生改变。酶活性并不与SVF成正比例，因此不得随意修改。

六、线性范围

每种待测物分析都有一个可测定的浓度或活性范围，样品结果若超过此范围，分析仪将显示测定结果超过线性范围的提示，线性与检测方法和试剂相关，应按试剂盒说明书要求设置检测线性，如某试剂盒淀粉酶检测限定为1200U/L，若标本中淀粉酶活性超过此范围，仪器检测结果将不准确，如有急性胰腺炎患者血液标本淀粉酶活性大于3000，反应还未进入线性监测期底物已经耗尽，结果测不出或显示低结果。正确设置检测线性，结果在线性之外时分析仪会自动将样品减量或增量重新测定并予以提示。

【实验7-1】 自动生化仪的参数设置（参数设置举例）

【实验目的】
以肌酸激酶（CK）的参数设置为例，掌握自动生化分析仪参数设置的方法。

【实验器材】
HITACHI 7600全自动生化分析仪一台；临床生化检测肌酸激酶试剂说明书一份。

【实验原理】
见心肌损伤标志物检验。

【操作步骤】
按说明书要求在生化仪上进行如下参数设置：
1. 方法学：速率法。
2. 孵育时间：3分钟；检测时间，24，30（读数点）。孵育时间3分钟，延迟时间2分钟，读数时间2～3分钟。
3. 主波长/次波长：405nm/340nm。
4. 样本量：10μl；2μl（减量模式）；20μl（增量模式）。
5. 试剂量：R1：200μl；R3：50μl。

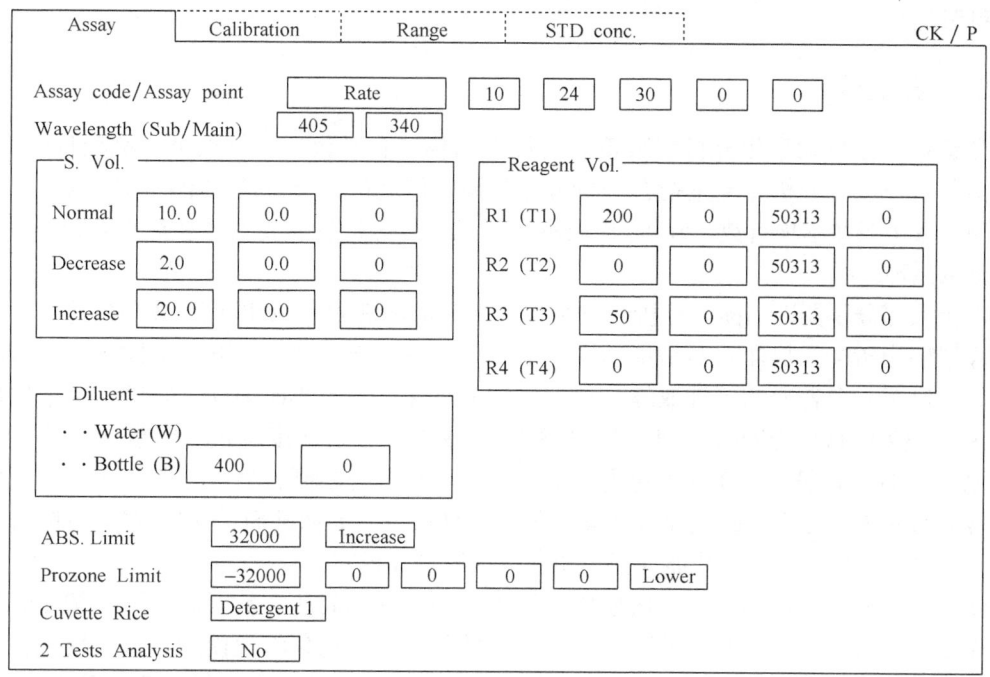

6. 定标参数设置。

7. 线性范围：在 340nm 检测时，当 $\Delta A/min$ 大于 0.25 时，结果假性偏低。应将标本用生理盐水 10 倍稀释后检测，检测结果乘以稀释倍数。

8. 校准品位置及浓度。

9. 实验结果计算。

$$U/L = \Delta A/min \times K \quad K = \frac{10^6 \times TV}{\varepsilon L \times SV}$$

NADH 的 ε 为 $6.22 \times 10^3 \text{cm}^2/\text{mol}$（340nm，37℃）。

第 4 节 自动生化分析仪的性能评价

提高临床实验室的质量，要求我们实验室必须使用能确保检验结果准确和可靠的检测系统，仪器是检测系统中的关键环节，对仪器性能的评价主要包括自动化程度、分析效率、应用范围、分析准确度和精密度。

一、自动化程度

自动化程度的高低是衡量自动生化分析仪优劣的重要指标，自动化程度越高，其功能越强，分析效率也越高。自动生化分析仪在节约人力资源方面是非常突出的，如 7~10 个人工作 1 天所做的检测工作，在一台每小时做 800 个测试的普通生化仪上只需要 4 小时即可完成。

全自动生化仪比较适合样品量大、检验项目多、人力资源相对不足的综合性大医院临床实验室应用。半自动分析仪适合样品数量少、检验项目少的小医院、社区卫生服务中心或专科医院。

二、分析效率

分析效率是自动生化分析仪最重要的性能指标，它既包括分析仪可检测项目的多少，又包括分析速度。分析速度是指在分析方法相同的情况下，分析仪在单位时间内能完成的最大测试数（各样本项目数之和），用 tests/h 表示。与分析效率关系最紧密的指标是加样周期和测试循环。

由于大部分仪器以加样为分析起点（也有先预加试剂的），所以在计算分析速度时往往以加样周期为指标。加样周期是指加样针从采集前一个样本到采集下一个样本所经历的平均时间。对于一台普通的单针取样分析仪，如分析速度为每小时 800 个测试，则平均加样周期为 4.5 秒（3600s/800test）。显然，加样周期越短，分析速度越快。但事实上不可能无限制地缩短加样周期来提高分析速度，这一方面受技术的限制，另一方面，在加样周期这个极短的时间内，分析仪必须完成加样后的一系列任务，如加试剂、搅拌混匀、保温计时、比色、清洗和结果计算等，才能保证一个测试的顺利完成。

测试循环是指反应杯从上一次使用开始到下一次使用时所需的时间间隔。按照分析仪的工作原理，每经历一个测试循环，反应盘中的每一个比色杯将被使用一次（反应盘循环一周）。因此，分析速度（tests/h）等于每圈比色杯个数与每小时测试循环数的乘积。

可见，影响分析效率的因素是多方面的，在考察仪器的分析效率时，除关注加样周期和测试循环外，还应注意相应的配套设施。

1. 通道数 通道是指能同时测定的项目数。在分立式分析仪中，通道数由试剂盘所提供的试剂瓶位置数来决定。试剂瓶位置越多，能同时测试的项目数就越多，分析速度也就越快。

2. 加样针的数量 传统的分析仪是单针取样，即每台分析仪（或分析单元）只有一个取样装置，一个取样装置上面只有一支加样针。随着技术的进步，现在有些分析仪（或分析单元）配备有多个取样装置，一个取样装置上配备两支平行的加样针，加样装置只需一个吸取动作就可同时完成双份取样，然后加至不同的反应杯中作不同项目的测试。加样针的增加将使分析速度成倍地增长。

3. 反应杯的数量 反应杯的数量越多，允许同时处于测试状态的反应就越多，这对于分析时间较长的项目很有意义，可明显提高分析速度。目前有些分析仪的一个反应盘上同时具有内外两圈反应杯，每圈所拥有的反应杯数量也大大增加，这为快速分析提供了反应场所。

4. 模块之间的组合 前述的增加通道数、加样针数和反应杯数以提高分析速度的方法均是在一个分析模块中增加配置。模块组合式分析仪，则是将功能相同或不同的分析模块组合在一起，既扩大了分析仪的功能范围，又大大提升了分析速度。因为随着模块的增加，分析仪的通道数、加样针、试剂针和反应杯的数量等都成倍地增加，因而分析速度也成倍增长。模块组合式分析仪的分析速度理论上为各模块的分析速度之和，但必须注意要在各模块间合理配置检测项目，各模块才能相互协调才能发挥最大作用。对于具有内外两圈反应杯的分析仪，同一模块在内圈和外圈的测试项目也应合理分配，否则会使反应杯的周转时间延长，降低分析效率。

三、应用范围

分析仪的应用范围是仪器评价的一项综合指标，决定分析仪应用范围的主要因素如下。

1. 分析原理　分析原理直接决定了分析仪能开展检测项目的类型。一般均能进行分光光度法的项目，如组合有离子选择电极法，则可进行电解质等无机离子的检测；一般分析仪均可进行终点法分析，如具有连续监测功能，则可进行速率法分析；如可进行荧光检测和散射比浊，则分析范围进一步扩大。

2. 波长的个数及双波长的设置　对于使用全息衍射光栅获得单色光的分析仪，波长的个数是固定的，波长的个数越多，应用范围就越广。目前大多数分析仪都采用了双波长和多波长的光路设计，可有效消除"背景噪声"，减少样本溶血、脂浊和黄疸等因素的干扰，扩大了可测定样本的范围。

3. 试剂的开放程度　有些仪器有数目不等的"封闭通道"，不允许用户修改分析参数，只能在其固化的分析参数下使用配套的原厂试剂。原厂试剂一般较昂贵，会增加检测成本。另外，如封闭通道太多，则允许用户自由修改的开放通道就会减少，这在一定程度上限制了新项目的开展。

4. 试剂瓶的位置数　对于具备双试剂盘的仪器，提供的试剂瓶位置数较多，可检测项目也较多。在试剂位置充足的前提下，应尽量选择双试剂法进行检测，这样可消除样本的溶血、脂浊和黄疸以及内源性物质的干扰，使可检测的样本范围扩大，分析结果更加可靠。

四、分析准确度和精密度

1. 准确度评价　①熟悉仪器。②熟悉文件关于准确度评价的内容。③设计试验方案。④实验室评价阶段：根据设计的方案，与参比仪器作对比试验，每个项目选择 40 份临床样本，每天测 8 个样本，每个样本测双份，连续测定 5 天。将测定结果作统计学处理，计算相关性和准确度。

2. 精密度评价　初步的批内精密度测定，即一个标本重复测定 20 次，计算出均值、标准差和变异系数。然后对每个项目、每个浓度的标本进行双份测定。每天进行 2 批试验，上、下午各测定一次，每个项目连续测定 20 天。每批测定必须作质控品。统计学处理，计算批内精密度和总精密度。

第 5 节　自动生化分析仪的质量保证

为了获得良好的分析质量，还必须为仪器提供合适的工作环境和相关配套设施，必须注意仪器的维护保养，保证仪器处于最佳工作状态；使用者应正确使用分析仪，建立完善的质量控制体系，以便及时发现分析系统的偏差。

一、正确的安装与合适的工作环境

全自动生化分析仪安装的空间要求足够大，地面承重能力好。对于计划逐步实现全实验室自动化的实验室，还应充分考虑与样本前处理系统和其他分析仪之间的衔接。实验室环境温度在 15～30℃，最适温度 20℃，应安装冷暖空调，相对湿度小于 85%，气候潮湿的地区和季节应安装除湿机。仪器需防尘，环境洁净。房间光线适中，避免阳光直射。仪器安装应远离热源，避免振动和电磁波干扰。

二、电源供给

仪器工作电压必须保持在交流 220±5%V 之间。若外界电压不在此范围,需加装不间断电源 UPS,为试剂室提供恒定的冷藏温度,同时防止突然断电和通电对仪器带来的冲击,UPS 额定功率的 75% 应大于仪器的最大功率。仪器应有符合标准的地线,以防电磁干扰和基线不稳,影响侧定结果。

三、纯水处理系统

应给分析仪配备专门的纯水处理系统。由美国临床实验室标准委员会(Clinical Laboratory Standard Institute,CLSI)制定的相关文件 C3-A4,推荐临床实验室试剂级纯水(clinical laboratory reagent water,CLRW),CLSI 前身 NCCLS 标准将实验室纯水分为Ⅰ、Ⅱ、Ⅲ等三级,建议尽量使用Ⅰ级水以最大程度的消除潜在风险。

四、仪器的操作

正确操作分析仪既是分析质量的保证,又是延长仪器寿命的可靠方法。所有的操作人员均须经过严格的培训后,方可使用该仪器。培训包括应用培训和维护保养培训。专用仪器的使用应设定一定的权限,以保证仪器的正常运转,权限的设置可分为几个等级:

1. 日常使用权限 规定具有操作该仪器、完成日常工作职责的人员,非本专业实验室人员一般无权操作仪器。

2. 校正或参数设置权限 仪器检测结果的准确性有赖于仪器的正确校正和各种参数的设置,一旦实施了正确的校正和参数设置,不能随意改变,应规定有此权限的技术人员操作。

3. 特殊保养和简单故障排除的权限 专用仪器结构精密,保养和故障排除对技术水平和经验要求较高,操作不当会造成仪器损坏。此权限仅赋予经验丰富的技术人员。

4. 维修权限 医院设备科工程师和厂家或经销商工程技术人员具有此权限。

五、室内质量控制

虽然正确设置了分析参数,按规定执行了维护保养程序,但并不能保证分析系统一直处于最佳状态,这就需要建立室内质量控制系统。完善的室内质量控制体系应包括高值、中值、低值三个层面的质控品,在每天常规分析的前、中、后三个阶段分别测定,通过绘制质控图,运用适当的质控规则,判断误差的大小、来源及类型。发现问题后应仔细核查整个检测系统(包括水电等辅助设施),及时排除可能的误差引入因素,保证检验结果的准确可靠。

六、维护与保养

仪器性能的正常与否直接关系到检验结果的及时性与准确性,加强对生化分析仪的维护保养,并作好相应记录,保证分析仪处于最佳工作状态,是质量控制的重要环节。仪器的维护保养应由专人负责,做到经常化、制度化,实行责任制。仪器保养维护按时间频率分为每日维护、每周维护、每月维护、每季维护和必要时维护等(表7-1)。

第 7 章　自动生化分析技术

表 7-1　HITACHI7170（A）和 OLYMPUS Au640 的日常保养举例

	HITACHI7170（A）	OLYMPUS Au640
每日保养	1. 开机前检查清洗液槽 1D1，2D1 及小样本盘 W1 位的 Hitergent 液是否足够，检查清洗液桶中 2%Hitergent 液及 0.1mmol/L HCl 是否足够 2. 开机后检查及添加试剂 3. 开机后倒空废液桶，并用无水酒精从上往下小心擦拭加样针及搅拌棒	1. 检查样本，试剂是否放好或足够 2. 检查加样针，试剂针是否漏夜，搅拌棒是否弯曲 3. 检查注射器（分配器）是否漏水或漏气（有空泡）
每周保养	在两个清洗液槽 1D1，2D1 位换上 Hitergent 液，执行"Wash Cells"，然后测定杯空白并打印数据，要求如下： （1）1 号反应杯的值不能大于 16 000。 （2）2~16 号杯的值在 ±800 范围内。 （3）清洗反应杯后，杯空白值不符合上述要求，则应人工清洗，如仍不符合要求，则更换	1. 冲洗加样针，试剂针，搅拌棒，注意保护搅拌棒的不粘层 2. 执行 W2 冲洗程序，清洗反应杯。间周用 1mmol/L 盐酸和 8% 有效氯的次氯酸钠冲洗 3. 执行 Photocal 程序，各反应杯空白吸光度值符合厂家要求
每月保养	1. 清洗三个过滤网：压缩机过滤网、供水管入口过滤网、反应槽排水口过滤网 2. 清洗加样针、试剂针和搅拌棒的冲洗池及管道，冲洗池用试管刷蘸 2%Hitergent 刷净，再用 5% 次氯酸钠液冲洗，最后用纯水冲洗 3~4 次 3. 清洗反应槽：执行"Inc.Water Exchange"排出反应槽中的水，用纱布蘸上 2%Hitergent 液清洁反应槽，用棉签蘸上 2%Hitergent 液擦拭两个透光窗	1. 清洗加样针、试剂针、搅拌棒与冲洗槽，用棉签蘸上漂白水小心将冲洗槽擦干净 2. 清洗冲洗头 3. 清洗去离子水过滤器
每季保养	1. 更换比色杯：在实际应用中可半年更换一次，但要视具体杯空白值而定，当杯空白值不符合要求时，一般按如下步骤操作： （1）在两个清洗槽 1D1，2D1 位换上 Hitergent 液，执行"Wash Cells"，如仍不符合要求，则同时进行下述步骤： （2）浸泡，清洗反应杯； （3）清洗反应槽； （4）换上新的光源灯泡； （5）换上新的已在 2%Hitergent 液中浸泡过夜并用纯水彻底清洗后的反应杯。 2. 更换样本注射器密封垫。	1. 清洗空气过滤器 2. 更换去离子水过滤器，加样针过滤器 3. 清洗去离子水桶
每半年保养	1. 更换灯泡（只要具备下列情况之一）： （1）执行光度计检查时，若吸光度值超出 16 000，在排除反应杯和反应槽污染情况下，则应更换； （2）光源灯泡使用时间超过 750 小时，应更换 2. 更换机械黄油	1. 更换灯泡 2. 清洁比色杯和比色杯轮 3. 清洗废液管

> **案例 7-1 问题精要**
>
> ①血清淀粉酶的检测值超出仪器的线性范围，反应过程中酶的底物耗尽，反应不完全。②以生理盐水稀释后进行检测，结果乘以稀释倍数。③略。

目标检测

A1 型题

1. 在后分光光路系统中，比色杯的位置处于哪两者之间（　　）
   A. 透视镜和保护玻璃之间
   B. 透视镜和快门之间
   C. 热玻璃和透射镜之间
   D. 两层保护玻璃之间
   E. 快门和分光光栅之间

2. 连续监测的读数方式（　　）
   A. 终点附近读两个检测点取均值
   B. 反应尚未开始和反应终点时各读取吸光度
   C. 反应开始时和反应终点时各读取吸光度
   D. 在一定的时间范围里连续读取各吸光度值
   E. 比较反应监测开始若干点的变化率与反应监测最后若干点的变化率

3. 同一种试剂盒，取 10 瓶试剂复溶，测定同一样品的含量，求平均值、标准差、变异系数，则表示的是（　　）
   A. 日间精密度　　B. 批内精密度
   C. 批间差异　　　D. 瓶间差异
   E. 以上都不是

4. 可从以下方面对全自动生化分析仪的性能进行评价（　　）
   A. 准确度和检测精度
   B. 自动化程度
   C. 分析效率
   D. 实用性
   E. 以上皆是

5. 临床生物化学自动分析方法包括（　　）
   A. 始点法、连续时间法、固定监测法
   B. 终点法、固定时间法、连续监测法
   C. 中点法、固定时间法、固定监测法
   D. 始点法、固定时间法、连续监测法
   E. 终点法、连续监测法、连续时间法

6. 自动生化分析仪一点终点法的读数方式为（　　）
   A. 在一定的时间范围内连续读取各吸光度值
   B. 反应尚未开始和反应终点时各读取吸光度值
   C. 终点附近读两个检测点取均值
   D. 在终点附近读取两点，计算两点吸光度值的差值
   E. 每经过比色窗口即读取一个吸光度

7. 自动生化分析仪两点终点法的读数方式为（　　）
   A. 在一定的时间范围内连续读取各吸光度值
   B. 反应尚未开始和反应终点时各读取吸光度值
   C. 终点附近读两个检测点取均值
   D. 在终点附近读取两点，计算两点吸光度值的差值
   E. 每经过比色窗口即读取一个吸光度

8. 当今国内外的主流机型是（　　）
   A. 连续流动式　　B. 离心式
   C. 分立式　　　　D. 干片式
   E. 以上皆是

9. 关于双波长选择不正确的一项是（　　）
   A. 以主波长减次波长计算吸光度值
   B. 次波长一般要比主波长小 100nm 左右
   C. 被测物在主、次波长处的光吸收值应有较大的差异
   D. 双波长可以消除部分来自标本的非化学反应干扰
   E. 干扰物在主、次波长处的光吸收值应尽可能接近

10. 第一代自动分析仪是（　　）
    A. 连续流动式　　B. 离心式
    C. 分立式　　　　D. 干片式
    E. 任选式

11. 自动生化分析仪进行测定时的交叉污染主要是（　　）
    A. 比色杯之间　　B. 样品之间
    C. 试剂之间　　　D. 试剂与比色杯之间
    E. 试剂与样品之间

12. NADH/NAD＋的分析波长及吸光度变化为（　　）
    A. 340nm，从大到小
    B. 405nm，从大到小
    C. 340nm，从小到大
    D. 405nm，从小到大
    E. 340nm，先从小到大，再从大到小

13. 应用干化学法进行生化测定时，所使用的检测仪器包括（　　）
    A. 分光光度计　　B. 浊度计

C. 反射光分析仪　　D. 原子吸收光谱仪
E. 电
14. 全自动生化分析仪组成不包括（　　）
    A. 加样单元　　B. 控制单元
    C. 试剂单元　　D. 检测单元
    E. 离心单元
15. 具有空气分段系统的自动生化分析仪是（　　）
    A. 连续流动式自动生化分析仪
    B. 离心式自动生化分析仪
    C. 干化学式自动生化分析仪
    D. 分立式自动生化分析仪
    E. 袋式自动生化分析仪
16. 自动生化分析仪常用的信号检测器是（　　）
    A. 硒光电池
    B. 矩阵硅二极管
    C. 光电管
    D. 蓄电池
    E. 固体闪烁计数仪
17. 自动化分析仪中采用同步分析原理的是（　　）
    A. 分立式自动生化分析仪
    B. 干化学式自动生化分析仪
    C. 离心式自动生化分析仪
    D. 连续流动式自动生化分析仪
    E. 高效液相层析仪
18. 早期的自动生化分析仪是（　　）
    A. 分立式自动生化分析仪
    B. 离心式自动生化分析仪
    C. 干化学式自动生化分析仪
    D. 袋式自动生化分析仪
    E. 连续流动式自动生化分析仪
19. 目前，临床实验室应用最广的自动生化分析仪是（　　）
    A. 分立式自动生化分析仪
    B. 离心式自动生化分析仪
    C. 干化学式自动生化分析仪
    D. 袋式自动生化分析仪
    E. 连续流动式自动生化分析仪
20. 自动化分析仪具有的优点不包括（　　）
    A. 检测速度快
    B. 可以消除系统误差
    C. 工作效率高
    D. 自动化程度高
    E. 所需样本量少

（罗春华）

第8章 生物化学检验的质量控制

学习目标

掌握：分析前、中、后质控的特点与要求，质控品的选择，OCV 和 RCV 的概念，Levey-Jennings 质控图的制作及基本判断规则，Westgard 质控规则。

熟悉：Z-分数质控图的制作及判断规则，室内质控、室间质评失控后的处理方法与原因分析，室间质评 VIS 评分法和 PT 方案的操作与判断。

了解：Levey-Jennings 质控图的理论依据。

能正确、规范地选择质控品进行室内日常质控检测与分析，能初步查找失控原因并正确处理纠正，进行室间质评计划申报、标本检测和结果报告，对反馈结果进行分析。

案例 8-1

患者男，66岁，诊断：白内障，于手术当日晨 7:45 分送一生化标本，普管抽血 2ml，检查项目：电解质。

实验室检测结果：钾 12.35mmol/L、钠 132.6mmol/L、氯 102.3mmol/L、总钙：0.04mmol/L。钾与总钙均为危急值，按危急值处理程序，立即对患者标本的危急值项目进行复查，复查结果为：钾 12.41mmol/L，钙 0.03mmol/L。

立即联系临床医生，医生反映该患者目前情况良好，没有电解质紊乱的临床表现和体征，征得患者同意，重新抽血复检，复检结果为钾 4.23 mmol/L，总钙 2.39 mmol/L。

问题：
1. 分析造成几次检测结果与临床不符的原因？
2. 什么是危急值？
3. 实验室发现危急值后，应如何处理？

ISO 9000：2000 文件将质量管理（quality management）概括为："在质量方面指挥和控制组织协调的活动。"通常包括制定质量方针和质量目标以及质量策划、质量控制（quality control，QC）、质量保证（quality assurance，QA）和质量改进（quality improvement，QI）。并进而提出全面质量管理（total qulity management，TQM）。ISO 8402：1994 文件将质量控制（QC）定义为："为达到质量要求所采取的作业技术和活动。" ISO 9000：2000 文件将其修改为："质量管理的一部分，致力于满足质量要求。"

质量控制理论是所有质量理论的基础，质量控制作为一个工具用于保证临床检验质量，其主要工作即是检测分析过程中的误差，分清误差类型并控制或消除误差，目的就是确保检测结果的准确、可靠（精密度、准确度）。

第8章 生物化学检验的质量控制

第 1 节 全过程质量控制

一项检验从医生提出申请到检验报告单发至临床的整个过程,分为分析前、分析中和分析后三个阶段,而且受到很多因素的影响。检验人员不能只考虑分析阶段的质量控制,还必须重视和参与分析前、分析后阶段的质量保证。

ISO15189:2012《医学实验室-质量和能力的专业要求》对它们定义为:分析前期(pre-analytical phase)又称检验前过程(pre-examination process),按时间顺序,始于临床医师提出检验申请,止于测量程序启动,其步骤包括检验要求、患者准备、原始标本采集、运送到实验室并在实验室内部传递。分析中期也称检验过程,是从测量程序启动至检测完毕的全过程,包括标本预处理、检测系统的选择、室内质控、室间质评。分析后期(post-analytical phase)也称检验后过程(post-examination process),是从检测完毕后发放报告单直至临床应用的所有过程,主要包括结果的审核与发放,咨询服务及与临床沟通。

一、分析前质量控制

大量文献研究表明,临床反馈不准确的检验结果,最终约 80% 可溯源至分析前程序的不规范。分析前阶段的大部分工作是在实验室以外,由临床医师、护士、患者三方面共同参与完成,这一阶段的质量保证实际上是全过程质量控制中最重要的环节之一。

(一)检验项目申请原则及申请单

检验项目申请是实验室检验的第一步,项目的选择主要由临床医师根据患者的病情来决定。为使临床医师正确、合理地选择检验项目,实验室应该向临床提供开展检验项目的清单、参考区间、临床意义、结果回报时间等信息。

1. 检验项目的选择原则 选择检验项目时主要考虑下面几方面问题。

(1)有效性:首先应考虑诊断价值,即该项检验对某疾病诊断的敏感度及特异度。由于敏感度和特异度都有一定的限度,因此在不同情况下,侧重点可能有所不同。在人群筛查时,应考虑敏感度较高的检验项目以防止假阴性避免漏诊,为了确诊,应选用特异度较高的试验,以防止假阳性避免误诊。

(2)时效性:强调及时性,早期诊断早期治疗是临床医师和患者共同的期望,在检验工作中应尽量满足这一要求。如各类检验项目的结果往往都有窗口期,早于这个时段检测可能会出现假阴性,迟了这个时段可能就已经转阴;另外,如某些检测项目时间较长,或某些项目需隔日或在规定时间内开展实验,这时需要采用相应的补救办法,最常用的就是先用一些快速方法或筛查方法检测,如怀疑急性冠状动脉综合征(ACS)患者一时不能进行 cTnT、cTnI 定量检测时,可用快速胶体金免疫层析法进行定性或半定量测定等。但这些快速检测和筛查方法不能完全代替传统的经典方法。

(3)经济性:按照循证检验医学的原则,在保证尽早确诊及向临床医师提供有效信息的前提下,应尽量考虑选用费用较低的检验项目,以降低就医成本、减轻患者经济负担。但经济性应从成本-效益总体上分析,如作某一项目检验,收费即使略高,但能迅速确诊,就可缩短诊疗时间,降低整个医疗费用。

2. 检验项目的"组合" 检验项目合理、科学的"组合"对临床提供更多有用信息及尽早确诊是必要的，同时也使申请检验的步骤简化。"组合"总的原则是合理、有效、实用。①为提高敏感度或特异度而形成的组合，如几种肿瘤标志物的联合应用，这时应考虑对结果的分析是采用平行试验（paralle test）还是序列试验（serial test）分析方法，前者提高了敏感度，但降低了特异度；后者提高了特异度，但降低了敏感度，这是应该注意的。②为了解某器官不同功能情况或从不同角度了解某一疾病病情而形成的不同组合，如肝功能、肾功能等。③为正确、及时诊断而形成的组合，如心肌酶谱、cTnT、cTnI、肌红蛋白的组合等。④初诊时，为了解患者多方面信息而形成的组合，如尿十项检测等。⑤为临床医师合理用药而形成的组合，如抗生素药敏试验等。但应防止不必要的大组合。有的患者只需做某1~2项试验，就不一定选用组合。

3. 检验项目选择不当的常见原因 在实际工作中，临床医师选择检验项目常会出现以下不当情况：①由于检验医学的迅速发展，一些使用多年的检验项目不断被新的项目所替代。在临床医师尚未了解此类新项目时，检验人员应积极、主动地予以介绍和推荐。②当临床医师对检验科所开展的各类检验项目并不十分了解，或对检验项目临床应用的评价指标不够熟悉时，都会影响到检验项目的正确选择，也影响到对检验结果的解释。如某些肿瘤标志物应用于早期诊断敏感度不高，但有些医师将这些肿瘤标志物（如CEA）用于早期筛查，就不易得到理想结果。③有的临床医师由于习惯会忽略应做的检验项目。如一些长期应用抗生素的患者，往往会被忽略做菌群失调有关检查，如深部真菌的检查；一些溶血性疾病不完全抗体也往往被忽略等。④检验人员在对患者标本分析过程中，可能会发现一些临床医生发现不了的情况，这时检验人员有责任提醒医师作相关检查，如患者无黄染现象，但血清黄色过深，应建议作有关胆红素的检查。

4. 申请单 分纸质申请或电子申请，ISO15189文件对检验申请单有专门要求：检验申请单或电子申请至少应填入下述（但不限于）内容：①患者的唯一标志。②医师或其他依法授权的可要求检验或可使用医学资料者的姓名或其他唯一标志，及报告的目的地。③只要适用，原始样品的类型和原始解剖部位。④申请的检验项目。⑤患者的相关信息，至少应包括性别、年龄、初步诊断等以备解释检验结果之用。⑥原始样品采集日期和时间。⑦实验室收到样品的日期和时间。

（二）患者的准备

引起患者检测结果变化的，有病理性因素、分析学因素和生物学因素三大原因，为了探究病理性因素，使检验结果有效地应用于临床，我们应了解影响结果的非病理性因素。分析学因素中如方法学的选择、仪器设备的操作、试剂的使用等，检验人员可进行控制，称为完全自控要素；而生物学因素如年龄、性别、民族、体型等则非检验人员所能完全控制，称为非完全自控要素。

其中年龄、性别、民族等固定因素是不可控制的；饮食、药物、运动、时间等可变因素都可影响检测结果，这些可控因素需要由临床医师、护士、患者、检验人员等共同配合，提出要求，患者配合落实，以保证采集的标本符合疾病的实际情况。

1. 饮食的影响 进食标准餐后，可使血中甘油三酯增高50%，葡萄糖增高15%，尿素、尿酸等许多化学成分发生变化。餐后的血液标本，其血清常呈乳糜状，影响到许多项目检测的正确性。因此除了急诊或其他特殊原因外，一般主张空腹12小时以后取血。但并非空腹时间越长越好，空腹时间越长，患者饥饿状态过久，会使血糖、蛋白质降低，胆红素升高。

2. 药物的影响　药物对检验结果可造成复杂的影响，主要包括两方面：①药物通过它的生理作用、药理作用、毒理作用改变生化参数，如别嘌醇等药使 ALT 升高等；②影响分析方法，如维生素 C 可干扰 Trinder 反应，使酶法测定葡萄糖、总胆固醇、甘油三酯等比真值低。因此为了得到正确结果，应事先停用某些药物。在解释结果时，必须考虑药物的影响。

3. 运动状态的影响　轻度运动可血糖、胰岛素升高、CK、LDH、ALT 等一过性升高；剧烈运动或长时间运动后，血糖、胰岛素、甘油三酯降低，乳酸、尿酸、肌酐、HDL 高密度脂蛋白、血钾、钠、钙、CK、LDH、ALT 等升高，并在一定程度上产生血管内溶血。因此采集标本前应避免剧烈运动。

4. 标本采集时间的影响　某些生化成分具有昼夜节律性的变化，如皮质醇午夜降至谷底，清晨 6 点左右出现峰值，生长激素正好相反。采样时间选择的基本原则是：①最具"代表性"的时间：原则上晨起空腹时采集标本。②检出阳性率最高的时间：如细菌培养应尽可能在抗生素使用前采集标本。③对诊断最有价值的时间：如急性心肌梗死患者 cTnT 或 cTnI 在发病后 4～6h 采样较好。

5. 其他生理因素与环境的影响　当患者在不同情况下检测时，应考虑检验结果的变化。

（1）年龄：如儿童、青少年的碱性磷酸酶 ALP 活性比成人约高 3 倍，18 岁后降至成人水平。因此某些检测项目，对不同的年龄段应制定不同的参考范围。

（2）性别：某些项目的检测结果男女之间有明显差异，如在 15～55 岁（绝经前），总胆固醇（TC）和低密度脂蛋白胆固醇（LDL-C）的水平女性比男性稍高，而 HDL-C 的水平没有明显差异，这可能与肌肉质量、激素水平及器官特异性有关。因而应根据不同的性别制定不同的参考范围。

（3）体重：肥胖者甘油三酯、胆固醇、低密度脂蛋白、葡萄糖、胰岛素、尿酸、乳酸脱氢酶等升高，肥胖男性门冬氨酸氨基转移酶、肌酐、尿酸、总蛋白等升高，而睾酮浓度降低。

（4）月经：在月经周期的三个不同时期（即月经期、卵泡期、黄体期），与生殖相关的多种激素发生不同的变化，因此，雌二醇、促卵泡激素、促黄体生成素、黄体酮等参考范围应随月经周期的各阶段而不同。

（5）妊娠：妊娠时血容量增加血液稀释，微量元素明显降低；总蛋白、清蛋白降低；甲胎蛋白升高，甲状腺素增加。

（6）季节变化：夏季受光照时间延长，维生素 D 的水平较冬季升高；总胆固醇水平冬季较夏季增高 2.5%；甲状腺素水平冬季较夏季增高 20%。

（7）海拔高度：如血浆中的肾素、转铁蛋白、尿肌酐、雌三醇、肌酐清除率等，会因海拔高度增加而减少。

（三）标本的采集、运送和保存

1. 标本的采集　送检标本的质量必须满足检测结果正确性的各项要求、检测结果必须能真实客观地反映患者当前病情这两个基本原则，应注意下列问题。

（1）唯一性标志：标本容器的标签至少应注明患者姓名及病历号或条形码等唯一标志。

（2）采取具代表性的标本：如大便检查应取黏液、血液部分；痰液检查应防止唾液混入；末梢血采取时防止组织液的混入；骨髓穿刺、脑脊液穿刺应防止外伤性血液的渗入。

（3）采血体位：坐位、立位、卧位等体位不同，检测结果也会不同，因血液体积、血压、心率改变，总蛋白、血脂、ALT 等指标立位比卧位高 10% 左右。因此应保持采血体位的一致性，一般统一为坐位或卧位。

（4）采血部位：静脉采血通常是前臂肘窝正中静脉。注意不要在静脉输液的同侧肢体上采血，以避免血液稀释，最好能在输液完毕至少 1h 后采集血液标本。

（5）避免充血或浓缩：应尽量缩短止血带压迫时间，且回血后立即松开。如果压迫超过 1min，会出现乳酸增加、pH 下降、血氧含量下降、血液浓缩清蛋白增加约 6% 等变化。

（6）正确使用抗凝剂：生化检测，血清优于血浆。如需采用血浆标本，则必须正确选择抗凝剂及其用量。

（7）防溶血、防污染：淤血时间过长、容器不清洁、震动剧烈等均可致溶血；体内溶血属合格标本，但应注明。应有无菌操作概念，防止交叉感染及污染。

（8）尿液标本的采集：根据需要采用随机尿或定时尿，原则上不用防腐剂为好，24h 收集的尿液应添加相应的防腐剂。

（9）由实验室应向临床科室提供《检验标本采集指南》一类书面文件，以规范标本的采集、运输及保存。

2．标本的运送 标本从采集部门输送到临床实验室应注意以下问题。

（1）专人输送：除门诊患者自行采集的某些标本允许患者自行送往实验室外，其他情况原则上一律由医护人员或经训练的护工输送。

（2）安全性：防止标本容器的破损、污染、标本唯一性标志的丢失和混淆、防止标本对环境的污染、水分蒸发等；送往委托实验室的标本应有冷藏或保温等符合要求的设备；对于疑有高致病性病原微生物的标本，应按《病原微生物实验室管理条例》的相关要求输送。

（3）及时性：血液离体后细胞代谢仍在继续，因此标本采集后应及时送检，不要存放，有些检测项目（如血气分析等）的标本应立即送检。标本采集时间应有记录（最好精确至"分钟"），收到标本的时间也应有记录。部分检验项目的原始标本在室温中的稳定时间见表 8-1。

表 8-1 原始标本在室温中的稳定时间

项目	稳定时间	项目	稳定时间	项目	稳定时间
肌红蛋白	1h	血浆 pH	<15 分钟	杆状核中性粒细胞	2h
肌钙蛋白 T	8h	血浆 PCO_2	<15 分钟	分叶核中性粒细胞	3h
全血葡萄糖	10min	血浆 PO_2	<15 分钟	嗜酸性粒细胞	9h
总胆红素	不稳定	钾	1h	单核细胞	2h
结合胆红素	不稳定	氯	1d	淋巴细胞	3h
凝血酶原时间	8h	离子钙	15min	血沉	2h
部分凝血活酶时间	4h	无机磷	1h	C3	1h
纤维蛋白原降解产物	8h	铁	2h	C4	1h
氨	15min	锌	30min		

3．标本的保存 保存标本的目的主要是主了满足标本的复查、差错核对以及出现医患纠纷时证据保全的需要，一般标本要求在 4℃ 保存七天，特殊标本要求置 -20℃ 以下低温保存两年或长期保存。对于不能立即检测的标本，必须进行预处理如及时分离血

清或血浆,以免细胞内物质渗入血清而改变其浓度,并以适当的方式保存,尽量降低因存放时间的长短带来的误差,如检测LDH的标本应存放于室温,4℃或更低环境下反而不稳定。

(四)标本的验收和拒收

根据标本收检标准文件,建立严格的标本验收制度和不合格标本的拒收制度。

1. 标本的验收 标本送至实验室后应有专人验收,其程序和内容包括①标本接收与运送人员均应履行交接手续并签字记录;②唯一性标志是否正确无误;③申请检验项目与标本是否相符;④标本容器及存放条件是否正确、有无破损;⑤检查标本外观及标本量:有无溶血、乳糜状、凝块,细菌培养标本有无被污染可能等;⑥核实标本采集到接收之间的时间间隔,必要时了解标本采集后的保存方法。

2. 标本的拒收 对于不符合规定要求的样本应拒绝接收,注明拒收原因,作好拒收记录,建议送检科室重新采集样本。下列情况可以拒收:①唯一性标志错误、不清楚、脱落、丢失的。②用错标本容器(如用错真空采血管);容器破损难以补救者。③溶血、脂血严重者。④抗凝血中有凝块;该抗凝血未加抗凝剂者;或与抗凝剂比例不正确者(如血沉、凝血酶原时间等)。⑤标本量不足者。⑥应加防腐剂未加防腐剂导致标本腐败者。⑦应隔绝空气而接触了空气。⑧细菌培养被污染者。⑨输血、输液中采集的标本。⑩标本采集与送检之间过规定时间者。

对特殊情况可能会影响检测结果的标本,应详细记录标本的缺陷,提醒临床诊断时参考。

标本验收工作实际上是对分析前质量控制的把关。如果临床实验室建立了实验室信息系统(LIS)并与医院信息系统(HIS)联网,条码技术的应用有利于减少错误并提高工作效率。

▶ 二、分析中的质量控制

分析阶段是指从测量程序启动至检测完毕的全过程,其中室内质控、室间质评是本章的重点内容。

(一)标本前处理

对符合要求的标本,即可按项目的测量程序进行标本预处理,包括标本的分离和保留,如分离血清或血浆,加贴唯一性标志或二次条形码。凡不能立即检测的血液,也应及时分离血清或血浆,按项目要求保存。冰冻标本复融时可分两层,须待全部融溶并充分混匀后才能检测。

(二)分析系统的选择

分析系统也称测量系统(measuring system),是指完成一个检验项目所涉及的仪器、试剂、校准物、质控品、操作程序、质量控制、维护保养程序等的组合,广义地还包括样本采集器、检测用水及操作人员。

分析系统的选择是指对实验方法进行严格的选择与评价,目的是选择精密度、准确度均符合临床要求,快速简便、成本较低的方法。详细见实验室基本知识章节。

(三)质量控制与质量保证

完成一个检验项目涉及测量系统中的全部要素,其主要环节如下。

1. 试剂 应选择有批准文号的试剂,正式使用前应对产品质量与说明书是否相符进行验证。试剂盒应按要求妥善保存,在有效期内使用。

2. 仪器设备 仪器设备要定期检定,做好日常维护和保养,使仪器处于最佳状态下运转,才能取得准确的检测结果。

3. 实验室用水 水质的好坏直接影响试剂的质量、生化分析仪反应杯清洗的质量,并最终影响检测结果的准确度和精密度。美国国家临床实验室标准委员会(NCCLS)建议尽量使用Ⅰ级水以最大程度地消除潜在风险。

4. 操作规程 测量方法产生测量程序,测量程序(也称标准操作规程 SOP)与仪器、试剂等组成测量系统,应严格制定并遵守操作规程 SOP。

5. 操作人员 我国卫生和计划生育委员会颁发的"医疗机构临床实验室管理办法"第十四条规定:"实验室专业技术人员应当具备相应的资格,进行专业培训并执证上岗"。

▶ 三、分析后质量控制

分析后期(post-analytical phase)也称检验后过程(post-examination process),是从检测完毕后发放报告单直至临床应用的所有过程,包括结果的审核与发放,咨询服务及与临床沟通、检验数据的信息传送、分析后样品的保存以及废弃物处理等过程。

(一)检验结果的审核与发放

检验结果是临床实验室工作的最终产品,检验报告是这些信息的载体,检验报告单分为纸质版和电子版。检验结果的审核是检验报告发出前的最后环节,检验结果的正确和及时发放是分析后质量控制的核心,检验结果的审核与发放工作的基本要求是:完整、准确、及时、保护患者隐私,并要执行相关制度。

1. 完整性审核与检验报告的审核签发制度 检验报告单应当使用中文或规范缩写,报告单信息完整,应当包括:①一般信息:包括患者信息、标本信息、申请者信息。②检验信息:检验结果及单位、参考区间、异常提示、报告时间、操作者与审核者签名等。③实验室信息。④其他需注明的信息:如溶血、黄疸、脂血、血凝块等的备注。

严格执行检验报告的审核签发制度,除操作者签名外,还须有审核者签名,检验结果的签发人员及审核人员须有资质认定。

2. 准确性审核与异常结果、危重疑难患者结果审核复查制度 检验结果的准确、可靠,是否可以发出,应有测量系统检验全过程及分析前质控的确认为基础,下述分析过程均确认时,检验报告才可发出:①该批次检测的室内质控"在控";②被检样本的采集和送检符合规定要求;③样本处理正确,没有干扰测试的因素;④仪器运转正常、测量系统的不确定度在可接受范围内;⑤试剂合格且在效期内;⑥检验人员操作规范无差错。

严格执行异常结果、危重疑难患者结果审核复查制度,结合临床资料必要时查阅病历或与临床医师沟通审核,对于下述情况,应复查患者原样本,必要时重新采集样本复查:①可疑的偏差过大的不能解释的结果;②与临床诊断不符的结果;③与患者本人历史结果相差过大的结果;④与实验室同批相关试验结果或其他功能检查(如影像学诊断)不符或不能解释的结果;⑤有争议的结果。

3. 及时性与危急值报告制度 检验结果不仅应该完整、正确,还应将检验报告单及时发放给临床医师或患者,尽量缩短周转时间。即使检验结果完全正常,也应在规定时间内发出报告,因为正常结果与异常结果同样有诊断意义,特别是对排除某些疾病有重要参考价值。

检测周转时间（turn-around time，TAT）是指从医生申请检验项目到收到检验报告的时间。因实验室无法控制项目申请、标本采集及运输环节，那么从标本接收至报告结果的时间应保证其及时性。对"急诊标本"要按规定程序优先检测发出报告，目前国内多数医院"急诊生化检验"的 TAT 为 2 小时。

严格执行报告危急值报告制度。危急值（critical value）是指某些检验结果出现可能会危及患者生命的极限值。危急值报告是指当出现危急值后，检验者要立即将结果报告给临床医师或当班护士，双方作好记录，避免对患者诊治的贻误。常用的危急值报告区间见表 8-2。

表 8-2 危急值的报告示例表格

项目名称	单位	低值	高值	备注
白细胞计数	10^9/L	2.5	30	静脉血、末梢血
血小板计数	10^9/L	50		静脉血、末梢血
血红蛋白	g/L	50	200	静脉血、末梢血
血细胞比容	%	15	60	静脉血、末梢血
PT	秒		30	抗凝治疗时
APTT	秒		70	静脉血
纤维蛋白原	g/L	1	8	血浆
血糖	mmol/L	2.2	22.2	血清
血钾	mmol/L	2.8	6.2	血清
血钠	mmol/L	120	160	血清
血钙	mmol/L	1.75	3.5	血清
胆红素	mmol/L		307.8	血清
淀粉酶	U/L		正常参考值限三倍以上	新生儿、血清
血气				
pH		7.25	7.55	动脉血
PCO_2	mmHg	20	70	动脉血
PO_2	mmHg	45		动脉血
HCO_3^-	mmol/L	10	40	动脉血
氧饱和度	%	75		动脉血

危急值报告与急诊报告不要混淆。急诊检验结果不论正常或异常皆应立即报告；危急值不一定在急诊检验时才出现，不论急诊平诊还是住院患者，一旦出现危急值都必须迅速报告。

4. 保护患者隐私与报告单的发送签收制度 隐私权是患者基本权利之一，原则上所有检验结果都属于该患者隐私的一部分，未取得本人同意，检验结果不得公开。因此原则上所有检验结果（特别是HIV抗体阳性、梅毒、肝炎等标志物阳性）都只发送给检验申请者或患者本人（一般发送至检验申请者所在科室的护士站或医生站），电子形式的检验结果（如检验结果上网，患者触摸屏自动查询等），应有保密措施（如设有密码）。某些关系重大的的检验结果，如恶性肿瘤结果，原则上只发给申请医师，不告知患者本人及他人。

严格执行报告单的发送签收制度，门诊患者或委托人取报告单应有相应凭证，发送与签收双方应留有相关记录，避免报告单的错拿与丢失。

（二）检验后标本的保存及处理

1. 咨询服务　ISO 15189《医学实验室—质量和能力的专门要求》中指出：实验室也可能提供顾问咨询服务，涉及实验室检验所有方面，包括结果的说明和适当的进一步检验的建议。咨询服务对象是医生护士和患者两方面，内容主要有：①检验结果的解释：参考区间是否适合本地区人群、建立实验室自己的参考区间、方法学差异与评价、临床意义；②临界值（灰区）的应用：方法不同，参考范围临界值也不同，且涉及灵敏度与特异度问题，"灵敏度"指诊断试验阳性数占患病者总数的百分比，"特异度"指诊断试验阴性数占非患病者总数的百分比。因为没有一个项目的敏感度和特异度都达到100%，因此总存在一定的假阴性假阳性。当检测结果接近临界值（或上下限）时，应综合、谨慎分析是由于临界值的确定、实验误差、病情变化、或是样本采集等何种因素所致，必要时多次检查，根据检验结果变化趋势作出判断。③窗口期问题：在病理生化过程中，其标志物检测在一定时期内可能还处在阴性期，要注意病程的发展，建议窗口期时复查确认。

2. 临床沟通　实验室人员与医生护士沟通的主要内容有：①向临床科室宣传并提供新的检验项目的种类、临床意义、回报时间等书面文件。②向临床科室提供《检验标本采集指南》书面文件以保证标本合格。③开展细菌学及抗生素药敏试验的实验室应定期向临床提供近期常见致病菌及耐药情况的信息。④根据患者病情及检验结果向临床医师提供进一步检查的建议。⑤与临床沟通的途径有电话联系、参与病例讨论、编印检验信息刊物、实验人员与临床医护人员共同讲课与座谈会等。

3. 抱怨处理　这里的抱怨是指临床医师或患者对服务态度和服务质量的投诉和质询。工作中抱怨在所难免，正确地处理抱怨问题，可以帮助检验人员查找质量问题的原因，并逐步改进和提高检验质量，同时也就不断地减少抱怨。

第2节　室内质量控制

质量控制是质量管理的一部分，室内质量控制（internal quality control，IQC）是全过程质量控制特别是分析阶段的重要环节，是由实验室工作人员采用一系列统计学方法，连续地评价本实验室测定工作的可靠程度，并判断检验结果是否可以发出的过程。室内质量控制的目的是检测和控制实验室测定工作的精密度和准确度，提高常规检测工作的日内、日间标本检测结果的一致性。

Levey-Jennings室内质量控制法是与临床实验室手工操作技术相适应的第一代质量控制技术，以检验实际操作具有的误差水平为控制目标。质控图最早由由美国学者休哈特（W.A.Shewhart）于1924年提出，将数理统计的原理和方法应用于工业生产，预测生产过程的变动，预防产品质量的波动；1951年Levey-Jennings将Shewhart的工业管理质控图引进临床实验室，成为临床实验室室内质控（IQC）的主要方法。Shewhart 要求每次做一组检验计算平均值和极差，分别点在均值质控图和极差质控图上，Levey 和 Jennings 建议每次对患者标本做双份检测，然后计算平均值和极差；Henry 和 Segalove 在 1952 年改良了上述方法，用稳定的参考材料做重复检测，将各个检测值直接点在质控图上，使 Levey-Jennings 质控图逐渐成为被广泛接受的临床生物化学检验质量控制方法，并进一步成为医学实验室所有定量检测室内质量控制的基础方法之一。

1979 年，Westgard 等人提出了 Westgard 多规则（Westgard multi-rules）技术，是适应自动化操作技术高效率质量控制的第二代质量控制技术，仍然以检验实际操作具有的误差水平为控制目标。随着自动智能化技术的不断完善，自动分析系统结果的重复性得到了极大提高，再以检验分析仪操作误差水平为控制目标的做法已不能满足临床检验的要求。

1990 年后，Westgard 等人提出了操作过程规范（operation process specifications，OPSpecs）图，是说明方法的不精密度、不准确度和达到规定质量要求需要采用质控方法之间的线条图的第三代质量控制技术，以临床允许误差为控制目标。到了 21 世纪，Westgard 尝试将工业管理上最新提出的六西格玛（six sigma，6σ）方法应用于临床实验室质量控制。

一、Levey-Jennings 室内质量控制法的理论依据

1. 生物化学检验基本方法 临床生物化学检验方法很多，其中应用较多的是光谱分析技术，常用的比色分析法如见表 8-3。

表 8-3 临床生物化学检验常用的比色分析法

加入物	空白管	标准管	质控管	标本管 1	标本管 2	……	标本管 X
蒸馏水	√	—	—	—	—	—	—
标准液	—	√	—	—	—	—	—
质控液	—	—	√	—	—	—	—
标本 1	—	—	—	√	—	—	—
标本 2	—	—	—	—	√	—	—
标本 X	—	—	—	—	—	—	√

目前实验室采用在分析过程中插入质控血清的办法进行质量控制，即将质控血清样本分成若干份，重复多次测定后求出均值（$\bar{x}$）和标准差（S）并画出控制图。在对患者标本进行检测时，将同批号的质控品随机插入患者标本中检测，然后根据质控品测定值分析该分析批是否在控，作出患者标本测定结果是否可以发出的结论。

2. Levey-Jennings 室内质量控制法的理论依据 Levey-Jennings 质量控制法的理论依据来源于正态分布曲线。重复条件下对同一质控品进行无数次检测时，由于存在着随机误差，每次的检测结果不可能完全一样。当测定次数无限多时，如果以测定值为横坐标，以测定值出现的频率为纵坐标，可以得到一条近似正态分布的曲线。

用标准差（S）来描述：假设曲线下的面积为 100%，根据正态分布理论可知，约 95.5% 的测定值落在 $\bar{x}\pm1.96S$ 范围内，约 99.7% 的测定值落在 $\bar{x}\pm2.58S$ 范围内。取 $\bar{x}\pm1S$、$\bar{x}\pm2S$、$\bar{x}\pm3S$ 的分布分别为一个恒定值。源于这个原理，将正态分布曲线转化为今天的 Levey-Jennings 质控图，如图 8-1 所示。

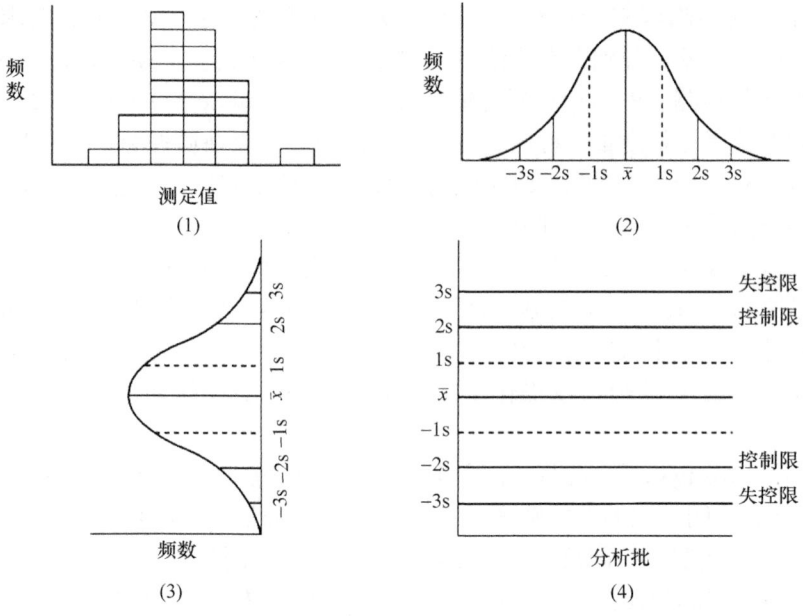

图 8-1　正态分布曲线与 Levey-Jennings 质量控制转化

（1）频数分布图；（2）正态分布曲线；
（3）正态分布曲线逆时针旋转 90 度；（4）转化后的 Levey-Jennings 质量控制图

必须指出，当检测条件、检验方法或检验技术等发生改变时，随机误差和系统误差会随之改变，当随机误差增大时，较多的测定值会离开中心线（$\bar{x}$）越来越远；有系统误差存在时，各测定值的分布会偏向中心线（$\bar{x}$）的正侧或负侧。如图 8-2。

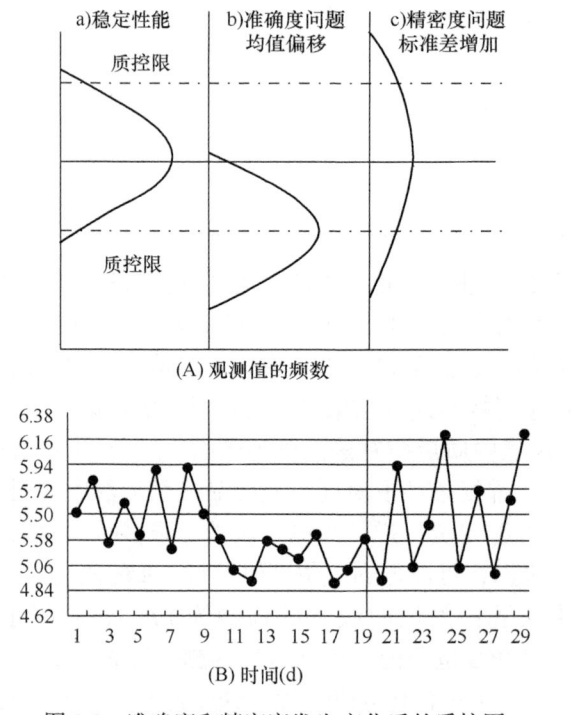

图 8-2　准确度和精密度发生变化后的质控图

因此，医学实验室在对任何一个检验项目进行检验时，必须对影响检验结果的各种因素进行有效控制。当检测条件发生改变时，如在仪器维修以后、在更换了新的光源、更换了新的反应杯、更换了新批号的试剂、检验人员或检测程序发生改变时，均表明重复性条件发生了改变，这些改变可能会影响到检测系统的精密度或准确度，并在质控图中表现出来。检验人员应能够及时发现这些异常变化，正确分析这些误差产生的原因，找出解决问题的办法，保证检验结果的准确可靠，必要时应重新制备质量控制图。

二、质控品的选择和应用

（一）质控品的定义和种类

国际临床化学学会（IFCC）对质控品的定义为：专门用于质量控制目的的标本或溶液，不能用作校准。选择什么类型的质控品是质控工作首先要解决的问题。质控品有多种分类方法，若根据血清物理性状可分为冻干质控血清、液体质控血清和冷冻混合血清；根据有无靶值可分为定值质控血清和非定值质控血清；根据血清基质的来源可分为含人血清基质的质控血清、动物血清基质的质控血清、人造基质的质控血清等。市场上有各种进口或国产的质控品可供挑选，实验室可根据自己的实际情况认真选择。

（二）质控品应具备的特性

作为理想的生化检验质控品，至少应具备以下特性一。①基质：应与被检标本具有相同的基质（最好为人血清基质）。②瓶间差异小：酶类项目的瓶间 CV 应小于 2%，其他项目的瓶间 CV 应小于 1%。③稳定性：在规定条件下至少稳定 1 年。④无传染性。⑤添加剂和抑菌剂（防腐剂）的含量尽可能少。

（三）质控品的正确使用与保存

使用质控品时就注意：①严格按质控品说明书操作。②要确保实验用水的质量。③溶剂加量准确，尺可能减小瓶间差。④冻干质控品复溶时应温和转动或颠倒瓶子，确保均一，切忌剧烈振摇。待其内容物稳定后才能开始使用。⑤质控品应与患者标本在相同条件下进行测定。⑥应严格按质控品说明书规定条件保存，并在保质期内使用。

（四）质控品使用应注意的问题

1. 质控品的基质效应　①理想的情况下，质控品应与患者标本具有相同的基质状态，所以强调用人血清；但从价格和来源考虑，则选用动物血清；从自身防护和传染性病原体危害考虑，近来又重视使用动物血清。②质控品的生产加工处理过程可以改变基质的性质。如添加物与稳定剂的种类、来源、性质，产品的冰冻或冻干状态均使质控品的物理和化学表现发生变化。③某些检验方法可影响质控品的选择。例如溴甲酚绿与人、牛血清清蛋白结合的特异性相近，但溴甲酚紫与牛血清清蛋白结合力很差，因此溴甲酚紫法就不能选用牛血清基质的质控品。

2. 质控品定值与非定值　①非定值质控品与定值质控品的质量并无不同，因为没有定值，非定值质控品要比定值质控品便宜很多。②定值质控品在其说明书中有各分析物在不同检测系统下的均值和预期值范围，但须注意不能误将其预期值范围当作控制的允许范围。③无论是定值还是非定值质控品，在使用时，用户必须用自己的检测系统确定自己的均值与标准差，无论与厂商提供的均值是否接近，并不能说明用户检测准确度的高低。

3. 质控品的瓶间差　①冻干质控品复溶操作的非标准化，是造成瓶间差的来源之一。②液体质控品消除了分装和复溶时引起的瓶间差，且稳定期长，但含有防腐剂类添加物，可引起基质差异。一般价格较高。

4. 质控品的分析物水平　若只做一个水平的质控品检测，则只能反映整个可报告范围中该控制值"一点"的质量表现；应该有2个或更多水平的质控物，覆盖医学决定水平和可报告范围的上下限值，则可反映"一个范围"质量水平，效果更好。

三、OCV、RCV与均值和控制限的建立

（一）OCV与RCV

最佳条件下的变异（optimal condition variance，OCV）表示实验室在最佳条件下测定项目所能达到的最好精密度水平，是实验室工作水平的一个基础指标，反映实验室最佳状况下的质控情况。

常规条件下的变异（routine conditions variance，RCV）表示实验室在常规条件下测定项目所能达到的精密度水平，反映实验室日常情况下的质控情况。

（二）均值和控制限的建立

室内质控常以RCV所得均值、标准差制图。

1. 暂定均值和质控限　当原批号质控品剩余量可用一个月时，启用新批号质控品，每天开启一瓶，随机插入患者标本检测一次，连续20天或更多，获得20个数据。进行离群值检验（剔除±3S以外的数据），计算均值（$\bar{x}$）和标准差（S）。此均值即为暂定均（靶）值（$\bar{x}$），$\bar{x}\pm 2S$为暂定警告限，$\bar{x}\pm 3S$为暂定失控限，绘制Levey-Jennings质控图，作为该项目下月室内质量控制的暂定质控图。

2. 累积均值和质控限　新批号质控品应用一个月结束后，将该月在控结果与前20个质控数据累加在一起，重新计算均值和标准差，此$\bar{x}$和S计算出的即为累积均值和质控限，作为第三个月的室内质控图数据。

3. 常规均值和质控限　重复以上操作3~5个月，使质控品测定值达100个以上，汇集所有在控数据的累积均值和标准差，即可计算出累积均值和质控限，以此作为质控品有效期内室内质控图数据。对于在有效期内质控品浓度水平不断变化的项目，则需不断调整中心线（均值）。Levey-Jennings质量控制图制作流程见图8-3。

四、Levey-Jennings质量控制图的制作及应用

（一）Levey-Jennings质量控制图的绘制步骤

1. 填写质控图基本信息　取一张空白Levey-Jennings质控图，逐项填写有关内容：单位、检验项目、起止时间、仪器型号、分析方法、波长、质控品来源及批号、质控品测定均值（$\bar{x}$）、标准差（S）和变异系数（CV%）等。

2. 制作质控图　根据收集的质控数据制作质控图。质控图横坐标表示分析时间，纵坐标表示质控品测定值，纵坐标的中心线表示均值（$\bar{x}$）所在位置，在均值线的上下对应位置分别标出$\bar{x}\pm 1S$、$\bar{x}\pm 2S$和$\bar{x}\pm 3S$，其中在$\bar{x}\pm 2S$处用蓝笔画线，为警告限，在$\bar{x}\pm 3S$处红笔画线，为失控限。最后，将$\bar{x}-3S$、$\bar{x}-2S$、$\bar{x}-S$、$\bar{x}+S$、$\bar{x}+2S$和$\bar{x}+3S$的量值分别填写在纵坐标各线段的相应位置。

第8章 生物化学检验的质量控制

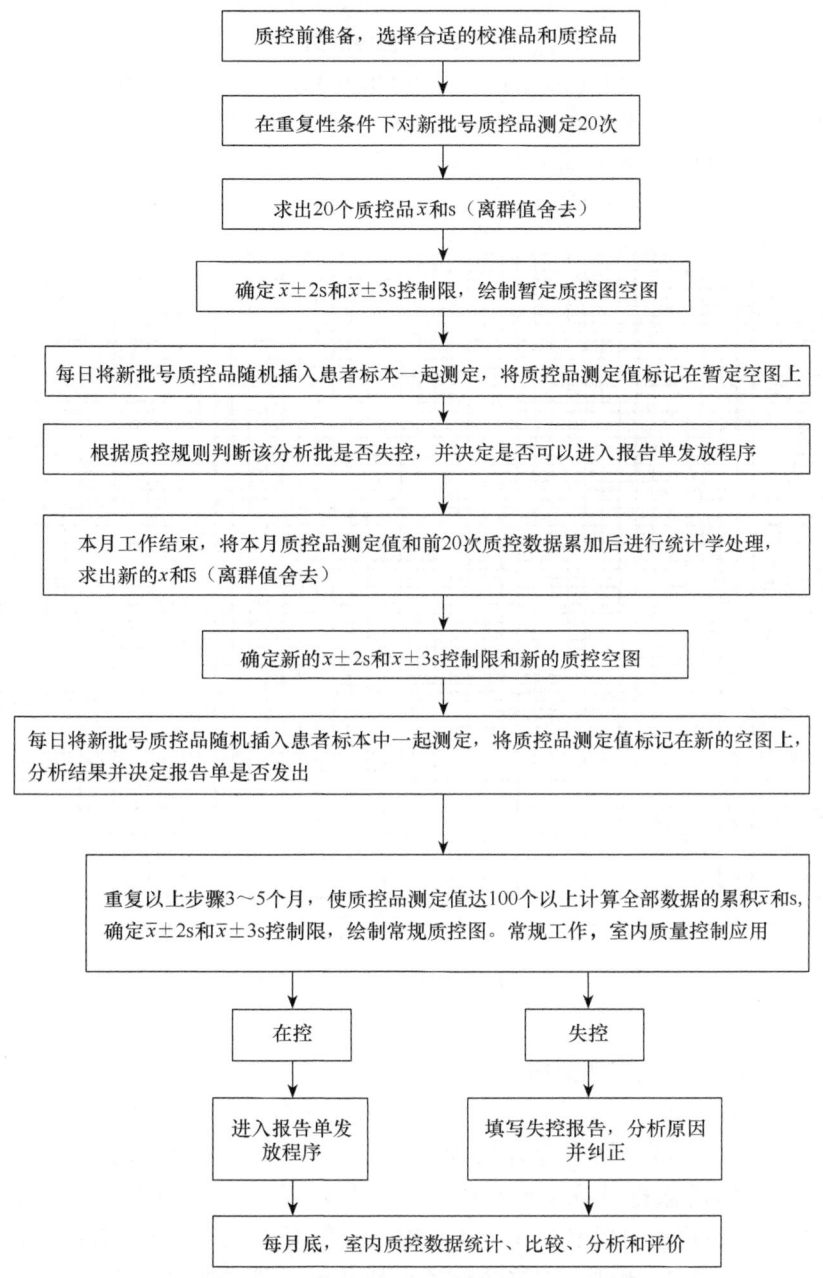

•• 图 8-3 Levey-Jennings 质量控制图制作流程 ••

此图每个项目、每个浓度、每个月要用一张。由于每张 Levey-Jennings 质控图只能用于一个浓度水平的质量控制,当一个检测项目有两个或三个浓度水平时,需要绘制两张或三张 Levey-Jennings 质控图。

(二) Levey–Jennings 质控图的应用

1. 标记质控品测定值 日常检测工作中,将质控品每天检测结果值"点"于图中,并与上一分析批的测定值的点连线。在质控图下方相应栏中记录分析批的测定值、测定日期、检验者。最后根据质控规则对质控数据在控与否进行分析。见图8-4。

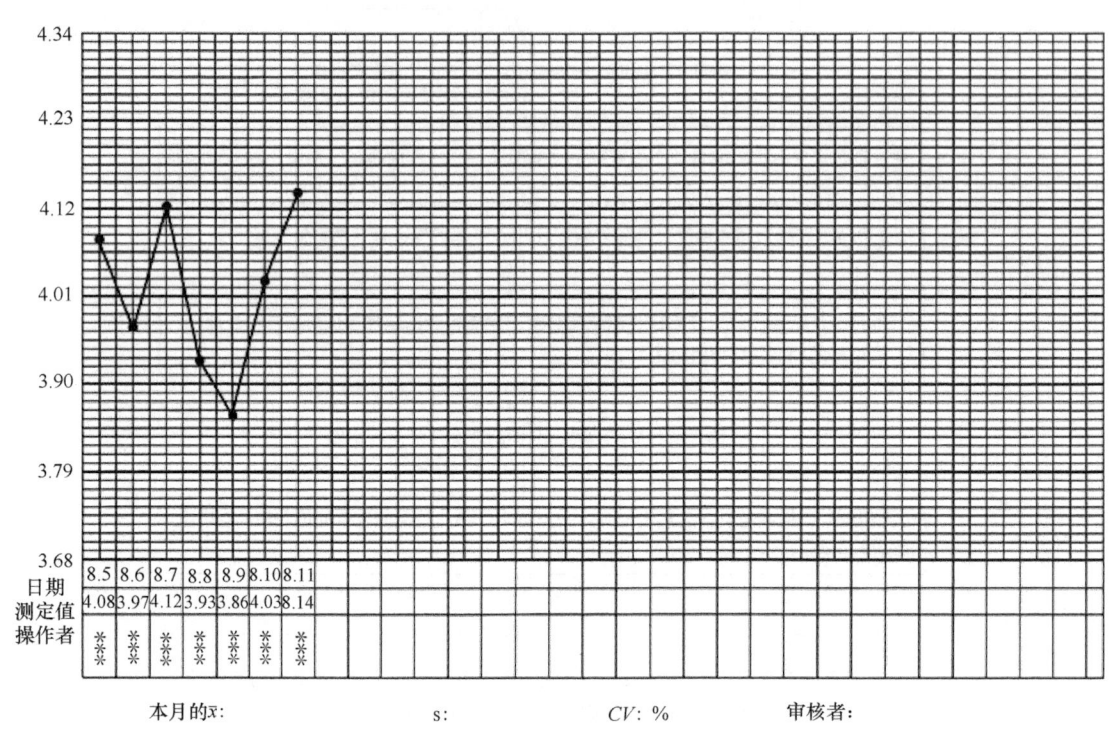

图 8-4 Levey-Jennings 质控图举例

2. Levey–Jennings 质控图分析

（1）概率分析：单纯随机误差是一种典型的正态分布，符合正态分布曲线规律，根据统计学分析，质控品测定结果应有 95.5% 的数据落在 $\bar{x}\pm 2S$ 范围内，99.7% 的数据落在 $\bar{x}\pm 3S$ 范围内，68% 的数据落在 $\bar{x}\pm 1S$ 范围内，即表现为：①20 个数据里没有 1 个落在 $\bar{x}\pm 3S$ 外；②20 个数据里可以允许 1 个（不能 2 个）落在 $\bar{x}\pm 2S$ 外；③数据在两侧一正一负交替出现，且各占 50% 排列；④数据越接近 越密集，越远离 越稀疏。

（2）失控：1_{3S}、2_{2S}、漂移、趋势则为失控。

1）1_{3S}：20 个数据里出现 1 个落在 $\bar{x}\pm 3S$ 外，则为失控。说明随机误差增大。

2）2_{2S}：20 个数据里出现 2 个落在 $\bar{x}\pm 2S$ 外，则为失控。

3）漂移：连续 5 次结果在均数线的同一侧称漂移，提示存在系统误差。是准确度发生了一次性的向上或向下的改变，这种变化往往是由于一个突然出现的原因引起的。如更换新批号的校准品、更换新批号的试剂、更换操作人员等。在查找误差原因时，应将重点放在突然出现误差的那个分析批，回顾在那个分析批的前后发生了哪些变动的因素。见图 8-5。

4）趋势（倾向）：连续 5 次结果在均数线的两侧渐升或渐降称趋势，说明检测的准确

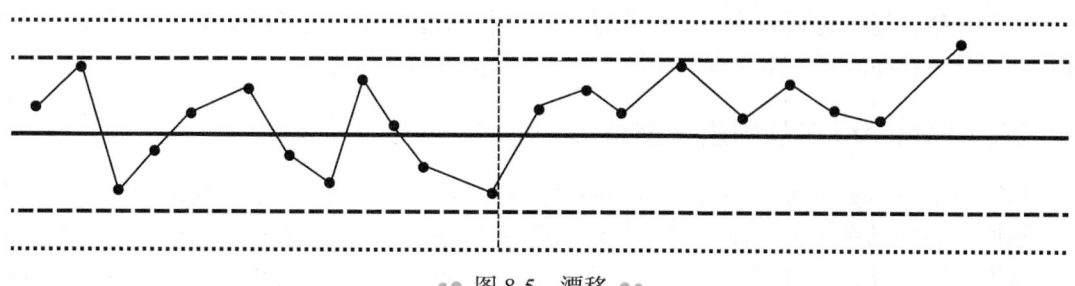

•• 图 8-5　漂移 ••

度发生了逐渐性的变化。试剂或仪器的性能已发生变化。这种变化往往是由于一个逐渐改变着的因素造成的，如试剂慢慢挥发或吸水、慢慢析出沉淀、仪器波长逐渐偏移、光电池（光源）逐渐老化、质控品（本身的）逐渐变质等。发生趋势性变化时，即使更换校准品和更换操作者，这种趋势性变化也不会得到纠正。见图 8-6。

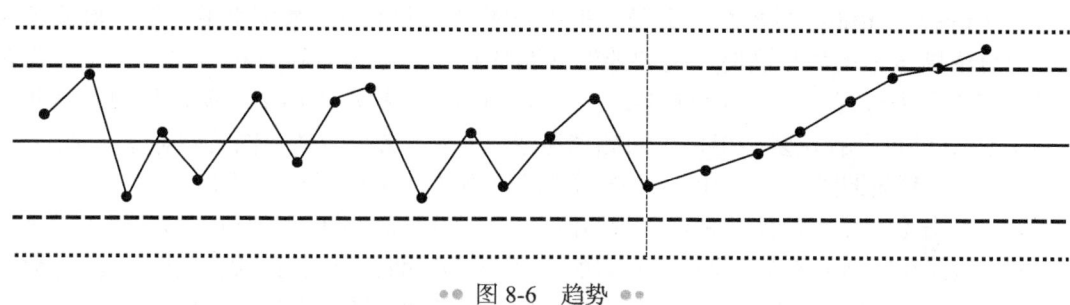

•• 图 8-6　趋势 ••

其他规律性变化：即循环出现的有一定规律的变化。如图 8-7 所示，每隔五日出现一个较高值，该值虽没失控，但规律性变化十分明显。经分析，发现每周五是该片区的停电日，医院靠自己发电维持工作，电压偏低，由此提示该项目的检测结果与电压有较密切关系。

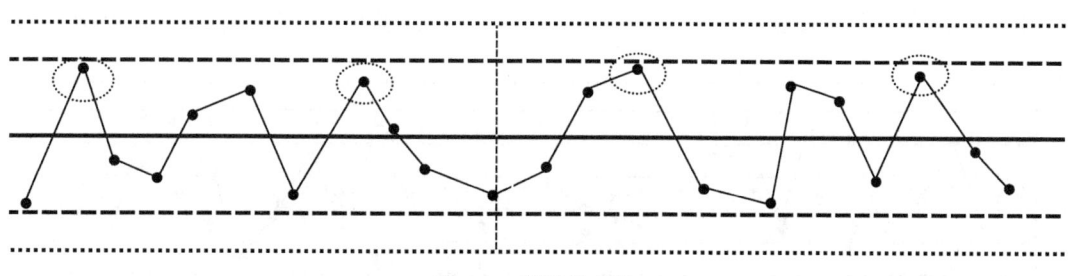

•• 图 8-7　周期性变化 ••

3. 阶段性总结及室内质控数据的管理　阶段性总结是室内质量控制的重要内容，有月总结、季度总结、半年总结或年度总结等，进行比较分析与排序分析。

当月工作结束以后，检验者应对当月各个项目的质控数据进行统计，求出当月同一浓度质控品测定值的 $\bar{x}$ 和 S 填入质控图下方记录中，并与以往各月的所求 $\bar{x}$ 和 S 进行比较。$\bar{x}$ 的明显改变表明系统误差即准确度发生了偏差，S 的变化表明随机误差即精密度发生了变化。如果 $\bar{x}$ 逐月上升或下降，应考虑质控品的稳定性欠佳或逐渐变质或其他原因；如果各

月 $\bar{x}$ 基本一致，但 S 逐渐变大，提示常规工作的精密度下降，应考虑试剂、仪器以及管理等各方面是否存在问题，需认真分析原因并采取相应的干预措施。

五、Westgard 多规则质量控制法

1979 年，Westgard 等人创建了 Westgard 多规则质量控制法，该法采用两个或两个以上不同浓度的质控品和多个质控规则对分析批进行质量控制，在很大程度上提高了误差检出的灵敏度和特异性，是目前自动分析技术的主要质量控制方法，又称为第二代室内质量控制法。

（一）Westgard 质量控制规则

Westgard 多规则质量控制法的分析步骤和质控图建立与 Levey-Jennings 质量控制法基本相同，主要区别是每次使用 2 个浓度水平的质控品和质控规则的不同。其质控图可选用 Levey-Jennings 质控图或 Z- 分数质控图。

1. Levey-Jenning 质控图　由于每张质控图只能表示一个浓度水平，每个检验项目采用两个浓度水平的质控品时，需要绘制两张质控图。检验者在分析质控结果时，要在两张质控图中进行观察、分析和判断。由于 Westgard 质控法采用多种质控规则，判断时比 Levey-Jenning 质控法复杂得多，因此容易造成误判。Z 分数质控图可弥补这一缺陷。

2. Z- 分数质控图　2 个浓度水平的质控品检测结果可点在同一张图上。

（1）Z- 分数：是指质控品测定值与均值之差再除以标准差的所得值，结果用正负号表示，如果质控品的测定值大于均值，求得的 Z- 分数为正数，反之为负数。因此，Z- 分数的符号实质上是表示质控品测定值偏离均值的方向，Z- 分数值表示偏离均值的大小。

$$Z\text{-}分数 = \frac{x_i - \bar{x}}{S}$$

式中 x_i 表示质控品测定值；$\bar{x}$ 表示均值；S 表示标准差。

（2）Z- 分数质控图：以测定时间为横坐标，以 Z- 分数值为纵坐标绘制的质控图。在纵坐标的中心位置标出以 0，以 0 为中点上下等间距标出 -3、-2、-1、$+1$、$+2$、$+3$ 六个点，并引出 X 轴的平行线（共七条），±2S、±3S 线段可分别用蓝色、红色加以区别。见图 8-8。

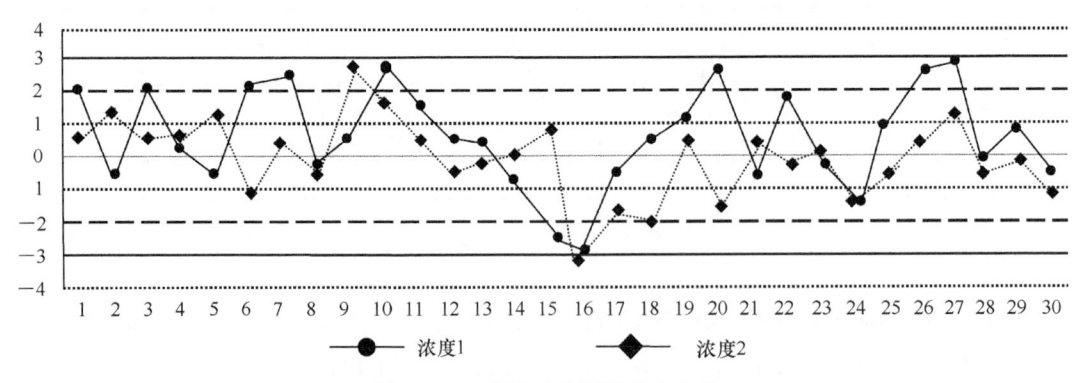

图 8-8　Z- 分数质控图及临床应用

（3）Z- 分数质控图的应用：画图与 Levey-Jenning 质控图相同。Z- 分数质控图判断直观，便于在同一张质控图上对同一分析批不同的质控物浓度之间、相同质控物浓度的不同分析批之间、不同分析批的不同质控物浓度之间进行观察和分析。如图 8-8。

（二）Westgard 质量控制规则

质控规则（quality control rule）是解释质控数据和判断分析批是否在控的标准。常用符号 A_L 表示，其中 A 表示测定质控品的数量或超过控制限（L）的质控测定值的个数，L 表示控制限。

Westgard 质控规则有很多种，常用的有六个：$1_{2S}/1_{3S}/2_{2S}/R_{4S}/4_{1S}/10\bar{x}$，其中 1_{2S} 为警告规则，其余五个为失控规则。1_{3S}、R_{4S} 对随机误差敏感，2_{2S}、4_{1S}、$10\bar{x}$ 对系统误差敏感。

1. 1_{2S} 规则 警告规则，指同一分析批中高、低两个浓度质控品的测定值中任意一个测定值在 $\bar{x}\pm2S \sim \bar{x}\pm3S$ 之间（不包括正好在 $\bar{x}\pm2S$ 和 $\bar{x}\pm3S$ 限上）的值。该分析批究竟是在控还是失控分别用后面的五个质控规则来判定，见图 8-9。

2. 1_{3S} 规则 失控规则，对随机误差敏感。指任一浓度质控品测定值超出 $\bar{x}\pm3S$。见图 8-10。

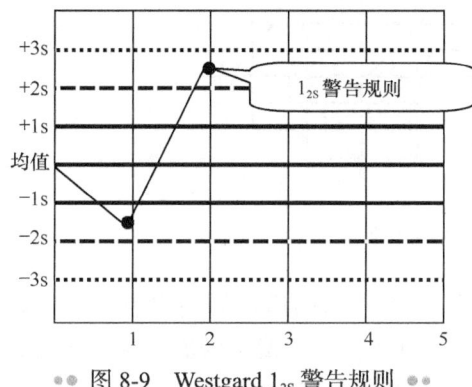
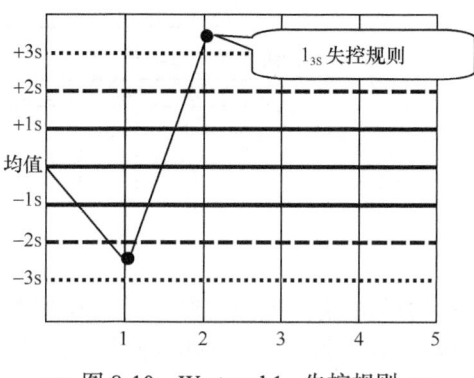

● ● 图 8-9 Westgard 1_{2S} 警告规则 ● ●　　● ● 图 8-10 Westgard 1_{3S} 失控规则 ● ●

3. 2_{2S} 规则 失控规则，对系统误差敏感。指同一分析批中两个浓度质控品测定值都超出 $\bar{x}+2S$ 或 $\bar{x}-2S$（同方向）限值，或者同一浓度质控品测定值连续两个分析批都超出 $\bar{x}\pm2S$ 或 $\bar{x}\pm-2S$（同方向）限值。见图 8-11。

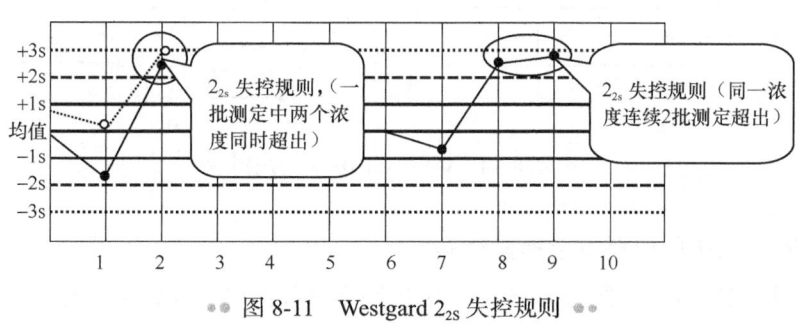

● ● 图 8-11 Westgard 2_{2S} 失控规则 ● ●

4. R_{4S} 规则 失控规则，对随机误差敏感。指同一分析批中一个浓度质控品测定值超出 $\bar{x}+2S$ 控制限，另一个超出了 $\bar{x}-2S$ 控制限，差值超出了 4 个 S。见图 8-12。

5. 4_{1S} 规则 失控规则，对系统误差敏感。指连续四个质控品测定值超出 $\bar{x}+1S$ 或 $\bar{x}-1S$。有两种情况：①同一浓度质控品测定值连续四个分析批超出 $\bar{x}+1S$ 或 $\bar{x}-1S$；②高低两个浓度质控品测定值连续两个分析批同方向超出 $\bar{x}+1S$ 或 $\bar{x}-1S$。见图 8-13。

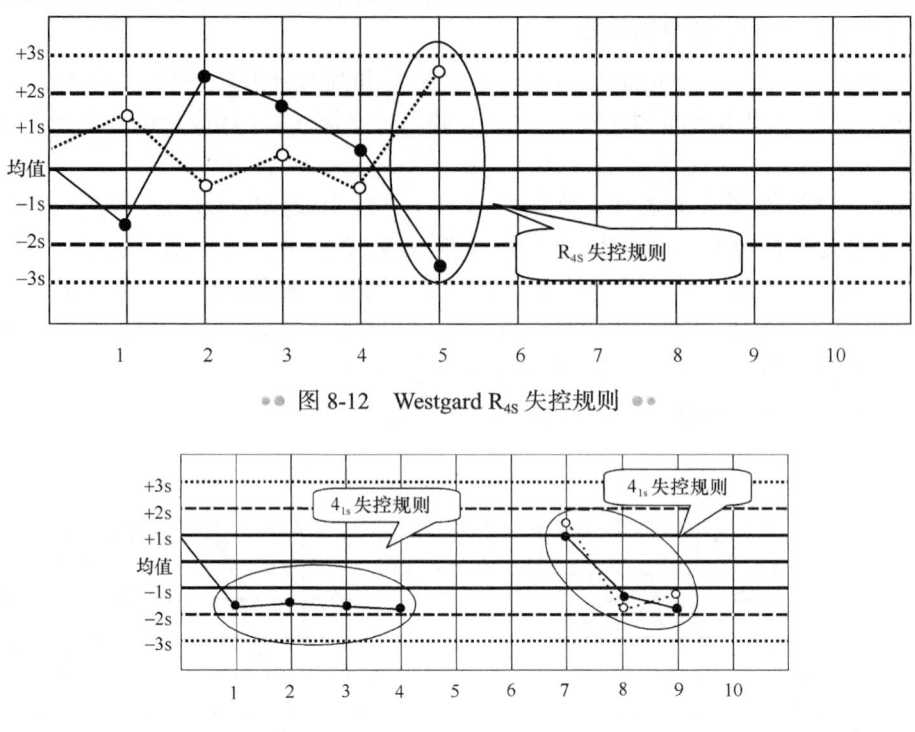

●●● 图 8-12　Westgard R_{4S} 失控规则 ●●●

●●● 图 8-13　Westgard R_{4S} 失控规则 ●●●

6. $10\bar{x}$ 规则　失控规则，对系统误差敏感。指 10 个连续的质控品测定值均落在均值的一侧。有两种情况：①同一浓度质控品测定值连续 10 个分析批偏于均值一侧；②高低两个浓度质控品连续 5 个分析批的测定值在均值的一侧。见图 8-14。

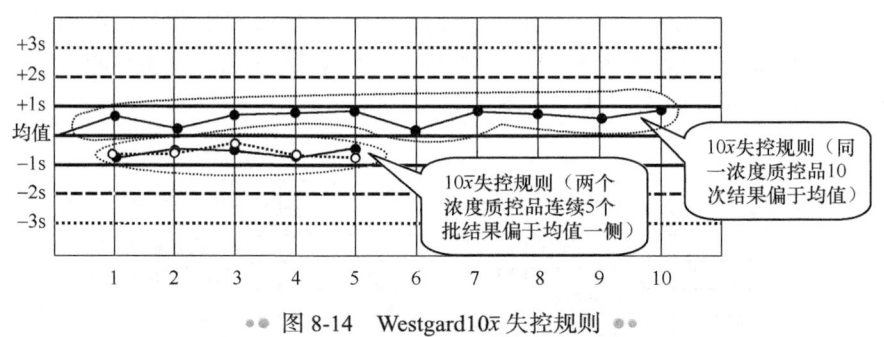

●●● 图 8-14　Westgard $10\bar{x}$ 失控规则 ●●●

（三）Westgard 多规则质控检索逻辑

质控数据标记好后，根据图 8-15 所示多规则质量控制检索逻辑进行分析。

①如果该分析批中高低两个浓度质控品测定值均在 $\bar{x}+1S$ 或 $\bar{x}-1S$ 范围内，则判断该分析批结果在控，可以进入报告单发放程序。②只要有一个质控数据超过 $\bar{x}±1S$，首先考虑 4_{1S} 规则，如果只有三个以内的质控数据超过 $\bar{x}±1S$ 但没有超过 $\bar{x}±2S$ 控制限，则判断该批结果在控。③以 1_{2S} 警告规则来启动其他质控规则：只要有一个质控数据超出 $\bar{x}±2S$，表明有失控可能，保留检验结果，启动警告规则，按照 $1_{3S}/2_{2S}/R_{4S}/4_{1S}/10\bar{x}$ 顺序依次对包括该分析批在内的前几个分析批数据进行分析，如果违背其中的任一规则，则判断该分析批为失控。

第 8 章 生物化学检验的质量控制

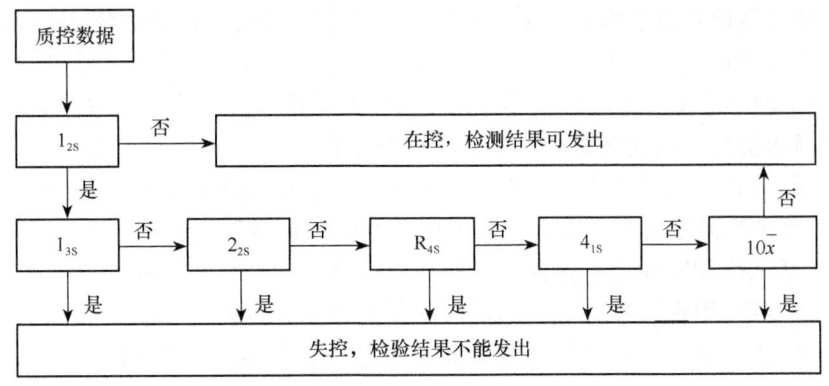

··· 图 8-15 多规则质量控制检索逻辑 ···

（四）Levey-Jennings 与 westgard 两种质控方法的比较

Levey-Jennings 质量控制法与 westgard 多规则质量控制法均是目前医学实验室最重要的质量控制法，两者的主要区别点见表 8-4。

表 8-4 Levey-Jennings 和 westgard 两种质控方法比较

方法名称	Levey-Jennings 质控法	Westgard 多规则质控法
适用对象	主要适用手工操作技术	主要适用自动化分析技术
质控品浓度	单一浓度或两个浓度	两个浓度或多个浓度
质控规则	1_{2s} 为警告，1_{3s} 为失控	$1_{2s}/1_{3s}/2_{2s}/R_{4s}/4_{1s}/10x$，其中 1_{2s} 为警告，后 5 个为失控
误差类型判断	1_{3s} 对随机误差敏感	1_{3s}、R_{4s} 对随机误差敏感；2_{2s}、4_{1s}、$10x$ 对系统误差敏感
误差检出率	低	高
质控图	Levey-Jennings 质控图	Levey-Jennings 质控图或 Z-分数质控图
真在控概率	低	高

六、失控后处理及原因分析

任何实验结果都有误差，只是大小的差异。失控原因的查找过程并无一个固定模式，一般是由易到难，由近到远的查找。

（一）失控处理流程

当发现质控数据失控时，应按照实验室制定的失控处理流程进行处理。主要包括：
1. 立即停止该分析批次报告的审核发放，并向质量和科室负责人报告。
2. 分析查找失控原因，判断误差的来源和类型，有针对性地处理。
3. 处理后再次复测质控品，直至质控结果为在控为止。
4. 必要时复测部分或全部患者标本。
5. 由审核者查验处理流程和结果，对最终结果进行确认并签字。并决定是否发出与失控同批次的患者结果。

（二）失控原因分析

失控信号的出现受多种因素影响，失控原因的分析过程和方法如下。

1. 根据质控图确定误差类型 不同的质控规则有不同的检测误差类型的敏感度。例如 1_{3s}、R_{4s} 规则通常指示随机误差；2_{2s}、4_{1s}、$10\bar{x}$ 规则通常指示系统误差。质控曲线的突然变化或较大幅度的波动应多考虑随机误差，而趋势性和渐进性改变应多考虑系统误差。

2. 根据误差类型查找失控原因 由于随机误差和系统误差由不同原因引起，因此确定误差类型后较易分析出误差的来源。系统误差来源因素较随机误差的来源因素多，一般也较易解决。引起系统误差的常见原因有：①仪器方面：光路系统老化、仪器温控系统失灵、量器不准等；②试剂和实验用水方面：试剂批号改变或变质、校准物批号改变或变质、校准物定值错误、实验用水变质等。引起随机误差的常见原因有：①人员操作不规范及习惯变化；②仪器电压不稳、试剂或试剂通道混有气泡、混合不匀、环境因素等条件的突然改变等。

3. 检测系统及分析过程的回顾分析 无论是手工操作、还是自动分析仪测定，均按检测过程的先后顺序全程回顾，仔细检查整个检测过程中有无改变检测系统的状态，如更换操作人员、电压、温度的波动、变更试剂、校准品、质控品、分析仪硬件的更换、参数的修改等。同时区分是个别项目失控还是多数项目失控，如是个别项目失控，则基本确认分析仪工作正常，如多个项目失控，应寻找失控项目之间的共同因素。如 Glu（HK 法）、ALT、CK 等项目同时失控，其共同特点是均以 340nm 为测定波长，因此应首先核实该波长滤光片是否损坏或光能量下降等问题。

4. 样本的选择性复查 为验证上述的初步分析是否正确，应对失控批中部分患者标本进行选择性（10%）复查。最好随机挑选结果异常的、已知病情的或近期曾做过该项检查的标本。复检时，最好能将下列样本放入其中同步复检：失控时所使用的质控血清、新开的相同批号的质控血清、失控时使用的校准品、新开的相同批号的校准品、新开的定值质控血清。最后根据结果对先前的失控作出恰当的判断。如判断为真失控，应在重做质控结果在控后，对失控分析批所有标本进行重测；如判断为假失控，则可以按原测定结果发报告，不必重测。

失控原因的初步分析过程见图 8-16。

【实验 8-1】 Levey-Jennings 质量控制图的制作与应用

【原理】

对同一质控血清用同一方法每天测定 1 次，连续测定 20 天，根据 20 个测定值求平均值（$\bar{x}$）和标准差（S），然后以 $\bar{x}$ 为中心线，以 $\bar{x}\pm 2S$ 为警告限、$\bar{x}\pm 3S$ 为失控限绘制临时质控图。本实验以葡萄糖氧化酶法为例，使用高、低两个浓度质控品。

【操作方法】

1. 检测 在旧批号质控品剩余量还可用一个月时，将新批号高、低两个浓度的质控品每天各打开一瓶随机插入患者标本中检测葡萄糖浓度，20 天后分别获得两组各 20 个质控品测定值（测定方法见有关章节）。

2. 检测结果 见表 8-5。

3. 求平均值和标准差 根据以上数据，剔除离群值（剔除超过 $\bar{x}\pm 3S$ 后的数据）后分别求出高、低两个浓度的均值和标准差，并将求得的数据填入表 8-5 中。

4. 绘制临时质控图 绘制临时质控图 以均值为靶值，以 $\bar{x}\pm 2S$ 为警告限、$\bar{x}\pm 3S$ 为失控限分别绘制高、低两个浓度的 Levey Jennings 临时质控图。

第 8 章　生物化学检验的质量控制

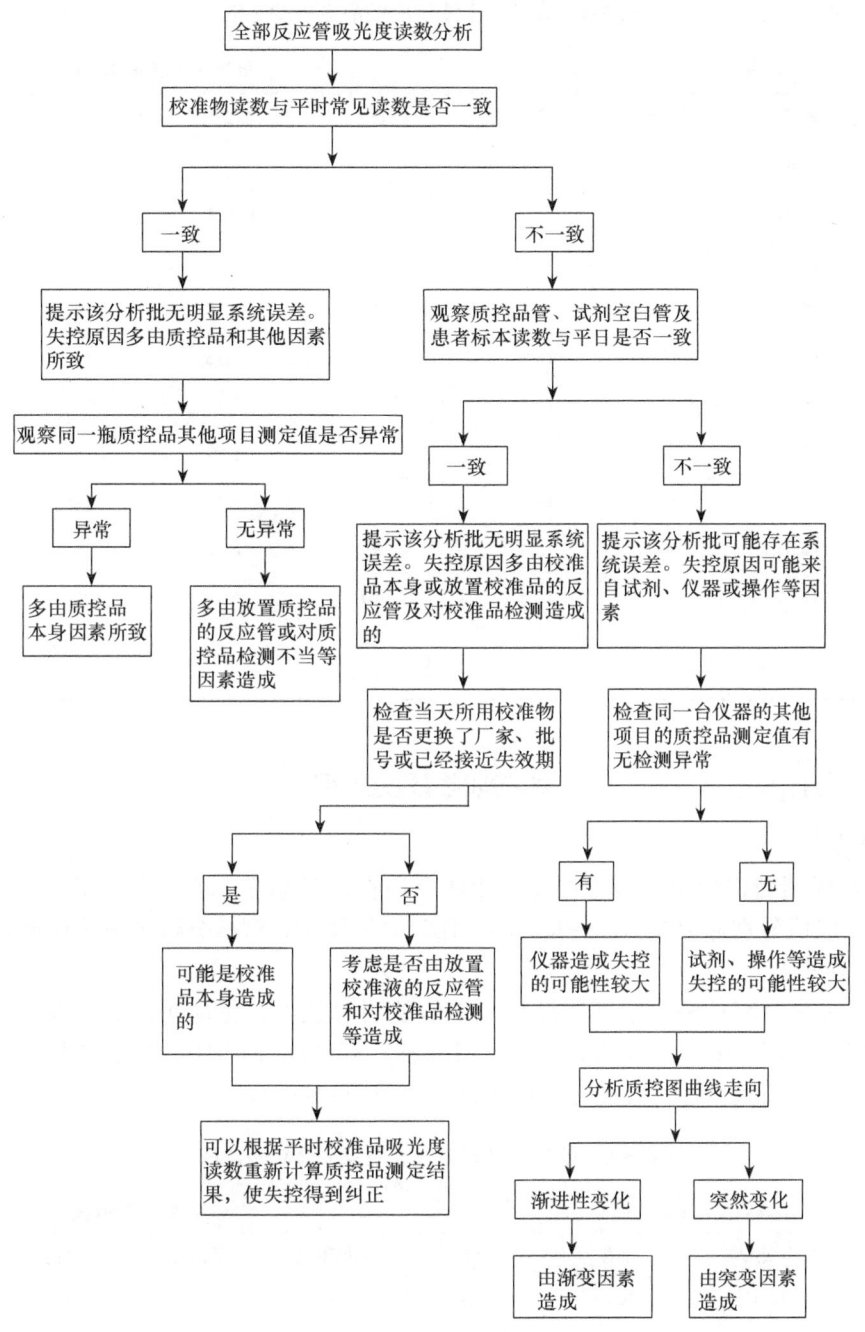

图 8-16　失控原因初步估计图

> **链接**
>
> 用 excel（电子表格）制作 Levey-Jennings 质控图并应用于临床
> 参见《计算机在检验医学中的应用》书籍等

表 8-5　高低两个浓度质控品血糖测定值

高浓度质控品测定值				低浓度质控品测定值			
日期	测定值	日期	测定值	日期	测定值	日期	测定值
1	15.64	11	15.19	1	6.20	11	6.00
2	15.27	12	15.74	2	6.21	12	6.18
3	15.65	13	15.50	3	6.15	13	6.02
4	15.47	14	15.44	4	6.15	14	6.21
5	15.26	15	15.32	5	6.15	15	6.09
6	15.36	16	15.41	6	5.86	16	6.17
7	15.19	17	15.45	7	5.87	17	6.21
8	15.14	18	15.54	8	6.12	18	6.03
9	15.31	19	15.43	9	6.12	19	6.00
10	15.30	20	15.67	10	6.14	20	6.18
x＝				x＝			
S＝				S＝			

【实验 8-2】　临时质控图的应用

【原理】

在次月葡萄糖检测中，每天用完全相同点质控品随患者标本一起检验，检验完毕后，将质控品测定值分别标记在 Levey Jennings 临时质控图中，观察分析批是否在控。

【操作方法】

表 8-6 是次月高低两个浓度质控品测定值的所有数据，将这些数据分别标记在 Levey Jennings 临时质控图中，并将相关内容填写完整。根据质控规则分析质控图是否有规律性变化，有几个分析批失控，失控分析批违背了哪个质控规则。

表 8-6　第二个月高低浓度质控品血糖测定值

高浓度血糖测定值				低浓度血糖测定值			
日期	测定值	日期	测定值	日期	测定值	日期	测定值
1	15.41	16	15.69	1	6.31	16	6.09
2	15.54	17	15.25	2	5.91	17	6.12
3	15.40	18	15.65	3	6.01	18	5.88
4	15.34	19	15.36	4	5.91	19	5.97
5	15.14	20	15.47	5	6.18	20	6.02
6	15.50	21	15.19	6	5.99	21	6.28
7	15.25	22	15.44	7	6.01	22	6.09
8	15.40	23	15.51	8	6.15	23	6.14
9	15.28	24	15.79	9	6.00	24	6.08

续表

高浓度血糖测定值				低浓度血糖测定值			
日期	测定值	日期	测定值	日期	测定值	日期	测定值
10	15.50	25	15.10	10	5.99	25	6.29
11	15.13	26	15.42	11	6.04	26	6.15
12	15.81	27	15.75	12	6.19	27	6.19
13	15.55	28	15.60	13	6.10	28	6.14
14	15.40	29	15.43	14	6.08	29	6.00
15	15.49	30	15.42	15	6.12	30	6.19
累计	$\bar{x}=$			累计	$\bar{x}=$		
累计	$S=$			累计	$S=$		

第 3 节 室间质量评价

室间质量评价（external quality assessment，EQA）是指多家实验室分析同一批样本，由外部独立机构收集、分析和反馈各实验室检测结果，以此评价实验室的检测能力的过程。EQA 也被称作能力验证或比对（proficiency testing，PT）。EQA 是一种回顾性评价，在实验室质量管理体系中，EQA 是重要的组成部分。

一、室间质评的目的和作用

室间质量评价的目的主要包括：①帮助参评实验室提高检验质量，提高结果的准确性；②建立参评实验室间检测结果的可比性和一致性；③为实验认证、认可、评审、注册和资质认证等提供依据；④对市场上同类分析系统（仪器、试剂等）的质量进行比较，并协助生产单位改进质量等。

室间质量评价的主要作用有如下八项。

1. 评价实验室的检测能力，识别实验室间的差异　室间质量评价报告可以客观地反映该实验室的检测能力，帮助实验室发现与其他实验室检测水平的差异。

2. 识别问题并采取相应的改进措施　如果本实验室结果与靶值有显著差异，则需认真分析原因并改进。

3. 改进分析能力和实验方法　如果实验室拟改变实验方法和选购新的仪器，可以从 EQA 总体信息中找到参考依据，帮助实验室做出正确的选择。

4. 确定重点投入和培训需求　EQA 报告可以帮助实验室确定哪部分检测项目需要重点关注，加强培训和考核工作。

5. 是实验室质量保证的客观证据　EQA 结果可以作为实验室质量稳定与否的客观证据。

6. 支持实验室认可　EQA 成绩越来越受到认可组织的重视，成为实验室认可（如 ISO 15189 文件）活动中重要的参考依据。

7. 增加实验室内部和实验室用户的信心　满意的 EQA 成绩不仅可以树立实验室管理者和技术人员的信心,还可以鼓励实验室的用户(医师和患者)充分利用检测信息帮助临床诊断和治疗。

8. 实验室质量保证的外部监督工具　美国 CLIA' 88 对于未能获得满意的室间质评价成绩的实验室,要进行追踪检查,并可责令实验室暂停该检测项目。EQA 成绩可作为卫生行政主管部门对实验室质量实施监督的重要工具。

二、室间质评的类型与组织形式

(一)室间质评的类型

室间质量评价计划通常分为 6 种类型:即实验室间检测计划、测量比对计划、已知值计划、分割样品检测计划、定性计划和部分过程计划。我国各级临床检验中心组织的室间质量评价多为实验室间检测计划,已知值计划和分割样品检测计划也可以在临床实验室应用。

(二)室间质评的组织形式

1. 调查方式评价　这是 EQA 最常用的方法。由组织单位将质评物按期发给各参评实验室,各参评实验室完成检测后将结果报送 EQA 组织单位,组织单位对各参评结果进行评价、反馈。

2. 现场考查评价　事先不通知被评单位,临时派观察员到被调查实验室,指定实验室做规定项目的质控检测,评价其水平。

三、室间质评的程序和方法

(一)室间质量评价的工作流程

EQA 工作流程分为组织者内部工作流程和参加者工作流程两部分。

1. 组织者工作流程　包括①质量评价计划的组织和设计;②邀请书的发放;③质控物的选择和准备;④质控物的包装和运输;⑤检测结果的接受;⑥检测结果的录入;⑦检测结果的核对;⑧靶值的确定;⑨报告的发放;⑩与参加者的沟通。

2. 参加者工作流程　包括①接受质控品;②检查破损和申报;③将接收单传真给组织者;④按规定日期进行检测;⑤反馈结果;⑥收到评价报告;⑦分析评价报告;⑧决定是否采取纠正措施;⑨评估采取措施的效果;⑩结束。

(二)室间质评物的提供与检测

根据组织形式的不同,标本可通过邮寄方式提供或指定人进行现场考核。

1. 计划内容和质评物检测频率　每年在大概相同的时间间隔内,最好组织 3 次质评活动。计划应提供每次活动至少 5 个样本(即每个项目至少可得 15 个检测),样本浓度应包括临床上相关的值,即是患者样本的浓度范围。

2. 质评物检测要求

(1)室间质评物必须在实验室常规条件下检测:即由常规的测量系统,由常规的工作人员、与患者样本同步测试室间质评物,特别强调室间质评物的检测次数必须与患者样本检测次数一样,禁止多次测定上报平均值。

（2）检测时间与上报时间：必须按 EQA 组织者规定时间内进行，既不要提前也不要推迟，禁止实验室之间进行室间质评物结果的交流和修改。

（3）实验室不得将 EQA 质评物交其他实验室进行检测。

（4）文件及签字：实验室必须将测量系统相关的处理、准备、方法、审核、检验的每一步骤和结果的报告文件化，分析人员和实验室主任签字，作为 EQA 回顾总结和质量管理体系记录的重要资料。

（5）室间质评项目：只在检测患者标本的主要分析系统或方法上进行 EQA 检测，其余检测方法或系统可以通过实验室内部比对来保证质量。

（三）室间质评的评价方法

1. 能力比对检验（Proficiency Testing，PT）法 美国国会 1988 年临床实验室修正案（Clinical laboratory improvement amendment，CLIA′88）强制性地将 PT 作为实验室认可的主要内容之一。PT 现已成为全球性室间质量保证系统的主要内容。参照美 CLIA′88 的 PT 评价方法，针对某一测定项目，按单个测定值、单次质评、总评三个层次进行统计，根据总评成绩对实验室该阶段的质量做出评价。

（1）质评物的定值：常用两种方法：①由参考实验室用参考方法对质评物定值，以此作为靶值；②对所有参评实验室的质评物测定值反复剔除 ±3S 的离群值后，计算出的均值作为靶值。

（2）计算方法：

单个测定值的偏倚计算方法：偏倚 % $= \dfrac{|x-\bar{x}|}{\bar{x}} \times 100\%$

某一项目的 PT 得分（score）：$S_1 = \dfrac{\text{该项目可接受的结果数}}{\text{该项目总的测试数}} \times 100\%$

全部项目的 PT 得分：$S_t = \dfrac{\text{全部项目可接受的结果数}}{\text{全部项目总的测试数}} \times 100\%$

（3）判断标准：

1）单个测定值：按美国 CLIA′88 临床化学室间质量评估指标（见实验方法的选择与评价章节），偏倚 % 在可接受范围内则 PT 得分为 100 分（可接受），超出可接受范围则 PT 得分为 0 分（不可接受）。

2）单次质评：某一项目的 PT 得分：S_1 或 $S_t \geqslant 80\%$ 为合格，S_1 或 $S_t < 80\%$ 为不合格。

3）总评：S_1 或 S_t 连续三次质评中有两次不合格，则为"PT 成绩不成功"。

2. 变异指数得分（variance index score，VIS）法

（1）计算公式：$V = \dfrac{|x-\bar{x}|}{\bar{x}} \times 100$ $\qquad VI = \dfrac{V}{CCV} \times 100$

式中，x 是实验室测定值，$\bar{x}$ 靶值，V 是变异百分率，VI 是变异指数，CCV 是选定的变异系数。

VIS 变异指数得分规定如下（VIS 只计整数位，不带正负符号）：

当 VIS≤400 时，VIS=VI，VIS>400 时，VIS=400。

（2）我国的评分标准：单项 VIS≤80 为优秀，VIS≤150 为及格，VIS>150 为不合格。合格率=合格项目个数/全部项目数 ×100%。

（3）国家卫生计生委临床检验中心推荐的 CCV：见表 8-7。

表 8-7　国家卫生计生委临床检验中心推荐的 CCV

项目	缩写	单位	CCV	项目	缩写	单位	CCV
钾	K	mmol/L	3.5	胆红素	Tbil	umol/L	19.2
钠	Na	mmol/L	1.6	丙氨酸氨基转移酶	ALT	U/L	17.3
氯	Cl	mmol/L	2.2	门冬氨酸氨基转移酶	AST	U/L	12.5
钙	Ca	mmol/L	4.0	碱性磷酸酶	ALP	U/L	15.5
磷	P	mmol/L	7.8	肌酸激酶	CK	U/L	18.5
葡萄糖	Glu	mmol/L	7.7	乳酸脱氢酶	LDH	U/L	13.2
总蛋白	Tp	g/L	3.9	淀粉酶	AMS	U/L	11.5
白蛋白	Alb	g/L	7.5	胆固醇	TC	mmol/L	7.6
尿素	Urea	mmol/L	5.7	甘油三酯	TG	mmol/L	10.0
肌酐	Cr	umol/L	8.9	高密度脂蛋白胆固醇	HDL-c	mmol/L	10.0
尿酸	UA	umol/L	7.7				

四、室间质评回报结果的分析与评价

（一）室间质评回报结果的分析

参评实验室在接到组织者的反馈意见后要认真分析，即使是成绩合格的检验项目，为了保持或取得更好的检验质量，实验室仍要组织专业人员分析。观察本室每个被调查项目中各个浓度的测定值与靶值偏差的大小，检测结果是否都偏于靶值的一侧，某些结果是否已经接近控制限，是否存在趋势性变化等。

```
         国家卫生计生委临床检验中心
         2014 年脂类测定室间质量评价统计结果
```

实验室编码：******　　　　　　　　　　　　测定日期：2014-11-15
实验室名称：******　　　　　　第二次　　　　统计日期：2014-11-24

项目：胆固醇　　　　mmol/L

样本编号	你室结果	靶值	偏倚（%）	允许范围	下限	靶值	上限	评价结果
201431	3.77	3.97	−5.04	3.57-4.37		*		通过
201432	5.11	5.35	−4.49	4.81-5.88			*	通过
201433	4.41	4.63	−4.75	4.17-5.09			*	通过
201434	7.78	8.77	−11.3	7.89-9.65	*			不通过
201435	8.12	8.55	−5.03	7.70-9.41		*		不通过

所属组	缺省组	仪器	******		成绩	80%
本组实验室数	856	试剂	******			
方法	COD-POD	校准物	******			

图 8-17　某实验室参加国家卫生计生委临检中心室间质评反馈结果

如图 8-17 是某参评实验室在国家卫生和计生委临床检验中心脂类室间质评反馈结果，其中 1 个浓度的胆固醇调查值在允许范围外，而 4 个浓度的胆固醇调查值在允许误差范围内（S_1＝80% 为合格），但各调查值均偏于靶值的一侧，说明准确度出现了系统性偏差，检测结果偏低，实验室可以据此分析原因，对检测系统进行适当校准，提高本室检验结果的准确度。

（二）不合格室间质评结果的研究程序和原因分类

对不合格的参评项目，实验室管理者要组织有关人员仔细阅读记录文件，认真分析偏差产生的原因。

1. 核实原始数据　审核所有记录性文件，检查数据是否有计算或录入错误。

2. 核实 EQA 样品　EQA 样品的质量是否发生了改变，如基质效应、不均匀、变质等，EQA 样品在运输、保存、处理和使用过程中是否按规定进行。

3. 分析检测环境　对检测系统的运行环境进行分析，如温度、湿度、水质、电压、干扰等因素是否完全符合检测系统的运行要求。

4. 分析检测过程　对检测系统的各组成要素逐一进行排查，如试剂、校准物、反应系统、光路等是否有影响检测结果的因素，室内质控状况如何等。

5. 对工作人员的操作技术进行分析　实验室应尽可能寻找不合格结果的原因，对每次室间质评报告进行总结，实验室管理者不仅要技术层面找原因，还要从管理方面找原因，如：工作人员的数量和能力是否能够满足实验室需要等。不论何时，实验室应尽可能地利用从不合格结果调查中获得的信息来预防将来出现类似的问题，增加实验室间检测结果的可比性和一致性，提高检验质量。

> **案例 8-1 问题精要**
> 1. 未按要求采集标本：混入 EDTA-K 抗凝剂。
> 2. 略。
> 3. 及时通知有关负责的医师，并做好记录。

目标检测

单选题

1. 实验室管理活动中，室内质量控制主要用于控制（　　）
   A. 准确度　　　B. 精密度
   C. 特异性　　　D. 敏感性
   E. 系统误差

2. 实验室管理活动中，室间质量评价主要用于控制（　　）
   A. 准确度　　　B. 精密度
   C. 特异性　　　D. 敏感性
   E. 偶然误关

3. 通常质控可接受范围是，正常情况下，质控血清测定 100 次结果有（　　）次可能超过
   A. 没有　　　B. 1
   C. 2　　　　D. 4
   E. 3

4. 下列（　　）规则提示系统误差存在
   A. 12S　　　B. 13S
   C. R4S　　　D. 41S
   E. 12.5S

5. 正态分布图中，3S 范围包含全体的（ ）
   A. 55% B. 68.27%
   C. 95.45% D. 99.73%
   E. 99.0%

6. 变异系数的计算方法为（ ）
   A. CV＝s/$\bar{x}$
   B. CV＝s/$\bar{x}$×100%
   C. CV＝s×$\bar{x}$/100%
   D. CV＝$\bar{x}$/s×100%
   E. CV＝$\bar{x}$/s

7. 多次重复试验中，正负误差代数和经常接近（ ）
   A. 零 B. 正
   C. 负 D. 不确定
   E. 以上都不对

8. OCV 与 RCV 的关系为（ ）
   A. OCV＞RCV
   B. OCV＜RCV
   C. OCV＝RCV
   D. OCV＝RCV/2
   E. 不确定

9. 分析前质量控制不包括（ ）
   A. 试验项目的正确选择
   B. 患者准备
   C. 护士抽血
   D. 标本上机检测
   E. 室内质控

10. 分析中质量控制不包括（ ）
    A. 仪器校准
    B. 室内质控
    C. 收回错发的报告单
    D. 水质监测
    E. 传送分析结果

11. 室间质评与室内质控的关系（ ）
    A. 室间质评是室内质控的基础
    B. 室内质控是室间质评的基础
    C. 室间质评成绩好不用做室内质控
    D. 室内质控精密度好不用参加室间质评
    E. 室内质控与室间质评没有关系

12. 对同一样品进行重复检测，所得结果（ ）
    A. 差别越小，精密度越低
    B. 差别越小，精密度越高
    C. 差别越小，准确度越高
    D. 差别越小，准确度越低
    E. 差别与精确度无关系

13. 在临床化学室间质评某次活动中，对于钾五个不同批号的结果，其中有一个批号结果超过规定的范围，其得分应为（ ）
    A. 80% B. 100%
    C. 60% D. 90%
    E. 70%

14. 室内质控图制作的关键是选择（ ）
    A. 标准差 B. 质控血清
    C. 试剂盒 D. 控制限

15. 对同一分析项目，连续两次活动或连续三次中的两次活动未能达到满意的成绩则称为（ ）
    A. 不满意的 EQA 成绩
    B. 不满意但成功的 EQA 成绩
    C. 成功的 EQA 成绩
    D. 不成功的 EQA 成绩
    E. 满意且成功的 EQA 成绩

16. 假定尿素在常规实验室 20 天测定的质控结果的均数为 6.5mmol/L，标准差为 0.45mmol/L；第一个月在控数据的平均数为 6.3mmol/L，标准差为 0.20mmol/L；累积数据计算的平均数为 6.4 mmol/L，标准差为 0.30 mmol/L。您认为第二个月份的室内质控图，应采用的均值和标准差为（ ）
    A. 6.5 mmol/L 和 0.45 mmol/L
    B. 6.4 mmol/L 和 0.30 mmol/L
    C. 6.3mmol/L 和 0.20 mmol/L
    D. 6.4 mmol/L 和 0.45 mmol/L
    E. 以上都不是

17. 室内质控中最初求取均值的样本，测定次数不应少于（ ）
    A. 10 B. 20
    C. 50 D. 100
    E. 30

18. 记录室内质控结果时应该（ ）
    A. 只记录在控结果
    B. 只记录失控结果
    C. 记录所有结果
    D. 每天观察不用记录
    E. 把失控数据去掉

19. 计算累积的平均数和标准差时使用（ ）
    A. 所有在控数据

B. 所有质控数据
C. 所有失控数据
D. 部分质控数据
E. 以上都不是

20. 质控图上控制限的确定（　　）
   A. 厂家提供的定值质控物的说明书中的定值
   B. 最多 20 天测定结果的标准差
   C. 累积 3~5 个月的标准差
   D. 靶值的 20%
   E. 靶值的 10%

21. 当质控结果超过控制限（失控限）不需采取的措施（　　）
   A. 重测质控品
   B. 判断分析批是否失控
   C. 暂停发出患者测定结果报告
   D. 对仪器进行保养和检修
   E. 重测患者标本

（罗春华）

第9章 血浆蛋白质检验

学习目标

掌握：双缩脲法测定血浆总蛋白、溴甲酚绿法测定血浆清蛋白的原理、试剂组成和作用、临床意义、注意事项及方法评价。

熟悉：极性时相反应蛋白的概念、种类及特性、测定方法及临床意义。

了解：血浆蛋白质的组成、功能、分类，疾病时血浆蛋白质变化的图谱特征。

能规范、熟练地操作血浆总蛋白、清蛋白等体液蛋白项目测定。

案例9-1

男性，55岁。背部不适，疼痛严重，三个月体重下降30kg。实验室检查血清总蛋白（total protein，TP）110g/L，血清蛋白质电泳见γ-球蛋白区带中间部分显著深染，其扫描峰高于清蛋白。

问题：
1. 该男性初步诊断患何种疾病？依据是什么？
2. 血清蛋白电泳中所见的典型蛋白峰称为什么？

蛋白质是人体生命活动的重要物质基础，其含量约占人体固体成分的45%，一个细胞有3 000～5 000种蛋白质。

在疾病的发生和发展过程中，当细胞遭到破坏时，一些正常时存在于细胞内或细胞表面的蛋白质可进入细胞外液而使血浆、尿液、脑脊液等体液中的蛋白质出现异常，因此，体液蛋白质的检测对某些疾病的诊断和治疗有重要的临床价值。

第1节 概　述

一、血浆蛋白质的组成、功能及分类

血浆蛋白质是血浆中多种蛋白质的总称，是血浆固体成分中含量最高、组成极为复杂、功能广泛的一类化合物。

（一）血浆蛋白质的组成

目前已经研究的血浆蛋白质有500种左右，其中分离出接近纯品者近200种，血浆中各种蛋白质的含量差别很大，多者每升达数十克，少的仅为毫克甚至微克水平。绝大多数血浆蛋白质由肝脏合成，如白蛋白、纤维蛋白原、部分球蛋白等；还有少量血浆蛋白质如免疫球蛋白和蛋白质类激素由其他组织细胞合成。

（二）血浆蛋白质的功能

血浆蛋白质种类繁多，其中不少蛋白质的功能尚未完全明白，但对蛋白质的一些主要功能已有比较深入的了解，可概括为：①维持血浆胶体渗透压；②运输功能；③维持血浆的酸碱平衡；④免疫与防御功能；⑤血凝、抗凝血及纤溶等功能；⑥营养作用；⑦催化、代谢调节。

当人体因感染、自身免疫性疾病等组织损伤（如创伤、手术、心肌梗死、肿瘤等）侵害，诱导炎症，使单核细胞和巨噬细胞通过释放紧急反应性细胞因子，再经血液循环，刺激肝细胞产生 AAT、AAG、HP、CER、C_3、C_4、Fib（纤维蛋白原）、CRP 等，使其在血浆中浓度显著升高，而血浆中 PA、ALb、TRF 则出现相应地降低，此炎症反应过程，称之为急性相反应(acute phase response，APR)，该过程出现的蛋白质统称为急性相反应蛋白(acute phasere response，protein，APRP)。

（三）血浆蛋白质的分类

血浆蛋白质的种类繁多，有些蛋白质的结构和功能尚不清楚，难以做出恰当分类。现通常根据分离方法和生理功能分类。

1. 根据分离方法分类　①盐析法：这是最早的分类方法，可将血浆蛋白质分为白蛋白和球蛋白两大类。②醋酸纤维薄膜电泳法分类：可分为白蛋白、α_1-球蛋白、α_2-球蛋白、β-球蛋、纤维蛋白原和 γ-球蛋白六区带。③琼脂糖凝胶电泳法分类：可分为 13 个区带。④聚丙烯酰胺凝胶电泳：在适当条件下可以分出 30 多个区带。

目前看来最实际的还是通过醋酸纤维薄膜电泳和琼脂糖凝胶电泳获得有关血浆蛋白质的全貌图谱，见图 9-1。根据电泳分类几种血浆蛋白质的特性和功能见表 9-1。

表 9-1　主要血浆蛋白电泳分类及其特性

电泳区带	蛋白质成分	成人参考值（g/L）	半衰期（天）	分子量（KD）	等电点	含糖量（%）	APRP	主要功能
前白蛋白	前白蛋白	0.2~0.4	0.5	54	4.7	0	↓	营养、运输
白蛋白	白蛋白	35~55	15~19	66.3	4~5.8	0	↓	营养运输、维持血浆胶体渗透压
α_1-球蛋白	α_1-酸性糖蛋白	0.5~1.2	5	40	2~3.5	45	↑	免疫应答修饰剂，影响凝血
	α_1-抗胰蛋白酶	0.9~2.0	4	51	4.8	12	↑	抑制蛋白酶
	甲胎蛋白	3×10^{-5}		69	4.7	4	—	胎儿期蛋白
	高密度脂蛋白	1.7~3.25		200			—	胆固醇逆转运
α_2-球蛋白	结合珠蛋白	0.5~1.5	2	85~400	4.1	12	↑	结合 Hb
	α_2-巨球蛋白	1.3~3.0	5	720	5.4	8	—	抗蛋白水解酶
	铜蓝蛋白	0.2~0.6	4.5	132	4.4		↑	转运铜，过氧化酶活性
β-球蛋白	低密度脂蛋白	2.5~4.4		300			—	运输胆固醇到组织
	转铁蛋白	2.0~3.6	7	76.5	5.7	6	↓	运送铁到细胞内
	血红素结合蛋白	0.5~1.15		57				结合血红素
	补体 C_4	0.1~0.4		206		7	↑	免疫反应
	补体 C_3	0.7~1.5		185		2	↑	免疫反应
	纤维蛋白原	2.0~4.0	2.5	340	5.5	3	↑	纤维蛋白前身参与血凝
	β_2-微球蛋白	0.001~0.002		11.8			—	
γ-球蛋白	IgG	7~16	24	15	6~7.3	3		抗体
	IgA	0.7~4	6	160		8		分泌性抗体

续表

电泳区带	蛋白质成分	成人参考值（g/L）	半衰期（天）	分子量（KD）	等电点	含糖量（%）	APRP	主要功能
	IgM	0.4～2.3	6	970		12		早期反应抗体
	C-反应蛋白	<0.008		115	6.2	0	↑	APR，防御蛋白

1. 正常参考值随选用的检测方法和年龄有所不同
2. APRP＝急性时相反应蛋白
3. ↑为急性相应时上升，↓为急性相应时下降，—为不属于极性反应蛋白

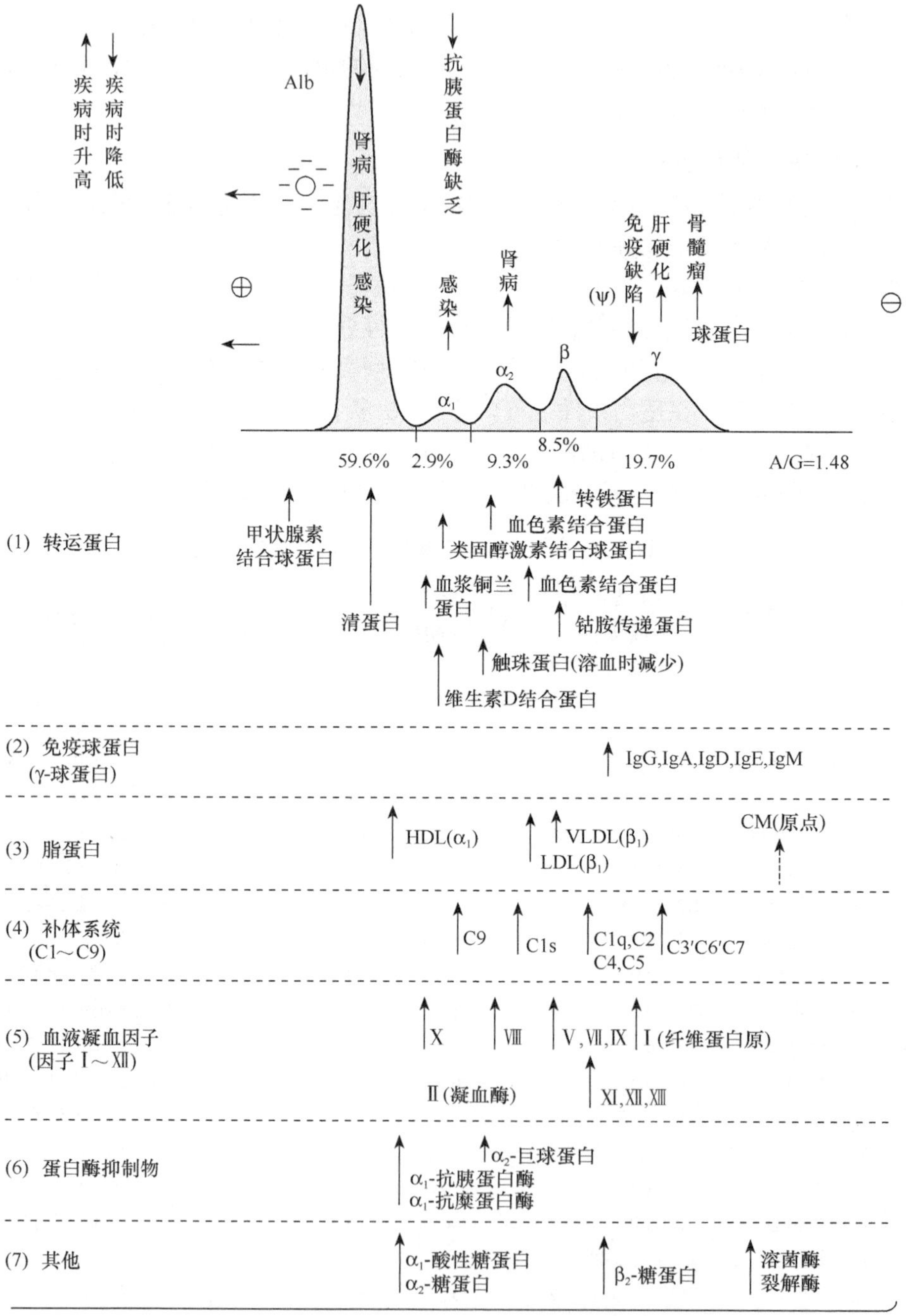

图 9-1　血浆蛋白电泳图谱（自丛玉隆. 2009. 实用检验医学）

2. 根据生理功能分类 主要可分为运输蛋白类、补体蛋白、凝血蛋白类、免疫球蛋白类、血清酶类、蛋白类激素。常见的生理功能类别见表 9-2。

表 9-2 血浆蛋白质的功能分类

功能分类	举例	功能特征
运输蛋白类	血浆脂蛋白：CM、VLDL、LDL、HDL 等	运输胆固醇、甘油三酯、磷脂及脂肪酸
	前白蛋白与白蛋白	运输游离脂肪酸、胆红素、激素、多种药物等
	视黄醇结合蛋白	结合视黄醇
	甲状腺素结合球蛋白	结合甲状腺素
	皮质醇结合球蛋白	结合皮质醇
	结合球蛋白	结合类固醇类激素
	转铁蛋白	运输铁
	结合珠蛋白	结合血红蛋白
	血色素结合蛋白	结合血红素
	铜蓝蛋白	结合铜
补体蛋白类	C_3、C_4、B 因子、D 因子等	参与机体的防御效应和自身稳定
凝血蛋白类	除Ⅵ（Ca^{2+}）外的十三个凝血因子	血液凝固作用
免疫球蛋白类	包括 IgA、IgG、IgM、IgD、IgE	排除外来抗原
蛋白酶抑制物	包括 α_1-抗胰蛋白酶血清、α_1-抗糜蛋白酶、α_2-巨球蛋白等 6 种	抑制蛋白酶作用
血清酶类	血浆固有酶如 LCAT 等	参与代谢有重要的调节代谢作用
	组织细胞少量释放的细胞内酶	在血浆中无生理功能
	组织细胞破裂进入血液循环的细胞内酶	在血浆中无生理功能
蛋白激酶类	胰岛素、胰高血糖、生长素等	多种代谢调节作用

二、常见血浆蛋白质特性概述

（一）前白蛋白

1. 属性 前白蛋白（prealbumin，PA）由肝细胞合成，是由四个相同的亚基组成的四聚体，分子量 54kd，等电点 4.7。因在 pH8.6 时电泳显示在白蛋白前方而得名。在血浆中的半寿期很短，约 12 小时，因此在营养不良或早期肝炎时，血清前白蛋白浓度降低往往早于其他血清蛋白质成分的改变，有较高的敏感性。

2. 功能 前白蛋白除可作为组织修补的材料外，还有运载功能。用分辨率高的电泳技术可将前白蛋白进一步分为 2～3 条区带，其中一种结合甲状腺素，称之为甲状腺素结合前白蛋白，有调节甲状腺素代谢和甲状腺功能状态的作用，其运输甲状腺素的作用较甲状腺素结合球蛋白（TBG）弱。另一种可与视黄醇结合蛋白形成复合物，具有运输维生素 A 的作用。

3. 测定方法 目前测定血清前白蛋白以免疫比浊法应用最多，其次是免疫扩散技术。

4. 参考范围 0.18～0.45g/L

5. 临床意义 血清 PA 作为营养不良和肝功能不全的指标比清蛋白和转铁蛋白更敏感。100～150mg/L 为轻度缺乏，50～100mg/L 为中度缺乏，<50mg/L 为严重缺乏。在急性炎症、恶性肿瘤、创伤等任何急需蛋白质合成的情况下，血清 PA 均迅速下降，PA 是负性急性时相反应蛋白。

（二）白蛋白

1. 属性 白蛋白（albumin，Alb）由肝实质细胞合成。其分子结构为含585个氨基酸残基的单链多肽，分子量66.3kD，等电点4～5.8。分子中有17个二硫键，不含糖的组分，在血浆中的半衰期15～19天。白蛋白是血浆中含量最多的蛋白质，占血浆蛋白质总量的40%～60%。在体液pH7.4的环境中每分子白蛋白带有200个以上的负电荷，成负离子状态。

血浆白蛋白的合成率可受食物中蛋白质的影响但主要受血浆中白蛋白水平的调节。白蛋白在肝细胞内没有储存，所有的细胞外液中都含有微量的白蛋白。每天约有360mg白蛋白通过肾小球滤过，其中95%在肾近曲小管被重吸收，在肾小管细胞中白蛋白被溶酶体中的水解酶降解为小分子片段进入血循环。

2. 功能 白蛋白具有广泛的生理功能，主要包括：

①营养作用；②维持血浆的胶体渗透压；③维持血浆的正常pH；④运输作用：白蛋白分子带有较多的极性基团，与某些金属离子和化合物有较高的亲和力，很多水溶性差的物质如胆红素、胆汁酸盐、长链脂肪酸、前列腺素、类固醇类激素、某些金属离子（如Cu^{2+}、Ca^{2+}等）、某些药物（如青霉素、阿司匹林等）都可以不同程度地和白蛋白可逆地结合。

血清白蛋白的测定及参考值见第二节体液蛋白质测定。

（三）α_1-抗胰蛋白酶

1. 属性 α_1-抗胰蛋白酶（α_1-antitrypsin，α_1-AT或AAT）由肝细胞合成，其分子结构为含394个氨基酸残基的单链多肽，分子量为51kD，pI4.8，含糖10%～12%。醋酸纤维素薄膜电泳时位于α_1-球蛋白区带，该区带中另外两个组分为含糖量很高的α_1-酸性糖蛋白和含脂类很高的α_1-脂蛋白，因这两种组分中蛋白含量较少，故染色都很浅，因此α_1-AT是这一区带显色的主要成分。

2. 功能 α_1-AT是一种具有蛋白酶抑制作用的急性时相反应蛋白，也称丝氨酸蛋白酶抑制物。这类抑制物还包括了α_1-抗胰凝乳蛋白酶、抗纤溶蛋白酶、抗纤溶酶、抗凝血酶、C_1失活物、卵清蛋白、甲状腺素结合球蛋白等。

作为蛋白酶抑制物，α_1-AT不仅作用于胰蛋白酶，并且对糜蛋白酶、弹性蛋白酶、尿激酶、纤溶酶、凝血酶和肾素等也有抑制作用。其作用占血清中抑制蛋白酶活力的90%以上。

α_1-AT的分子量较小，可通过毛细血管壁进入组织液与蛋白酶结合再回到血管内，α_1-AT和蛋白酶的结合物有可能转移到巨球蛋白分子上，经血液循环运输到单核吞噬细胞系统被降解消失。

α_1-AT具有多种遗传表型，迄今已分离鉴定的有33种α_1-AT等位基因，其中最多的是PiMM型（为M型蛋白的纯合子体），占人群的95%以上；另外还有两种蛋白称为Z型和S型，可表现为以下遗传分型：PiZZ、PiSS、PiSZ、PiMZ及PiMS。S型蛋白与M型蛋白之间的氨基酸残基仅有一个差异。

3. 测定方法 测定方法有很多，用酸性凝胶电泳或等电聚焦电泳可将α_1-AT分为5～8条区带。也可以利用其对蛋白酶的抑制能力进行测定。而免疫化学法是最常用的测定方法。

4. 参考范围 成人：0.83～1.99g/L；新生儿：1.45～2.7g/L

5. 临床意义

（1）降低：血浆低α_1-AT可见于胎儿呼吸窘迫综合征。α_1-AT缺陷：早年（20-30岁）出现肺气肿。当吸入粉尘和细胞引起肺部多形核白细胞的吞噬活跃时，溶酶体弹性蛋白酶释放,如果 M 型 $α_1$-AT 蛋白缺乏,蛋白水解酶可作用于肺泡壁的弹性纤维而导致肺气肿的发生。PiZZ 表型可引起肝硬化。

(2)升高:$α_1$-AT 作为急性时相反应蛋白之一,在急性炎症、外科手术后、组织坏死时增高,一般 24 小时后开始升高,3~4 天达到顶峰。血浆 $α_1$-AT 增高还见于长期服用可的松、雌激素类药物及妊娠等。

(四)$α_1$-酸性糖蛋白

1. 属性 $α_1$-酸性糖蛋白($α_1$-acid glycoprotein,AAG 或 $α_1$-AG)又称血清类黏蛋白,为一条含 181 个氨基酸残基的多肽链,分子量近 40kd,等电点 2.7~3.5,电泳时位于 $α_1$-球蛋白部分。$α_1$-酸性糖蛋白含糖约 45%,其中唾液酸占 11%~12%。

最初认为肝脏是合成 $α_1$-酸性糖蛋白的惟一器官,近年来认为脓毒症时粒细胞和单核细胞及某些肿瘤组织亦可合成。$α_1$-酸性糖蛋白的分解代谢首先经过唾液酸分子降解,而后蛋白质部分很快在肝中消失,血浆半衰期为 1~3 天。

2. 功能 作为主要的急性时相反应蛋白,血浆 $α_1$-酸性糖蛋白在急性炎症时增高,显然与抗体的免疫防御功能有关,但详细机制尚待阐明。

$α_1$-酸性糖蛋白可和多种药物(如利多卡因、普萘洛尔等)结合干扰药物的有效作用。据报道,$α_1$-酸性糖蛋白还可以抑制血小板凝集、影响胶原纤维形成及参与一些脂类衍生物(如孕酮)的运输。

3. 测定方法 可通过测定其分子中糖含量的方法间接计算含量,也可通过免逸化学法定量。

4. 参考范围 0.25~2.0g/L

5. 临床意义

(1)升高:AAG 作为主要的急性时相反应的指标,在炎症性疾病、组织损伤或某些肿瘤时,大部分伴有 AAG 增高。在急性炎症和外科手术时的当天,即可升高。第 4~5 天迅速下降。溃疡性结肠炎时,AAG 血浆含量升高是临床诊断最可靠的指标之一。糖皮质激素可使血浆中 AAG 含量增高。

(2)降低:在营养不良、肝实质病变时,AAG 合成减少从而导致血液中 AAG 降低;雌激素可导致 AAG 的合成减少;由于 AAG 的分子量较小,肾病综合征时 AAG 可进入尿液,某些消化道疾病时可进入消化道从而导致血液中 AAG 的含量降低。

(五)结合珠蛋白

1. 属性 结合珠蛋白(haptoglobin,Hp)又称触珠蛋白,为一种能与血红色进行不可逆结合的糖蛋白。主要在肝脏合成,是一种急性时相反应蛋白,等电点 4.1,在醋酸纤维素薄膜及琼脂糖凝胶电泳中位于 $α_2$-球蛋白区带。

结合珠蛋白为 $α_2β_2$ 四聚体。

2. 功能 主要是能与红细胞中释放出的游离血红蛋白结合,每分子 Hp 可结合两分子 Hb,从而防止 Hb 从肾丢失而为机体有效地保留铁,并避免 Hb 对肾脏的损伤。Hp-Hb 复合物不可逆,在几分钟之内便转运到网状内质系统分解,其氨基酸和铁可被机体再利用。同时 Hp-Hb 复合物也是局部炎症的重要控制因子,具有潜在的过氧化氢酶作用,能水解多形核白细胞吞噬作用中释放的过氧化氢。Hb 不能被从新利用,故溶血后其含量急剧降低,血浆浓度多在一周内由再生而恢复到原有水平。

3. 测定方法 ①电泳法。②加入过量血红蛋白，与结合珠蛋白形成复合物，分离后测定其中的血红蛋白的量来表示。③测定结合珠蛋白—血红蛋白复合物过氧化物酶的活性。④免疫化学法。

4. 参考范围 0.5～2.2g/L

5. 临床意义

（1）降低：血管内溶血性疾病：如溶血性贫血、输血反应、疟疾等。血浆 Hp 含量明显下降。血管外溶血往往不会使 Hp 水平发生变化。此外，严重肝病患者、雌激素可使血浆 Hp 合成降低。

（2）升高：Hp 属于急性时相反应蛋白，在急性时相反应时其含量升高；肾病综合征和某些肠道疾病使 Alb 大量丢失时，大分子 Hp 常明显增加。

（六）α_2-巨球蛋白

1. 属性 α_2-巨球蛋白（α_2-macroglobulin，α_2MG 或 AMG）由肝细胞和单核吞噬细胞系统合成，是血浆中分子量最大的蛋白质，分子量为 620～800kD，等电点 5.4，由 4 个相同的亚基组成，含糖量约 8%，半衰期约 5 天，但与蛋白水解酶结合为复合物后清除率加速。

2. 功能 α_2-MG 也是蛋白酶的抑制剂，主要特性是能与蛋白水解酶如纤维蛋白溶酶、胃蛋白酶、胰蛋白酶及组织蛋白酶 D 结合而无法发挥其催化活性；因此，α_2-MG 可起到选择性保护某些蛋白酶活性的作用。

3. 测定方法 α_2-巨球蛋白可用免疫化学法测定。

4. 参考范围 1.31～2.93g/L

5. 临床意义

（1）降低：弥散性血管内凝血、胰腺炎及前列腺癌时，血清 α_2-巨球蛋白含量亦降低。

（2）增高：慢性肾病、糖尿病、肝疾病、自身免疫性疾病时增高。低蛋白血症（肾病综合征）时，血浆 α_2-巨球蛋白含量升高，可能系一种代偿机制，以保持血浆的胶体渗透压及补充通过肾脏丢失的小分子量的蛋白酶抑制物。此外，雌激素可增加 α_2-巨球蛋白的合成，妊娠期及口服避孕药时，血浆 α_2-巨球蛋白含量升高。

（七）铜蓝蛋白

1. 属性 铜蓝蛋白（ceruloplasmin，Cp）是由肝实质细胞合成，其分子结构为一条含 1 046 个氨基酸残基的单链多肽，等电点 4.4，含糖 10%，电泳在 α_2 球蛋白区带。每分子 Cp 含 6～8 铜原子，由于含铜而呈蓝色；血清铜 95% 存在于 Cp 中，另有 5% 呈扩散状态，在血液循环中 Cp 可视为铜的无毒性代谢库。

2. 功能 它既能起氧化作用又能起抗氧化作用。①对多种胺和酚类底物有氧化作用，尤其是可调节铁离子的状态，能将 Fe^{2+} 氧化为 Fe^{3+}，Fe^{3+} 再结合到转铁蛋白上，使铁不具毒性，故 Cp 又称亚铁氧化酶。②作为抗氧化剂，防止生物膜脂质氧化和自由基生成，在炎症时具有特别重要的意义。

3. 测定方法 免疫化学法（如免疫扩散法及免疫比浊法）。

4. 参考范围 0.21～0.53g/L

5. 临床意义

（1）减少：①主要作为肝豆状核病变（hepatolenticular degeneration Wilson disease）病的辅助诊断指标。Wilson 病是一种常染色体隐性遗传病，因血浆 Cp 减少，血浆游离铜增加，沉积在肝可引起肝硬化，沉积在脑基底核的豆状核则导致豆状核变性，因而该病又称为肝豆状核变性。②营养不良，严重肝病和肾病综合征时 Cp 减少

（2）升高：Cp 属于极性时相反应蛋白，在感染、创伤和肿瘤时升高，妊娠期、服用含雌激素的药物时亦升高。

（八）转铁蛋白

1. 属性 转铁蛋白（transferrin，TRF 或 Tf）是由肝及单核吞噬细胞系统合成，分子量 76.5kd，为单链糖蛋白，含糖 6%，在醋酸纤维膜电泳中位于 β- 球蛋白区带，等电点 5.5～5.9，半衰期 7 天。目前已经确认至少 22 种转铁蛋白的遗传变异体。

2. 功能 转铁蛋白的功能是运输铁。负责运载由消化道吸收的和红细胞降解释放的铁，以转铁蛋白 -Fe^{3+} 复合物的形式进入骨髓，用于合成铁蛋白、血红蛋白、肌红蛋白和细胞色素。

3. 测定方法 放射免疫法和散射免疫比浊法。也可测定血清总铁结合力，再求得转铁蛋白的含量。

4. 参考范围 2.5～4.3g/L

5. 临床意义

（1）用于贫血的鉴别诊断，缺铁性低色素贫血时，转铁蛋白含量增高，但铁的饱和度很低。再生障碍性贫血，血浆转铁蛋白正常或低下，但铁的饱和度增加。

（2）在妊娠或服用雌激素类药物时，血浆转铁蛋白含量升高。

（3）转铁蛋白属于负急性时相反应蛋白，在急性时相反应时降低。

（4）营养不良和肝疾病时下降。

（九）$β_2$- 微球蛋白（$β_2$–microglobulin，BMG 或 $β_2$–m）

1. 属性 由淋巴细胞合成，分子量 11.8kD，因分子量相对较低，且电泳时位于 $β_2$- 球蛋白区带而得名。其等电点 5.7，是一条由 100 个氨基酸残基组成的单链多肽，分子中含一对二硫键，不含糖。

$β_2$- 微球蛋白存在于所有的有核细胞的表面，特别是淋巴细胞和肿瘤细胞，并由此被释放进入血循环，半衰期约为 107 分钟。

2. 测定方法 放射免疫法、酶联免疫吸附分析法、免疫比浊法等。

3. 参考范围 1.0～2.5mg/L

4. 临床意义 血浆 $β_2$- 微球蛋白含量升高见于炎症、肿瘤、各种类型的白血病及肾衰竭，尿毒症患者血清 $β_2$- 微球蛋白可达 40mg/L 以上。

（十）C- 反应蛋白

1. 属性 C- 反应蛋白（C-reactive protein，CRP）是 1930 年在急性炎症病人血清中发现的一种可和肺炎链球菌细胞壁 C- 多糖结合的物质，在 1940 证明为蛋白质并命名为 C- 反应蛋白。C- 反应蛋白是第一个被认定为急性时相反应蛋白质。

C- 反应蛋白主要由肝脏合成，分子量 115～140kD，5 条相同的亚基间靠非共同价键连接形成一个圆盘状多聚体，pI6.2，含少量糖或不含糖。电泳在 γ 区带，有时可以延伸到 β 区带。

2. 功能 C- 反应蛋白不仅可结合多种细菌、真菌及原虫体内的多糖，在钙离子存在时，还可以结合卵磷脂和核酸，如果钙离子缺乏，CRP 可以和多聚阳离子结合。结合后的

复合体具有对补体系统的激活作用，引发对侵入病原体的免疫调理和吞噬作用，表现炎症反应。CRP 也能识别和结合由损伤组织释放的内源性毒性物质，然后将其从血液中清除，同时 CRP 则自身降解。

3. **测定方法** 放射免疫法、免疫浊度法、ELISA 法等。

4. **参考范围** 0.068～8.2mg/L。

5. **临床意义** CRP 是第一个被认识的急性时相反应蛋白，在急性心肌梗死、创伤、感染、炎症、外科手术和肿瘤浸润等时，迅速显著地增高。心肌梗死后 6～12 小时即升高，可达正常水平的 2 000 倍。CRP 是非特异性指标，主要用于结合临床监测疾病：①筛查微生物感染；②评估炎症性疾病的活动度；③监测系统性红斑狼疮、白血病和外科手术后并发感染（血清中浓度再次升高）；④新生儿败血症和脑膜炎的监测；⑤监测肾移植后的排斥反应等。脐血中 CRP 浓度很低，仅 20～350μg/L，当宫内感染时，可升高到 260mg/L。

> **链 接**
>
> 甲 胎 蛋 白
>
> 甲胎蛋白（α_1-fetoprotein，AFP；甲胎球蛋白，甲胎球）是胎儿发育早期，由胎儿卵黄囊和肝细胞合成的糖蛋白，电泳位置在白蛋白和 α1-球蛋白之间。是胎儿血液中的主要蛋白质。妊娠 13～15 周胎儿体内的甲胎蛋白合成达到高峰，随着胎儿的出生逐渐降至含量极微的成人水平。
>
> AFP 是诊断原发性肝癌的重要指标，可用于产前诊断胎儿畸形或死胎，还见于生殖细胞瘤。详见《免疫学检验技术》。

三、疾病时的血浆蛋白质

（一）急性时相反应蛋白

APRP 包括 AAT、AAG、HP、CER、C_3、C_4、Fib（纤维蛋白原）、CRP、PA、ALb、TRF 等。在急性相反应时，血浆浓度超过 25% 以上的称为正相急性相反应蛋白，相反降低 25% 以上的则称为负相急性相反应蛋白，主要有 PA、ALb、TRF 等。

急性时相反应是机体防御功能的一部分。目前认为，机体受到损伤和炎症时释放某些小分子蛋白质，如细胞因子，导致肝细胞中上述蛋白质的合成增加或减少。可用于鉴别急性、亚急性和慢性病理状态。在一定程度上与病理损伤的性质和范围相关，但不是特异的。

（二）肝脏疾病

肝脏合成大多数血浆蛋白质，肝枯否细胞参与免疫细胞的生成调节，因此肝脏疾病可影响到很多血浆蛋白质的变化。急性肝炎时可以出现非典型的急性时相反应，如乙型肝炎活动期 AAT 含量增高，α_1-AG 大致正常，IgM 在发病时即可增高，而 Hp 常偏低，PA、ALb 往往下降，特别是肝功能损害的敏感指标。

肝硬化时 AAT、IgA、AMG 明显增高，IgG 增高，CER、CRP 轻度升高，AAG、Hp、C_3 可因肝细胞损害而偏低；明显降低。

（三）肾脏疾病

不少肾脏疾病早期就可以出现蛋白尿而导致血浆蛋白质丢失。其量常与蛋白质的分子量相关小分子的蛋白质丢失最为明显，而大分子量的蛋白质则可有绝对含量的增加（由于肝细胞补偿的合成增加）。其特征往往表现为 ALb 明显低下，PA、AAG、AAT、TRF 下降；AMG、β- 脂蛋白及 Hp 多聚体增加；IgG 降低，而 IgM 可有增加。这种情况称选择性蛋白质丢失，选择性蛋白质丢失时血浆蛋白质的变化见表 9-3。

表 9-3　几种疾病时血浆蛋白质的变化

名称	乙型肝炎	肝硬化	选择性蛋白质丢失
前白蛋白	↓	↓	↓
白蛋白	或 ↓		↓
α- 脂蛋白			
$α_1$- 酸性糖蛋白	N	↓	↓
$α_1$- 抗胰蛋白酶	↑		↑
$α_2$- 巨球蛋白			
铜蓝蛋白			
结合珠蛋白	↓		
转铁蛋白		↓	
β- 脂蛋白			↑↑
C_3		N↓	
纤维蛋白原		N	
IgG		↑	
IgA		↑↑	↓
IgM	↑	N↑	↑
C- 反应蛋白		N	
电泳图谱特征	PA↓ ALb 略 ↓ A、β 不规则 ↑ 宽 γ 带（有时可与 β 融成一片）	PA 明显 ↓ ALb 明显 ↓ 宽 γ 带	ALb 明显 ↓ $α_2$ ↑ γ ↓

严重肾病时肾小球失去分子筛作用，或严重肠道炎症可导致非选择性蛋白丢失，以及全血丧失均可表现为广泛地低血浆蛋白质血症。此类全低血浆蛋白质血症也可以在心力衰竭、肝衰竭、全血稀释及营养不良时见到。

第 2 节　血浆蛋白质测定

临床上对血浆蛋白质的检测主要包括血浆（血清）总蛋白、清蛋白、球蛋白、A/G 比例和蛋白质电泳等。其中球蛋白一般不直接测定，而是通过测定总蛋白和清蛋白后，由前者减去后者得到，然后计算 A/G 比例。

体液蛋白质的测定可以概括为三个方面：用化学法测定总蛋白、清蛋白和球蛋白及比例；通过电泳检测蛋白质的组分及其图谱；采用免疫化学技术特异地定量测定个别蛋白质。

一、总蛋白测定

血清总蛋白（total protein，TP）是血清中可溶性固体含量最多的一类大分子化合物。总蛋白测定一般利用下列蛋白质的结构或性质进行：①重复的肽键结构；②酪氨酸和色氨酸残基对酚试剂反应或紫外吸收；③与染料的结合能力；④沉淀后借浊度或光折射测定。目前临床应用最广泛的方法是利用蛋白质分子中的多个肽键与双缩脲试剂显色法。

（一）总蛋白测定方法简介

1. 凯氏定氮法　凯氏定氮法是经典测定蛋白质的方法，此法自1883Kjeldahl创立以来，一直以他高精确性和准确性被广泛应用与蛋白质的定量测定。此法的原理是用浓硫酸与蛋白质样本加热下消化，使蛋白质中的含氮化合物氨转变成铵盐，再加碱使铵盐生成氨经蒸馏后分离出来最后用酸滴定或纳氏试剂显色测定氮量，按1g氮相当于6.25g蛋白质（蛋白质含氮量平均为16%）计算出蛋白质的含量。该法结果准确，精密度高，是蛋白质测定的参考方法。但由于其操作复杂、费时影响因素较多不适用于日常工作，目前多用于蛋白质的定值和校正其他方法。

2. 双缩脲法　双缩脲法比色法是目前首先推荐的蛋白质定量方法，它是测定蛋白质最古老的方法之一，早在1914年就被用来测定血清总蛋白。原理是蛋白质分子中的肽键在碱性条件下与二价铜离子（Cu^{2+}）作用生成紫红色化合物。此反应的优点是清、球蛋白产生的颜色反应相近，操作简单，重复性好，干扰物质少，其缺点是灵敏度较低，是目前临床上最常规的方法。

3. 酚试剂法　1921年，Folim首创，早期用于酪氨酸和色氨酸的测定。1922年，吴宪用于蛋白质定量。1951年Lowry改良了酚试剂法，故又称Lowry法（改良酚试剂法）。

Lowry法的原理是，先用碱性铜溶液与蛋白质反应，生成紫色络合物，再加入酚试剂(磷钨酸和磷钼酸)，则铜-肽络合物中的酪氨酸和色氨酸使酚试剂还原成蓝色化合物钨蓝和钼蓝（最大吸收峰在745～750nm）。改良法极大提高了显色的灵敏度（最低检出限25μg/ml），比没有铜试剂的原酚试剂法的灵敏度提高了4%，达到双缩脲法的100倍左右，有利于检出较微量的蛋白质（如脑脊液、尿液等）。

由于各种蛋白质中酪氨酸和色氨酸的比例不同，如清蛋白含色氨酸0.2%，而一些球蛋白中色氨酸含量高达2%～3%，因此，本法测定单一蛋白质较为合适。该方法易受还原性化合物的干扰，如含—SH的化合物、糖类和酚类，有些缓冲剂（Tris）也能干扰测定，且其他氨基酸如半胱氨酸、组氨酸等也能参与反应，故特异性较差；且试剂制备复杂，稳定性不高，不易做血浆蛋白质测定的常规方法。

4. 比浊法　是依据蛋白质能结合某些酸如三氯乙酸、磺基水杨酸等（生物碱试剂）产生沉淀的原理而设计方法。血浆、尿液中加入一定浓度的此类蛋白质沉淀剂后可产生微小沉淀，测定悬浮液浊度的多少与蛋白质的浓度成正比。

此方法的优点是操作简便、灵敏度高；但影响浊度形成的因素很多，且各种蛋白质之间差别较大，故一般用于低浓度样本的检测。

5. 染料结合法　在酸性环境下，蛋白质可解离成正电的基团——NH^{3+}，后者可于阴离子染料结合产生颜色反应。常用的染料有氨基黑、丽春红、考马斯亮蓝、邻苯三酚红钼和溴甲酚绿等，不同蛋白质与染料结合力不一致。氨基黑、丽春红常作为血清蛋白醋酸纤维膜或琼脂糖凝胶电泳的染料；考马斯亮蓝常用于需更高呈色蛋白质的电泳中；邻苯三酚红钼可用于测定尿液、脑脊液中的蛋白质。

此法操作简便、重复性好、灵敏度高、且干扰因素较少。缺点是特异性不高，分子量3 000以上的多肽也参与反应。另外，不同蛋白质和染料的结合力不一致，因此很难找到一种适合的物质作标准物，使此方法的应用受到限制。

6. 紫外分光光度法 蛋白质分子内的色氨酸、酪氨酸等芳香族氨基酸可使蛋白质溶液在280nm波长处有一吸收峰，依次性质可用于蛋白质定量。由于各种蛋白质中芬芳香族氨基酸的含量和比例不同，血液中游离的酪氨酸和色氨酸在280nm处也有吸收，且尿酸和胆红素在280nm处也有干扰，因而本法的准确性和特异性都受到很大的影响。

200～225nm处是肽链的强吸收峰，蛋白质溶液在此波长区域的吸收是280nm处的10～30倍，在200～225nm波长区域时，酪氨酸和色氨酸的影响较明显，将血清用0.15mol/L的NaCl稀释1 000～2 000倍可以清除干扰物质的影响。

此法敏感而且简便，由于制剂未经任何处理，蛋白质的生物活性得以保留，故常用于较纯的酶和免疫球蛋白的测定。但此法需紫外分光光度计和石英比色杯。

7. 折光测定法 溶解在溶液中的固体可增加溶液的光折射率，利用此原理可测定血清蛋白质含量。在固定的波长和温度下，光折射率和血清中蛋白质含量成正比。

此法简便、快速、易掌握、重复性较好，适用于临床急症、蛋白质测定的体检筛选和胸腔积液、腹水蛋白测定。缺点是准确性较差，易受脂血症、高胆红素血症及溶血等因素的影响。另外，由于蛋白质和球蛋白的折射率不同，当血清蛋白和球蛋白的比例改变时会产生误差。现在该法已很少使用。

（二）实验方法

【实验9-1】 血清（浆）总蛋白测定（双缩脲法）

【原理】

蛋白质分子中的肽键在碱性条件下与二价铜离子（Cu^{2+}）作用生成紫红色化合物，产生的颜色强度在一定范围内与蛋白质的含量成正比，与经同样处理的蛋白标准液比较，经计算或查标准曲线即可求出蛋白质含量。反应式如下：

上述反应因与两个分子尿素缩合后生成双缩脲（$H_2N—OC—NH—CO—NH_2$）在碱性溶液中与铜离子作用形成的紫红色物质反应相似，故称之为双缩脲反应。

【试剂】

1. **6mol/L 氢氧化钠溶液** 使用新开瓶的优质氢氧化钠，减少碳酸盐的污染。
2. **双缩脲试剂（Doumas）** 称取结晶硫酸铜（$CuSO_4 \cdot 5H_2O$）3.0g，溶于500ml新鲜

蒸馏水中，加酒石酸钾钠（NaKC$_4$H$_4$O$_6$·4H$_2$O）9.0g，碘化钾（KI）5.0g，待完全溶解后，加入 6mol/L 氢氧化钠溶液 100ml，最后用蒸馏水定容至 1L。置聚乙烯塑料瓶中，密塞，放室温中保存，至少可稳定 6 个月以上。该试剂在波长 540nm 的吸光度必须在 0.095～0.105，否则要重新配制。

3. 60～70g/L 蛋白标准液 定标质控血清不能作为血清总蛋白测定的校准物。

【实践步骤】

1. 生化自动分析仪法 按试剂盒说明书提供的参数进行操作。

终点法的基本参数 波长 540nm；反应时间：10 分钟；反应温度：37℃
光径 10mm；样本 / 试剂：1/50

2. 手工操作法 按表 9-4 操作。

	决定性方法	——
☐	参考方法	凯式定氮法
☑	常规方法	双缩脲法

表 9-4 双缩脲法测定血清总蛋白操作步骤

加入物（ml）	空白管（B）	标准管（S）	质控管（C）	测定管（T）
血清	—	—	—	0.100
质控物	—	—	0.100	—
标准液	—	0.100	—	—
DW	0.100	—	—	—
试剂	5.000	5.000	5.000	5.000

混匀，置 37℃水浴 10 分钟（或 25℃ 30 分钟），用 540nm 波长比色，以空白管调零，读取各管吸光度。

【计算】

$$血清\ TP(g/L) = \frac{测定管吸光度}{校准管吸光度} \times 蛋白校准液浓度(g/L)\ 即：Cx = \frac{Ax}{As} \times Cs$$

【标准曲线绘制】

1. 配制 20g/L 蛋白标准液 如蛋白标准液浓度为 70g/L，则取此液 2ml，加入生理盐水 5ml，混匀即成。

2. 取试管六支，标明管号，按表 9-5 操作。

表 9-5 双缩脲法测定血清蛋白标准曲线制作表

加入物 /ml	0	1	2	3	4	5
20g/L 蛋白标准液	—	0.100	0.200	0.300	0.400	0.500
生理盐水	0.500	0.400	0.300	0.200	0.100	—
双缩脲试剂	5.000	5.000	5.000	5.000	5.000	5.000
相当于血清蛋白质 /g/L	0	20	40	60	80	100

混匀，置 37℃水浴 10 分钟（25℃，30 分钟），用 540nm 波长比色，以"0"管调零，读取各管吸光度。上述操作应平行测定 3 次。各管取 3 次吸光度均值作为纵坐标，相应的浓度作为横坐标，绘制成标准曲线。

【参考范围】

正常成人 60～80g/L。

第 9 章 血浆蛋白质检验

【临床意义】

1. 血清总蛋白增高

（1）血清中水分减少，使总蛋白浓度相对增高：凡体内水分的排出大于水分的摄入时，均可引起血浆浓缩，尤其是急性失水时（如呕吐、腹泻、高热等）变化更为显著，血清总蛋白增高有时可达 100～150g/L。

（2）血清蛋白质合成增加：大多发生在多发性骨髓瘤患者，此时主要是球蛋白的增加，其量可超过 50g/L，总蛋白则可超过 100g/L。

2. 血清总蛋白降低

（1）血浆被稀释：如静脉注射过多低渗溶液或各种原因引起的水钠潴留。

（2）营养不良和消耗增加：如长期食入蛋白含量不足或慢性肠道疾病引起吸收不良，使体内缺乏合成蛋白质的原料；消耗性疾病，如严重结核病、甲状腺功能亢进和恶性肿瘤等。

（3）合成障碍：当肝功能严重受损时，血浆蛋白质合成量减少，以清蛋白最为显著。

（4）蛋白质大量丢失：严重烫伤，或大出血时，大量血液的丢失；肾病综合征时，尿液中长期丢失蛋白质。

【方法评价】

1. 本法重复性好，RCV4%，OCV 为 3.9%；线性范围为 0～140g/L；本法干扰少，并且大多可以避免；使用单一的稳定试剂，操作简便、快速，既适于手工操作，也便于自动化分析，已被推荐为测定血清总蛋白的参考方法。

2. 唯一的缺点是灵敏度较低，比酚试剂法低约 100 倍。但本法的检出限为 0.2～1.7g/L，这相当于 70g/L 的血清 3～24μl，已能满足临床生化检验的需要。

【注意事项】

血清标本以新鲜为宜；胆红素、血红蛋白干扰双缩脲反应，因此，黄疸血清、严重溶血时均可造成明显的正干扰。处理方法：做相应血清空白，再从测定管吸光度中扣除即可；高脂混合血清可采用下述方法消除：取 2 只带塞试管或离心管，各加待测血清 0.1ml，再加蒸馏水 0.5ml 和丙酮 10ml，塞紧并颠倒混匀 10 次后离心，倾去上清液，将试管倒立于滤纸上，吸取残余液体，向沉淀分别中加入双缩脲试剂，再进行与上述相同的其他操作和计算。

二、清蛋白测定

（一）清蛋白测定方法简介

测定清蛋白的方法有很多，如染料结合法、盐析法、电泳法、免疫化学法等，目前实验室应用最多的是染料结合法。

1. 染料结合法 血清清蛋白通过离子键或疏水键与包括染料在内的各种有机离子结合，而球蛋白则很少结合外源性的染料，故可以在不分离球蛋白的情况下直接测定清蛋白的含量。

与清蛋白结合的染料很多，最常用的两种染料是溴甲酚绿（bromcresol green，BCG）和溴甲酚紫（bromcresol purple，BCP），BCP 法的优点是受球蛋白和其他血浆蛋白质的干扰较小，但和 BCG 法相比，灵敏度较低。此外，BCP 与非人源性清蛋白结合力相当弱，不适用于测定动物标本中的清蛋白，而质控血清往往是动物血清，故其应用不如 BCG 法普遍。

BCG 法是测定清蛋白的推荐方法。BCG 全称是 3，3′，5，5′- 四溴间甲酚磺酞酞，是一种阴离子染料，在 pH4.2 的缓冲液中与带正电荷的清蛋白结合成蓝绿色复合物，在 628nm 波长的吸光度与血清清蛋白浓度成正比。

BCG 试剂除可与清蛋白结合呈色外，与血清其他多种蛋白呈色反应，但反应在 30 秒内对清蛋白有特异性，30 秒后非特异性增高。因此 BCG 法测定时应严格控制反应时间。

2. 免疫化学法　免疫化学法主要有免疫比浊法、速率散射比浊法、免疫扩散法等，其中免疫扩散法在临床实验室已基本淘汰。两种免疫化学法测定血清清蛋白的原理及特点见表 9-6。

表 9-6　测定血清清蛋白的免疫化学法

方法	原理	特点
免疫比浊法	在抗体过量时，抗原抗体复合物形成的浊度随抗原量的增加而增加，其透光率随之减少，根据吸光度值可计算待测抗原的量	方法特异、准确、重复性较好、结果一致。用酶标仪和自动生化分析仪均可测定
速率散色比浊法	抗原抗体复合物的颗粒可导致光散射，散射光的强度与单位时间内抗原抗体复合物的生成速率（即抗原的量）成正比	简便、快速、灵敏、准确、重复性较好、但需要专用的散色比浊仪和特异的检测试剂

（二）实验方法

【实验 9-2】　血清清蛋白测定（溴甲酚绿法）

【原理】

在 pH4.2 的缓冲液中，清蛋白作为一种阳离子与阴离子染料溴甲酚绿结合形成蓝绿色复合物，在波长 630nm 处有吸收峰，颜色深浅与清蛋白含量成正比，与同样处理的清蛋白标准液比较，可求得血清清蛋白含量。

【试剂】

1. 0.5mol/L 琥珀酸缓冲贮存液（pH4.1）。

2. 叠氮钠贮存液。溶解叠氮钠 40g 于 1 000ml 蒸馏水中。

3. 聚氧乙烯月桂醚（商品名 Brij-35）溶液。

4. BCG 试剂。于 1L 容量瓶内加入蒸馏水 400ml，琥珀酸缓冲贮存液 100ml，准确加入 BCG 贮存液 8.0ml，再加叠氮钠贮存液 2.5ml，聚氧乙烯月桂醚溶液 2.5ml，最后，用蒸馏水稀释至刻度。配好的 BCG 试剂的 pH 应为 4.15±0.05，盛于加塞的聚乙烯瓶内。在室温保存可稳定半年。

5. 40g/L 清蛋白标准液。也可用定值参考血清做白蛋白标准，均需置冰箱保存。

【实践步骤】

1. 生化自动分析仪法　按试剂盒说明书提供的参数进行操作。

终点法的基本参数　波长 600nm（主）/700nm（次）；反应时间：30 秒；反应温度：37℃；光径 10mm；样本/试剂：1/100

2. 手工操作法　按表 9-7 操作。

第9章 血浆蛋白质检验

☐ 决定性方法 ——
☐ 参考方法　免疫化学法
☑ 常规方法　BCG 法

表 9-7　BCG 法测定血清清蛋白操作步骤

加入物（ml）	空白管（B）	标准管（S）	质控管（C）	测定管（T）
血清	—	—	—	0.020
质控物	—	—	0.020	—
标准液	—	0.020	—	—
DW	0.020	—	—	—
试剂	4.000	4.000	4.000	4.000

在 630nm 处空白管调零，然后逐管定量加入 BCG 试剂，并立即混匀，每份血清标本和标准液与试剂混合后 30 秒 ±3 秒，读取各管吸光度。

【计算】

$$血清清蛋白\ ALb\ (g/L) = \frac{测定管吸光度}{校准管吸光度} \times 清蛋白校准液浓度\ (g/L)\ 即：C_x = \frac{A_x}{A_s} \times C_s$$

【参考范围】

正常成人清蛋白 35～55g/L

【临床意义】

1. 增高　血清清蛋白在肝脏合成。临床上，尚未发现单纯清蛋白浓度增高的疾病。①急性脱水：严重腹泻、呕吐造成的脱水、休克等，此时血浆浓缩而出现假性清蛋白增高（并非蛋白质绝对增多）。②慢性肾上腺功能减退：钠丢失继发水分丢失。③其他：在治疗中输入了过量的清蛋白，迄今尚未发现真性清蛋白浓度增高的疾病。

2. 降低　临床上较常见。①急性清蛋白浓度降低：主要由于急性大量出血或严重烫伤时血浆大量丢失。②慢性清蛋白浓度降低：主要由于肝脏合成清蛋白功能障碍、腹水形成时清蛋白的丢失和肾病时清蛋白从尿液中的丢失。严重时，清蛋白浓度可低于 10g/L。清蛋白浓度低于 20g/L 时，由于胶性渗透压的下降，常可见到水肿等现象。③营养不良：饮食蛋白质摄入量少，营养状态差。④消耗性疾病：严重结核、甲亢、恶性肿瘤等。⑤全身性疾病：如严重感染、多发性癌症、胶原病等。⑥遗传性缺陷：先天性疾病如罕见的清蛋白缺乏症，此时患者血浆中几乎没有清蛋白，但并不出现水肿。⑦分解增多：如创伤、手术和感染性炎症。⑧血液稀释：如静脉注射过多的低渗溶液或各种原因引起的水钠潴留。⑨妊娠：尤其是妊娠晚期的浓度可减少，但分娩后可迅速恢复正常。

【方法评价】

1. 本法灵敏度高，操作简便，重复性好，并可用于自动化分析技术。是目前国内测定血清清蛋白的最常用方法。

2. 干扰　胆红素＜256.5μmol/L 和中度脂血对测定无干扰。血红蛋白（Hb）和产生与清蛋白相等的颜色强度，Hb 在 1 000mg/L 以下（轻度溶血）无明显干扰。

3. 线性范围为 10～60g/L，变异系数（CV）＜3%，回收率为 100.5%（99.3%～102.0%）但该法与溴甲酚紫相比，对血清清蛋白特异性稍差。

【注意事项】

1. BCG 试剂的 pH 必须严格控制在 pH4.15±0.05，pH 升高可使染料空白增高，与清蛋白结合率下降。所以，控制反应液的 pH 是本法测定的关键。

2. BCG 与蛋白质结合的特异性较低。它不仅与清蛋白结合呈色，还与血清中其他蛋白质呈色，其中以 α_1 球蛋白、转铁蛋白（属 β 球蛋白）、触珠蛋白（属 α_2 球蛋白）最为明显，BCG 与不同蛋白质的反应速率不同，与清蛋白可立即发生反应（快反应），与其他蛋白质反应较慢（慢反应）。实验证明，血清与 BCG 试剂一经混合，"慢反应"即可发生，约持续 1 小时才完成。

3. 聚氧化乙烯月桂迷（Brij-35）是一种非离子去垢剂，它可增强 BCG- 清蛋白复合物的溶解度，消除 BCG 同清蛋白反应时可能产生的沉淀，聚氧化乙烯月桂迷也可用其他表面活性剂代替，如吐温 -20 等，用量为 2ml/L。

三、血清球蛋白测定与 A/G 比值

目前，临床实验室血清球蛋白（globulin，G）的检测结果多是计算血清总蛋白与血清清蛋白的差值，同时计算出清蛋白与球蛋白的比例（A/G），即：

$$球蛋白（g/L）＝总蛋白（g/L）－清蛋白（g/L）$$

$$清蛋白 / 球蛋白（A/G）＝清蛋白（g/L）/ 球蛋白（g/L）$$

【参考范围】

球蛋白 20～30g/L

A/G＝1.5～2.5/1

【临床意义】

1. 血清球蛋白 ①增高：严重脱水、免疫系统疾病，如系统性红斑狼疮、硬皮病、类风湿关节炎等；炎症和急慢性感染如结核、麻风病、疟疾、黑热病、病毒性肝炎；还见于恶性 M 蛋白血症，如多发性骨髓瘤、淋巴瘤、巨球蛋白血症等。②降低：合成减少、低 γ- 球蛋白血症或无 γ- 球蛋白血症。

2. 清蛋白与球蛋白比值（A/G） 临床上常用 A/G 值衡量肝病的严重程度，当 A/G 值小于 1 时，称比值倒置，为慢性肝炎或肝硬化的特征之一。

链接

C 反应蛋白的测定

CRP 的检测方法多使用免疫化学法，包括单项免疫扩散、火箭免疫电泳、胶孔凝集法、免疫浊度法和标记免疫测定法等。其原理是利用特异性抗 CRP 抗体与样品中 CRP 反应，根据形成的沉淀环直径、沉淀峰高度、凝集程度、浊度和呈色强度等，来判断样品中 CRP 的含量。其中，后三种方法在临床上比较常用，并以定量分析的免疫浊度法最为常用。详见《免疫学检验技术》。

四、血清蛋白电泳分析

见电泳技术章节。

案例9-1问题精要

1. 多发性骨髓瘤。依据：γ- 球蛋白区带中间部分显著深染，其扫描峰高于清蛋白。
2. M 蛋白。

第9章 血浆蛋白质检验

目标检测

一、A1 型题

1. 大多数蛋白质合成场所是（ ）
   A. 肝　　　　　　B. 小肠
   C. 胰腺　　　　　D. 肾
   E. 脾

2. 血浆清蛋白具有的功能一般不包括（ ）
   A. 营养修补作用
   B. 维持胶体渗透压
   C. 运输载体作用
   D. 作为血液酸碱缓冲成分
   E. 免疫和防疫功能

3. 血浆清蛋白水平一般不下降的病理情况是（ ）
   A. 手术后　　　　B. 吸收功能紊乱
   C. 营养不良　　　D. 肾病综合征
   E. 急性肝炎早期

4. 人群中最多见的抗胰蛋白酶遗传表型（ ）
   A. Pizz　　　　　B. PiSS
   C. PiMS 胰腺　　 D. PiSZ 肾脏
   E. PiMM

5. 不属于急性相反应蛋白的是（ ）
   A. ALb　　　　　B. AAG
   C. HP　　　　　 D. C3
   E. LDL

6. 急性相反应蛋白一般不增高的是（ ）
   A. HP　　　　　 B. CRP
   C. AAG　　　　　D. ALb
   E. CP

7. 最早被认定的急性相反应蛋白是（ ）
   A. CP　　　　　 B. TRF
   C. AAG　　　　　D. CRP
   E. AMG

8. 有较广泛载体功能的蛋白质是（ ）
   A. 前白蛋白　　　B. 清蛋白
   C. 血红素结合蛋白　D. α_1- 酸性糖蛋白
   E. α_1- 抗胰蛋白酶

9. 以下有关前清蛋白叙述错误的是（ ）
   A. 前清蛋白可运输 T_3、T_4 及维生素 A
   B. 是营养不良的敏感指标
   C. 在肝脏合成是肝功能不全的指标
   D. 是负急性相反应蛋白

   E. 分子量比清蛋白大

10. 正常人血清进行电泳后，泳动速度快慢依次为（ ）
    A. Alb、α、β、γ、α_2
    B. Alb、α_1、γ、β、α_2
    C. ALb、α_1、α_2、γ、β
    D. ALb、α_1、α_2、β、γ
    E. α、γ、α_2、β、ALb

11. 血浆中分子量最大的蛋白质是（ ）
    A. 铜蓝蛋白　　　B. 转铁蛋白
    C. α_2- 巨球蛋白　D. C- 反应蛋白
    E. a_1- 酸性糖蛋白

12. 测定血清清蛋白时常规使用的方法（ ）
    A. 溴甲酚绿法　　B. 双缩脲法
    C. 黄柳酸法　　　D. 免疫浊度法
    E. 凯氏定氮法

13. 在血浆中游离的血红蛋白结合的物质是（ ）
    A. 前清蛋白　　　B. 清蛋白
    C. 血红素结合蛋白　D. C- 反应蛋白
    E. a_1- 抗胰蛋白酶

14. 具有蛋白酶抑制作用的蛋白质是（ ）
    A. 前清蛋白　　　B. 清蛋白
    C. 血红素结合蛋白　D. C- 反应蛋白
    E. a_1- 抗胰蛋白酶

15. 了解血浆中蛋白质全貌的有价值的方法为（ ）
    A. 血浆球蛋白定量
    B. 清/球蛋白比值
    C. 血浆蛋白电泳
    D. 测定血浆胶体渗透压
    E. 血浆白蛋白定量

16. 目前血浆蛋白质定量的参考方法为（ ）
    A. 双缩脲比色法　B. 凯氏定氮法
    C. 磺柳酸法　　　D. 盐析法
    E. 考马斯亮蓝染色法

17. 血清蛋白电泳时出现 M 带的疾病为（ ）
    A. 病毒性肝炎
    B. 血小板减少紫癜
    C. 骨髓异常增生综合征
    D. 多发性骨髓瘤
    E. 急性心肌梗死

18. 急性炎症疾病时血浆蛋白质出现低下的是（ ）
    A. C-反应蛋白　　　B. 铜蓝蛋白
    C. a_1-抗胰蛋白酶　D. a_1-酸性糖蛋白
    E. 前白蛋白

19. 可用于贫血的诊断和治疗监测的血浆蛋白质是（ ）
    A. 白蛋白　　　　　B. 前白蛋白
    C. C-反应蛋白　　　D. 免疫球蛋白
    E. 转铁蛋白

20. 在醋酸纤维素薄膜电泳中 a1 区带不包括（ ）
    A. 纤维蛋白原
    B. a_1-抗胰蛋白酶
    C. a_1-酸性糖蛋白
    D. 甲胎蛋白
    E. 高密度脂蛋白

21. 在醋酸纤维素薄膜电泳中 β 区带不包括（ ）
    A. TRF　　　　　　B. LDL
    C. β2-MG　　　　　D. C3
    E. Hp

22. 在醋酸纤维素薄膜电泳中 γ 区带不包括（ ）
    A. IgA　　　　　　B. IgG
    C. IgM　　　　　　D. CRP
    E. LDL

23. 血清蛋白电泳发现清蛋白下降，$α_2$ 球蛋白和 β 球蛋白增高，γ 球蛋白不变，应考虑哪种疾病的可能性（ ）
    A. 慢性炎症　　　　B. 营养不良
    C. 肾病综合征　　　D. 多发性骨髓瘤
    E. 肝硬化

24. 需要较纯的蛋白质样品进行蛋白质含量测定的方法是（ ）
    A. 凯氏定氮法　　　B. 双缩脲法
    C. 比浊法　　　　　D. 紫外分光光度法
    E. 染料结合法

25. 患者女，26岁。经常感到头痛，脸色较苍白。血常规检查提示小细胞低色素性贫血，Hb91g/L，初诊为缺铁性贫血，可测定哪个血清蛋白指标以明确诊断（ ）
    A. AAT　　　　　　B. AAG
    C. TRF　　　　　　D. Hp
    E. AMG

26. Wilson 病时不可能出现以下哪种变化（ ）
    A. 血清总铜浓度升高
    B. 血清游离铜浓度升高
    C. 尿铜排出增加
    D. 血清 Cp 浓度下降
    E. 血清 ALT 升高

27. 双缩脲法测定血清总蛋白的优点不正确的是（ ）
    A. 操作简单　　　　B. 灵敏度高
    C. 重复性好　　　　D. 干扰物质少
    E. 清、球蛋白的反应性相近

28. 蛋白质与双缩脲试剂反应可形成何种颜色复合物（ ）
    A. 红色　　　　　　B. 黄色
    C. 紫色　　　　　　D. 绿色
    E. 白色

二、B1 型题

29. 患者女，35岁。半个月来感觉疲软乏力,；脸色苍白黄染，体检发现脾大，血常规显示红细胞明显减少，Hb 为 30g/L，血小板正常，血清 Hp 低于参考范围。初步诊断为（ ）
    A. 黄疸性肝炎
    B. 血小板减少性紫癜
    C. 自身免疫性溶血贫血
    D. 缺铁性贫血
    E. 脾亢

30. 患者男，12岁。因双上肢震颤而就医，体检发现角膜有色素环，肝区有压痛，质地硬，初步诊断为 Wilson 病，请问测定血清中哪种蛋白质，可协助 Wilson 病的诊断（ ）
    A. ALB　　　　　　B. AAG
    C. AMG　　　　　　D. Cp
    E. CRP

（杨　洁）

第10章 糖代谢紊乱检验

学习目标

掌握：血糖、糖化血红蛋白、糖化血清白蛋白测定的原理、试剂组成和作用、临床意义、注意事项及方法评价，糖耐量试验的概念、标准程序与临床应用。

熟悉：糖尿病的概念、诊断标准及分型。

了解：胰岛素及C-肽释放试验的临床应用，血糖浓度的调节机制，高血糖的概念、低血糖的概念及分类，糖尿病的诊断程序。

能规范、熟练地操作血糖、糖化血红蛋白、糖化血清白蛋白、糖耐量试验等项目测定。

案例10-1

男性，40岁。2个月前无明显诱因逐渐食量增加，主食由原来的每天450g到每天600g，最多达800g，而体重逐渐下降，2个月内体重减轻了3kg以上，同时出现口渴，喜欢多喝水，尿量增多。实验室检查：尿糖（++），空腹血糖10.78mmol/L，其他无异常。

问题：
1. 初步诊断该男性患何种疾病？依据是什么？
2. 出现典型症状的机制是什么？
3. 临床上还需要哪些检查来诊断？

糖是人体的主要能量来源，也是构成机体组织细胞结构物质的重要组成部分。临床上常见的糖代谢紊乱主要是血糖浓度过高和过低。本章重点讨论糖尿病引起的高血糖症及其相关的实验室检测，简要阐述低血糖症和部分先天性糖代谢异常。

测定体液（血液、尿液、脑脊液）中葡萄糖的含量对糖代谢紊乱的诊断及治疗有重要意义，常用的检测指标有：血糖浓度测定；口服葡萄糖耐量试验；糖化血红蛋白测定；糖化血清蛋白测定；胰岛素测定；C-肽测定等。

第1节 概述

血糖（blood glucose，BG）指血液中的葡萄糖，空腹血糖（fasting plasma glucose，FPG）是指至少8小时内不摄入含热量食物后测定的血浆葡萄糖。食物中的多糖大部分在小肠被消化以葡萄糖、果糖等单糖形式吸收，通过血液循环运送到全身各组织器官进行代谢。血糖含量会随着进食、运动等变化而有所波动，正常人空腹血糖（FBG）浓度相对恒定，一般维持在 3.9～6.1mmol/L，这对保持人体各组织尤其是脑组织正常的功能活动有重要作用。维持血糖浓度的相对恒定，必须保持血糖来源和去路的动态平衡，这需要体内神经系统、激素及肝、肾等组织器官因素的协同作用。

一、血糖的来源和去路

（一）血糖的来源

1. 食物中糖类的消化和吸收 机体在进食后，食物中的糖类物质在胃肠道经消化后以单糖的形式被吸收进入血液，此途径是血糖的主要来源。另外肝脏可将饮食中已摄取的其他单糖如果糖、半乳糖等转变为葡萄糖。

2. 糖原的分解 肝糖原在葡萄糖 -6- 磷酸酶作用下，分解成葡萄糖入血，这是空腹时血糖的直接来源，也是维持血糖恒定的重要机制。

3. 糖异生作用 空腹时，肝脏可将体内一些非糖物质如甘油、某些有机酸及生糖氨基酸等通过糖异生作用转变成葡萄糖，以维持血糖的恒定。

（二）血糖的去路

1. 氧化分解供能 通过有氧氧化和无氧分解产生 ATP 是血糖的主要去路。

2. 合成糖原 肝和肌肉等组织将葡萄糖合成糖原贮存起来。

3. 转变为非糖物质 如脂肪、非糖氨基酸等。

4. 转变成其他糖及糖衍生物 如核糖、脱氧核糖等。

5. 尿糖 当血糖浓度过高，超过肾糖阈（8.89～10.0mmol/L）时，葡萄糖会随尿排出，出现糖尿。来源与去路如图 10-1。

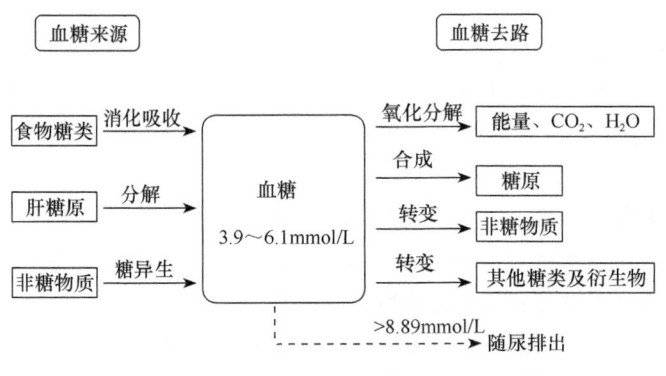

图 10-1 血糖的来源与去路

二、血糖浓度的调节

血糖恒定的维持依赖于人体内精细的调节，包括神经系统、内分泌激素及组织器官共同调节的结果（图 10-2）。

（一）神经系统的调节作用

神经系统对血糖浓度的调节作用主要通过下丘脑和自主神经系统控制激素的分泌，后者通过影响糖代谢途径中关键酶的活性，最终达到调控目的。

下丘脑的腹内侧核和外侧核具有相反的效应，它们分别通过内脏神经和迷走神经，引起肾上腺素、胰高血糖素或胰岛素的释放，或直接作用于肝脏而发挥调控作用。

（二）激素的调节作用

根据激素对血糖调节作用效果，将激素分为两组：

1. 降低血糖浓度的激素 胰岛素（insulin）是降低血糖浓度的主要激素，它是由胰腺胰岛 B 细胞分泌的一种蛋白类激素，人胰岛素是由 51 个氨基酸残基组成的具有 A、B 两条多肽链结构。胰岛素合成首先是在胰岛 B 细胞粗面内质网形成 100 个氨基酸残基的前胰岛素原，很快被酶切去信号肽，生成有 86 个氨基酸残基的胰岛素原，贮存在 B 细胞高尔基体的分泌小泡内，最后被蛋白水解酶切开产生等分子的胰岛素和无活性的 C 肽（C-peptide），释放入血液循环。其中活性胰岛素能促进细胞对葡萄糖的摄取和利用，C 肽无此作用。由于 C 肽没有胰岛素

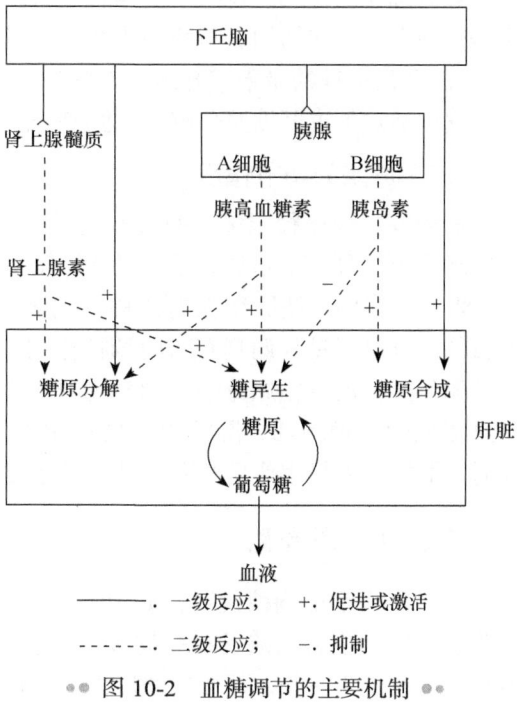

图 10-2　血糖调节的主要机制

的生理作用，故与胰岛素抗体无交叉反应，不受胰岛素抗体的干扰，所以测定血液中 C 肽能准确地反映胰岛 B 细胞的储备功能。

胰岛素发挥作用首先要与细胞膜上的受体结合，通过信号转导途径导致细胞内一系列的化学变化，最终达到降低血糖的目的（图 10-3）。所以胰岛素的生物活性效应取决于：①靶细胞上胰岛素受体的绝对或相对数目；②胰岛素与靶细胞受体的亲和力；③到达靶细胞的胰岛素浓度；④胰岛素与受体结合后的细胞内改变情况等。

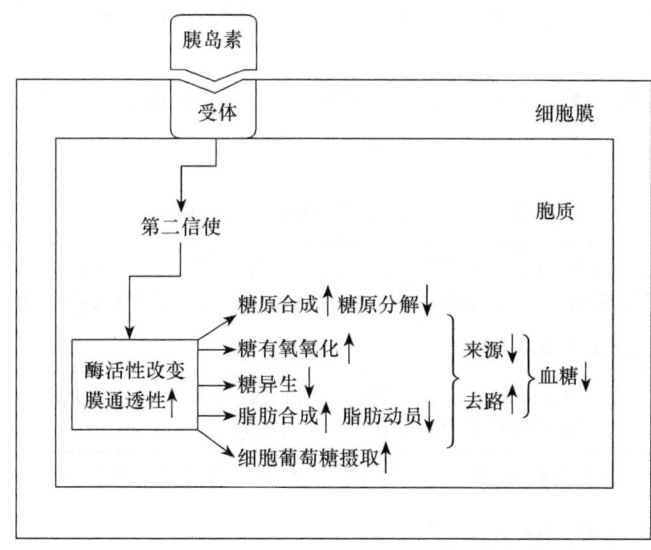

图 10-3　胰岛素作用于靶细胞的机制

具有降血糖作用的还有胰岛素样生长因子（insulin like growth factors，IGF），其化学本质是一种多肽，在结构上与胰岛素相似，具有类似于胰岛素的代谢作用和促生长作用。

2. 升高血糖的激素　升高血糖的激素有胰高血糖素、肾上腺素、糖皮质激素和生长素等，它们通过促进肝糖原分解、加强糖异生、抑制葡萄糖的利用而升高血糖。

（三）肝脏的调节作用

肝内糖代谢途径很多，而且有些代谢途径为肝脏所特有，所以肝脏被认为是调节血糖浓度最主要的器官。肝脏内有许多糖代谢的特异酶，当机体需要时，可从器官水平通过神经-激素的作用，使肝细胞内各种糖代谢途径的酶活性发生改变，从而达到调节血糖浓度的目的。肝脏对糖代谢具有双向调控作用。当血糖浓度偏低时，肝脏通过特有的葡萄糖-6-磷酸酶将贮存的肝糖原分解，同时糖异生作用增强，使血糖浓度升高；当血糖浓度升高时，肝脏摄取葡萄糖增加，肝糖原合成作用加强，并抑制肝糖原的分解，促进糖转变为脂肪，同时，肝脏内糖异生作用减弱，使血糖浓度降低。

三、糖代谢紊乱

许多疾病都影响糖代谢，如内分泌失调、肝脏、肾脏疾病、神经功能紊乱，酶的遗传缺陷、某些维生素的缺乏和药物等都能引起糖代谢异常或障碍。糖代谢异常或障碍经常以血糖浓度改变为特征，但血糖浓度的一过性改变不是糖代谢异常。

（一）高血糖症与糖尿病

高血糖症（hyperglycemia）指空腹血糖浓度超过参考范围上限。若血糖浓度高于肾糖阈 8.89mmol/L，则出现尿糖。高血糖症有生理性和病理性之分。生理性因素如情绪激动、饮食等原因所致的高血糖，其特点是血糖呈暂时性升高，但空腹血糖正常。病理性高血糖症临床上最常见的是糖尿病（diabetes millitus，DM）。

糖尿病系胰岛素相对或绝对不足和（或）胰岛素作用低下引起的代谢紊乱综合征，以高血糖为主要特点，甚至出现糖尿，其典型病例可出现多饮、多食、多尿、体重减轻等症状。长期的高血糖可导致多器官功能损害及衰竭，也可并发酮症酸中毒及非酮症性高渗综合征而危及生命。

1. 糖尿病的诊断标准　糖尿病、妊娠期糖尿病、空腹血糖受损和糖耐量减退的诊断标准见表10-1至表10-3。

表10-1　糖尿病的诊断标准（2001年）

- 出现糖尿病症状（多食、多饮、体重减轻等）加上随机血浆葡萄糖浓度≥11.1mmol/L（200mg/dl）。随机是指一天内任何时间，不管上次用餐时间。典型的糖尿病症状包括多尿、烦渴多饮和不明原因的体重下降
- 空腹血浆葡萄糖≥7.0mmol/L（126mg/dl）
- 口服葡萄糖耐量试验（oral glucose tolerance test，OGTT），2小时血浆葡萄糖（2-h PG）≥11.1mmol/L（200mg/dl）。试验应按WHO的要求进行，受试者服用的糖量相当于溶于水的75g无水葡萄糖

1. 以上三种方法都可以单独用来诊断糖尿病，其中任何一种出现阳性结果，必须随后用三种方法中任意一种进行复查才能正式确诊。
2. 血浆葡萄糖均指静脉血浆葡萄糖值。
3. OGTT试验采用世界卫生组织（WHO）提出的方法，即用75g葡萄糖（溶于水口服），儿童按每kg标准体重1.75g，总量≤75g。于口服前及后2小时抽取静脉血测定，同时收集尿标本测尿糖。

表10-2 妊娠期糖尿病（GDM）的诊断标准（2001年）

	血浆葡萄糖浓度 （mmol/L）（mg/dl） 100g 葡萄糖负荷	血浆葡萄糖浓度 （mmol/L）（mg/dl） 75g 葡萄糖负荷
空腹	5.3（95）	5.3（95）
1 小时	10.0（180）	10.0（180）
2 小时	8.6（155）	8.6（155）
3 小时	7.8（140）	

表10-3 空腹血糖受损和糖耐量减退的血糖诊断标准

	静脉血浆葡萄糖（mmol/L）	
	空腹血糖 （FPG）	糖负荷后2小时 血糖（mmol/L）
糖耐量正常（NGT）	<6.1	<7.8
空腹血糖受损（IFG）	6.1~7.0	<7.8
糖耐量减低（IGT）	<7.0	7.8~11.1
糖尿病（DM）	≥7.0	≥11.1

1. GDM 特指仅在妊娠期发现糖尿病，在妊娠前已经有的糖尿病，不属于妊娠期糖尿病而系糖尿病伴妊娠。
2. 表中至少满足两项及两项以上指标超标才能诊断。
3. 试验前至少三天不限制饮食（≥150g 碳水化合物/天），不限制患者活动。
4. 试验于清晨进行，之前应禁食 8~14 小时。
5. 坐位抽血，整个试验期间禁烟。

2. 糖尿病的分型 国际糖尿病学会推荐的根据病因建议将糖尿病分成四大类型，即 1 型糖尿病、2 型糖尿病、其他特殊类型糖尿病和妊娠期糖尿病（表10-4）。

表10-4 糖尿病的病因学分类（2001年）

类型	病因
1 型糖尿病	B 细胞破坏，常导致胰岛素绝对不足（免疫介导，特发性）
2 型糖尿病	包括胰岛素抵抗伴胰岛素相对不足、胰岛素分泌不足伴有胰岛素抵抗（病因不明）
特殊类型的糖尿病	
B 细胞功能的遗传性缺陷	12 号染色体 HNF-1αMODY3）、7 号染色体葡糖激酶（MODY2）、20 号染色体 HNF-4α（MODY1）、线粒体 DNA 等
胰岛素作用的遗传缺陷	A 型胰岛素抵抗、Rabson-Mendenhall 综合征、脂肪萎缩糖尿病等
胰腺外分泌性疾病	胰腺炎、外伤或胰腺切除、肿瘤、囊性纤维化病、血色病、纤维钙化性胰腺病变等
内分泌疾病	肢端肥大症、库欣（Cushing）综合征、胰高血糖素瘤、嗜铬细胞瘤、生长抑素瘤、甲状腺功能亢进、醛固酮瘤等
药物或化学物质所致	吡甲硝苯脲、喷他脒、烟酸、糖皮质激素、甲状腺素、二氮嗪、噻嗪类利尿药、苯妥英钠等
感染	风疹病毒、巨细胞病毒等
少见的免疫介导的糖尿病	僵人（Stiffman）综合征、抗胰岛素受体抗体
其他可能糖尿病的遗传综合征	唐氏（Down）综合征、克兰费尔特（Klinefelter）综合征、特纳（Turner）综合征、Wolfram 综合征、Friedreich 共济失调、亨廷顿（Huntington）舞蹈症、劳-穆-比（laurence-Moon-Biedl）综合征强直性肌营养不良、卟啉病、普拉德-威利（Prade-willi）综合征等
妊娠期糖尿病（GDM）	

3. 几种类型糖尿病的主要特点

（1）1 型糖尿病（type 1 diabetes）：此型糖尿病主要因为胰岛 B 细胞破坏引起胰岛素绝对不足，因而对胰岛素治疗敏感；虽任何年龄可发病，典型病例常见于儿童和青少年；起病较急；血浆胰岛素及 C 肽含量低，糖耐量曲线呈低平状态；易发生酮症酸中毒。

（2）2 型糖尿病（type2 diabetes）：典型病例常见于肥胖的中老年成人，偶见于幼儿；

起病较缓慢；血浆中胰岛素含量绝对值不降低，但在糖刺激后呈延迟释放；单用口服降糖药一般可控制血糖。

（3）特殊类型糖尿病（other specific types of diabetes）：包括一系列病因比较明确或继发性的糖尿病，主要有以下几类：B 细胞功能的遗传性缺陷、胰岛素作用的遗传缺陷、胰腺外分泌性疾病、内分泌疾病、药物或化学制剂所致、感染等。

（4）妊娠期糖尿病（gestational diabetes mellitus, GDM）：是指在妊娠期间首次发现的任何程度的糖耐量减退或糖尿病发作，不论是否使用胰岛素或饮食治疗，也不论分娩后这一情况是否持续。已知糖尿病伴妊娠者不属于此组。多数 GDM 妇女在分娩后血糖将恢复正常水平。

4. 糖尿病的主要代谢紊乱

（1）糖尿病时体内的主要代谢紊乱：在糖代谢方面，葡萄糖在肝、肌肉和脂肪组织的利用减少，肝糖原降解及糖异生增多，导致血糖升高。在脂肪代谢方面，脂肪组织摄取葡萄糖及从血浆移除甘油三酯减少，脂肪合成减少；但脂蛋白脂肪酶活性增加，血浆游离脂肪酸和甘油三酯浓度升高；当胰岛素极度不足时，脂肪组织大量动员分解产生大量酮体，若超过机体对酮体的氧化利用能力时，酮体堆积形成酮症，进一步发展为酮症酸中毒。在蛋白质代谢方面，蛋白质合成减弱，分解代谢加速，可导致机体出现负氮平衡。

（2）糖尿病并发症

1）糖尿病酮症酸中毒（昏迷）：机体糖代谢障碍时，脂肪分解加速，酮体生成量相应增多，超过了肝外组织的氧化利用能力，酮体在体内积聚超过 2.0mmol/L 时称为酮血症。体内多余的酮体经尿排出时，尿酮体检查阳性，为酮尿症。二者统称为酮症。

糖尿病酮症酸中毒昏迷（diabetic ketoacidosis coma）是糖尿病的严重急性并发症。常见于 1 型患者伴应激时。诱发因素为感染、手术、外伤和各种拮抗胰岛素的激素分泌增加。表现为：严重失水、代谢性酸中毒、电解质紊乱和广泛的功能紊乱。除尿酮症呈强阳性外，血酮体常＞5mmol/L、血 pH＜7.35、HCO_3^-↓，阴离子间隙增大，血浆渗透压仅轻度上升，病情严重时可致昏迷，称为糖尿病酮症酸中毒昏迷。

2）高渗高血糖综合征（hyperosmolar hyperglycemic syndrome, HHS）：是糖尿病急性代谢紊乱的另一种临床类型，以严重高血糖、高血浆渗透压、脱水为特点，无明显酮症，患者可有不同程度的意识障碍或昏迷（＜10%）部分患者可伴有酮症。主要见于老年 2 型糖尿病患者，超过 2/3 的患者原来无糖尿病病史。

常见的发病诱因为引起血糖增高和脱水的因素：急性感染、外伤、手术、脑血管意外等应激状态，使用糖皮质激素、利尿药、甘露醇等药物，水摄入不足或失水，透析治疗，静脉高营养疗法等。有时在病情早期因误诊而输入大量葡萄糖或因口渴而摄入大量含糖饮料可诱发本病或使病情恶化。

实验室检查：血糖达到或超过 33.3mmol/L（一般为 33.3～66.8mmol/L），有效血浆渗透压达到或超过 320mOsm/L（一般为 320～430mOsm/L）可诊断本病。血钠正常或增高。尿酮体阴性或弱阳性，一般无明显酸中毒。

3）糖尿病乳酸性酸中毒昏迷：糖尿病乳酸性酸中毒昏迷（lactic acidosis diabetic coma）乳酸由丙酮酸还原而成，是糖中间代谢产物，正常人乳酸/丙酮酸比值为 10:1，处于平衡状态。患糖尿病后，由于胰岛素的绝对和相对不足，机体组织不能有效地利用血糖，丙酮酸大量还原为乳酸使体内乳酸堆积增多。当血乳酸浓度＞2mmol/L，pH 降低，乳酸/丙酮酸比值＞10 并排除其他酸中毒原因时，可确诊。

4）糖尿病慢性并发症：由于长期高血糖使蛋白质发生非酶促糖基化反应，糖基化蛋白质分子与未被糖化的分子相互结合交联，使分子不断加大，进一步形成大分子的糖化产物，这种反应多发生在那些半衰期较长的蛋白质分子上。如胶原蛋白、髓鞘蛋白、晶体蛋白和弹性硬蛋白等，此变化引起血管基膜增厚、晶体浑浊变性和神经病变等病理变化。由此引起的大血管、微血管和神经病变，是导致眼、肾、神经、心脏和血管等多器官损害的基础。

（二）低血糖症

低血糖症（hypoglycemia）指由于某些原因使血糖浓度低于参考值下限而出现交感神经兴奋性增高和脑功能障碍，表现为心悸、出汗、精神失常、头晕、头痛等症状，严重时可出现意识丧失、昏迷甚至死亡。

1. 病因及临床分类 低血糖症多因血糖的来源小于去路所致，如摄入糖及肝糖原分解减少、非糖物质转化为葡萄糖减少或组织消耗利用葡萄糖增多等。临床上将低血糖症分为以下几类：

（1）空腹低血糖症：为临床上常见的低血糖类型。正常人一般不会因为饥饿而发生低血糖，成年人空腹时发生低血糖症常由于肝脏葡萄糖的产率下降或葡萄糖的利用增加。常见的原因有：药源性低血糖、酒精性低血糖、肝源性低血糖、胰岛B细胞瘤等。临床上反复发生空腹性低血糖症提示有器质性病变，胰岛B细胞瘤是器质性低血糖症中最常见的病因，诊断标准根据Wipple三联征确诊：①低血糖症状；②发作时空腹血糖浓度低于2.8mmol/L；③供糖后低血糖症迅速缓解。

（2）餐后（反应性）低血糖（postprandial hypoglycemia）：主要是由于胰岛素反应性释放过多，多见于功能性疾病，临床中往往容易被忽略。常见类型有：①功能性低血糖（反应性低血糖）：发生于餐后或口服葡萄糖耐量2~5小时的暂时性低血糖。常见于心流动力学异常的年轻妇女。②2型糖尿病或糖耐量受损伴有的低血糖症：患者空腹血糖正常，在口服葡萄糖耐量试验后，前2小时时糖耐量受损或2型糖尿病，但食入葡萄糖后3~5小时，血糖浓度迅速降至最低点。其原因可能是持续高血糖引起的胰岛素延迟分泌，出现高胰岛素血症所致。③营养性低血糖症：发生于餐后1~3小时。患者多有上消化道手术或迷走神经切除术。由于胃排空迅速，使葡萄糖吸收增快，血糖浓度明显增高并刺激胰岛素一过性分泌过多，导致低血糖。

（3）无症状低血糖：指血糖<2.8mmol/L时无自觉症状的情况，可发生于非糖尿病患者和50%的长期糖尿病患者。

2. 低血糖症的诊断 没有一个确切的阈值用于评估低血糖，一般血浆葡萄糖浓度低于3.0mmol/L时，开始出现低血糖的有关症状，血糖浓度低于2.8mmol/L时，发生脑功能损害。

（三）糖代谢的先天性异常

糖代谢的先天性异常是指糖代谢的酶类发生先天性异常或缺陷，导致某些单糖或糖原在体内贮积，并从尿中排出。此类疾病多为常染色体隐性遗传，包括糖原贮积症、果糖代谢异常及半乳糖代谢异常等，以糖原贮积病最为常见。患者症状轻重不等，可伴有血浆葡萄糖降低。

糖原贮积病（glycogen storage disease，GSD）是由于参与糖原合成或分解的酶缺乏，使糖原在肝、肌肉等脏器中大量堆积，造成这些器官的肥大及功能障碍。由于酶缺陷的种类不同，临床表现多种多样，一般将其分为13型，其中Ⅰ、Ⅲ、Ⅵ、Ⅸ型以肝病变为主，Ⅱ、Ⅴ、Ⅶ型以肌肉组织受损为主，Ⅰ型GSD（葡萄糖6-磷酸酶缺乏症）最为多见。

半乳糖代谢异常（disorders of galactose metabolism）是指某些参与半乳糖代谢的酶缺陷

导致的半乳糖血症（galactosemia）。半乳糖来源于饮食中的奶制品，其结构与葡萄糖相似，由多种酶催化可转变为葡萄糖。常见有 1-磷酸半乳糖苷转移酶缺乏，表现为食入乳制品后呕吐、腹泻、生长停滞等半乳糖血症表现；半乳糖激酶缺乏，表现为晶状体半乳糖沉积而致白内障。可通过测定红细胞 1-磷酸半乳糖苷转移酶活性和半乳糖激酶诊断。

第 2 节 糖代谢的相关检验

一、血清（浆）葡萄糖测定

血糖浓度是反映机体糖代谢情况的一项重要指标，血糖检验对糖代谢紊乱的诊断、治疗及监测有着重要意义，绝大部分医院将其列为急诊检验和危急值报告项目之一。

（一）标本采集

1. 血清、血浆、脑脊液和尿液均为可接受的标本。
2. 标本置室温中，全血中葡萄糖将被分解代谢，大约每小时降低 5%。因此，采血后应立即离心，分离出血浆，置于干燥洁净试管中，待血浆凝结后再分离出血清，置 2～8℃冰箱保存。血清或血浆中的葡萄糖至少可稳定 3 天以上。分离血清或血浆的时间，最好不晚于血液标本采集后 1 小时。
3. 如果采血后不能迅速分离出血浆或血清，必须使用含氟化物或碘乙酸盐的抗凝管，抑制血细胞（主要是白细胞）对葡萄糖的酵解，稳定全血中的葡萄糖。若用抗凝血浆标本，推荐用草酸钾-氟化钠抗凝血浆较好。
4. 建议使用带分离胶的真空采血管，并及时分离血清，可防止血细胞对葡萄糖的酵解。

（二）测定方法及评价

血糖的测定方法按原理可分为 3 类：无机化学法、有机化学法和酶法。无机化学法特异性差，已经淘汰；有机化学法主要为邻甲苯胺法，因干扰因素多，试剂有腐蚀性和致癌性，已较少使用。本节主要介绍酶法。

血糖的酶法检验是利用酶的特异性催化作用建立起来的，是目前临床检验的主要方法。主要有己糖激酶（hexokinase，HK）法和葡萄糖氧化酶（glucose oxidase，GOD）法，也有用葡萄糖脱氢酶（glucose dehydrogenase，GDH）法。

1. 己糖激酶法 本法准确度和精密度高，特异性高于葡萄糖氧化酶法，适用于自动化分析，为葡萄糖测定的参考方法。轻度溶血（血红蛋白小于 5g/L）、脂血、黄疸、尿酸、维生素 C、氟化钠、肝素、EDTA 和草酸盐等不干扰本法测定。

2. 葡萄糖氧化酶法 GOD 高特异地催化 β-D-葡萄糖，葡萄糖中 α 和 β 构型各占 36% 和 64%。要使葡萄糖完全反应，则需要 α 型到 β 型的变旋过程。这可以在实际应用时加入葡萄糖变旋酶或者适当延长孵育时间来达成。本法测定血糖的线性范围可达 19mmol/L，回收率 94%～105%；批内变异系数为 0.7%～2.0%，批间为 2% 左右，日间为 2%～3%。准确度与精密度都能达到临床要求，操作简便，适用于常规检验，是卫生部临床检验中心的推荐方法。

3. 葡萄糖脱氢酶法 葡萄糖脱氢酶（glucose dehydrogenase，GDH）高特异性催化 β-D-葡萄糖，因此商品试剂中含有变旋酶，以加速变旋过程。本法高度特异，不受各种抗凝剂和血浆及其他物质的干扰。制成固相酶,可用于连续流动分析,也可用于离心沉淀物的分析。

【实验 10-1】 葡萄糖氧化酶法(GOD)测定血糖

【原理】 在葡萄糖氧化酶的催化下,葡萄糖被氧化为葡萄糖酸(D-葡萄糖酸 δ-内酯),同时消耗溶液中的氧,产生过氧化氢。过氧化物酶(peroxidase,POD)在色原性氧受体存在时将过氧化氢分解为水和氧,并使色原性氧受体 4-氨基安替比林(4-AAP)和酚去氢缩合为红色醌类化合物,即 Trinder 反应。红色醌类化合物的生成量与葡萄糖含量成正比。反应式如下:

$$\beta\text{-}D\text{-}葡萄糖 + H_2O + O_2 \xrightarrow{GOD} D\text{-}葡萄糖酸 + H_2O_2$$

$$2H_2O_2 + 4\text{-}AAP + 酚 \xrightarrow{POD} 红色醌类化合物 + 4H_2O$$

【试剂】

1. 酶试剂 称取过氧化物酶 1200U,葡萄糖氧化酶 1200U,4-氨基安替吡啉 10mg,叠氮钠 100mg,溶于磷酸盐缓冲液 80ml 中,用 1mol/L 氢氧化钠调 pH 至 7.0,用磷酸盐缓冲液定容至 100ml,置 4℃保存,可稳定 3 个月。

2. 酚试剂 称取重蒸馏酚 100mg 溶于 100ml 蒸馏水中,用棕色瓶贮存。

3. 酶酚混合试剂 酶试剂及酚溶液等量混合,贮存于棕色瓶中,冰箱 4℃可以存放 1 个月。

4. 5mmol/L 葡萄糖标准应用液 吸取葡萄糖标准贮存液 5ml,置于 100ml 容量瓶中,用 12mmol/L 苯甲酸溶液稀释至刻度,混匀。

【实践步骤】

1. 参数设置

第一波长	505 nm	孵化时间	600 秒
第二波长	nm	延迟时间	一秒
比色杯光径	1cm	间隔时间	秒
温度	37℃	测定次数	
吸样量	100μl	连续监测时间	秒
试剂 R	300μl	血清稀释倍数	100
试剂 II	μl	系数	

2. 操作 按表 10-5 进行操作。

☐ 决定性方法　ID-MS 法
☐ 参考方法　　HK 法
☑ 常规方法　　GOD-POD 法

表 10-5 葡萄糖测定 GOD-POD 法操作步骤

加入物(ml)	空白管(B)	标准管(S)	质控管(C)	测定管(T)
血清	—	—	—	0.020
质控物	—	—	0.020	—
葡萄糖标准液	—	0.020	—	—
蒸馏水	0.020	—	—	—
酶酚混合试剂	3.000	3.000	3.000	3.000

混匀,置 37℃水浴中保温 15 分钟,选择波长 505nm,用空白管调零,分别读取各管的吸光度(A)。

【计算】

$$血清葡萄糖（mmol/L）= \frac{测定管吸光度值}{标准管吸光度值} \times 标准液浓度（mmol/L）$$

【参考范围】 空腹血清：3.90~6.10mmol/L（70~110mg/L）

【临床意义】

（1）血糖增高：生理性高血糖见于餐后1~2小时，摄入高糖饮食、情绪激动等。病理性高血糖见于：①糖尿病；②其他内分泌系统的疾病，如垂体前叶功能亢进（巨人症、肢端肥大症）、肾上腺皮质功能亢进（库欣病）、甲状腺功能亢进、嗜铬细胞瘤等；③应激性高血糖，如颅内损伤、颅内压增高、脑卒中等；④脱水引起的血液浓缩，如呕吐、腹泻、高热等；⑤严重的肝硬化，使葡萄糖不能转化为肝糖原储存；⑥胰腺病变。

（2）血糖降低：生理性低血糖见于饥饿、剧烈运动等。病理性低血糖可见于胰岛素细胞增生或肿瘤引起的胰岛素分泌过多；对抗胰岛素的激素分泌不足，如垂体、肾上腺皮质或甲状腺功能减退而使生长素、肾上腺素分泌减少；严重肝病使肝的异生糖作用降低或肝糖原储存缺乏，肝不能有效地调节血糖。

（3）药物影响：某些药物可以诱导血糖升高或降低。①引起血糖升高的药物：噻嗪类利尿药、口服避孕药、儿茶酚胺、吲哚美辛、咖啡因、甲状腺素、肾上腺素等。②使血糖降低的药物：降糖药、中毒剂量对乙酰氨基酚、抗组胺药、致毒量阿司匹林、乙醇、胍乙啶、普萘洛尔等。

【方法学评价】 本法测定血糖的线性范围可达19mmol/L；回收率94%~105%；批内变异系数为0.7%~2.0%，批间为2%左右，日间为2%~3%。其准确度与精密度都能达到临床要求，操作简便，适用于常规检验，是卫生部临床检验中心的推荐方法。

过氧化物酶（POD）的特异性较低，一些还原性物质如尿酸、维生素C、胆红素和谷胱甘肽等可消耗过氧化氢，使测定结果偏低，添加了抗干扰成分的试剂盒可消除上述物质的干扰。

【注意事项】

1. 葡萄糖氧化酶（GOD）仅对β-D-葡萄糖高度特异，溶液中葡萄糖约36%为α型。64%为β型。所以测定时为保证葡萄糖的完全氧化则需要α型到β型的变旋过程，这可以在实际应用时加入葡萄糖变旋酶或者适当延长孵育时间来达成。

2. GOD-POD偶联法可直接测定脑脊液中葡萄糖的含量，但由于尿液中尿酸等干扰物浓度过高，所以该法不能直接测定尿液中葡萄糖的含量。

【实验10-2】 己糖激酶法（HK）测血糖

【原理】 己糖激酶催化标本中的葡萄糖和ATP发生磷酸化反应，生成葡萄糖-6-磷酸（G-6-P）与ADP。前者在葡萄糖-6-磷酸脱氢酶（G-6-PD）催化下脱氢，生成6-磷酸葡萄糖酸内酯，同时使$NADP^+$还原成NADPH。反应式如下：

$$葡萄糖 + ATP \xrightarrow{HK} 葡萄糖酸\text{-}6\text{-}磷酸 + ADP$$

$$葡萄糖\text{-}6\text{-}磷酸 + NADP^+ \xrightarrow{G\text{-}6\text{-}PD} 6\text{-}磷酸葡萄糖酸内酯 + NADPH + H^+$$

NADPH的生成速率与血液中葡萄糖的浓度成正比。NADPH在340nm波长处有吸收峰，在加入的HK、ATP、G-6-PD和$NADP^+$足够时，通过监测其吸光度升高速率，可计算标本中葡萄糖浓度。

【试剂】

1. 酶混合试剂的成分和在反应液中的参考浓度

三乙醇胺盐酸缓冲液（pH7.5）	50mmol/L	ATP	2mmol/L
$MgSO_4$	2mmol/L	HK	≥1500U/L
$NADP^+$	2mmol/L	G6PD	2500U/L

2. 5mmol/L 葡萄糖标准液 见 GOD 法。

【实践步骤】

1. 试剂准备 R1 和 R2 试剂为即用型液体试剂，开瓶即用，用后应及时冷藏保存。

2. 参数设置

第一波长	340nm	孵化时间	300 秒
第二波长	405nm	延迟时间	秒
比色杯光径	1cm	间隔时间	300 秒
温度	37℃	测定次数	
吸样量	100μl	连续监测时间	秒
试剂Ⅰ	240μl	血清稀释倍数	100
试剂Ⅱ	60μl	系数	

3. 操作 按表 10-6 进行操作。

☐ 决定性方法　ID-MS 法
☑ 参考方法　　HK 法
☐ 常规方法　　GOD-POD 法

表 10-6　己糖激酶（HK）法测血糖操作步骤

加入物（ml）	空白管（B）	标准管（S）	质控管（C）	测定管（T）
血清	—	—	—	0.020
质控物	—	—	0.020	—
葡萄糖标准液	—	0.020	—	—
生理盐水	0.020	—	—	—
酶酚混合试剂	2.000	2.000	2.000	2.000

混匀，置 37℃ 水浴中保温 10 分钟，选择波长 340nm，比色杯光径 1.0cm，用蒸馏水调零，分别读取各管的吸光度。

【计算】

$$血清葡萄糖（mmol/L）=\frac{A_{测定管}-A_{对照管}-A_{空白管}}{A_{标准管}-A_{空白管}}\times 5mmol/L$$

【参考范围】及【临床意义】见 GOD 法。

【方法学评价】

1. 线性范围 可达 33.31mmol/L，最高达 40.8mmol/L。

2. 准确度 回收率 99.4%～101.6%，平均为 100.5%（样品含量为 2.22、4.86、8.34mmol/L）。

3. 精密度 日内 CV 为 0.6%～1.0%，日间 CV 为 1.3% 左右。

4. 方法学比较 与 GOD-POD 法比较，r=0.998，y=1.01x+0.190。

5. 特异性和干扰 HK 法最大优点是特异性相当高，干扰少。

HK 对 D- 葡萄糖、D- 甘露糖、D- 果糖、D- 葡糖胺均有催化作用，来源于牛脑和酵母的 HK 的最适底物是 D-甘露糖和 D-葡萄糖。但 G-6-PD 的最适底物是 G-6-P，对 G-6-P 具有高度专一性，对 6-磷酸果糖和 6-磷酸甘露糖不起作用，因此 HK 法的特异性很强，轻度溶血、脂血、黄疸、维生素 C、氟化钠、肝素、D-甘露糖、草酸盐、谷胱甘肽及某些药物如左旋多巴、肼屈嗪等均无干扰。

严重溶血（Hb2～5.12g/L）致使红细胞内有机磷酸酯及一些酶类释放，消耗 $NADP^+$，可使葡萄糖测定值下降 6.6%～32%。

二、糖耐量试验

（一）糖耐量和葡萄糖耐量试验

正常人由于体内有一套完善的调节血糖的机制，因此在进食一定量的葡萄糖后，血液中葡萄糖浓度仅暂时升高（一般不超过 9.0mmol/L），并在 2 小时内血糖浓度又恢复到正常血糖水平，而不出现糖尿，称为耐糖现象。若调节功能失调，在静脉注射或口服一定量的葡萄糖后，血糖急剧升高，且在一定时间内不能恢复到原有水平，称为糖耐量异常。

葡萄糖糖耐量试验是一种葡萄糖负荷试验，WHO 推荐的糖耐量试验有口服葡萄糖耐量试验（oral glucose tolerance test，OGTT）和静脉葡萄糖耐量试验（intravenous glucose tolerance test，IGTT），用以了解胰岛 B 细胞功能和机体对血糖的调节能力。对于症状不明显或血糖升高不明显的可疑糖尿病患者可以通过该项试验早期发现或排除糖尿病。临床常用 OGTT，对于不宜做 OGTT 的患者，可采用 IGTT。

（二）口服葡萄糖耐量试验

【原理】OGTT 是人为给予一定量的葡萄糖（口服）后，间隔一定时间分别测定被检者的血糖和尿糖水平。因内分泌功能失调等因素引起糖代谢障碍时，口服一定量葡萄糖后，血糖浓度可急剧升高，而且短时间内不能恢复到原来的浓度水平，称为糖耐量失常。

OGTT 主要应用于：①空腹血糖水平在临界值（6.1～7.0mmol/L）而又疑为糖尿病患者；②空腹或餐后血糖浓度正常，但有发展为糖尿病可能的人群；③以前耐糖试验异常的危险人群；④妊娠期糖尿病的诊断；⑤临床上出现肾病、神经病变和视网膜病而又无法做出合理性解释者；⑥人群筛查，以获取流行病学数据。

【方法】WHO 推荐的标准化 OGTT：

（1）标本采集：检查前三天停用胰岛素治疗，维持正常的饮食及活动（每天食物中糖含量不低于 150g）。试验前应空腹 10～16 小时，静脉采血 2ml 左右，迅速分离血清（浆）后测定空腹血糖浓度。

（2）口服葡萄糖：将 75g 无水葡萄糖溶于 250ml 冷开水中 5 分钟内饮完（妊娠妇女常用量为 100g）。

儿童葡萄糖用量可按 1.75g/kg 计算，但总量不超过 75g。从服第一口开始计时，每隔 30 分钟取血 1 次，共 4 次，历时 2 小时（必要时可延长至 6 小时），分别进行血糖测定。同时每隔 1 小时留取尿液一次检验尿糖。整个试验过程中避免吸烟、喝咖啡、喝茶或进食。

（3）绘制糖耐量曲线：以标本采集时间为横坐标（空腹时为 0 时），血糖浓度为纵坐标绘制糖耐量曲线，如图 10-4 所示。

OGTT 结合 FPG 可协助诊断糖尿病（DM）及相关状态：① FPG≤6.1mmol/L，2 小时 PG<7.8mmol/L，为糖耐量正常（normal glucose tolerance，NGT）；② FPG 在 6.1～7.0mmol/L，2 小时 PG<7.8mmol/L，为空腹血糖受损（impaired fasting glucose，IFG）；③ FPG<7.0mmol/

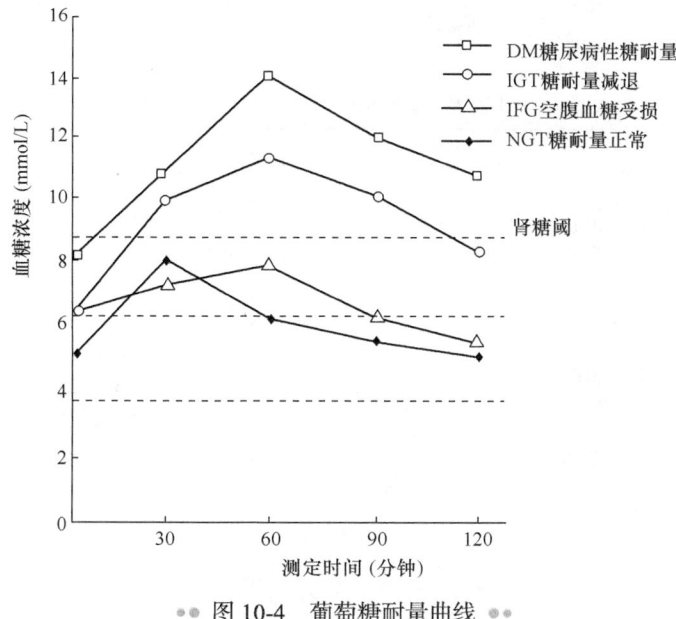

•• 图 10-4　葡萄糖耐量曲线 ••

L，2 小时 PG 在 7.8～11.1mmol/L，为糖耐量减退（impaired glucose tolerance，IGT）；④ FPG≥7.0mmol/L，2 小时 PG≥11.1mmol/L，尿糖＋～＋＋＋＋，为糖尿病（DM）。

WHO 推荐的 OGTT 为不同个体提供了一种标准方法，对个体血糖调节能力的评价比 FPG 更为灵敏。但应该注意：①因为重复性很差，不能单凭 1 次 OGTT 结果判断糖耐量异常；②临床糖耐量诊断首推 FPG，OGTT 并非必需，不应作为常规项目。

【参考区间】健康成年人：FPG≤6.1mmol/L；服糖后 30～60 分钟血糖升高达高峰，一般＜10.0mmol/L，2 小时 PG≤7.8mmol/L；同时测定上述各时间的尿糖均为阴性。

【临床意义】

1. 糖尿病性糖耐量　空腹血糖浓度≥7.0mmol/L，服糖后血糖急剧升高，血糖增高时间仍为 30～60 分钟，但峰值超过 10mmol/L，并出现尿糖；以后血糖浓度恢复缓慢，常常 2 小时后仍高于空腹水平。因此糖尿病的重要判断指标是口服葡萄糖后 2 小时的血糖值，糖尿病患者耐糖曲线的最大特征是曲线延迟恢复至空腹水平。

2. 糖耐量减退　空腹血糖浓度＜7.8mmol/L，但服糖后 60 分钟、90 分钟的血糖水平≥11.0mmol/L（有人 30 分钟也可达此值），2 小时后血糖仍在 8.0～11.0mmol/L，称为亚临床糖尿病。

（三）糖尿病诊断程序

糖尿病诊断主要依据生物化学检验结果，图 10-5 为可疑糖尿病的诊断程序。

三、糖化血红蛋白测定

正常成人血红蛋白（Hb）是由 HbA（90%）、HbA_1（7%）、HbA_2（2.5%）和 HbF（0.5%）组成。层析分析 HbA_1 显示它含有数种微量 Hb 成分，即 HbA_{1a}、HbA_{1b} 和 HbA_{1c}、HbA_{1d}（统称为 HbA_1）。HbA_1 的主要组分是 HbA_{1c}，约占 80%，HbA_{1a} 和 HbA_{1b} 的含量则非常低（图 10-6）。

红细胞内的 Hb 可缓慢地与糖类（主要是葡萄糖）结合形成糖化血红蛋白（glycosy-lated hemoglobin，GHb），这种 Hb 与糖结合的形成过程称为糖基化作用。GHb 是 HbA_1 合成后

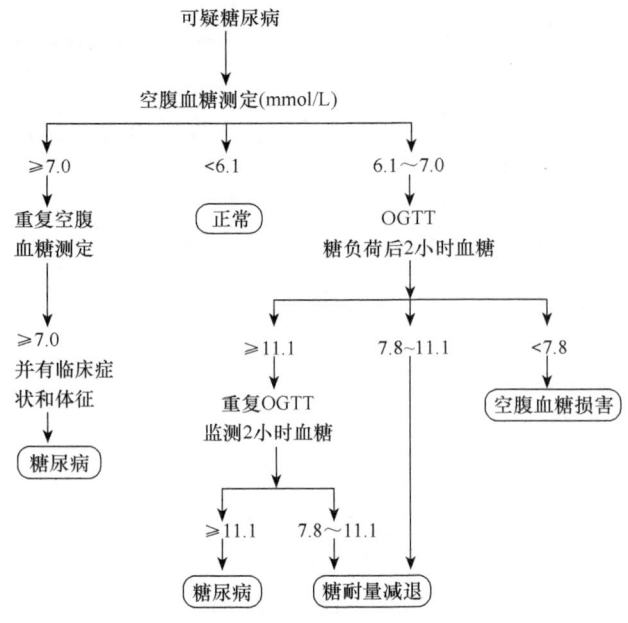

图 10-5 可疑糖尿病的诊断程序

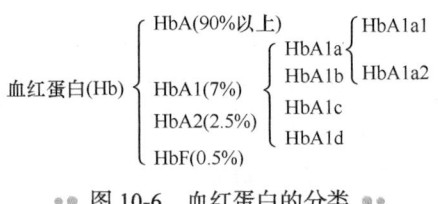

图 10-6 血红蛋白的分类

化学修饰的结果。

GHb 的形成取决于血液中葡萄糖的平均浓度以及红细胞的寿命，其生成量与血中葡萄糖浓度成正比。糖基化过程非常缓慢且不可逆，GHb 一旦形成不再解离。红细胞寿命约为 120 天，因此 GHb 的浓度可以反映测定前 1～2 个月受试者血糖的平均水平，而与血糖的短期波动无关，也不受运动和饮食的影响。

目前测定 GHb 的方法可分为两大类：一类是将 HbA_1 从 HbA 中分离出来对 HbA_1 进行定量分析，常用的方法有比色法、电泳法、离子交换层析微柱法和亲和层析法等；另一类是分离和定量分析 HbA_{1c}，如高效液相色谱法（high performance liquid chromatography，HPLC）、等电聚焦法及免疫学方法等。由于 HbA_{1c} 分离过程耗时，要求技术水平高且必须有高精密度专门仪器，因此一般不作为常规测定方法。免疫学方法已有试剂盒供应，可以通过生化分析仪进行检测。离子交换层析微柱法和亲和层析法技术简单、操作快速、结果可满足临床对糖尿病监控的要求，是目前推荐的常规方法。高效液相色谱（HPLC）被列为参考方法。

1. 离子交换层析法 用偏酸缓冲剂处理 Bio-Rex70 阳离子交换树脂，使之带负电荷，它与带正电荷的 Hb 有亲和力。HbA、HbA_1 均带正电荷，由于 HbA_1 的两个 β 链 N- 末端正电荷被糖基清除，正电荷较 HbA 少，二者对树脂的附着力不同。用 pH6.7 磷酸盐缓冲液可首先将带正电荷较少、吸附力较弱的 HbA_1 洗脱下来，再用分光光度计测定洗脱液中的 HbA_1 占总 Hb 的百分数。

2. HbAlc 免疫法 利用 TTAB（tetradecyl trimethyl ammonium bromide，十四烷基三甲胺溴化物，是一种去污剂）作为溶血试剂（不溶解白细胞），用来消除白细胞物质的干扰，然后用浊度抑制免疫学方法测定溶血后血液中的 HbAlc 浓度。

先加入抗体缓冲液，样本中的糖化血红蛋白（HbAlc）和抗 HbA_1c 抗体反应形成可溶性的抗原 - 抗体复合物，由于在 HbA_1c 分子上只有一个特异性的 HbA_1c 抗体结合位点，所以不能够形成凝集反应。然后，加入多聚半抗原缓冲液，多聚半抗原和反应液中过剩的抗 HbA$_1$c 抗体结合，生成不溶性的抗体-多聚半抗原复合物，可用比浊法进行测定。同时在另一个通道上测定 Hb 浓度，在该通道中，溶血液中的血红蛋白转变为具有特征性吸收光谱的血红蛋白衍生物，用重铬酸盐作标准参照物，进行比色法测定 Hb 浓度。

【实验 10-3】 层析微注法分离与比色法测定糖化血红蛋白

【原理】用偏酸缓冲剂处理 Bio-Rex70 阳离子交换树脂，使之带负电荷，它与带正电荷的 Hb 有亲和力。HbA、HbA$_1$ 均带正电荷，由于 HbA$_1$ 的两个 β 链 N-末端正电荷被糖基清除，正电荷较 HbA 少，二者对树脂的附着力不同。用 pH6.7 磷酸盐缓冲液可首先将带正电荷较少、吸附力较弱的 HbA$_1$ 洗脱下来，再用分光光度计测定洗脱液中的 HbA$_1$ 占总 Hb 的百分数。

【试剂】

1. **溶血剂** pH4.62，取 25ml 试剂 2，加 0.2ml Triton X-100，加蒸馏水定容至 100ml。

2. **洗脱剂 I（磷酸盐缓冲液，pH6.7）** 取 100ml 试剂 1、150ml 试剂 2 于 1000ml 容量瓶中，并加蒸馏水定容至 1L。

3. **洗脱剂 II（磷酸盐缓冲液，pH6.4）** 取 300ml 试剂 1、700ml 试剂 2 于 1000ml 容量瓶中，并加蒸馏水定容至 1L。

4. **Bio-Rex70 阳离子交换树脂** 200～400 目。钠型，分析纯级。

【实践步骤】

1. **树脂处理** 称取 Bio-Rex70 阳离子交换树脂 10g，加 0.1mol/L NaOH 溶液 30ml，搅匀，置室温 30 分钟，期间搅拌 2～3 次。然后加浓盐酸数滴，调至 pH 为 6.7，弃去上清液，用约 50ml 蒸馏水洗 1 次，用洗脱剂 II 洗 2 次，再用洗脱剂 I 洗 4 次即可。

2. **装柱** 将上述处理过的树脂加洗脱剂 I，搅匀，用毛细滴管吸取树脂，加入塑料微柱内，使树脂床高度达 30～40mm，树脂床填充应均匀，无气泡无断层即可。

3. **溶血液的制备** 将 EDTA 抗凝血或毛细管血 20μl，加于 2.0ml 生理盐水中，摇匀，离心，吸弃上清液，仅留下红细胞，加溶血剂 0.3ml，摇匀，置 37℃水浴中 15 分钟，以除去不稳定的 HbA$_1$。

4. **柱的准备** 将微柱颠倒摇动，使树脂混悬，然后去掉上下盖，将柱插入 15mm×150mm 的大试管中，让柱内缓冲液完全流出。

5. **上样** 用微量加样器取 100μl 溶血液，加于微柱内树脂床上，待溶血液完全进入树脂床后，将柱移入另一支 15mm×150mm 的空试管中。

6. **层析洗脱** 取 3.0ml 洗脱剂 I，缓缓加于树脂床上，注意勿冲动树脂，收集流出物，此即为 HbA$_1$（测定管）。

7. **对照管** 取上述溶血液 50μl，加蒸馏水 7.5ml，摇匀，此即为总 Hb 管。

8. **比色** 用分光光度计，波长 415nm，比色杯光径 10mm，以蒸馏水做空白，测定各管吸光度。

9. **微柱的清洗和保存** 用过的柱先加洗脱剂 II 3.0ml，使 Hb 全部洗下，再用洗脱剂 I 洗 3 次，每次 3.0ml，最后加洗脱剂 I 3.0ml，加上下盖，保存备用。

【结果】

$$HbA_1(\%) = \frac{A_{测定管}}{A_{标准管} \times 5} \times 100\%$$

【参考范围】

健康成年人 HbA_1（%）：范围 5.0%～8.0%，均值 6.5%。

【临床意义】

1. 作为糖尿病患者长期血糖控制的评价指标：血红蛋白中糖化血红蛋白所占比率能反映检测前 1～2 个月的平均血糖水平，而与抽血时间、患者是否空腹、是否使用胰岛素等因素无关，是糖尿病监控达标的"金标准"。其结果评价如下：

4%～6%：血糖控制正常。　　　　6%～7%：血糖控制比较理想。

7%～8%：血糖控制一般。　　　　8%～9%：血糖控制不理想。

＞9%：血糖控制很差。

糖尿病患者血糖控制未达到目标或治疗方案调整时，应每 3 个月检查一次糖化血红蛋白；血糖控制达到目标后也应每年至少检查 2 次糖化血红蛋白。

2. 对糖尿病性高血糖和应激性高血糖做出鉴别，前者 GHb 水平多增高，后者正常。

【方法学评价】

1. 该法批内重复性 CV＜1.5%，批间 CV＜5%，与参考方法 HPLC 比较，其相关系数 $r=0.945$，两法具有高度的相关性（$P<0.001$）。

2. 手工微柱操作受到人工因素和环境因素影响较大。

四、糖化血清白蛋白测定

血清白蛋白和其他蛋白质与葡萄糖可通过非酶促糖基化反应形成高分子酮胺结构，即糖化血清蛋白（glycosylated serum Protein，GSP），白蛋白是血清中蛋白含量最多的成分，故主要为糖化白蛋白（glycosylated albumin，GAlb），Alb 半衰期为 15～19 天，故可通过测定糖化血清白蛋白（GAlb）水平来反映近 2～3 周血糖的情况，在反映血糖控制效果上比糖化 Hb 敏感。

目前对糖化血清白蛋白的测定主要是化学比色法、亲和层析法和果糖胺法。

化学比色法原理是果糖胺与强酸反应产生环状衍生物，然后与硫代巴比妥酸产生有色化合物进行比色测定。

亲和层析法是选择性结合糖化衍生物，然后洗脱分离糖化的和非糖化的组分，最后用一种特异性的检测方法测定蛋白质或总蛋白。

果糖胺法是利用血清葡萄糖能与清蛋白及其他血清蛋白分子 N 末端的氨基发生非酶促糖化反应，形成高分子酮胺结构。此酮胺结构在碱性溶液中能与硝基四氮唑蓝（NBT）发生还原反应，其产物在 550nm 波长处有最大吸收峰。该法操作简单，可用于自动化分析。由于测定 GSP 是观察短期血糖浓度的改变，因此应与 GHb 结合应用而不是替代。当患者有血红蛋白异变体如 HbS 或 HbC 时，会使红细胞寿命下降，此时测定 GHb 的意义不大，而 GSP 很有价值。当清蛋白浓度和半衰期发生明显变化时，会对 GSP 产生很大影响，故对于肾病综合征、肝硬化、异常蛋白血症或急性时相反应之后的患者，GSP 结果不可靠。

【实验 10-4】　　　　　果糖胺法测定糖化血清白蛋白

【原理】

血清葡萄糖能与白蛋白及其他血清蛋白分子 N 末端的氨基发生非酶促糖化反应，

形成高分子酮胺结构（果糖胺）。此酮胺结构能在碱性环境中与硝基四氮唑蓝（NBT）发生还原反应，生成甲𬪩。以 1-脱氧-1-吗啉果糖（DMF）为标准参照物，进行比色测定。

$$葡萄糖＋白蛋白-NH_2 \longrightarrow 果糖胺$$

$$果糖胺＋NBT \xrightarrow{OH^-} 甲𬪩$$

【试剂】

1. 40g/L 牛血清白蛋白溶液。
2. 4mmol/L DMF 标准液：称取 DMF 99.6mg，溶于 40g/L 牛血清白蛋白溶液 100ml 中。

【实践步骤】

1. 样本测定按表 10-7 操作 混匀，置 37℃水浴准确 15 分钟，立即取出，流水冷却（低于 25℃）。冷却后 15 分钟内，用分光光度计波长 550nm，比色杯光径 10mm，以空白管调零，读取测定管吸光度。从标准曲线查得测定结果。

表 10-7 血清（血浆）DMF 测定步骤

加入物（ml）	空白管	测定管
蒸馏水	0.100	—
血清（血浆）	—	0.100
NBT（37℃预温）	4.000	4.000

2. 标准曲线制备 取 4mmol/L DMF 标准液，用牛血清白蛋白溶液（40g/L）稀释成 1mmol/L、2mmol/L、3mmol/L、4mmol/L，并以牛血清白蛋白溶液（40g/L）为空白，与测定管同样操作，读得各浓度 DMF 相应的吸光度。以 DMF 浓度为横坐标，吸光度为纵坐标，制成标准曲线。浓度在 4mmol/L 以内与吸光度呈线性关系。

【参考范围】

健康成年人糖化血清蛋白：1.9mmol/L±0.25mmol/L。

【临床意义】

1. 糖化血清蛋白测定可以反映患者过去 2~3 周的血糖控制水平，是糖尿病近期内控制的一个敏感指标。
2. 本试验不受临时血糖浓度波动的影响，故为临床糖尿病患者的诊断和较长时间血糖控制水平的研究，提供了一个很好的指标。同一患者前后连续检测结果的比较更有价值。

【方法学评价】

本实验不受溶血、脂血、葡萄糖或胆红素干扰，但必须注意测定的标准化，清蛋白标准品的类型会影响实验结果。血浆总蛋白浓度也会影响结果，但红细胞寿命和血红蛋白变异体不影响结果。

五、胰岛素及胰岛素释放试验

胰岛素（insulin，INS）是由 51 个氨基酸组成的小分子蛋白质，有 α 和 β 两条肽链，通过两个二硫键连接在一起。INS 由胰腺的 B 细胞分泌，分泌入血后约 10 分钟降解，肝脏在此过程中起着主要作用。血糖是调节 INS 分泌的重要因素，许多氨基酸如精氨酸、赖氨酸也有刺激 INS 分泌的作用。INS 的主要功能是促进葡萄糖的氧化和糖原的生成，抑制糖异生，从而维持血糖的恒定。

INS 测定及胰岛素释放试验（insulin release test）是诊断和治疗糖尿病的两个主要试验。试验方法和测定对象完全相同，但标本的采集方法和观察目的有所区别。通过 INS 测定，可以了解胰腺 B 细胞的分泌功能。胰岛素释放试验可反映胰腺 B 细胞的储备能力，标本采集方法及注意事项与 OGTT 完全相同，常与 OGTT 试验同时进行。即在空腹及服糖后的 2 小时内每隔 30 分钟采血一次分别测定胰岛素水平。该试验对糖尿病的早期诊断、分型和治疗有重要的参考价值。

胰岛素测定方法主要有放射免疫法（RIA）、ELISA 法和化学发光法。

【胰岛素释放试验曲线】正常人的胰岛素分泌常与血糖值呈平行状态，在服糖后 30～60 分钟达到峰值，其浓度为空腹值的 5～7 倍，达到峰值后的胰岛素下降很快，180 分钟的测定值只比空腹值略高。1 型糖尿病空腹值低，服糖后仍无反应或反应低下，呈不反应型。2 型糖尿病空腹值正常或增高，服糖后胰岛素水平增加，峰值出现晚，常在 120 分钟，甚至 180 分钟出现，但该型糖尿病在晚期也可呈不反应型。胰岛素释放试验曲线见图 10-7。

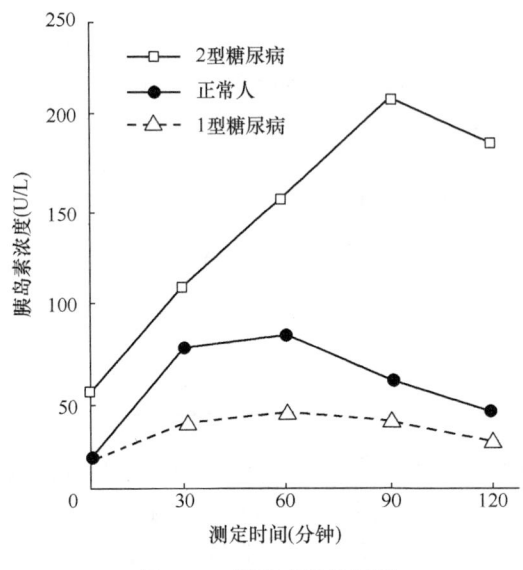

图 10-7　胰岛素释放试验

【参考区间】空腹胰岛素为 4.0～15.6U/L（RIA）；服糖后 30～60 分钟胰岛素分泌达到峰值，是空腹胰岛素的 5～10 倍。

【临床意义】胰岛素的增高常见于 2 型糖尿病，肥胖者居多，其早期与中期均有高胰岛素血症；胰岛 B 细胞瘤、胰岛素自身免疫综合症、脑垂体功能减退症、甲状腺功能减退症以及怀孕妇女，应激状态下如外伤、电击与烧伤等患者也较高。

减低常见于 1 型糖尿病及晚期的 2 型糖尿病患者；胰腺炎、胰腺外伤、B 细胞功能遗传性缺陷的患者及服用噻嗪类药、β 受体阻断剂者可降低。

糖尿病患者的胰岛素释放试验曲线可分以下 3 种类型：

1. 胰岛素分泌不足型　试验曲线呈低水平状态，表示胰岛功能衰竭或遭到严重破坏，胰岛素分泌严重不足。见于 1 型糖尿病，需终身进行胰岛素治疗。

2. 胰岛素分泌增多型　患者空腹胰岛素水平正常或高于正常，口服葡萄糖刺激后曲线上升迟缓，高峰在 2 小时或 3 小时，多数在 2 小时达到高峰，其峰值明显高于正常值，提示胰岛素分泌相对不足，多见于 2 型糖尿病肥胖者。该型患者经严格控制饮食、增加运动、减轻体重或服用降血糖药物后常可得到较好控制。

3. 胰岛素释放障碍型　空腹胰岛素水平略低于正常或稍高，刺激后呈迟缓反应，峰值低于正常。多见于成年起病，体形消瘦或正常的糖尿病患者。

> **链接**
>
> **化学发光免疫分析法（CLIA）测定胰岛素**
>
> 本法为 CLIA 的夹心法。待测抗原（Ins）与鼠抗人 Ins 单克隆抗体（mAb）、碱性磷酸酶标记的羊抗 Ins 抗体（ALP-gAb）反应，Ins 的量越多，与 mAb 和 ALP-gAb 结合量就越多，经洗涤吸弃废液后加入发光底物 AMPPD，后者在 ALP 的作用下迅速发出稳定的光量子，光子的量与 mAb－Ins—ALP-gAb 的量（即 Ins 的量）成正比。

六、C-肽及 C-肽释放试验

C-肽是胰岛 B 细胞的分泌产物，它与胰岛素有一个共同的前体—胰岛素原。一分子的胰岛素原在蛋白酶的作用下，裂解成等分子的 C-肽和胰岛素。C-肽没有生物学活性，但对于保证胰岛素的正常结构是必需的。C-肽半衰期比胰岛素半衰期长，且不被肝破坏，只在肾降解和代谢。

测定 C-肽比胰岛素有更多优点。因为肝脏的代谢可以忽略，所以与外周血胰岛素浓度相比，C-肽浓度水平可更好地反映 B 细胞功能。特别对用胰岛素治疗 6 周后的患者，由于可产生胰岛素抗体，这时测定胰岛素常不能反映患者体内胰岛素的真实水平，而测血浆 C-肽水平则能准确反映 B 细胞合成与释放胰岛素的功能。

C-肽及 C-肽释放试验的标本采集方法与胰岛素及胰岛素释放试验基本相同，其测定方法有放射免疫分析（RIA）法和化学发光法（ECLIN）。

C-肽释放试验曲线如图 10-8 所示。

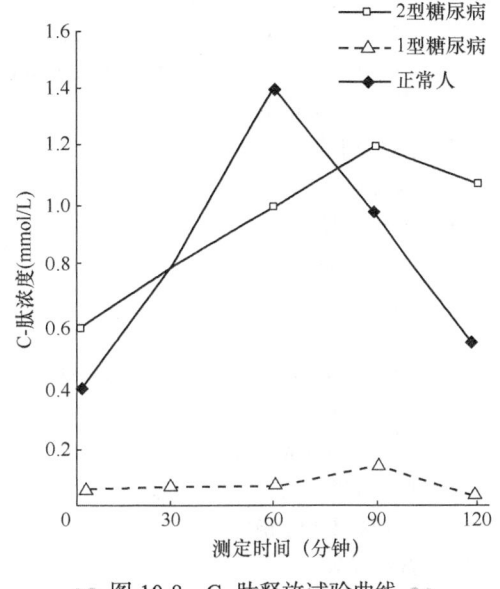

图 10-8　C-肽释放试验曲线

【参考区间】 RIA 法：空腹 0.3～0.6nmol/L；服糖后 30～60 分钟出现峰值（为空腹值的 5～6 倍）。

【临床意义】

1. 高血糖 2 型糖尿病或继发性糖尿病时，由于存在胰岛素抵抗，C-肽和胰岛素释放曲线较高，空腹血糖及糖耐量曲线也较高。

2. 低血糖 血糖、胰岛素和 C-肽三者的血清水平并非平行改变；①胰岛 B 细胞瘤时，糖耐量曲线低平，胰岛素和 C-肽浓度均升高；②胰岛 B 细胞瘤术后，血清 C-肽仍升高，提示肿瘤未切除完全或复发；③外源性胰岛素过量导致低血糖时，血清胰岛素升高，而 C-肽降低。

3. 肝硬化 血清 C-肽水平升高。

案例 10-1 问题精要

1. 糖尿病。三多一少症状，FPG≥7.0mmol/L，尿糖阳性。
2. 略
3. 复查 FPG 或随机 GP 或 OGTT。新查 GHb、GAb 等。

目标检测

一、A1 型题

1. 血糖测定宜采用的抗凝剂是（ ）
   A. 氟化钠 - 草酸钾   B. 草酸钾
   C. 肝素   D. 枸橼酸钠
   E. 草酸钠

2. 血糖浓度的正常参考范围是（ ）
   A. 3.2～5.5mmol/L   B. 3.9～6.1mmol/L
   C. 4.9～6.1mmol/L   D. 6.1～8.9mmol/L
   E. 7.0～11.0 mmol/L

3. 胰岛素由何种细胞分泌（ ）
   A. 胰岛 α 细胞
   B. 胰岛 β 细胞
   C. 胰腺 δ 细胞
   D. 胰岛 α 细胞和 β 细胞
   E. 皆不是

4. 关于 1 型糖尿病的病因，叙述错误的是（ ）
   A. 好发于青春期
   B. 易发生酮症酸中毒
   C. 胰岛素受体数目减少或缺陷
   D. 对胰岛素治疗敏感
   E. 起病较急

5. 糖化血红蛋白的浓度反映测定日以前多长时间的血糖水平（ ）
   A. 1～2 周   B. 2～4 周
   C. 1～2 个月   D. 2～3 个月
   E. 6～8 个月

6. 有关果糖胺的叙述错误的是（ ）
   A. 主要是测定糖化血清蛋白
   B. 所有糖化血清蛋白都是果糖胺
   C. 反映过去 2～3 周的平均血糖水平
   D. 可替代糖化血红蛋白
   E. 是糖尿病近期控制水平的监测指标

7. 有关 2 型糖尿病的叙述错误的是（ ）
   A. 胰岛 B 细胞的功能减退
   B. 胰岛素相对不足
   C. 常见于肥胖的中老年人
   D. 常检出自身抗体
   E. 胰岛素抵抗

8. 当血糖超过肾糖阈值时，可出现（ ）
   A. 生理性血糖升高   B. 病理性血糖升高
   C. 生理性血糖降低   D. 病理性血糖降低
   E. 尿糖

9. 降低血糖的激素是（ ）
   A. 肾上腺素   B. 生长素
   C. 肾上腺皮质激素   D. 胰岛素
   E. 高血糖素

10. 血糖测定（GOD-POD）法（ ）
    A. 因均为酶促反应，故该法特异性高，几乎没有干扰
    B. 该法第一步反应特异性高，第二步特异性差
    C. 该法第一步反应特异性差，第二步特异性高
    D. 该法第二步反应为偶联 NADPH 的指示反应
    E. 该法第二步反应为偶联过氧化物酶的 Trinder 指示反应，测定波长为 340nm

11. 下列哪项不需做糖耐量试验（ ）
    A. 空腹血糖偏高
    B. 偶尔出现尿糖，临床症状不明显
    C. 食糖后血糖升高，短时间内不能恢复正常范围
    D. 需了解调节血糖的各种机制是否健全
    E. 确诊为糖尿病的患者

12. 随机血糖的参考值范围为（ ）
    A. 2.8～7.8mmol/L
    B. 3.89～6.11mmol/L
    C. 4.5～5.9mmol/L
    D. 7.0～11.1mmol/L
    E. <11.1mmol/L

13. 胰岛素的化学本质是（ ）
    A. 蛋白质   B. 类固醇
    C. 氨基酸衍生物   D. 脂肪酸衍生物
    E. 核苷酸

14. 糖尿病性糖耐量的 OGTT 结果包括（ ）
    A. 空腹血糖在 6～6.7mmol/l
    B. 口服葡萄糖 2 小时达最高峰
    C. 血中葡萄糖峰值大于 10mmol/l
    D. 2 小时后降至正常水平
    E. 最高峰以上均不是

15. 在原发性糖尿病诊断过程中下列哪一项试验与

糖尿病诊断无关（　　）
A. GHb　　　　　　B. 血糖
C. 肌酐　　　　　　D. OGTT
E. C-肽释放试验
16. 己糖激酶法测血糖，除使用己糖激酶外，还需要另外一种酶是（　　）
A. 过氧化物酶
B. 葡萄糖-6-磷酸脱氢酶
C. 葡萄糖激酶
D. 葡萄糖-6-磷酸酶
E. 葡萄糖脱氢酶

二、B型题
A. 己糖激酶法　　　B. 葡萄糖氧化酶法
C. Follin-Wu法　　　D. 邻甲苯胺法
E. 同位素稀释－质谱分析法
17. 血糖测定的常规方法是（　　）
18. 血糖测定的参考方法是（　　）

三、X型题
19. 影响糖代谢的激素有（　　）
A. 胰岛素　　　　　B. 胰高血糖素
C. 肾上腺素　　　　D. 生长激素
E. 皮质醇
20. 最新的按病因将糖尿病分为以下几类（　　）
A. Ⅰ型糖尿病　　　B. Ⅱ型糖尿病
C. 1型糖尿病　　　 D. 2型糖尿病
E. 特殊类型的糖尿病　F. 妊娠期糖尿病
21. 胰岛素对糖代谢调节的主要作用有（　　）
A. 促进肌肉、脂肪细胞摄取葡萄糖
B. 促进糖原合成，减少糖原分解
C. 促进糖氧化分解，加速糖的利用
D. 促进糖转变为脂肪，减少脂肪分解
E. 抑制糖异生作用

（吕慧玲）

第11章 血脂及血浆脂蛋白检验

学习目标

掌握：甘油三酯、胆固醇、高密度脂蛋白胆固醇、低密度脂蛋白胆固醇、载脂蛋白测定的原理、试剂组成和作用、临床意义、注意事项及方法评价。

熟悉：血脂、血浆脂蛋白、载脂蛋白、脂蛋白受体的概念、分类、组成、功能，高脂蛋白血症的定义、分型、生化诊断要点，临床血脂分析项目的选择与注意事项。

了解：脂蛋白代谢紊乱与动脉粥样硬化的关系。

能规范、熟练地操作甘油三酯、胆固醇、高密度脂蛋白胆固醇、低密度脂蛋白胆固醇、载脂蛋白等项目测定。

案例 11-1

王先生，50岁。近日参加了单位组织的体检，其身高165cm，体重70kg，血压137/90mmHg。医生还发现王先生的双侧上眼睑有许多扁平的小黄色瘤，皮肤上也有黄色斑块，足跟肌腱处也见到结节状黄色瘤。王先生自述该现象已有几年，近两年来时常感到胸闷，心电图检查示心肌缺血，初诊为冠心病。

血脂测定结果为TG1.8mmol/L，TC7.6mmol/L，HDL-C1.1mmol/L，LDL-C5.7mmol/L。经了解，其父亲早年死于心肌梗死，妹妹有高脂血症。

问题：
1. 本病的初步诊断是什么？
2. 王先生眼睑、皮肤、足跟肌腱等处的黄色瘤是什么性质的？
3. 发生黄色瘤的原因是什么？
4. 为进一步明确病因应做哪项检查？

在过去的50年中，流行病学研究发现，动脉粥样硬化（atherosclerosis，AS）的病因非常复杂，它是遗传、环境、年龄和性别等多种因素相互作用的结果，但脂类代谢紊乱是极其重要的因素。机体脂代谢状况可通过血脂变化反映出来，不仅与动脉粥样硬化（atherosclerosis，AS）的发生和发展有密切的关系，而且对冠心病急性事件（不稳定型心绞痛、急性心肌梗死和冠脉猝死）的发生起重要作用。大量的临床试验已肯定，降低血浆胆固醇水平是冠心病一级、二级预防的有效措施。大量前瞻性的研究证实，富含三酰甘油、胆固醇的脂蛋白是冠心病（coronary heart disease，CHD）发生与发展的危险因子，因此，血脂、血浆脂蛋白及载脂蛋白测定已成为AS和心、脑血管疾病的诊断、治疗和预防的重要实验室指标。

第11章 血脂及血浆脂蛋白检验

第1节 概　述

一、血脂和血浆脂蛋白

血浆中的脂类物质统称为血脂，包括甘油三酯（triglyceride, TG）、磷脂（phospholipid）、胆固醇（cholesterol, TC）、胆固醇酯（cholesterol ester, CE）和游离脂肪酸（free fatty acid, FFA）等。血脂的来源有两种：一是外源性，即从食物消化吸收的脂类；二是内源性脂类，由肝、脂肪组织等合成后释放入血。

血脂含量受膳食、年龄、性别、职业及代谢等影响，波动范围较大，正常成人空腹12～14小时血脂的组成与含量见表11-1。

表11-1　正常成人空腹血脂的组成及含量

组成	血脂含量（mmol）	空腹主要来源
甘油三酯	0.11～1.69	肝
总胆固醇	2.59～6.47	肝
胆固醇脂	1.81～5.17	
游离胆固醇	1.03～1.81	
总磷脂	48.44～80.73	肝
卵磷脂	16.1～64.6	肝
脑磷脂	4.8～13.0	肝
神经磷脂	16.1～42.0	肝
游离脂肪酸	0.5～0.7	脂肪组织

血脂含量虽只占全身脂类总量的极少部分，但外源性和内源性脂类物质都通过血液运转于各组织之间。因此，血脂含量可以反映体内脂类代谢情况。临床上可作为高脂血症、动脉粥样硬化和冠心病的辅助诊断指标。进食高脂肪膳食后，血浆脂类含量大幅度上升。但这种膳食所造成的影响只是暂时的，通常在12小时内可逐渐趋于正常。正是由于这种原因，临床上做血脂测定时应在正常膳食的情况下，空腹12～14小时后采血，这样才能较为可靠地反映病人血脂水平的真实情况。另一方面，短期饥饿和糖尿病患者的血脂水平常见升高，这是脂肪动员的结果。

（一）血浆脂蛋白的分类

脂类不溶于水，在水中呈乳浊液。而正常人血浆却清澈透明，这是因为脂类在血浆中不是以游离状态存在的，而是与蛋白质结合成脂蛋白的形式存在于血液中，脂蛋白是脂类在血中的运输形式。

由于脂蛋白所含的脂类和蛋白质的量不同，各种脂蛋白的理化性质（密度、颗粒大小、表面电荷、电泳速率等）差异较大，用电泳法和超速离心法均可将血浆脂蛋白分为四类。各类脂蛋白的命名基本上是以这两种方法所得的结果表示的。

1. 电泳法　各类脂蛋白中的载脂蛋白不同，其表面电荷多少不同，因此，在电泳时迁移率的大小不同，按移动速度的快慢可分为四条区带，即：α-脂蛋白、前β-脂蛋白、β-脂蛋白和乳糜微粒，见图11-1。

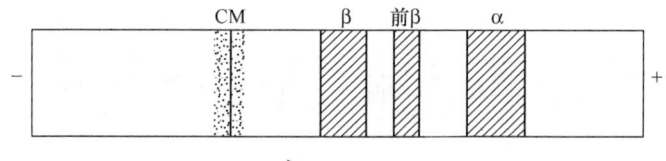

•• 图11-1 血浆脂蛋白琼脂糖凝胶电泳 ••

2. 超速离心法 各类脂蛋白中蛋白质与脂类的比例不同，其密度也各不相同（脂类含量比较高的脂蛋白密度相对小）。因此血浆在一定密度的盐溶液中超速离心（50 000rpm）时，血浆中各种脂蛋白的沉降速度也不同。按密度从低到高的次序可将血浆脂蛋白分成四类，分别为乳糜微粒（chylomicron，CM）、极低密度脂蛋白（very low density lipoprotein，VLDL），低密度脂蛋白（low density lipoprotein，LDL）和高密度脂蛋白（high density lipoprotein，HDL），见图11-2和图11-3。

•• 图11-2 超速离心法分离血浆脂蛋白 ••

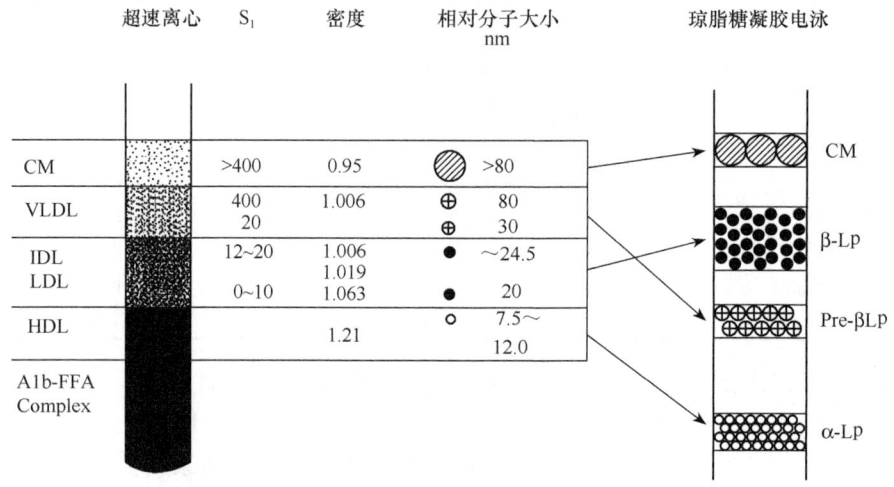

•• 图11-3 超速离心法与电泳法分离血浆脂蛋白的相应名称 ••

（二）血浆脂蛋白的组成与结构

血浆脂蛋白主要由蛋白质和甘油三酯、胆固醇及其酯、磷脂等组成。疏水性较强的甘油三酯和胆固醇酯位于脂蛋白的内核，载脂蛋白、磷脂、游离胆固醇则以单分子层借其疏水基团与内部的疏水键相连接，覆盖于脂蛋白表面，亲水极性基团朝外，呈球形，见图11-4。

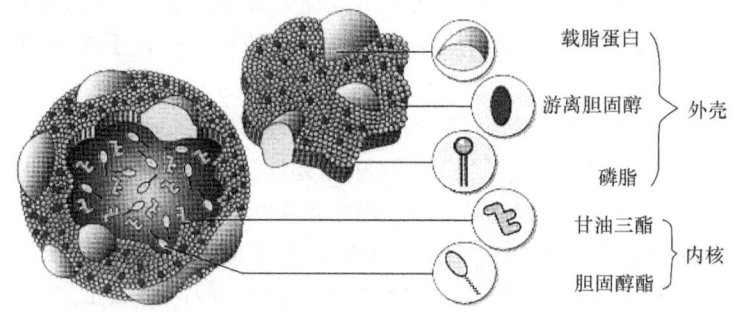

•• 图11-4 脂蛋白结构 ••

各类脂蛋白均由脂类（甘油三酯、磷脂、胆固醇及其酯）和蛋白质（载脂蛋白）组成，但组成比例有很大差异。其中 CM 中甘油三酯含量最高，占化学组成的 90% 以上。HDL 中磷脂含量最高，达 40% 以上。LDL 中的胆固醇及其酯含量最多，约占其含量 50%。VLDL 中甘油三酯为主要成分，达 50%~70%，见表 11-2。

表 11-2　血浆脂蛋白的性质、组成和主要功能

分类	超速离心法 电泳法	CM CM	VLDL 前 β- 脂蛋白	LDL β- 脂蛋白	HDL α- 脂蛋白
性质	密度（g/ml）	<0.95	0.95~1.006	1.006~1.063	1.063~1.210
	漂浮系数（Sf）	>400	20~400	0~20	—
	颗粒直径（nm）	80~500	25~80	20~25	7.5~10
组成（%）	蛋白质	1~2	5~10	20~25	45~55
	脂质	98~99	90~95	75~80	45~55
	甘油三酯	80~95	50~70	10	5
	磷脂	5~7	15	20	25
	总胆固醇	4~5	15~19	48~50	20~23
	游离胆固醇	1~2	5~7	8	5~6
	胆固醇酯	3	10~12	40~42	15~17
合成部位		小肠	肝	血浆	肝、小肠
主要功能		转运外源性甘油三酯和胆固醇	转运内源性甘油三酯和胆固醇	转运胆固醇到肝外组织	逆向转运胆固醇到肝

（三）载脂蛋白

1. 定义　血浆脂蛋白中的蛋白质部分称为载脂蛋白（apolipoprotein，apo）。

2. 分类　目前人体中发现的载脂蛋白至少有 20 种。主要分为 apoA、B、C、D、E 五类，各类载脂蛋白又可分为许多亚类，如 apoA 有 AⅠ、AⅡ、AⅣ、AⅤ；apoB 又可分为 B100 及 B48；apoC 又可分 CⅠ、CⅡ、CⅢ等。不同的脂蛋白中含不同的载脂蛋白。人几种主要载脂蛋白的基因结构、染色体定位、氨基酸序列均已确定。

3. 功能　近年来的研究表明，载脂蛋白不但在结合和转运脂质及稳定脂蛋白的结构方面发挥重要作用，而且还调节脂蛋白代谢关键酶活性。此外载脂蛋白还参与脂蛋白受体的识别，在脂蛋白代谢上发挥极为重要的作用。人血浆中主要载脂蛋白分布、功能及含量见表 11-3。

表 11-3　人血浆主要载脂蛋白的分布、功能及含量

载脂蛋白	分布	主要功能	血浆含量（mg/dl）
AⅠ	HDL	激活 LCAT，识别 HDL 受体	123.8±4.7
AⅡ	HDL	稳定 HDL 结构，激活 HL	33±5
B100	VLDL，LDL	识别 LDL 受体	87.3±14.3
B48	CM	促进 CM 合成	?
CⅡ	CM，VLDL，HDL	激活 LPL	5.0±1.8
CⅢ	CM，VLDL，HDL	抑制 LPL，抑制肝 apoE 受体	11.8±3.6
E	CM，VLDL，HDL	识别 LDL 受体	3.5±1.2
(a)	LP(a)	抑制纤溶酶活性	0~120

二、脂蛋白代谢与功能

（一）乳糜微粒

乳糜微粒（CM）由小肠黏膜细胞合成，是外源性甘油三酯及胆固醇从肠运往全身的主要形式。其特点是含有大量脂肪（约占90%）而蛋白质含量很少。小肠黏膜细胞能将食物中消化吸收的脂类再重新合成脂肪，连同磷脂、胆固醇、载脂蛋白apoB48及少量的apoAⅠ、AⅡ、AⅣ等形成新生的CM。新生的CM经淋巴管进入血液，从HDL获得apo C及apo E，并将部分apo AI、apo AII和apo AIV转移给HDL，形成成熟的CM。当CM随血流通过心肌、骨骼肌及脂肪等组织时，apoCII能够激活脂蛋白脂肪酶（LPL）。在LPL的作用下，CM中的甘油三酯被逐步降解，形成CM残余颗粒，最终被肝细胞摄取利用。正常人CM代谢迅速，半衰期仅为5～15分钟，因此空腹12～14小时，血浆中不含CM。

（二）极低密度脂蛋白

极低密度脂蛋白（VLDL）主要由肝细胞合成，是内源性甘油三酯由肝运至全身的主要形式。肝细胞可以利用葡萄糖为原料合成甘油三酯，也可利用食物中的脂肪酸或脂肪组织动员的脂肪酸合成甘油三酯，然后再合成VLDL分泌入血。肝细胞合成甘油三酯，与磷脂和胆固醇及apoB100等合成VLDL。进入血液循环后VLDL的代谢与CM非常相似，激活LPL，VLDL中的甘油三酯逐步被降解，将apo C转移给HDL，而apo B100和apo E含量的相对增加，VLDL转变为IDL。一部分IDL与肝细胞膜上的apoE受体结合后被肝细胞摄取利用，另一部分IDL转变为LDL。正常人血浆中VLDL的半衰期为6～12小时。

（三）低密度脂蛋白

低密度脂蛋白（LDL）由VLDL在血浆中转变而来，是转运肝合成的内源性胆固醇的主要形式。正常人空腹血浆脂蛋白主要是LDL，可占到血浆脂蛋白总量的2/3。LDL在体内的代谢有两条途径：一条是LDL受体途径；另一条是由清除细胞即单核吞噬细胞系的巨噬细胞清除，其中以LDL受体途径为主，大约2/3的LDL由LDL受体途径降解，1/3的LDL由清除细胞清除。

临床上对LDL的增多很重视，因为它的增多会导致胆固醇总量的增多，如果LDL结构不稳定，则胆固醇很易在血管壁沉着而形成斑块，这就是动脉粥样硬化的病理基础，由此而诱发一系列的心、脑血管系统疾病。正常人血浆中LDL半衰期为2～4天。

链接

家族性高胆固醇血症

家族性高胆固醇血症（familial hypercholesterolemia，FH）是一种常染色体显性遗传性疾病。本症的发病机制是细胞膜表面的LDL受体缺陷或异常，导致体内LDL代谢异常，造成血浆总胆固醇（TC）水平和低密度脂蛋白-胆固醇（LDL-C）水平升高，临床上常有多部位黄色瘤和早发冠心病。

1974年Michael S.Brown和Joseph L.Goldstein发现人成纤维细胞膜表面能特异结合LDL的LDL受体，被认为是脂蛋白研究领域最伟大的进展之一，不仅揭示了胆固醇代谢调节的重要机制，而且为胆固醇代谢异常引起的疾病治疗指明了方向。这两位科学家因他们的杰出贡献而荣获1985年生理和医学奖。

（四）高密度脂蛋白

高密度脂蛋白（HDL）主要由肝细胞合成，小肠亦可合成。HDL 可将胆固醇从外周组织转运到肝脏进行代谢，这一过程称为胆固醇的逆向转运，亦即 HDL 是逆向转运胆固醇的主要形式。

肝细胞利用载脂蛋白、磷脂及少量胆固醇合成圆盘状的新生 HDL 后分泌入血，与富含胆固醇的细胞膜、其他脂蛋白及动脉壁接触，获得肝外细胞的胆固醇。在血浆卵磷脂胆固醇脂酰转移酶（lecihin cholesterol acyl transferase，LCAT）的催化下，HDL 表面卵磷脂的 2 位脂酰基转移至胆固醇 3 位羟基生成溶血磷脂及胆固醇酯。随着胆固醇酯的增加及 apoC 和 apo E 的转移，新生的 HDL 转变为成熟的 HDL，形状也由原来的圆盘形变成球形的 HDL。成熟的 HDL 携带胆固醇被肝细胞膜上的 HDL 受体识别，被肝细胞摄取，胆固醇可用于合成胆汁酸或直接通过胆汁排出体外。

机体通过胆固醇的逆向转运，将外周组织中衰老细胞膜中的胆固醇转运至肝，以及有助于清除血管壁在内的外周组织中多余的胆固醇，最终在肝脏胆固醇转化为胆汁酸后排出体外。这对防止因胆固醇积聚导致的动脉粥样硬化有重要作用。正常人血浆中 HDL 半衰期为 3～5 天。

近年来已发现一种新的脂蛋白，称脂蛋白 a（lipoprotein，Lpa），其组成与低密度脂蛋白十分相似，电泳在前 β- 脂蛋白位置。正常人血中浓度一般为 0～25mg%，在不同人群变异很大（0～100mg%）。Lpa 已列为血脂检验项目，血中浓度升高，冠心病发病率会升高，但与年龄、性别无关而与遗传有关。它因阻碍血管内凝血块溶解，造成冠状动脉狭窄，因此被称为冠心病发生的"独立"危险因子。

体内脂蛋白代谢过程见图 11-5。

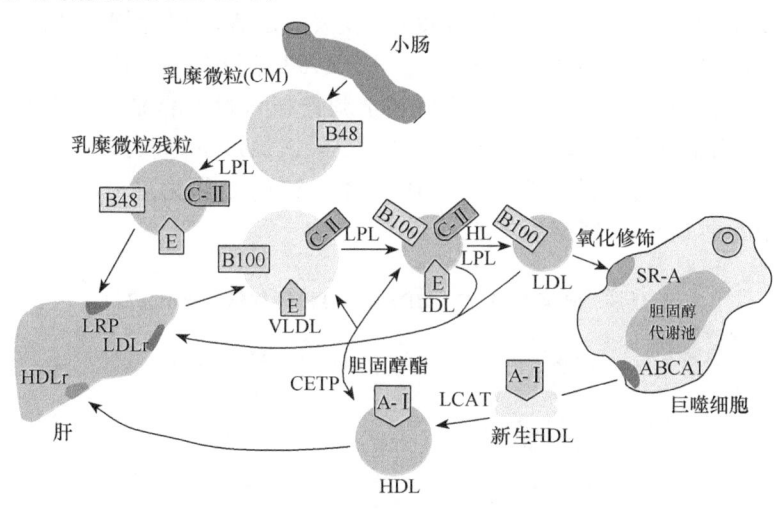

图 11-5 体内脂蛋白代谢过程

三、脂蛋白代谢紊乱

脂蛋白代谢紊乱的常见现象是高脂血症或高脂蛋白血症，目前还认识到血浆中 LDL 降低也是一种脂代谢紊乱。

（一）高脂蛋白血症

1. 定义 空腹时血浆中的脂类有一种或几种浓度高于正常参考值上限，即为高脂血症。因血脂是以脂蛋白形式存在,所以也称为高脂蛋白血症。正常人上限标准因地区、膳食、年龄、劳动状况、职业以及测定方法不同而有差异。一般以成人空腹 12～14 小时血甘油三酯超过 2.26mmol/L,胆固醇超过 6.21mmol/L,儿童胆固醇超过 4.14mmol/L,为高脂血症标准。

2. 我国高脂血症治疗目标值 《中国成人血脂异常防治指南(2007)》指出,全面评价心血管病的综合危险是预防和治疗血脂异常的必要前提。心血管危险因素的数目和严重程度共同决定了个体发生心血管病的危险程度,建议按照有无冠心病及其等危症、有无高血压、其他心血管危险因素的多少,结合血脂水平来综合评估心血管病的发病危险,将人群进行危险性高低分类(表 11-4)。

表 11-4 血脂水平分层标准(2007,中国)

分层	血脂项目(mmol/L)			
	TC	LDL-C	HDL-C	TG
合适范围	<5.18	<3.37	≥1.04	<1.70
边缘升高	5.18～6.19	3.37～4.12	—	1.70～2.25
升高	≥6.22	≥4.14	≥1.55	≥2.26
降低	—	—	<1.04	—

3. 国际高脂血症治疗目标值 为了预防动脉粥样硬化心脑血管疾病的发生,降低发病率,提高健康水平,1989 年制订了美国全民胆固醇教育计划(NCEP),其目的是提高全社会对高胆固醇血症是冠心病的主要危险因素的认识,从降低人群血清 TC 水平入手,达到降低冠心病发病率与死亡率的目的。1988 年发表了成人治疗计划 ATPI,经过 5 年的临床实践,对新出现的问题进行了修正和补充,于 1993 年发布了 ATPⅡ,2001 年又发布了 ATPⅢ。通过动物实验、实验室观察、流行病学调查和高胆固醇血症遗传方式的研究,现认为 LDL-C 值的升高是引起冠心病的一个主要原因,最近临床实践表明,降低血液 LDL 的治疗可减小冠心病的危险性,为此,2001 年将高 LDL-C 作为降低胆固醇治疗的首选目标。ATPⅢ采用的是 LDL-C 划定值,如表 11-5。

表 11-5 血浆 LDL-C、HDL-C、TC 评估值(mmol/L)

	LDL-C	TC	HDL-C
最适值	<2.6	<5.17	—
接近最适值	2.3～3.3		
边缘临床界高值	3.36～4.11	5.17～6.18	
高值	4.13～4.89	≥6.20	≥1.55
极高值	>4.9		
低值			<1.0

4. 高脂蛋白血症分型

(1)WHO 分型:世界卫生组织(WHO)于 1970 年建议将高脂蛋白血症分为六型,各型高脂蛋白血症血浆脂蛋白及脂类含量变化见表 11-6。

第11章 血脂及血浆脂蛋白检验

表11-6 高脂蛋白血症分型

分型	病名	流行度	血脂变化	病因
I	家族性高CM血症	极罕见	CM↑ TG↑↑ Ch↑	LPL或ApoCⅡ遗传缺陷
Ⅱa	家族性高胆固醇	常见	LDL↑ Ch↑↑	ApoB100、E受体功能缺陷
Ⅱb	血症	常见	LDL VLDL↑Ch↑↑TG↑↑	VLDL及ApoB100、E合成↑
Ⅲ	家族性异常β脂蛋白血症	不常见	LDL↑ Ch↑↑ TG↑↑	ApoE异常，干扰CM
Ⅳ	高前β脂蛋白血症	很常见	VLDL↑ TG↑↑	VLDL合成↑或降解↓
Ⅴ	混合性高TG血症	少见	CM↑ VLDL↑TG↑↑ Ch↑	LPL或ApoCⅡ缺陷

我国发病率高的高脂血症主要是Ⅱa和Ⅳ。

（2）按发病原因分型：可分为原发性和继发性两类。原发性高脂血症是原因不明的高脂血症，现已证明有些高脂血症是遗传性缺陷所致。如LDL受体的先天缺陷是家族型高胆固醇血症的主要原因，因为LDL不能被正常代谢，血中胆固醇浓度就升高。继发性高脂血症是继发于控制不良的糖尿病、甲状腺功能减退症及肝、肾病变引起的脂蛋白代谢紊乱，也多见于肥胖、酗酒等。

（3）按临床表型分型：我国按临床表型将高脂血症分为高胆固醇血症、高甘油三酯血症和混合性高脂血症。

（二）低脂蛋白血症

1. 定义 一种或几种血浆脂蛋白降低。

2. 分类 低脂蛋白血症分为原发性和继发性两类。原发性低脂蛋白血症主要是遗传因素如基因突变引起，如家族性α-脂蛋白缺乏症、低β-脂蛋白血症和无β-脂蛋白血症等。继发性因素主要有甲状腺功能亢进、吸收不良综合征和营养不良。

（三）高脂血症与动脉粥样硬化

动脉粥样硬化（atherosclerosis，AS）是一类动脉壁退行性病理变化，其病理基础之一是大量脂质沉积在大、中动脉内膜上，形成粥样斑块，引起局部坏死、结缔组织增生、血管壁纤维化和钙化等病理改变，使血管腔狭窄。冠状动脉若发生这种变化，常引起心肌缺血，导致冠状动脉粥样硬化性心脏病，称为冠心病。近来研究表明，动脉粥样硬化的发生发展过程与血浆脂蛋白代谢密切相关。

1. LDL和VLDL具有致AS作用 研究表明，血浆LDL质和量的变化均可导致AS。

（1）血浆LDL：水平升高与AS的发病率呈正相关。当血浆中的LDL水平升高时，LDL堆积在动脉分支或弯曲等AS病变易发的地方，LDL通过内皮细胞间的连接被动地扩散进入血管，并存留在血管壁，并与其他脂蛋白如VLDL残粒、Lp（a）等一起共同作用，导致AS的发生。

（2）氧化的LDL促进AS的发生：研究表明，血管壁中的LDL经氧化先生成极轻度修饰的LDL，进一步氧化形成氧化的LDL。氧化的LDL不能被LDL受体识别，但能被巨噬细胞和平滑肌细胞膜上的清道夫受体识别结合而吞噬，导致巨噬细胞内胆固醇及其酯大量聚集形成泡沫细胞，促进AS的发生。

由于血浆LDL来自于VLDL的降解，故VLDL升高可间接引起LDL升高。

2. HDL 的抗 AS 作用 流行病学调查表明，血浆中 HDL 的浓度与动脉粥样硬化的发生呈负相关，因此临床上认为 HDL 是抗动脉粥样硬化的"保护因子"。主要机制为：HDL 可将肝外组织，包括动脉壁、巨噬细胞等组织细胞的胆固醇转运至肝脏，从而降低血液中的胆固醇含量，同时还具有抑制 LDL 氧化的作用。

所以，如病人血中 LDL 含量升高，再伴随 HDL 含量降低，即是动脉粥样硬化最危险的因素。

3. 遗传缺陷与 AS 研究证明，参与脂蛋白代谢的关键酶 LPL 及 LCAT，载脂蛋白 apoCⅡ、apoB、apoE、apoAⅠ和 apoCⅢ，以及 LDL 受体的遗传缺陷均能引起脂蛋白代谢异常和高脂血症的发生。已证实 LPL 缺陷可导致Ⅰ或Ⅳ型高脂蛋白血症；apoCⅡ基因缺陷则不能激活 LPL，可产生与 LPL 缺陷相似的高脂蛋白血症；LDL 受体缺陷则是引起家族性高胆固醇血症的重要原因。

第 2 节 血脂、血浆脂蛋白及载脂蛋白测定

案例 11-2

患者女性，60 岁。15 年前体检时发现高血压，坚持规律服药治疗，血压控制尚可。日常无吸烟、饮酒史，饮食结构偏荤，不喜欢吃蔬菜。父亲有高血压、糖尿病史，兄弟姐妹中有 3 人高血压史。

体检：

1. 身高：158cm，体重：62kg，IBM：24.84；BP：140/80mmHg，HR：80 次/分，律齐，余未见异常。

2. 实验室检查结果如下：

检验项目	结果	参考值
总胆固醇（TC）	4.9mmol/L	2.85～5.17mmol/L
甘油三酯（TG）	2.99mmol/L	0.45～1.69 mmol/L
低密度脂蛋白胆固醇（LDL-C）	3.8mmol/L	2.07～3.11mmol/L
空腹血浆在 4℃放置 24 小时浑浊		

问题：

1. 该患者可能的诊断是哪一型高脂血症？诊断依据有哪些？
2. 还应做哪些生化检验来协助诊断？并说明原因。

一、分析项目及标本采集与处理

（一）血脂检测项目

由于血脂组成十分复杂，主要检测方法有化学法、酶法、免疫化学比浊法、电泳法、超速离心法等，检测项目主要包括血清甘油三酯（TG）、总胆固醇（total cholesterol，TC）、高密度脂蛋白胆固醇（high density lipo-protein- cholesterol，HDL-C）、低密度脂蛋白胆固醇（low density lipo-protein- cholesterol，LDL-C）、脂蛋白（a）[lipoprotein (a), LP-(a)]、

载脂蛋白 AⅠ（apolipoprotein AⅠ apo，AⅠ）、载脂蛋白 B（apolipoproteinB，apoB）、游离脂肪酸（FFA）和血清静置试验等。

对临床高脂血症患者建议按图 11-6 所示流程进行诊断。

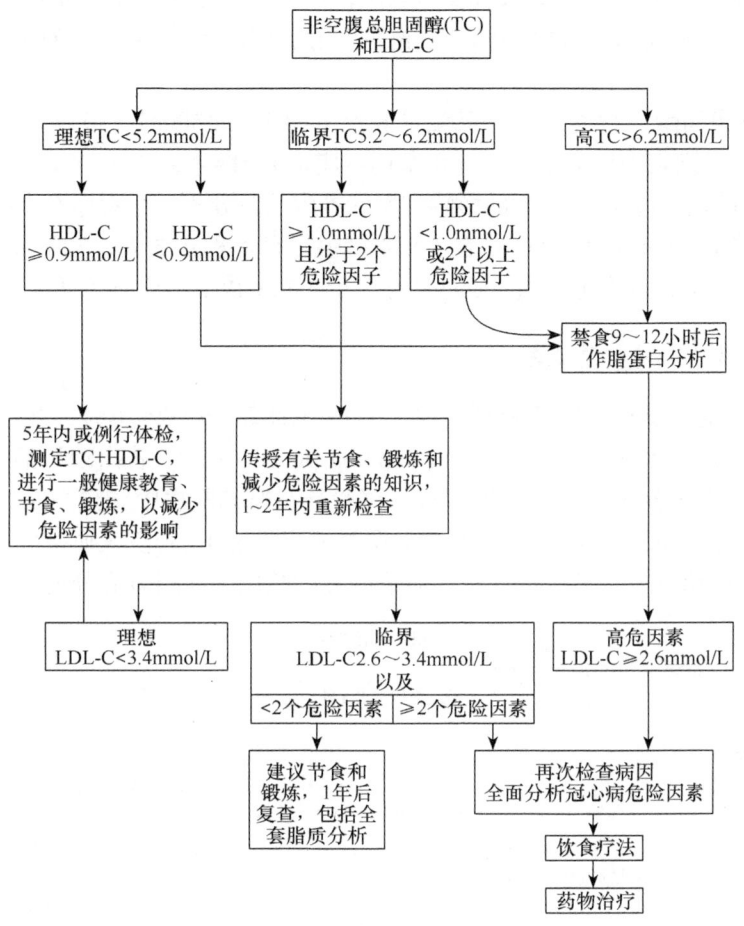

图 11-6　高脂血症实验室诊断流程

（二）标本采集与处理

血脂测定应力求做到标准化，准确测定需从分析前的准备开始，包括受试者的准备、标本采集，试剂、校准物的选用和检测方法选择。血脂分析前变异主要包括以下几个方面：①生物因素，如年龄、性别、种族等因素。研究发现，TC、TG、HDL-C、LDL-C、ApoAⅠ、ApoB 和 LP（a）的平均生物学变异分别为 6.1%～11%、23%～40%、7%～12%、9.5%、7%～8%、6.5%～10% 和 8.6%。②生活方式，包括饮食习惯、吸烟、运动及应激等。③临床因素，包括疾病继发（内分泌或代谢性疾病、肾脏疾病、肝胆疾病及其他），药物诱导（抗高血压药、免疫抑制剂及雌激素等）。④样本收集与处理方面，如禁食状态、血液浓缩、抗凝剂与防腐剂、毛细血管与静脉血、样本贮存等。减少分析前变异可采取以下措施：

1. 受检者的准备　①采血前数天或数周受试者最好停用影响血脂的药物，如血脂调节剂、避孕药、某些降压药和激素等，否则应记录用药情况。②至少 2 周内保持一般饮食习惯和体重稳定，使机体处于稳定代谢状态。③ 3 天内避免高脂饮食。④ 24 小时内不饮酒，不进行剧烈运动。

2. 静脉采血 除非是卧床的患者,一般取坐位采血。体位影响水分在血管内外分布,因此影响血脂水平。例如站立 5 分钟可使血脂浓度提高 5%,15 分钟可提高 16%,故在抽血前应至少静坐 5 分钟。一般采取肘静脉取血,也可取其他臂静脉。止血带的使用时间不可超过 1 分钟,穿刺成功后应立即松开止血带,静脉阻滞 5 分钟可使总胆固醇增高 10%～15%。

3. 测定总胆固醇、甘油三酯和沉淀法测定 HDL-C 浓度时,最好采用血清标本。而在分离脂蛋白时,则宜采用血浆标本。血浆标本应选 EDTA-Na$_2$ 作为抗凝剂,不能用肝素抗凝,因为脂蛋白的某些方法受肝素的影响。血标本应及时分离,否则标本中脂蛋白成分会发生改变。TC、TG、HDL-C 及 LDL-C 在 4℃冰箱中保存可稳定 3 天,若不能在 3 天内检测,应储存在－20℃冰箱,可稳定数周,长期储存应于－70℃以下;应避免样本反复冻融。

二、血清（浆）静置试验

将空腹采集的静脉血分离出血清（浆）,置 4℃冰箱 16～24 小时,观察血清（浆）分层及浑浊度的试验,称为血清静置试验（standing plasma test）。若出现奶油样上层,即 CM 增加,若下层为浑浊者即 VLDL 增加。这一试验是粗略判断血中脂蛋白是否异常增加的简易方法。健康人,该试验阴性（无奶油样上层及下层浑浊）。若空腹血清浑浊,表示 TG 升高,可放在 4℃冰箱过夜后进一步观察。血清静置试验用于高脂血症分型见图 11-7。

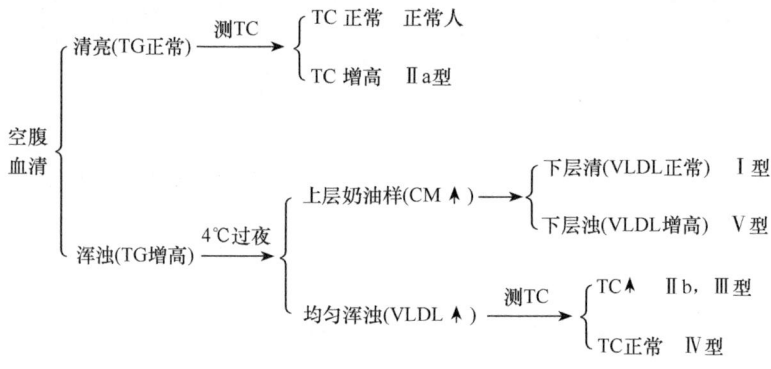

图 11-7 血清静置试验用于高脂血症分型

三、血清总胆固醇（total cholesterol，TC）测定

血清 TC 测定指测定血清（浆）中 FC 和 CE 的总量。

血清 TC 测定的参考系统完整,决定性方法为同位素稀释质谱法;参考方法为化学法中的 ALBK 法;常规方法为酶法（COD-PAP 法）。在我国,高效液相色谱（HPLC）法也被推荐作为 TC 测定的参考方法。重点介绍酶法和化学法。

（一）酶法

常规测定中现已广泛使用酶法。胆固醇的酶法测定始于 70 年代。由于操作简便,试剂无腐蚀性,特别适用于自动化分析,目前已成为测定胆固醇的主要方法。胆固醇氧化酶-过氧化物酶-4-氨基安替比林和酚（cholesterol oxidas-peroxidase -4-AAP and phenol，COD-PAP）法,是目前临床实验室测定 TC 的常规方法。

首先用胆固醇酯酶（cholesterol esterase，CHE；cholesterol ester hydrolase，CEH）水解胆固醇酯生成脂肪酸和游离胆固醇，胆固醇被胆固醇氧化酶（cholesterol oxidase，COD）氧化成 Δ^4-胆甾烯酮和过氧化氢，然后在过氧化物酶（peroxidase，POD）催化下，过氧化氢和 4-氨基安替比林及酚（三者合称 PAP）结合，生成红色醌亚胺。醌亚胺的最大吸收峰在 500nm 左右，吸光度与标本中的胆固醇含量成正比。

该法具有特异性好，精密度和灵敏度都能很好地满足临床实验室的要求，既可以手工操作，也适合自动分析，但酶法测定中出现了不同程度的基质效应。COD-PAP 法测定试剂中，除了上述三种酶、酚和 4-AAP 外，还有维持 pH 恒定的缓冲液、胆酸钠、表面活性剂以及稳定剂等。胆酸钠是为了提高胆固醇酯酶的活性，表面活性剂的作用是促进胆固醇从脂蛋白中释放出来。本法不足的是：①某些胆固醇酯酶对胆固醇酯的水解不完全，不能用纯胆固醇结晶以有机溶剂配制的溶液作为 TC 分析的校准液，而应以准确定值的血清作为标准。②表面活性剂，如吐温-40 可以干扰胆固醇酯酶的作用，聚乙烯醇 6000 可使结果提高 1%～2%。③本法易受到一些还原性物质的干扰，如血中胆红素、尿酸、维生素 C、谷胱甘肽和甲基多巴浓度升高时，可使结果降低。

（二）化学法

化学法一般包括抽提、皂化、纯化和显色 4 个步骤。在常规操作中多省去中间的 1～2 个步骤。显色剂主要有，两类：①醋酸-醋酐-硫酸；②高铁硫酸。这些显色反应须用强酸试剂，干扰因素多，准确测定有赖于从标本中抽提、皂化、纯化过程，因而操作较繁，不适于分析大批量标本，且不适于自动分析。邻苯二甲醛直接显色法准确性差。

1. Liberman–Burchard 反应（L-B 反应） 1885 年 Liberman 发现胆固醇在硫酸、醋酐溶液中显绿色，1890 年 Burchard 用此反应测定胆固醇称为 L-B 反应。试剂中的浓硫酸与乙酸酐作为胆固醇的溶剂与脱水剂，浓硫酸既是脱水剂又是氧化剂，所生成的绿色产物主要是五烯胆固醇正离子和胆烷六烯磺酸，其吸收峰为 620nm。由于 L-B 反应对试剂和反应条件等要求严格，试剂腐蚀性强，对 FC 与 CE 的显色强度不一致，显色不稳定等，有许多不足之处。

2. ZaK 反应 1953 年 ZaK 提出用硫酸、醋酸和 Fe^{3+} 等与胆固醇作用生成紫红色化合物来测定胆固醇，称为 ZaK 反应。其吸收峰为 536nm。ZaK 反应比 L-B 反应的灵敏度高，呈色稳定，对 FC 与 CE 的显色强度接近，故不需要皂化；但反应特异性差，干扰因素比 L-B 反应多，不能省略抽提与吸附剂去干扰。

测定 TC 的化学法中，Abell 法也是以 L-B 反应测定胆固醇。美国 CDC 的脂类标准化实验室协同有关学术组织对 Abell 法作了评价和实验条件最适化，称为 ALBK 法。ALBK 法是公认的参考方法。其测定结果与同位素稀释-气象色谱-质谱法（决定性方法）测定结果接近。

3. 参考范围 《中国成人血脂异常防治指南》（2007）：TC＜5.18mmol/L 合适范围；5.18～6.19mmol/L 边缘升高；≥6.22mmol/L 升高。

4. 临床意义 TC 除了作为高胆固醇血症的诊断指标外，不能作为其他任何疾病的诊断指标，对于动脉粥样硬化和冠心病而言，TC 是一个明确的危险因子，与冠心病的发病率呈正相关。总胆固醇含量与年龄、性别、饮食有关。一般来说，年龄越大，含量越高；女性稍低于男性，绝经后超过男性；长期高脂高蛋白饮食会使血清总胆固醇含量上升；脑力劳动者比体力劳动者高。①增高：血清 TC＞5.7mmol/L，主要见于高胆固醇血症，而高胆固醇血症容易引起动脉粥样硬化，继而造成梗死性心脑血管疾病。还可见于：肾病综合征、糖尿病、甲状腺功能减退、饮酒过量、胆总管阻塞、急性失血、家族性高胆固醇血症以及摄入维生素 A、维生素 D、口服避孕药等。②减低：见于低胆固醇血症、贫血、败血症、肺结核和晚期癌症、肝病、严重感染和营养不良，以及摄入对氨基水杨酸、卡那霉素、肝素、维生素 C 等药物。

【实验 11-1】 胆固醇氧化酶法（COD-PAP）测定血清 TC

【原理】 同前。

$$胆固醇酯 + H_2O \xrightarrow{CEH} 胆固醇 + 游离脂肪酸$$
$$胆固醇 + O_2 \xrightarrow{COD} \Delta^4\text{-胆甾烯酮} + H_2O_2$$
$$2H_2O_2 + 4\text{-}AAP + 酚 \xrightarrow{POD} 醌亚胺 + 4H_2O$$

【试剂】

1. 胆固醇液体酶试剂 GOOD's 缓冲液（pH6.7）50mmol/L，CEH≥200U/L，COD≥100U/L，POD≥3000U/L，4-AAP 0.3mmol/L，苯酚 5mmol/L，聚氧乙烯类表面活性剂 3g/L。

胆固醇测定双试剂用于自动分析，分别为 R1 和 R2：

R1 含胆酸钠，酚及其衍生物，聚氧乙烯类表面活性剂和缓冲系统。

R2 含 CEH，COD，POD，4-AAP 和缓冲系统。各组分的最终浓度与单一试剂相同。

缓冲系统有 PBS，Tris 和 GOOD's 系统。

2. 胆固醇标准液 5.17mmol/L（200mg/L） 精确称取胆固醇 200mg，用异丙醇配成 100ml 溶液，分装后，4℃保存，临用前取出。也可用定值的参考血清作标准。

【实践步骤】

终点法手工检测 TC 按表 11-7 操作。

☐ 决定性方法　ID-MS 法
☐ 参考方法　　ALBK 法
☑ 常规方法　　COD-PAP 法

表 11-7 胆固醇氧化酶法测定 TC 步骤

加入物（μl）	空白管	标准管	质控管	测定管
去离子水	10	—	—	—
标准液或定值血清	—	10	—	—
质控血清	—	—	10	—
血清	—	—	—	10
单试剂	1 000	1 000	1 000	1 000

各管混匀后，37℃保温 5 分钟，用分光光度计比色，于 500nm 波长处以试剂空白调零，读出各管吸光度。

【计算】

$$血清\ TC\ (mmol/L) = \frac{测定管吸光度}{标准管吸光度} \times 胆固醇标准液浓度\ (mmol/L)$$

【参考范围】 见前述。

【临床意义】 见前述。

【方法学评价】

1. 本方法线性范围为≤19.38mmol/L。

2. 变异系数　批内 $CV<1.5\%$，批间 $CV\leq2.5\%$。

3. 本方法特异性好、灵敏度高，既可用于手工操作，也可自动化分析；既可作终点法检测，也可作速率法检测。

四、三酰甘油（triglyceride，TG）测定

血清 TG 测定方法一般分为化学法和酶法。

（一）酶法

酶法始于 20 世纪 70 年代初，80 年代开始普及全酶法。酶法具有操作简便、微量、快速准确且试剂稳定等优点，适用于自动化分析。常用的酶法有磷酸甘油氧化酶法、乳酸脱氢酶法和甘油氧化酶法。其中磷酸甘油氧化酶法使用最为普遍。

此法酶反应的最后一步为 Trinder 反应，其影响因素与胆固醇测定法相同。如胆红素、维生素 C 等还原性物质增多，可消耗 H_2O_2 使结果偏低。

（二）化学法

化学法用有机溶剂抽提标本中的 TG，去除标本中的磷脂等干扰物质后，用碱水解（皂化）TG，以过碘酸氧化甘油生成甲醛，然后用显色反应测定甲醛。其基本操作过程包括抽提、皂化、氧化和显色 4 个步骤。

1. 抽提　甘油三酯的提取　采用合适的溶剂，使脂蛋白变性将 TG 提取，同时去除干扰物质（磷脂、游离甘油、葡萄糖等）。

2. 皂化　甘油三酯的水解　大多采用氢氧化钾做皂化剂，将 TG 水解成甘油。

3. 氧化　最常用的氧化剂是 HIO_4 过碘酸，甘油被氧化成甲醛、甲酸。

4. 显色　显色测定甲醛。

目前尚无公认的 TG 测定参考方法。美国 CDC 将 Van Handela 法（Van Handel-Caslson 法，氯仿 - 硅酸 - 变色酸显色法）作为其参考方法，步骤如下：氯仿抽提 TG、硅酸吸附磷脂、氢氧化钾皂化、过碘酸氧化及变色酸显红紫色。但无论是乙酰丙酮显色法还是 Van Handela 法，均因操作步骤繁多，不能自动化等不适应检验工作的发展而逐渐退出临床实验室。

参考范围（2007）：合适 ≤ 1.70 mmol/L；边缘升高 $1.70\sim2.25$ mmol/L；升高 >2.26 mmol/L。

临床意义：TG 有随年龄上升而增高的趋势，30 岁以后 TG 可随年龄增长稍有升高，60 岁以后有下降趋势；儿童 TG 水平低于成人。

① TG 增高：通常将 TG>2.26 mmol/L 称为高脂血症。原发性高 TG 血症常与遗传因素有关。继发性高 TG 见于糖尿病、糖原累积症、肾病综合征、甲状腺功能减退、皮质醇增多症、胰腺炎、各种肝病。长期禁食或高脂饮食以及大量饮酒也可使血清三酰甘油增高。TG 明显升高还可使血液凝固性增强，并抑制纤维蛋白溶解，促进血栓形成，是冠心病诱发心肌梗死的危险因素，约有 80% 的心肌梗死病人 TG 升高。TG 增高同时伴有 TC、LDL-C 增高、HDL-C 减低对动脉粥样硬化和冠心病诊断更有意义。

② TG 降低：指 TG<0.56 mmol/L 为低 TG 血症。原发性 TG 减低见于：遗传性原发性无 β 脂蛋白或低 β 脂蛋白血症。继发性 TG 减低见于：内分泌紊乱如甲状腺功能亢进症、肾上腺皮质功能减退症、垂体功能减退症，营养不良状态如吸收不良综合征等。

【实验 11-2】 磷酸甘油氧化酶法（GPO-PAP）测定血清 TG

【原理】

血清中甘油三酯经脂蛋白脂酶（1ipoprotein lipase，LPL）作用，可以水解为甘油和游离脂肪酸（free fatty acid，FFA），甘油在 ATP 和甘油激酶（glycerokinas，GK）的作用下，生成 3-磷酸甘油，再经磷酸甘油氧化酶（glycerophosphate oxidas，GPO）作用氧化生成磷酸二羟丙酮和过氧化氢（H_2O_2），H_2O_2 与 4-氨基安替比（4-AAP）及 4-氯酚在过氧化物酶（peroxidase，POD）作用下，生成红色醌类化物，其显色程度与 TG 的浓度成正比。分光光度计波长 500nm 测定吸光度，对照标准计算出 TG 含量。反应式如下：

$$甘油三酯 + 3H_2O \xrightarrow{LPL} 甘油 + 3\,脂肪酸$$

$$甘油 + ATP \xrightarrow{GK} 3\text{-}磷酸甘油 + ADP$$

$$3\text{-}磷酸甘油 + O_2 \xrightarrow{GPO} 磷酸二羟丙酮 + H_2O_2$$

$$H_2O_2 + 4\text{-}AAP + 4\text{-}氯酚 \xrightarrow{POD} 苯醌亚胺 + 2H_2O + HCl$$

【试剂】

1. 甘油三酯测定单试剂组成

PIPES 缓冲液（pH6.8）	50mmol/L	胆酸钠	3.5 mmol/L
LPL	>2000U/L	ATP	≥1.4 mmol/L
GK	>250U/L	4-AAP	≥1.0 mmol/L
GPO	>3000U/L	4-氯酚	3.5mmol/L
POD	>1000U/L	高铁氰化钾	10μmol/L
$MgCl_2$	40 mmol/L	表面活性剂	0.1g/L

TG 测定双试剂用于自动分析，分别为 R1 和 R2：

R1 含缓冲系统，GK，GPO，POD，$MgCl_2$，胆酸钠，ATP，4-氯酚，高铁氰化钾和表面活性剂。

R2 含 4-AAP，LPL 和缓冲系统。各组分的最终浓度与单一试剂相同。

2. 甘油三酯标准液 2.26mmol/L（200mg/dl）。

【实践步骤】

按表 11-8 操作。

☐ 决定性方法　ID-MS
☐ 参考方法　　VanHandel
☑ 常规方法　　GPO-PAP

表 11-8 GPO 法测定 TG 实践步骤

加入物（μl）	空白管	标准管	质控管	测定管
去离子水	10	—	—	10
标准液	—	10	—	—
质控血清	—	—	10	—
血清	—	—	—	10
酶试剂	1 000	1 000	1 000	1 000

混匀后 37℃水浴 5 分钟，用分光光度计比色，以空白管调零，于 500nm 波长处测各管的吸光度。

【计算】

$$血清\ TG\ (mmol/L) = \frac{A_{测定管}}{A_{标准管}} \times 标准液浓度\ (mmol/L)$$

【参考范围】与【临床意义】见前述。

【方法学评价】

1. 本法线性范围为≤11.4mmol/L。
2. 变异系数：批内 CV≤3%，批间 CV≤5%。
3. 加入不同浓度 TG，平均回收率 98.6%，加入甘油的平均回收率 103.6%。
4. 本法为一步终点法，具有简便、快速、微量且试剂较稳定等优点，适用于手工和自动化测定；其主要缺点是所测 TG 值包括了血清中游离的甘油。为了消除游离甘油（FG）的干扰，常采用以下两种方法。①外空白法：即同时采用不含 LPL 的酶试剂测定血清中 FG 作空白值，由于此法均需双份测定，使成本加倍，但也同时获得血清 FG 数值。②内空白法：又称为两步法或双试剂法，将酶试剂分作两部分，其中 LPL 和 4-AAP 组成试剂Ⅱ，其余部分为试剂Ⅰ。血清先加试剂Ⅰ，37℃孵育后，因无 LPL 存在，TG 不被水解，FG 在 GK 和 GPO 的作用下反应生成 H_2O_2，但因不含 4-AAP，不能完成显色反应，故可除去 FG 的干扰；再加入试剂Ⅱ，即可测出 TG 水解生成的甘油。内空白法虽然增加了操作步骤，但不增加试剂成本，且排除 FG 干扰效果好，预孵育 5 分钟即可排除 4mmol/L FG 的干扰。

五、血清高密度脂蛋白胆固醇（HDL-C）测定

直接定量测定高密度脂蛋白（HDL）比较麻烦，所以临床上多以测定高密度脂蛋白中的胆固醇来了解高密度脂蛋白的情况。

HDL-C 测定方法主要有两大类：化学沉淀法和直接法。用双试剂的直接法是目前临床实验室测定 HDL-C 的常规方法。HDL-C 测定的参考方法是用超速离心分离 HDL，然后用化学法（ALKB 法）或酶法测定其胆固醇含量，此法需特殊设备，而且不易掌握。

1. 直接法 又称匀相法。该法免去了标本预处理（沉淀）步骤，便于自动化，快速简便，准确性能满足常规应用的要求，已取代沉淀法成为临床实验室的常规方法。直接测定法大致分三类：①聚乙二醇/抗体包裹法；②酶修饰法；③选择性抑制法。其中选择性抑制法又称掩蔽法是目前国内应用最多的直接法。选择性抑制法的基本原理分两步反应：第 1 试剂用多聚阴离子（为 HDL 以外含 ApoB 的脂蛋白沉淀剂）及分散型表面活性剂（为分散剂、反应抑制剂）与 VLDL、LDL 等发生凝聚形成遮蔽圈，但不发生沉淀，抑制这类脂蛋白中的胆固醇与酶试剂起反应；第 2 试剂含有对 HDL 表面的亲水性基团有亲和力的表面活性剂（即反应促进剂）及胆固醇测定的酶试剂，与 HDL 形成可溶性的复合体，酶试剂直接与 HDL-C 起反应，测定出 HDL-C 含量。

2. 化学沉淀法 常用多聚阴离子及两价阳离子沉淀血清中含 ApoB 的 LDL 与 VLDL 等，然后用化学法或酶法测定上清液中的 HDL-C。常用的沉淀剂有 4 种：①磷钨酸-镁（phosphotungstic acid-Mg^{2+}，PTA-Mg^{2+}）；②肝素（heparin-Mn^{2+}，Hp-Mn^{2+}）；③硫酸葡聚糖-镁（dextran sulfate-Mg^{2+}，DS-Mg^{2+}）；④聚乙二醇 6000（PEG6000）。化学沉淀法中最常用的是磷钨酸-镁法。已被中华医学会检验分会推荐为常规测定方法，但该法因有一个离心分离的操作而不适合做自动分析。

参考范围（2007）：合适≥1.04mmol/L；降低＜1.04mmol/L；升高≥1.55mmol/L。

临床意义：一般认为，HDL-C 的含量与心血管疾病的发病率及病变程度呈显著负相关。HDL-C 是公认的抗动脉粥样硬化脂蛋白，是冠心病的保护因素。血清 HDL-C 水平越低，发生冠心病的危险性越高。血清 HDL-C 每下降 0.03mmol/L，冠心病事件的相对危险性增

加 2%～3%。在估计心血管的危险因素中，HDL-C 降低比胆固醇和甘油三酯升高更有意义。
HDL-C 降低：常见于动脉粥样硬化或糖尿病、吸烟、心肌梗死、创伤、甲状腺功能异常、慢性贫血、严重营养不良的疾病或静脉内高营养治疗等也可引起 HDL-C 降低。

【实验 11-3】 磷钨酸 – 镁沉淀法测定血清 HDL–C

【原理】

采用大分子多阴离子化合物（磷钨酸盐）与两价阳离子（镁离子）作为沉淀剂沉淀血清中的 LDL、VLDL 和 Lp（a）后，上清液中只含有 HDL，然后用酶法测定其中的胆固醇含量（与酶法测 TC 相同）。以 HDL 中的胆固醇含量（即 HDL-C）作为 HDL 的定量依据。

【试剂】

1. **沉淀剂**　磷钨酸钠。
2. **酶试剂**　同实验"胆固醇氧化酶法测定血清总胆固醇"。
3. **参考血清**　使用低浓度胆固醇的定值血清，或将 TC 测定用定值血清进行 1∶2 或 1∶3 稀释后再用。

【实践步骤】

取试管三支，分别加血清、标准液或定值血清、质控血清各 200μl，在三管中分别加入沉淀剂各 200μl，充分混匀，置室温放置 10 分钟后，3000g，离心 15 分钟，吸取上清液按表 11-9 进行操作。如果上清液浑浊，则需再以转速 10 000rpm，离心 15 分钟。

☐ 决定性方法　—
☐ 参考方法　超离心法
☑ 常规方法　匀相法

表 11-9　磷钨酸 - 镁沉淀法测定 TC 步骤

加入物（μl）	空白管	标准管	质控管	测定管
蒸馏水	50	—	—	—
定值血清上清液	—	50	—	—
质控血清上清液	—	—	50	—
血清上清液	—	—	—	50
酶试剂	2 000	2 000	2 000	2 000

混匀各管后，37℃水浴 5 分钟，于波长 500nm 处以空白管调零，测定各管吸光度。

【计算】

$$HDL\text{-}C\,(\text{mmol/L}) = \frac{A_{测定管}}{A_{标准管}} \times 定值血清胆固醇浓度\,(\text{mmol/L})$$

【参考范围】与**【临床意义】**见前述。

【方法学评价】

1. 本法样品用量少，操作简便易行，沉淀剂的沉淀效果好，且不干扰酶法分析。
2. 变异系数：批内 $CV < 1.87\%$，批间 $CV < 2.93\%$。

六、血清低密度脂蛋白胆固醇（LDL–C）测定

由于直接测定比较麻烦，临床上通常以 LDL-C 含量表示低密度脂蛋白水平。临床实验室测定 LDL-C 的方法主要有化学沉淀法、直接法和 Friedewald 公式计算法。参考方法为超速离心法结合 Abell 法（ALBK 法）。

1. 直接法 也叫均相测定法，是目前临床实验室测定LDL-C的常规方法。主要有两类，一类是以α-环糊精、硫酸葡聚糖和聚氧乙烯-聚氧丙乙烯封闭共聚多醚（POE-POP），抑制非LDL脂蛋白与胆固醇酯酶和胆固醇氧化酶的反应，从而仅使LDL-C被水解并测定。另一类是目前应用较广的表面活性剂清除法。该方法是根据各类脂蛋白与表面活性剂反应不相同的原理，选择合适的表面活性剂控制酶与各组脂蛋白的反应，使非LDL-C与LDL-C分两步水解。在第一步反应中，表面活性剂Ⅰ使非LDL脂蛋白的结构改变，释放出胆固醇，并与CEH和COD反应生成H_2O_2，再在缺乏偶联剂的Trinder反应系统中被消耗而不显色，使非LDL脂蛋白在第一反应中被消除，而LDL受到表面活性剂Ⅰ的保护，不与CEH和COD反应。第二反应中表面活性剂Ⅱ促进未被消除的LDL-C与CEH和COD反应，并经Trinder反应显色测定。此法样本用量少且不需预先沉淀处理，可直接用于自动生化分析仪测定。

2. 化学沉淀法 常用方法为肝素-枸橼酸钠法、聚乙烯硫酸沉淀法（PVS法）和多环表面活化阴离子法等。其中PVS法是我国临床实验室常用的测定方法，本法并非对LDL-C作直接测定，而是用聚乙烯硫酸选择性沉淀血清中LDL，测出上清液中的胆固醇含量代表HDL-C与VLDL-C之和，再以TC减去上清液中的胆固醇含量即得LDL-C量。试剂中含EDTA用于去除两价阳离子，避免VLDL共同沉淀，辅以聚乙二醇独甲醚（PEGME）加速沉淀。

3. Friedewald公式计算法 LDL-C＝TC-HDL-C－TG/5（以mg/dl为单位时），或LDL-C＝TC-HDL-C－TG/2.2（以mmol/L为单位时）。以Friedewald公式计算LDL-C水平，在一般情况下也能得到可被临床接受的近似结果。但此公式假设VLDL内C与TG之比固定不变，VLDL-C用TG的1/5表示（以mg/dl为单位时）或TG的2.2/1表示（以mmol/L为单位时）。公式中三项脂类的结果是三个变量，任何一项测定若不准确都会影响LDL-C的结果。TG＞4.25mmol/L时不能应用此公式计算，否则计算结果偏差太大。另外，在病理状态下比例系数会发生变化，亦不能用此公式计算。

参考范围：合适＜3.37mmol/L；边缘升高3.37~4.12mmol/L；升高≥4.14mmol/L。

临床意义：低密度脂蛋白胆固醇水平是判断高脂血症、预防动脉粥样硬化的重要指标，其增高水平与心血管疾病的发病率密切相关。LDL-C与冠心病的发病率呈正相关。控制饮食，如少吃动物内脏及油脂含量高的食品，有助于减低血中的低密度脂蛋白胆固醇。①LDL增多：主要是胆固醇增多并可伴有甘油三酯增高，临床多表现为高脂蛋白血症。可见于：长期摄入富含胆固醇和饱和脂肪酸的饮食、低甲状腺素血症、肾病综合征、慢性肾衰竭、糖尿病、神经性厌食以及妊娠等。②LDL降低：可见于营养不良、肠吸收不良、慢性贫血、骨髓瘤、急性心肌梗死、创伤、高甲状腺素血症等。

【实验11-4】 **表面活性剂清除（直接或均相）法测定血清LDL-C**

【原理】

表面活性剂清除法试剂1中的表面活性剂1能改变LDL以外的脂蛋白（HDL、CM和VLDL等）结构并解离，所释放出来的微粒化胆固醇分子与胆固醇酶试剂反应，产生的H_2O_2在缺乏偶联剂时被消耗而不显色，此时LDL颗粒仍是完整的。加试剂2（含表面活性剂1和偶联剂DSBmT），它可使LDL颗粒解离释放胆固醇，参与Trinder反应而显色，因其他脂蛋白的胆固醇分子已除去，显色深浅与LDL-C量呈正比。该方法目前在临床上使用最为广泛。

【试剂】

试剂1：4-氨基安替比林0.5mmol/L；

胆固醇氧化酶 1.2U/ml；

胆固醇酯酶 3U/ml；

过氧化物酶 0.5；

GOOD'S 缓冲液（pH6.3）；

表面活性剂Ⅰ适量。

试剂 2：偶联剂 DSBmT1.0mmol/L；

表面活性剂Ⅱ适量；

GOOD'S 缓冲液（pH6.3）。

试剂 3：参考物

【实践步骤】

按表 11-10 操作。

☐ 决定性方法
☐ 参考方法　　超速离心法
☑ 常规方法　　均相法

表 11-10　表面活性剂清除法测定 LDL-C 步骤

加入物	空白管	标准管或质控管	测定管
试剂 1（μl）	300	300	300
生理盐水或蒸馏水（μl）	3	—	—
标准液（μl）	—	3	—
样本（μl）	—	—	3
混合，于37℃保温5分钟，在主波长546nm和副波长660nm下读取各管吸光度（$A1_{546}$、$A1_{660}$）			
试剂 2（μl）	100	100	100
混合，于37℃保温5分钟，在主波长546nm和副波长660nm下读取各管吸光度（$A2_{546}$、$A2_{660}$）			

【计算】

$$\text{LDL-C 含量（mmol/L）} = \frac{\text{测定管吸光度}（\Delta At）}{\text{标准管吸光度}（\Delta As）} \times \text{标准浓度（mmol/L）}$$

$$\Delta A = (A2_{546} - A2_{660}) - (A1_{546} - A1_{660})$$

【参考范围】与【临床意义】见前述。

七、血清载脂蛋白测定

ApoAⅠ测定的决定性方法为氨基酸分析，候选参考方法为 RIA 法。ApoB 测定没有决定性方法，候选参考方法为 ELISA 法。各种免疫化学方法都可做 ApoAⅠ、ApoB 和 ApoE 的常规测定。如单向免疫扩散法（RID）、电免疫分析（EIA，即火箭电泳法）、放射免疫分析(RIA)、酶联免疫吸附分析(ELISA)及免疫浊度法[散射比浊法(INA)及透射比浊法(ITA)]等。比浊法是目前常用的方法，简单快速，可以自动化批量分析。

（一）血清载脂蛋白 AⅠ（ApoAⅠ）测定

载脂蛋白 AⅠ主要在肝脏和小肠合成，是高密度脂蛋白 HDL 的主要结构蛋白，90%存在于高密度脂蛋白中，占高密度脂蛋白结构中蛋白质的 65%～70%，可清除肝外组织的胆固醇，在胆固醇及脂蛋白代谢中起重要作用。ApoAⅠ是 HDL 的特征性载脂蛋白，血清 ApoAⅠ水平反映 HDL 的水平，与 HDL-C 呈明显的正相关。但 HDL 是一系列颗粒大小与组成不均一的脂蛋白，当 HDL 亚类与组成有变化时 ApoAⅠ不一定有相应变化，所以同时测定 ApoA I 和 HDL-C 对病理生理状态的分析更有帮助。

测定方法：ApoA I 测定与其他 Apo 测定一样均采用免疫学方法测定。免疫透射比浊法是目前临床实验室最常用的方法，其基本原理：试剂中特异的 ApoA I 抗体与人血清标本中的 ApoA I 形成抗原抗体复合物，并产生浊度，浊度的高低在一定量抗体存在时与抗原的含量成正比，在一定波长下，通过与同样处理的校准液对照，定量检测出标本中载脂蛋白 ApoA I 的含量。

参考范围：1.0~1.6g/L。

临床意义：载脂蛋白 A I 是 HDL 的主要结构蛋白，其测定值反映了高密度脂蛋白的含量。载脂蛋白 A I 减低被认为是心脑血管病的危险因素。冠心病患者 ApoA I 偏低，脑血管患者 ApoA I 也明显低下。家族性高 TG 血症患者 HDL-C 往往偏低，但 ApoA I 不一定低，不增加冠心病危险；但家族性混合型高脂血症患者 ApoA I 与 HDL-C 都会轻度下降，冠心病危险性高。ApoA I 缺乏（如 Tangier 病，是罕见的遗传性疾病）、家族性低 α 脂蛋白血症、鱼眼病等血清中 ApoA I 与 HDL-C 极低。

（二）血清载脂蛋白 B（ApoB）测定

载脂蛋白 B_{100} 主要在肝脏合成，是除了高密度脂蛋白以外的其他脂蛋白的主要结构蛋白，可转运脂类到肝外组织。载脂蛋白 B_{48} 由小肠合成。血清中的载脂蛋白 B 绝大部分存在于低密度脂蛋白中，所以血清 ApoB 主要反映低密度脂蛋白水平，与 LDL-C 呈正相关。

测定方法：目前临床实验室较常用的是免疫透射浊度法。

参考范围：0.6~1.1g/L。

临床意义：高 ApoB 是冠心病的危险因素，ApoB 是各项血脂指标中较好的动脉硬化标志物。在冠心病及高载脂蛋白 B 血症的药物干预实验发现，降低 ApoB 可以减少冠心病发病及促进动脉粥样斑块的消退。载脂蛋白 B 与载脂蛋白 A I 的比值称为冠心病指数，是良好的心血管疾病的危险指标，比值增高，患心血管疾病的危险也增高，目前正受到临床重视。增高：见于 II 型高脂血症、胆汁淤积、肾病、甲状腺功能低下、冠心病、动脉粥样硬化性疾病、未控制的糖尿病、肾病综合征、营养不良、活动性肝炎或肝硬化、甲状腺功能亢进等。

【实验 11-5】 免疫透射比浊法测定血清 Apo AI 和 Apo B

【原理】

血清 Apo A I 和 ApoB 分别与试剂中 ApoA 和 ApoB 抗体相结合，形成不溶性免疫复合物，使溶液浑浊，340nm 处测定吸光度，浊度高低反映血清标本中 Apo A I 或 ApoB 的含量。

Apo A I ＋Apo A I 抗体→抗原—抗体复合物

ApoB＋ApoB 抗体→抗原—抗体复合物

一、手工测定

【试剂】

1. Apo A I 试剂

试剂 1：Tris 缓冲液 50mmol/L；pH8.0；PEC6000 40g/L；表面活性剂；防腐剂。

试剂 2：Tris 缓冲液 100mmol/L；pH8.0；羊抗人 Apo A I 抗体；防腐剂。

2. ApoB 试剂

试剂 1：同 Apo A I 试剂 1。

试剂 2：Tris 缓冲液 100mmol/L；pH8.0；羊抗人 ApoB 抗体；防腐剂。

3. 参考血清 定值血清。

【实践步骤】

1. 按表 11-11 操作。

☐ 决定性方法 氨基酸分析（Apo A I）
☐ 参考方法 RIA（Apo A I）
☑ 常规方法 免疫比浊法

表 11-11 Apo A I、ApoB 免疫终点法操作步骤

加入物	Apo A I 测定		ApoB 测定	
	空白管	测定管	空白管	测定管
去离子水（μl）	5	—	10	—
血清标本（μl）	—	5	—	10
试剂 1（ml）	1.0	1.0	1.0	1.0
Apo A I 试剂 2（ml）	0.2	0.2	—	—
ApoB 试剂 2（ml）	—	—	0.2	0.2

混匀后，37℃水浴 5 分钟，在波长以各自的试剂空白管调零，测定 340nm 处比浊，读取各管吸光度。

2. 标准曲线 按表 11-12 稀释成 5 个浓度。

表 11-12 不同溶液标准液的配制

标准液	标准物（μl）	水（μl）	转换因子
S1	50	200	0.2
S2	100	150	0.4
S3	150	100	0.6
S4	200	50	0.8
S5	不稀释	—	1.0

【结果计算】

手工法：根据各标准管的吸光度 A 绘制吸光度 - 浓度 A-C 曲线，测定管对照校准曲线，计算 Apo A I 和 ApoB 含量。

二、自动化分析仪测定

【试剂】 同"一、手工测定"

【实践步骤】

1. 自动生化分析仪测定过程为血清标本与试剂 1 混合，温育一定时间后读取选定波长下的 A1，加入试剂 2，迟滞一定时间后测定 A2，ΔA＝A2－A1。

2. 主要参数设置

样品	2ul	反应温度	37℃
试剂 I	250ul	温育时间	5 分钟
试剂 II	50ul	延迟时间	5 分钟
主波长	340nm	反应类型	两点法
副波长	700nm		

3. 标准液 按表 11-12 稀释成 5 个浓度。

【结果计算】

仪器法：通过计算标准液吸光度差值 ΔA，建立标准液吸光度—浓度曲线。根据样品的 ΔA，在工作曲线上读取对应的浓度值。用非线性 Logit-log4p（5p）或拟合曲线处理，以测定管 ΔA 计算 ApoA I 和 ApoB 含量。

【参考范围】与【临床意义】见前述。

【方法学评价】

ApoA I 和 ApoB 的免疫比浊测定（终点法），必须按曲线回归方程计算结果。用单点标准计算结果偏差较大。

本法批间 CV＜5%。

案例 11-1 问题精要

1. Ⅱa 型高脂血症。
2. 黄色瘤组织中常含有脂质组织细胞和巨噬细胞浸润，并伴有全身的脂代谢异常。
3. 患者有多部位黄色瘤，已患冠心病，又有高脂血症家族史，临床上应疑为家族性高胆固醇血症。
4. 如要确诊可进行 LDL 受体基因检测。

案例 11-2 问题精要

1. 高血压史，饮食结构偏荤，家族多人高血压史，TG 升高为主、LDL-C 略升高，空腹血浆 4℃放置 24 小时浑浊，初步诊断为Ⅳ型高脂蛋白血症。
2. 该患者可做血清脂蛋白电泳，确定是否 VLDL 升高，并监测 TC。

目标检测

A1 型题

1. 血浆中胆固醇含量最多的一种脂蛋白是（   ）
   A. CM   B. IDL
   C. VLDL   D. LDL
   E. HDL

2. 运输内源性胆固醇的脂蛋白主要是下面哪一种（   ）
   A. HDL   B. VLDL
   C. LDL   D. CM
   E. LP（a）

3. 进行预染脂蛋白琼脂糖电泳后自阴极起脂蛋白区带依次为（   ）
   A. α-脂蛋白、前β脂蛋白、β脂蛋白、CM
   B. α-脂蛋白、β脂蛋白、前β脂蛋白、CM
   C. 前β脂蛋白、β脂蛋白、α-脂蛋白、CM
   D. CM、α-脂蛋白、前β脂蛋白、β脂蛋白
   E. CM、β脂蛋白、前β脂蛋白、α-脂蛋白

4. 某病人的检验结果为：TG 3.78mmol/L，TC 14.91 mmol/L，前β脂蛋白增高，β脂蛋白正常，CM 阴性，血清乳状化，其高脂血症分型为（   ）
   A. Ⅰ型高脂蛋白血症   B. Ⅱ型高脂蛋白血症
   C. Ⅲ型高脂蛋白血症   D. Ⅳ型高脂蛋白血症
   E. Ⅴ型高脂蛋白血症

5. 血浆放在 4℃静置过夜会形成一层"奶酪"是因为含有（   ）
   A. CM   B. IDL
   C. VLDL   D. LDL
   E. HDL

6. 下列不属于Ⅳ型高脂蛋白血症血清脂类表现的

是（　　）
   A. 血浆 TG 升高
   B. 血浆多呈浑浊状
   C. 脂蛋白电泳时前 β 脂蛋白带深染
   D. 血浆 VLDL 水平增加
   E. 血浆 TC 和 LDL-C 明显增高

7. 下列关于动脉粥样硬化化学改变，叙述不正确的是（　　）
   A. 粥样硬化斑块中堆积有大量的胆固醇
   B. 粥样硬化斑块中的胆固醇来自血浆蛋白
   C. 血液中的过氧化脂质能防止动脉粥样硬化的形成
   D. LDL 具有致动脉粥样硬化作用
   E. HDL 具有抗动脉粥样硬化作用

8. 与纤溶酶原具有高度同源性的载脂蛋白是（　　）
   A. ApoA I   B. ApoE
   C. ApoB100   D. ApoIII
   E. Apo（a）

9. 甘油三酯升高可由以下哪些原因引起（　　）
   A. 高脂蛋白血症   B. 梗阻性黄疸
   C. 肾病综合征   D. 甲状腺功能低下
   E. 糖尿病

10. 以下哪些原因可引起胆固醇升高（　　）
    A. 高脂蛋白血症   B. 梗阻性黄疸
    C. 肾病综合征   D. 甲状腺功能低下
    E. 糖尿病

11. 胆固醇含量最少的脂蛋白为（　　）
    A. HDL   B. CM
    C. VLDL   D. LDL
    E. IDL

12. 在没有 CM 存在的血浆中甘油三酯的水平主要反映（　　）
    A. HDL 水平   B. IDL 水平
    C. LDL 水平   D. VLDL 水平
    E. VLDL 和 LDL 水平

男性，20 岁。长期患腹部疾病，多次剧烈腹痛，血浆呈奶油样乳白色，但经 1500rpm 离心 30 分钟，血浆清亮很多，且标本表层浮有一厚层"乳脂"。

13. 该患者血浆中哪些脂类成分显著升高（　　）
    A. 内源性三酰甘油   B. 外源性三酰甘油
    C. 内源性胆固醇   D. 外源性胆固醇
    E. 内源性三酰甘油和胆固醇

14. 该型高脂蛋白血症的空腹血浆表现为（　　）
    A. CM 升高   B. VLDL 升高
    C. LDL 升高   D. IDL 升高
    E. HDL 升高

15. 该患者最有可能为（　　）
    A. I 型高脂蛋白血症
    B. II 型高脂蛋白血症
    C. III 型高脂蛋白血症
    D. IV 型高脂蛋白血症
    E. V 型高脂蛋白血症

16. 下列哪项总胆固醇浓度为目前我国"血脂水平分层标准（2007，中国）"规定的 TC 合适水平（　　）
    A. <5.72mmol/L   B. <3.64mmol/L
    C. <4.68mmol/L   D. <3.22mmol/L
    E. <5.18mmol/L

17. 血清甘油三酯酶法的第一步反应是（　　）
    A. 胆固醇酯酶水解胆固醇酯
    B. 先用洋地黄皂苷沉淀游离胆固醇
    C. 用皂化反应分离甘油
    D. 用脂肪酶将甘油三酯水解
    E. 用有机溶剂抽提脂质

18. 血清甘油三酯测定酶学法，不存在的反应是（　　）
    A. 甘油三酯水解成甘油、游离脂肪酸
    B. 磷酸甘油氧化酶催化 3-磷酸甘油生成 H_2O_2
    C. 磷酸甘油氧化酶催化 3-磷酸甘油生成 NADH
    D. 利用过碘酸氧化甘油生成甲醛
    E. 丙酮酸激酶催化生成丙酮酸

19. 某血清标本外观浑浊，4℃过夜后外观浑浊，有"奶油样"上层，TC 和 TG 均高，电泳呈现 CM 区带，此病人可诊断为（　　）
    A. I 型高脂蛋白血症
    B. II 型高脂蛋白血症
    C. III 型高脂蛋白血症
    D. IV 型高脂蛋白血症
    E. V 型高脂蛋白血症

20. 血清总胆固醇测定的常规方法是（　　）
    A. ID-MS 法   B. ALBK 法
    C. COD-PAP 法   D. 免疫浊度法
    E. GOD-POD 法

（仲其军）

第12章 钠、钾、氯和酸碱平衡检验

学习目标

掌握：钠、钾、氯测定常规方法原理、临床意义、注意事项及方法评价，pH、PCO_2、PO_2等的测定原理、临床意义。

熟悉：钠、钾、氯的平衡紊乱，气体在血液中的运输，酸碱平衡紊乱的类型及特点，血气分析常用指标与应用。

了解：钠、钾、氯的生理功能、代谢及调节。

能正确、规范地使用电解质分析仪、血气分析仪进行钠、钾、氯、pH、PCO_2、PO_2等项目测定，日常维护和保养。

体液（body fluid）是指体内的液体，包括水、溶解于水中的无机盐和一些有机物。体液中的各种无机盐、某些低分子有机化合物和蛋白质等都是以离子状态存在的，称为电解质（electrolyte）。人体的新陈代谢是在体液中进行的，体液的含量、分布、渗透压、pH及电解质含量必须保持相对恒定，才能保证生命活动的正常进行。在某些病理情况下，常可引起水和电解质代谢的异常和酸碱平衡失调，严重时甚至可危及生命。水、电解质和酸碱平衡指标的常规检测是临床生物化学检验的重要内容之一，它对临床医生诊断、治疗疾病具有重要的参考价值。

第1节 概 述

体液中的Na^+、K^+和Cl^-等离子，对维持体液的渗透平衡及酸碱平衡起着重要作用。机体通过各种途径调节细胞内外液的Na^+、K^+和Cl^-等离子的分布，使机体各部分体液的渗透压和容量维持在正常范围内。同时体液酸碱度的改变也与水和电解质平衡的改变有关。在临床上，水和电解质平衡紊乱与酸碱平衡失调是相互影响、相互联系的。

一、体液电解质的分布及其生理作用

（一）体液电解质的分布

体液分为细胞内液与细胞外液。细胞外液包括血浆（占体重的5%）和组织液（占体重的15%）。组织液包括细胞间液、脑脊液、淋巴液和腔膜内液。正常人体细胞内液与细胞外液电解质的分布及含量不尽相同，血浆与细胞间液中的电解质种类和浓度比较接近，但细胞间液的蛋白质含量明显地低于血浆（表12-1）。因此，血浆胶体渗透压高于细胞间液的胶体渗透压，这一点对于维持血容量、血浆与细胞间液之间水的交换有重要作用。

表 12-1 体液中各种电解质的含量

	电解质	血浆（mmol/L）	细胞间液（mmol/L）	细胞内液（mmol/L）
阳离子	Na^+	142	147	15
	K^+	5	4	150
	Ca^{2+}	5	2.5	2
	Mg^{2+}	2	2.0	27
	总阳离子	154	155.5	194
阴离子	HCO_3^-	27	30	10
	Cl^-	103	114	1
	HPO_4^{2-}	2	2.0	100
	SO_4^{2-}	1	1.0	20
	蛋白质	16	1.0	63
	有机酸	5	7.5	—
	总阴离子	154	155.5	194

血浆与细胞内液电解质的分布及含量异同点如下。

1. 无论是细胞内液还是血浆，阴、阳离子总数相等，因而呈电中性。

2. 电解质在细胞内外分布和含量有明显差别。血浆中阳离子以 Na^+ 为主，阴离子以 Cl^- 最多，HCO_3^- 次之；细胞内液阳离子主要是 K^+，阴离子主要是 HPO_4^{2-} 和蛋白质负离子。

3. 细胞内液电解质总量高于血浆，但因细胞内液蛋白质含量高，二价离子较多，而这些离子产生的渗透压较小；因此细胞内液与血浆的渗透压仍基本相等。

4. 血浆与细胞间液的电解质含量相近，但蛋白质含量不同。细胞间液蛋白质含量明显低于血浆，这种差异决定血浆的胶体渗透压高于细胞间液，对于维持血容量以及血浆与细胞间液之间的水分交换具有重要意义。

（二）生理作用

1. 维持体内的水及渗透压的平衡 体内的水平衡与体液的渗透压密切相关，当细胞内外液中的无机离子发生改变时，体液的渗透压也随之发生改变，从而影响体液在细胞内外的分布。Na^+、Cl^- 是维持细胞外液渗透压的主要离子，而 K^+、HPO_4^{2-} 则是维持细胞内液渗透压的主要离子。

2. 调节体液的酸碱平衡 体液中的电解质可组成各种缓冲体系，如 HCO_3^-，与 H_2CO_3、Na_2，HPO_4 与 Na_2HPO_4 以及蛋白质钠盐与蛋白质等，它们对体液中的酸、碱起缓冲作用，对于维持体液的酸碱平衡起着重要的作用。此外，K^+、Cl^- 在细胞内外液的分布及含量对体液的 pH 也产生一定的影响。

3. 影响神经、肌肉的兴奋性 Na^+、K^+ 浓度升高，可增高神经肌组织的兴奋性；Ca^{2+}、Mg^{2+} 浓度升高则降低神经肌组织的兴奋性。例如缺钙的小儿常出现手足搐搦症，就是因为缺钙导致神经肌组织的兴奋性升高所致。心肌的兴奋性也与上述离子有关。由于 K^+ 有抑制心肌的作用，高钾血症时，可出现心率减慢，甚至心搏骤停；而 Na^+ 和 Ca^{2+} 有拮抗 K^+ 的作用，可以防止 K^+ 对心肌的不利作用。

$$神经、肌肉兴奋性 \alpha \frac{[Na^+]+[K^+]}{[Ca^{2+}]+[Mg^{2+}]+[H^+]}$$

第12章 钠、钾、氯和酸碱平衡检验

$$\text{心肌兴奋性} \alpha \frac{[Na^+]+[Ca^{2+}]}{[K^+]+[Mg^{2+}]+[H^+]}$$

二、钠、氯代谢及其平衡紊乱

（一）钠、氯代谢

正常成人体内的钠含量约为 1.0g/kg 体重。其中约 50% 分布于细胞外液，40%~45% 分布于骨，其余分布于细胞内液。血清钠浓度为 135~145mmol/L。氯也主要分布于细胞外液，血清中氯浓度为 98~106mmol/L。

人体每日摄入的钠和氯主要来自食盐即 NaCl。Na^+、Cl^- 主要由肾脏随尿排出，少量由汗液及粪便排出。肾脏对钠排出的调节能力很强，即"多吃多排、少吃少排、不吃不排"。

（二）钠、氯与体液平衡紊乱

体液平衡主要由体液中水和电解质的含量及比例决定。Na^+ 是细胞外液中的主要阳离子，对维持细胞外液容量、渗透压、酸碱平衡及细胞功能方面起着至关重要的作用。当机体摄入水过多或排出减少，使体液中水增多及组织器官水肿，称为水肿或水中毒。引起水肿的原因有血管升压素（vassopressin，VP）、抗利尿激素（antidiuretic hormone，ADH）分泌过多、肾功能障碍水排出减少、血浆蛋白浓度降低或医源性补入过多非电解质液等。

人体体液丢失造成细胞外液减少，则称脱水（dehydration）。根据失水和失 Na^+ 的比例不同，可将脱水分为高渗性脱水（hypertonic dehydration）、等渗性脱水（isotonic dehydration）和低渗性脱水（hypotonic dehydration）三种类型（表 12-2）。高渗性脱水指水的丢失比例大于 Na^+ 的丢失，造成细胞外液中 Na^+ 浓度升高，这种情况常发生在大量出汗失水过多之后；等渗性脱水指水与 Na^+ 等比例丢失，需及时补充等渗性盐水加以缓解；低渗性脱水指 Na^+ 的丢失比例大于水的丢失，造成细胞外液中 Na^+ 浓度降低，这种情况常由剧烈呕吐、腹泻造成大量消化液丢失所致，大量使用某些排 Na^+ 利尿药时亦可发生，此时需要补充适当的 NaCl 溶液。

链接　三种脱水类型

表 12-2　三种脱水类型

	高渗性脱水	等渗性脱水	低渗性脱水
特点	水丢失多于 Na^+ 丢失，血浆渗透压升高	丢失的水和电解质基本平衡，血浆渗透压变化不大	电解质丢失多于水的丢失，血浆渗透压降低
原因	水摄入不足或丢失过多	为消化液丢失；大面积烧伤；反复放出胸腔积液、腹水等	丢失体液时，只补充水而不补充电解质
临床表现	口渴、尿少、体温上升及出现各种神经精神症状	血容量不足，血压下降、外周血循环障碍等	无口渴感，患者易恶心、呕吐、四肢麻木、无力以及神经精神症状
实验室检查（mmol/L）	血浆 $Na^+>150$ 或 $Cl^-+HCO_3^->140$	血浆 Na^+ 为 130~150 或 $Cl^-+HCO_3^-$ 为 120~140	血浆 $Na^+<130$ 或 $Cl^-+HCO_3^-<120$

三、钾代谢及其平衡紊乱

（一）钾代谢

正常成人每日需钾 2~3g。所需的钾主要来自蔬菜、水果、谷类、肉类、豆类及薯类

等食物。钾主要由肾脏排泄。每天由尿排出的钾占总排出量的80%，其余由粪便及汗液排出。但肾保留钾的能力小于对钠的保留能力，即"多吃多排、少吃少排、不吃也排"，即使禁食时，仍然有一定数量的钾随尿排出（排出5~10mmol/天）。

（二）钾代谢平衡紊乱

细胞外液特别是血 K^+ 浓度直接影响组织的功能活动。任何一种导致细胞内外 K^+ 含量和分布异常的因素，都会造成血钾浓度的变化，甚至出现严重的后果。

1. 物质代谢对 K^+ 分布的影响　当糖原合成、蛋白质合成时钾进入细胞内；反之，糖原分解、蛋白质分解时钾释放到细胞外。因此当组织生长或创伤修复时，或静脉输注胰岛素和葡萄糖液时，由于糖原或蛋白质合成增加，K^+ 进入细胞内，可造成低血钾（hypokalemia）。当肌组织创伤、感染、缺氧及溶血时，由于蛋白质分解代谢加强，细胞内的钾释放至细胞外可引起高血钾（hyperkalemia）。

2. 体液pH对 K^+ 分布的影响　酸中毒时细胞外液 H^+ 浓度增高，H^+ 通过细胞膜进入细胞内，而 K^+ 从细胞内移出，引起细胞外液 K^+ 浓度增高；与此同时，肾小管上皮细胞泌 H^+ 作用加强，泌 K^+ 作用减弱，尿排 K^+ 减少，所以酸中毒可引起高血钾。反之，碱中毒可引起低血钾。

3. 胰岛素对 K^+ 分布的影响　胰岛素对 K^+ 含量及分布有明显的调节作用，它可以通过"钠泵"将 K^+ 转入细胞内，这种作用可有效防止饭后因大量 K^+ 的摄入所致的高血钾状态。对高血钾患者，临床上常静脉补充胰岛素和葡萄糖，以促进血 K^+ 进入细胞内，达到纠正高血钾的目的。而胰岛素分泌不足的患者，由于 K^+ 较难进入细胞，致使患者对于钾负荷的耐受性降低，容易出现高血钾。

第2节　血清钠、钾、氯测定

一、标本的采集和处理

血清或血浆、肝素化的抗凝全血、尿液和其他体液均可作为钠、钾测定的标本。血液凝固时血小板破裂会释放出一部分 K^+，因此血浆或全血钾要比血清钾低0.2~0.5mmol/L，报告时必须注明是血清还是血浆。因红细胞内钾浓度远远高于血清（浆）钾浓度，所以测定血清钾时一定要防止溶血，轻微溶血（500mgHb/L）就可引起血钾升高3%。红细胞中含钠很少，红细胞中仅含血浆中的1/10，一般轻度溶血不影响血钠测定的结果，若溶血严重时，可使血钠测定值轻度下降。

测定血钠时应避免使用肝素钠作为抗凝剂，而使用离子选择电极或比色测定时不可使用肝素胺，以免造成假性升高。

若用血清、血浆和其他体液作测定标本时，应在标本采集后的3小时内将细胞分离。血清和血浆中的钠和钾比较稳定，在室温或冰箱中至少可存放1周，而冷冻后至少可稳定1年。冷藏后的全血样本，因糖酵解被抑制，Na^+、K^+-ATP酶不能维持内外平衡，而造成细胞内钾外移，使测定结果增高。在25℃存放1.5小时，血清钾会增高0.2mmol/L；4℃存放5小时会增高2mmol/L。相反，如果样本分离前被贮存于37℃，则糖酵解增强，使血钾进入到细胞内而血钾降低。如果白细胞数量增加，即便在室温放置也会引起血钾降低。

测定血清氯化物时，采血后应迅速分离血清，以免因血清 CO_2 逸散至红细胞内使 Cl^- 外移。实验证明室温下放置 4 小时，分离的血清氯化物可增高 1.5%～2%。肉眼可见的溶血不会造成有意义的干扰，因为红细胞中 Cl^- 的浓度远低于血清或血浆。

脂血样本可高速离心，分离后用 ISE 方法检测。

尿液采集时，应收集 24 小时尿进行测定，并加防腐剂，以防尿液腐败或变性。

二、血清钠、钾测定

多数情况下，血清钠、钾浓度的测定是同时进行的。

（一）血清钠、钾测定方法简介

血清钠、钾测定的主要方法有火焰光度法、离子选择电极法、分光光度法及原子吸收分光光度法。

1. 火焰光度法 又称火焰发射光谱法，是一种发射光谱分析方法，它是利用火焰的热能使原子被激发而发射出特异的光谱来进行测定的方法。

稀释后的样本被丙烷气（或乙炔等其他燃气）吸入雾化室雾化后一起燃烧，样本中的 Na^+、K^+ 离子获得电子生成基态原子 Na^0 和 K^0。基态原子被火焰加热后生成激发态原子 Na^+ 和 K^+。激发态原子不稳定，继而又迅速回到基态并放出能量，发射出该元素特有波长的光谱，钠为 589nm（黄色），钾为 767nm（深红色）。各波长的光通过相应波长的滤光片分离后，通过光电管或光电池转换成电信号；经放大后被检测。样本溶液中钠、钾浓度越大，所发射的光谱越强，光谱的强度直接与样本中钠、钾浓度成正比。与校准液进行对比，即可计算出样本中钠、钾的浓度。

火焰光度法测血钠和钾具有快速、准确、精密度高、特异性好以及成本低廉等特点，被推荐为血清（浆）钠、钾测定的参考方法，曾长期、广泛地被临床所采用。其最大不足就在于所使用的是丙烷等燃气，给实验室带来了安全隐患。

2. 分光光度法 分为两类：一类是酶法；另一类是 Na^+、K^+ 被结合到一类大环发色团时发生光谱的改变。

（1）酶法：其测定 Na^+ 的原理是在 Na^+ 存在下，β- 半乳糖苷酶水解邻 - 硝基酚 -β-D- 半乳吡喃糖苷（O-nitrophenyl-β-D-galactopyranoside，ONPG），在 420nm 波长可测定产物邻 - 硝基酚（发色团）颜色产生的速率。

酶法测定 K^+ 是采用掩蔽剂掩蔽 Na^+，可使血清中 Na^+ 浓度降低至 55mmol/L，使 K^+：Na^+ 选择性提高至 600∶1。用谷氨酸脱氢酶消除内源性 NH_4^+ 的正干扰，利用 K^+ 对丙酮酸激酶的激活作用来测定 K^+ 的浓度。

另有利用一定量的 K^+ 会增强色氨酸酶的活性，而测定该反应酶活性的改变来判断 K^+ 浓度。酶法的精密度和准确度与火焰光度法有可比性，但胆红素及溶血对该法有一些影响。

（2）大环发色团法：大环离子载体分子由各原子按规律排列形成空腔，空腔中可高亲和力地固定或结合金属离子。不同的大环空腔大小不一样，可固定或吸附不同的元素。当阳离子被固定时，发色团发生颜色改变，颜色深浅与固定的离子多少有关。如缬氨霉素与一种 pH 指示剂结合测定血清钾，指示剂颜色的改变与钾相关。该方法结果与火焰光度法及直接、间接 ISE 法结果有可比性。

3. 离子选择电极（ISE）法 是以测定电池的电位为基础的定量分析方法。其检测原理是检测电极表面电位的改变，比较测定电极与参比电极表面电位变化的差值大小来估计样本中钠、钾离子浓度。ISE 法是当今测定钠、钾离子浓度最常用的方法，通常仪器上装有含玻璃膜的钠电极和含液态离子交换膜的钾电极。钠电极由对 Na^+ 具有选择性响应的特殊玻璃毛细管组成，钠电极与参比电极之间的电位差随样本溶液中 Na^+ 活度的变化而改变；钾电极是对 K^+ 具有选择性响应的缬氨霉素液膜电极，此敏感膜的一侧与电极电解液接触，另一面与样本液接触，膜电位的变化与样本中 K^+ 活度的对数成正比。

ISE 法分为直接法和间接法两类。直接电位法是指样本（血清、血浆、全血）或校准液不经稀释直接进入 ISE 管道接触电极作电位分析，测量的是血清水相中离子的活度，与样本中脂质、蛋白质所占据的体积无关，即不受高蛋白血症和脂血症等情况的影响。间接电位法是指样本（血清、血浆）和校准液要用指定离子强度与 pH 的稀释液稀释后，再送入电极管道测量其电位。该方法会受到样本中脂质和蛋白质所占据体积的影响。由于 Na^+、K^+ 只溶解在水溶液中，而不溶解在脂质、蛋白质中，因此一些没有电解质失调而有严重的高血脂和高蛋白血症的血清样本，由于每单位体积血清中水量明显减少，定量吸取样本作稀释后，间接电位法测定会得到假性低钠、低钾血症。文献报道，健康人间接电位法比直接电位法低 2%～4%。大多数临床化学家和临床医生推荐使用直接 ISE 法，因为在血脂和蛋白变化时该方法能真实反映患者的情况。直接法钠、钾电极常与血气分析仪器配套组成测定电解质和血气的大、中型分析仪器。

由于 ISE 法不需要燃料，安全系数较高，还可以与自动生化分析仪组合，故有取代火焰光度法的趋势。

（二）血清钠、钾测定的临床意义

1. 血钠降低　低钠血症指血清钠 <130mmol/L，可由钠减少或水增多引起。常见原因有以下几方面。

（1）消耗性低钠血症见于：①胃肠道失钠：如幽门梗阻、呕吐、腹泻、胃肠道和胆管造瘘及引流。②创口大量失钠：如大面积烧伤和创伤。③皮肤失钠：如大量出汗时只补充水分而未补充钠。④尿钠排出增多：如渗透性利尿、肾上腺皮质功能不全。

（2）稀释性低钠血症：因肾病综合征、肝硬化腹水、右心衰竭等引起血管升压素增多，导致血钠被稀释。

2. 血钠增高　与低钠血症相比，高钠血症（>150mmol/L）较为少见，可因摄入钠过多或水丢失过多而引起。临床上可见于肾上腺皮质功能亢进，严重高渗性脱水，中枢性尿崩症时尿量过大而供水不足。

3. 血钾降低　血清钾<3.5mmol/L 时称为低钾血症。引起低钾血症的常见原因有以下几方面。

（1）钾摄入不足：如慢性消耗性疾病长时间进食不足使钾来源减少，而肾照常排钾。

（2）钾排出增多：如严重呕吐、腹泻、胃肠减压和肠瘘等因消化液丢失造成低血钾。长期应用肾上腺皮质激素也可引起低血钾。

（3）细胞外钾进入细胞内：如静脉输入葡萄糖及胰岛素时，糖原合成增加，促使钾进入细胞内，造成低血钾。另外，代谢性碱中毒也可引起低血钾。

（4）血浆稀释也可造成低血钾。

4. 血钾增高　血清钾>5.5mmol/L 时称为高钾血症。引起高钾血症的常见原因有以下几方面。

（1）钾输入过多：如口服或注射含钾液过快或过多，特别是肾功能不全、尿量减少时，尤其容易引起高钾血症。

（2）排泄障碍：如急性肾衰竭少尿或无尿时。

（3）细胞内钾向细胞外转移：如大面积烧伤、组织挤压伤、重度溶血等，组织细胞的大量破坏，导致细胞内钾大量释放入血。另外，代谢性酸中毒也可导致高血钾。

【实验12-1】 离子选择电极（ISE）法测定血清钠、钾（Cl、Ca等）

【原理】

ISE电位的变化由钠、钾离子活度所决定，后者与钠、钾离子浓度呈比例。通过检测电极表面电位的改变，比较测定电极与参比电极表面电位变化的差值，此差值与样本中钠、钾离子浓度和它们在校准液中的浓度之比存在对数关系，可根据能斯特方程计算出样本中的钠、钾离子浓度。

因能斯特方程中含有纵轴截距，故要采用高、低浓度的两个校准液（两点定标法）来确定校准曲线的斜率。

【试剂】

各厂家生产的仪器及所需试剂都是配套供应的。

间接ISE分析时高低浓度斜率液及血清要用指定pH及离子强度的稀释液作高度稀释。斜率液可在给定pH的缓冲液中添加指定浓度的NaCl溶液与KCl溶液即可。

直接ISE法是测定离子活度，离子活度与溶液的pH及离子强度有关。高、低浓度斜率液除含有NaCl溶液与KCl溶液外，还含有一定量的乙酸钠或NaH_2PO_4/Na_2HPO_4溶液，以调节特定pH来模拟血清水的离子活度。最好使用原厂家提供的配套试剂。

【实践步骤】

各种型号的ISE分析仪因结构不同，操作方法略有差异，应采用人机对话的形式，严格按各种仪器说明书操作，一般程序如下。

1. 开启仪器，进行自检。
2. 仪器自动清洗管道。
3. 仪器自动进行高、低斜率液两点定标（在开启状态下，仪器每隔一定时间自动进行一点定标，以检查是否偏离校准曲线）。
4. 仪器做好测定准备，间接电位法的样本由仪器自动稀释后再进行测定；直接电位法的样本可直接吸入电极管道进行测定。
5. 测定结果由微处理机处理后自动打印出来。
6. 完毕，清洗电极和管道后再关机。

【参考范围】

血清钠：135～145mmol/L

血清钾：3.6～5.1mmol/L

直接电位法比间接电位法和火焰发射光谱法高2%～3%，能更真实地反映符合生理意义的血清中的离子浓度。

【注意事项】

1. ISE分析仪的钠电极多采用硅酸铝玻璃电极膜制成，使用寿命较长；钾电极多采用缬氨霉素膜制成，寿命相对较短，需定期更换。
2. 样本测定时，绝不能有气泡进入电极，否则结果不准确。

3. 测定过程中不可有铵污染,高浓度的 NH_4^+ 会错误地提高钾的测定值。

4. 为了防止蛋白质沉积,必须在每个工作日后清洗电极和管道,定期用含有蛋白水解酶的去蛋白液浸泡管道。

【评价】

1. ISE 法测定钠、钾选择性高 钠电极 Na：K＝300：1；缬氨霉素钾电极 K：Na＝5000：1。

2. 线性范围 直接法血清钠 100～180mmol/L,血清钾 1～9mmol/L；间接法血清钠 100～180mmol/L,血清钾 2～10mmol/L。

3. 变异系数 直接法血钠批内 CV 为 0.4%～1%,批间 CV 为 1.4%～2.1%；钾批内 CV 为 0.5%～2%,批间 CV 为 2.3%～2.4%。间接法血钠批内 CV 为 0.7%～1.4%,批间 CV 为 1.2%～1.3%；钾批内 CV 为 1.5%～2.0%,批间 CV 为 2.0%～3.2%。

4. 回收率 直接法 K^+ 回收率为 96.3%～100.8%, Na^+ 为 97.5%～102.5%；间接法 K^+ 回收率为 97.1%～105%, Na^+ 为 95.0%～96.5%。

5. 干扰因素 Na^+ 119～171mmol/L,肌酐 450.84～6335.9μmol/L,尿酸 559.3～1576.75μmol/L,尿素 5.83～30.14mmol/L,钙 2.77～6.10mmol/L,镁 0.54～1.73mmol/L 及生理浓度的磷、铵和 pH 均不影响 K^+ 的测定。但枸橼酸盐、草酸盐、EDTA 和氟化钠有一定的干扰作用。

三、血清氯化物的测定

氯的代谢与钠密切联系,血钠的升高或降低常伴随着氯化物的升高或降低。血中氯化物浓度也和酸碱平衡有关,HCO_3^- 升高时,氯化物常降低；HCO_3^- 降低时,氯化物常升高,即酸中毒伴高血氯,碱中毒伴低血氯。

（一）血清氯化物测定方法简介

临床检测氯的常用方法有汞滴定法、分光光度法、库仑电量分析法及最常用的 ISE 法。

1. 汞滴定法 是最早测定 Cl^- 的方法之一。样本被钨酸去掉蛋白后,用 $Hg(NO_3)_2$ 溶液在指示剂—二苯卡巴脒存在下滴定,游离的 Hg^{2+} 与 Cl^- 结合形成可溶性的但不解离的 $HgCl_2$,当全部 Cl^- 和 Hg^{2+} 结合后,过量的 Hg^{2+} 与二苯卡巴脒指示剂反应生成蓝紫色的络合物,表示滴定到达终点。根据消耗的 $Hg(NO_3)_2$ 的用量可计算出氯化物的含量。

2. 分光光度法 Cl^- 与硫氰酸汞反应形成不易解离的氯化汞和游离的硫氰酸根离子（SCN^-）,硫氰酸根离子（SCN^-）与铁离子（Fe^{3+}）反应生成红色的硫氰酸铁复合物,在 460nm 处有吸收峰,可比色测定。血清中球蛋白增高会干扰血清与试剂的结合,出现浑浊现象。反应对温度也非常敏感。该方法既可手工操作,又可作自动化分析,特异性高,准确度和精密度良好,是临床常用的方法。

3. 库仑电量分析法 该反应是在库仑电量分析仪上测定从银电极上游离出来的 Ag^+ 与血清中的 Cl^- 反应形成不溶解的 AgCl。

$$Ag+Cl^- \rightarrow AgCl$$

当化学计量终点到达后,在混合液中过量的 Ag^+ 会使仪器传感器和计时器立即切断电流,计时器记录下反应所需的时间,该时间与血清中的 Cl^- 含量有关。

样本中 Br^- 和 I^- 有一定干扰,因量少可忽略不计。

4. 离子选择电极（ISE）法 是目前测定 Cl^- 最好的方法。氯电极是由 AgCl、$FeCl_3$-

HgS 为膜性材料制成的固体膜电极，对样本中的 Cl^- 有特殊响应。氯电极总是与钠、钾电极配套使用，氯测定所需的试剂和定标液也是与钠、钾电极应用的缓冲液和校准液组合在一起。

ISE 法简便、快速、准确、精密，已成为临床使用最广泛的氯测定方法。

（二）血清氯化物测定的临床意义

1. 血清（浆）氯化物减低 临床上低氯血症较为多见。常见原因有 NaCl 的异常丢失或摄入减少。

（1）胃肠道丢失，如严重呕吐、腹泻、肠瘘等使消化液大量丢失。

（2）长期限制 NaCl 的摄入。

（3）代谢性碱中毒时，HCO_3^- 过多，在钠含量正常情况下必须排出氯以维持电解质平衡。

（4）艾迪生病，血管升压素分泌增多的稀释性低钠、低氯血症。

2. 血清（浆）氯化物增高 临床上高氯血症较少。

（1）高氯血症性代谢性酸中毒，细胞外的 $NaHCO_3$ 减少，为了维持电解质平衡，含氯量必须增加，其所增加的氯是由于肾小管重吸收氯增大所致（相对于钠而言）。

（2）氯化物摄入过多。

（3）临床上高氯血症还常见于高钠血症，失水大于失盐，使氯化物相对浓度增高。

【实验 12-2】 硫氰酸汞比色法测定血清氯化物

【原理】

血清中的 Cl^- 与硫氰酸汞溶液混合时，Cl^- 首先与汞结合生成不易解离的氯化汞，并释放出相应量的 SCN^-，后者与试剂中的 Fe^{3+} 反应，生成红色的硫氰酸铁，其色泽与血清氯的含量成正比，在 460nm 波长处比色可测出血清中 Cl^- 的量。其反应式如下：

$$2Cl^- + Hg(SCN)_2 \rightarrow HgCl_2 + 2SCN^-$$
$$3SCN^- + 3Fe^{3+} \rightarrow Fe(SCN)_3（红色）$$

【试剂】

1. 显色应用液 称取硝酸铁 $[Fe(NO_3)_3 \cdot 9H_2O]$ 13g，加去离子水约 400ml 溶解，再加入浓硝酸 1.5ml、饱和硫氰酸汞溶液 500ml 和硝酸汞溶液 5ml，最后用去离子水定容至 1000ml，用塑料瓶存放，置室温保存。

2. 100mmol/L NaCl 校准应用液 取 NaCl 校准贮存液 10ml，放入 100ml 容量瓶中，加去离子水稀释至刻度，摇匀备用。

3. 空白试剂 称取硝酸铁 13g，溶于去离子水 400ml 中，加浓硝酸 1.5ml，再用去离子水定容至 1000ml。

【实践步骤】

取试管 4 支标明试剂空白管、校准管、测定空白管和测定管，按表 12-3 操作。

表 12-3 硫氰酸汞比色法测定氯化物操作步骤

加入物（ml）	试剂空白管	测定空白管	校准管	测定管
显色应用液	3.0	—	3.0	3.0
空白试剂		3.0		
血清	—	0.05	—	0.05
氯校准液	—	—	0.05	—

混匀，室温放置10分钟，以试剂空白管调零，在460nm波长处比色，分别读取各管吸光度（先加试剂，检测污染）。

【计算】

$$\text{血清氯化物（mmol/L）} \frac{\text{测定管吸光度} - \text{测定空白管吸光度}}{\text{核准管吸光度}} \times 100$$

【参考范围】

血清氯化物：96～108mmol/L

【注意事项】

1. 此试剂有毒性和腐蚀性，不能用口吸，避免接触皮肤和衣服，如有沾染，则用大量清水冲洗。

2. 本法对 Cl^- 并非特异，其他一些卤族元素如 F^-、Br^-、I^- 与之起同样呈色反应。但在正常人血液中，上述元素含量较低，故可忽略不计。若接受大量含上述离子药物治疗时，可使血清中氯测定结果偏高。

3. 显色液的呈色强度与硫氰酸汞和 $Hg(NO_3)_2$ 的含量有关。如呈色过强，线性范围在125mmol/L 以下，要增加 $Hg(NO_3)_2$ 的用量；呈色太弱，要增加硫氰酸汞的用量。使用前两者要进行调整，使其色泽在460nm 波长、10mm 光径比色杯测定，吸光度值在0.4左右为宜。

【评价】

1. 线性范围75～125mmol/L，若高于此线性，稀释后重测，其结果乘以2。
2. **显色稳定性** 用高、低氯含量样本及校准品呈色后2小时内呈色稳定。
3. **精密度** 批内 CV 平均为0.777%，批间 CV 平均为1.34%。
4. **回收率** 低、中、高校准回收率分别为101%、97%、102.5%，平均回收率为100.1%。
5. **干扰试验** 胆红素达到225.7μmol/L 时，结果增加2.9%；加入 Hb 达到5g/L 时，结果增加3.3%；脂蛋白达到15.94g/L 和17.0g/L 时，结果分别增加4.3%和7.8%。

第3节 酸碱平衡和血气分析

体液酸碱度的相对恒定是机体进行正常生理活动的基本条件之一。正常人体液的pH变化范围极窄，如血液的pH在7.35～7.45。机体通过调节机制调节体内酸碱物质含量及其比例，维持血液pH在正常范围内的过程，称为酸碱平衡（acid-base balance）。体液pH的变化若超过一定范围，则将引起酸碱平衡失调状态：酸中毒（acidosis）、碱中毒（alkalosis），从而影响机体的各种生理、生物化学功能，严重者可危及生命。

血液pH与血气密切相关。血气是指血液中所含的氧气和二氧化碳气体，血液pH与血气密切相关。血气分析（analysis of blood gas）各参数与酸碱平衡指标是临床上一组重要的生物化学指标。利用血气分析仪可测出血液氧分压、二氧化碳分压和pH三个主要指标，并由这三个指标计算出其他酸碱平衡相关的诊断指标，从而对患者体内酸碱平衡、气体交换及氧合作用做出比较全面的判断和认识。

一、气体在血液中的运输

（一）氧的运输

正常情况下，血液中98.5%的 O_2 以化学结合的形式与血红蛋白（Hb）形成氧合血红蛋白（HbO_2）而被运输，仅 1.5% 的 O_2 是直接溶解于血浆中即物理溶解。尽管物理溶解的 O_2 量很少，但其是 O_2 进出红细胞的必经形式，血浆中 PO_2 也是由物理溶解的 O_2 形成的。因此，在血气分析中，PO_2 已成为最有意义的指标之一。

1. Hb 与 O_2 的可逆性结合　Hb 分子主要由 1 个珠蛋白和 4 个血红素（又称亚铁原卟啉）组成。其中珠蛋白由 4 条多肽链组成，每条多肽链与 1 个血红素结合构成一个亚基。因此，1 分子的 Hb 能结合 4 分子的 O_2。从理论上讲，1gHb 可以结合 1.39ml 的 O_2，但在正常情况下，血液中仍有少量的 Hb 不能氧合，如高铁 Hb、Hb-CO 等，故实际值仅为 1.34ml，所以在临床工作中常用 1.34ml 来表示血液中的总氧浓度（ctO_2）。

PO_2 是影响 Hb 与 O_2 结合的主要因素。当血液流经 PO_2 高的肺部时，Hb 与 O_2 结合，形成 HbO_2；当血液流经 PO_2 低的组织时，HbO_2 迅速解离，释放 O_2，成为去氧 Hb。

血液中的 HbO_2 的量与 Hb 总量（包括 Hb 和 HbO_2）之比称为血氧饱和度（oxygen saturation，SO_2，$SatO_2$）

$$SatO_2 = \frac{HbO_2}{HbO_2 + Hb} \times 100\%$$

2. 氧解离曲线　若以氧分压 PO_2 为横坐标，血氧饱和度为纵坐标，所得到的两者之间的关系曲线称为氧合血红蛋白解离曲线，简称氧解离曲线（oxygen dissociation curve），如图 12-1 所示。

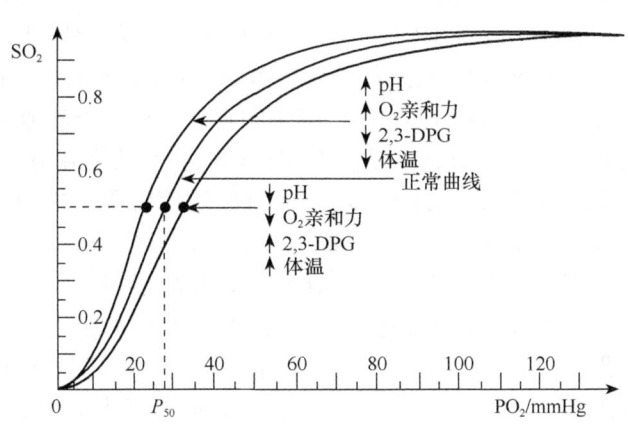

•• 图 12-1　血红蛋白氧解离曲线 ••

氧解离曲线呈 S 形具有重要的生理意义，各段的特点及其功能意义如下：

（1）上段：较平坦，相当于 PO_2 8.00kPa（60mmHg）以上，表明 PO_2 发生改变时对 Hb 氧饱和影响不大。因此，在高原、高空或轻度呼吸功能不良时，只要 PO_2 不低于 8.00kPa（60mmHg），Hb 氧饱和仍能保持在 90% 以上，血液仍可携带足够量的 O_2，不致发生明显的低氧血症。

（2）中段：相当于 PO_2 8.00～5.33kPa（60～40mmHg），曲线较陡，表示 PO_2 轻度下降即可引起 Hb 氧饱和的较大下降，从而使 HbO_2 释放较多的 O_2。这一变动范围相当于组织内部 PO_2 的变动范围。

（3）下段：相当于 PO_2 5.33～2.00kPa（40～15mmHg），是曲线斜率最大的一段，反映 PO_2 稍有降低，HbO_2 就急骤解离。可见，该段曲线代表 O_2 的储备，能适应组织活动增强时对 O_2 的需求。

3. 影响氧解离曲线的主要因素　H^+ 浓度、PCO_2、2,3- 二磷酸甘油酸（2,3- diphosphoglycerate，2,3-DPG）及体温等多种因素可影响 Hb 与 O_2 的结合与解离，使 Hb 对 O_2 的亲和力发生变化，致氧解离曲线的位置偏移。通常用 P_{50} 表示 Hb 对 O_2 的亲和力，P_{50} 是指 Hb 氧饱和度达到 50% 时的 PO_2 值，成人的参考范围为 25~29mmHg（3.33~3.87kPa）。P_{50} 降低，曲线左移；P_{50} 增大，曲线右移。

（1）H^+ 浓度和 PCO_2：当血液 H^+ 浓度或 PCO_2 升高，Hb 对 O_2 的亲和力降低，P_{50} 增大，曲线右移；反之，曲线左移。H^+ 浓度或 PCO_2 对 Hb 氧亲和力的这种影响称为玻尔效应（Bohr effect）。

波尔效应的机制，与 pH 改变时 Hb 构型变化有关。酸度增加时，H^+ 与 Hb 多肽链某些氨基酸残基的基团结合，促进盐键形成，使 Hb 分子构型变为紧密型（T 型），从而降低了对 O_2 的亲和力，曲线右移；酸度降低时，则促使盐键断裂放出 H^+，Hb 变为疏松型（R 型），对 O_2 的亲和力增加，曲线左移。PCO_2 的影响，一方面是通过 PCO_2 改变时，pH 也改变的间接效应，另一方面也通过 CO_2 与 Hb 结合而直接影响 Hb 与 O_2 的亲和力，不过后一效应极小。

波尔效应有重要的生理意义，它既可促进肺毛细血管血的氧合，又有利于组织毛细血管血液释放 O_2。当血液流经肺部时，CO_2 从血液向肺泡扩散，血液 PCO_2 下降，H^+ 浓度也降低，均使 Hb 对 O_2 的亲和力增加，氧解离曲线左移，在任一 PO_2 下 Hb 氧饱和度均增加，血液运 O_2 量增加。当血液流经组织时，CO_2 从组织扩散进入血液，血液 PCO_2 和 H^+ 浓度升高，Hb 对 O_2 的亲和力降低，氧解离曲线右移，促使 HbO_2 解离并向组织释放更多的 O_2。

（2）2,3-二磷酸甘油酸：红细胞中含有很多有机磷酸化物，特别是 2,3-二磷酸甘油酸（2,3-diphosphoglycerate，2,3-DPG），它是红细胞糖酵解的中间产物，成熟红细胞内有 15%~50% 的 1,3-DPG 可转变成 2,3-DPG，它在血液中的含量明显高于其他糖酵解中间产物。研究表明 2,3-DPG 具有重要的生理功能，即它能调节 Hb 与 O_2 的亲和力。2,3-DPG 浓度升高，Hb 对 O_2 的亲和力降低，氧解离曲线右移；2,3-DPG 浓度降低，Hb 对 O_2 的亲和力增加，曲线左移。其机制可能是 2,3-DPG 与 Hb β 链形成盐键，促使 Hb 变成 T 型的缘故。此外，2,3-DPG 可以提高 H^+ 浓度，由波尔效应来影响 Hb 对 O_2 的亲和力。

2,3-DPG 对 Hb 和 O_2 亲和力的这种调节作用有重要的生理意义，例如在高原缺 O_2 时，无氧糖酵解增加，红细胞 2,3-DPG 增加，氧解离曲线右移，有利于释放 O_2，使组织能获得足够的氧以适应高原环境。贫血或肺气肿患者的红细胞亦可代偿性增加 2,3-DPG 的浓度，以利于组织获得更多的 O_2。

（3）温度：温度升高，氧解离曲线右移，促使 O_2 释放；温度降低，曲线左移，不利于 O_2 的释放。临床低温麻醉手术时应考虑到这一点。温度对氧解离曲线的影响，可能与温度影响了 H^+ 活度有关，温度升高 H^+ 活度增加，降低了 Hb 对 O_2 的亲和力。当组织代谢活跃使局部组织温度升高，CO_2 和酸性代谢产物增加，都有利于 HbO_2 解离，活动组织可获得更多的 O_2 以适应其代谢的需要。

（4）Hb 自身性质：除上述因素外，Hb 与 O_2 的结合还为其自身性质所影响。Hb 的 Fe^{2+} 氧化成 Fe^{3+}，失去运氧能力。胎儿 Hb 和 O_2 的亲和力大，有助于胎儿血液流经胎盘时从母体摄取更多的 O_2；异常 Hb 也降低 Hb 运 O_2 功能。CO 与 Hb 结合，占据了 O_2 的结合位点，HbO_2 下降。CO 与 Hb 的亲和力是 O_2 的 250 倍，这意味着极低浓度的 CO 就可以从 HbO_2 中取代 O_2，阻断其结合位点。此外，CO 还有一极为有害的效应，即当 CO 与 Hb 分子中某个血红素结合后，将增加其余 3 个血红素对 O_2 的亲和力，使氧离曲线左移，妨碍 O_2 的解离。所以 CO 中毒既妨碍 Hb 与 O_2 的结合，又妨碍 O_2 的解离，危害极大。

第 12 章 钠、钾、氯和酸碱平衡检验

总之，Hb 的运氧量受多种因素影响：包括 PO_2、Hb 自身的性质和含量、pH、PCO_2、温度、2,3-DPG 和 CO 等，pH 降低，PCO_2 升高，温度升高，2,3-DPG 增高，氧解离曲线右移；pH 升高，PCO_2、温度和 2,3-DPG 降低及 CO 中毒，氧解离曲线左移。

（二）二氧化碳的运输

CO_2 在血液中以物理溶解及化学结合的两种形式运输。其中以物理溶解的 CO_2 较少，仅占 CO_2 总运输量的 5%；其余 95% 即以化学结合的形式来运输，其中大部分为碳酸氢盐（88%），少部分是氨基甲酸血红蛋白（7%）。

1. CO_2 从组织扩散进入血液后的变化过程　组织细胞代谢产生的 CO_2 自组织扩散进入血浆中溶解，其中少量 CO_2 可与水缓慢作用生成 H_2CO_3；而绝大部分 CO_2 经扩散进入红细胞，在红细胞内的碳酸酐酶作用下与水结合生成 H_2CO_3。另有少部分 CO_2 可与红细胞内 Hb 结合形成氨基甲酸血红蛋白（HbNHCOOH），这一反应不需酶的催化，且 CO_2 与 Hb 的结合松散，因而迅速、可逆。

红细胞内生成的 H_2CO_3 迅速解离为 HCO_3^- 和 H^+。随着红细胞内 HCO_3^- 浓度不断增加，HCO_3^- 便顺浓度差经红细胞膜扩散进入血浆，但红细胞中的 K^+ 不能随 HCO_3^- 扩散出红细胞膜。为了维持正负离子的平衡，于是有等量的 Cl^- 由血浆进入红细胞，这一过程称氯离子转移（chloride shift）。氯离子转移使血浆运输 CO_2 的能力大大增加，具有重要的生理意义。

在红细胞内 HCO_3^- 与 K^+ 结合，在血浆中则与 Na^+ 结合生成碳酸氢盐。在上述反应中产生的 H^+，主要与 Hb 结合而缓冲。

2. CO_2 由肺呼出的变化过程　当血液流经肺部时，由于肺泡气 PO_2 高而 PCO_2 低，于是 O_2 进入血液迅速与 Hb 结合，而 CO_2 离开血液经肺部呼出。这时所发生的变化与组织中的情况相反（图 12-2）。

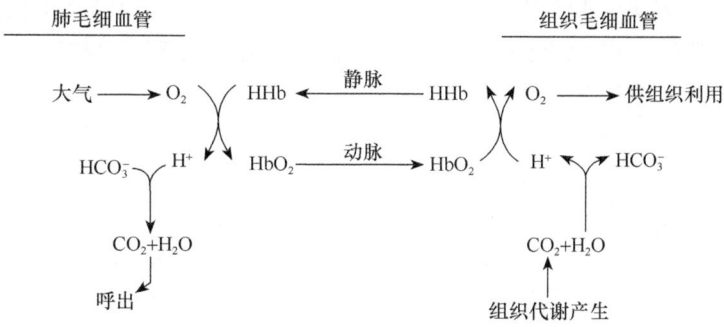

图 12-2　氧和二氧化碳的运输过程

在红细胞中以 HbNHCOOH 形式运输的 CO_2 也在肺中分解为 $HbNH_2$ 及 CO_2，CO_2 经肺部呼出。

▶ 二、酸碱平衡与酸碱平衡失调

酸碱平衡紊乱又称酸碱平衡失调，按起因不同可分代谢性酸碱平衡失调与呼吸性酸碱平衡失调两大类。由于血浆中 $NaHCO_3$ 含量首先减少或增加而引起的酸碱平衡失调，分别称为代谢性酸中毒或代谢性碱中毒；由于肺部呼吸功能异常导致 H_2CO_3 含量首先增加或减少而引起的酸碱平衡失调，则分别称为呼吸性酸中毒或呼吸性碱中毒。

发生酸碱平衡紊乱后，机体通过缓冲体系的缓冲作用，以及肺与肾的调节作用，使血

液中 $[HCO_3^-]/[H_2CO_3]$ 的比值保持在 20/1，血液 pH 维持在 7.35～7.45，这种情况临床上称为代偿性酸碱平衡失调。如果病情严重，超出了机体能够调节的限度，尽管机体已发挥了对酸碱平衡的调节作用，仍不能使血液 $[HCO_3^-]/[H_2CO_3]$ 的比值保持在 20/1，会使血液 pH>7.45 或<7.35，这种情况称为失代偿性酸碱平衡失调。

根据酸碱平衡紊乱发生原因及其产生机制不同，可将酸碱平衡紊乱大体上分为代谢性酸中毒、代谢性碱中毒、呼吸性酸中毒、呼吸性碱中毒（表 12-4）。

表 12-4　酸碱平衡失调的类型

	代谢性酸中毒	代谢性碱中毒	呼吸性酸中毒	呼吸性碱中毒
原发性改变	$[HCO_3^-]$ ↓	$[HCO_3^-]$ ↑	$[H_2CO_3]$ ↑	$[H_2CO_3]$ ↓
原因	固定酸生成过多 固定酸排泄障碍 $NaHCO_3$ 丢失过多	胃液丢失过多 低血钾 利尿药排氯↑	呼吸功能障碍 引起 CO_2 潴留	肺换气过度 CO_2 呼出↑
代偿情况	呼吸加深加快使 $[H_2CO_3]$↓ 肾泌 H^+、泌 NH_3↑ 重吸收 $NaHCO_3$↑	与代谢性酸中毒相反	肾泌 H^+、泌 NH_3↑ 重吸收 $NaHCO_3$↑	与呼吸性酸中毒相反
pH	↓	↑	↓	↑
PCO_2	↓继发	↑继发	↑↑原发	↓↓原发
HCO_3^-	↓↓原发	↑↑原发	↑继发	↓继发

↑.升高；↓.降低；↑↑.显著升高；↓↓.显著降低

三、血气分析的测定原理

目前血气分析仪型号虽然很多，自动化程度也不尽相同，然而都是测定血液 pH、PCO_2 和 PO_2 三项基本数据，再参考 Hb 及体温的数据计算出其他诊断参数。不同型号的仪器的结构组成基本一致（图 12-3）。

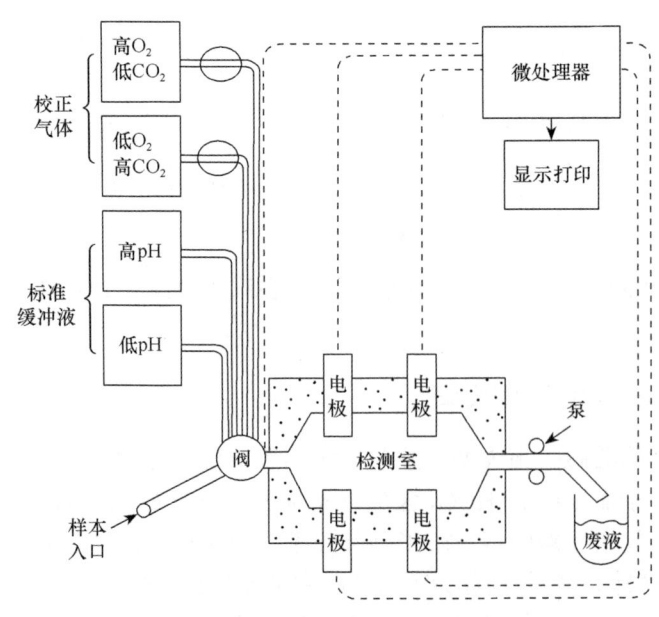

图 12-3　血气分析仪

仪器的整体布局由两部分构成：一是电极系统及其管道系统，是血气分析仪的核心部分，用于样本测定并将样本中pH、PCO_2和PO_2等物理、化学信号转变成电压或电流信号；二是由放大器、微型计算机和数字显示器等部件构成的控制系统，这一系统的不断改进和优化使血气分析仪具有微量、快速、全自动显示并打印数据等优点，大大提高了仪器的工作效率。

1. pH电极　pH测定系统包括pH测定电极即玻璃电极、参比电极及两种电极间的液体介质（图12-4）。

参比电极里的KCl溶液通过一个渗透性瓷芯逸出与血样本接触，使电路接通。因为KCl浓度很大，所以血样本中离子组成的差异不会改变参比电极上的恒定电位。pH电极要求pH测定范围在6.8~8.0，并能读出小数点以下三位，精密度达0.002pH单位，准确性达到±0.01pH单位。pH电极稳定性好，计数不漂移。

2. PCO_2电极　属于CO_2气敏电极，主要由特殊玻璃电极和Ag/AgCl参比电极及电极缓冲液组成（图12-5）。

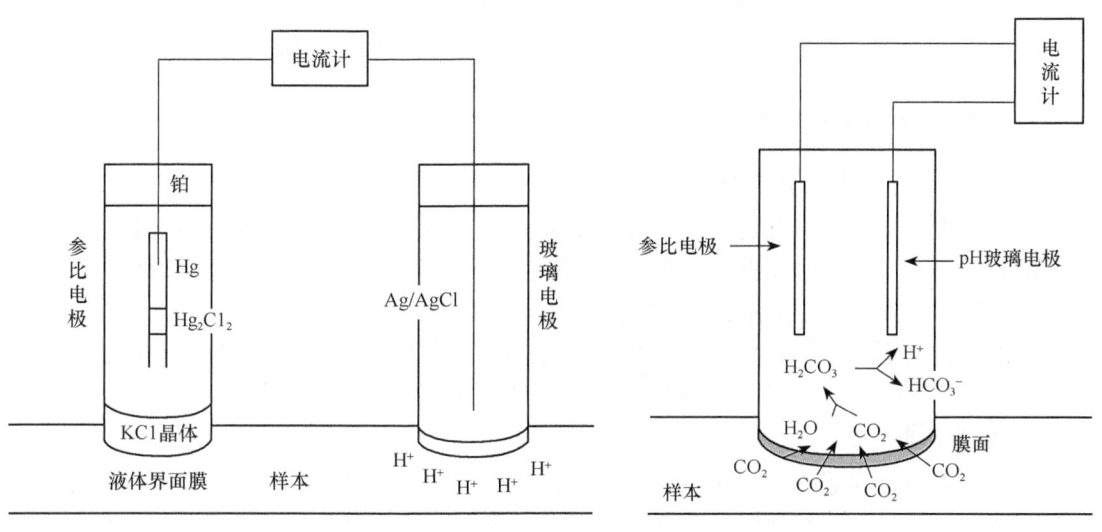

图12-4　pH电极结构　　　　　图12-5　PCO_2电极结构

这种特殊的玻璃电极是对pH敏感的玻璃膜外包围着一层$NaHCO_3$溶液（$NaHCO_3$ 5mmol/L、NaCl 20mmol/L，并以AgCl溶液饱和），溶液的外侧依次是敏感膜、透气膜与尼龙网。透气膜是以聚四氟乙烯或硅胶为材料，可选择性让电中性的CO_2通过，带电荷的H^+及HCO_3^-则不能通过。当血样本与此膜接触时，血液中的CO_2扩散入电极内，与电极里的$NaHCO_3$溶液发生下列变化：

$$CO_2 + H_2O \rightarrow H_2CO_3 \rightarrow H^+ + HCO_3^-$$

反应的结果是使膜内的$NaHCO_3$、NaCl溶液的pH发生改变，产生电位差，由电极套内的pH电极检测。pH的改变与PCO_2数值呈线性关系（$\Delta pH/\log PCO_2$），根据这一关系即可测出PCO_2值。PCO_2电极灵敏度以$-pH/\log PCO_2 = -1.0$为准，即PCO_2上升1.33kPa，pH下降1单位。可测定范围为0.6~33.3kPa（37℃）。

3. PO_2电极　是以铂金丝（Pt）为阴极，Ag/AgCl参比电极为阳极组成的O_2敏感的极谱电极（图12-6）。

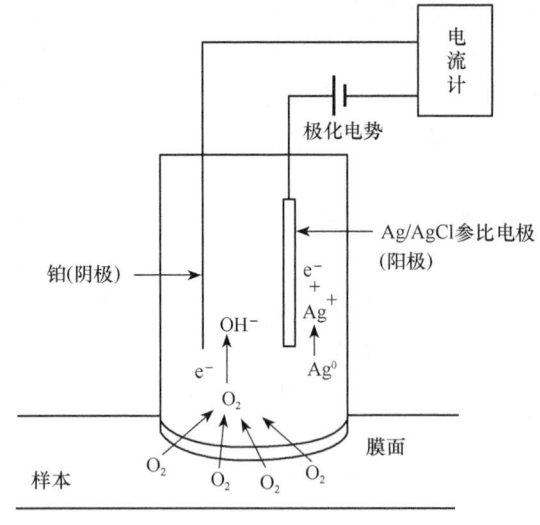

阴极与阳极之间有磷酸盐缓冲液借以沟通，其外包裹一层聚丙烯膜（透气膜），膜外接触血样本。聚丙烯膜外部粗糙，吸附有足量的电解质液，故不必装尼龙网。聚丙烯膜不能透过离子，仅允许血液中的 O_2 自由透过。当样本中的 O_2 透过聚丙烯膜到达 Pt 阴极表面时，O_2 不断地被还原，产生如下还原反应：

$$O_2 + 2H^+ + 4e \rightarrow H_2O_2 + 2e \rightarrow 2OH^-$$

阳极发生氧化反应：

$$Ag - e \rightarrow Ag^+$$

O_2 的还原反应与 Ag 的氧化反应导致阴阳极之间产生电流，其强度与 O_2 的扩散量或 PO_2 成正比（不是能斯特方程），以此测出样本中的 PO_2 值。PO_2 电极的测定范围为 $0\sim106kPa$（$0\sim800mmHg$）。

图 12-6 PO_2 电极结构

四、血气分析的方法

（一）血液样本的采集与保存

血气分析样本的采集是进行血气分析十分重要的环节，样本采集和保存不当，均可造成结果的偏差。因为动脉血能很敏感地反映体内代谢状态，而静脉血指标的个体差异很大，因此血气分析的血样本为动脉血或动脉化毛细血管血。

血液首先应隔绝空气，因为空气中的 PO_2 高于动脉血，而 PCO_2 则低于动脉血，故接触空气可使血样本 PCO_2 下降以致 pH 和 PO_2 升高，从而失去测定价值。

1. 样本采取方法

（1）动脉血：桡动脉、肱动脉、股动脉和足背动脉等都可以进行采血，但桡动脉是最理想的穿刺部位，肱动脉为次选的穿刺部位。使用玻璃注射器采血，肝素抗凝，抗凝剂用 1000U/ml 肝素钠。动脉采血前，用干燥空针抽吸肝素湿润针筒内腔，推出多余肝素，空针死腔中留下的肝素（约 0.1ml）足以抗凝 2ml 全血。穿刺针进入动脉血管后，让注射器内芯随动脉血进入注射器而自动上升，取 $1\sim2ml$ 全血即可。拔针后，注射器不能回吸，只能稍外推，使血液充满针尖空隙，并排出第一滴血弃之，让空气排尽，离体的针头立即刺入一橡皮塞，使血液与空气隔绝。将注射针筒在两手掌间来回搓滚，混匀抗凝血，立即送检。如血样本不能及时测定，最好将其保存于 4℃ 环境中，但也不得超过 2 小时。

（2）动脉化毛细血管血：采血部位用 45℃ 温水热敷，使循环加速，血管扩张，局部毛细血管血液中 PO_2 和 PCO_2 值与毛细血管动脉端血液中的数值相近，此过程称为毛细血管动脉化。采血部位以手指、耳垂或婴儿的手足跟及拇趾为宜。45℃ 热水敷局部 $5\sim15$ 分钟或直至皮肤发红，常规消毒后刺入约 3mm，使血液快速自动流出，弃去第一滴血后迅速用肝素化的毛细玻璃管（可用 1mg/ml 的肝素溶液充满后在 $60\sim70℃$ 烘干而成）一端接触血液，让血液自动流入，切忌气泡进入。待血装满后，立即从玻璃管的一端放入一小钢针，并尽快用橡皮泥封住玻璃管两端，然后手持磁铁沿玻璃管纵轴来回滑动，以带动管内小铁针而使血液与肝素混合。未充分动脉化的毛细血管血的 PO_2 测定值偏低，对 pH、PCO_2 和 HCO_3^-

的测定结果影响不明显。

（3）静脉血：一般不用静脉血做血气分析，只在动脉采血较困难时才使用。静脉血因 O_2 在组织被释放，PO_2 要低 8.00~9.33kPa（60~70mmHg），而 PCO_2 要高 0.27~1.07kPa（2~8mmHg），pH 要低 0.02~0.05。静脉血只适合于诊断代谢性酸碱平衡，不适用于测定 PO_2，故 PO_2 及有关推算数据仅供参考。静脉采血一般采前臂静脉，采血前可将手及前臂浸入 45℃水中 20 分钟，使静脉血动脉化，然后穿刺采血。采静脉血尽可能不使用止血带，以免引起气泡。

2. 样本的贮存 采出的全血中含有活性细胞，其代谢仍在继续进行，O_2 不断地被消耗，CO_2 不断地产生，故采血后应尽可能在短时间内测定，一般不宜存放。有报道血液样本于体外 37℃保存时，每 10 分钟 PCO_2 约增加 0.133kPa（1mmHg），pH 降低约 0.01 单位。但血样于 4℃保存时，1 小时内 pH、PCO_2 值没有明显变化，PO_2 值则稍有改变。因此，采取的血样本应在 30 分钟内检测完毕，否则应将样本置于冰水中保存，最多不超过 2 小时，在 30 分钟到 2 小时内测定的血 PO_2 值仅供参考。

（二）样本的测定

目前使用的血气分析仪都是由微机控制的全自动仪器，尽管生产厂家多，型号各异，但性能和操作大同小异，一般按操作说明书根据仪器指令进行操作。

1. 启动 按仪器要求分别接通主机和空气压缩机电源，使空气压缩机压力到达额定的要求。再开启二氧化碳气瓶，使 CO_2 气流量达到额定要求。分别检查清洁液、参比液、标准缓冲液 1 和 2 等液体是否按要求装备。

2. 定标（校准） 目的在于保证测定结果的准确性。定标有两点定标（pH、PCO_2）和一点定标（PO_2）两种方式。一般使用两种 pH 缓冲液（定标液）进行定标，一种是低 pH 缓冲液（37℃，pH 6.841），另一种是高 pH 缓冲液（37℃，pH 7.383）。两点定标是先用上述两种缓冲液对 pH 电极系统进行定标，再用混合后的两种不同含量的气体对 PCO_2 进行定标。两点定标是让仪器建立合适的工作曲线。一点定标是对 PO_2 电极在极化电压作用下通过原点的电流—PO_2 曲线进行校准。现代血气分析仪的定标一般由仪器自动完成。在微处理器的控制下，定标气体或缓冲液在一定循环时间内被自动送入，持续监测校正物的 pH、PO_2、PCO_2。一般循环定标时间设为每 30 分钟进行一次一点定标和每 8 小时进行一次两点定标。

为了保证测定结果的可靠性，定标用的液体或气体浓度必须准确，定标数据必须稳定。

3. 测量 从开机到两点定标完成后，仪器屏幕上显示"READY"，即已准备好，此时可进样进行测定。打开进样器，自动或手动进样，进样前将样本再次混匀，挤去针筒头部血液少许。若用毛细血管血，则选择毛细管方式进样。仪器自动测量，打印出结果，发出报告，随后仪器自动冲洗管道，重新进入"READY"状态，随时接受下一个样本的测定。

自动化血气分析仪 24 小时开机，能定时自动定标，仪器随时处于待命状态，一旦有样本即可上机分析。

（三）仪器的维护保养、故障排除

为了得到准确的结果，就必须严格按照仪器操作说明书对仪器进行定期保养、维护和故障排除，特别是对电极的定期保养极为重要，否则测定结果会受到影响。

1. pH 电极的保养 不管是否使用 pH 电极，其使用寿命一般都为 1~2 年。如果 pH 电极在空气中暴露 2 小时以上，应将其放在缓冲液中浸泡 6~24 小时才能使用。蛋白质黏附在电极表面：①按血液→缓冲液（或生理盐水）→水→空气的顺序进行清洗。②或用随机附送的含蛋白水解酶的清洗液或自配的0.1%胃蛋白酶盐酸溶液浸泡30分钟以上，用生理缓冲液洗净后浸泡备用。

2. PCO_2电极的保养 PCO_2电极性能基本同pH电极，所不同的是PCO_2电极需装尼龙网、透气膜（渗透膜）与敏感膜。要注意更换尼龙网、透气膜（也有些仪器尼龙网已固定在电极玻璃膜上，只要更换透气膜）和注入外缓冲液。透气膜应平整，不能有皱纹、裂缝和针眼，并保持清洁。尼龙网、透气膜与敏感膜三者要紧贴，不能夹有空气，否则可致反应速率变慢，显示不稳定，引起测定误差。

电极要经常用专用清洁剂清洗，如果经清洗、更换缓冲液后仍不能正常工作时，应更换半透膜。电极用久后，阴极端的磨砂玻璃上会有Ag或AgCl沉积。可用滴有外缓冲液的细砂纸磨去沉积物，再用外缓冲液洗干净。清洗沉积物、半透膜和电极的更换应定期进行。外缓冲液不宜装得过满，应留有小气泡，使温度升高时有膨胀余地，以免电极膜变形影响测定结果。如换缓冲液后电极反应低下，则更换渗透膜。

3. PO_2电极的保养 PO_2电极长期使用后其阴极端的磨砂玻璃上会有Ag或AgCl沉积，使电极灵敏度降低，最好在细砂纸上滴几滴PO_2电极外缓冲液，磨去沉积，再用外缓冲液洗净。渗透膜及电极外缓冲液更要定期更换，方法与PCO_2电极同。

4. 参比电极的保养 pH测量系统的故障大多数是参比电极影响所致，因而参比电极的安装和更换很重要。KCl溶液易渗出产生结晶，电极膜及电极套要定期更换。

5. 仪器的日常保养

（1）每天检查大气压力、钢瓶气体压力。

（2）每天检查定标液、冲洗液是否过期，检查气泡室是否有蒸馏水。

（3）每周更换一次内电极液，定期更换电极膜。

（4）每周至少冲洗一次管道系统，擦洗分析室。

（5）若电极使用时间过长，电极反应变慢，可用电极活化液对pH、PCO_2电极活化，对PO_2电极进行轻轻打磨，除去电极表面氧化层。

（6）仪器避免测定强酸强碱样品，以免损坏电极。若偏酸或偏碱液测定时，可对仪器进行几次一点校正。

（7）保持环境温度恒定，避免高温，以免影响仪器准确性和电极稳定性。

6. 常见故障及其排除方法

（1）样品吸入不良：蠕动泵管老化、漏气或泵坏。需要更换管道或维修蠕动泵。

（2）样品输入通道堵塞：①血块堵塞，一般用强力冲洗程序将血块冲出排除。如冲不走，可换上假电极，使转换盘处于进样位置，用注射器向进样口中注蒸馏水，便可将血块冲走。②玻璃碎片堵塞，如毛细管断在进样口内等，可将样品进样口取下来，将玻璃碎片捅出即可。

（3）pH定标不正确：原因为pH定标液过期、两种定标液接反、仪器接地不好。

（4）PCO_2定标不正确：①钢瓶中气体压力过低，应更换气瓶；②气体管道破裂、脱落或气路连接错误，应更换或重新连接管道；③PCO_2内电极液使用时间过长或内电极液过期，应更换内电极液；④气室内无蒸馏水或蒸馏水过少，使通过气体未充分湿化，应补充蒸馏水；⑤电极膜使用时间过长或电极膜破裂，应更换电极膜；⑥PCO_2电极老化或损坏，应更换电极。

（5）PO_2定标不正确：常见原因与PCO_2定标不正确的原因类似。

（6）定标不正确，但取样时不报警，标本常被冲掉：①分析系统管道内壁附有微小蛋白颗粒或细小血凝块，使管道不通畅，应冲洗管道；②连接取样传感器的连线断裂，应重新连接；③取样不正确，混入微小气泡，应重新取样。

（四）血气分析的质量控制

血气分析是许多临床危重患者抢救时的判断依据，如果结果出现偏差或错误，可能给临床诊断带来不可估量的损失。因此，开展血气分析的质量控制，保证测定结果的可靠性越来越受重视。

1. 质控物 目前使用的血气分析质控主要有人造血氟碳化合物乳剂、水溶性缓冲液、经张力平衡的全血等。

人造血氟碳化合物乳剂的性质与人血相似，较稳定又便于储存，其氧容量、有机物的pK（7.30）、黏度、pH温度系数（-0.009pH/℃）等均与人的血液十分相似。振摇后开启时，表面会形成一层泡沫与空气隔绝，至少3分钟内不致造成质控液内气体的改变，且其气体含量受室温影响较小，为使用带来了很大的方便。依其浓度的不同分为3种：①酸血症+高PCO_2+低PO_2；②酸血症+低PCO_2+高PO_2；③全部正常，并标有允许误差范围。

水溶性缓冲液质控物是用Na_2HPO_4、kH_2PO_4及$NaHCO_3$配成的不同pH的缓冲液，再与不同浓度的CO_2和O_2平衡，加入防腐剂储存。此质控物也有高、正常、低3种水平规格，用3种不同颜色表示：酸血症、低氧血症为红色标记，碱血症、高氧血症为蓝色标记，正常酸碱水平为黄色标记。此缓冲液与血液有比较大的差别，且受温度的影响较大，其水相中的PCO_2随温度上升而下降，pH则增加。故在使用前应置于室温30分钟以上，并充分振荡使液相与气相平衡后方可使用。

2. 采集合格的血液标本 采集标本一定要按要求严格操作，每份样本不得少于2ml，要特别注意避免标本与空气接触，及时排除采集时混入血样中的小气泡，密封好标本容器。另外在检测时要注意将标本充分混匀。

3. 控制好测定时的温度 准确恒定的温度（37±0.1℃）是准确测定血气及pH的基本条件，温度的变化可造成测定结果读数的漂移，影响测定结果。因此，如果测量时温度偏离37℃，则要在温度校正后才能发出报告。

4. 电极的线性 新电极的线性需要验证，线性的验证需要保证的气体或全血。对于PCO_2电极在用5%和10% CO_2定标后，用含7%CO_2的气体来测定PCO_2；对于PO_2电极校正用0%和20% O_2，用10% O_2测定PO_2。这种用于初始化验证的气体可在质量保证程序中用于定期的检查。

5. 严格执行统一的操作流程 操作仪器的技术人员要熟悉仪器的测定原理，对整个测试过程的各个环节都要严格把关，以保证测定结果准确可靠。

6. 对精密度和准确度的要求 ①pH：测定误差不应超过0.01单位，实际数据计算不应超过±0.005单位。②PO_2：测定误差不应超过0.665kPa（5mmHg），精密度不应超过0.133kPa（1mmHg）。③PCO_2：测定误差不应超过0.399kPa（3mmHg），精密度不应超过0.106kPa（0.8mmHg）。

五、血气分析的常用指标及应用

（一）血气分析的常用指标

1. 酸碱度（pH） pH是H^+浓度的负对数。pH表示血液的酸碱度。正常人动脉血pH

为 7.35~7.45，平均 7.40，相当于血液 H^+ 浓度为 35~45mmol/L，波动极小。

尽管体内不断有酸碱物质的增减，但机体有一整套的调节系统包括体液的缓冲系统、肺呼出 CO_2 的调节以及肾对酸碱物质的排泄，在这三方面因素的共同作用下，体液酸碱物质含量保持相对稳定，机体一般不易出现酸碱平衡紊乱。只有在体内酸性或碱性物质进入量超出了机体调节能力或机体调节机制出现障碍时，才可导致酸碱平衡紊乱。

在血液的缓冲系统中以 $NaHCO_3/H_2CO_3$ 缓冲对含量最多，缓冲作用最大。正常人血液中［$NaHCO_3$］为 24mmol/L，［H_2CO_3］为 1.2mmol/L，两者比值为 20∶1。根据 Hendersen-Hasselbalch 方程式（H-H 方程式）可计算出血液 pH。

$$pH = pKa + \log\frac{[NaHCO_3]}{[H_2CO_3]}$$

37℃时，pKa 为 6.1。则：

$$pH = 6.1 + \log 24/1.2 = 6.1 + \log 20 = 7.4$$

上式充分说明了血浆 pH 与血浆［$NaHCO_3$］/［H_2CO_3］之间的关系。只有当两者维持在 20∶1 的时候，血浆 pH 才能保持 7.4 不变，如其中任何一方发生变化导致两者之间的比值发生改变，则血浆 pH 也发生变化。由此而见，机体酸碱平衡调节的实质就是通过调节血液［$NaHCO_3$］/［H_2CO_3］之间的比值来维持血浆 pH 的恒定。pH 正常并不能排除酸碱平衡失调，因此，单纯依靠血液 pH 仅能判断失代偿性酸碱平衡紊乱，对于代偿性酸中毒或碱中毒则无法判断，更不能单纯利用此值鉴别呼吸性或代谢性酸碱平衡紊乱。

【参考区间】动脉血　　pH 7.35~7.45

2. 氧分压（partial pressure of oxygen，PO_2） 是指血浆中物理溶解的 O_2 产生的张力。动脉血 PO_2 10.64~13.30kPa（80~100mmHg）。PO_2 是缺氧的敏感指标。如动脉血 PO_2 低于 55mmHg 时见于呼吸衰竭，低于 30mmHg 时可危及生命。

【参考区间】

3. 氧饱和度（$SatO_2$） 是指血液在一定的 PO_2 条件下，血液中被氧结合的氧合血红蛋白（HbO_2）的量占全部可结合的血红蛋白（Hb）容量的百分比，即血液中氧的浓度，它是呼吸循环的重要生理参数。而功能性氧饱和度为 HbO_2 浓度与 HbO_2+Hb 浓度之比，有别于氧合血红蛋白所占百分数。因此，监测动脉血氧饱和度可以对肺的氧合情况和血红蛋白携氧能力进行估计。

【参考区间】动脉血 $SatO_2$ 为 91.9%~99%，静脉血为 75%

4. 二氧化碳分压（partial pressure of carbon dioxide，PCO_2） 是指血浆中物理溶解 CO_2 所产生的张力。由于 CO_2 的弥散能力较强，动脉血液的 PCO_2 基本上反映了肺泡 PCO_2 的平均值。因此动脉血 PCO_2 是衡量肺泡通气情况的理想指标。另一方面，将 $PCO_2 \cdot \alpha$ 即为 H_2CO_3 的含量，α 为 CO_2 在血浆中的溶解系数，37℃时为 0.03mmol·L^{-1}·$mmHg^{-1}$。在 H-H 方程中代表了呼吸成分，并直接影响 pH，即：

$$PH = pK_a + \log\frac{[NaHCO_3]}{(\alpha \times PCO_2)}$$

由此可见，PCO_2 是酸碱平衡中反映呼吸因素的重要指标。

PCO_2 是临床上诊断酸碱中毒的指标。当 PCO_2<4.67kPa(35mmHg)时提示肺通气过度，可发生在呼吸性碱中毒或代谢性酸中毒的代偿期；当 PCO_2>6.00kPa（45mmHg）时提示肺通气不足，见于呼吸性酸中毒或代谢性碱中毒的代偿期。

【参考区间】动脉血 PCO_2 4.67～6.00kPa（35～45mmHg）

5. 二氧化碳总量（total carbon dioxide content，TCO_2） 是指血浆中各种形式存在的 CO_2 的总和，其中大部分（95%）是 HCO_3^- 结合形式，少量是物理溶解的 CO_2，还有极少量是以碳酸、蛋白质氨基甲酸酯等形式存在。动脉血 TCO_2 的变化可受体内呼吸及代谢两方面因素的影响，但主要是代谢因素的影响。因此 TCO_2 是代谢性酸碱中毒的指标之一。其计算公式为：

$$TCO_2 (mmol/L) = [HCO_3^-](mmol/L) + PCO_2(mmHg) \times 0.03$$

【参考区间】动脉血 TCO_2 23～28mmol/L

6. 实际碳酸氢盐（actual bicarbonate，AB） 是指血浆中 HCO_3^- 实际浓度，即未接触空气的血液在37℃时分离的血浆中 HCO_3^- 的含量。通常由实测的 PH 及根据 H-H 方程计算所得，也可以实际测定。动脉血 AB 是判断代谢性酸、碱平衡失调的重要指标，但其含量也受呼吸因素改变的影响而发生继发性改变，在判断酸碱平衡紊乱中占有重要地位。

【参考区间】动脉血 AB 22～27mmol/L

7. 标准碳酸氢盐（standard bicarbonate，SB） 是指在37℃时，全血标本用 PCO_2 为5.33kPa（40mmHg）及 PO_2 为13.3kPa（100mmHg）的混合气体平衡后，使血红蛋白完全氧合所测得的 HCO_3^- 的含量。由于排除了呼吸因素的影响，所反映的是 HCO_3^- 的储备量，是代谢性酸碱平衡的重要指标。

【参考区间】动脉血 SB 22～27mmol/L

8. 缓冲碱（buffer base，BB） 指血液中所有具有缓冲作用的阴离子总和，包括 HCO_3^-、HPO_4^{2-}、血浆蛋白及血红蛋白等。BB 代表血液中碱储备的所有成分，比仅代表 HCO_3^- 浓度的 AB 和 SB 值更能全面地反映体内中和固定酸的能力。但由于 BB 受血浆蛋白、血红蛋白、电解质及呼吸等多种因素的影响，一般认为它不能确切地反映代谢性酸碱平衡状态。

【参考区间】全血缓冲碱：46～50mmol/L
　　　　　　血浆缓冲碱：41～42mmol/L

9. 剩余碱（base excess，BE） 是指血液 pH 偏酸或偏碱时，在标准条件下，即温度为37℃，1个标准大气压，PCO_2 5.32kPa（40mmHg）、Hb 完全氧合，用酸或碱将1L 血液的 pH 调节至7.40所需加入的酸或碱量，表示全血或者血浆中碱储备增加或减少的情况。如需用酸滴定，表明受测血样缓冲碱量高，为碱剩余，用正值表示（即+BE），见于代谢性碱中毒。如用碱滴定，表明受测血样缓冲碱量低，为碱缺失，用负值表示（即-BE），见于代谢性酸中毒。BE 是代谢性酸碱中毒的客观指标，对酸碱平衡紊乱的判断及治疗有重要的指导意义。

【参考区间】动脉血 BE －2～+3mmol/L

10. 阴离子间隙（anion gap，AG） 是指血清中可测定的阳离子总数与阴离子总数之差，它表示血清中未测定出的阴离子数，现多采用以下简化公式表示：

$$AG(mmol/L) = Na^+ - [Cl^- + HCO_3^-]。$$

这是判断代谢性酸中毒的重要指标，对许多潜在的致命性疾病的诊断可提供重要线索。AG 是早期发现代谢性酸中毒合并代谢性碱中毒、慢性呼吸性酸中毒合并代谢性酸中毒、呼吸性碱中毒合并代谢性酸中毒、混合性代谢性酸中毒及三重性酸碱失衡的有用指标。应用 AG 做指标时，应精确地测定血清电解质，以排除实验误差对 AG 的影响。AG 增高提示肯定有代谢性酸中毒存在，混合性酸碱紊乱的患者，代谢性酸中毒可以被其他现象掩盖，通过 AG 值可以发现许多潜在的有价值的线索。

【参考区间】 8～16mmol/L，平均为12mmol/L

（二）酸碱平衡失调的判断

评价血液酸碱平衡状态的指标较多，主要指标是pH、PCO_2、BE（或AB）三项。

1. 单纯性酸碱平衡失调的判断 单纯性酸碱平衡失调分为代谢性酸中毒、代谢性碱中毒、呼吸性酸中毒、呼吸性碱中毒4种。其主要血气指标变化的共同特征是pH与酸或碱中毒一致，呈同向变化，原发性改变更为明显（表12-5）。

表 12-5 酸碱平衡失调血气分析指标的变化

类型		pH	PCO_2（kPa）	AB（mmol/L）	BB（mmol/L）	BE（mmol/L）
正常		7.35～7.45	4.67～6.00	22～27	40～44	−3～+3
代谢性酸中毒	代偿	不变	代偿性减少	减少	减少	负值降低
	失代偿	<7.35	减少	显著减少	显著减少	负值降低
呼吸性酸中毒	代偿	不变	增多	代偿性增多	不变	正值增加
	失代偿	<7.35	显著增多	增多	不变	正值增加
代谢性碱中毒	代偿	不变	代偿性增多	增多	增多	正值增加
	失代偿	>7.45	增多	显著增多	显著增多	正值增加
呼吸性碱中毒	代偿	不变	减少	代偿性减少	不变	负值降低
	失代偿	>7.45	显著减少	减少	不变	负值降低

2. 混合性酸碱平衡失调的判断 两种或三种单纯性酸碱平衡失调同时存在时，称为混合性酸碱平衡失调。混合性酸碱平衡失调有多种类型。

（1）相加型二重型酸碱平衡失调：指两种性质的酸中毒或碱中毒同时存在，包括代谢性酸中毒合并呼吸性酸中毒和代谢性碱中毒合并呼吸性碱中毒。其血气指标变化的共同特征是pH明显变化，PCO_2和HCO_3^-呈反向变化。

（2）相抵型二重型酸碱平衡失调：指一型酸中毒伴有另一型碱中毒，包括代谢性酸中毒伴呼吸性碱中毒、呼吸性酸中毒伴代谢性碱中毒及代谢性酸中毒伴代谢性碱中毒3种情况。

前两者主要血气指标变化的共同特征是pH变化不定，PCO_2和HCO_3^-呈同向剧烈变化；而第三种情况的变化特征是pH变化不明显，PCO_2和HCO_3^-变化相反，有不同程度的抵消。

（3）三重型酸碱平衡失调：此型最为复杂，常见为代谢性酸、碱中毒加呼吸性酸或碱中毒。做三重型酸碱平衡失调的判断，应结合病史、血气分析、电解质指标及AG值等进行综合分析。

一、A1型题

1. 当给病人注射葡萄糖以后，体内的钾代谢有什么变化（ ）
   A. 不受影响
   B. 细胞外液钾进入细胞内
   C. 细胞内钾外移
   D. 肾脏排钾增加
   E. 钾吸收障碍

2. 当严重创伤时，血浆中钾的含量（ ）
   A. 明显升高
   B. 明显下降
   C. 无明显变化
   D. 随钠的含量而改变

E. 随血浆钙的含量而改变

3. 代偿性代谢性酸中毒的生化特征是（　　）
   A. $[HCO_3^-]/[H_2CO_3]>20/1$
   B. 血浆 pH7.4
   C. $PCO_2\uparrow$
   D. 呼吸变慢变浅
   E. 血浆 CO_2-CP↑

4. 下列哪一组血浆离子浓度的变化能帮助诊断代谢性酸中毒（　　）
   A. $[HCO_3^-]$ 降低，伴有 $[K^+]$ 升高
   B. $[HCO_3^-]$ 降低，伴有 $[K^+]$ 降低
   C. $[HCO_3^-]$ 升高，伴有 $[K^+]$ 升高
   D. $[HCO_3^-]$ 升高，伴有 $[K^+]$ 降低
   E. $[HCO_3^-]$ 升高，伴有 $[K^+]$ 及 $[Cl^-]$ 增高

5. 严重腹泻、呕吐的患者很易引起水盐代谢障碍，常见的为（　　）
   A. 低血钠
   B. 低血钠、失水
   C. 高血钙、高血钠
   D. 低血钾、失水
   E. 高血钾、失水

6. 下列哪项除外，都是肾脏对钾代谢调节的特点（　　）
   A. 多吃少排
   B. 少吃少排
   C. 不吃也排
   D. 血钠降低、排钾增加
   E. 血钙降低、排钾增加

7. 细胞外液的主要阴离子是（　　）
   A. HCO_3^-
   B. $H_2PO_4^-$
   C. HPO_4^{2-}
   D. Cl^-
   E. PO_4^{3-}

8. 血气分析仪中 pH 电极属于（　　）
   A. 酶电极
   B. 玻璃电极
   C. 气敏电极
   D. 金属电极
   E. 固体膜电极

9. 血气分析仪的二氧化碳电极属于（　　）
   A. 酶电极
   B. 玻璃电极
   C. 气敏电极
   D. 固体膜电极
   E. 金属电极

10. 血气分析仪可以直接测定的参数是（　　）
    A. pH、PCO_2、PO_2
    B. pH、BE、AB
    C. TCO_2、PO_2、PH
    D. pH、AB、BB
    E. pH、AB、PO_2

11. 血气分析标本如不能及时测定应保存于冰浴，其理由为（　　）
    A. 防止 CO_2 气体丧失
    B. 防止糖酵解
    C. 防止溶血
    D. 防止血液浓缩
    E. 防止污染

12. 阴离子隙增高常伴有（　　）
    A. 呼吸性碱中毒
    B. 呼吸性酸中毒
    C. 代谢性碱中毒
    D. 代谢性酸中毒
    E. 呼吸性酸中毒并代谢性碱中毒

13. 血浆阴离子间隙（AG）指（　　）
    A. 血浆阳离子减去阴离子
    B. 血浆 Na^+ 与 K^+ 之和减去 Cl^- 与 $[HCO_3^-]$ 之和
    C. 血浆阴离子减去阳离子
    D. 血浆 Cl^- 与 $[HCO_3^-]$ 之和减去 Na^+
    E. 血浆 Cl^- 与 $[HCO_3^-]$ 之和减去 K^+

14. 最易引起高血钾的是（　　）
    A. 食入较多的钾盐
    B. 蛋白质及糖代谢加强
    C. 输入钾盐过多
    D. 严重呕吐病人
    E. 严重腹泻

15. 代偿性代谢性酸中毒的特征是（　　）
    A. $[HCO_3^-]$ 下降，pH 正常
    B. $[HCO_3^-]$ 升高，pH 升高
    C. $[HCO_3^-]$ 正常，pH 正常
    D. $[HCO_3^-]$ 升高，pH 下降
    E. $[HCO_3^-]$ 下降，pH 升高

16. 血钾降低见于（　　）
    A. 创伤
    B. 禁食后
    C. 饥饿
    D. 缺氧
    E. 急性肾衰竭

17. 严重腹泻病人常引起（　　）
    A. 血 $[NaHCO_3]$ 上升
    B. 代谢性碱中毒
    C. 血中 CO_2 结合力上升
    D. 低血钾
    E. pH 增高

18. 目前测定 Cl^- 最好的方法是（　　）
    A. 火焰光度法
    B. 离子选择电极法
    C. 汞滴定法
    D. 分光光度法
    E. 库仑电量分析法

19. 导致氧解离曲线右移的主要原因是（ ）
    A. 碱中毒
    B. 低浓度的 2,3-DPG
    C. 低热
    D. MetHb 增加
    E. 酸中毒

二、B1 型题
    A. 高血钾   B. 低血钾
    C. 慢性梗阻性肺病   D. 缺氧
    E. 肝炎
20. 呼吸性酸中毒（ ）
21. 代谢性酸中毒（ ）
22. 呼吸性碱中毒（ ）
23. 代谢性碱中毒（ ）
    A. 汞滴定法   B. 分光光度法
    C. 库仑电量分析法   D. 离子选择电极法
    E. 火焰光度法
24. 最早测定 Cl^- 的方法（ ）
25. 基于 Cl^- 与硫氰酸汞反应（ ）
26. 目前测定 Cl^- 最好的方法（ ）
27. 血清钠、钾测定的参考方法（ ）

（雷　呈）

第13章 钙、磷、镁和微量元素检验

学习目标

掌握：CPC法、MTB法测定血清总钙的原理、试剂组成和作用、临床意义、注意事项及方法评价。

熟悉：米吐尔直接法测定血清无机磷，亚铁嗪比色法测定血清铁和总铁结合力的方法。

了解：钙、磷、镁的代谢及其调节，微量元素与疾病的关系。

能规范、熟练地操作血清总钙、无机磷、血清铁和总铁结合力等项目测定。

案例13-1

患者女性，52岁。因左全膝置换术入院。有25年双膝骨关节病史，近2年中疼痛增加，不能走动。体检：体重略超重，血压20/10.6kPa，脉搏78次/分，除双膝运动明显受影响外，其他无明显改变。入院时血浆钙轻度增加，血浆磷低于正常，碱性磷酸酶（ALP）增加。手术3周后，X线检查双膝有骨关节病的退化性改变，右膝严重。实验室检查：血浆钙高达3.26mmol/L，血浆磷低至0.57mmol/L。血浆钾3.1mmol/L，略低于正常。

问题：
1. 根据上述结果，该病人的初步诊断是什么？
2. 该病人高血钙症的原因可能是什么？
3. 要明确生化结果异常的可能原因，需做哪些进一步检查？

钙（calcium，Ca）、磷（phosphorus，P）、镁（magnesium，Mg）是人体重要的组成物质，具有广泛的生理功能。

第1节 钙、磷、镁代谢及其调节

人体内含量最多的无机盐为钙盐和磷酸盐，在正常人体中，钙的总含量700～1400g；磷的总含量400～800g；镁的总量为20～28g。钙磷镁均存在于细胞内外，大多数分布于骨骼和牙齿中，少量分布于其他组织和细胞外液中（表13-1）。

表 13-1 钙、磷、镁在人体的分布和在血浆中的存在形式

	分布				血浆中存在形式			
	骨和齿（%）	软组织（%）	细胞外（%）	总浓度（mmol/L）	游离（%）	结合（%）	复合物（%）	总浓度（mmol/L）
钙	99	1	<0.2	25	50	40	10	2.15～2.57
磷	85	15	<0.1	19.4	55	10	35	0.81～1.45
镁	55	45	1	1	55	30	15	0.70～0.99

一、钙的代谢

人体的钙 99% 分布于骨骼和牙齿中，其余的钙分布于体液和其他组织中。

（一）钙的生理功能

Ca^{2+} 在体内参与许多重要的生理功能：

1. 血浆 Ca^{2+} 可降低毛细血管和细胞膜的通透性，降低神经、肌肉的兴奋性。
2. 血浆 Ca^{2+} 作为血浆凝血因子Ⅳ参与凝血过程。
3. 骨骼肌中的 Ca^{2+} 可引起肌肉收缩。
4. 是重要的调节物质：①作用于细胞膜，影响膜的通透性；②在细胞内作为第二信使，起着重要的代谢调节作用；③是许多酶的激活剂。

（二）钙的吸收和排泄

正常成年人钙的日摄入量在 0.6～1.0g。食物钙主要存在于乳制品和果蔬中。钙主要在活性维生素 D_3 调节下，在小肠上段吸收，以十二指肠上段吸收能力最强。肠道的 pH 明显影响钙的吸收，偏碱时促进 $Ca(H_2PO_4)_2$ 生成，减少钙吸收。乳糖、乳酸和一些氨基酸可使肠道 pH 下降，促进钙的吸收。食物中的植酸、草酸等能与钙形成不溶性盐，影响钙的吸收。食物中钙磷比例为 2∶1 时，钙的吸收最佳。钙的吸收还受到年龄的影响，可随年龄的增加而下降。

钙主要通过肠道和肾脏排泄。消化道排出的钙包括食物中未吸收的钙和部分肠道分泌的钙（每天可达 600mg），占人体每日排钙总量的 80%。肠道中钙的分泌量随饮食中钙的含量增高而增加，严重腹泻时因排钙增多而导致缺钙。经过肾脏排泄的钙占总排钙量的 20%。血液中钙的浓度直接影响尿中钙的排泄量，这在调节体内钙平衡方面起到重要的作用。当血钙浓度降低时（≤2.4mmol/L），尿中几乎无钙排出，而当血液中钙浓度升高时，尿中钙的排泄量明显增多。

（三）血钙

血浆中的钙称为血钙，可分为扩散钙和非扩散钙两大类（图 13-1）。

这两类钙以三种形式存在：①扩散性离子钙，具有生理活性的部分；②扩散性非离子钙（约占血清总钙量的 5%）与枸橼酸、柠檬酸结合而成复合钙；③非扩散钙为与血浆清蛋白结合的钙，其含量和血浆白蛋白浓度有关，这部分钙不易透过血管壁，亦无生理活性，如血浆清蛋白明显下降，非扩散性钙也减少，以致血清总钙量下降，但因血清中游

血钙 { 结合钙 { 蛋白质结合钙(占总钙量50%) 非扩散钙
柠檬酸钙等(占总钙量5%) } 可扩散钙
离子钙 (占总钙量45%)

图 13-1 血钙的分类

离钙不减少,所以临床上不出现缺钙症状。非扩散性钙和扩散性非离子钙为结合性钙,非扩散性钙和离子钙之间可以互相转变,处于动态平衡,当游离钙浓度降低时,非扩散性钙可以逐渐释放成游离钙。

血浆蛋白与钙的结合受血浆 pH 的影响。

$$\text{蛋白结合钙} \underset{[HCO_3^-]}{\overset{[H^+]}{\rightleftharpoons}} \text{蛋白质} + Ca^{2+}$$

pH 下降时,血浆蛋白带负电荷减少,与之结合的钙游离出来,使血浆 Ca^{2+} 浓度升高;pH 升高时,血浆 Ca^{2+} 与血浆蛋白结合增多,使 Ca^{2+} 浓度降低。pH 每改变 0.1 单位,血浆游离钙将改变 0.05mmol/L。

二、磷的代谢

每千克无脂肪组织中约含磷 12g,体内约 86% 的磷分布于骨骼,其余分布在全身其他组织和体液中。正常成人体内含磷约 600g。

(一)磷的生理功能

磷酸盐也是人体含量最高的无机盐,约 86% 以上的磷存在于骨骼和牙齿中。磷的生理功能:

1. 血中磷酸盐(HPO_4^{2-}/$H_2PO_4^-$)是血液缓冲体系的重要组成成分。
2. 细胞内的磷酸盐参与许多酶促反应,在物质代谢中参与高能磷酸化合物的合成和多种磷酸化的中间产物生成。
3. 参与体内核酸、核苷酸、磷蛋白等重要生物分子的组成。
4. 细胞膜磷脂在构成生物膜结构、维持膜的功能和在代谢调控上均起重要作用。

(二)磷的吸收与排泄

成人每日通过进食摄取磷 1.0～1.5g,以有机磷酸酯和磷脂为主,在肠道内磷酸酶的作用下分解为无机磷酸盐。磷在空肠的吸收率高达 70%,磷的吸收较钙容易,因此由于吸收不良引起的缺磷现象很少见。但当食物中有过多的钙、镁离子存在,或者长期口服氢氧化铝凝胶时,均可形成不溶性磷酸盐而影响磷的吸收。

肾脏是排泄磷的主要器官。肾脏排出磷的量占总磷排出量的 70%,其余 30% 由肠道排出。磷的排出量与血液中磷酸盐的浓度成正比,血液中磷酸盐浓度升高时,肾小管对磷的重吸收减少;血液中磷酸盐的浓度降低时,肾小管对磷的重吸收增加。肾小管的这种调节作用受到甲状旁腺激素的调节,对维持体内血磷浓度的稳定具有重要意义。

(三)血磷

血液中的磷(phosphorus)以有机磷和无机磷两种形式存在,通常测定的血磷是指血浆中无机磷酸盐所含的磷,正常成人仅有 0.6～1.6mmol/L。无机磷主要以磷酸盐形式存在,构成血液的缓冲系统。血磷浓度不如血钙稳定,新生儿血磷约为 1.8mmol/L,6 个月时可达 2.1mmol/L,此后逐渐下降,15 岁时达成人水平。婴幼儿时期血磷高是由于处于成骨旺盛期,碱性磷酸酶活性较高所致。成人血磷也有一定的生理波动,在进食、摄糖、注射胰岛素和肾上腺素等情况下,可出现血磷降低的现象。血磷与血钙之间有一定的浓度关系,正常人钙、磷浓度的乘积在 35～40(mg/dl)。

三、镁的代谢

镁（magnesium）在人体内总量为20~28g，约占人体体重的0.03%。约60%以磷酸镁及碳酸镁的形式存在于骨组织中。细胞内镁的含量约占总量的39%，是细胞内仅次于钾的主要阳离子，仅有1%的镁存在于细胞外液中。血浆中的镁有三种存在形式：约55%以Mg^{2+}的形式存在；约30%与血浆蛋白结合；约15%与重碳酸、柠檬酸和磷酸结合。其中与血浆蛋白结合的镁不能自由扩散或渗透到其他体液中，也不能通过肾小球滤出，细胞内的Mg^{2+}具有重要的生理功能，始终处于严密的生理调控之下，不易受细胞外Mg^{2+}水平变化的影响。

（一）镁的生理功能

1. 镁是300多种酶的辅助因子，广泛参与各种生命活动。Mg^{2+}与ATP分子的β-和γ-磷酸基构成螯合物，降低ATP分子的电负性，参与一切需要ATP的生物化学反应。
2. 参与酶底物的形成。
3. Mg^{2+}是许多酶系统的变构效应激活因子。
4. Mg^{2+}在氧化磷酸化、糖酵解、细胞复制、核苷酸代谢及蛋白生物合成中起着重要作用。
5. 降低神经、肌肉兴奋性。血清中Mg^{2+}浓度减少将降低神经兴奋阈值，增加神经传导速度。

（二）镁的吸收和排泄

镁存在于除脂肪以外的动物组织和植物性食品中，成人日摄入量约为250mg，在一般饮食条件下很少会发生缺镁的现象。人体对镁的吸收主要是在回肠，消化液中含有一定量的镁，因此，长期或短期大量丢失消化液是人体缺镁的主要原因。长期腹泻、消化道手术或者造瘘术后未及时补充镁，会出现缺镁。

肾脏是镁的主要排泄器官，也是调节血浆镁的主要器官。每日经过肾小球滤过的总镁量为2~2.4g，大多数由肾小管重吸收入血，仅有5%~10%随尿排出。镁的排泄量随镁的摄入量不同而变化，高血镁时，肾脏对镁的重吸收减少使镁排出增多；当镁摄入不足时，肾脏对镁的重吸收增强保留更多的镁。

四、钙磷代谢的调节

在体内激素的控制下，血浆中的钙、磷浓度维持着相对恒定。甲状旁腺激素（PTH）、1,25-$(OH)_2$-D_3、降钙素是钙、磷及骨代谢的主要调节激素（图13-2，表13-2）。

（一）1,25–$(OH)_2$–D_3

1,25-$(OH)_2$-D_3是维生素D（vitaminD，VitD）在体内的活性形式，它是维生素D在肝、肾经羟化作用转变而成的（图13-3）。主要的靶器官为小肠、骨和肾。

1. 1,25-$(OH)_2$-D_3能够促进十二指肠对钙的吸收及空肠、回肠对磷的吸收和转运。1,25-$(OH)_2$-D_3进入肠黏膜上皮细胞后，与细胞中特异受体结合，直接作用于肠黏膜刷状缘，改变膜磷脂的结构与组成，增加对钙的通透性。另外与受体结合的1,25-$(OH)_2$-D_3进入细胞核，上调与钙转运有关蛋白质（钙结合蛋白和Ca^{2+}-ATP酶）的表达；与受体结合的1,25-$(OH)_2$-D_3还可以提高基膜腺苷酸环化酶的活性。细胞内增加的钙和cAMP都可作为第二信使，发挥其调节作用。

第13章 钙、磷、镁和微量元素检验

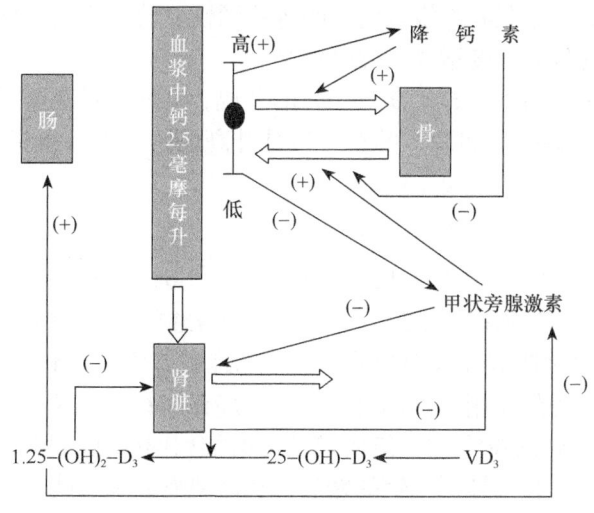

(+)表示促进，(−)表示抑制

●● 图 13-2 PTH、CT、1,25-(OH)$_2$-D$_3$ 对血钙的调节作用 ●●

表 13-2 三种激素对钙磷代谢的调节

激素	肠钙吸收	溶骨	成骨	肾排钙	肾排磷	血钙	血磷
1,25-(OH)$_2$-D$_3$	↑↑	↑	↑	↓	↓	↑	↑
PTH	↑	↑↑		↓	↑	↑	↓
CT	↓	↓	↑	↑	↑	↓	↓

↑表示升高；↑↑表示显著升高；↓表示降低

2. 1,25-(OH)$_2$-D$_3$ 对骨的直接作用是促进溶骨，与PTH协同作用，既加速破骨细胞的形成，增加破骨细胞的活性，促进溶骨；亦通过促进肠对钙、磷的吸收，使钙、磷水平增高以利于骨的钙化。

3. 1,25-(OH)$_2$-D$_3$ 促进肾小管上皮细胞对钙、磷的重吸收，使血钙、血磷浓度升高。

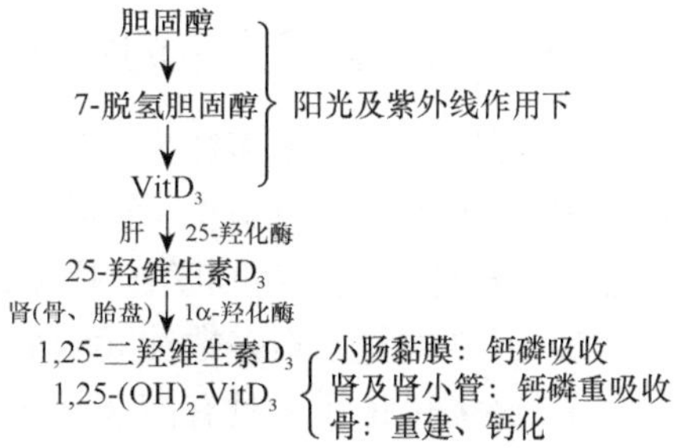

（二）甲状旁腺素

甲状旁腺激素（parathyroid hormone，PTH）是甲状旁腺主细胞合成和分泌的一种单链多肽。它的合成和分泌受细胞外液 Ca^{2+} 浓度的负反馈调节，血钙浓度降低促进 PTH 的合成和分泌；相反血钙浓度增高则抑制 PTH 的合成和分泌。血钙在1.3～1.9mmol/L 范围内与 PTH 分泌呈负相关。PTH 是维持血钙正常水平最重要的调节激素。

PTH 作用的主要靶器官是骨、肾小管和小肠黏膜。

1. PTH 对肾的作用最快，它可以促进肾小管对钙的重吸收，同时抑制对磷的重吸收，使尿钙减少，尿磷增加，进而降低血磷，升高血钙。

2. PTH 可促进溶骨，升高血钙。PTH 可促进前破骨细胞和间质细胞转化为破骨细胞，使破骨细胞数量增加，导致溶骨和骨钙大量释放。通过升高细胞内 Ca^{2+} 的浓度，进而促进

●● 图 13-3 维生素 D$_3$ 的代谢转变 ●●

溶酶体释放各种水解酶，抑制异柠檬酸脱氢酶等酶活性，使细胞内异柠檬酸、柠檬酸、乳酸、碳酸及透明质酸等酸性物质浓度增高，促进溶骨。

3. PTH 能促进高活性的 1,25-$(OH)_2$-D_3 的合成，从而促进小肠对钙、磷的吸收。

综上所述，PTH 对钙磷代谢调节的总结果是升高血钙，维持血钙浓度，同时对血磷也有一定调节作用。

（三）降钙素

降钙素（calcitonin，CT）是由甲状腺滤泡旁细胞（parafollicular，C 细胞）合成、分泌的一种单链多肽激素。CT 的作用与 PTH 相反，降钙素主要是抑制破骨细胞的活性和数量，直接抑制骨质吸收；同时调节成骨细胞的活性，加速破骨细胞转化为成骨细胞而促进骨的生成过程，从而增强成骨的作用，抑制骨盐溶解，降低血钙和血磷的浓度。CT 还可以直接抑制肾近曲小管对钙、磷的重吸收，使尿磷排出增加；同时还可以抑制 1,25-$(OH)_2$-D_3 的生成，降低肠道对钙的吸收，抑制骨钙的释放，从而使血钙和血磷降低。

第 2 节　微量元素与疾病

微量元素（trace elements）是指含量占体重 0.01% 以下，每日需要量在 100mg 以下的元素。根据微量元素的生物学作用不同可分为必需微量元素、无害微量元素及有害微量元素三种。人体必需微量元素有铁（Fe）、铜（Cu）、锰（Mn）、锌（Zn）、铬（Cr）、钴（Co）、钼（Mo）、镍（Ni）、钒（V）、硅（Si）、锡（Sn）、硒（Se）、碘（I）、氟（F）等；无害的微量元素有：钛（Ti）、钡（Ba）、铌（Ne）、锆（Zr）等；有害的微量元素有：镉（Cd）、汞（Hg）、铅（Pb）、铝（Al）等。实际上将微量元素分为必需的和非必需，无害或有害，只有相对的意义。因为某一微量元素，低浓度时是无害的，高浓度时可能是有害的（如砷等）。随着研究的深入将会发现更多人体必需的微量元素。下面介绍几种常见的微量元素。

一、必需微量元素的特征

1. 必需微量元素多数为金属元素：由于金属原子外层电子少，容易失去外层电子变成带正电荷的阳离子。因此，金属原子在体内能形成多种化合物、结合物及螯合物。这特性为金属在机体内发挥生物学作用以及临床治疗金属中毒奠定了生物化学和药理学的基础。

2. 必需微量元素多数在元素周期表中居于前部位。

3. 必需微量元素具有高度生物催化能力和生物活性。

4. 各种微量元素之间相互影响、相互拮抗、相互协同。

如，锌和镉有明显的拮抗作用，锌能拮抗镉的毒性，镉能减少锌的吸收、降低其生物学功能；铜、铁、钴有协同生血的作用。

二、必需微量元素的含量、分布及生理作用（表 13-3）

1. **铁（iron，Fe）** 在体内广泛分布，人体内的铁可以分为两类，一类是功能铁，指体内具有重要生理功能的铁，包括血红蛋白、肌红蛋白、少量含铁酶及转铁蛋白中所有的铁；另一类是贮存铁，贮存铁又分为铁蛋白和含铁血黄素，铁蛋白是可以被立即动用的贮存铁，而含铁血黄素不能立即动用。

表 13-3　人体内 14 种微量元素的含量、分布于每日需要量

微量元素	体内含量	主要分布	每日需要量
铁	30~50mg·kg^{-1}体重	红细胞、肝、脾	1~1.5mg
锌	2~3g	骨、肌肉、皮肤、男性生殖道	10~20mg
铜	100~150mg	肌肉、肝、肾、心、头发、脑	0.5~2mg·kg^{-1}体重
锰	12~20mg	肝、肾、骨、松果体、垂体、乳腺	2.5~7mg
钴	1.1~1.5mg	肝、肾、骨、心、脾、胰、小肠	150~450μg
铬	6mg	骨、皮肤、脂肪、肾上腺、大脑、肌肉	50~200μg
钼	10mg	肝、肾、骨、皮肤	2μg·kg^{-1}体重
镍	6~10mg	骨、肺、肾、皮肤	30μg
硒	14~21mg	肝、胰、肾、心、脾、牙釉质、指（趾）甲	30~50μg
碘	25~36mg	肾脏、唾液腺、胃黏膜、泌乳的乳腺、脉络膜、甲状腺	100~300μg
矾	25mg	牙、骨、肺、脾、肝、肾	3μg
锡	5~20mg	骨、牙、肝、脾	3mg
氟	2.6g	骨、牙、甲状腺、皮肤	1~2mg
硅	15~18g	肌腱、骨骼、结缔组织、血管壁、淋巴结、皮肤	3mg

正常人体内含铁量为 30~50mg·kg^{-1}。主要分布于红细胞、肝、脾。食物中的铁主要在十二指肠及空肠上段吸收，正常人体铁的日需要量为 1~1.5mg。铁作为人体必需的重要元素，主要用于合成血红素，进而合成各种含铁蛋白质，只有少量用于合成非血红素化合物等，广泛参与机体物质代谢，并对机体发育及免疫功能产生影响。人类铁代谢紊乱可出现缺铁性贫血、铁中毒等疾病。

2. 锌（zinc，Zn）　锌在体内含量仅次于铁。正常成年人体内含锌总量为 2~3g，主要在十二指肠和空肠被吸收。锌进入毛细血管后由血浆运输至肝及全身，主要分布于视网膜、骨、肌肉、皮肤、胰腺、前列腺，视网膜、胰腺及前列腺内锌的含量最高。锌主要经粪便、汗、尿、乳汁及毛发排泄。失血也是丢失锌的重要途径。

锌在体内发挥多种生物学作用。

（1）锌可作为多种酶的成分或激活剂。

（2）锌可以促进生长发育。缺锌可导致创伤组织愈合困难，性器官发育不全或功能减退，生长发育不良，儿童将出现缺锌性侏儒症。

（3）锌可促进维生素 A 的正常代谢和生理功能。

（4）锌还参与免疫功能过程。人和动物缺锌时，可显著降低 T 细胞功能，引起细胞免疫应答功能改变，使免疫力减低。

3. 铜（cuprum，Cu）　正常成人体内含铜 100~150mg。铜主要在十二指肠和小肠上段被吸收。人体中以肝、脑、心及肾脏含铜浓度最高，其次为脾、肺和肠。肌肉和骨骼等含铜量较低。铜主要经胆汁、肠壁、尿液和皮肤排泄。

铜在人体内参与许多酶的组成，对细胞内代谢、神经传导和内分泌功能都有重要的作用。铜还可促进 Fe^{3+} 还原成 Fe^{2+}，增强小肠对铁的吸收，加速血红蛋白及铁卟啉的合成，维持正常的造血功能。

4. 硒（selenium，Se）　人体内的硒含量为 14~21mg，主要通过十二指肠吸收。硒主

要分布于肝、胰腺、肾、心、脾、牙釉质、指甲等软组织，以肝、胰腺、肾和脾含量较多。硒主要从尿排出，部分经胆汁由粪便排出，少量经汗、肺和乳汁排泄。

硒对分解过多的 H_2O_2，保护细胞膜，减少过氧化物起到重要的作用。硒既能参与辅酶 A 和辅酶 Q 的合成，又可增强丙酮酸、α-酮戊二酸氧化系统的酶活性，在三羧酸循环和呼吸链电子传递中发挥重要作用。硒具有保护视器官、促进淋巴细胞产生抗体，增强机体对疾病的抵抗力、保护心肌正常结构和功能降低心血管发病率等作用。同时硒还具有拮抗和降低体内许多重金属毒性的作用，是一种天然的重金属解毒剂。

5. 铬（chromium，Cr） 人体内含铬约为 6mg。铬经口、呼吸道、皮肤和肠道多途径吸收，入血后与运铁蛋白结合运至肝及全身。铬广泛分布于所有组织，其中以肌肉、肺、肾、肝和胰腺的含量较高。铬主要由尿排出，少量从胆汁和小肠经粪便排出。

铬在人体内能促进胰岛素的作用及调节血糖，增加胆固醇的分解和排泄，同时能与各种氨基酸结合，对蛋白质代谢起到重要作用。所以，铬缺乏能影响胆固醇和蛋白质的代谢，影响生长发育。

6. 钴（cobalt，Co） 正常成人体内含钴 1.1～1.5mg，主要通过消化道和呼吸道吸收。铁在十二指肠的转运过程与钴相似，能影响钴的吸收。钴主要分布于肝、肾、骨、心等组织，体内的钴主要以维生素 B_{12} 的形式发挥作用。所以，钴的缺乏可导致叶酸利用率下降，骨髓造血功能降低，造成巨幼细胞性贫血。

7. 锰（manganese，Mn） 正常人体内含锰为 12～20mg。锰主要是在小肠吸收，吸收入血的锰与血液中的 β-球蛋白结合成锰素分布到全身。以骨骼、肝、脑、肾、胰腺、垂体含锰较多。缺锰可影响软骨和骨骼生长，造成骨骼畸形。

8. 氟（fluorum，F） 正常成人体内含氟约 2.6g，正常人每天可从水和食物中摄取约 2mg 的氟。氟主要存在于骨骼和牙齿中。氟对骨骼和牙齿的形成有重要作用，可以增加骨硬度和牙齿的耐酸蚀能力。氟缺乏时，容易发生龋齿；氟过量常引起氟中毒使牙齿成斑釉状。

9. 碘（iodine，I） 正常人体内含碘 25～36mg。碘主要从食物中摄入，以消化道吸收为主，吸收后的碘有 70%～80% 被摄入甲状腺细胞内储存和利用，其余分布在血浆、肾上腺、皮肤、肌肉、卵巢和胸腺等处。碘主要通过肾排泄，其余可由汗腺、乳腺、唾液腺和胃腺分泌排出。

三、几种有害的微量元素

1. 铅（plunbun，Pb） 铅是一种重金属，具有神经毒性。铅主要经过呼吸道、消化道和皮肤吸收，进入人体后随血液循环分布到全身，引起以神经、消化、造血系统障碍为主的全身性疾病。体内铅的排泄主要经尿液排出，少部分通过大便排出，也可从汗液、乳汁、唾液等排出。铅在人体内无生理作用，其理想浓度为零。由于工业和交通的迅速发展，工业烟尘污染和含铅汽油燃烧排出的废气等产生了不同程度的铅污染。铅污染进入到食物链对人类健康存在着潜在的威胁。目前研究认为铅中毒最重要的是能够造成人体卟啉代谢紊乱，使血红蛋白合成障碍。铅还可致血管痉挛，它可直接作用于成熟红细胞而引起溶血，可使大脑皮质兴奋同时抑制的正常功能产生紊乱，从而引起一系列的神经系统症状。

2. 汞（mercury，Hg） 俗称水银，是一种银白色的液态金属，它广泛存在于自然界。金属汞及其化合物主要以蒸气和粉尘的形式经呼吸道侵入机体，还可以经消化道和皮肤侵入。过量的汞和汞化物摄入体内，都可能对人体造成伤害。汞主要经尿液、肠道排出，还可由肺呼出，汗液、乳汁、唾液也可以排出少量。金属汞在常温下易蒸发，汞蒸气随气流移动，能吸附在桌面、地面或者衣服等处。如果将含汞的工业废渣、废气随意排放，就会造成汞对环境的污染，引起人类出现汞中毒。汞对人体的毒害作用，主要是由于汞离子与巯基（-SH）的结合，汞与酶的巯基结合后，使酶的活性丧失，影响细胞的正常代谢而出现中毒症状。

3. **镉（cadmium，Cd）** 在自然界中主要存在于锌、铜和铝矿中，是有毒元素。镉主要通过呼吸道和消化道吸收，也可经皮肤吸收，分布在全身各个器官。镉的排泄主要通过粪便排出，其次是经肾由尿排出，少量可随胆汁排出。镉主要来自被污染的植物和食物，另外食品污染和吸烟也会增加人体对镉的吸收。镉化合物可抑制肝细胞线粒体氧化磷酸化过程，对各种氨基酸脱羧酶、过氧化物酶、组氨酸酶、脱氢酶等均有抑制作用，从而使组织代谢发生障碍。镉还可以直接损伤组织细胞和血管，引起水肿、炎症和组织损伤。

4. **砷（arsenic，As）** 砷广泛分布于自然界中，其本身的毒性并不大，但其化合物如三氧化二砷（As_2O_3 俗称砒霜）毒性很大。砷及其化合物经呼吸道、消化道和皮肤吸收，吸收入血后主要与血红蛋白结合，随血液分布到全身组织和器官。砷的毒性作用主要表现在：砷对细胞中的巯基（-SH）有很强的亲和力，进入机体的砷可与许多含巯基的酶结合，特别是易与丙酮酸氧化酶的巯基结合，使酶丧失活性，丙酮酸不能进一步氧化，从而影响细胞的正常代谢。

第3节 钙、磷、镁和微量元素铁、铜、锌的测定

正常人血清中钙、磷、镁浓度较恒定，波动范围小，这与它们的生理功能有关。

一、血清钙测定

血清钙测定包括游离钙和总钙的测定，游离钙是总钙中具有生理活性的部分，故测定游离钙比总钙更有意义，但在反映体内钙总体代谢状况上，还是不能完全代替总钙的检测。

1. **血清游离钙（离子钙）的测定** 以离子选择电极法（ISE）为主。此法迅速、简单、敏感性高、重复性好，且不受血浆蛋白的干扰，是钙离子测定的较为理想的方法。见〔实验12-1〕。

【参考区间】1.10~1.34mmol/L

【临床意义】血清 Ca^{2+} 增高见于甲状旁腺功能亢进、代谢性酸中毒、肿瘤、维生素D过多症等。血清 Ca^{2+} 降低见于原发性和继发性甲状旁腺功能减退、慢性肾衰竭、肾移植或进行血液透析的患者、维生素D缺乏症、呼吸性或代谢性碱中毒、新生儿低钙血症等。

2. **血清总钙测定** 血液总钙测定方法主要有原子吸收分光光度法、染料结合法和滴定法、同位素稀释质谱法、酶法等。滴定法由于采用目测判断终点，人为误差大，检验结果的重复性和特异性较差，已基本淘汰。国际临床化学联合会（IFCC）推荐的总钙测定的决定性方法为放射性核素稀释质谱法，参考方法为原子吸收法。分光光度法测定血清总钙是目前实验室的常规方法，本法需要合适的金属指示剂或选择性结合钙离子后引起变色的染料化合物。其中应用较广泛的是邻甲酚酞络合酮（o-cresolphthalein complexone，OCPC）比色法和甲基麝香草酚蓝比色法。

【实验13-1】 邻甲酚酞络合酮比色法测定血清总钙

【原理】邻甲酚酞络合酮（OCPC）是金属指示剂，同时也是酸碱指示剂，在碱性溶液

中能与钙及镁螯合,生成紫红色螯合物。做钙的测定时,在试剂中加入 8-羟基喹啉以消除标本中镁离子的干扰。

【试剂】

1. 邻甲酚酞络合物显色剂。
2. 1mol/L AMP 碱性缓冲液。
3. 显色应用液。应用时,根据当日标本量将上述液等量混合。
4. 钙标准液(2.5mmol/L)。

【实践步骤】

1. 参数设置 波长 575nm,比色杯光径 10mm。

2. 操作 按表 13-4 操作

☐ 决定性方法　质谱法
☐ 参考方法　　原子吸收光谱法
☑ 常规方法　　OCPC 法

表 13-4　血清总钙测定邻甲酚酞络合酮法操作步骤

加入物(ml)	空白管(B)	标准管(S)	质控管(C)	测定管(T)
试剂	4.000	4.000	4.000	4.000
血清	—	—	—	0.050
质控物	—	—	0.050	—
标准液	—	0.050	—	—
DW	0.050	—	—	—

混匀,置 37℃水浴 5 分钟,波长 575nm,比色杯光径 10mm,以空白管调零,读取测定管及标准管吸光度(先加试剂,检测污染)。

【计算】

$$血清钙(mmol/L) = \frac{测定管吸光度}{标准管吸光度} \times 2.5 mmol/L$$

【参考范围】　成人:2.03～2.54mmol/L

儿童:2.25～2.67mmol/L

【临床意义】　血清钙增高常见于甲状旁腺功能亢进症、维生素 D 过多症、多发性骨髓瘤、结节病引起肠道过量吸收钙而使血清钙增高。

血清钙降低可引起神经肌肉应激性增强而使手足抽搐,主要见于:①甲状旁腺功能减退;如甲状腺手术摘除时伤及甲状旁腺而引起功能减退,血清钙可下降至 1.25～1.50mmol/L。②慢性肾炎尿毒症时,由于此类患者多伴有代谢性酸中毒而使离子钙增高,尽管总钙减少,但离子钙不减,所以不易发生手足抽搐。③佝偻病与软骨病。④吸收不良性低血钙。⑤大量输入柠檬酸盐抗凝后,可引起低血钙性的手足抽搐。

【方法学评价】

1. 钙浓度在 1.25～5.0mmol/L 范围内线性良好,显色稳定 30 分钟。
2. 批内 CV 为 1.08%～1.60%,批间 CV 为 3.05%～4.12%;回收率为 98%～101.5%。

【注意事项】

1. 邻甲酚酞络合酮是酸碱指示剂。pH 对其显色有很大影响,pH10.5～12 时此反应敏感性最好,所以选用 pH11 为宜。
2. 血清避免溶血,Hb 可产生正干扰。胆红素可产生负干扰,可用血清对照消除。
3. 可用血清或肝素抗凝血标本,不能用钙螯合剂及草酸盐作抗凝剂的标本。

【实验 13-2】 甲基麝香草酚蓝（MTB）法测定血清总钙

【原理】在碱性条件下，血清钙与甲基麝香草酚蓝（methyl thymol blue，MTB）结合生成蓝色络合物，显色后的吸光度值与钙浓度符合朗伯比尔定律。加入适当的 8-羟基喹啉，可消除镁、铜及镉离子对测定的干扰，与同样处理的标准液进行比较，以求得血清总钙的含量。

【试剂】
1. MTB 溶液。
2. 碱性溶液。
3. 显色应用液。临用前根据标本量取 1 液 1 份与 2 液 3 份混合即可。
4. 钙标准液（2.5mmol/L）。

【实践步骤】
1. **参数设置** 波长 610nm，比色杯光径 10mm。
2. **操作步骤** 按表 13-5 操作。

☐ 决定性方法　质谱法
☐ 参考方法　　原子吸收光谱法
☑ 常规方法　　MTB 法

表 13-5　血清总钙测定 MTB 法操作步骤

加入物（ml）	空白管（B）	标准管（S）	质控管（C）	测定管（T）
试剂	4.000	4.000	4.000	4.000
血清	—	—	—	0.050
质控物	—	—	0.050	—
标准液	—	0.050	—	—
DW	0.050	—	—	—

混匀，置 37℃水浴 10 分钟，波长 610nm，比色杯光径 10mm，以空白管调零，读取测定管及标准管吸光度（先加试剂，检测污染）。

【方法学评价】

显色后 120 分钟吸光度无波动。变异系数为 1.02%，回收率为 99%～100%。线性范围在 3.75mmol/L（15mg/dl）以下符合 Beer 定律。血清胆红素含量在 68.4μmol/L 以下对结果无影响，当胆红素含量达到 85.5μmol/L 时结果偏低 35.8%，呈负干扰；溶血标本对结果呈干扰，当 Hb 含量达 2.5g/L 时，结果偏高 8%；甘油三酯在 3.39mmol/L 不影响测定结果，比色液不发生浑浊现象。

【注意事项】

1. MTB 是一种优良的金属络合剂，也是酸碱指示剂。其水溶液在 pH6.5～8.5 为浅蓝色，在 10.5～11.6 为灰色，在 12.7 以上为深蓝色。为保证测定的精密准确，必须在强碱性环境进行显色反应（通常是用 12±0.5）。
2. MTB 溶液容易在空气中逐渐氧化褪色，故显色剂宜新鲜配制。

二、血清无机磷的测定

人体内的磷元素不能直接测定。通常测定的磷是指血浆中无机磷酸盐（$H_2PO_4^-$、HPO_4^{2-}）所含的磷。测定无机磷酸盐最古老的方法是磷酸盐离子和钼酸铵反应生成磷钼酸盐复合物，然后用分光光度法测定。磷钼酸盐复合物可以用紫外吸收法直接测定，也可以用还原剂将磷钼酸盐复合物还原成有色的钼蓝，然后再用比色法测定。直接测定磷钼酸盐复合物方法的优点是简单、快速、稳定。缺点是受标本溶血、黄疸、脂血的干扰较大。用于还原磷钼酸盐复合物的还原剂有多种，如氨基萘酚磺酸、氯化亚锡、硫酸亚铁铵、甲替-对氨基酚硫酸盐、维生素C等。

目前，放射性核素稀释质谱法是血清磷测定的决定性方法，WHO推荐的常规方法是比色法，我国卫生部临床检验中心（1997年）推荐的常规方法是以硫酸亚铁或米吐尔（对甲氨基酚硫酸盐）做还原剂的还原钼蓝法，实验室现多采用紫外分光光度法。

1. 紫外分光光度法 血清中无机磷在酸性溶液中与钼酸铵反应生成的磷钼酸铵复合物，在340nm或325nm波长处的吸光度值与无机磷含量成正比，与标准品比较可计算出标本无机磷含量。本法反应快速、操作简单，可用于自动生化分析测定。但黄疸、溶血、高脂血清在340nm波长处有光吸收，必须做标本空白做对照。

2. 硫酸亚铁磷钼蓝比色法 用三氯醋酸沉淀蛋白，向无蛋白滤液中加入钼酸铵试剂，与无机磷结合生成磷钼酸铵，再以硫酸亚铁为还原剂，还原成蓝色化合物（钼蓝），进行比色测定。本法采用去蛋白滤液进行测定，显色稳定，特异性高，线性范围宽，可用于自动生化分析仪。

3. 酶法 血清磷测定的酶学方法有两种：一种是利用糖原的磷酸化反应，在糖原磷酸化酶、磷酸葡萄糖变位酶和葡萄糖-6-磷酸脱氢酶的偶联反应体系中，监测反应过程中NADH的生成速率，计算体液中磷酸盐的含量；另一种是在嘌呤核苷酸化酶催化下，无机磷酸盐和肌苷反应生成次黄嘌呤，次黄嘌呤在黄嘌呤氧化酶催化下，生成尿酸和H_2O_2，再在过氧化物酶催化下，H_2O_2与色原底物反应，生成淡紫色化合物，可用比色法测定。酶法的优点是不受胆红素干扰，在中性环境中反应，可减少有机磷酸盐的水解；缺点是酶法试剂昂贵，临床实验室应用不多。

【实验13-3】 米吐尔法直接测定血清磷

【原理】利用磷在酸性溶液中与钼酸铵起反应生成磷钼酸复合物，用对甲氨基酚硫酸盐（米吐尔）还原生成钼蓝，与同样处理的标准液进行比色，可求得血磷的含量。试剂中加入吐温-80以抑制蛋白质干扰。

【试剂】
1. 钼酸铵溶液。
2. 米吐尔溶液。
3. 显色液。取钼酸铵液10ml，米吐尔液1.1ml混合即可使用。
4. 磷标准应用液（1.292mmol/L）。

【实践步骤】
1. **参数设置** 波长650nm，比色杯光径10mm
2. **操作步骤** 按表13-6操作。

☐ 决定性方法　ID-MS
☐ 参考方法　　—
☑ 常规方法　　米吐尔比色法

表13-6 血清磷测定米吐尔法操作步骤

加入物（ml）	空白管（B）	标准管（S）	质控管（C）	测定管（T）
试剂	4.000	4.000	4.000	4.000
血清	—	—	—	0.100
质控物	—	—	0.100	—
标准液	—	0.100	—	—
DW	0.100	—	—	—

混匀，置37℃水浴10分钟，波长650nm，比色杯光径10mm，以空白管调零，读取测定管及标准管吸光度。

【计算】
$$血清磷（mmol/L）=\frac{测定管吸光度}{标准管吸光度}×1.292mmol/L$$

【参考范围】 成人：0.97～1.62mmol/L；
儿童：1.45～2.10mmol/L。

【临床意义】 血清磷增高见于：①甲状旁腺功能减退症，由于激素分泌减少，肾小管对磷的重吸收增强使血磷增高；②慢性肾炎晚期磷酸盐排泄障碍而使血磷滞留；③维生素D过多，促进肠道的钙、磷吸收，使血清钙、磷含量增高；④多发性骨髓瘤及骨折愈合期。

血磷减低见于：①甲状旁腺功能亢进时，肾小管重吸收磷受抑制，尿磷排泄增多，血磷降低；②佝偻病或软骨病伴有继发性甲状旁腺增生，使尿磷排泄增多而血磷降低；③连续静脉注入葡萄糖并同时注入胰岛素或胰腺瘤伴有胰岛素过多症，糖的利用均增加，这两种情况需要大量无机磷酸盐参加磷酸化作用，而使血磷下降；④肾小管病变时，肾小管重吸收磷功能发生障碍，血磷降低，如范可尼（Fanconi）综合征。

▶ 三、血清镁的测定

测定镁的最早方法是重量分析法，但该法烦琐、费时，已被淘汰。火焰光度法因不敏感，目前也很少用。原子吸收分光光度法是目前测定镁的参考方法，利用镁在285.2nm波长处有强烈的发射光谱或吸收线，在临床上被广泛使用。分光光度法，准确度和精密度可达到临床要求，且适宜自动分析，在临床实验室也被广泛使用，其中，甲基麝香草酚蓝比色法与原子吸收分光光度法相关性好，已被国家卫生部临床检验中心推荐为镁测定常规方法。

【参考区间】甲基麝香草酚蓝比色法：0.67～1.04mmol/L
Calmagite 染料比色法：0.7～1.10mmol/L
原子吸收分光光度法：0.6～1.10mmol/L

【临床意义】血清镁增高见于：①肾疾病，如急性或慢性肾衰竭；②内分泌疾病，如甲状腺功能减退症、艾迪生病和糖尿病昏迷；③多发性骨髓瘤、严重脱水症等血清镁也增高。

血清镁降低见于：①镁由消化道丢失，如长期禁食、吸收不良或长期丢失胃肠液者、慢性腹泻、吸收不良综合征、长期吸引胃液者；②镁由尿路丢失，如慢性肾炎多尿期，或长期用利尿药治疗者；③内分泌疾病，如甲状腺功能亢进症、甲状旁腺功能亢进症、糖尿病酸中毒、醛固酮增多症等，以及长期使用皮质醇激素治疗。

【实验13-4】 **甲基麝香草酚蓝（MTB）法测定血清镁**

【原理】甲基麝香草酚蓝法（MTB）是一种金属络合剂，在碱性溶液中能与血清镁、钙离子络合生成蓝紫色的复合物。加入EGTA可掩蔽钙离子的干扰。

【试剂】
1. 碱性缓冲液。
2. 显色剂。
3. 显色应用液。临用前将上述1和2液等量混合即可。

4. 1mmol/L 镁标准液。

【实践步骤】

1. 参数设置 波长 600nm，比色杯光径 10mm

2. 操作步骤 按表 13-7 操作。

☐ 决定性方法　ID-MS
☐ 参考方法　　原子吸收分光
☑ 常规方法　　光度法

表 13-7　血清镁测定 MTB 法操作步骤

加入物（ml）	空白管（B）	标准管（S）	质控管（C）	测定管（T）
试剂	4.000	4.000	4.000	4.000
血清	—	—	—	0.100
质控物	—	—	0.100	—
标准液	—	0.100	—	—
DW	0.100	—	—	—

混匀，置 37℃水浴 5 分钟，波长 600nm，比色杯光径 10mm，以空白管调零，读取测定管及标准管吸光度。

【计算】

$$血清镁（mmol/L）=\frac{测定管吸光度}{标准管吸光度} \times 0.823 mmol/L$$

【方法学评价】

1. 线性范围 5.0mmol/L，120 分钟内显色稳定。批内 CV 为 2.43%，批间 CV 为 4.12%，回收率 98.9%。本法比肽蓝法灵敏度高 17 倍。

2. 当血清钙高达 4.685mmol/L 时，镁测定值仅增高 2.7%；血红蛋白为 3.3g/L 时有很大干扰；血清胆红素高达 427.5μmol/L 时对结果无影响。

四、微量元素铁测定

铁是人体必需的微量元素，成人每天摄入的铁大多是 Fe^{3+}，在胃酸的作用下被还原为 Fe^{2+} 在胃和十二指肠被吸收。吸收后的亚铁释放到血液后，被运铁蛋白（TRF，Tf）运输。通常血浆中的运铁蛋白只有 25%~30% 被铁饱和。血液中所有的运铁蛋白全部结合所需要的铁量称为总铁结合力（total iron-binding capacity，TIBC）。故血清铁测定同时要进行总铁结合力（total iron-binding capacity，TIBC）测定。

血清铁的测定方法主要有分光光度法、AAS 法和溶出伏安法等。临床实验室测定血清铁广泛使用分光光度法，其原理是将转铁蛋白结合的血清铁，在酸性介质中解离出来，高铁离子（Fe^{3+}）在还原剂的作用下还原成亚铁离子（Fe^{2+}），常用的还原剂有：肼、维生素 C、巯基乙酸或羟基胺等。铁被还原后，再用一种能与铁络合的发色试剂络合 Fe^{2+}，进行比色测定。常用的络合剂有红菲绕啉，3-（2-吡啶基）-5,6-双（4-苯磺酸）-1,2,4-三嗪（亚铁嗪）和三吡啶基三嗪（TPZ）。

应用比色法测定 TIBC 时，首先在血清标本中加足量的高铁化合物使运铁蛋白被铁饱和，剩余的未与运铁蛋白结合的铁，用碳酸镁吸附除去。然后再按血清铁的方法测定铁的含量，即为 TIBC。

【参考区间】

血清铁（亚铁嗪比色法）：男性：11~30μmol/L；女性：9~27μmol/L

血清总铁结合力（双吡啶比色法）：男性：50～77μmol/L；女性：54～77μmol/L

【临床意义】 血清铁增高见于：①红细胞破坏增多时，如溶血性贫血；②红细胞的再生或成熟障碍，如再生障碍性贫血、巨幼细胞贫血；③铁的利用率减低，如铅中毒或维生素B_6缺乏引起的造血功能减退；④铁贮存释放增加，如血红蛋白沉着症、含铁血黄素沉着症、反复输血治疗或肌内注射铁剂引起急性中毒症等。

血清铁降低见于：①机体摄取不足，如营养不良、胃肠道病变、消化道溃疡等；②机体失铁增加，如肾炎、肾结核、胃肠道出血等；③体内铁的需要量增加又未及时补充，如妊娠、婴儿生长期等；④体内贮存铁释放减少，如急性和慢性感染、尿毒症等。

血清总铁结合力增高见于缺铁性贫血、急性肝炎等。血清总铁结合力降低见于肝硬化、肾病、尿毒症和血色素沉着症等。

【实验13-5】 亚铁嗪比色法测定血清铁和总铁结合力

【原理】 血清中的铁与运铁蛋白结合成复合物，在酸性介质中铁从复合物中解离出来，被还原剂还原成二价铁，再与亚铁嗪直接作用生成紫红色复合物，与同样处理的铁标准液比较，即可求得血清铁含量。

总铁结合力（TIBC）是指血清中运铁蛋白能与铁结合的总量。将过量铁标准液加到血清中，使之与未带铁的运铁蛋白结合，多余的铁被轻质碳酸镁粉吸附除去，然后测定血清中总铁含量，即为总铁结合力。

【试剂】
1. 0.4mol/L 甘氨酸/盐酸缓冲液（pH2.8）。
2. 亚铁嗪显色剂。
3. 35.8μmol/L 铁标准应用液。
4. 179μmol/L TIBC 铁标准液。
5. 轻质碳酸镁粉。

【实践步骤】
1. **参数设置** 波长562nm，比色杯光径10mm。
2. **操作步骤**

（1）按表13-8操作。

表13-8 亚铁嗪比色法测定血清铁操作步骤

加入物（ml）	空白管（B）	标准管（S）	质控管（C）	测定管（T）
血清	—	—	—	0.45
质控物	—	—	0.45	—
标准液	—	0.45	—	—
DW	0.45	—	—	—
甘氨酸-盐酸缓冲液	1.2	1.2	1.2	1.2
混匀，于562nm波长处，以空白管调零，读取测定管吸光度（血清空白）				
亚铁嗪显色剂	0.05	0.05	0.05	0.05

混匀，放置室温15分钟或37℃10分钟，再次读取各管吸光度。

（2）血清总铁结合力测定：在试管中加入血清0.45ml，179μmol/L TIBC铁标准液

0.25ml 及去离子水 0.2ml，充分混匀后，放置室温 10 分钟，加入碳酸镁粉末 20mg，在 10 分钟内振摇数次，3000rpm 离心 10 分钟，取上清液（代替血清）与血清铁测定同样操作，具体操作见表 13-9。

表 13-9 亚铁嗪比色法测定血清总铁结合力操作步骤

加入物（ml）	空白管（B）	标准管（S）	质控管（C）	测定管（T）
血清	—	—	—	0.45
质控物	—	—	0.45	—
35.8μmol/L 铁标准应用液	—	0.45	—	—
DW	0.45	—	—	—
甘氨酸-盐酸缓冲液	1.2	1.2	1.2	1.2
混匀，于562nm波长处，以空白管调零，读取测定管吸光度（血清空白）				
亚铁嗪显色剂	0.05	0.05	0.05	0.05

混匀，放置室温 15 分钟或 37℃ 10 分钟，再次读取各管吸光度。

【计算】

$$血清铁（μmol/L）=\frac{测定管吸光度-（血清空白管吸光度×0.97）}{标准管吸光度}×35.8μmol/L$$

$$血清总铁结合力（μmol/L）=\frac{测定管吸光度-（血清空白管吸光度×0.97）}{标准管吸光度}×71.6$$

由于两次测定吸光度时溶液体积不同，故应将血清空白吸光度乘以 0.97 校正。

【参考范围】

1. 血清铁　成年男性：11～30μmol/L（60～170μg/dl）
　　　　　 成年女性：9～27μmol/L（50～150μg/dl）
2. 血清总铁结合力　成年男性：50～77μmol/L
　　　　　　　　　成年女性：54～77μmol/L

【方法学评价】

线性：在 140μmol/L 以下线性良好，符合 Beer 定律。

批内精密度（n＝20），测定范围 18.45～19.2μmol/L，CV：3.5%。

批间 CV：2.56%。

回收试验：回收率 98.3%～100.56%。

干扰试验：Hb＞250mg/L 时结果偏高 1%～5%。胆红素 102.6～171μmol/L 时结果升高 1.9%～2.8%。甘油三酯 5.65μmol/L 时结果升高 5.6%。铜 31.4μmol/L 时结果升高 0.33μmol/L，在生理条件下铜与铜蓝蛋白结合，故对铁的测定基本上无干扰。

五、微量元素铜测定

生物体液中铜的检测方法包括分光光度法、原子吸收分光光度法、中子活化分析法和阳极溶出伏安法等。目前，尚无血清铜测定的参考方法，首选方法为原子吸收分光光度法，当不能采用原子吸收分光光度法时，可用双环己酮草酰二腙比色法。

【参考区间】原子吸收分光光度法：男性：11.0～22.0μmol/L；
　　　　　　　　　　　　　　　　女性：12.6～24.4μmol/L

比色法：男性：10.99～21.98μmol/L；
女性：12.56～23.55μmol/L

【临床意义】铜是人体必需元素，是铜蓝蛋白（亚铁氧化酶）、超氧化物歧化酶、细胞色素氧化酶、赖氨酸氧化酶等重要酶的组成部分。

血清铜增高见于：口服避孕药、雌激素治疗、霍奇金病、白血病及其他许多恶性病变、巨幼细胞贫血、再生障碍性贫血、色素沉着病、风湿热等。

血清铜降低见于：肝豆状核变性、丝卷综合征、烧伤患者、某些缺铁性贫血、蛋白质营养不良以及慢性局部缺血性心脏病等。

六、微量元素锌测定

锌的测定可以采用血浆、尿、唾液和头发标本检测。测定方法有络合滴定法、荧光光度法、比色法、极谱法、原子吸收分光光度法、阳性溶出伏安法和中子活化法等。目前临床实验室常用的锌测定的方法是原子吸收分光光度法和吡啶偶氮萘酚比色法。

【参考区间】原子吸收分光光度法：11.6～23.0μmol/L
吡啶偶氮萘酚比色法：9.0～20.7μmol/L

【临床意义】血清锌降低见于：酒精中毒性肝硬化、肺癌、心肌梗死、慢性感染、营养不良、恶性贫血、胃肠吸收障碍、妊娠、肾病综合征及部分慢性肾衰竭患者。儿童缺锌可出现嗜睡、生长迟缓、食欲低下、男性性腺发育不全和皮肤改变。血清锌增高见于：工业污染引起的急性锌中毒。

案例13-1问题精要

1. 高血浆钙常伴有低血钾。
2. 高血浆钙伴低血磷及无肾小球滤过率改变，提示甲状旁腺激素过强，可能原因包括原发性甲状旁腺功能亢进和来自非甲状旁腺恶性肿瘤组织的甲状旁腺激素相关蛋白（PTHrP）产物增加。
3. 目前诊断包括：①原发性甲状旁腺功能亢进；②恶性肿瘤体液性高钙血症；③固定术后Paget病。还应进一步检查：钙、磷、PTH、甲状腺旁腺及甲状腺功能等。

目标检测

A1 型题

1. 血浆结合钙最主要的是指（　　）
   A. 与球蛋白结合的钙
   B. 磷酸氢钙
   C. 与清蛋白结合钙
   D. 红细胞膜上附着的钙
   E. 柠檬酸钙
2. 下列形式的维生素 D 中哪种生理活性最强（　　）
   A. 维生素 D_3 原
   B. 维生素 D_3
   C. $1,25-(OH)_2-D_3$
   D. $1,24,25-(OH)_3-D_3$
   E. $25-(OH)-D_3$
3. 临床常规生化测定的血清钙实际上为（　　）
   A. 血清游离钙　　B. 非游离钙
   C. 非扩散钙　　　D. 血清总钙
   E. 钙离子
4. 影响肠道钙吸收的最主要因素是（　　）
   A. 肠腔内 pH　　B. 食物含钙量
   C. 食物性质　　　D. 肠道草酸盐含量
   E. 体内 $1,25-(OH_2)-D_3$ 含量
5. 维持血浆钙磷含量相对恒定的重要环节是（　　）

A. 足量的维生素 D 供应
B. 足量的 PTH 分泌
C. 钙盐在骨中沉积
D. 骨中钙盐溶解
E. 成骨与溶骨作用保持动态平衡

6. 正常人的血钙中，含量最多的存在形式为（ ）
   A. 离子钙　　　　　B. 蛋白质结合钙
   C. 扩散钙　　　　　D. 不扩散钙
   E. 柠檬酸钙和碳酸氢钙

7. 下述 PTH 的作用中，哪个是错误的（ ）
   A. 生理剂量的 PTH 促进钙化作用
   B. 过量的 PTH 促进骨盐溶解
   C. 促进肾小管重吸收钙，血钙升高
   D. 抑制肾小管重吸收磷，血磷降低
   E. 促进肠中磷的吸收，抑制钙的吸收

8. 降钙素对钙磷代谢的影响是（ ）
   A. 使尿磷增加
   B. 使尿磷减少，血磷升高
   C. 使尿钙减少，血钙升高
   D. 促进溶骨作用
   E. 生理浓度即可促进肠道对钙的吸收

9. 下列哪项不是磷的生理功能（ ）
   A. 血中磷酸盐是血液缓冲体系的重要组成部分
   B. 细胞内的磷酸盐参与许多酶促反应
   C. 是遗传物质的主要组成部分
   D. 是细胞膜磷脂的构成部分
   E. 是调节肌肉收缩的主要因素

10. 下列哪项不属于微量元素（ ）
    A. 锌　　　　　　　B. 钾
    C. 铜　　　　　　　D. 碘
    E. 铬

11. 引起手足搐搦的原因是血浆中钙量和存在形式的什么改变（ ）
    A. 结合钙浓度降低
    B. 结合钙浓度升高
    C. 离子钙浓度升高
    D. 离子钙浓度降低
    E. 离子钙浓度升高，结合钙浓度降低

12. 磷主要的排泄途径为（ ）
    A. 肝脏　　　　　　B. 肾脏
    C. 呼吸道　　　　　D. 皮肤
    E. 消化道

13. 人体每日排出的钙主要是哪种途径（ ）
    A. 尿液　　　　　　B. 粪便
    C. 汗液　　　　　　D. 泪液
    E. 黏液

14. 镁只要通过什么途径排泄（ ）
    A. 肝脏　　　　　　B. 肾脏
    C. 消化道　　　　　D. 皮肤汗腺
    E. 唾液腺

15. 促骨盐溶解最主要的激素是（ ）
    A. 甲状旁腺素　　　B. 降钙素
    C. 甲状腺素　　　　D. 雌激素
    E. 维生素 D

16. 微量元素是指在人体内含量极低，不及体重的（ ）
    A. 1%　　　　　　　B. 10%
    C. 0.1%　　　　　　D. 0.01%
    E. 5%

17. 我国许多地区儿童最缺乏的微量元素是（ ）
    A. 铜和锰　　　　　B. 锌和铁
    C. 碘和氟　　　　　D. 硒和钴
    E. 钼和铬

18. 目前常规实验室测定血清总钙的方法为（ ）
    A. 原子吸收分光光度法
    B. 火焰光度分析法
    C. 金属复合染料分光光度法
    D. 离子选择电极法
    E. 质谱法

19. 目前实验室常规测定血清离子钙采用的方法是（ ）
    A. 原子吸收分光光度法
    B. 火焰光度分析法
    C. 金属复合染料分光光度法
    D. 离子选择电极法
    E. 质谱法

20. 钙测定的参考方法是（ ）
    A. 火焰光度法
    B. 原子吸收分光光度法
    C. 邻甲酚酞络合铜法
    D. 过锰酸钾滴定法
    E. EDTA 络合滴定法

（杨雅麟）

第14章 肝脏功能检验

学习目标

掌握：肝功能试验的方法学评价及临床意义，赖氏法、速率法测定ALT，改良J-G法、胆红素氧化酶法测定胆红素的原理、注意事项及临床意义。

熟悉：金氏法、速率法测定ALP，酶比色法测定血清总胆汁酸、酶法测定血氨的原理、注意事项及临床意义。

了解：肝脏的结构特点及生物化学功能，疾病时肝脏的生化改变，肝功能试验的分类与选择。

能规范、熟练地操作ALT、胆红素、ALP、胆汁酸、血氨等项目测定。

案例14-1

女患者，52岁，近几日食欲减退，厌油，乏力，全身不适，尿色变深，呈暗褐色并逐渐加重。右上腹有触痛，肝区叩击痛阳性。实验室检查血清总胆红素66μmol/L，结合胆红素14μmol/L，游离胆红素53μmol/L，AST 832U/L，ALT 1900U/L，ALP 390U/L，γ-GT 324U/L。

问题：
1. 对该患者的诊断是什么？
2. 还应做哪些检查？

肝脏是人体最大的多功能实质性器官，不仅参与糖类、脂类、蛋白质、维生素、激素等多种物质的代谢过程，还具有分泌、排泄、生物转化等重要功能。当病毒感染、毒物、缺氧等因素造成不同程度的肝损伤和肝内外胆道阻塞时，就会引起物质代谢紊乱，导致血液或其他体液中相应生化成分的改变。因此临床上选择相关生化指标进行实验检测，统称为肝功能实验，对判定肝功能状态、肝胆疾病的诊断、鉴别、病情监测、疗效观察、预后评估等有重要意义。

第1节 概述

一、肝脏的结构特点

肝脏具有诸多复杂的生理功能，是由其形态结构与化学组成特点决定的：

1. 双重的血液输入系统 肝动脉由腹主动脉发出，提供充足的氧，同时带来肝外组织的代谢废物。肝门静脉汇集胃肠、脾及胰腺的血液回流至肝，提供胃肠吸收的大量营养物质和腐败产物,保证肝内各种生化反应包括非营养物质的转化正常进行。

2. 双重的输出通道 肝有肝静脉和胆道两条输出通道。肝静脉与体循环相连,沟通肝与身体各部分之间的物质代谢,同时将肝部分代谢产物输送至肾脏,随尿排出。胆道系统收集储存肝细胞分泌的胆汁,协同肝内代谢或解毒产物排入肠道,随粪便排出。

3. 复杂的亚细胞结构 肝有丰富的血窦,血流缓慢,通透性大,利于肝细胞摄取血浆营养物质和排泄其分泌产物。肝有大量的线粒体、内质网、高尔基体、微粒体、过氧化物酶体等亚细胞结构,适应肝脏复杂高效的生理功能。

4. 独特的化学组成特点 肝除水外,蛋白质含量最多,拥有数百种酶类,有些酶的活性高于其他组织,有些酶仅存于肝细胞内,赋予肝独特的代谢功能。

5. 强大的肝细胞再生能力 肝细胞是体内唯一具有再生能力的实质细胞,肝功能实验也很难检测到轻度肝损伤。新生的肝细胞来源于已分化的肝细胞增殖,或由未分化的小叶内胆管上皮细胞分裂生成。

二、肝脏的生物化学功能

肝脏主要有物质代谢、生物转化、胆汁酸分泌、胆色素排泄等四大功能。

(一)物质代谢

1. 糖代谢 肝是调节血糖浓度的主要器官,通过糖原的合成与分解、糖异生途径维持血糖浓度的相对恒定。肝也是糖转化成脂肪、胆固醇等物质的主要场所。

严重肝病时,肝糖原贮存减少,糖异生作用减弱,血糖浓度难以维持正常水平,出现高血糖、低血糖、血糖平衡紊乱、糖耐量曲线异常。

2. 脂代谢 肝有丰富的脂类分解和转化酶系,在脂类的消化、吸收、分解、合成及运输等代谢中起重要作用。

肝细胞损伤后,肝内脂肪氧化分解速度减慢,磷脂合成障碍,导致极低密度脂蛋白(VLDL)合成不足,肝合成的甘油三酯不能及时运输出肝,蓄积形成脂肪肝。严重的肝细胞炎症及变性坏死,肝细胞合成胆固醇及胆固醇酯能力降低。某些慢性肝损伤时,由于糖代谢障碍,脂肪动员加强,可导致酮症。

3. 蛋白质代谢 肝细胞能合成除 γ-球蛋白以外的所有血浆蛋白质,合成白蛋白能力强于球蛋白。肝有丰富的氨基酸分解代谢酶系,如转氨酶,亦有独特的尿素合成酶系,是体内合成尿素进行氨解毒的重要器官。

当肝功能严重受损时,尿素生成减少,血氨增高。血浆胶体渗透压可因白蛋白的合成不足而降低,同时球蛋白浓度(尤其 γ-球蛋白)反而增高,导致血浆白蛋白与球蛋白的比值(A/G)降低。在重症肝炎及急性黄色肝萎缩时,可见 α、β 及 γ 球蛋白降低。肝细胞损伤时血清游离氨基酸增加,甚至随尿排出。同时芳香族胺类物质转变为胺类假性神经递质,引起中枢神经功能紊乱。

4. 维生素代谢 肝是多种维生素的贮存场所,如维生素 A、维生素 D 和维生素 B_{12} 等,还直接参与维生素的转化与活化过程。如维生素 D_3 羟化生成 1,25-二羟维生素 D_3,维生素 B_1 活化成焦磷酸硫胺素等。

肝损伤时,肝分泌胆汁酸减少,影响脂类的消化吸收,致使脂溶性维生素吸收障碍。同时 B 族维生素转化成有活性的辅酶过程受阻,影响物质代谢的进行。

5. 激素代谢　一些激素如雌激素、醛固酮可在肝内与葡萄糖醛酸结合而丧失活性。许多蛋白质和多肽如胰岛素和甲状腺素也在肝脏灭活。

肝损伤时，激素灭活能力降低。有些肝病（如门脉性肝硬化）患者，血与尿中的雌激素都增加，出现蜘蛛痣或肝掌。此外，雌激素破坏减少，男子乳房发育，睾丸萎缩，女子月经失调，同时醛固酮激素、抗利尿激素水平升高，出现水钠潴留等现象。

（二）生物转化

1. 生物转化的概念　体内非营养性物质有内源性和外源性两大类。①内源性：体内代谢产生，如激素、神经递质和其他胺类物质，氨、胆红素等有毒的含氮代谢产物等。②外源性：外界进入体内的各种异物，如药物、毒物、有机农药、色素、食品添加剂等；肠道腐败作用产生的胺类、苯酚和吲哚等。非营养性物质大多难溶于水，既不构成组织成分，也不氧化供能，且许多物质具有强烈的生物活性。机体将非营养性物质通过代谢转变，增强其极性或水溶性，使其易随胆汁或尿液排出体外的过程称为生物转化（biotransformation）。生物转化的主要部位在肝，其次肾、肠、肺、皮肤等。

2. 生物转化的反应类型　按反应性质分为两相反应。第一相反应包括氧化、还原、水解反应。大多数非营养性物质经过第一相反应后，非极性基团转化为极性基团，增加亲水性后顺利排出体外，但有些药物、毒物极性仍不够大，常需与极性更强的物质如葡萄糖醛酸等物质结合，增强水溶性而排出，称为第二相反应。

3. 生物转化的特点　①反应类型的多样性和连续性。一种物质在体内可以进行多种生物转化反应。如水杨酸可发生羟化反应，也可与甘氨酸进行结合反应。大多数物质需经过氧化、还原、水解、结合等一系列反应才能排出体外，体现生物转化的连续性。②解毒与致毒的双重性。大多数物质经过生物转化后其毒性减弱或消失，但也有少数物质反而出现毒性或毒性增强。

4. 生物转化的意义　通过对非营养性物质一系列代谢转变，使其生物学活性降低或消除（灭活作用），或使有毒的物质毒性减小或消除（解毒作用），更重要的是，使脂溶性较强的物质获得极性基团，水溶性增强，利于从肾脏或胆道排泄。

（三）胆汁酸分泌

胆汁酸（bile acids）由肝细胞分泌，是胆汁的主要成分，为24碳胆烷酸的衍生物，以胆汁酸钠盐或钾盐的形式储存于胆囊中。正常人胆汁含有三种成分，比例为：80%为胆汁酸，15%为卵磷脂，5%为胆固醇。

1. 胆汁酸的代谢　包括胆汁酸的生成、排泄及肠肝循环三个主要环节。

（1）胆汁酸的生成与排泄　胆汁酸有初级胆汁酸和次级胆汁酸两种。在肝细胞微粒体和胞质中，胆固醇经胆固醇 7α-羟化酶等多步酶促反应生成初级游离型胆汁酸，即胆酸（cholic acid，CA）和鹅脱氧胆酸（chenodeoxycholic acid，CDCA）。二者分别与甘氨酸或牛磺酸结合形成初级结合型胆汁酸，增强极性后，与钠、钾离子结合形成胆汁酸盐，随胆汁排入肠道。结合型胆汁酸排入肠道后，经肠道细菌作用，生成脱氧胆酸（deoxycholic acid，DCA）和石胆酸（lithocholic acid，LCA），并称为次级胆汁酸（图14-1）。

（2）胆汁酸的肠肝循环　正常成人每日排出胆汁酸 0.4g～0.6g。排入肠道的各种胆汁酸 95%以上被肠壁重吸收，经门静脉入肝，在肝细胞内将游离型胆汁酸重新合成为结合型胆汁酸，并与肝细胞新生成的结合型胆汁酸一起再随胆汁排入肠道，这一过程称为胆汁酸的

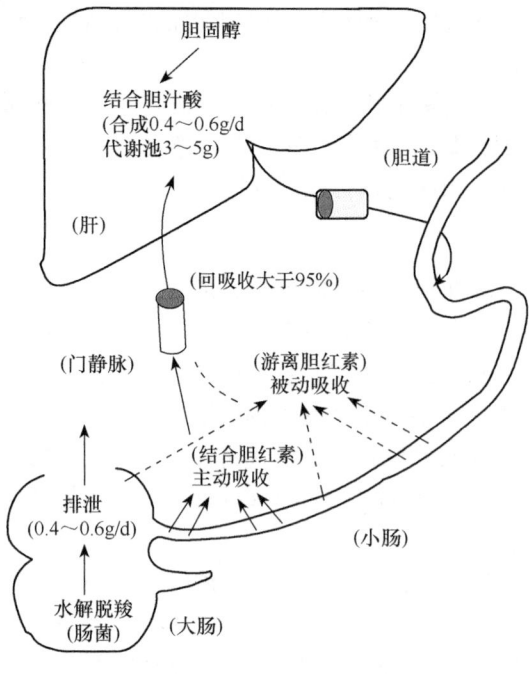

图 14-1 胆汁酸的肠肝循环

肠肝循环（图 14-1）。胆汁酸的肠肝循环成人每日要进行 6～12 次，其生理意义在于使有限的胆汁酸反复利用，保证脂类消化吸收的正常进行。

2. 胆汁酸的生理功能 作为乳化剂，促进脂类物质的消化吸收。抑制胆固醇在胆汁中沉淀，防止结石。

（四）胆色素排泄

铁卟啉类化合物在体内分解代谢的主要产物是胆色素（bile pigment），包括胆绿素（biliverdin）、胆红素（bilirubin）、胆素原（bilinogen）和胆素（bilin）。胆红素为橙黄色，脂溶性强，易穿透血脑屏障干扰脑细胞的正常功能，即核黄疸。胆红素的代谢过程包括生成、运输、转化及肠肝循环四个环节。

1. 胆红素的生成 正常成人每日生成胆红素 250～350mg。衰老的红细胞在肝、脾、骨髓的单核吞噬细胞系统作用下，先生成胆绿素，很快被还原成胆红素。此时胆红素称为游离胆红素（free bilirubin，FB）。

2. 胆红素在血液中的运输 主要与血浆清蛋白结合而运输至肝。

3. 胆红素在肝中的转化 肝细胞迅速摄取胆红素，由 Y 蛋白和 Z 蛋白结合运输至内质网，由尿苷二磷酸葡萄糖醛酸（uridine diphosphate glucuronic acid，UDPGA）转移酶催化胆红素与葡萄糖醛酸以酯键结合，生成胆红素葡萄糖醛酸酯（图 14-2）。此时的胆红素称为结合胆红素（conjugated bilirubin，CB），极性增强，水溶性增大，易随胆汁排入肠道。

4. 胆红素在肠道中的转变与肠肝循环 在肠道细菌作用下，结合胆红素逐步转化成无色的胆素原，即中胆素原、粪胆素原及尿胆素原，经空气氧化变成棕黄色的粪胆素。生理情况下，肠道中有 10%～20% 的胆素原可被重吸收入血，经门静脉入肝，约 90% 由肝摄取，并以原形经胆汁分泌排入肠道，称为胆色素的肠肝循环。少量胆素原可进入体循环，经肾排出，即尿胆素原，遇空气被氧化成黄褐色的尿胆素。胆红素代谢过程见图 14-3。

三、肝脏疾病的临床生物化学

（一）黄疸的分类与生物化学检查

1. 黄疸分类 黄疸（jaundice）。正常成人血清总胆红素（total bilirubin，TB）浓度为 3.4～17.1μmol/L。若血清胆红素浓度未超出正常范围，尚未造成肉眼可见的组织黄染，称隐性黄疸。当血清胆红素浓度超过 34.2μmol/L 时，可出现明显黄疸，称显性黄疸。根据黄疸成因分为三类：①溶血性黄疸（肝前性黄疸）；②阻塞性黄疸（肝后性黄疸）；③肝细胞性黄疸（肝源性黄疸）。

2. 黄疸生物化学检查 可选择检查项目较多，亦应综合判断。

第14章 肝脏功能检验

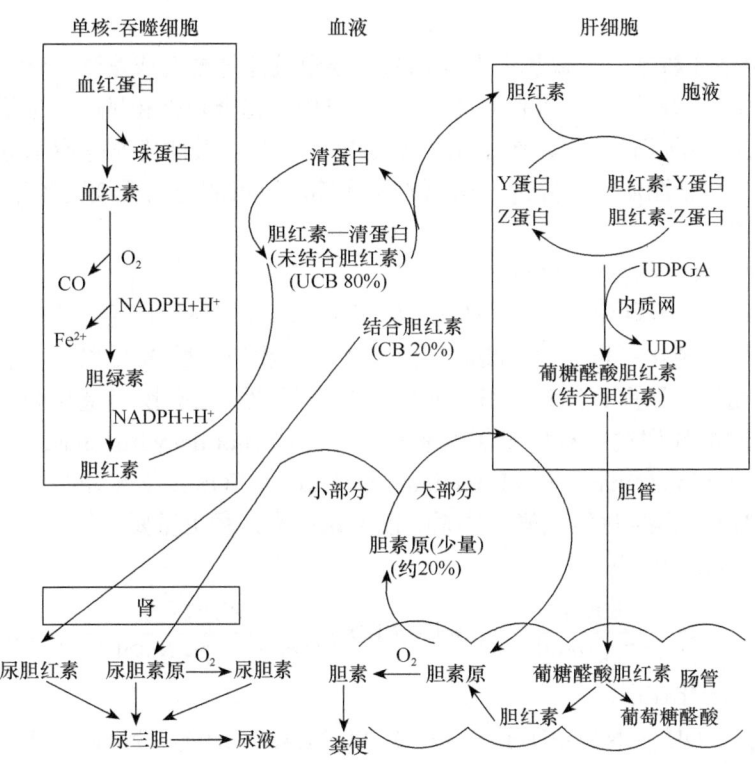

··· 图14-2 葡萄糖醛酸胆红素的生成及其结构 ···

M. —CH_3；V. —$CH=CH_2$

··· 图14-3 胆色素代谢 ···

（1）血清总胆红素和结合胆红素测定，鉴别有无黄疸，黄疸类型，肝细胞损害程度和预后判断。见表14-1。

表 14-1　三种类型黄疸的实验室鉴别诊断

类型	正常	溶血性黄疸	阻塞性黄疸	肝细胞性黄疸
血清总胆红素	<17.1μmol/L	明显增加	显著增加	中度增加
血清未结合胆红素	0~13.7μmol/L	↑	—	↑
血清结合胆红素	<3.4μmol/L	—	↑	↑
尿胆红素	阴性	阴性	强阳性	阳性
尿胆素原	阳性	显著增加	减少或消失	不确定
尿胆素	阳性	显著增加	减少或消失	不确定
粪便颜色	棕黄色	加深	变浅，陶土色	变浅

（2）尿三胆测定：尿胆红素、尿胆素原、尿胆素合成尿三胆，临床上一般只测定尿胆红素和尿胆素原，因尿胆素原遇空气氧化成尿胆素。

（3）胆红素葡萄糖醛酸转移酶的诱导试验：糖皮质激素诱导肝细胞内 UDPGA 转移酶合成，促进未结合胆红素的排泄，有效降低血清胆红素含量。苯巴比妥类药物诱导肝细胞内 Y 蛋白和 UDPGA 转移酶合成，可治疗核黄疸。

（二）肝硬化的分类与生物化学检查

肝硬化（hepatic sclerosis）是由多种病因长期或反复作用于肝脏，病理组织学上有广泛的肝细胞弥漫性变性、坏死，残存肝细胞结节性再生，结缔组织增生与纤维隔形成，称为肝硬化。

1. 肝硬化形成机制　①缺氧性炎症刺激，导致胶原纤维合成增强，增生的胶原纤维以 Ⅰ 型和 Ⅲ 型为主。②机体免疫功能不足，不能将 HBV 完全杀灭和排除，使肝细胞反复遭受破坏，导致肝细胞结节性再生，纤维组织不断再生。③先天性代谢障碍引起肝脏贮积也与肝纤维化有关，包括脂质代谢异常、糖原贮积症等。④可能与枯否细胞产生多种细胞因子、胶原酶活性有关。

2. 肝硬化分类　依据肝硬化病因分类

（1）病毒性肝炎肝硬化：尤其慢性乙型、丙型肝炎，引起门静脉性肝硬化。

（2）酒精性肝硬化：长期大量酗酒导致。人体吸收的乙醇 90% 以上在肝内代谢，长期饮酒易造成酒精性脂肪肝、酒精性肝炎和酒精性肝硬化。乙醇饮用量与肝硬化的发病率呈正向关联。乙醇的代谢途径有醇脱氢酶氧化体系（alcohol dehydrogenase，ADH），微粒体乙醇氧化体系（microsomal ethanol oxidizing system，MEOS），NADPH 氧化酶 - 过氧化氢酶体系，黄嘌呤氧化酶 - 过氧化氢酶体系。前两条解毒途径更重要。

ADH 乙醇氧化酶体系

$$CH_3CH_2OH \xrightarrow[NAD^+ \quad NADH+H^+]{\text{乙醇脱氢酶}} CH_3CHO \xrightarrow[NAD^+ \quad NADH+H^+]{\text{乙醇脱氢酶}} CH_3COOH$$

微粒体乙醇氧化体系

$$CH_3CH_2OH + NADPH + H^+ + O_2 \xrightarrow{MEOS} CH_3CHO + NADP^+ + 2H_2O$$

（3）代谢性肝硬化。

（4）毒物和药物性肝硬化。

（5）营养不良性肝硬化。

（6）血吸虫病性肝硬化。

3. 肝硬化的生物化学检查 肝硬化的早期诊断非常困难。以下几项生物化学检查可提供重要信息：单胺氧化酶 MAO、β- 脯氨酸羟化酶、血清透明质酸、血清Ⅲ型前胶原肽。

四、肝功能试验的分类

1. 反映肝脏排泄与分泌功能的试验 有两类，一类是内源性物质的分泌与排泄，主要检测胆红素、胆汁酸等。一类是肝脏对外源性物质的清除能力检测，选择的染料必须经胆汁分泌而不是经肾脏排泄，如氨基比林、利多卡因、磺溴酞钠（GSP）、吲哚绿（ICG）等。它们滞留情况取决于肝血流、肝细胞功能和胆道通畅情况。

临床上将胆红素进行性上升同时伴随 ALT 下降，叫做酶胆分离，提示病情加重，有可能转为重症肝炎倾向。碱性磷酸酶（ALP）、γ- 谷氨酰转肽酶（γ-Glutamyltransferase, γ-GT）、胆汁酸、总胆红素、结合胆红素、铜蓝蛋白等，血浆中上述指标含量升高，提示肝内外胆道受阻。血氨、尿三胆、吲哚氰绿排泄试验等反映肝细胞复合功能等。

2. 反映肝实质细胞损伤的酶类 ALT、AST、ALP、γ-GT 等，以 ALT、AST 能敏感地提示肝细胞损伤及其损伤程度，反应急性肝细胞损伤以 ALT 最敏感，反映心肌损伤程度则 AST 较敏感。在急性肝炎恢复期，虽然 ALT 正常而 γ-GT 持续升高，提示肝炎慢性化。慢性肝炎 γ-GT 持续不降常提示病变活动。

3. 反映胆汁淤积为主的酶类 主要有 ALP、γ-GT、5′- 核苷酸酶（5′-Nucleotidase, 5′-NT）酶类，三者均为膜结合性糖蛋白酶类。

4. 反映肝纤维化为主的酶类 单胺氧化酶（monoamine oxidase, MAO）、β- 脯氨酸羟化酶（β-Proline hydroxylase, β-PH）等。MAO 有促进结缔组织成熟作用，且与肝脏纤维化的程度正相关，因此，血清 MAO 活性用来检测肝脏的纤维化程度，作为早期诊断肝硬化的重要指标。

5. 肝脏疾病的特殊检查 肝穿刺活检在确定肝细胞黄疸的原因、证实肝硬化、酒精性肝炎、慢性肝炎、胆汁肝硬化和肝肿瘤等疾病的存在有重要价值。免疫学指标有乙肝五项检查。基因诊断，采用聚合酶链反应（PCR）技术，直接测定标本病毒基因组片段的拷贝数，确定病毒载量，判定病毒复制状态和机会感染程度。

> **链 接**　　乙肝病毒基因诊断芯片问世
>
> 2014 年 5 月，南开大学和南开基因工程有限公司利用基因研究成果及 DNA 芯片技术开发研制了"乙肝病毒基因诊断芯片"，记录着 21 个质量控制信息和 429 个肝炎病毒基因类型，只需抽取一滴血，就可利用 400 多个探针对乙肝病毒基因的不同区域、多个位点同时进行检测，检测的信息量大，准确率可达到 100%。

第 2 节　血清氨基转移酶测定

一、氨基转移酶测定方法简介

卡门（Karmen）等在 1955 年发现，急性肝炎患者在黄疸前期，血清氨基转移酶即转氨酶活性明显增高。Karmen 首先建立酶偶联反应的紫外分光光度动态监测法，但当时紫外分光光度计稀有，动态记录吸光度的精度难以控制，此方法难以普及。1957 年，Reitman 和 Frankel 利用二硝基苯肼与酮基的呈色反应，建立光电比色法。比色法有赖氏（Reitman Frankel）法、金式（King）法、穆氏（Mohum）法 3 种，它们测定原理、试剂和操作步骤及采用温度均完全相同，而酶与底物的作用时间、标准曲线绘制方法和单位定义不同。在作用时间上，金氏为 60 分钟，其余两法均为 30 分钟。

1986 年，IFCC 批准 ALT 测定的推荐方法速率法，在 30℃条件下测定。1998 年 IFCC 重新审定推荐方法，批准 37℃下测定。

二、实验方法及评价

【实验 14-1】 赖氏法血清谷丙转氨酶测定

【原理】

ALT 催化丙氨酸与 α-酮戊二酸的氨基移换反应。反应 30 分钟后，加入酸性的 2,4-二硝基苯肼（2,4-Dinitrophenylhydrazine，2,4-DNP）终止反应，同时 2,4-DNP 与反应液中的两种 α-酮酸生成相应的 2,4-二硝基苯腙（丙酮酸苯腙和 α-酮戊二酸苯腙）。在碱性条件下，两种苯腙的吸收光谱曲线有差别。在 500~520nm 处差别最大，以等摩尔浓度计算，丙酮酸苯腙的呈色强度约为 α-酮戊二酸苯腙的 3 倍，据此计算丙酮酸生成量。

【试剂】

1. 0.1mol/L 磷酸氢二钠溶液。
2. 0.1mol/L 磷酸二氢钾溶液。
3. 0.1mol/L 磷酸盐缓冲液（pH 7.4）。取 0.1mol/L 磷酸氢二钠溶液 420ml 和 0.1mol/L 磷酸二氢钾溶液 80ml，混匀，加氯仿数滴，置冰箱保存。
4. 底物缓冲液（DL-丙氨酸 200mmol/L，α-酮戊二酸 2mmol/L）。精确称取 DL-丙氨酸 1.79g 和 α-酮戊二酸 29.2mg，先溶于 50mL 0.1mol/L 磷酸盐缓冲液（pH 7.4）中，煮沸溶解后，用 1mol/L NaOH（约加 0.5ml）校正 pH 到 7.4，再加 0.1mol/L 磷酸缓冲液至 100ml。冰箱可保存 1 周。每升底物缓冲溶液中，可加入麝香草酚 0.9g 或加氯仿数滴防腐，置冰箱中至少可保存 1 个月。分装成安瓿灭菌后，室温至少可用 3 个月。
5. 1.0mmol/L 2,4-二硝基苯肼溶液。

6. 0.4mol/L 氢氧化钠溶液。
7. 2mmol/L 丙酮酸标准液。

【实践步骤】

1. 参数设置

37℃；波长 505nm；比色杯光径 1.0cm。

2. 操作

（1）酶活性测定：测定前取适量的底物缓冲溶液，在 37℃水浴箱内预温 5 分钟后使用，按表 14-2 操作。

☐ 决定性方法 —
☐ 参考方法 LDH-NADH 法
☑ 常规方法 赖氏法

表 14-2 谷丙转氨酶赖氏法操作步骤

试剂（ml）	测定管 U	对照管 C
血清或血浆	0.100	0.100
谷丙转氨酶底物液	0.500	—
混匀后，37℃水浴 30 分钟		
2,4-二硝基苯肼（HCl）	0.500	0.500
谷丙转氨酶基质液	—	0.500
混匀，37℃水浴 20 分钟		
0.4mol/LNaOH	5.000	5.000

混匀，室温静置 5 分钟，分光光度计在 505nm 波长，用蒸馏水调零，读取各管吸光度，测定管吸光度减去对照管吸光度，标准曲线上查出 ALT 活力单位。

（2）标准曲线的制作

1）取干燥洁净试管 6 支，按表 14-3 加入试剂。

表 14-3 ALT 标准曲线绘制操作步骤

加入物（ml）	对照	1	2	3	4	5
0.1mol/L 磷酸盐缓冲液	0.100	0.100	0.100	0.100	0.100	0.100
2mmol/L 丙酮酸标准液	—	0.050	0.100	0.150	0.200	0.250
ALT 底物液	0.500	0.450	0.400	0.350	0.300	0.250
2,4-二硝基苯肼溶液	0.500	0.500	0.500	0.500	0.500	0.500
混匀，37℃水浴 20 分钟						
0.4mol/LNaOH 溶液	5.000	5.000	5.000	5.000	5.000	5.000
相当于酶活力卡门单位	—	28	57	97	150	200

2）混匀，放置 5 分钟，波长 505nm，蒸馏水调零，读取各管吸光度，各管均减去对照管为该标准管的吸光度。

3）采用 excel 工具绘制 ALT 标准曲线。

【单位】

血清 1ml，反应总液量 3ml，在 25℃、340nm 光波下，光径 1cm，1 分钟使光密度降低 0.001 为一个卡门单位。

【参考范围】

5~25 个卡门单位。

【方法学评价】

操作简便，不需要特殊仪器和试剂。但也存在缺陷。

1. 试剂不稳定：底物缓冲液保存难，易长菌，只能临时配制，影响试剂的批间结果一致性。

2. 准确性差：因酶作用产生的丙酮酸量与酶活性不成良好的线性关系，是特殊的曲线关系，线性范围窄，40℃时只在 97 卡门单位以内线性范围良好，改良赖氏法在 37℃温育，线性范围可延长至 150 卡门单位。但临床许多患者的实际数值超过此范围，一般采用标本稀释 5 倍或 10 倍后重测，结果乘以稀释倍数。但又会增大偏差。

3. 重复性差 CV 为 20% 左右。

4. 影响因素：显色反应与底物浓度问题。

① 体系中 α-酮戊二酸也能与 2,4-DNP 呈腙显色，使结果增高。其苯腙的吸收光谱与丙酮酸、草酰乙酸形成的苯腙有所差别（图 14-7）。② 2,4-DNP 本身在碱性溶液中也能显色，使结果增高。③ 内源性（非酶促反应）产物。如血清中本身含丙酮酸（内源性酮酸，含量较少），使结果增高。④ 产物旁路效应。产物丙酮酸经 LDH 生成乳酸，使结果降低。

消除方法：

① 设置对照管。（时间对照）消除系统误差。② λ=505nm 的选择：本着"吸收最大，干扰最小"原则。此处 α-酮戊二酸 2,4-二硝基苯腙的 A 值仅为丙酮酸 2,4 二硝基苯腙 A 值的 1/3。③ 底物液配制：限制 α-酮戊二酸的浓度（低浓度 2.0mmol/L），而丙氨酸为 200mmol/L。④ 显色剂配制：限制 2,4-DNP 的浓度（低浓度 1.0mmol/L），此浓度仅能与体系中的两种酮酸的 1/2 反应。

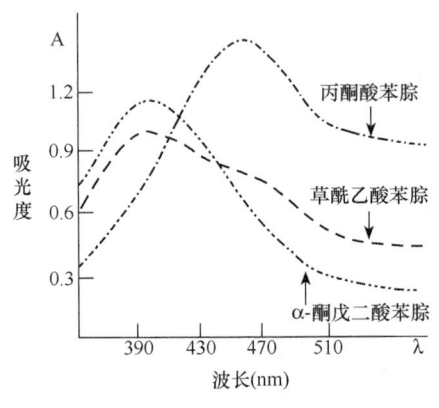

图 14-4 三种苯腙的吸收曲线

【临床意义】

1. 血清 ALT 活性增高见于下列疾病。

（1）急性病毒性肝炎：ALT 阳性率为 80%~100%，肝炎恢复期，ALT 转入正常。如果有 100U 左右波动或再度上升，为慢性活动性肝炎。重症肝炎时由于大量肝细胞坏死，此时血中 ALT 可仅轻度增高，临终时常明显下降，但胆红素却进行性升高，即"酶胆分离"，常是肝坏死征兆。少数人血清中 ALT 长期持续升高，肝穿无明显病理改变，预后良好。连续监测 ALT 活性可以作预后判断。

（2）慢性活动性肝炎：ALT 轻微增高（100~200U），或处于正常范围，且 AST＞ALT。肝硬化、肝癌时，ALT 有轻度或中度增高，提示可能并发肝细胞坏死，预后严重，其他原因引起的肝损害，如心功能不全时，肝淤血导致肝小叶中央带细胞的萎缩或坏死，可使 ALT、AST 明显升高。

（3）骨骼肌损伤、多发性肌炎、酒精肝、脂肪肝等其他疾病，或熬夜、剧烈运动等因素也会使转氨酶升高。某些化学药物如异烟肼、氯丙嗪、苯巴比妥、四氯化碳、砷剂等不同程度损害肝细胞，引起 ALT 升高。

2. 血清 ALT 活性降低，见于磷酸吡哆醛缺乏症。

【实验 14-2】　　LDH-NADH 速率法测定血清 ALT（单、双试剂法）

ALT 速率法测定，酶偶联反应式为：

$$丙氨酸 + \alpha\text{-酮戊二酸} \xrightarrow{ALT} 丙酮酸 + 谷氨酸$$

$$\underset{\text{丙酮酸}}{\begin{array}{c}COOH\\|\\C=O\\|\\CH_3\end{array}} + \underset{\text{还原型烟酰胺腺嘌呤二核苷酸}}{NADH+H^+} \underset{\longleftarrow}{\overset{LDH}{\longrightarrow}} \underset{\text{乳酸}}{\begin{array}{c}COOH\\|\\CH-OH\\|\\CH_3\end{array}} + \underset{\text{烟酰胺腺嘌呤二核苷酸}}{NAD^+}$$

上述偶联反应，NADH 的氧化速率与标本中的酶活性呈正比，可在 340nm 波长处监测吸光度下降速率（$-\Delta A/\text{min}$），计算出 ALT 活性浓度。

（一）单试剂法

血清与试剂成分完整的底物溶液混匀，ALT 催化反应立即启动，在波长 340nm，比色杯光径 1.0cm，37℃，经 90 秒延滞期后，连续监测吸光度下降速率（$-\Delta A/\text{min}$），计算 ALT 活力单位。

【试剂】

pH	7.15±0.05	NADH	0.18mmol/L
Tris 缓冲液	100mmol/L	磷酸吡哆醛	0.1mmol/L（国内试剂盒多没有这一成分）
L-丙氨酸	400mmol/L	乳酸脱氢酶	1200U/L
α-酮戊二酸	15mmol/L		

【实践步骤】

1. 参数设置

第一波长	340nm	孵化时间 Incubation	—s
第二波长	—nm	延迟时间 delay time	90s
比色杯光径	1.0cm	间隔时间 Rate time	15s
温度 Temperature	37℃	测定次数 Read number	5
吸样量 Aspirate volume	50ul	连续监测时间	60s
试剂 I	500ul	血清稀释倍数	11
试剂 II	—ul	系数 Factor	1768

2. 操作

【计算】

$$\text{ALT（U/L）} = \Delta A/\text{min} \times \frac{10^6}{6220} \times \frac{1.1}{0.1} = \Delta A/\text{min} \times 1768$$

式中，6220 为 NADH 在 340nm 波长，比色杯光径 1.00cm 时的摩尔吸光度。

（二）双试剂法

血清与缺乏 α-酮戊二酸的底物溶液混合，37℃保温 5 分钟，使样品中所含的 α-酮酸如丙酮酸引起的副反应进行完毕，而后加入 α-酮戊二酸启动 ALT 催化反应，在 340nm 波长处连续监测吸光度下降速率。根据线性反应期吸光度下降速率，计算 ALT 活性。

〔试剂〕

试剂Ⅰ：

pH	7.15±0.05	NADH	0.18mmol/L
Tris-HCl 缓冲液	100mmol/L	磷酸吡哆醛（P5'P）	0.1mmol/L
L-丙氨酸	500mmol/L	乳酸脱氢酶（LDH）	1700U/L

试剂Ⅱ：α-酮戊二酸　　15mmol/L

【实践步骤】

1. 参数设置

第一波长	340nm	孵化时间 Incubation	300s
第二波长	—nm	延迟时间 delay time	30s
比色杯光径	1.0cm	间隔时间 Rate time	30s
温度 Temperature	37℃	测定次数 Read number	7
吸样量 Aspirate volume	100ul	连续监测时间	180s
试剂Ⅰ	1000ul	血清稀释倍数	12
试剂Ⅱ	100ul	系数 Factor	1929

2. 操作

自动化生化分析仪：根据以上参数和说明书操作。手工操作按表14-4加液。

☐ 决定性方法　　—
☑ 参考方法　　速率法
☐ 常规方法　　赖氏法

表14-4　LDH-NADH 速率法测定血清 ALT（双试剂法）操作步骤

分类	剂量
血清标本	100μl
试剂Ⅰ	1000μl
混匀后，37℃孵育5分钟	
试剂Ⅱ	100μl

不同试剂盒延迟时间见图14-5。

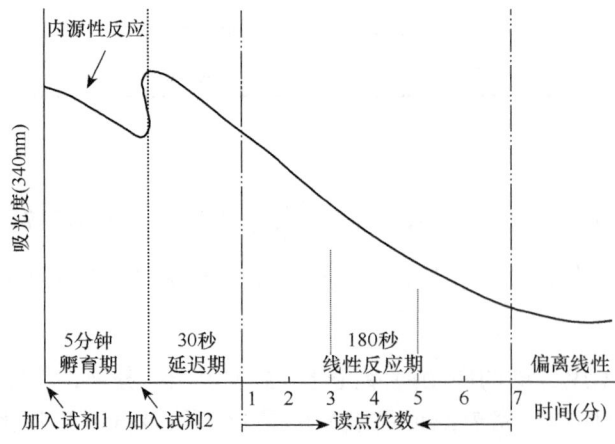

图14-5　ALT 双试剂反应进程曲线

根据说明书定。

【计算】

$$\text{ALT (U/L)} = \Delta A/\min \times \frac{10^6}{\varepsilon} \times \frac{\text{TV}}{\text{SV}} = \Delta A/\min \times \frac{10^6}{6220} \times \frac{1.2}{0.1} = \Delta A/\min \times 1929$$

【参考范围】

底物溶液不含磷酸吡哆醛成分，男性 5~40U/L，女性 5~35U/L。

底物溶液含磷酸吡哆醛成分，男性 13~40U/L，女性 10~28U/L。

【方法学评价】

1. 特异性高　ALT 和 LDH 催化的反应特异性很强，本法呈现特异性。

2. 准确性高　双试剂连续监测法反应特异性强，孵育时间长，能有效地消除干扰反应，且测定上限在酶促反应的线性范围内，测定准确性高，是 ALT 测定的首选反应。

3. 精密度高　CV 值比赖氏小，国内报道本法的批内 $CV<2.9\%$。

4. 计算方便　标本不需要标准对照，测定结果计算方便，但实验条件要求严格，成本高。

5. 影响因素　ALT 测定有三个副反应都能消耗 NADH，使 340nm 处吸光度下降值（$-\Delta/\min$）增加，测定结果偏高

（1）血清固有的 α- 酮酸如丙酮酸也会消耗 NADH。

$$\text{丙酮酸} + \text{NADH} + \text{H}^+ \xrightarrow{\text{LDH}} \text{L- 乳酸} + \text{NAD}^+$$

（2）血清谷氨酸脱氢酶（GLDH）增高时，在有氨离子存在的条件下，亦能消耗 NADH。

$$\alpha\text{- 酮戊二酸} + \text{NADH} + \text{NH}_4^+ \xrightarrow{\text{GLDH}} \text{L- 谷氨酸} + \text{NAD}^+ + \text{H}_2\text{O}$$

（3）严重肝病时，血清中的 NH_3、GLDH 增高，亦能消耗 NADH（NADPH）。

消除方法：

（1）应用单试剂方法，必须要有足量的 LDH（IFCC 法 2000U/L，Scandinavia 法 1200 U/L），才能保证 α- 酮酸（尤其遇到丙酮酸含量升高的标本）引起的副反应，在规定的延滞期内进行完毕。但 LDH 含量高，试剂成本也提高。

（2）双试剂方法优点。①加试剂Ⅰ（含 L- 丙氨酸、NADH、LDH），温育时间长（37℃，5 分钟），能有效消除样品中的干扰物质（内源性 α- 酮酸如丙酮酸、GLDH、NH_3），测定准确性高。同时可适当降低试剂中 LDH 的用量，适当降低成本。②加入试剂Ⅱ（含 α- 酮戊二酸），启动 ALT 催化的反应，340nm 处吸光度下降值（$-\Delta A/\min$）能真正代表待测酶 ALT 的活性。测定准确性高。故双试剂法是目前 ALT 测定的首选方法。但要避免过量的 α- 酮戊二酸对酶活性的抑制作用。

（3）NH_4^+ 的干扰，除严重肝病时血清 GLDH 活性增高外，一般情况下血清中 NH_4^+ 含量甚微，此干扰影响不大。

第3节　血清碱性磷酸酶的测定

一、碱性磷酸酶测定方法简介

碱性磷酸酶（ALP）是一组碱性条件下（pH 10.0）能水解多种磷酸单酯化合物的非

特异性酶类，广泛分布于细胞膜表面，其含量依次为肝、肾、胎盘、小肠、骨骼等。ALP 催化的底物有 10 多种，如 β- 甘油磷酸钠、磷酸苯二钠、对硝基苯酚磷酸钠、磷酸酚酞、α- 萘酚磷酸盐等。临床测定方法学发展的方向是选择更容易水解的底物、磷酸酰基受体缓冲液及采用以自身指示底物连续监测等手段，提高测定的速度和检测的灵敏度。

1. 测定底物水解释放的无机磷　鲍氏法（Bodansky），β- 甘油磷酸钠为底物。但磷酸可重新与其他化合物结合，而血清本身亦有磷酸根及磷酸化影响结果。故此法灵敏度低，准确性差，保温时间长，需去蛋白，操作麻烦，早被淘汰。

2. 测定底物解离磷酸根后的羟基化合物

（1）羟基化合物需经显色剂作用后比色测定金氏法，磷酸苯二钠为底物。

（2）羟基化合物直接在碱性条件下显色对硝基苯酚磷酸钠（P-nitrophenyl phosphate，PNPP）法，亦称速度法，人工合成的色素原底物，水解产物有很高的摩尔吸光系数。

二、实验方法与评价

【实验 14-3】 速率法测定血清碱性磷酸酶

【原理】

以 PNPP 为底物，2- 氨基 -2 甲基 -1- 丙醇（2-Amino-2-methyl-1-propanol，AMP）或二乙醇胺（diethanol amine，DEA）作为磷酸酰基的受体，增进酶促反应速率。在碱性条件下，PNPP 无色。ALP 催化 PNPP 水解释放出磷酸基团，生成游离对 - 硝基酚（pnitrophenol，PNP），PNP 在碱性溶液中转变成醌式结构，呈现较深的黄色。根据 405nm 处监测吸光度增加的速率（ΔA/min），计算 ALP 活性单位。

对硝基苯酚磷酸钠　2-氨基-2-甲基-1-丙醇　2-氨基-2-甲基-1-丙醇磷酸钠　对硝基苯酚

【试剂】

试剂 I（R1）：二乙基氨基乙醇缓冲液（EAE）1.00mmol/L，$MgCl_2$ 0.5mmol/L

试剂 II（R2）：4-NPP 100mmol/L，$MgCl_2$ 0.5mmol/L

【实践步骤】

1. 试剂准备　单试剂法工作液，试剂（I）4 份与试剂（II）1 份，用前混合而成。

2. 参数设置

第一波长	405nm	孵化时间 Incubation	60s
第二波长	—nm	延迟时间 delay time	60s
比色杯光径	1.0cm	间隔时间 Rate time	15s
温度 Temperature	37℃	测定次数 Read number	5
吸样量 Aspirate volume	10ul	连续监测时间	60s
试剂 I　　单 500	双 400ul	血清稀释倍数	51
试剂 II	100ul	系数 Factor	2757

3. 操作

（1）单试剂法：标本 10μl，工作液 500μl，延迟时间 60 秒，读数时间 120 秒。

（2）双试剂法：标本 10μl，加试剂Ⅰ 400μl，混匀，37℃预反应 60 秒，再加入试剂Ⅱ 100μl，延迟时间 60 秒，读数时间 60 秒。

【计算】

$$\text{ALP}(\text{U/L}) = \Delta A/\min \times \frac{10^6}{\varepsilon} \times \frac{TV}{SV} = \Delta A/\min \times \frac{10^6}{18500} \times \frac{510}{10} = \Delta A/\min \times 2757$$

【参考范围】

女性，1～12 岁 <500U/L，>15 岁 40～150U/L

男性，1～12 岁 <500U/L，12～15 岁 <750U/L，>25 岁 40～150U/L

【临床意义】

ALP 活性在妊娠后期、儿童期、成长成熟、脂肪餐后呈现生理性增高。ALP 活性检测主要用于诊断肝胆和骨骼疾病。可用热稳定试验区别 ALP 是来自肝还是来自骨骼。将血清于 56℃加热 10 分钟，肝病患者的酶活力保存 43±9%，均在 34% 以上；骨病患者酶活力仅保存 17±9%，都低于 26%。

ALP 减少 主要见于呆小症、成骨不全症、磷酸酶过少症、维生素 C 缺乏症等。

【方法学评价】

1. 该法显色稳定，不需去蛋白，操作简单，保温时间短，可手工操作，亦自动分析，比鲍氏法、金氏法灵敏度准确度有所提高。

2. 以 PNPP 和 AMP 缓冲液为底物，有 3 个优点：①PNPP 易被 ALP 水解。②产物对硝基苯酚具有较高的摩尔吸光系数（pH10.0 的 AMP 缓冲液中，ε=18500），在本反应 pH 条件下，能达到最大呈色；③AMP 缓冲液能充当磷酰基受体，避免游离的无机磷酸对 ALP 的抑制作用。

故此法灵敏度高、线性范围宽（500U/L 以上），精密度高，（批内 CV 为 2.06%～2.36%，批间 CV 为 2.74%），是我国及 IFCC 的推荐方法。

【注意事项】

1. 血清标本应新鲜，室温（25℃），6 小时测定，ALP 活性约增高 1%；室温 1～4 天，ALP 活性增高 3%～6%；冰冻保存，血清复溶后 ALP 活性升高可达 30%。

2. 作摩尔吸光系数校正用的校准物对硝基苯酚必须达到规格：色泽为无色或淡黄色，熔点为 113～114℃，含水量 <0.1%（g/g）摩尔吸光系数在溶于 10mmol/L 的 NaOH 溶液中，波长 401nm，24℃时，ε=（18380±90）L/(mol·cm)。

【实验 14-4】 **金氏法测定血清碱性磷酸酶**

【原理】

在碱性（pH 10.0）条件下，ALP 催化磷酸苯二钠底物水解，生成游离的酚和磷酸。酚在碱性溶液中与 4-氨基安替比林结合，并经铁氰化钾氧化生成红色的醌类衍生物，根据红色深浅确定 ALP 的活性。

$$\underset{\text{磷酸苯二钠}}{\text{NaO-P(=O)(-ONa)-O-C}_6\text{H}_5} + H_2O \xrightarrow[\text{pH 10.0}]{\text{ALP}} \underset{\text{酚}}{C_6H_5OH} + \underset{\text{磷酸氢二钠}}{Na_2HPO_4}$$

$$\underset{\text{4-氨基安替比林}}{\text{4-AAP}} + \underset{\text{酚}}{C_6H_5OH} \xrightarrow[\text{-4H 碱性}]{K_3Fe(CN)_6} \underset{\text{醌类衍生物(红色)}}{\text{红色产物}}$$

【试剂】
1. 0.1mol/L 碳酸盐缓冲液（pH 10.0）。
2. 0.02mol/L 磷酸苯二钠溶液。
3. 铁氰化钾溶液。
4. 0.05mg/mL 酚标准应用液。

【实践步骤】
1. 参数设置

pH	10.0	比色杯光径	1.0cm
波长	510nm	温度	37℃

2. 操作

（1）按表 14-8 编号进行测定。

□ 决定性方法 ——
□ 参考方法　对硝基苯酚磷酸钠法
☑ 常规方法　金氏法

表 14-8　金氏法测定血清碱性磷酸酶操作步骤

试剂（ml）	对照管	测定管
血清	—	0.100
碳酸盐缓冲液	1.000	1.000
混匀，37℃水浴 5 分钟		
底物溶液（预温至 37℃）	1.000	1.000
混匀，37℃水浴 15 分钟		
铁氰化钾溶液	3.000	3.000
血清	0.100	—

各管立即混匀，在波长 510nm，以蒸馏水调零点，读取各管吸光度，测定管吸光度减

去对照管吸光度，查标准曲线，求出酶活力单位。

（2）标准曲线制作，按表14-9操作。

表 14-9　标准曲线制作操作步骤

试剂（ml）	0	1	2	3	4	5
酚标准应用液	—	0.200	0.400	0.600	0.800	1.000
蒸馏水	1.100	0.900	0.700	0.500	0.300	0.100
碳酸盐缓冲液	1.000	1.000	1.000	1.000	1.000	1.000
铁氰化钾溶液	3.000	3.000	3.000	3.000	3.000	3.000
相当于金氏单位	—	10	20	30	40	50

各管立即混匀，在波长510nm，以0号管调零，读取各管吸光度，并和相应酶活力单位绘制标准曲线。

【单位】

100ml血清，37℃，与底物作用15分钟，产生1mg酚为1个金氏单位。

【参考范围】

成人：3~13金氏单位，儿童：5~28金氏单位。

【方法学评价】

磷酸苯二钠比色法水解速度快，保温时间较短，灵敏度较高，显色稳定，不需去蛋白，操作简单，快速。但酶单位不是国际单位。

第4节　血清γ-谷氨酰基转移酶测定

一、血清γ-谷氨酰基转移酶测定方法简介

γ-谷氨酰基转移酶（γ-GT、GGT）是含有巯基的线粒体酶，催化γ-谷氨酰基从谷胱甘肽转移到另一个肽或氨基酸分子上，临床称为γ-谷氨酰转肽酶，最适pH因底物缓冲液种类而异。目前临床上主要采用速率法和重氮比色法测定GGT活性。

二、实验方法及评价

【实验14-5】　速率法测定血清γ-谷氨酰基转移酶

【原理】

以溶解度较大的 L-γ-谷氨酰-3-羧基-4-硝基苯胺为底物，双甘肽为谷氨酰基的受体。在GGT的催化下，谷氨酰基转移到双甘肽分子上，同时释放出黄色的2-硝基-5-氨基苯甲酸，引起405~410nm处吸光度增高，增高速率与GGT活性成正比关系。

$$\text{L-}\gamma\text{-谷氨酸-3-羧基-4-硝基苯胺} + \text{双苷肽} \xrightarrow{GGT} \gamma\text{-谷氨酰双苷肽} + \text{2-硝基-5-氨基苯甲酸(黄色)}$$

【试剂】

试剂成分和在反应液中的终末浓度

甘氨酰甘氨酸缓冲液	150mmol/L
L-γ-谷氨酰-3-羧基-4-硝基苯胺	6mmol/L

【实践步骤】

1. 参数设置

第一波长	410nm	孵化时间 Incubation	180s
第二波长	—nm	延迟时间 delay time	60s
比色杯光径	1.0cm	间隔时间 Rate time	30s
温度 Temperature	37℃	测定次数 Read number	7
吸样量 Aspirate volume	250ul	连续监测时间	180s
试剂 I	2000ul	血清稀释倍数	11
试剂 II	500ul	系数 Factor	1159

2. 操作

（1）2.0ml 底物溶液，温浴至 37℃。

（2）加 0.250ml 血清，混匀，孵育 180 秒，使反应杯中溶液温度达到 37℃。

（3）加 0.50ml 启动试剂，混匀，延滞时间 60 秒，然后监测吸光度（升高速率）180 秒。在此期间，吸光度读数点≥6。

【计算】

$$GGT（U/L）= \Delta A/min \times \frac{10^6}{9490} \times \frac{2.75}{0.25} = \Delta A/min \times 1159$$

式中 9490 为 2-硝基-5-氨基苯甲酸在 405nm 处的摩尔吸光度。

【参考范围】

男性 11～50U/L；女性 7～32U/L。

【临床意义】

GGT 分布以肾含量多，其次是肺、胰、肝。在肾、胰腺和肝中，GGT 含量之比为 100∶8∶4。肾中 GGT 含量最高，但肾疾病时，血液中该酶活性增高却不明显。有人认为，肾单位病变时，GGT 经尿排出，测定尿中酶活力可能有助于诊断肾疾患。血清 GGT 主要来自肝胆，红细胞中几乎无，故溶血对其影响不大。

1. 血清 GGT 测定主要用于诊断肝胆疾病。原发性肝癌、胰腺癌和乏特壶腹癌时，血清 GGT 活性明显升高，特别在诊断恶性肿瘤患者有无肝转移和肝癌术后有无复发时，阳性率可达 90%。GGT 同工酶Ⅱ与血清甲胎蛋白（AFP）联合检测可使原发性肝癌 AFP 检测阳性率明显提高。

2. GGT 活性升高还见于骨骼疾病，如纤维性骨炎成骨不全症、佝偻症、骨软化病、骨转移癌和骨折修复愈合期。

3. GGT 活性与酗酒密切相关。乙醇对肝细胞线粒体的诱导使 GGT 活性显著升高，临床上辅助诊断乙醇性中毒，诊断肝胆、骨骼疾病时则必须排除这一因素。

4. 长期接受某些药物（如苯巴比妥、苯妥英钠、安替比林时），血清 GGT 活性常明显升高。口服避孕药会使 GGT 值增加 20%。

【方法性评价】

本法准确性好，精密度高，批内 $CV=1.72\%\sim3.1\%$，批间 $CV=2.85\%\sim4.43\%$，线性范围宽（460U/L），操作简单，但严格要求试剂纯度。

第 5 节 血清胆红素测定

一、血清胆红素方法简介

血清中胆红素有 3 种存在形式：未结合胆红素、结合胆红素和共价结合于白蛋白的 δ-胆红素。高效液相色谱法（HPLC）将胆红素分为四种：α-胆红素（游离胆红素）、β-胆红素（单结合）、γ-胆红素（双结合）、δ-胆红素（白蛋白结合）。这 4 种形式的胆红素在水溶液中具有不同的溶解度，因而对重氮试剂的反应能力也有差别。未结合胆红素（游离胆红素）在水溶液中的溶解度极低，而另外两种胆红素（结合胆红素、δ-胆红素）的溶解度较好。临床上根据胆红素的溶解度特性，选择测定几种胆红素的方法。

血清胆红素与重氮试剂接触时，能够直接而迅速反应的胆红素部分，称为直接胆红素；而需要加速剂使之迅速反应的胆红素部分，称为间接胆红素。直接胆红素包含结合胆红素和 δ-胆红素；而间接胆红素则是游离胆红素（未结合胆红素）。因此，在加速剂存在的情况下，所有胆红素均参与反应，其测定结果称为总胆红素。根据总胆红素和直接胆红素，可以计算出游离胆红素。

游离胆红素＝总胆红素－（结合胆红素＋δ－胆红素）

1883 年 Ehrlich 建立了重氮反应方法测定胆红素。反应中，重氮苯磺酸与胆红素发生重氮化反应，生成 2 个分子的偶氮双吡咯（azodipyrrole）。偶氮双吡咯在近中性溶液中呈淡紫红色，在低 pH 或高 pH 溶液中呈蓝色。1916 年，Van Den Bergh 利用 Ehrlich 重氮反应，定性或定量测定血清胆红素，并指出血清胆红素有两种存在形式，即直接反应胆红素和间接反应胆红素。

$$HO_3S-C_6H_4-NH_2 + NaNO_2 \xrightarrow{HCl} HO_3S-C_6H_4-N=NCl + NaCl + 2H_2O$$

对氨基苯磺酸　　亚硝酸钠　　　　　　氯化重氮苯磺酸

胆红素葡萄糖醛酸双酯

紫红色偶氮二吡咯化合物

紫红色偶氮二吡咯化合物　　pH 13　　酒石酸钠、咖啡因

蓝绿色偶氮胆红素

1937 年 Malloy and Evelyn 建立重氮测定方法（简称 M-E 法），选用甲醇为加速剂。1938 年 Jendrassik-Grof 建立的重氮测定方法（简称 J-G 法），使用咖啡因作加速剂，然后加入重氮苯磺酸（显色剂）和碱性酒石酸，呈现蓝色的偶氮色素，克服了血红蛋白和血浆蛋白浊度等干扰。Doumas and Colleagues 对 J-G 法进行改良，使测定结果达到 HPLC 参考方法结果的可靠性。

各种重氮测定方法之间的主要差别在于加速剂的选择。重氮反应中所用的加速剂有苯甲酸钠 - 咖啡因、甲醇、二甲亚砜（dimethyl sulfoxide）、尿素和去污剂（表面活性剂）。加速剂的作用机制是破坏游离胆红素分子内部的氢键，增进溶解度，使之与重氮试剂反应，生成偶氮胆红素。

应用胆红素氧化酶测定血清胆红素是 20 世纪 80 年代中期发展起来的新方法，操作简

单，反应速度快，特异性高，又能用于自动分析仪。

二、实验方法及评价

【实验 14-6】 血改良 J—G 法测定血清胆红素

【原理】

在没有加速剂存在时，血清与重氮试剂反应所生成的红色偶氮胆红素为直接胆红素。在同样的反应条件下，有加速剂存在时，血清与重氮试剂反应，所生成的红色重氮胆红素为总胆红素。最后，加入碱性酒石酸溶液，使红色偶氮胆红素（530nm）转变成蓝绿色偶氮胆红素（600nm），进行比色测定。

【试剂】

1. 咖啡因试剂 56g 无水乙酸钠，56g 苯甲酸钠，1.0g 乙二胺四乙酸二钠（EDTA-Na_2），溶于约 700ml 蒸馏水中，再加入 37.5g 咖啡因，搅拌使之溶解（加入咖啡因后不能加热助溶），用蒸馏水定容至 1L，混匀。若试剂有轻微浑浊，可用滤纸过滤，置棕色瓶，室温保存。

2. 碱性酒石酸钠溶液 75.0g NaOH，320.0g 酒石酸钾钠（$Na_2C_4H_4O_6 \cdot 4H_2O$），用蒸馏水溶解至 1L。如果浑浊，过滤，置塑料瓶中，室温可保存 6 个月。

3. 5.0g/L 亚硝酸钠溶液 0.5g 亚硝酸钠溶于 70ml 蒸馏水，再加蒸馏水至 100ml。每 2 周配一次，存 4℃冰箱中，若发现溶液呈淡黄色时，应丢弃重配。

4. 5.0g/L 对氨基苯磺酸溶液 对氨基苯磺酸（$NH_2C_6H_4SO_3H \cdot H_2O$）5.0g，加于约 700ml 蒸馏水中，加 15ml 浓盐酸，待完全溶解后，加蒸馏水至 1L。

5. 重氮试剂 用前配制。取 0.5ml 5.0g/L 亚硝酸钠溶液与 20ml 5.0g/L 对氨基苯磺酸溶液混合。

6. 5.0g/L 叠氮钠溶液 叠氮钠 0.5g，用蒸馏水溶解并稀释至 100ml。

7. 342μmol/L 胆红素标准液 可购买，也可配制。用未结合胆红素配制标准液，此标准品须用含白蛋白的溶剂配制，常用人混合血清作为基质液。

【实践步骤】

1. 参数设置

pH	6.5	波长	600nm
温度	37℃	比色杯光径	1.0cm

2. 操作

血清总胆红素测定：按表 14-12 加液。结合胆红素测定：按表 14-13 加液。

混匀。分光光度计波长 598nm，蒸馏水调零，读取各管吸光度，分别记录为测定管吸光度、测定对照管吸光度、标准管吸光度和标准对照管吸光度。然后，按照下面公式计算结合胆红素浓度。

【计算】

$$TB(\mu mol/L) = \frac{Au - Auc}{As - Asc} \times C_{TBS}(\mu mol/L)$$

$$CB(\mu mol/L) = \frac{Au - Auc}{As - Asc} \times C_{CBS}(\mu mol/L)$$

表 14-12　总胆红素 TB 测定

ml	测定管	测定对照	TB 标准	标准对照
血清	0.2	0.2		
TB 标准液			0.2	0.2
咖啡因试剂	1.6	1.6	1.6	1.6
5/gL 对氨基苯磺酸		0.4		0.4
重氮试剂	0.4		0.4	
混匀	TB：室温 10 分钟			
5g/L 叠氮钠				
咖啡因				
碱性酒石酸钠	1.2	1.2	1.2	1.2

表 14-13　结合胆红素 CB 测定

测定管	测定对照	CB 标准	标准对照
0.2	0.2		
		0.2	0.2
	0.4		0.4
0.4		0.4	
CB：37℃		准确 1 分钟	
0.05	0.05	0.05	0.05
1.6	1.6	1.6	1.6
1.2	1.2	1.2	1.2

【参考范围】

血清总胆红素：5.1～17.1μmol/L

血清结合胆红素：0～6μmol/L

结合胆红素/总胆红素：20%～35%

【临床意义】

1. 血清总胆红素（TB）　判断有无黄疸、黄疸的轻重以及肝细胞损害的程度，但是不能鉴别黄疸的类型。如果升高明显，常反映有严重的肝细胞损伤，如胆汁淤积型肝炎。新生儿血清总胆红素测定有助于了解新生儿溶血症严重程度。血清总胆红素减少，主要见于癌症或慢性肾炎引起的贫血和再生障碍性贫血。

2. 血清直接胆红素　国内长期以来误解了结合胆红素参与反应非常快，整个反应只要 1 分钟，被称为"1 分钟胆红素"。结合胆红素参与反应的影响因素很多，例如反应时使用的重氮试剂的浓度、pH、反应时间等。结合胆红素的重氮反应的初期确实很快，但是，要使所有结合胆红素完全参与反应，需要 30 分钟以上。目前推荐 10 分钟的方法。

直接胆红素升高表示肝功能有一定损害，超过 4.5mg/L 才有临床意义。正常血清测定的直接胆红素基本上不反映与葡萄糖醛酸相结合的胆红素，而在黄疸时，则基本反映后者的水平。在肝细胞性黄疸和阻塞性黄疸时增高明显，尤其是肝内外阻塞性黄疸、胰头癌、毛细胆管型肝炎及其胆汁淤积综合征等时更为明显。

3. 结合胆红素和总胆红素的比值可用于鉴别黄疸类型。比值＜0.2，见于溶血性黄疸、阵发性血红蛋白尿、恶性贫血、红细胞增多症等；比值 0.4～0.6，主要见于肝细胞性黄疸；比值＞0.6，主要见于阻塞性黄疸。

【方法学评价】

1. 线性范围宽　浓度在 342μmol/L 以下有较好的准确度。高浓度时（超过 342μmol/L）准确度和精密度都低，建议浓度高时减少血样用量。

2. 精密度　正常参考浓度时精密度较差，批间 CV 达 14%～20%；而胆红素浓度达 342μmol/L 时，精密度好，批内 CV 为 0.95%，批间 CV 为 5%～10%。

3. 灵敏度高，抗干扰能力较好，血红蛋白低于 1.0g/L 时无干扰。

【注意事项】

1. 胆红素对光敏感，胆红素标准液及血清样本均应避光。

2. 重氮试剂：等百分比的亚硝酸钠和对氨基苯磺酸，试剂分开保存，使用前按 1∶40 的体积混合。试剂中的主要显色成分是氯化重氮苯磺酸，在室温中不稳定，温度升高，易于分解，故需临用前新鲜配制。加速剂用咖啡因试剂盒，也可用甲醇。

3. 试剂作用：终止剂：（叠氮钠 NaN_3 or Vc），破坏重氮试剂，终止"VDB 直接反应"。碱性酒石酸钠：提供"强碱性"环境，使紫色变蓝（绿）色。使颜色不稳定的紫红色偶氮胆红素在咖啡因存在下转化为稳定的蓝色偶氮胆红素。醋酸钠：保证 pH 稳定性。

【实验 14-7】 胆红素氧化酶（BOD）法测定血清胆红素

（一）血清总胆红素测定

【实验原理】

胆红素氧化酶（BOD）在不同 pH 条件下，催化不同组分的胆红素氧化生成胆绿素，继而被逐渐氧化生成淡紫色化合物，其在 450nm 处的吸光度也随之下降，下降程度与胆红素浓度成正比。

在 pH 8.0 条件下，未结合胆红素及结合胆红素均被氧化，因而检测波长 450nm 处吸光度下降值可反映总胆红素含量，加入十二烷基硫酸钠（SDS）及胆酸钠等阴离子表面活性剂可促进其氧化在 pH4.5 的条件下，BOD 只能催化结合胆红素和大部分 δ 胆红素氧化，而未结合胆红素不能被氧化。此条件下测 450nm 吸光度下降值可反映结合胆红素含量。

【试剂】

（1）0.1mol/L，Tris-HCl 缓冲液（pH 8.2）。

（2）BOD 溶液，酶活性一般在 25 000U/L。

（3）171μmol/L 总胆红素标准液配制见 J-G 改良法。可购试剂盒。

【实践步骤】

1. 参数设置

pH	8.2	波长	460nm
反应温度	37℃	反应方向	负向反应
反应类型	终点法		

2. 操作 血清总胆红素测定：按表 14-17 加入相应剂。

☐ 决定性方法 —
☐ 参考方法 HPLC
☑ 常规方法 BOD 法

表 14-17 酶法总胆红素测定操作步骤

试剂（ml）	测定管 E	测定对照 EB	标准管 S	标准对照 SB
血清	0.050	0.050	—	—
胆红素标准液	—	—	0.050	0.050
Tris-HCl 缓冲液	1.000	1.000	1.000	1.000
蒸馏水	—	0.050	—	0.050
胆红素氧化酶	0.050	—	0.050	—

加入 BOD 溶液后立即混匀，各管置 37℃水浴 5 分钟，用分光光度计在 450nm 波长处，蒸馏水调零，读取各管吸光度，A_E、A_{EB}、A_S、A_{SB}。

【计算】

测定管吸光度 $\Delta A_E = A_{EB} - A_E$

标准管吸光度 $\Delta A_S = A_{SB} - A_S$

$$血清总胆红素浓度（\mu mo/L）= \frac{\Delta A_E}{\Delta A_S} \times C_s（171）$$

血清结合胆红素测定按表 14-18 操作。

表 14-18 酶法直接胆红素测定操作步骤

试剂（μl）	测定对照 Ub	测定管 Ut	标准对照 Sb	标准管 St
结合胆红素 R1 试剂	800	800	800	800
血清	40	40	—	—
结合胆红素标准液	—	—	40	40
混匀，37℃水浴孵育 5 分钟				
结合胆红素 R2 试剂	—	200	—	200
邻苯二甲酸盐缓冲液（pH5.5）	200	—	200	—

【计算】

$$血清结合胆红素浓度（\mu mo/L）= \frac{A_{Et} - A_{Eb}}{A_{St} - A_{Sb}} \times Cs（DTB 标准液浓度）$$

【参考区间】

同前。

【方法学评价】

1. 特异性高，重复性好，不仅适合手工简单操作，也适合自动生化分析仪测定。结合胆红素线性范围 0～132μmol/L，批内 CV 2.5%～2.8%。总胆红素线性范围 0～513μmol/L。

2. 高低浓度标本的精密度批内、批间 CV 变化不大。回收率在 93%～102%，说明 BOD 法测定总胆红素的准确度、精密度比改良 J-G 法好。

【注意事项】

1. 测定波长选择：在 pH 8.0 条件下，未结合胆红素吸收峰在 448nm，结合胆红素占优势的黄疸血清吸收峰在 425～448nm，这些吸收峰经胆红素氧化酶作用后均消失。

2. 干扰因素轻度溶血对结果影响不大，肝素抗凝血浆反应可产生浑浊而影响结果。

3. 胆红素对光线敏感（也是光照治疗的基础）。光照使胆红素降解为水溶性胆绿素，更易于排泄，在标本收集管中也会受光的影响。

第 6 节 血清胆汁酸测定

一、血清胆汁酸测定方法简介

血清总胆汁酸（TBA）测定有层析法、免疫法和酶法等，酶法中又可分酶荧光法、酶比色法和酶循环法。

（一）高效液相色谱法

应用高效液相色谱（HPLC）法对胆汁酸类化合物进行分离和定量，在数分钟内即可将羟（如 CA）和二羟（如 CDCA）分离。HPLC 与多种检测系统结合应用，可提高灵敏度，也能对各个胆汁酸成分进行定量，但由于其检测速度慢，不宜大批量样本检测，且需要昂贵的仪器设备，临床应用受到限制。

（二）放射免疫分析法

放射免疫分析法采用一系列抗体，可以有选择地检测某一种特异的胆汁酸。早期使用 ^{3}H 标记胆汁酸作为放射性配体，现在用 ^{125}I 胆酰甘氨酰标称组胺标记，提高了灵敏度和实用性。但放射性核素污染基层医院不好控制，特异性的抗体难以制备，且不同胆汁酸抗体间有交叉反应。

（三）酶免疫分析法

以辣根过氧化物酶偶联到胆汁酸分子上形成酶半抗原复合物，此复合物与抗胆汁酸一起温育，结果产生酶活性的抑制作用。用分光光度法和荧光法检测，灵敏度可达 10pmol，但也存在交叉反应。

（四）酶比色法

两类工具酶的开发应用实现了总胆汁酸的酶比色法测定，分别是 3α- 羟类固醇脱氢酶（3-α-hydroxysteroid dehydrogenase，3α-HSD）和 3α- 氧 -5β- 类固醇 Δ^4- 脱氢酶（3-oxo-5β-steroid, Δ^4-dehydrogenase, Δ^4-DH），该法简便快速，可手工操作，亦可自动化分析，反应灵敏度达到 μmol/L 水平，目前临床实验室广泛应用。

（五）酶循环法

近年在酶比色法基础上发展的酶循环法灵敏度高，特异性好，应用前景更好。主要原理是，3α-HSD 可以将胆汁酸上的 3α-H 转移到硫代氧化型辅酶 I（Tris-NAD$^+$），同时将 Tris-NADH 上的氢转移到上述产物 3- 酮类固醇上，从而再生成胆汁酸，通过循环，可使微量胆汁酸不断放大。通过测定生成物 Tris-NADH 在 405nm 吸光度变化，可测定样品中胆汁酸的浓度。

二、实验方法及评价

【实验 14-8】 酶比色法测定血清总胆汁酸

【原理】

血清胆汁酸（3α- 羟类固醇）被 3α-HSD 催化，生成 3- 酮类固醇及 β- 硫代烟酰胺，同时氧化型 NAD$^+$ 被还原成 NADH。随后 NADH 携带的 H 传递给氯化硝基四氮唑蓝（NBT），产生蓝紫色甲臜（formazan）。在 540nm 波长比色，测定甲臜的吸光度。反应式如下：

3α-羟基胆汁酸 → 3-氧代胆酸 (3α-HSD, NAD⁺ → NADH+H⁺)

3-氧代胆酸 → 3-氧代-Δ⁴-胆酸 (Δ⁴-DH, NAD⁺ → NADH+H⁺)

(NBT结构) + 2NADH+2H⁺ —黄递酶→ 2NAD⁺ + 甲臜（蓝紫色）

【试剂】

1. **酶试剂** 含 3α-HSD 1000U/L，Δ⁴-DH 1000U/L，黄递酶 2600U/L，NAD⁺ 2mmol/L，NBT 0.3mmol/L。

2. **空白试剂** Δ⁴-DH 1000U/L，黄递酶 2600U/L，NAD⁺ 2mmol/L，NBT 0.3mmol/L。

3. **终止液** 柠檬酸溶液 0.3mmol/L

4. **标准液** 甘氨鹅脱氧胆酸 50mmol/L。

【实践步骤】

手工操作按表 14-19。

表 14-19　总胆汁酸测定操作步骤

加入物 μl	测定管 U	测定空白管 UB	校准管 S	校准空白管 SB
血清	100	100	—	—
校准液	—	—	100	100
酶试剂	500	—	500	—
空白试剂	—	500	—	500
混匀，37℃水浴 10 分钟				
终止液	500	500	500	500

加终止液后 5～60 分钟，在 540nm 波长，以蒸馏水调零，读取各管吸光度。

【计算】

$$总胆汁酸浓度（\mu mo/L）=\frac{A_U - A_{UB}}{A_S - A_{SB}} \times 标准液浓度$$

【参考范围】

0～12μmol/L，或参考试剂盒给定范围。

【临床意义】

血清 TBA 是测定肝实质性损伤非常灵敏的指标。各类肝炎、肝硬化、阻塞性黄疸均可使血清 TBA 增高，急性肝炎时可达正常水平的 10～100 倍。尤其肝病早期、隐性黄疸以及肝实质细胞微小坏死等情况，血清 TBA 测定较其他指标灵敏，餐后 2 小时血清 TBA 检测又较空腹状态对肝功能评估更灵敏。

1. 肝炎　急性肝炎时，血清胆汁酸急剧升高，初愈时，血清 TBA 与 ALT、AST 同时降至正常水平。如果持续不降或反而上升，则预示可能发展为慢性肝炎。急性病毒性肝炎康复期，如果餐后血清总胆汁酸持续升高，表明患者已重度肝损伤，病毒性肝炎正在向慢肝转化。

常规检查对慢性肝炎相对不敏感，而灵敏的血清胆汁酸尤其适合慢性肝炎预后评估，用来区分活动性与非活动性肝炎，并且替代肝脏活检实验，有效监控慢性肝炎治疗进程。

2. 肝硬化　肝硬化时，肝对胆汁酸代谢能力降低，肝硬化初期 ALT 和肝功能指标尚不明显，TBA 已明显升高，且血清 TBA 在肝硬化的不同阶段包括晚期均增高，幅度高于慢性活动性肝炎，慢性活动性肝炎常＞20μmol/L，肝硬化常＞30μmol/L。肝病活动降至最低，也居高不下。故 TBA 比 ALT 更能反映患者病情发展。

3. 胆汁淤积　血清 TBA 测定对胆汁淤积有较高的灵敏性和特异性。肝外胆管阻塞及肝内胆汁淤积包括急性肝炎、初期胆管性肝硬化、新生儿胆汁淤积、妊娠性胆汁淤积等，均引起 TBA 增高。胆管阻塞初期，胆汁分泌减少，使血清中的 TBA 增高显著，且在不同阶段保持水平不变，而血清胆红素水平则不断变化。肝外阻塞引流后，血清 TBA 水平迅速恢复正常。

4. 乙醇性肝病　本病目前渐呈增多趋势，尚无诊断标志物，但在乙醇性肝病至肝硬化损伤严重时，血清 TBA 明显增高。血清胆汁酸与 β-己糖胺酶组合测定，被建议作为有价值的评价酒精性肝病的检测方法。

【方法学评价】

酶比色法测定具有快速、简便、准确、可靠和适用的优点，可手工操作，可上自动化分析仪，但试剂昂贵，不易保持；对酶量要求应严格，以保证酶促反应在零级反应下进行，酶量不足易产生误差。线性范围 1～180μmol/L，最高达 300μmol/L；手工和自动分析的批内 cv 分别为 2.71% 和 1.16%，总 cv 分别为 5.46% 和 2.79%。

【注意事项】

1. 由于测定脂肪酶、胆固醇、甘油三酯试剂中往往加有胆酸盐，从而对该项测定有污染，要引起注意。某些先进仪器可以设定试剂针、样本针和反应杯的补充清洗程度，亦可将 TBA 编排在上述有污染的项目前测定。不具备清洗功能的仪器，TBA 单批测定为好。

2. 试剂中加适量表面活性剂可防止甲臜沉淀。

第 7 节 血清胆碱酯酶（ChE）测定

一、血清胆碱酯酶测定方法简介

胆碱酯酶（ChE）有两类，一种是乙酰胆碱酯酶，称真胆碱酯酶或胆碱酯酶 I（acetylcholinesterase，AChE），存在于脑灰质和红细胞中，主要生理功能是迅速水解神经末梢释放的乙酰胆碱，为胆碱和乙酸。另一种是酰基胆碱酯酶，称拟胆碱酯酶或胆碱酯酶 II（pseudocholinesterase，PChE），由肝细胞分泌，主要存在于血浆、肝和神经系统，除水解乙酰胆碱外还作用于其他胆碱酯类。

测定胆碱酯酶活性的目的有 3 种，一是测定血清胆碱酯酶活性的降低，作为有机磷中毒的指标；二是鉴定遗传性胆碱酯酶异常变种的存在；第三作为一项肝功能指标，肝实质性损害时 PChE 活性降低。目前临床测定 ChE 常用连续监测法和比色法。

二、实验方法及评价

【实验 14-9】 连续监测法测定胆碱酯酶

【原理】

拟胆碱酯酶 PChE 催化丙酰硫代胆碱水解，生成丙酸和硫代胆碱，后者与 5,5'-二硫代双（2-硝基苯甲酸）（DTNB）反应，生成黄色的 5-巯基-2-硝基苯甲酸（5-MNBA），410nm 处测吸光度，ΔA_{410}/min 与 PChE 活性成正比。

$$CH_3CH_2-\overset{O}{\underset{}{C}}-S-CH_2CH_2-\overset{CH_3}{\underset{CH_3}{\overset{|}{N^+}}}-CH_3 + H_2O \xrightarrow{ChE} HS-CH_2CH_2-\overset{CH_3}{\underset{CH_3}{\overset{|}{N^+}}}-CH_3 + CH_3CH_2COO^-$$

丙酰硫代胆碱　　　　　　　　　　　硫代胆碱　　　　丙酸根

$$HS-CH_2CH_2-\overset{CH_3}{\underset{CH_3}{\overset{|}{N^+}}}-CH_3 + O_2N-\underset{COOH}{\bigcirc}-S-S-\underset{COOH}{\bigcirc}-NO_2 \longrightarrow O_2N-\underset{COOH}{\bigcirc}-SH$$

硫代胆碱　　　5,5'-二硫代双（2-硝基苯甲酸）(DTNB)　　2×5-巯基-2-硝基苯甲酸(黄色5'-MNBA)

第14章 肝脏功能检验

【试剂】

1. 42mmol/L 磷酸盐缓冲液（pH7.6）。
2. 10mmol/L 碘化丙酰硫代胆碱（propionylthiocholine，PT-CI，MW＝303.2）。
3. 0.421mmol/L 5,5′-二硫代双（2-硝基苯甲酸）溶液[5,5′dithio-bis（2-nitorvenzoic acid），DTNB，MW＝393.6]。

【实践步骤】

1. 试剂准备

操作前将PTCI溶液与DTNB溶液按1∶3混合，为工作液。

2. 参数设置（适用于半/全自动生化分析仪）

第一波长	410nm	孵化时间 Incubation	180s
第二波长	660nm	延迟时间 delay time	10s
比色杯光径	1.0cm	间隔时间 Rate time	30s
温度 Temperature	37℃	测定次数 Read number	7
吸样量 Aspirate volume	5ul	连续监测时间	180s
试剂Ⅰ	3000ul	血清稀释倍数	601
试剂Ⅱ	-ul	系数 Factor	44191

3. 操作

取工作液3ml，37℃预温3分钟，吸入5μl样品混合，延滞时间10秒，410nm波长，比色杯1cm光径，间隔时间30秒，连续临测3分钟吸光度变化。计算ΔA/min。

【计算】

$$chE（U/L）=\Delta A/min \times \frac{10^6 \times TV}{\varepsilon \times L \times SV}=\Delta A/min \times \frac{10^6 \times 3005}{13600 \times 1 \times 5}=\Delta A/min \times 44191$$

式中，13600为5-MNBA的摩尔吸光系数。

【单位】

在测定条件下，血清中PChE催化1μmol底物水解（同时生成1μmol 5-MNBA）的酶量为1个活力单位。

【参考范围】

4300～10500U/L。

【临床意义】

胆碱酯酶测定的临床意义在于酶活力降低。在病情严重的肝炎患者中，约有4/5的病人胆碱酯酶降低至正常的60%，危重病人可降至正常的10%以内，甚至完全缺乏。慢性活动型肝炎、肝硬化均可导致胆碱酯酶活力下降。有机磷毒剂是AChE及PChE的强烈抑制剂，故此酶是协助有机磷中毒诊断及预后的重要指标。

【方法评价】

1. 速率法 不受人为因素影响，准确性和重复性高，易于标准化。临床上对有机磷和氨基甲酸酯类中毒的患者，进行疗效观察和预后估计时，动态观察CHE以速率法检测为准。

2. 线性范围 0.0～18000.0U/L，批内精密度：CV≤4.5%，批间精密度：CV≤5.0%，空白吸光度：＜0.200A，不准确度（相对误差）：≤±10.0%。

第8节 肝功能试验的选择和评价

一、肝功能试验项目的选择原则与组合

(一)肝功能试验项目的选择原则

理想的肝脏实验室检查项目应满足三个条件。
1. 对肝疾病的诊断灵敏度高,特异性强。
2. 对不同肝疾病的鉴别选择性好。
3. 当肝无疾病时,所选择的项目可以排除肝疾病。

但目前,尚难找出一项特异性试验能对某一种肝脏疾患的病因、病变程度作出准确的反映,也没有任何一种检查能单独反映肝脏病变而不受其他因素的影响;且肝脏有较强的再生能力和代偿功能,当病变范围不大、时间不长时,肝功能检查可无异常,故肝功能检查即使正常也不能说明肝没有病变。

(二)实验项目的合理组合与筛选

在选择肝功能实验时,临床医生应首先回答以下问题:①肝病是否存在;②存在何种类型;③肝病的严重程度;④能否进行治疗监测;⑤预后如何。

具体执行组合也要遵循一定的原则:①根据实验项目的性质和特点;②按临床实际应用的需要;③结合患者具体病情,所在医院的实验室条件,组合并筛选肝脏实验项目。

二、肝功能试验的评价

肝功能试验需有评价依据,通过肝功能实验的临床应用,判定是否达成肝功能检查的目的,在此基础上综合评价。

(一)肝功能实验的目的

①寻找肝脏疾病的病因和病原,从而做出筛选。②检测损伤的类型和定位,了解肝脏损伤程度,评估预后和观察病情。③了解和监测肝脏功能状态。④判断疗效和对手术的耐受性。⑤健康咨询,有助于了解各种理化和环境因素对肝脏的损害。⑥是否累及其他相关系统。

(二)肝功能实验的评价

1. 实验结果的非特异性 大多数肝功能检查结果并非肝脏所特异,其他非肝脏疾病或生理变化也可引起异常反应,造成假阳性。因此,在分析结果时应该注意到肝外因素的作用。

2. 实验结果的局限性 肝脏生理、生物化学功能复杂,实验项目繁多,每项检查的灵敏性、特异性和准确性又各不相同。通常某一项实验仅能反映肝脏功能或肝病变的某一方面,不能反映肝脏的全部,有时较难获得较准确的结论,有必要联合检验项目,多方验证,才能得出正确的结论。

3. 实验结果的不灵敏性 肝脏的储备、代偿和再生能力较强,在肝损害早期,试验结果往往正常,只有肝损害达到一定程度时才显示出功能的改变。此外,肝损害与其

病理组织形态的变化并不一定完全成正比例，结果改变轻微不一定说明肝病变很轻；反之，肝病理形态改变明显，也可能实验结果正常。这与实验项目的灵敏性、特异性等密切相关。

4. 实验结果的不准确性 肝功能试验的结果亦受实验技术、实验设备、试剂质量及操作人员的技术熟练程度等多种因素的影响。因此分析结果时应考虑实验室误差。此外，检验人员还须与临床医生密切合作进行动态观察和综合分析，才可得出较为正确的结论。

> **案例14-1问题精要**
> 1. 黄疸待查。
> 2. MAO、尿胆红素、尿胆素原、肝胆B超检查等。

目标检测

A1 型题

1. 体内生物转化作用最重要的器官是（ ）
   A. 肾　　　　　　　B. 胃肠道
   C. 肝　　　　　　　D. 心
   E. 胰腺

2. 生物转化过程最重要的方式是（ ）
   A. 使药物失活
   B. 使生物活性灭活
   C. 使毒物毒性降低
   D. 使非营养物质极性增加，利于排泄
   E. 使某些药物药性更强或毒性增加

3. 属于次级胆汁酸的是（ ）
   A. 石胆酸　　　　　B. 甘氨胆酸
   C. 牛磺胆酸　　　　D. 甘氨鹅脱氧胆酸
   E. 牛磺鹅脱氧胆酸

4. 体内清除胆固醇的主要形式是（ ）
   A. 胆红素　　　　　B. 胆汁酸
   C. 胆素原　　　　　D. 胆素
   E. 胆绿素

5. 血清中胆汁酸的主要成分是（ ）
   A. 甘氨胆酸　　　　B. 牛磺胆酸
   C. 脱氧胆酸　　　　D. 石胆酸
   E. 重氮苯磺酸

6. 胆红素在血液中主要与哪一种血浆蛋白结合而运输（ ）
   A. γ-球蛋白　　　　B. α_1 球蛋白
   C. β 球蛋白　　　　D. α_2 球蛋白
   E. 白蛋白

7. 下列对结合胆红素的叙述哪一项是正确的（ ）
   A. 主要是双葡萄糖醛酸胆红素
   B. 与重氮试剂呈间接反应
   C. 水溶性小
   D. 正常人随尿液排出
   E. 易透过生物膜

8. 结合胆红素占总胆红素 20% 以下的属（ ）
   A. 溶血性黄疸　　　B. 阻塞性黄疸
   C. 肝细胞性黄疸　　D. 病毒性肝炎
   E. 肝硬化

9. 在胆红素临床研究中还观察到（ ）
   A. 胆红素在急性肝炎和严重肝病时都升高
   B. 胆红素在急性肝炎和严重肝病时都降低
   C. 胆红素在急性肝炎恢复期升高，严重肝病时降低
   D. 胆红素在急性肝炎恢复期降低，严重肝病时升高
   E. 胆红素在急性肝炎恢复期和严重肝病时都升高

10. 反映肝细胞受损、膜通透性增加的血清酶是（ ）
    A. GGT　　　　　　B. ALT
    C. MAO　　　　　　D. CHE
    E. ALP

11. 下列哪项对诊断肝纤维化最有意义（ ）
    A. ALT　　　　　　B. GGT
    C. MAO　　　　　　D. ALP
    E. GGT

12. 采用卡门氏单位测定谷丙转氨酶的方法是（　　）
    A. 改良穆氏法
    B. 金氏法
    C. 酶联-紫外连续监测法
    D. 赖氏法
    E. 皮氏法
13. 赖氏法测定 ALT 标准曲线吸光度与丙酮酸含量不呈直线关系是（　　）
    A. 酶量不足
    B. 温度太低
    C. 丙酮酸含量太小
    D. α-酮戊二酸 2,4-二硝基苯腙的干扰
    E. 显色时间太短
14. 对 ALP 参考范围影响最大的因素是（　　）
    A. 地区差异
    B. 生活习惯
    C. 职业
    D. 性别
    E. 年龄
15. ALT 底物液配制，α-酮戊二酸量比丙氨酸量小近百倍的原因是（　　）
    A. 保证酶有充足的底物
    B. 减少 α-酮戊二酸与 2,4 二硝基苯肼对测定的干扰
    C. 防止基质液 pH 低于 7.4
    D. 限制酶促反应时丙氨酸生成的量
    E. α-酮戊二酸太多可以抑制酶活性
16. 急性肝炎时，血中转氨酶一般变化为（　　）
    A. ALT 和 AST 均升高，且 ALT＞AST
    B. ALT 和 AST 均升高，且 ALT＝AST
    C. ALT 升高，AST 正常
    D. ALT 正常，AST 升高
    E. ALT 和 AST 均升高，且 ALT＜AST
17. 关于 AST 在急性心肌梗死时的变化，下列哪项是正确的（　　）
    A. 6～12 小时升高
    B. 12～24 小时达高峰
    C. 24～36 小时达高峰
    D. 3～5 天恢复正常
    E. 5～7 天恢复正常
18. 以磷酸对硝基苯胺为底物，速率法测定血清碱性磷酸酶，其监测波长为（　　）
    A. 340nm
    B. 380nm
    C. 405nm
    D. 500nm
    E. 540nm
19. 碱性磷酸酶测定的最适 pH 在（　　）
    A. 1～3
    B. 4～6
    C. 7～9
    D. 8.6～10.9
    E. 11～13
20. 用比色法测定 GGT 时，使用的显色剂是（　　）
    A. 2,4-二硝基苯肼
    B. 4-氨基安替比林
    C. 铁氰化钾
    D. 重氮试剂
    E. 氯化碘代硝基四唑
21. 反映胆汁淤积、胆管梗阻的敏感指标为（　　）
    A. ALT
    B. 尿素
    C. GGT
    D. 肌酐
    E. 球蛋白
22. 在改良 J-G 法中重氮试剂的作用是（　　）
    A. 显色反应
    B. 激发反应
    C. 终止反应
    D. 形成稳定的蓝色
    E. 形成稳定的红色
23. 胆红素测定（改良 J-G 法）加入叠氮钠的作用是（　　）
    A. 使紫色的偶氮胆红素变为蓝色
    B. 增加呈色的稳定性
    C. 破坏剩余的重氮试剂
    D. 提高显色的灵敏度
    E. 终止反应
24. 血清胆红素测定必须避免光的直接照射，以免结果降低，为什么（　　）
    A. 胆红素氧化成血红素
    B. 胆红素氧化成胆黄素
    C. 胆红素分解
    D. 胆红素氧化成胆绿素
    E. 间接胆红素变为直接胆红素
25. 用于常规测定总胆汁酸的方法是（　　）
    A. 气相色谱法
    B. 放射免疫法
    C. 液相色谱法
    D. 酶-比色分析法
    E. 薄层色谱法
26. 关于胆汁酸测定正确的是（　　）
    A. 枸橼酸溶液为反应终止液
    B. 参与反应的酶有效应酶和偶联酶
    C. NBT 可还原产生紫色
    D. 比色必须在加入终止液后 5 分钟进行
    E. 饮食对血清 TBA 影响不大
27. 酶法测定总胆汁酸中的效应酶是（　　）
    A. 黄递酶
    B. 3α-HSD
    C. POD
    D. GOD

E. LDH

28. 无黄疸肝脏疾病患者血中发现有 ALP 升高，应警惕有（　　）
    A. 肝癌可能　　　　B. 前列腺癌可能
    C. 骨肿瘤可能　　　D. 白血病可能
    E. 急性胰腺炎可能

29. 临床常规测定的血清胆碱酯酶一般指（　　）
    A. 真性胆碱酯酶　　B. 假性胆碱酯酶
    C. 红细胞胆碱酯酶　D. 乙酰胆碱酯酶
    E. 胆碱酯酶

30. 肝性脑病可见下列哪项检查明显增高（　　）
    A. 血氨　　　　　　B. 血尿素
    C. 血肌酐　　　　　D. 血尿酸
    E. 尿素

31. 目前临床实验室测定血氨常用的方法是（　　）
    A. 酶比色法　　　　B. 干化学法
    C. 氨电极法　　　　D. 离子交换法
    E. 谷氨酸脱氢酶法

32. 有机磷中毒检测哪个酶活性（　　）
    A. GGT　　　　　　B. ALP
    C. CHE　　　　　　D. ACP
    E. ALT

33. 急性黄疸性肝炎时，血清中哪一种酶活性下降（　　）
    A. ALT　　　　　　B. CHE
    C. ALP　　　　　　D. GGT
    E. 以上都是

34. 临床上唯一能同时反应肝脏分泌、代谢、肝细胞损伤三方面的重要指标是（　　）
    A. GGT　　　　　　B. ALP
    C. ChE　　　　　　D. TBA
    E. ALT

二、A2 型题

35. 患者女性，43 岁。因黄疸、弥漫性上腹痛和全身瘙痒 3 周入院。尿液为暗褐色，粪便为灰白色，并有恶臭。体检：黄疸，右季肋部有触痛，肝大。该患者最可能的诊断为（　　）
    A. 溶血性黄疸　　　B. 肝细胞性黄疸
    C. 阻塞性黄疸　　　D. 肝硬化
    E. 胆囊炎

36. 患者男性，45 岁，因进行性消瘦、上腹部饱胀、胃纳减退，近日肝区疼痛、发热来医院就诊，查 AFP 650μg/L，HBsAg 阳性，ALT 151U/L，γ-GT 252U/L，该病诊断为（　　）
    A. 急性病毒性肝炎　B. 慢性迁延性肝炎
    C. 肝硬化　　　　　D. 原发性肝癌
    E. 转移性肝癌

37. 患者女性，25 岁。平时无出血性倾向，食欲良好，检查发现红细胞 3×10^{12}/L，Hb90g/L，WBC8.0×10^9/L。此病人黄疸可能属于（　　）
    A. 溶血性　　　　　B. 肝细胞性
    C. 肝内胆汁淤积性　D. 肝外胆汁淤积性
    E. 药物性胆汁淤积性

38. 患者男性，51 岁。胸痛发作 24 小时，伴心悸、气短、面色苍白。患者有慢性支气管炎史和 20 年吸烟史。心电图示 ST 段抬高。查血清 AST 256U/L，LD 4640U/L，CK 1560U/L，CK-MB 18%，最有可能的原因是（　　）
    A. 急性心肌梗死
    B. 二尖瓣狭窄致右心衰竭
    C. 急性肾衰竭
    D. 肝硬化
    E. 骨骼肌疾病

三、B1 型题

（39～43 题共用备选答案）
    A. 总胆红素　　　　B. 结合胆红素
    C. 未结合胆红素　　D. 清蛋白
    E. 血红素

39. 合成胆红素的原料（　　）
40. 血液中胆红素的载体（　　）
41. 反映黄疸严重程度的是（　　）
42. 水溶性的胆红素是（　　）
43. 被摄取到肝脏进行生物转化的是（　　）

（44～46 题共用备选答案）
    A. 血清 AST　　　　B. 血清 ALT
    C. 血清 MAO　　　　D. 血清 ALP
    E. 血清 GGT

44. 反映肝细胞受损、膜通透性增加的指标是（　　）
45. 反映肝纤维增生的临床指标是（　　）
46. 反映肝实质广泛受损的指标是（　　）

（宋利萍）

第15章 肾功能检验

学习目标

掌握：肾功能试验的方法学评价及临床意义，酶偶联速率法、脲酶波法测定血清 Urea，酶偶联速率法、苦味酸法测定血清 Cr 以及 Ccr、酶偶联比色法、磷钨酸还原法测定血清 UA 的原理、注意事项、参考范围及临床意义。

熟悉：尿微量白清蛋白、α_1-微球蛋白、β_2-微球蛋白等早期肾损伤指标测定的原理、注意事项及临床意义。

了解：肾脏的结构与功能，疾病时肾脏的生化改变，肾功能试验的分类与选择。

能规范、熟练地操作 Urea、Cr、Ccr、UA 等项目测定。

案例 15-1

患者男性，19 岁。4 年前出现泡沫尿，查尿常规显示有"蛋白尿"，未予重视。半月前因阵发性下腹部胀痛来我院门诊，发现"尿蛋白＋＋＋，尿红细胞＋，血清白蛋白 30g/L（溴甲酚绿法即 BCG 法），肌酐 131μmol/L（肌氨酸氧化酶法），补体（C3）0.86 g/L（免疫比浊法）"。诊断为"慢性肾小球肾炎，肾功能不全"。

问题：

1. 蛋白尿是什么样的病症？
2. 血清清蛋白为何下降？
3. 为什么诊断该患者为慢性肾小球肾炎，肾功能不全？

肾脏是泌尿系统的组成器管之一，是人体内主要形成尿液和内分泌功能的重要器官。它通过生成和排出尿液，排出体内代谢废物及有害物质，重吸收有用物质，可调节水、渗透压及酸碱平衡来维持机体内环境的相对稳定。如果肾脏功能受损，代谢废物不能及时排出体外，导致体液正常生物化学代谢的变化，因而造成机体代谢紊乱。因此，使用各种方法测定体液中有关生物化学成分的质和量的变化，对评价肾脏功能以及肾脏疾病的临床诊断、治疗、病情判断和疗效观察等方面具有重要的指导意义。

第1节 概述

一、肾脏的结构与功能

（一）结构

肾脏为成对略呈蚕豆形的实质性器官，位于腹膜后脊柱两侧。肾外有被膜包裹，内侧缘中央凹陷形成肾门，血管、淋巴管、神经和输尿管经此处入肾。肾分为皮质、髓质和肾盂三部分；皮质在外层，由肾小体和肾小管构成；髓质在内层，由20~28个肾锥体组成，主要含髓袢的降支及升支、集合管及乳头管。肾锥体开口于肾小盏，肾小盏汇合成肾大盏，肾大盏连接于肾盂，肾盂再向下逐渐缩小续于输尿管（图15-1）。

1. 肾单位 肾单位是肾脏结构和功能的基本单位，它与集合管共同完成泌尿功能。人的每个肾脏含80万~120万个肾单位，每个肾单位由肾小体和肾小管组成。集合管不包括在肾单位内，但由于集合管在尿液浓缩与稀释的过程中起着重要的作用，故可把集合管视为肾小管的终末部分。多个肾单位汇集于一支集合管，多个集合管汇入一支乳头管，而后开口于肾盂。

（1）肾小体：位于肾皮质，由肾小球和肾小囊组成。肾小球由入球小动脉、出球小动脉和毛细血管网组成。入球小动脉反复分支，形成一团盘曲的毛细血管网，后汇集成出球小动脉，肾小球的包囊是肾小囊，它是由两层上皮细胞构成，两层之间为囊腔，与肾小管相通。

（2）肾小管：肾小管长而弯曲，是由单层上皮细胞组成的连续性小管，可分为近端小管、髓袢细段和远端小管等三段。近端小管包括近曲小管和髓袢降支粗段，近曲小管与肾小囊相连；髓袢细段分为降支和升支两部分；远端小管包括远曲小管和髓袢升支粗段，远曲小管与集合管相连（图15-2）。

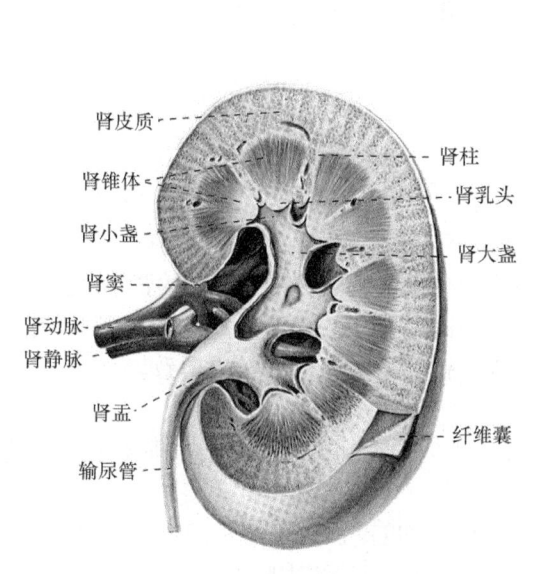

●● 图15-1 肾脏的结构 ●●

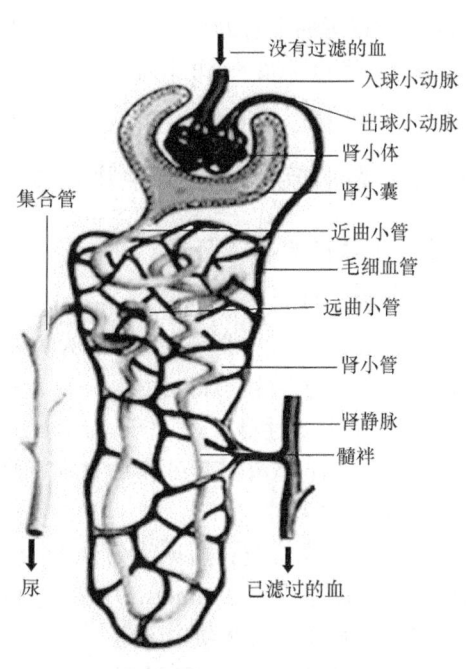

●● 图15-2 肾单位及肾血管 ●●

2. 肾的血管 肾动脉由腹主动脉分出后，经叶间动脉、弓状动脉、小叶间动脉和入球小动脉进入肾小体，形成肾小球毛细血管袢，再汇集成出球小动脉。离开肾小体以后又分支成二级毛细血管网，包绕于肾小管和集合管，然后汇合成静脉，经小叶间静脉、弓形静脉、叶间静脉和肾静脉进入体循环。

（二）功能

1. 泌尿功能 肾脏最重要的功能是泌尿，肾脏是通过生成尿液来实现这一功能的。尿的生成来源于血液,当血液流过肾小球毛细血管网时,血浆中的水、小分子溶质和小分子血浆蛋白,通过滤过膜滤入肾小囊腔形成原尿。肾小球滤过作用由肾小球滤过膜的通透性、有效滤过压和"肾血流量(renal plasma flow,RPF)"三种因素决定,其中任何一种因素发生变化,都会影响"肾小球滤过率(glomerular filtration rate,GFR)"正常成人 GFR 约为 125mL/分。肾脏同时根据体内水分的多少对尿量进行调节,从而保持水的平衡,维持人的正常生活。

肾脏通过生成尿液不仅可以排泄机体代谢的终产物,如蛋白质代谢产生的尿素、核酸代谢产生的尿酸、肌肉肌酸代谢产生的肌酐和血红色的降解产物胆红素等,还可将摄入量超过机体需要的物质,如水、电解质等和进入体内的外源性异物,如绝大部分药物,影像学检查的造影剂和毒物等排出体外;而且同时精确调节体内水、电解质、酸碱和渗透压平衡等。维持机体内环境质和量的相对稳定,保证生命活动的正常进行。

2. 内分泌功能 肾脏作为一个内分泌器官,能分泌多种活性物质,如肾素、前列腺素、促红细胞生成素等,这些物质在调节水盐代谢、血压、血流量、促进血红蛋白的合成方面起着重要作用。此外肾脏是许多的肽类激素和内源性活性物质的降解场所,如胰岛素、高血糖素、甲状旁腺素、泌乳素、生长激素、促胃液素和舒血管肠肽等。

另外肾脏还通过"抗利尿激素(antidiuretic hormone,ADH)""醛固酮(aldosterone,ALD)"对肾远曲小管的功能进行体液平衡的调节,通过肾小管对 HCO_3^- 的重吸收以及对 H^+、NH_3 的分泌进行酸碱平衡的调节,1,25 二羟基维生素 D_3、"甲状旁腺激素(parathyroid hormone,PTH)"、"降钙素(calcitonin,CT)"通过对肾远曲小管进行钙、磷代谢的调节。

▶ 二、肾脏疾病的临床生物化学

(一)急性肾小球肾炎

急性肾小球肾炎(acute glomerulonephritis,AGN)简称急性肾炎,是以血尿、尿蛋白、高血压、水肿、肾小球滤过率降低为主要表现,并可有一过性氮质血症的肾小球疾病。常急性起病,多数为急性链球菌感染 1~3 周后,因变态反应而引起双侧肾弥漫性的肾小球损害。

1. 主要临床生物化学表现 约半数病人有肉眼血尿;70% 病例有水肿,是因肾小球滤过率减低、水钠潴留引起;多数病人有高血压,为水钠潴留、血容量扩大所致。

2. 实验室检查

(1)尿常规检查:血尿为急性肾炎重要表现,为肉眼血尿或镜下血尿;尿蛋白多属非选择性;尿渗量大于 350mOsm/(kg·H_2O)。

(2)电解质、血浆蛋白测定:尿钠减少,一般可有轻度高血钾。血浆清蛋白可因水、钠滞留,血容量增加致血液稀释而轻度下降,血清蛋白电泳多见清蛋白降低,γ-球蛋白增高。

(3)肾功能检查:急性期肾小球滤过一过性受损,而肾血流量多数正常,Ccr 降低。肾小管功能相对良好,TmG 和 TmPAH 轻度下降或正常,肾浓缩功能仍多保持。

(4)免疫学和其他检查:急性肾炎病程早期有血总补体及 C3 的明显下降,可降至正常 50% 以下,其后逐渐恢复,6~8 周时恢复正常,此种动态变化是链球菌感染后急性肾炎的典型表现,可视为急性肾炎病情活动的指标。尿 FDP 的测定能正确地反映肾血管内凝血。

(二)肾病综合征

肾病综合征(nephroticsyndrome,NS)包括多种不同病理类型改变的肾小球病,引起肾小球毛细血管滤过膜通透性损害。其诊断标准：①尿蛋白＞3.5g/日；②血清 Alb＜30g/L；③水肿；④血脂升高；其中①②两项为必需，因此诊断主要依赖实验室。

1. 临床生物化学表现

（1）尿蛋白：定性≥（＋＋＋），定量＞3.5g/日，多表现为肾小球性蛋白尿，严重者为非选择性蛋白尿，有时为混合性蛋白尿。

（2）血清总蛋白下降 Alb＜30g/L，严重时甚至可＜10g/L；血浆蛋白电泳表现为肾病型图谱特征，即 Alb 明显下降，α_2-球蛋白和 β-球蛋白明显升高，γ-球蛋白相对减少。血清 IgG 可明显下降，而 IgA、IgM 和 IgE 多正常或升高。

（3）血脂：血清总胆固醇和血清低密度脂蛋白显著增高，血清三酰甘油常明显增高，血清脂蛋白［LP（a）］也可增加。

（4）凝血指标：血浆纤维蛋白原（Fg）增高、血浆凝血酶原时间（prothrombin time，PT）缩短，D-二聚体（DD）增加，尿液中纤维蛋白原降解产物（fibrin degradation products，FDP）增加。这些指标更多地应用在肾病综合征抗凝治疗的监测。

（5）水肿：水肿的出现及其严重程度一般与低蛋白血症程度呈正相关。

2. 实验室检查

（1）尿蛋白测定：肾病综合征最主要的实验室诊断依据是严重的蛋白尿，并通常为肾小球性蛋白尿，尿蛋白的测定有助于病因、病理类型的诊断，治疗计划的制定和选择。用 C_{IgG}/C_{Tf} 表示尿蛋白选择性，此值≤0.1 提示高选择性，≥0.2 提示非选择性。电泳呈特征改变：清蛋白下降至 50% 以下，γ-球蛋白也相对减少，α_2-球蛋白和 β-球蛋白比例明显升高，出现两端下陷、中间增高的电泳图谱。

（2）纤维蛋白原降解产物检测：抗凝治疗是 NS 的重要治疗措施，临床一般多采用纤维蛋白原定量测定、凝血酶原时间和 FDP 测定作为监测指标，C_{D-d}/C_{IgG} 测定是指导肾脏局部抗凝治疗更为理想的实验指标。

> **相关链接**
>
> 蛋白尿是慢性肾病的典型症状，由于肾小球滤过膜的滤过作用和肾小管的重吸收作用，健康人尿中蛋白质的含量很少（每日排出量小于 150mg），当尿中蛋白质含量增加，普通尿常规检查即可测出，称蛋白尿。

（三）糖尿病性肾病

糖尿病性肾病（diabetic nephropathy，DN）是指糖尿病直接引起的肾小球硬化症，是糖尿病全身性微血管并发症之一，临床上以糖尿病患者出现持续性蛋白尿为主要标志。遗传因素和代谢紊乱是发病的主要病因。实验室检查：

1. 尿微量清蛋白测定 尿清蛋白排出率（urinary albumin excretion rate，UAER）既是早期糖尿病肾病的重要诊断指标，也是判断糖尿病肾病预后的重要指标。蛋白尿一期可为间歇性，以后变为持续性。UAER 持续＞200μg/分钟或常规尿蛋白定量＞0.5g/24 小时，为临床糖尿病肾病诊断依据之一。运动激发试验有助于糖尿病肾病早期诊断。糖尿病病人血和尿的 β_2-m 有参考价值。

2. 肾功能和形态检查 早期可做 GFR 和 FF 测定。肾脏影像学可见肾大小正常或增大，在尿毒症时也只有部分肾影缩小。

3. 糖尿病视网膜病变检查　出现糖尿病性眼底改变,表明很可能已有肾小球病变(≥90%)。

4. 肾活检　不仅可确定诊断,而且有助于鉴别诊断。

(四)急性肾衰竭

由于肾小球滤过率急剧降低,或肾小管发生变性、坏死而引起的急性肾功能严重损害,泌尿功能丧失,导致急性氮质血症、高钾血症、代谢性酸中毒和水中毒等综合征,统称为急性肾衰竭(acute renal failure,ARF)。起病急、病程短,进行性血尿素和肌酐升高,常短期内出现尿毒症是诊断 ARF 的主要依据。

1. 临床生物化学表现　ARF 在临床上表现两种类型,即少尿型和多尿型。传统上,少尿或无尿被认为是 ARF 的基本特征。临床过程常分为少尿期、多尿期和恢复期。

2. 实验室检查

(1)肾功能试验:内生肌酐清除率下降。肾小管排泌、重吸收功能下降。

(2)血液生化检测:①氮质血症:少尿期尿毒症症状的严重程度与血尿素及肌酐增高的浓度相一致。血肌酐和尿素一般分别每日上升 44.2~88.4μmol/L 和 3.57~7.14mmol/L。②代谢性酸中毒:碳酸氢根浓度下降,二氧化碳结合力降至 13~18mmol/L。③低钠血症:少尿期水中毒时,可发生稀释性低钠血症,血钠浓度常低于 125mmol/L。④高钾血症:常出现于少尿数日后,通常血钾每日递增约 0.3mmol/L,血钾可高达 7mmol/L。

(3)尿液检测:①尿比重:少尿期常为 1.010~1.015,多尿期<1.010。②尿渗量:少尿期为 280~300mOsm/L,多尿期<300mOsm/L,尿渗量/血浆渗透压<1.1。③尿钠:少尿期常<30mmol/L,多尿期常>40mmol/L,FeNa>1,一般认为对于诊断较有价值。④管型:少尿期有血尿、蛋白尿、红细胞管型和颗粒管型,多尿期出现大量肾衰竭管型。⑤自由水清除值:多尿期>1ml/min,被认为是肾小管功能恢复的敏感指标。肾浓缩功能丧失,自由水清除值升高而接近 0,是一个较肌酐清除率和滤过钠排泄分数异常更早出现的指标,不过单独测定自由水清除值无多大意义,自由水清除值增高接近于 0,而肌酐清除率急剧降低才提示急性肾小管坏死。

(五)慢性肾衰竭和尿毒症

慢性肾衰竭(chronic renal failure,CRF)(慢性肾功能不全),是在发生各种慢性肾脏疾病基础上,由于肾单位逐渐受损,缓慢出现的肾功能减退以至不可逆转的肾衰竭。慢性肾衰竭的病因很广,各种肾脏疾病的晚期都可以出现慢性肾衰竭,慢性肾小球肾炎是最常见的一种。

1. 临床生物化学表现

(1)肾功能减退可分为四个阶段:肾贮备能力丧失期、氮质血症期、肾衰竭期、尿毒症期。

(2)尿毒症:尿毒症(uremia)是急性和慢性肾衰竭发展到最严重的阶段,代谢终产物和内源性毒性物质在体内潴留,水、电解质和酸碱平衡失调以及与肾脏有关的多种内分泌功能失调,从而引起的一系列自体中毒症状。尿毒症患者全身各个系统均可出现严重的并发症,所有并发症的出现经研究证明都与尿毒症性毒性物质在体内蓄积有关。根据尿毒症毒素的分子量大小又可将这些毒素分为三类:①分子量<300D 的物质如尿素、肌酐等,为小分子毒素;②分子最>12kD 的物质称为大分子毒素,如肌球蛋白等;③分子量在 300~12kD 为中分子毒素，种类最多，包括胍类、吲哚类、马尿酸类、多肽类、胺类、嘌呤类、酚类、甲状旁腺激素和 β_2-MG 等物质，是造成尿毒症诸多并发症的主要物质。

2. 实验室检验

（1）肾小球滤过率测定：GFR 是诊断肾衰竭和评估其程度的最主要的检测指标。目前，对较为严重的晚期肾脏疾病患者还是宜用血肌酐、尿素或内生肌酐清除率作为诊断和评估肾功能的指标，但对肾功能损害较轻的早期肾脏疾病则应选择敏感性较高的血 cystatin C、放射性核素标记物等测定 GRP 的方法。此外，CarHb 测定能动态地判断患者肾功能损害的发展速度。

（2）水、电解质、酸碱物质和内分泌物质测定 对疾病的治疗有参考意义。尿 FDP、β_2-m、IgG 等测定是肾移植排斥反应的监测指标。

（3）血液透析 需随时了解透析效率、水分、贫血状态和早期发现并发症。透析效率评定指标包括：血尿素、肌酐、尿酸、K、Pi、β_2-m、中分子物质等；水分评定指标有尿量、体重、血压、总蛋白等；贫血状态评定指标包括 RBC、Hct、Fe、TIBC、UIBC 和 TP 等。具体应用需结合病情变化和临床表现选择。

（六）肾小管性酸中毒

肾小管性酸中毒（renal tubular acidosis，RTA）指各种原因所致肾小管泌 H^+ 和（或）重吸收 HCO_3^- 功能障碍产生的代谢性酸中毒。特发性者多有家族史，继发性者见于许多肾脏疾病或全身疾病。

1. 临床生物化学表现 主要临床特征：代谢性高氯性酸中毒；电解质紊乱，如低或高钾血症、低钠血症、低钙血症；骨病，如肾性佝偻病或骨软化病；多尿、肾结石、肾钙化等尿路症状。根据发病部位及功能障碍特点，可分为四种临床类型：近端肾小管性酸中毒（Ⅰ型）；远端肾小管性酸中毒（Ⅱ型）；混合型或Ⅲ型肾小管性酸中毒，现已倾向于将其作为Ⅰ型的一种亚型；高血钾性全远端肾小管性酸中毒（Ⅳ型）。

2. 实验室检查 常用的实验室检查包括：血气分析、尿 pH、尿碳酸氢盐、可滴定酸和氨离子测定，碳酸氢盐清除率测定和尿电解质测定。

（1）尿碳酸氢盐、可滴定酸和氨离子定量测定：通常远曲肾小管性酸中毒患者尿可滴定酸度（TA）和 NH_4 均下降，若在酸中毒较为明显的状态下 TA<20mmol/L 和 NH_4<40mmol/L，则Ⅰ型 RTA 的可能性极大；若 TA<10mmol/L，和 NH_4<25mmol/L 则基本可确诊为Ⅰ型 RTA。

（2）酸碱负荷试验：通过氯化铵负荷试验，观察尿 pH 的变化，可判断有无远端小管酸化功能障碍。服用氯化铵 2 小时后，尿 pH>5.5 者为Ⅰ型肾小管酸中毒。通过 HCO_3^- 负荷试验观察 HCO_3^- 的排泄分数有助于近端小管酸中毒的诊断。Ⅱ型肾小管酸中毒>15%；Ⅰ型肾小管酸中毒<5%。

（3）电解质测定：血钾和血氯测定有利于 RTA 诊断和治疗。

三、肾功能试验的选择和评价

肾脏病症的临床实验室检查项目包括：肾功能检查（泌尿功能、内分泌功能）、尿液检查（一般性状、尿沉渣、尿液细菌学检查、生物化学检查）、肾脏免疫学检查等，其中部分内容在临床检验基础和免疫学检验中介绍，此处介绍肾功能检查和尿液的生化检查。

（一）肾小球滤过功能试验

1. 肾小球滤过率（glomerular filtration rate，GFR） 是指两肾在单位时间内生成的滤液量。正常成人的 GFR 约为 125ml/ 分，流经肾脏的血浆约有 1/5 被滤出，两侧肾脏每昼夜从肾小球滤出的血浆总量约 180L。GFR 是肾功能的重要指标之一，临床上通常以某物质的肾清除率来表示。肾清除率是指单位时间内肾脏排出某物质的总量与同一时间该物质血浆浓度之比：

$$C=(UV/P) \times (1.73/A)$$

式中 C 为清除率；P 为血中浓度；U 为尿中浓度；V 为单位时间尿量；1.73：标准体表面积；A：受试者个体体表面积。

如果血浆中某物质流经肾脏时，能从肾小球自由滤过，既不被肾小管重吸收，也不被肾小管分泌，该物质的清除率就可以代表 GFR。常用于 GFR 测定的物质有菊粉、肌酐、甘露醇等。

（1）菊粉清除率（inulin clearance rate，Cin）试验：菊粉（inulin）是一种由 32 个果糖分子组成的植物多糖，相对分子质量约为 5.2×10^3。菊糖从肾小球自由滤过后，既不被肾小管重吸收，也不被肾小管分泌，是测定 GFR 最理想的物质，被认为是测定 GFR 的"金标准"。其清除率（125ml/min）可准确反映 GFR。Cin 降低见于肾小球滤过功能降低的疾病，一般与病变程度相平行。但菊粉是外源性物质，易引起发热，要控制血中菊粉浓度需要静脉滴注输入，试验过程要多次采血，操作复杂，会给患者带来一定痛苦。

（2）内生肌酐清除率（endogenous creatinine clearance，Ccr）试验：肌酐（creatinine）是肌肉中磷酸肌酸的代谢产物，在体内生成与排泄的量较恒定。肌酐主要从肾小球滤过，不被肾小管重吸收，仅少量被肾小管排泌。当严格控制饮食（如素食 3 天），Ccr 接近 GFR，是目前检测 GFR 最常用的方法。Ccr 降低可反映肾小球功能早期损害，并可判断损害程度。

2. 血肌酐（creatinine，Cr）测定 因测定 Ccr 试验烦琐和费时，临床上多直接测定 Cr 浓度来判断肾小球滤过功能。在控制外源性肌酐摄入和不进行剧烈运动的条件下，血肌酐浓度主要取决于 GFR。在肾功能受损，GFR 下降到临界水平时，血肌酐浓度明显上升，并随损伤程度加重而上升加快；但当肾小球滤过功能还未严重降低时或肾脏疾病早期，血肌酐浓度并不能反映肾小球滤过功能。

3. 血尿素（Urea）测定 Urea 为体内蛋白质代谢终产物，可自由通过肾小球滤入原尿，原尿中的尿素约有 50% 被肾小管重吸收。血尿素浓度在一定程度上反映肾小球滤过能力。血尿素升高也可见于蛋白摄入过多或分解代谢旺盛引起的非肾性高尿素血症。

4. 血尿酸（uric acid，UA）测定 UA 是体内核酸中的嘌呤核苷酸代谢的终产物，主要从肾脏排出。血浆中 UA 经肾小球滤过后，大部分被肾小管重吸收，仅有 8% 左右被排出体外。UA 浓度升高受肾小球滤过、肾小管重吸收和体内核酸代谢的综合影响。

> **相关链接**
>
> **痛　风**
>
> 尿酸盐难溶于水，当血浆尿酸含量超过 476μmol/L 时，尿酸盐结晶可沉积于关节、软组织、软骨和肾，导致关节炎反复发作而疼痛，即为痛风。详见《生物化学》嘌呤核苷酸代谢。

5. 胱抑素 C（cystatin c，cys C）测定 cys C 全称为半胱氨酸蛋白酶抑制剂 C。cys C 是由 120 个氨基酸组成的一种相对分子质量约为 $13×10^3$ 的非糖化碱性蛋白，人体内几乎全部有核细胞均能生成，生成速度稳定，可自由通过肾小球滤过膜，并几乎全部被近端小管重吸收和分解。尿 cys C 质量浓度仅为 30～300μg/L，是反映肾小球滤过功能较理想的内源性标志物。血清 cys C 浓度与肾小球滤过呈良好的线性关系。当 GFR 下降时，血清 cys C 比 Ccr 先一步升高，是一项监测肾功能的敏感指标，对早期肾功能损害的诊断和肾功能恶化的监测非常有用。

6. 氨甲酸血红蛋白（carbamylated hemoglobin，CarHb）测定 血液中的尿素进入红细胞内的反应产物与 Hb 生成 CarHb。此反应是不可逆反应，因此随着 CarHb 在红细胞内不断形成而浓度逐渐增加。血液 CarHb 的浓度与血液尿素有关，但血液尿素是反映当时患者血液的尿素浓度，而 CarHb 则是反映患者近 4 周血液尿素的平均浓度。在鉴别急、慢性肾衰竭和评估血透析疗效上，较单次血尿素、肌酐测定更有价值。

7. 中分子物质测定 中分子物质是指血清中相对分子质量在 $0.2×10^3$～$3×10^3$ 的物质，包括芳香烃、酚、羟基酚酸、甲基胍、胍基乙酸、吲哚类物质、胺和多胺类等，是引起尿毒症患者诸多并发症的主要物质。测定尿毒症患者血清的中分子物质，可协助估计疾病的严重程度及血液透析疗效。

（二）肾小管功能试验

1. 肾近端小管重吸收功能试验 肾小管葡萄糖最大重吸收量试验（tubular transport maximum of glucose，TmG）实验能反映肾近端小管重吸收功能。正常人血中葡萄糖从肾小球滤过后，在肾近端小管被全部重吸收，尿中无糖排出。当血中葡萄糖浓度超过肾小管最大重吸收能力 10mmol/L（肾糖阈值）时，尿糖呈阳性。此时，当血中葡萄糖浓度再升高，重吸收值已不再增加，即达到 TmG。TmG 大小反映有效肾单位的数量和质量。严重急、慢性肾小球肾炎，肾小管缺血或损伤时 TmG 明显降低。糖尿病患者慎做该试验。

静脉注射葡萄糖至重吸收极限时，单位时间内肾小管滤液中葡萄糖总量（CP）减去尿中葡萄糖总量（UV）即 TmG 值：

$$TmG = CP - UV$$

2. 肾小管排泌功能试验

（1）酚红排泄试验（phenol sulfonphthalein excretion test，PSP）：酚红是一种酸碱指示剂，经静脉注射入体内后，仅有 6% 由肾小球滤过，而 94% 由近端小管上皮细胞主动排泌，从尿排出。正常情况下 15 分钟排泄率（尿排出量与血中注射量的比值）>25%，2 小时排泄率>55%。PSP 排泄量常与病变程度平行，排除肾外因素，2 小时排泄率为 40%～50% 时，表示近端小管功能轻度损伤；25%～39% 为中度损伤；11%～24% 为重度损伤；0～10% 为极度损伤。

（2）对氨基马尿酸最大排泄率试验（tubular maximal PAH excretory，TmPAH）：对氨基马尿酸注射人体内后不分解，约有 20% 从肾小球滤过，80% 由近端小管排泌，不被肾小管重吸收，排泌量与血浆 PAH 水平正相关。当血浆质量浓度达到肾小管排泌量的最大限度（约 600mg/L）时，再增加 PAH 质量浓度，尿中的排出量也不会再增加，即为对氨基马尿酸最大排泌量。TmPAH 能较好地反映近端小管排泌功能。

3. 肾小管浓缩和稀释功能试验

> **相关链接**
>
> 包括尿量、尿比重、尿渗透量、渗透清除率和自由水清除率（C_{H_2O}）等，测定详见《临床检验基础》。

4. 肾小管和集合管酸碱调节功能试验

（1）尿 H^+ 总排泄量测定：正常时肾小球滤过的 $NaHCO_3$ 约 85% 在近端小管被重吸收。而在远端小管则通过 3 种形式排酸：①直接泌 H^+ 入尿排出，这部分量很少，可用 pH 计测得。②H^+ 与 NH_3 结合成 NH_4^+，以铵盐从尿排出。③H^+ 与磷酸盐、硫酸盐及有机酸结合，这部分酸加上游离 H^+ 可通过酸碱滴定来测定，称为"尿可滴定酸（urine titratable acid, UTA）"。如 H^+ 与 HPO_4^{2-} 结合成 $H_2PO_4^-$，以 $H_2PO_4^-$ 从尿排出。

$$尿 H^+ 总排泄量 = 可滴定酸 + [NH_4^+] - [HCO_3^-]$$

如果近端小管重吸收 $NaHCO_3$ 或远端小管泌 H^+ 功能发生障碍，可引起肾小管性酸中毒。当慢性肾功能不全时，H^+ 排泄功能下降，血中磷酸盐、硫酸盐和有机酸滞留，可引起代谢性肾性酸中毒。

（2）氯化铵负荷试验（酸负荷试验）：给受试者服用一定量的酸性药物 NH_4Cl，使机体发生急性代谢性酸中毒。如果肾小管泌 H^+、泌 NH_4^+ 和重吸收 HCO_3^- 发生障碍，酸性物质不能排出，尿液酸化受损。根据尿 pH 变化即可判断远端小管酸化功能。

正常人服用 NH_4Cl 2 小时后，尿 pH<5.5。如果服用 NH_4Cl 12 小时后，每次尿 pH>5.5，提示肾远端小管酸化功能障碍，此时尿 pH 通常在 6～7。

氯化铵负荷试验会加重酸中毒，故仅适用于不完全性肾远端小管酸中毒，对已有明显代谢性酸中毒患者不宜采用此试验。

（3）碳酸氢根重吸收排泄试验（碱负荷试验）：从肾小球滤过的 HCO_3^- 有约 85% 在近端小管被重吸收，其余的在远端小管被重吸收，尿中应无 HCO_3^-。

给受试者服用一定量的碱性药物碳酸氢盐，使尿液碱化，以增加肾小管重吸收 HCO_3^- 的负担。当近端小管受损时，肾小管重吸收 HCO_3^- 功能降低，使尿液 HCO_3^- 排泄增加。通过观察尿液 HCO_3^- 的排泄分数，以鉴别近端小管酸中毒和鉴别远端小管酸中毒。

$$HCO_3^- 的排泄分数 = [(尿 HCO_3^- / 血 HCO_3^-) / (尿肌酐 / 血肌酐)] \times 100\%$$

正常人尿中无 HCO_3^-，其排泄分数≤1%，接近 0。近端小管酸中毒的排泄分数>15%；远端小管酸中毒的排泄分数<5%。

（三）肾血流量测定

肾血流量或肾血浆流量是指单位时间内流经肾脏的全血或血浆量。

多用低质量浓度的对氨基马尿酸（PAH）肾清除试验进行测定。当血浆中 PAH 质量浓度<50mg/L 时，流经肾脏血浆中的 PAH 约 90% 从肾脏清除，另有 10% 从肾的非排泌部分回到肾静脉。故 PAH 清除率只代表有功能肾实质的血浆流量，称有效肾血浆流量（effective renal plasma flow, ERPF）。

$$肾有效血浆流量 = (U_{PAH} \cdot V) / P_{PAH}$$

$$肾血浆流量 = ERPF / 90\%$$

$$肾全血流量（RBF）= RPF/（1-RBC 比积）$$

式中 U_{PAH}、V、P_{PAH} 的含义同前述的肾清除率式。

参考范围：RPF 600～800ml/分，RBF 1200～1400ml/分。肾功能减退时 RPF 降低；甲亢、妊娠时 RPF 升高。

（四）肾功能试验的选择原则

肾脏有较强的代偿能力，在肾脏疾病早期，极少有症状和体征出现，所以肾功能试验对肾脏疾病的早期诊断极为重要。但不同的肾功能试验对不同类型的肾病患者，具有不同的灵敏度和特异性，肾功能分段定位检查见表 15-1 和表 15-2。

表 15-1 肾功能分段检查及试验

测定部位	检测功能	常用实验	其他实验
肾小球	滤过功能	内生肌酐清除率 血胱抑素 C、尿素 肌酐、尿酸测定	菊粉、尿素清除率 中分子物质测定
	屏障功能	24 小时尿蛋白定量 聚乙酰吡咯酮清除率	右旋糖苷清除率 蛋白尿选择性指数
近端肾小管	排泌功能	酚红排泄实验	PAH 最大排泄量
	重吸收功能	尿氨基酸、尿葡萄糖 尿钠、尿钠排泄分数 β_2-MG 清除率	葡萄糖最大重吸收量
远端肾小管	水、电解质调节功能	尿比重、尿渗量测定浓缩稀释实验	自由水清除率
	酸、碱平衡功能	血、尿 pH 测定二氧化碳结合力	酸碱负荷实验可滴定酸测定氨滴定测定
肾血管和肾单位等	滤过、排泌和血循环等综合功能	肾血浆流量（PAH 清除率） 肾血流量 有效肾血流量	碘锐特清除率 酚红清除率 肾放射性核素扫描 肾血管造影

表 15-2 肾功能实验的相对敏感性

分类	举例	评价
高度敏感实验	肌酐清除率、酚红排泄实验	当功能性肾单位丧失达 25% 时，出现结果异常
中度敏感实验	血尿素、血肌酐	当功能性肾单位丧失达 50% 时，出现结果异常
低度敏感实验	血清磷、血清钾、浓缩 - 稀释实验	肾衰竭末期时，出现结果异常

四、尿液生化检验的选择和评价

尿液生物化学检验的内容包括蛋白质及其代谢产物、糖及其代谢产物、电解质、酶类及激素检验等。此处主要介绍与肾脏疾病诊治有关的尿中成分检验，如尿蛋白、脲酶等。

（一）尿蛋白检查

健康成人尿中可含有少量的蛋白质，一般为 40～80mg/24 小时，最多不超过 150mg/24

小时，青少年可略高，其上限为300mg/24小时。采用常规尿蛋白定性试验呈阴性。若尿蛋白含量持续＞100mg/24小时，或＞150mg/24小时，尿蛋白定性试验呈阳性反应称为蛋白尿（proteinuria）。蛋白尿是肾脏疾病最常见表现之一，根据发生的病理生理机制不同，蛋白尿可分为：肾小球性蛋白尿、肾小管性蛋白尿、混合性蛋白尿、溢出性蛋白尿和组织蛋白尿。

1. 尿蛋白的定性和定量检查　目前临床上主要用试纸条法对尿蛋白进行定性检查，该法简便、快速；根据阳性程度不同可大致估算蛋白质的含量，是肾脏疾病诊断常用的粗筛试验。

2. 尿蛋白电泳检测　尿蛋白SDS-聚丙烯酰胺凝胶电泳（SDS-PAGE）可按分子量大小分离尿中蛋白，较好地区分生理性、肾小球性、肾小管性及混合性蛋白尿，目前国内部分肾病实验室已常规应用于临床。

3. 肾小球性蛋白尿检查　由于肾小球滤过屏障损伤而产生的蛋白尿称为肾小球性蛋白尿。多为中高分子量（50~1000kD）蛋白，它们的出现或增多，对各类肾小球病变具有特异性鉴别诊断价值。尿蛋白包括清蛋白、转铁蛋白（transferrin，Tf）、IgG、IgA、LgM、C_3、α_2-巨球蛋白（α_2-macroglobulin，α_2-MG）等。

（1）尿蛋白选择性检测：常情况下，肾小球滤膜对血浆蛋白能否通过具有一定的选择性。当肾脏疾病较轻时，尿中仅有少量大分子蛋白质，以清蛋白为主，称为选择性蛋白尿。当肾脏疾病较重时，除清蛋白外，尿中还有大量大分子蛋白质排出，则称为非选择性蛋白尿。目前临床上多采用尿IgG（分子量150kD）和尿Tf（分子量77kD）的清除率比值作为尿蛋白选择性指数（selective proteinuria index，SPI）。计算公式：

$$选择性指数 SPI = [尿IgG/血IgG/（尿Tf/血Tf）]$$

参考范围 SPI≤0.1，高度选择性蛋白尿

临床意义：蛋白尿选择性可反映肾小球滤过膜的通透性，在某种程度上与肾小球疾病的病理组织学改变有一定关系。可预测治疗反应及估计预后，选择性高者预后好，反之预后差。SP＜0.1者，表明肾小球损害较轻，治疗反应和预后大多较好，如肾病综合征、肾小球肾炎早期等；SPI＞0.2者属非选择性蛋白尿，表明肾小球损害较重，预后大多不良，如急性肾炎、糖尿病性肾病等。

（2）尿微量清蛋白及免疫球蛋白测定：尿微量清蛋白是指常规定性或定量难以检出的一些尿蛋白。应用化学分析或免疫分析法可测定尿微量清蛋白（Alb）及免疫球蛋白（IgG、IgA、IgM）。

参考范围成人晨尿Alb 1.4~11.6mg/L、随机尿2.2~7.4mg/L 肌酐；尿IgG 0.1~0.5mg/L，尿IgA 0.4~1.0mg/L，尿IgM 0.02~0.04mg/L。

临床意义：①有助于肾小球病变的早期诊断。在肾病早期，尿常规阴性时，尿微量清蛋白的含量可发生变化。②可推测肾小球病变的严重性。肾小球轻度病变时尿中Alb增高；与肾小球进一步受损时，尿IgG及IgA增高；肾小球严重病变时尿中IgM增高。尿中Alb及IgG出现提示病变向慢性过渡，尿中IgM出现对预测肾衰竭有重要价值。

4. 肾小管性蛋白尿检查　当近曲小管上皮细胞受损，对正常滤过的蛋白质重吸收障碍，尿中低分子精蛋白质排泄增加，称为肾小管性蛋白尿。尿低分子蛋白是一组能自由通过肾小球滤过膜而在肾近曲小管全部吸收的蛋白。此组蛋白尿排量增加是肾近曲小管受损的标志。

（1）β_2-微球蛋白测定：β_2-m是一种分子量仅11.8kD的蛋白质，主要由淋巴细胞产

生,但肿瘤细胞合成 $β_2$-m 的能力非常强。由于 $β_2$-m 分子量小,可从肾小球自由滤过,但约 99.9% 在近端小管重吸收降解,仅 0.1% 由终尿排出体外。血清和尿液 $β_2$-m 目前主要用酶联免疫抑制试验。

参考范围成人尿 $β_2$-m 为 <0.03mg/L,0.2mg/g 肌酐;血 $β_2$-m 为 0.8~2.0mg/L。

临床意义:①尿液 $β_2$-m 升高是反映近端小管受损非常灵敏和特异的指标。当肾小管受损或肾脏产生 $β_2$-m 增多时、尿中 $β_2$-m 含量增加。② $β_2$-m 清除率($C_{β2-m}$)是鉴别轻度肾小管损伤的良好指标。肾小管损伤时,其重吸收率只要减少 10%,尿中 $β_2$-m 排泄量就要增加 30 倍左右,因而 $C_{β2-m}$ 呈高值;无肾小管损伤时,$C_{β2-m}$ 多在正常参考范围。③ $C_{β2-m}$ 与 $C_{β2-m}/C_{ALB}$ 比值对于鉴别肾小管或肾小球损伤最有用。肾小管损伤时 $C_{β2-m}/C_{ALB}$,明显上升;肾小球损伤时,$C_{β2-m}/C_{ALB}$ 明显减低。当然,严重肾衰竭时区别两者已不可能。④血清 $β_2$-m 能较好地反映肾小球滤过功能。GFR 及肾血流量降低时,血清 $β_2$-m 升高与 GFR 呈直线负相关,并且较血肌酐浓度增高更早、更显著;肾移植成功后血清 $β_2$-m 很快一下降,甚至比血肌酐浓度下降更早。当发生排异反应时,由于肾功能下降及排异引起的淋巴细胞增多而使 $β_2$-m 合成增加,血清 $β_2$-m 常升高,且往往较血肌酐升高更明显;但恶性肿瘤及各种炎症时,$β_2$-m 生成明显增多,可导致血和尿 $β_2$-m 升高。

(2) $α_1$- 微球蛋白($α_1$-microglobulin,$α_1$-MG 或 $α_1$-m):$α_1$-m 是肝细胞和淋巴细胞产生的糖蛋白,分子量 26~33kD。由于该蛋白的产生较恒定,较容易透过肾小球滤过膜,原尿中的绝大部分被肾小管重吸收降解。其测定不受尿 pH 等因素的影响。

参考范围成人尿 $α_1$-m 为 <20mg/g 肌酐。

临床意义:血 $α_1$-m、$β_2$-m 与血肌酐呈明显正相关;尿 $α_1$-m 增高与肾小球通透性或肾小管重吸收改变有关,而肾小管对 $α_1$-m 重吸收障碍先于 $β_2$-m。因此,尿 $α_1$-m 比 $β_2$-m 更能反映肾脏早期病变。

(3) 视黄醇结合蛋白(retinoid binding protein,RBP):RBP 是存在于血液中的一种低分子蛋白,分子量约 21kD。RBP 可经肾小球滤过,但在近曲小管几乎全部被重吸收。因此,正常人尿中 RBP 排量极少。

参考范围成人 0.11±0.07mg/L

临床意义:尿 RBP 排量与小管间质损害程度有明显相关,可作为监测病程、指导治疗和判断预后的一项灵敏的生物化学指标。

(4) 尿蛋白 -1:又称 Clara cell 蛋白,因其分子量约 16kD,故又称 CC16。它是由位于呼吸道的 Clara 细胞分泌,血清浓度相对较低且较恒定。CC16 亦可经肾小球滤过而几乎全部在近曲小管吸收降解。与上述低分子蛋白相比,CC16 的最大优点是敏感性高,当肾小管仅轻微损害,在尿液中其他低分子蛋白质排出尚未增高时,尿 CC16 即已显著增高,因此被认为是近曲小管早期轻微损害的最敏感指标。

5. TH 糖蛋白 TH 糖蛋白(Tamm-Horsfall glycoprotein,THP)是肾小管髓袢厚壁升支及远曲小管细胞合成和分泌的一种糖蛋白,它作为一隐蔽抗原只存在于上述细胞管腔面胞膜上,而不暴露于免疫系统。当小管间质病变,THP 漏入间质引起免疫反应产生抗 THP 抗体。尿中 THP 检测用于诊断、监测肾小管损伤(如肾毒物、肾移植排异反应)。

6. 纤维蛋白原降解产物 纤维蛋白和纤维蛋白原被纤溶酶降解产生的各种片断,统称为纤维蛋白降解产物(fibrin degradation products,FDP)。交联纤维蛋白降解产生的片段主要为分子量约 170kD 的 D- 二聚体。

（1）FDP 测定：FDP 的测定方法目前多采用免疫学方法。正常成人血 FDP＜10μg/ml，尿液中无 FDP，尿 FDP 的出现意味着肾内有凝血和纤溶现象，也提示存在炎症，可用来鉴别肾炎和肾病。

（2）C_{D-d}/C_{IgG} 测定：即肾脏 D- 二聚体和 IgG 清除率比值测定。D- 二聚体和 IgG 的分子量完全相同（170kD），测定 C_{D-d} 并与 C_{IgG} 比较，是反映沉积在肾组织内的交联蛋白降解的理想指标。C_{D-d}/C_{IgG} 比值＜1 则 D- 二聚体完全系肾小球滤过，提示其来源于肾外纤维蛋白的降解；比值＞1 则说明肾脏产生了一定量的 D- 二聚体表明肾内有纤维蛋白的沉积。

（二）尿酶的检测

正常人尿液中含酶量极少，可来自血液、肾实质和泌尿生殖道，但主要来源于肾小管（尤其是近曲小管）细胞。各种肾脏疾患，特别是肾小管细胞受损时，肾组织中的某些酶排出量增加或在尿中出现，从而使尿酶活性发生改变。

目前已知尿酶有 40 多种，认为对肾脏疾病较有诊断价值的尿酶约有 10 多种，主要有：乳酸脱氢酶（LDH）、溶菌酶（lysozyme，LYS）、N- 乙酰 β- 氨基葡萄糖苷酶（N-acetyl-β-glucosaminidase，NAG）、丙氨酸氨基肽酶（alanine aminopeptidase，AAP）、β- 葡萄糖苷酸酶（β-glucuronidase，GRS）、γ- 谷氨酰转肽酶（γ-GT）、亮氨酸氨基肽酶（leucine aminopeptidase，LAP）、碱性磷酸酶（alkaline phosphatase，ALP）等。常见尿酶的来源、参考范围和临床意义见表 15-3。

表 15-3 常见尿酶的来源和临床意义

名称	尿酶主要来源	参考范围	临床意义
LDH（U/L）	肝脏含量丰富	11.0±0.25	缺乏特异性，主要用于随访肾实质病变进展
LYS（mg/L）	分布于体液、红细胞及血浆中	＜2	＞3 称为 LYS 尿，表明肾小管损伤，可见于肾盂肾炎、肾小管 - 间质性疾病、肾移植后发生排异反应时
NAG（U/L）	肾小管上皮细胞	10.6±0.29	能发现早期的肾毒性损害，甚至早于肾功能的改变
AAP（U/g 肌酐）	近端小管上皮细胞	＜16	多用于监测药物等引起的肾毒性反应
GRS（U/L）	肾小管和膀胱上皮细胞	2.43±0.08	在活动性肾盂肾炎和活动性肾小球肾炎时中度升高，急性肾小管坏死、肾移植急性排异时显著升高
γ-GT（U/L）	近曲小管刷状缘	38.0±1.69	多数肾小球肾炎、肾移植排异时增高，慢性肾盂肾炎时正常，肾肿瘤时含量小于正常肾脏
LAP（U/L）	血液、近端小管	7.52±0.20	肾小球基膜通透性增高、肾小管上皮细胞损害、药物致中毒性肾损害和肾肿瘤时增高
ALP（U/L）组织蛋白酶 B	肾小管上皮细胞近曲小管	1.72±0.09	药物性肾损害的早期诊断指标早期糖尿病患者增高大多早于尿微量清蛋白

（三）尿蛋白和尿酶检查的选择

肾小球滤过功能一般以 C_{Cr} 作为常规评价指标，尿清蛋白为协同指标，这两个指标的联合应用对肾小球滤过功能的早期损伤的评价较可靠。对于近端小管的损伤可用 NAG，AIP 作为标志，NAG 较灵敏，非特异性的 ALP 可作为近端小管的补充标志物。髓袢损伤标志物以 THP 为主。肾小球-肾小管损伤时尿蛋白和尿酶标志物检查见表 15-4。

表 15-4 肾小球 - 肾小管损伤的标志物

损伤部位	可检出的标志物	损伤部位	可检出的标志物
肾小球选择通透性	Alb、Tf、IgG、α_2-mG	近端小管溶酶体	NAG、GRS
肾小管重吸收	α_2-m、β_2-m、RBP、LYS	肾小管胞质	LDH
近端小管刷状缘	γ-GT、ALP、AAP	肾小管髓袢厚壁升支	THP

根据病人的具体情况选用适当的检查方法。选择时注意以下几点。①必须明确检查目的，是为了早期诊断、估计预后，还是为了观察病情。②按照所需检查的肾脏病变部位，选择与之相应的功能试验，方法应用由简到精、由易到难。③欲分别了解左、右肾的功能时，需插入导尿管分别收集左、右肾尿液。④在评价检查结果时，必须结合病人的病情和其他临床资料，进行全面分析，最后做出判断。肾功能实验的相对敏感性见表15-2。

第 2 节 肾小球滤过功能检查

一、血清尿素测定

（一）尿素测定方法简介

尿素（urea）的测定方法大体上可归纳为酶学方法和化学方法。酶学方法是被认为是间接测定法。先用尿素酶将尿素分解成铵离子（NH_4^+）和碳酸根；然后用纳氏试剂显色法、酚-次氯酸盐显色法、酶偶联法或电导法测定氨的量，再换算成尿素。化学方法被认为是直接测定法。直接法是血清尿素直接与试剂作用，产生显色反应而进行测定，如二乙酰一肟法。

1. 二乙酰一肟法 在强酸加热的条件下，血清尿素与二乙酰作用，生成粉红色的二嗪化合物，在 540nm 比色，其颜色强度与血清尿素含量成正比。因为二乙酰不稳定，故一般由二乙酰一肟代替，二乙酰一肟在强酸条件下生成二乙酰。本法灵敏、简便，产生的颜色稳定；缺点是特异性不高，与瓜氨酸也能显色，试剂腐蚀性强，加热时有异味散发。

2. 尿素酶法

（1）酶偶联法：血清中尿素被尿素酶分解生成氨，氨在谷氨酸脱氢酶的作用下使 NADH 氧化为 NAD^+，NADH 在 340nm 吸光度降低的速率可反映尿素浓度。本法适用于自动化分析。目前，血、尿中尿素的测定多采用此法。

（2）电导法：将血清和尿素酶试剂一起加入导电池中，尿素酶水解尿素产生 NH_4^+ 使电导增加，电导增加程度与产生的 NH_4^+ 浓度成正比关系。本法反应时间短，适用于自动化检测。

（3）脲酶-波氏比色法：尿素酶水解血清尿素生成氨，氨和苯酚及次氯酸盐在碱性环境中亚硝基铁氰化钠的催化下生成蓝色的吲哚酚，在630nm处比色测定。此反应灵敏度高，血清用量少，无需沉淀蛋白，适用于手工测定。

（4）纳氏试剂显色法：血清尿素经尿素酶作用生成氨，氨与纳氏试剂作用，生成棕黄色的碘化双汞铵。

（二）实验方法

【实验15-1】 酶偶联速率法测定血清尿素（Urea）

【原理】

尿素经尿素酶水解生成2分子NH_3和1分子CO_2，NH_3在α-酮戊二酸和NADH存在下，经谷氨酸脱氢酶催化生成谷氨酸。同时NADH被氧化成NAD^+，NADH在340nm波长处吸光度下降的速率与待测样本中尿素的含量成正比。其反应式如下：

$$尿素 + H_2O \xrightarrow{尿素酶} 2NH_3 + CO_2$$

$$NH_3 + α\text{-}酮戊二酸 + NADH + H^+ \xrightarrow{GLDH} 谷氨酸 + NAD^+ + H_2O$$

【试剂】

1. 酶试剂 试剂成分和在反应液中的参考浓度如下：

pH 8.0 Tris-琥珀酸缓冲液	150mmol/L
脲酶	8000U/L
谷氨酸脱氢酶（GLDH）	700U/L
还原型辅酶Ⅰ（NADH）	0.3mmol/L
α-酮戊二酸	15mmol/L
ADP	1.5mmol/L

目前较多采用双试剂法，脲酶和NADH单独分装可延长保存期限。

2. 5mmol/L 尿素标准应用液。

【实践步骤】

1. 参数设置

☐ 决定性方法　ID-MS法
☑ 参考方法　　尿素酶法
☐ 常规方法　　二乙酰一肟法

第一波长	340nm	孵化时间（incubation）	300秒
第二波长	405nm	延迟时间（delay time）	30秒
比色杯光径	1.0cm	间隔时间（rate time）	秒
温度（temperature）	37℃	测定次数（read number）	
吸样量（aspirate volume）	2μl	连续监测时间	60秒
试剂Ⅰ（R1）	160μl	血清稀释倍数	1/100
试剂Ⅱ（R2）	40μl	系数Factor	

2. 操作

自动生化分析仪：详细操作程序按照仪器和试剂盒说明书。

【计算】

$$尿素（mmol/L）= \frac{测定 \Delta A/min - 空白 \Delta A/min}{标准 \Delta A/min - 空白 \Delta A/min} \times 5\ mmol/L$$

【单位】

尿素浓度以前习惯用尿素氮 mg/dl 或 mmol/L 表示，因为一个尿素分子中有两个氨原子，所以 1mmol 尿素相当于 28mg 尿素氮（1mmol/L 尿素相当于 2mmol/L 尿素氮）。世界卫生组织推荐尿素用 mmol/L 表示，不再用尿素氮一词。

【参考范围】

健康成年人（血清/血浆）尿素浓度：2.86～8.20mmol/L

【临床意义】

1. 血液尿素浓度增高 分为生理性和病理性。

（1）生理性：高蛋白饮食可引起血清尿素浓度和尿液排出量增高。血清尿素浓度男性比女性平均高 0.3～0.5mmol/L，并随年龄增加有增高倾向。成人日间生理变化平均为 0.63mmol/L。

（2）病理性：①肾前性疾病：最重要的原因是失水，因血液浓缩使肾血流量减少，肾小球滤过率减低，而导致血液尿素浓度增加。常见于剧烈呕吐、幽门梗阻和长期腹泻等。②肾性疾病：急性肾小球肾炎、肾病晚期、肾衰竭、慢性肾盂肾炎及中毒性肾炎等影响肾小球滤过的疾病，都会引起血液尿素含量增高。③肾后性疾病：如前列腺肿大、尿路结石、尿道狭窄、膀胱肿瘤致使尿道受压等，所有使尿路阻塞的因素都可引起血液中尿素含量增高。

2. 血尿素浓度降低 除婴儿、孕妇以及低蛋白高糖饮食者外，常见于肝功能衰竭患者。

【方法学评价】

酶法的共同优点是无毒性、特异性高，适合于自动分析仪的应用，使用越来越广泛。

1. 干扰因素 该法第一步反应特异性高，脲酶只对样品中的尿素起催化作用，但第二步反应就存在一些干扰；样品中（如血清、尿液）含有的 NH_3（内源性 NH_3）会消耗 NADH，使测定结果偏高；复溶试剂的所用蒸馏水如果含有 NH_3 或者所用器材不够清洁被 NH_3 污染（外源性 NH_3）也会消耗 NADH，使测定结果偏高；当样品中（如血清）含有较高的丙酮酸时，血清中的乳酸脱氢酶会催化丙酮酸加氢还原生成乳酸，也会消耗 NADH，使测定结果偏高。也就是说，用单一试剂型试剂测定尿素时存在的内源性 NH_3、丙酮酸和外源性 NH_3 的干扰，使测定结果产生正误差。

采用双试剂法可以消除样品中所含的 NH_3 的影响。液体型试剂盒包含两个试剂，第一试剂（R1）中含的主要成分是谷氨酸脱氢酶、α-酮戊二酸、NADH 及维持 pH 的缓冲物质等；第二试剂（R2）中含的主要成分是脲酶、NADH、α-酮戊二酸等。血清与缺少脲酶的试剂 R1 混合，37℃保温 5 分钟，将内源性 NH_3 及内源性丙酮酸消耗掉，然后加入含脲酶的试剂 R2，尿素被脲酶水解成 NH_3，消耗 NADH 量与尿素量成正比，这就保证了尿素测定的准确性。

血红蛋白对测定有一定的干扰，因此，标本应避免溶血。

2. 准确度和灵敏度 本法批内（室内）CV 0.78%，批间（时间）CV 2.94%；回收率 93.0%～105.3%，线性上限为 17.85mmol/L。多适用于自动生化分析仪测定，但试剂较贵。此法为 IFCC（国际化学联合会）推荐方法，可采用双波长（340nm，700nm）检测。

【注意事项】

1. 在测定过程中，所用器材和蒸馏水应无 NH_4^+ 污染，否则结果偏高。
2. 血液样本最好用血清。
3. 血氨升高时，可使尿素测定结果偏高。溶血标本对测定有干扰。

二、血清肌酐（Cr）测定

（一）肌酐测定方法的简介

肌酐（creatinine，CRE 或 Cr）是人体内肌酸代谢的最终产物，由肾排除。肌酸少部分来自食物，大部分在体内生成。在控制外源摄入、未进行剧烈运动的条件下，血肌酐浓度主要取决于 GRP。肾可通过肾小管排泄肌酐，由于肾储备能力很强，故在肾疾病初期时血肌酐值通常不高，直至中等程度或严重的肾实质性损伤时，血清肌酐值才增高。在肾功能受损，GRP 下降到临界水平时，血中肌酐浓度明显上升，随损害程度加重，上升速度也加快。所以血肌酐测定对中晚期肾疾病临床意义较大。

肌酐测定方法有化学法和酶法及高效液相色谱法（HPLC）。化学法包括去蛋白苦味酸终点法和苦味酸速率法，近年来肌酐酶法分析的应用也日渐普及，主要有 3 中类型：肌氨酸氧化酶法、肌酐氨基水解酶法和肌酐亚氨基水解酶法。

1. Jaffe 反应法 肌酐与苦味酸盐碱性溶液反应，生成黄红色的碱性肌酐苦味酸复合物，该反应称为 Jaffe 反应（苦味酸反应）。利用 Jaffe 反应测定血（尿）中肌酐含量的方法称为 Jaffe 反应法。Jaffe 反应法为测定尿和血清肌酐最常用的方法。主要缺点是特异性差，血（尿）中维生素 C、丙酮酸、丙酮、葡萄糖、乙酰乙酸、果糖、氨基马尿酸、蛋白质和胍基乙酸酰胺等都能与碱性苦味酸反应显红色，因而这些物质被称为假肌酐。假肌酐约 60% 存在于红细胞中，约 20% 存在于血浆或血清，约 5% 存在于尿液，在测定血液肌酐时最好用血清和血浆。

而利用速率法测定血肌酐，能减少假肌酐的影响。一部分假肌酐在 20 秒内与苦味酸迅速产生显色反应，另一部分假肌酐在 80 秒后才与苦味酸产生显色反应，而在 20～80 秒，肌酐与苦味酸显色反应占主导地位，所以，为提高特异性，选择在 25～60 秒时间段，可以避开假肌酐的干扰。现在速率法已被普遍应用，因为其干扰因素少，不需去蛋白，方法简单、快速，适用于自动分析。

2. 酶偶联法 酶偶联法特异性高，样本不需去蛋白，适用于自动分析；但工具酶过多，价格昂贵。主要有肌酐氨基水解酶法、肌氨酸氧化酶法和肌酐亚氨基水解酶法。

（1）肌酐氨基水解酶法：血（尿）中肌酐经肌酐氨基水解酶（肌酐水合酶）催化生成肌酸，肌酸与肌酸激酶、丙酮酸激酶、乳酸脱氢酶偶联反应，使 NADH 氧化成 NAD^+，测量 340nm 处吸光度，其降低值与血（尿）中肌酐含量成正比。

（2）肌氨酸氧化酶法：肌酐经肌酐氨基水解酶催化生成肌酸，肌酸与肌酸水解酶、肌氨酸氧化酶偶联反应生成 H_2O_2，在过氧化物酶作用下，H_2O_2 与 4-AAP，N-乙基-N磺丙基-间-甲苯胺（ESPMT）反应生成红色的醌亚胺。红色深浅与肌酐浓度成正比。

（3）肌酐亚氨基水解酶法：肌酐经肌酐亚氨基水解酶催化生成 NH_3，谷氨酸脱氢酶催化 NH_3 与 α-酮戊二酸生成谷氨酸，同时使 NADPH 氧化成 $NADP^+$，测量 340nm 处吸光度，其降低值与血（尿）中肌酐含量呈正比。

3. 高效液相色谱法 高效液相色谱法能测定血（尿）中的肌酐，不需化学方法处理直接用紫外光（233nm）测定。此法特异性高、准确性好，但不宜作为常规方法。一般用来作为参考方法，以评价肌酐测定法的准确度。

> **相关链接**
>
> **高效液相色谱法（HPLC）**
>
> 又称"高压液相色谱""高速液相色谱""高分离度液相色谱""近代柱色谱"等。高效液相色谱是色谱法的一个重要分支，以液体为流动相，采用高压输液系统，将具有不同极性的单一溶剂或不同比例的混合溶剂、缓冲液等流动相泵入装有固定相的色谱柱，在柱内各成分被分离后，进入检测器进行检测，从而实现对试样的分析。

（二）实验方法

【实验 15-2】 苦味酸两点速率法测定血清肌酐（Cr）

【原理】

肌酐的化学速率法测定是根据肌酐与苦味酸产生 Jaffe 反应。选择适宜的速率监测时间，避开干扰物质对肌酐与苦味酸反应的干扰，提高测定特异性。在 510nm 处比色分析。

$$肌酐＋苦味酸（碱性）\rightarrow 黄红色化合物$$

【试剂】

1. 0.04mol/L 苦味酸溶液。
2. 0.32mol/L 氢氧化钠溶液。
3. 碱性苦味酸溶液：根据工作用量，将 0.04mol/L 和 0.32mol/L 氢氧化钠溶液等体积混合，加适量的表面活性剂（如 Triton X-100），放置 20 分钟以后即可应用。
4. 100μmol/L 肌酐标准应用液。

【实践步骤】

1. 试剂准备
2. 参数设置

第一波长	510nm	孵化时间（incubation）	100 秒
第二波长	— nm	延迟时间（delay time）	20 秒
比色杯光径	1.0cm	间隔时间（rate time）	60 秒
温度（temperatrue）	37℃	测定次数（read number）	2
吸样量（aspirate volume）	100μl	连续监测时间	秒
试剂 I	1000μl	血清稀释倍数	11
试剂 II	μl	系数 Factor	

3. 操作 按表 15-5 所示进行操作

☐ 决定性方法　ID-MS 法
☐ 参考方法　酶偶联法
☑ 常规方法　苦味酸速率法

表 15-5 苦味酸速率法测定血清肌酐操作步骤

加入物（ml）	空白管（B）	标准管（S）	质控管（C）	测定管（T）
血清	—	—	—	0.100
质控物	—	—	0.100	—

续表

加入物（ml）	空白管（B）	标准管（S）	质控管（C）	测定管（T）
标准液	—	0.100	—	—
DW	0.100	—	—	—
试剂	1.000	1.000	1.000	1.000

在试剂与样品（或标准液）混合后准确20秒，读取测定吸光度 $A_{1测}$ 或标准吸光度 $A_{1标}$；待反应进行至准确60秒，再读取吸光度 $A_{2测}$ 或 $A_{2标}$。

【计算】

$$血清肌酐（\mu mol/L）=\frac{A_{2测定}-A_{1测定}}{A_{2标准}-A_{1标准}}\times 100$$

【参考范围】

男性：62~115μmol/L

女性：53~97μmol/L

【临床意义】

肌酐经肾小球滤过后不被肾小管重吸收，通过肾小管排泄。在肾疾病初期，血清肌酐值通常不升高，肾小球滤过率下降到正常人的1/3时，血肌酐才明显上升，是反应GRF减退的后期指标。在正常肾血流量的条件下，肌酐值如升高至176~353μmol/L，提示为中度至严重的肾损害。根据血清肌酐浓度可以初步判断肾功能损伤的程度：①轻度肾损伤＜178μmol/L；②中度肾损伤＞178μmol/L（氮质血症）；③重度肾损伤＞445μmol/L（肾衰竭）。④尿毒症＞1800μmol/L。所以，血肌酐测定对晚期肾疾病的临床意义较大。

增高：见于各种肾病、急性或慢性肾衰竭、重度充血性心力衰竭、心肌炎、肌肉损伤、巨人症、肢端肥大症等。

降低：见于进行性肌肉萎缩、白血病、贫血、肝功能障碍及妊娠等。

【方法学评价】

Jaffe反应并非仅对肌酐特异，还有许多化合物可生成Jaffe样色原，如蛋白质、葡萄糖、抗坏血酸、丙酮、乙酰乙酸、丙酮酸、胍和头孢菌类抗生素。这类化合物的干扰程度与所选择的反应条件有关。根据肌酐与非肌酐物质的Jaffe反应动力学特点，利用"窗口期"肌酐动力学反应，可有效地提高测定特异性，操作简便，适用于各种自动化分析仪。

干扰速率法测定的非肌酐色原性物质有两类。一类为快速反应假肌酐物质，在样品与碱性苦味酸混合后迅速出现反应并在20秒内完成，生成非肌酐的有色化合物。测定时设置20秒延迟期，可以排除此类干扰。另一类为慢速反应假肌酐物质，一般在样品和碱性苦味酸混合后80~100秒才开始反应。这样，在20~80秒，出现"窗口期"。在窗口期内以肌酐与苦味酸的呈色反应占主导地位。有研究者发现，"窗口期"的上限为60秒，为了提高速率法的特异性，速率法定时间选择在25~60秒。有学者对速率法进行严格评价后发现，此"窗口期"速率法，仍受到α-酮酸的正干扰和胆红素的负干扰。

苦味酸色素对比色杯的污染是该法用于全自动生化分析仪的一大缺点，清洗液效率低。酶法测定肌酐的出现，不仅从方法学上克服了非肌酐色原对测定结果的影响，而且不污染比色杯，逐渐取代Jaffe反应成为临床实验室的常规方法。

酶学方法虽成本较高，但方法特异性高，结果准确，适用于各种自动分析仪，亦可用于干化学方法或电化学方法。

> **链 接**
>
> | | 苦味酸 TNP | 三硝基甲苯 TNT |
> |---|---|---|
> | 结构式 | (2,4,6-三硝基苯酚结构) | (2,4,6-三硝基甲苯结构) |
> | 中文名称 | 2,4,6-三硝基苯酚 | 2,4,6-三硝基甲苯 |
> | 英文名称 | 2,4,6-Trinitrophenol;Picric acid | 2,4,6-trinitrotoluene |
> | 分子式 | $C_6H_2OH(NO_2)_3$ | $C_6H_2CH_3(NO_2)_3$ |
> | 相对分子质量 | 229.11 | 227.13 |
> | 外观与性状 | 淡黄色结晶固体,无臭,味苦 | 白色或黄色针状结晶,无臭,有吸湿性 |
> | 沸点 | 300℃(爆炸) | 280℃(爆炸) |
> | 溶解性 | 不溶于冷水、溶于热水、醇、苯乙醚等 | 不溶于水,微溶于冷乙醇,易溶于热乙醇,溶于苯、芳烃、丙酮,以及较浓的硝酸 |
> | 主要用途 | 用于炸药、火柴、染料、制药和皮革等 | 广泛用于装填各种炮弹、航空炸弹等军事爆破器材 |

【实验 15-3】 肌氨酸氧化酶法测定血清肌酐(Cr)

【原理】

样品中的肌酐在肌酐酶的催化下生成肌酸。在肌酸酶的催化下肌酸水解产生肌氨酸和尿素。肌氨酸在肌氨酸氧化酶的催化下氧化成甘氨酸,甲醛和 H_2O_2,最后偶联 Trinder 反应,比色法测定。

$$肌酐 + H_2O \xrightarrow{肌酐水解酶} 肌酸$$

$$肌酸 + H_2O \xrightarrow{肌酸水解酶} 肌氨酸 + 尿素$$

$$肌氨酸 + H_2O + O_2 \xrightarrow{肌氨酸氧化酶} 甘氨酸 + 甲醛 + H_2O_2$$

$$2H_2O_2 + 4\text{-氨基安替比林} + ESPMT \xrightarrow{过氧化物酶} 醌亚胺 + 4H_2O$$

【试剂】

1. 试剂 1 (R_1):

Good's 缓冲液	100mmol/L
肌氨酸氧化酶	≥18kμ/L
肌酸脒基水解酶	≥80kμ/L
抗坏血酸氧化酶酶	≥100kμ/L
ESPMT	1.4mmol/L

2. 试剂 2 (R_2):

肌酐酰胺基水解酶	≥310kμ/L

过氧化物酶	≥30kμ/L
4-氨基安替比林（4-AA）	2.5mmol/L

3. 肌酐校准物。

【实践步骤】

1. 参数设置

第一波长	546nm	孵化时间（incubation）	300 秒
第二波长	700nm	延迟时间（delay time）	秒
比色杯光径	1.0cm	间隔时间（rate time）	秒
温度（temperatrue）	37 ℃	测定次数（read number）	
吸样量（aspirate volume）	4μl	连续监测时间	秒
试剂 I	180μl	血清稀释倍数	1/60
试剂 II	60μl	系数 Factor	

2. 操作 按表 15-6 操作

☐ 决定性方法　　ID-MS 法
☐ 参考方法　　　HPLC
☑ 常规方法　　　肌胺酸氧化酶法

表 15-6　肌氨酸氧化酶法测定血清肌酐（Cr）操作步骤

加入物（ml）	空白管（B）	标准管（S）	质控管（C）	测定管（T）
血清	—	—	—	0.004
尿素质控物	—	—	0.004	—
尿素标准液	—	0.004	—	—
DW	0.004	—	—	—
试剂 1	0.180	0.180	0.180	0.180
混匀，37℃恒温 5 分钟，在 546nm，次波长 700nm 处测定各管吸光度 A1（A$_{测定管1}$、A$_{标准管1}$）				
试剂 2	0.060	0.060	0.060	0.060
混匀，37℃孵育 5 分钟，在主波长 546nm，次波长 700nm，再测定各管吸光度 A2（A$_{测定管2}$、A$_{标准管2}$）				

【计算】

$$血清肌酐（\mu mol/L）= \frac{A_{U2}-A_{U1}}{A_{S2}-A_{S1}} \times 校准物浓度（\mu mol/L）$$

【参考范围】

53～123μmol/L（男性）

44～106μmol/L（女性）

【方法学评价】

1. 肌酐的酶法分析是解决肌酐测定中非特异性干扰的根本途径，肌酐酶法分析中以肌酐酶偶联肌氨酸氧化酶法较为常用。

2. 肌酐酶偶联肌氨酸氧化酶法为了消除样品中肌酐的干扰，利用自动分析中双试剂法的特点，在第一试剂中加入了肌酐酶，二步反应可以消除内源性肌酐的干扰。

3. 肌酐酶法因特异性好，其参考值略低于苦味酸速率法。建议各实验室最好建立本地区的参考范围。

4. 线性范围：2.4～8840.0μmol/L，r≥0.990；

精密度：批内 CV≤3.0%；批间差≤4.0%；

准确度：相对偏差在 ±10% 范围内。

三、内生肌酐清除率测定

肾清除率是指单位时间内肾脏排出某物质的总量与同一时间该物质血浆浓度之比,该物质为体内产生的肌酐时,即为内生肌酐清除率(endogenous creatinine clearance, Ccr)。

【原理】

通过测定血液和尿液中肌酐的含量来计算24小时或每分钟血液中肌酐被肾脏清除之量(清除值),与正常人内生肌酐清除值相比较,求得(Ccr)。

【试剂】

同血清肌酐测定。

【操作】

1. 受检者连续禁食肉类3天(无肌酐饮食),不饮茶和咖啡,停止服用利尿药,实验前避免剧烈运动,饮足够量的水,使尿量不少于1mL/分。
2. 准确收集24小时尿液,测定尿液肌酐含量(测定方法见血清肌酐测定)。
3. 于收集尿样的同时,抽静脉血3ml,测定血清肌酐含量。
4. 测量受试者身高与体重(kg)。

【计算】

$$\text{内生肌酐清除率}(L/24\text{小时}) = \frac{\text{尿液肌酐}(\mu mol/L)}{\text{血清肌酐}(\mu mol/L)} \times 24\text{小时尿量}(L)$$

$$\text{校正内生肌酐清除率}(L/24\text{小时}) = \text{内生肌酐清除值} \times \frac{1.73(m^2)}{\text{受检者体表面积}(m^2)}$$

以正常人24小时内生肌酐清除值128L(即24小时内有128L血液中的肌酐通过肾脏被清除)作为100%,则内生肌酐清除率(%)= 内生肌酐清除值 $\times \frac{100}{128}$(或0.78)。

目前临床上主张用每分钟Ccr清除值报告,计算方法如下:

$$\text{内生肌酐清除值}(mL/\text{分}) = \frac{\text{尿液肌酐}(\mu mol/L)}{\text{血清肌酐}(\mu mol/L)} \times \text{每分钟排尿量}(ml) \times \frac{1.73(m^2)}{\text{体表面积}(m^2)}$$

【参考范围】

健康成年人肌酐清除率:男性:105±20mL/分
女性:95±20mL/分

【注意事项】

1. **体表面积计算方法** 是根据患者的身高(cm)和体重(kg),按图15-3查找。公式中1.73m²为标准身高人体表面积。
2. **体表面积计算图用法** 在图两边纵线中找到患者的身高(左)和体重(右)所在的两点,并将此两点连成直线,与中间纵线相交处的数值即为患者体表面积(m²)。
3. **肌酐清除率随着年龄的增长而下降**(表15-7)。

表15-7 不同年龄组的肌酐清除值 [ml/(min·1.73m²)]

年龄(岁)	男(均值)	女(均值)	年龄(岁)	男(均值)	女(均值)
20—30	117	107	50—60	97	90
30—40	110	102	60—70	90	84
40—50	104	96	70—80	84	78

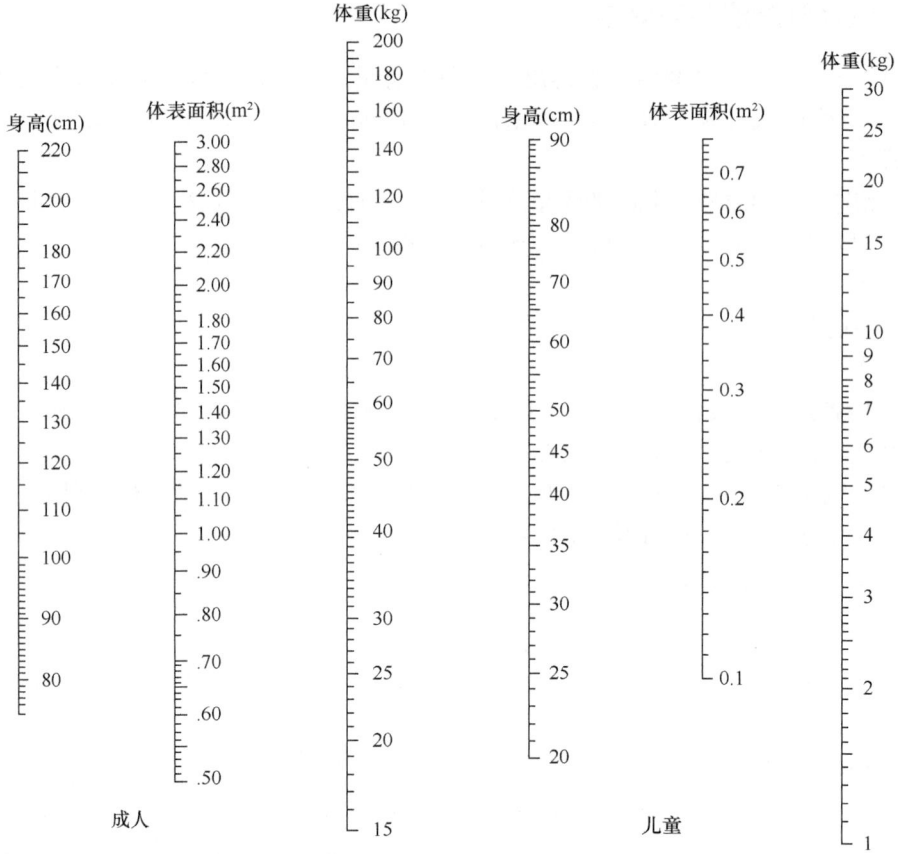

图 15-3 体表面积计算图

【临床意义】

1. 是判断肾小球滤过功能的敏感指标　Ccr 测定可敏感地反映肾小球的滤过功能。多数急性肾小球肾炎 C_{cr} 低到正常值的 80% 以下，但血清尿素、肌酐测定仍在正常范围。Ccr 越低，表示肾小球滤过功能越严重。当血中肌酐浓度很高，大于 442μmol/L 时，肾小管能分泌一部分肌酐。

2. 指导治疗　能较早地反映肾小球滤过功能并估计损伤程度。Ccr＜80ml/分时，提示肾功能有损伤；Ccr50～80ml/分为肾功能不全代偿期；Ccr25～50ml/分为肾功能不全失代偿期，此时应限制蛋白质摄入；Ccr＜25ml/分为肾衰竭期（尿毒症期），此时噻嗪类利尿药治疗常无效；Ccr＜10ml/分为尿毒症终末期。应结合临床进行透析治疗。

3. 慢性肾炎临床分型的参考　慢性肾炎普通型 Ccr 常降低；而肾病型由于肾小管基底膜通透性增加，内生肌酐可从肾小管排泌，其 Ccr 结果相应偏高。

测定 GFR 比测定血浆尿素和肌酐含量更为灵敏可靠。由于肾脏有强大的贮备能力，只有当 GFR 下降到正常值的 50% 以下时，血浆中尿素及肌酐浓度才出现增高。如采用蛋白质负荷试验可了解肾储备能力，有助于早期诊断肾功能的减退。GFR 与血中尿素、肌酐浓度减低的关系见图 15-4。

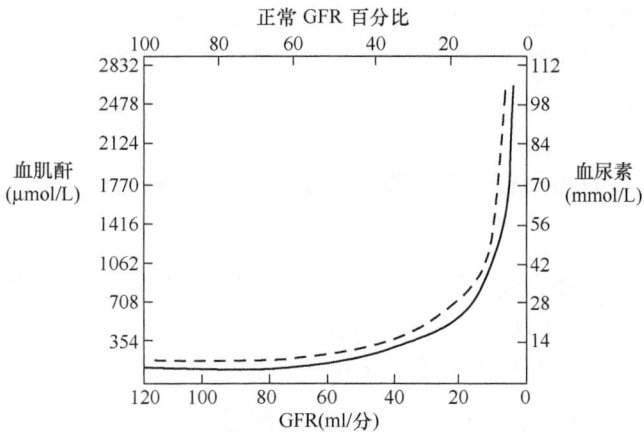

图 15-4　肾小球滤过率与血肌酐、尿素浓度的关系

实线：肌酐；虚线：尿素

四、血清尿酸（UA）的测定

（一）尿酸测定方法简介

血（尿）中尿酸的测定方法分为磷钨酸（PTA）法、尿酸酶法（尿酸酶 - 过氧化物酶偶联法）和高效液相层析法（HPLC）法。干化学方法也是应用尿酸酶的方法。

1. 磷钨酸（PTA）法　磷钨酸法是将血、尿样本制备成去蛋白滤液，具有还原性的尿酸在碱性环境中使磷钨酸还原成蓝色的钨蓝，650～700nm 处进行比色测定。此法缺点是特异性不高，灵敏度低，显色不稳定。

2. 尿酸酶法　尿酸酶测定方法可分为直接紫外分光法、酶偶联比色法和酶联 - 紫外分光法三种类型。

（1）直接紫外分光法：尿酸在 282～292nm 处有特异吸收峰，经尿酸酶作用后，生成的尿囊素在此波长无吸收峰，测量尿酸酶作用前后吸光度之差，可计算血（尿）中尿酸含量。该法灵敏度高，特异性强，其他物质无干扰；血清样本可直接测定，不需沉淀蛋白、易于自动化，具有简单、快速的优点。

（2）酶偶联比色法：尿酸经尿酸酶催化生成 H_2O_2，在过氧化物酶（POD）催化下，H_2O_2 与酚和 4 - 氨基安替比林反应生成红色醌亚胺化合物，在一定范围内，红色深浅与血（尿）中尿酸含量成正比。酶偶联比色法灵敏度较高。

（3）酶联 - 紫外分光法：尿酸经尿酸酶催化生成 H_2O_2，在 POD 存在下，H_2O_2 与乙醇作用生成乙醛，乙醛被"醛脱氢酶（aldehyde dehydrogenase ALDH）"氧化生成乙酸，而 NAD^+ 被还原成 NADH，在 340nm 吸光度增加，吸光度大小与血（尿）中尿酸含量成正比。此法在氧化还原反应中易受干扰，因体内有许多脱氢酶反应，亦可氧化内源性底物而伴有 NAD^+ 还原产生 NADH，导致结果偏高。

3. HPLC 法　利用离子交换树脂柱将尿酸纯化，在 293nm 检测柱流出液的吸光度，计算尿酸浓度。

（二）尿酸测定的临床意义

1. 肾小球滤过减少和肾小管排泌尿酸减少时，血尿酸增高。
2. 痛风症，血尿酸可高达 800～1500μmol/L。

3. 尿酸代谢增加时，如白血病、多发性骨髓瘤等尿酸产生过多，引起血尿酸增高。
4. 妊娠高血压、癫痫时肾血流量减少，尿酸排出减少而使血尿酸增加。

（三）实验方法

【实验15-4】 尿酸酶过氧化物酶偶联法测定血清尿酸（UA）

【原理】

尿酸在尿酸氧化酶催化下，氧化生成尿囊素和 H_2O_2，H_2O_2 与 4-氨基安替比林（4-AAP）和 3,5 二氯-2-羟苯磺酸（DHBS）和在过氧化氢酶（POD）催化下，生成红色醌亚胺化合物（Trinder 反应），其色泽与尿酸浓度成正比。

$$尿酸 + O_2 + H_2O \xrightarrow{\text{尿酸氧化酶}} 尿囊素 + CO_2 + H_2O_2$$

$$2H_2O_2 + 4\text{-}AAP + DHBC \xrightarrow{\text{过氧化物酶}} 醌亚胺 + 4H_2O$$

【试剂】

1. 酶混合试剂

尿酸酶	160U/L	DHBS	2mmol/L
过氧化物酶	1500U/L	磷酸盐缓冲液（pH 7.7）	100mmol/L
4-AAP	0.4mmol/L		

2. 300μmol/L 尿酸标准应用液 在 100ml 容量瓶中，加尿酸标准贮存液 5ml，加乙二醇 33ml，然后以蒸馏水稀释到刻度。

【实践步骤】

按表 15-10 操作

☐ 决定性方法　ID-MS 法
☐ 参考方法　　紫外分光法酶
☑ 常规方法　　偶联法

表 15-10 尿酸酶过氧化物酶偶联法测定血清尿酸（UA）操作步骤

加入物（ml）	空白管（B）	标准管（S）	质控管（C）	测定管（T）
血清	—	—	—	0.100
质控物	—	—	0.100	—
标准液	—	0.100	—	—
DW	0.100	—	—	—
试剂	3.000	3.000	3.000	3.000

混合，室温放置 10 分钟，波长 520nm 空白管调零，读取各管的吸光度。

【计算】

$$血清尿酸（\mu mol/L）= \frac{测定管吸光度}{标准管吸光度} \times 300$$

【参考范围】

男性：208～428μmol/L
女性：155～357μmol/L

【方法学评价】

1. 特异性和干扰 血液中许多非尿酸还原性物质如葡萄糖、谷胱甘肽、维生素 C 能使结果偏高 17.8～29.3μmol/L。由于谷胱甘肽主要存在于血细胞内，故应避免溶血。

2. 准确度 回收率为96%～102%。

3. 精密度 日内CV为1.2%～3.5%，日间CV 2.9%～4.4%。

4. 线性范围 尿酸浓度在892.5μmol/L以下线性良好。问题精要：

> **案例15-1问题精要**
>
> 1. 尿蛋白＞150mg/24h，或尿蛋白/肌酐比值＞0.2mg/mg，尿蛋白质定性≥＋，称为蛋白尿。
> 2. 肾脏病变导致清蛋白（ALB）漏出过多。
> 3. 略。

目标检测

A1型题

1. 肾小球过滤率是指（ ）
   A. 肾小球滤出的血液量
   B. 单位时间内肾小球的滤出量
   C. 单位时间内肾小球滤出的血浆液体量
   D. 肾小球的滤出液体量
   E. 单位时间内肾小球滤出的液体量

2. 自由水清除率测定是为了更精确地定量反映（ ）
   A. 肾小球的滤过功能
   B. 肾小管的重吸收功能
   C. 近曲肾小管的排泄功能
   D. 远曲肾小管的酸化功能
   E. 肾脏的浓缩稀释功能

3. 能较早反映肾小球滤过功能受损的指标是（ ）
   A. 血清尿素氮测定 B. 血清肌酐测定
   C. 内生肌酐清除测定 D. 血清尿酸测定
   E. 血清磷酸肌酸测定

4. 能完全反映肾小球滤过率功能的指标是（ ）
   A. 内生肌酐清除率 B. 菊粉清除率
   C. 酚红排泌试验 D. 尿素清除率
   E. 尿酸测定

5. 正常人内生肌酐清除率为（ ）
   A. 70～50ml/分 B. 30～50ml/分
   C. 70～80ml/分 D. 80～120ml/分
   E. ＜50ml/分

6. 男性患者，近日来少尿，恶心，呕吐，血清内生肌酐清除率测定值为10ml/分，诊断应考虑为（ ）
   A. 早期肾衰竭 B. 晚期肾衰竭
   C. 终末期肾衰竭 D. 肾功能正常
   E. 肾功能不全氮质血症期

7. 可作为肾血流量测定的试剂是（ ）
   A. 菊粉 B. 肌酐
   C. 尿素 D. 葡萄糖
   E. 对氨马尿酸

8. 可作为肾小管最大吸收率测定的试剂是（ ）
   A. 菊粉 B. 葡萄糖
   C. 尿酸 D. 对氨马尿酸
   E. 肌酐

9. 内生肌酐清除率可反映（ ）
   A. 近端肾小管排泌功能
   B. 远端肾小管排泌功能
   C. 肾小球滤过功能
   D. 肾脏的浓缩稀释功能
   E. 肾血流量

10. 关于肾功能检测的叙述，下列哪项是正确的（ ）
    A. 血尿素正常，提示肾功能正常
    B. 肾小管损伤时尿转铁蛋白升高
    C. 尿中 α_1-微球蛋白是判断近曲肾小管重吸收功能受损的灵敏指标
    D. 菊粉清除率试验检测的是肾血流量
    E. 禁水12小时后，尿渗量为800mOsm/（kg·H_2O），说明肾脏浓缩稀释功能减退

11. 免疫比浊法不能测定以下哪种蛋白质（ ）
    A. IgG B. 清蛋白
    C. 铜蓝蛋白 D. 结合珠蛋白
    E. 黏蛋白

12. 尿素的生成部位是（ ）

A. 肾小管　　　　B. 集合管
C. 肾小球　　　　D. 肝
E. 骨髓

13. 尿素与尿素氮的关系为（　　）
    A. 一分子尿素氮 2 分子尿素
    B. 一分子尿素等于 1 分子尿素氮
    C. 一分子尿素含有 2 分子尿素氮
    D. 尿素就是尿素氮
    E. 两者没有任何关系

14. 某一种物质完全由肾小球滤过，然后又由肾小管完全重吸收，则该物质的消除率是（　　）
    A. 0　　　　　　B. 50%
    C. 90%　　　　D. 100%
    E. 120%

15. 正常情况下，能被肾脏几乎完全重吸收的物质是（　　）
    A. 镁　　　　　B. 尿素
    C. 尿酸　　　　D. 肌酐
    E. 葡萄糖

16. 正常成人每日通过肾小球滤过的原尿约为（　　）
    A. 1.5L　　　　B. 3L
    C. 50L　　　　D. 100L
    E. 180L

17. 肾脏对水的重吸收主要发生在（　　）
    A. 肾小球　　　B. 肾盂
    C. 髓袢　　　　D. 近曲小管和集合管
    E. 近曲小管

18. 几乎不被肾小管重吸收的物质是（　　）
    A. 尿素　　　　B. 氨基酸
    C. 肌酐　　　　D. 谷胱甘肽
    E. 肌酸

19. 肾单位不包括（　　）
    A. 髓袢降支　　B. 髓袢升支
    C. 肾小球　　　D. 集合管
    E. 近曲小管

20. 肾小球滤过膜阻止蛋白质通过的分子量范围是（　　）
    A. >70kD　　　B. 30.1～60kD
    C. 20.1～3kKD　D. 10～20kD
    E. >100kD

21. 肾血浆流量通过肾小球成为原尿的百分数是（　　）
    A. 10%　　　　B. 20%
    C. 30%　　　　D. 40%

E. 50%

22. 肾小球可以滤过血浆是依靠（　　）
    A. 有效渗透压作用　B. 有效滤过压作用
    C. 逆流倍增作用　　D. 主动转运
    E. 易化扩散

23. 最能反映肾功能损害程度的实验是（　　）
    A. 染料排泄实验　　B. 浓缩实验
    C. 清除实验　　　　D. 稀释实验
    E. 血肌酐测定

24. 肾小管性蛋白尿和肾小球性蛋白尿区别在于（　　）
    A. 前者尿中 β_2-m 增高
    B. 后者尿中仅 β_2-m
    C. 前者不受溶液浓度影响
    D. 后者不受溶液浓度影响
    E. 两者均不受溶液浓度影响

25. 肾小球滤过率测定的参考方法是（　　）
    A. 对氨基马尿酸清除率
    B. 肌酐清除率
    C. 尿素清除率
    D. 菊粉清除率
    E. Na^+ 清除率

26. 下列物质中何者不属于非蛋白含氮物质的是（　　）
    A. 尿素　　　　B. 尿酸
    C. 胆红素　　　D. 胆酸
    E. 肌酐

27. 肾小管重新吸收受损可检出的标志物不包括（　　）
    A. α_2-微球蛋白　B. α_2-巨球蛋白
    C. β_2-微球蛋白　D. 溶菌酶
    E. 尿蛋白

28. 肾小管病变疾患早期，尿中下列物质最早出现变化的是（　　）
    A. β_2-微球蛋白　B. 清蛋白
    C. 急时相反应蛋白　D. 转铁蛋白
    E. IgG

29. 肾小球滤过率（GFR）降低，首先引起（　　）
    A. 高钾血症或代谢性酸中毒
    B. 高钠血症、氮质血症
    C. 尿比重偏高
    D. 尿比重偏低
    E. 血肌酐升高

30. 急性肾小球肾炎时，肾小球的滤过功能改变

是（　　）
- A. 大部分病人正常
- B. 正常
- C. 下降
- D. 正常或增高
- E. 增高

31. 尿素测定的常用方法是（　　）
    - A. 酶偶联速率法或脲酶-波氏比色法
    - B. 双缩脲法
    - C. Jaffe 法
    - D. 紫外分光光度法（290nm）
    - E. ELISA 法

32. 尿酸测定的常用方法（　　）
    - A. 双缩脲法
    - B. 尿酸酶过氧化物酶偶联法
    - C. 化学方法
    - D. 双缩脲法
    - E. CLIA 法

33. 肌酐测定的常用方法（　　）
    - A. 免疫透射比浊法
    - B. 紫外分光光度法（290nm）
    - C. 苦味酸两点速率法或肌氨酸氧化酶法
    - D. 双缩脲法
    - E. 物理方法

34. 尿微量蛋白测定方法（　　）
    - A. 免疫透射比浊法
    - B. 紫外分光光度法（290nm）
    - C. 苦味酸两点速率法或肌氨酸氧化酶法
    - D. 双缩脲法
    - E. ELISA 法

35. 测定 β_2-微球蛋白的方法（　　）
    - A. 终点法
    - B. 速率法
    - C. 免疫透射比浊法
    - D. 化学发光免疫分析法（CLIA）
    - E. ELISA 法

36. 常用于临床诊断的脲酶不包括（　　）
    - A. 乳酸脱氢酶
    - B. 丙酮酸脱氢酶
    - C. N-乙酰-β 氨基葡萄糖苷酶
    - D. 丙氨酸氨基肽酶
    - E. β-葡萄糖苷酸酶

37. 尿毒症患者血清检测时明显升高的是（　　）
    - A. Urea
    - B. Cr
    - C. UA
    - D. 血清淀粉酶
    - E. 以上都是

38. 利用不同物质的清除率可测定肾脏功能不包括（　　）
    - A. 肾小球滤过率
    - B. 肾小管重吸收功能
    - C. 肾小管排泌功能
    - D. 肾血流量
    - E. 肾滤过压

39. 常用于 GFR 测定的物质有（　　）
    - A. 菊粉和肌酐
    - B. 葡萄糖
    - C. 胆红素
    - D. 清蛋白
    - E. 球蛋白

40. 常用于尿蛋白选择性检测的尿蛋白不包括（　　）
    - A. 尿 IgG
    - B. 尿 Tf
    - C. C3
    - D. γ-球蛋白
    - E. Alb

（奥布力喀斯木·图尔荪）

第 16 章 心肌损伤标志物检验

学习目标

掌握：心肌损伤标志物检测的方法学评价及临床意义，酶偶联法测定血清总 CK、免疫抑制法测定 CK-MB 活性、胶乳增强透射比浊法测定 cTnI 和 Mb、单抗隆抗体免疫法测定 CK-MB 质量的原理、注意事项、参考范围及临床意义。

熟悉：琼脂糖凝胶电泳测定 LD 同工酶、酶联免疫法定量测定 NT-proBNP 的原理、注意事项、参考范围及临床意义。

了解：心脏的结构与功能，心肌损伤时的生化改变，心肌损伤标志物的分类与选择。

能规范、熟练地操作总 CK、CK-MB 活性、cTnI、Mb、CK-MB 质量等项目测定。

案例16-1

患者男性，72 岁。因"反复心前区疼痛 2 年，加重伴胸闷、出汗 5 小时"入院。

2 年前劳累时出现心前区疼痛，呈压榨样，持续 3~5 分钟，休息后缓解。此后反复发作，含服硝酸甘油均可缓解。既往有 8 年高血压史，2 年糖尿病史，曾有吸烟史，已戒烟 13 年。

心电图：V_1~V_4 ST 段弓背向上抬高，T 波倒置。实验室检查：cTnT>1.2ng/ml，Mb：130μg/L。

临床诊断：急性心肌梗死

问题：

1. 为什么检测生化指标 cTnT、Mb？cTnT、Mb 的正常参考范围是多少？
2. 常用心肌损伤标志物有哪些？它们的延缓期、活力高峰期维持时间是多少？

心肌细胞损伤时释放到血液中的特异性标记物称为心肌损伤标志物。心肌损伤多由心脏缺血所致，包括心绞痛和急性心肌梗死（acute myocardial infarction，AMI）等，其中 AMI 是冠心病发展到严重阶段的一种类型，为高死亡率的危急症，及早诊断和治疗是提高疗效、改善预后的关键。心脑血管疾病的诊断除根据临床症状和体征外，主要依靠实验室检查，心肌损伤标志物的检测可以为 AMI 的早期诊断、病情监测、疗效观察及预后判断提供非常有价值的信息。本章主要介绍心肌损伤标志物检测在 AMI 诊断中的应用。

第16章 心肌损伤标志物检验

第1节 概述

一、心脏的结构与功能

(一)心脏的解剖与生理

心脏是一个中空的肌性纤维性器官,形似倒置的前后稍扁的圆锥体,内部由左、右心房和左、右心室四个腔构成,同侧房、室相通。心房收缩力较弱,将其内血液泵入心室,左心室将血液泵入体循环,右心室将血液泵入肺循环。心脏的节律性收缩与舒张推动血液在血管中流动,而心脏及血管内瓣膜的单向开放保证了血液在循环系统中的单方向流动(图16-1)。

心脏的血液供给来自起源于主动脉根部的左、右冠状动脉,其主干分布于心脏表面,小分支垂直穿行于心肌,在心肌及心内膜下层形成丰富的毛细血管网,为心肌细胞提供丰富的营养物质和 O_2,同时将心肌细胞代谢生成的 CO_2 和代谢废物输入心脏静脉,流入右心房,从而完成供给心肌营养的血液循环,即冠状循环。尽管心脏仅占体重的约0.5%,而总的冠脉血流量占心脏输出量的4%~5%。

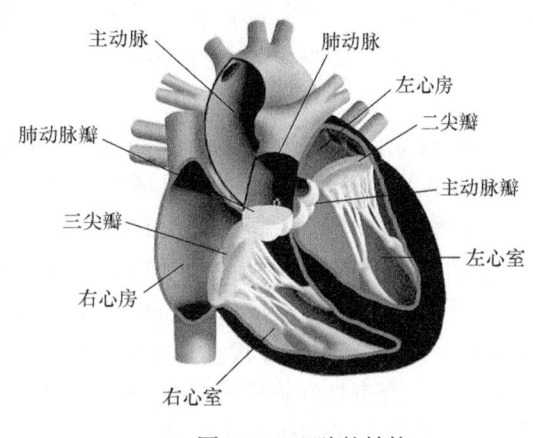

图16-1 心脏的结构

(二)心脏的功能

心脏的功能主要是循环功能与内分泌功能两大方面。

心脏的主要功能是循环功能,即推动血液流动,向组织、器官提供充足的血流量,以供应 O_2 和各种营养物质,并输出 CO_2、尿素、尿酸等代谢终产物,使细胞维持正常的代谢和功能,保证机体新陈代谢的不断进行。体内大多数激素和一些其他体液成分,也要通过血液循环将它们运送到靶细胞,实现机体的体液调节,维持机体内环境的相对恒定。此外,机体免疫、血液防御功能的实现以及体温相对恒定的调节,也有赖于血液循环。

心脏还具有重要的内分泌功能,如心肌细胞能产生和分泌激素——心钠肽和脑钠肽,具有排钠利尿、扩张血管、降低血压的作用,参与机体水电解质平衡、体液容量和血压的调节。另外,从哺乳动物心肌组织中还分离出一些生物活性肽,如具有抗心律失常肽和内源性洋地黄等。

二、心脏疾病的诊断

心脏疾病主要包括冠心病、心肌疾病、心力衰竭、高血压等,而与临床实验室密切相关的疾病主要是前三种。心、脑血管疾病的主要病理组织学基础是动脉硬化。

（一）动脉粥样硬化和冠心病

1. 动脉粥样硬化 动脉粥样硬化（atherosclerosis，AS）是一组称为动脉硬化的血管病中最常见、最重要的一类。各种动脉硬化的共同特点是动脉管壁增厚变硬、失去弹性和管腔缩小（图16-2）。

动脉硬化类型除动脉粥样硬化外，常见的还有小动脉硬化和动脉中层硬化，动脉粥样硬化虽仅是动脉硬化的一种类型，但临床多见且意义重大，因此习惯上简称的，"动脉硬化"多指动脉粥样硬化。

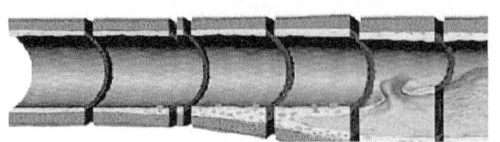

图16-2 动脉粥样硬化演变过程

正常动脉　内皮功能不全　内膜增厚　粥样化形成　不稳定斑块　斑块破裂

2. 冠心病

（1）冠心病的定义：冠状动脉性心脏病（coronary artery heart disease，CHD），简称冠心病，是指各种原因使冠状动脉管腔狭窄或阻塞，导致心肌缺血缺氧或坏死而引起的心脏病，亦称缺血性心脏病（ischemic heart disease）。由冠状动脉粥样硬化引起的冠心病称为冠状动脉粥样硬化性心脏病（coronary atherosclerotic heart disease，CAD）。除冠状动脉粥样硬化外，炎症（风湿性、梅毒性和血管闭塞性脉管炎等）、痉挛、结缔组织病、创伤和先天性畸形等多种原因也可导致心肌缺血、缺氧而引起冠心病。由于95%～99%冠心病是由冠状动脉粥样硬化引起，故临床上常用冠心病一词代替冠状动脉粥样硬化性心脏病，如图16-3。

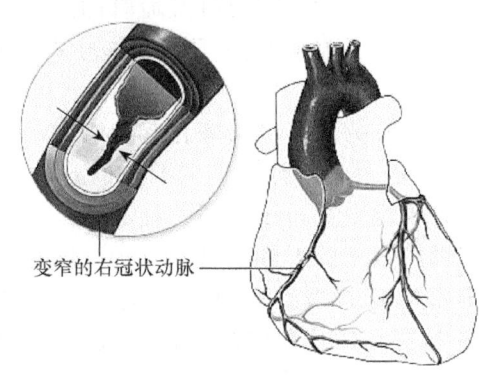

变窄的右冠状动脉

图16-3 冠状动脉与冠心病的形成

> **链接**
>
> **冠状动脉（coronary artery）**
>
> 状动脉是起于主动脉根部，为心肌提供血液供应的动脉。分左右两支，主干行于心脏表面，小分支穿入心肌，并在心内膜下层分支成网，似一顶王冠而得名。采用Schlesinger等的分类原则，按冠状动脉的分布分为三型：左优势型、右优势型、均衡型。

（2）冠心病的分型

1）根据病理解剖和病理生理变化的不同，1979年WHO将冠心病分为五种临床类型，即无症状性心肌缺血（隐匿性冠心病）、心绞痛、心肌梗死（myocardial infarction，MI）、缺血性心肌病和猝死。其中，AMI属急性冠脉综合征的严重类型。

①无症状性心肌缺血，主要是在动脉硬化初期，冠状动脉管腔狭窄＜50%，因冠状动脉具有较强的储备代偿能力，心肌的血液供应未受影响；②心绞痛分为稳定型心绞痛和不稳定型心绞痛，当管腔狭窄50%～75%，运动、心动过速、情绪激动等情况下会出现短暂的心肌供血不足，但安静时可代偿，即稳定型心绞痛，亦称稳定型劳力性心绞痛（stable angina pectoris，SAP），如休息时也会出现心绞痛，且持续时间超过10分钟，则为不稳定

型心绞痛（unstable angina pectoris，UAP）；③MI是由于病情继续发展，冠状动脉粥样硬化造成一支或多支血管管腔狭窄和心肌供血不足，而侧支循环未充分建立，冠状动脉血液供应急剧减少或中断，使心肌严重而持续性地缺血20～30分钟以上，即可发生AMI；④缺血性心肌病的病理基础是心肌纤维化（或称硬化），冠状动脉管腔明显狭窄，但可无闭塞，纤维组织增生（此时冠状动脉则可见闭塞）所致；⑤猝死是由于冠状动脉痉挛或栓塞，导致心肌急性缺血，引起短暂的严重心律失常（特别是心室颤动）而致心脏骤停。AMI常致心源性猝死，如图16-4。

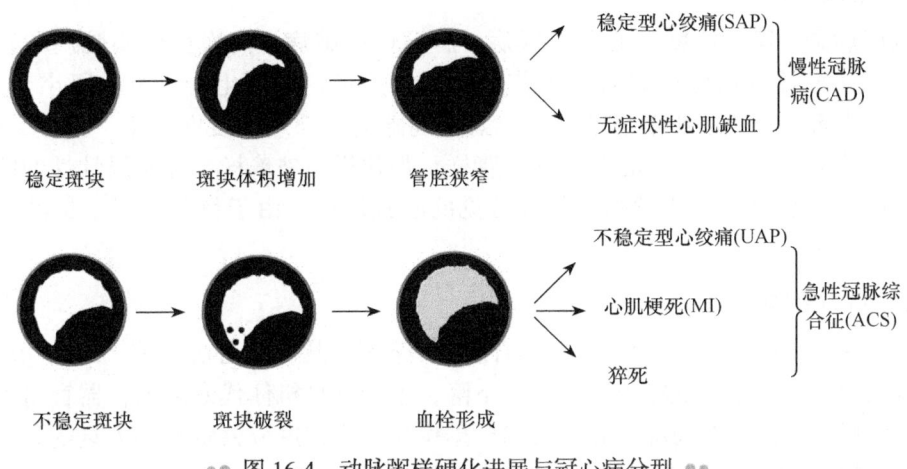

图 16-4 动脉粥样硬化进展与冠心病分型

2）近年临床分类：分两大类：急性冠脉综合征（acute coronary syndrome，ACS）（图16-5）和慢性冠脉病（chronic coronary artery disease，CAD 或称慢性缺血综合征 chronic ischemic syndrome，CIS）。ACS 包括 UAP、非 ST 段抬高性心肌梗死（non-ST-segment elevation myocardial infarction，NSTEMI）和 ST 段抬高性心肌梗死（ST-segment elevation myocardial infarction，STEMI），也有将冠心病猝死包括在内；CAD 包括 SAP、冠脉正常的心绞痛（如 X 综合征）、无症状性心肌缺血和缺血性心肌病。

ACS 是不稳定的粥样硬化斑块发生变化，如斑块内出血使之迅速增大，斑块破裂脱

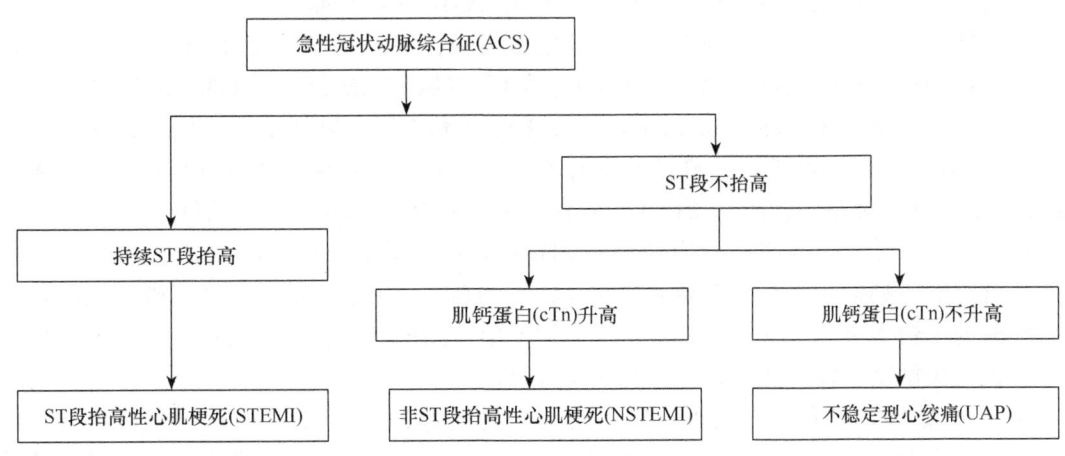

图 16-5 急性冠状动脉综合征

落或表面破损，局部血小板聚集形成血栓，血管发生痉挛等，引起冠脉不完全或完全性阻塞；破裂后如果血栓形成而未完全阻塞冠脉则会引起 UAP，最终可能发展到完全阻塞而发生 NSTEMI 或 STEMI。

由于新的标志物（主要是 cTn）的出现，心绞痛和 AMI 过去一直被看成两个独立的疾病，现认为，缺血性心脏病是从 SAP、到 UAP、到非 Q 波心肌梗死、到 Q 波心肌梗死，这样一个缺血程度由轻到重的连续的病理过程之间无清楚的界限，临床表现既可交叉又可不同。

（二）心肌疾病

心肌疾病是指除冠心病、心脏瓣膜病、肺源性心脏病、高血压性心脏病和先天性心脏病以外的不同原因所致的以心肌损伤、肥厚、扩张、纤维化、甚至心肌小范围变性、坏死为主要表现的一类心脏病。心肌细胞及其间隙的局部或弥漫性的急、慢性炎性病变，称为心肌炎（carditis）。此时心肌常伴有脂样、颗粒样、玻璃样变性和局灶性的肌细胞的坏死、纤维化。心肌炎是儿童和青年人常见的心脏疾病，由于目前尚无金标准，临床不易确诊。

（三）心力衰竭

心力衰竭（heart failure，HF），简称心衰，是各种原因导致心脏收缩、舒张功能障碍的一种临床综合征，由于心脏输出血液能力下降，不能满足机体代谢需要，器官组织血液灌流不足，大量血液淤留在局部。心力衰竭根据疾病发生速度分为急性心力衰竭和慢性心力衰竭，80% 的 AMI 病人死于心衰、心源性休克。

（四）AMI 的诊断标准

心脏疾病的诊断常借助影像学检查，如心电图、超声心动图、心导管检查、核素心血管造影、电子计算机断层扫描（CT）等，而心肌损伤标志物的检测在心脏病（特别是缺血性心脏疾病）的早期诊断越来越重要，并适合动态监测。

1969 年，WHO 规定 AMI 的临床诊断标准为，符合下列三条中的任意两条即可：①典型的胸痛病史；②心电图的异常变化；③一系列酶的改变，这种变化与酶的特性以及发病时间相符合。酶学标志物主要包括天冬氨酸氨基转移酶、乳酸脱氢酶及其同工酶、肌酸激酶及其同工酶，其中 CK-MB 曾一直被认为是诊断 AMI 的金标准。

随着检验医学的发展，一些蛋白类标志物被发现，特别是心肌肌钙蛋白，在灵敏度和特异性方面均优于酶学指标，因此，WHO 诊断标准的第三条受到了挑战。2000 年，欧洲心脏病学会（European Society of Cardiology，ESC）和美国心脏病学会（American College of Cardiology，ACC）修订了 AMI 的诊断标准，强调心肌损伤标志物的升高和降低，将心肌损伤标志物（主要是心肌肌钙蛋白）的异常变化作为诊断 AMI 的必要条件，即须满足 A、B 两方面条件方可诊断 AMI：A. 有典型的 cTn 升高随后缓慢降低或 CK-MB 迅速升高后降低；B. 并伴有下列症状之一：①局部缺血症状；②心电图出现病理性 Q 波；③心电图显示缺血性改变（ST 段抬高或降低）；④冠状动脉干预，如冠状动脉介入治疗。该标准提高了 AMI 诊断的灵敏度和特异性，减少了误诊和漏诊。

对于疑似 ACS 患者，要求将心肌损伤标志物列为 24 小时随时检测的急诊项目，并且标本检测周期（turnaround time，TAT）应 <60 分钟，TAT 即为从采集标本到报告结果的时间。

第16章 心肌损伤标志物检验

> **链 接**
>
> **胸痛病人的建议诊断程序与标志物**
>
> 胸痛是门诊患者就诊的常见病因，通常由心血管疾病、呼吸系统疾病、纵隔内其他器官或脊柱病变引起。而急性高危险胸痛常见于AMI、急性冠脉综合征、主动脉夹层、心脏压塞、肺栓塞、张力性气胸等。
>
> 胸痛病人的建议诊断程序见图16-6。
>
>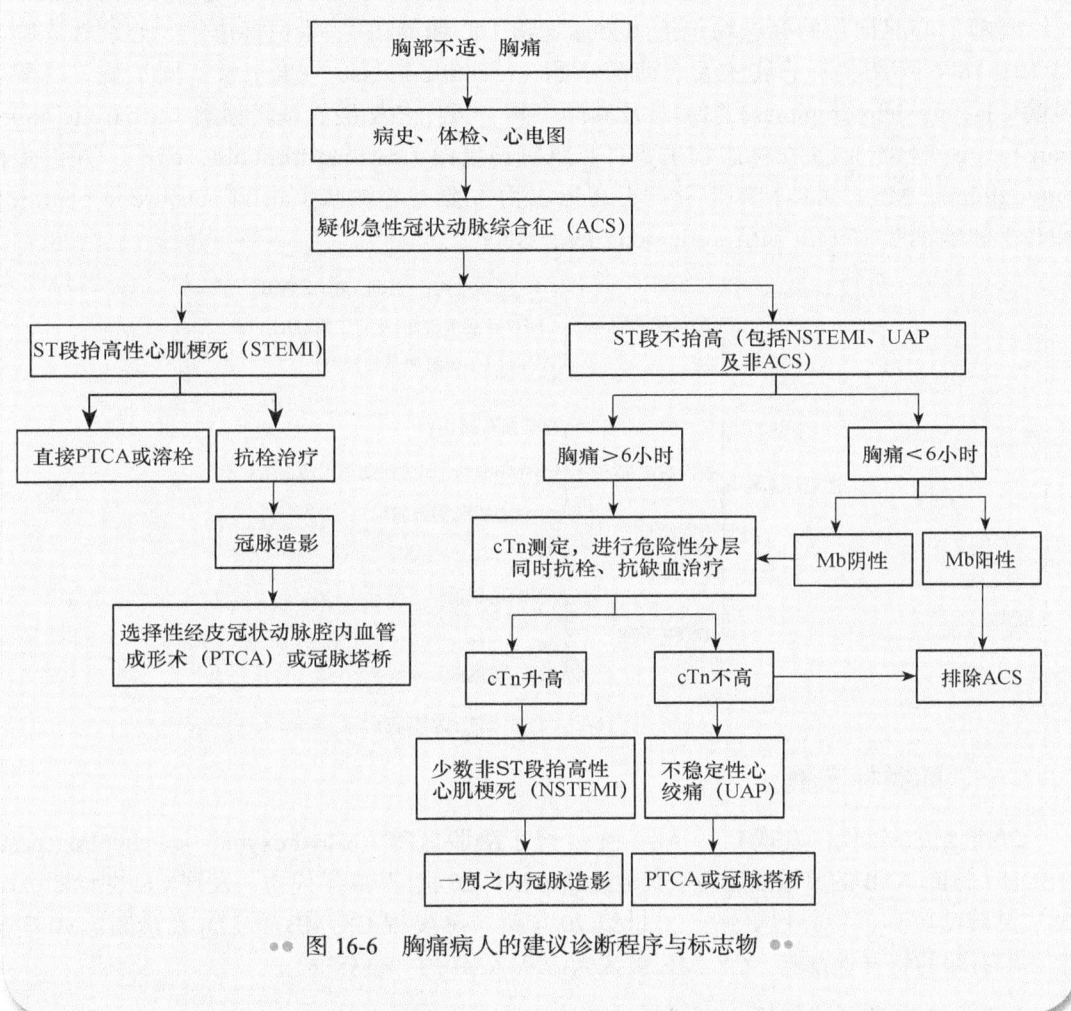
>
> •• 图 16-6 胸痛病人的建议诊断程序与标志物 ••

第2节 心肌损伤标志物的测定

心肌损伤标志物是指具有心肌特异性，心肌细胞损伤时大量释放至血液中，其血中浓度变化可反映心肌损伤及其程度的物质。

理想的心肌损伤标志物应具备以下特点和要求：①特异性高：主要或仅存在于心肌组织，其他组织及正常情况血清内不存在，血中浓度升高即表明心肌损伤。②敏感性高：在心肌中含量高，心肌损伤后血中增高倍数高，可反映小范围的心肌损伤，且血中浓度与心肌受损程度呈比例，可评估 AMI 的范围及预后。③延缓期短：能快速释放，达峰时间短，心肌损伤后能在短时间内迅速进入血液循环，以保证早期诊断 AMI。④窗口期长：在血液中能较稳定地维持较长时间的高浓度，以便于诊断，避免漏诊。⑤检测方法简便、快速：方法简便容易检测，检测时间短，能够快速得到结果。⑥能够评估再灌注和再损伤：可根据标志物水平峰值及提前推后等特征，判断溶栓疗法成功与否，栓塞动脉是否复通，并可根据标志物水平再度上升判断是否有再梗死发生。⑦诊断价值已经过临床证实。但迄今为止，尚无完全符合这些要求的标志物。

目前，心肌损伤的标志物包括酶类标志物（心肌酶谱）、蛋白标志物、心衰标志物三类（图 16-7）。酶类标志物主要有肌酸激酶（creatine kinase，CK）及其同工酶、乳酸脱氢酶（lactate dehydrogenase，LD）及其同工酶、天门冬氨酸氨基转移酶（aspartate amino transferase，AST）；蛋白标志物主要有心肌肌钙蛋白（cardiac troponin，cTn）、肌红蛋白（myoglobin，Mb）、CK-MB 质量；心衰标志物主要有心钠肽（atrial natriuretic peptides，ANP）和脑钠肽（brain natriuretic peptides，BNP）。

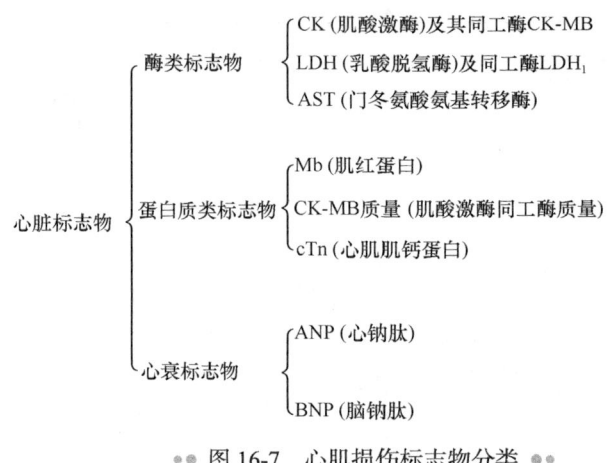

图 16-7　心肌损伤标志物分类

一、酶类标志物

20 世纪 50 年代，发现 LD、AST 和 α- 羟丁酸脱氢酶（α-hydroxybutyric dehydrogenase，HBDH）诊断 AMI 的灵敏度远高于其他诊断方法；20 世纪 60 年代初，发现 CK 在诊断 AMI 时的灵敏度更高，特异性更强；20 世纪 70 年代，又发现 CK-MB 及 LD_1 在诊断 AMI 时较上述所有酶的特异性都高，CK-MB 被认为诊断 AMI 的"金标准"。

（一）方法学概述与标本

1. 方法学概述　酶活性测定方法大致经过三个阶段：① 20 世纪 50 年代前，主要为"固定时间法"；② 20 世纪 50 年代中期，生化分析仪被广泛应用，临床开始采用"连续检测法"（速率法）；③ 20 世纪 70 年代后，免疫技术迅速发展，测定结果用 ng/ml、ug/L 等报告。酶质量分析大大提高了 CK-MB 的临床应用价值，使它成为诊断 AMI 较早和较高灵敏度的标志物。目前，心肌酶测定中速率法、免疫法均被广泛采用。

2. 标本采集与处理　标本在采集、分离及储存等过程中可能会影响酶的活性，例如①压脉带使用时间过长可引起 CK 测定值增高；②采血后 1~2 小时就应及时分离血清，避免红细胞中的酶透过细胞膜进入血清；③避免溶血，溶血可引起血清 LD、CK 水平明显增高，红细胞中 LD 约为血清的 100 倍，红细胞中虽无 CK，但含有丰富的腺苷酸激酶（AK），

AK 进入血清会使某些速率法测定 CK 的结果升高；④心肌酶活性在体外随时间和温度的变化而改变（表 16-1），对于不能及时分析的血标本，应根据酶的稳定性正确处理与保存标本。

表 16-1 酶类心肌损伤标志物不同温度储存的稳定性

酶	室温（25℃）	冷藏（0～4℃）	冰冻（-25℃）
AST	3 天	1 周	30 天
CK	1 周	1 周	1 周
LD	1 周	1～3 天	1～3 天

（二）血清肌酸激酶及其同工酶

1. 肌酸激酶（CK）

（1）生化特性：CK 广泛存在于各种组织中，与 ATP 的利用有关，主要存在于需要大量能量供应的组织，如骨骼肌、脑组织、心肌等，以骨骼肌含量最多，其次是脑组织和心肌（表 16-2）。CK 的 MW 约 86.0kD，是由脑型（brain，B）和肌型（muscle，M）两种亚基组成的二聚体，可形成 3 种同工酶，进入血液中的 CK 最终在肝脏被清除。此酶的功能是在生理水平上维持细胞内 ATP 浓度，是重要的能量调节酶。它的催化作用是可逆的，即将高能磷酸键从磷酸肌酸转移至 ADP 上生成 ATP 或从 ATP 上将高能磷酸键转移至肌酸，形成磷酸肌酸。

$$肌酸 + ATP \xleftrightarrow{CK} 磷酸肌酸 + ADP$$

（2）心肌损伤时血液 CK 变化特点：血清 CK 活性测定主要用于 AMI 的诊断。CK 相对分子质量较小，AMI 发生后，CK 大量迅速释放入血，4～10 小时血清 CK 水平开始升高，20～30 小时达到峰值，可达正常上限的 10 倍左右，若无再梗死或其他损伤，3～6 天恢复至正常水平，其增高程度与心肌损伤的程度基本一致。CK 对心肌梗死的诊断较 AST、LDH 的特异性、灵敏度高，是应用最为广泛的心肌损伤指标之一。

2. 肌酸激酶同工酶

（1）生化特性：CK 是由 M 和 B 两个亚基组成的二聚体，形成 CK-BB、CK-MB 和 CK-MM 三种同工酶。CK 广泛分布于能量代谢旺盛的组织细胞中，不同组织细胞中 3 种同工酶的分布不同，见表 16-2，由表可知 CK-BB 主要存在于脑组织中，CK-MM 和 CK-MB 主要存在于肌组织中，但不同肌肉两者的比例各不相同，骨骼肌中 CK-MM 约占 98.9%，CK-MB 占 1.1% 左右；心肌中 CK-MM 约占 78.7%，CK-MB 占 20% 左右。CK-MB 在心肌细胞中的相对含量最高，其他组织中含量相对较低。正常血清中 CK-MM 含量较高，CK-MB 含量较低，不超过总 CK 活性的 5%，而 CK-BB 含量更低。因此，心肌损伤时，尤其是 AMI 发生时，血清 CK-MB 含量将显著性升高。

表 16-2 肌酸激酶及其同工酶组织分布特点

组织	总 CK 活性（U/g）	CK-BB（%）	CK-MB（%）	CK-MM（%）
骨骼肌	2500	0.06	1.1	98.9
脑	555	97.3	2.7	0
心肌	473	1.3	20	78.7
胃	190	95.7	0	4.3
小肠	112	80	8	12

续表

组织	总CK活性（U/g）	CK-BB（%）	CK-MB（%）	CK-MM（%）
肾	32	97.2	0	2.8
肝	1	100	0	0

细胞线粒体内还存在另一种 CK 同工酶，即线粒体 CK（mitochondria CK，CK-Mt）。

（2）CK 同工酶亚型分析：心肌细胞膜受损后，CK 释放入血，M 亚基羧基末端的赖氨酸残基可被羧肽酶水解，根据其水解程度不同，CK 同工酶又可形成多种亚基，如 CK-MB 可分为 $CK-MB_1$（无 C-端赖氨酸残基）和 $CK-MB_2$（1 个 C-端赖氨酸残基），CK-MM 分为 $CK-MM_1$（无 C-端赖氨酸残基）、$CK-MM_2$（1 个 C-端赖氨酸残基）、$CK-MM_3$（2 个 C-端赖氨酸残基）。正常人群血清中各亚型的含量表现为：$CK-MM_1$＞$CK-MM_2$＞$CK-MM_3$，$CK-MB_1$＞$CK-MB_2$。当 AMI 发生时，血清 $CK-MM_3$ 和 $CK-MB_2$ 水平显著性升高，表现为 $CK-MM_3/CK-MM_1$ 和 $CK-MB_2/CK-MB_1$ 比值大于 1.0，此数值变化早于 CK 和 CK-MB 的升高，且在诊断 AMI 时的特异性和灵敏度均高于 CK 及其同工酶。

（3）心肌损伤时血液 CK 同工酶变化特点：AMI 发生后，CK-MB 大量迅速释放入血，3~8 小时血清 CK-MB 水平开始升高，16~24 小时达到峰值，可达正常上限的 20 倍左右，若无再梗死或其他损伤，1~4 天恢复至正常水平。AMI 发作后 6~36 小时 CK-MB 敏感性为 92%~96%，心电图阴性的 AMI 患者其敏感性为 79.7%。

AMI 发生后，$CK-MB_2$ 大量迅速释放入血，2 小时血清 $CK-MB_2$ 水平开始升高，10~18 小时达到峰值，12~24 小时下降。如果以 $CK-MB_2$＞1.0U/L，$CK-MB_2/CK-MB_1$＞1.5 为标准，AMI 的诊断特异性可高达 95%，因此，CK 同工酶亚型的检测较总 CK 及 CK-MB 更适用于 AMI 的早期诊断，亚型比值也适用于溶栓疗效的判断。但 CK 同工酶亚型的检测主要通过等点聚焦电泳、层析等方法，因耗时而普及较难。

1972 年 CK-MB 首次用于临床诊断 AMI。

1. CK-MB 在早期辅助诊断 AMI 上具有极高的特异性和敏感性，是目前诊断 AMI 的最佳血清酶指标。

2. CK 及 CK-MB 升高幅度和梗死面积有一定相关性，根据其升高幅度可大致判断梗死面积。

3. 由于 CK 半衰期较短，上升和下降均较迅速，可用于再梗死和再灌注的判断。①再梗死：若血清 CK 及 CK-MB 水平下降后，再次升高，提示心肌有再梗死发生。②再灌注：实施溶栓后，根据血清 CK 及 CK-MB 峰值出现时间是否提前，可以判断溶栓效果，若再灌注成功，将观察到 CK 及 CK-MB 水平达峰值时间提前，出现迅速上升，随即下降的冲洗峰，这是因为血液灌注恢复后，缺血区积聚的标志物被再灌注血流迅速冲洗入血而致。③再灌注损伤：若观察到标志物出现新的升高，且持续时间延长，提示心肌损伤加重，出现再灌注损伤（图 16-8）。

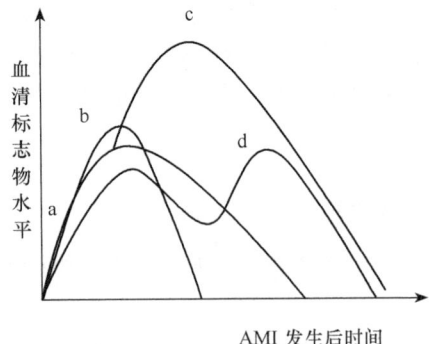

图 16-8 AMI 后再灌注及灌注后心肌再梗死心脏标志物动态变化

a. 自然进程；b. 再灌注；c. 再灌注损伤；d. 再梗死

4. 临床常用 CK-MB/总 CK 的比值，来提高诊断的特异性。当用 CK-MB 质量法时，此值称为百分相对指数（percent relative index，%RI），当用 CK-MB 活性法时，此值称为百分 CK-MB%（CK-MB）。

若总 CK>200 U/L，%CK-MB 在 4%～25%，可诊断为 AMI；若总 CK>200 U/L，%CK-MB>25%，考虑有 CK-BB 或巨型 CK 存在。

【实验 16-1】 **酶偶联法测定血清肌酸激酶**

CK 活性的测定方法有比色法、荧光光度法、酶偶联速率法和化学发光法，临床上常用方法为比色法和酶偶联速率法。这些方法的建立是根据 CK 催化的正向反应（C→CP）或逆向反应（CP→C）来设计的。但以磷酸肌酸为底物时，反应速率较肌酸为底物快 2～6 倍，故常用磷酸肌酸作为底物进行活性测定。

【原理】

CK 催化磷酸肌酸（CP）转变为肌酸（C），同时 ADP 磷酸化生成 ATP，然后进行一系列酶偶联反应，反应如下：

$$磷酸肌酸 + ADP \xrightleftharpoons{CK} 肌酸 + ATP$$

$$ATP + 葡萄糖 \xrightarrow{HK} ADP + 6\text{-}磷酸葡萄糖$$

$$6\text{-}磷酸葡萄糖 + NADP^+ \xrightarrow{G6PD} 6\text{-}磷酸葡萄糖酸 + NADPH + H^+$$

NADPH 在 340 nm 下有最大吸收峰，因此利用酶偶联反应原理连续监测 NADPH 生成情况。监测单位时间内 NADPH 的生成量（$\Delta A/min$），代入公式，计算出 CK 活性。

【试剂】

1. 应用试剂 I 115mmol/L 咪唑醋酸，2.3mmol/L EDTA，11.5mmol/L 醋酸镁，23mmol/L N-乙酰半胱氨酸，2.3mmol/L ADP，5.8mmol/L AMP，11.5mmol/L 二腺苷-5′-磷酸锂盐，23 mmol/L D-葡萄糖，2.3 mmol/L NADP，4000U/L HK，2300U/L G6PD，pH 6.5，37℃。

2. 应用试剂 II 345 mmol/L CP。

【实践步骤】

具体操作程序根据各实验室拥有的分析仪型号及操作说明书而定。

1. 试剂准备 应用试剂 II 在 37℃水浴中预热至少 5 分钟。

2. 参数设置 按说明书操作。

【计算】

$$CK\,(U/L) = \Delta A/min \times \frac{10^6 \times 2.3}{6220 \times 0.1 \times 1} = \Delta A/min \times 3698$$

式中 6220 为 NADPH 在 340nm 的摩尔吸光系数。

【参考范围】

男性 38～174 U/L；女性 26～140U/L。

【临床意义】

1. CK 是心肌梗死早期的辅助诊断、评估病情和判断预后的较好指标。CK 对心肌梗死的诊断较 AST、LDH 的特异性高。病毒性心肌炎时，CK 活性也明显升高，对诊断及判断预后有参考价值。

2. 肌营养不良症、皮肌炎、骨骼肌损伤（可高达参考范围上限的 200 倍）、脑血管意外、脑膜炎、甲状腺功能低下等疾病及一些非疾病因素如剧烈运动、各种插管及手术、肌内注射氯丙嗪和抗生素等也可能引起 CK 活性增高。

3. 病毒、细菌、寄生虫感染引起的肌肉感染性疾病（心肌炎、皮肌炎等）等均可导致血清 CK 活性升高。

4. CK 活性降低：主要见于恶病质及神经性肌萎缩。

【方法学评价】

酶偶联法是快速、灵敏的测定血清 CK 活性的参考方法。

方法学特性如下。①线性范围：可达 3000U/L；②精密度：批内 *CV* 值≤5%，批间 *CV* 值≤5%；③准确度：测定值与质控血清靶值相对偏差≤10%。

（三）乳酸脱氢酶及其同工酶

1. 生化特性 LD 的 MW 约 135kD，是由肌型（muscle，M）和心型（heart，H）两种亚基构成的四聚体，可形成 5 种同工酶，按其在电场中泳动的速度由快到慢分为 LD_1（H_4）、LD_2（H_3M）、LD_3（H_2M_2）、LD_4（HM_3）和 LD_5（M_4）。LD 同工酶在同一个个体的不同组织细胞中的分布不同，LD_1 主要存在于心肌细胞内，LD_5 主要存在于骨骼肌细胞及肝细胞内（表 16-3）。LD 的生理学功能是促进葡萄糖分解或乳酸重新生成葡萄糖，其催化作用是可逆的，即催化丙酮酸（pyruvate，P）与 L-乳酸（L-lactate，L）之间的相互转变。

表 16-3 人体各组织器官 LD 同工酶谱（活性 %）

LD 同工酶	红细胞	白细胞	血清	骨骼肌	心肌	肺	肾	肝	脾
LD_1	43	12	27	0	73	14	43	2	10
LD_2	44	49	34.7	0	24	34	44	4	25
LD_3	12	33	20.9	5	3	35	12	11	40
LD_4	1	6	11.7	16	0	5	1	27	20
LD_5	0	0	5.7	79	0	12	0	56	5

2. 心肌损伤时血液 LD 变化特点 血清 LD 及 LD_1 活性测定主要用于 AMI 的排除诊断。AMI 发生后，LD 大量释放入血，6~12 小时血清 LD 水平开始升高，30~60 小时达到峰值，可达正常上限的 6 倍左右，7~14 天恢复至正常水平，如果连续监测 LD 水平，对于就诊较迟、CK 已经恢复正常的 AMI 患者有一定参考价值。

α-羟丁酸脱氢酶（α-hydroxybutyrate dehydrogenase，α-HBDH）是以 α-羟丁酸代替丙酮酸为底物时测得的 LD 活性，其活性反映了除 LD_5 以外其他 LD 同工酶的活性，主要是 LD_1 和 LD_2 的活性。临床研究发现，在 AMI 的辅助诊断中，HBDH 的特异性高于 LD 总活性，但低于 LD_1 同工酶活性。因此，对可疑的 AMI 患者，大多数实验室测定总 LD 和 HBDH。

（四）天门冬氨酸氨基转移酶

1. 生化特性 AST 是机体内催化天门冬氨酸转氨基作用的一种酶，广泛分布于各种组织细胞内，其含量由高到低依次为心、肝、骨骼肌、肾、胰腺、脾、肺等细胞内。AST 的 MW 约为 100kD，有两种同工酶，胞浆型和线粒体型（ASTm）。AST 在体内的生理功能是

第 16 章 心肌损伤标志物检验

催化天门冬氨酸转氨基作用生成草酰乙酸。

2. 心肌损伤时血液 AST 变化特点 血清 AST 在 AMI 发生后，其变化过程和 CK 变化相似，但是变化幅度较小，4~10 小时血清 CK 水平开始升高，20~30 小时达到峰值，可达正常上限的 10 倍左右。

AST_m 在 AMI 发生后 8~24 小时血清 CK 水平开始升高，48 小时达到峰值，可达正常上限的 4 倍左右。

【临床意义】

（1）AST_m 主要用于心肌梗死预后的判断，对于疾病的诊断无重要意义。

（2）AST_m 活力大小同并发心力衰竭的发生率和死亡率成正比。

【评价】

目前，学术界已经不建议 AST 用于 AMI 的诊断，主要原因：①特异性低，AST 分布不具备组织特异性，单纯测定血清 AST 水平升高不能有效诊断心肌损伤，且红细胞中 AST 含量约为血清中的 15 倍，因此轻度溶血就会使血清中 AST 活性显著性升高；②升高时间较迟，灵敏度较低。AST 分子量较大，心肌损伤时，在血液中开始升高和达到峰值的时间较迟。

（五）AMI 时心肌酶谱时相变化及生理变异

1. AMI 时心肌酶谱时相变化 AMI 发生时，因急性心肌缺血导致心肌细胞能量代谢障碍逐渐加重，膜通透性逐渐增加，心肌细胞依次释放大量无机离子、小分子有机物及大分子酶蛋白。心肌酶从细胞释放入组织间液后，通过淋巴回流入血。故血清中心肌酶从心肌受损到血清中酶浓度增高会有一定的时间间隔，即为延缓期。延缓期的长短受多种因素的影响，如梗死区域大小、酶分子的大小、酶在细胞中的浓度和定位形式及酶在血液中稀释和破坏程度等。酶类心肌损伤标志物中 CK-MB 延缓期最短，3~8 小时，其次为 AST（4~10 小时）、总 CK（4~10 小时）、LD（6~12 小时）、AST_M（8~24 小时），通常升高较早的酶，维持较高水平的时间也较短，如 CK-MB 只有 1~4 天，而 CK 和 AST 为 1~4 天（图 16-9）。因此，通过对单纯性 AMI 患者在不同时间采集标本，测得心肌酶活性与时相关系，见表 16-4。

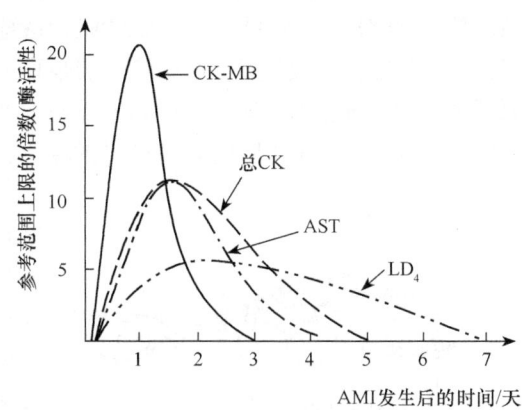

图 16-9 AMI 后酶活性浓度的动态变化

表 16-4 AMI 血清酶标志物活力增高时间和倍数

标志物	延缓期（小时）	活力高峰期（小时）	升高倍数	维持时间（天）
LD	6~12	30~60	6	7~14
总 CK	4~10	20~30	10	3~6
CK-MB	3~8	16~24	20	1~4
AST	4~10	20~30	10	3~6
AST_M	8~24	48	4	8

2. 影响心肌酶活性的因素 临床应用酶类心肌损伤标志物对 AMI 辅助诊断时，应当考虑生理因素对检测结果的影响：①性别，CK 大量存在于骨骼肌细胞中，男性肌肉较女性发达，男性血清 CK 水平明显高于女性，故应按性别制定参考范围；②年龄，出生 24 小时内的新生儿血清 CK 水平为成年人的 3 倍，婴儿期为成年人的 2 倍，青春期达到成年人水平。新生儿血清 LD 水平为成年人的 2 倍，随年龄增长而逐渐下降，14 岁时达到成年人水平。儿童血清 LD_1 水平较成年人高，正常儿童甚至会出现血清 $LD_1 > LD_2$；③运动，剧烈运动可引起血清酶类心肌损伤标志物水平升高，其升高程度与运动量、运动持续时间及运动频率有关。研究发现，运动员在 AMI 发生时，血清心肌酶升高幅度较小。

二、蛋白标志物

心肌损伤蛋白标志物主要有心肌肌钙蛋白（cTn）、肌红蛋白（Mb）、CK-MB 质量，用于诊断 AMI、评价溶栓治疗的效果、判断再栓塞、栓塞范围及危险程度等，其临床应用价值明显优于心肌酶谱的项目。

（一）心肌肌钙蛋白

1. 心肌纤维的超微结构与收缩的分子机制

（1）心肌纤维的超微结构：心脏壁由三层构成，从内到外依次为心内膜、心肌层和心外膜。心内膜是覆盖在心腔内面的一层滑润薄膜，其突向心腔折叠形成心瓣膜；心肌层主要由心肌细胞构成，是心脏壁的主体，占心脏质量的一半以上，包括心房肌和心室肌；心外膜位于心肌表面，构成心胞膜的脏层。

心肌细胞内富含肌原纤维和高度发达的肌管系统。每个心肌细胞内均含有上千条肌原纤维，其沿细胞长轴平行排列。心肌的肌管系统是由横管和纵管构成。横管是走向与肌原纤维垂直，直接与细胞外液相通，由肌膜（细胞膜）向肌质内凹陷形成的管状结构。纵管是走向与肌原纤维平行，细胞内肌质网（滑面内质网）中纵向包绕肌原纤维形成的管状结构。肌质网两端膨大形成终池，是细胞内储存 Ca^{2+} 的场所，因此又称其为钙池，其与横管接触，但不相通。

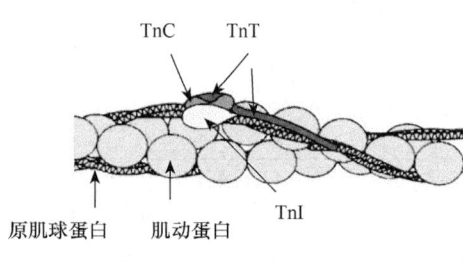

图 16-10 细肌丝组成

肌原纤维由粗肌丝和细肌丝构成（图 16-10）。粗肌丝主要由肌球蛋白分子构成，每个肌球蛋白分子分为头、颈和尾三部分，形似豆芽。头部粗大，具有 ATP 酶活性，与弯曲活动的颈部形成横桥，突出粗肌丝表面，细长的尾部集合成束，并排于粗肌丝之间；细肌丝由肌动蛋白、原肌球蛋白和肌钙蛋白三种蛋白质构成。肌动蛋白和肌球蛋白占肌原纤维蛋白的 80% 左右，是直接参与心肌的收缩，因此又称为收缩蛋白。原肌球蛋白和肌钙蛋白不直接参与心肌的收缩，但是其调节心肌的收缩过程，因此又称为调节蛋白。球形的肌动蛋白单体聚合成双股螺旋链，构成细肌丝的主干；原肌球蛋白是由两条多肽链互相缠绕形成的双股螺旋分子，首尾相连，嵌于肌动蛋白双股螺旋链的浅沟内。其功能是阻止肌动蛋白分子与粗肌丝横桥头部结合，抑制性调节心肌收缩；肌钙蛋白是以 40nm 间距，规则的附着于原肌球蛋白分子上单一种蛋白复合体，由原肌球蛋白结合亚单位（tropotroponin，TnT）、肌钙蛋白抑制亚单位（inhibitor troponin，TnI）和钙结合亚单位（calciumcombining troponin，TnC）三个亚基构成。TnT 将肌钙蛋白复合物与原肌球蛋白连接在一起，大部分以复合体形式存在；TnI 具有抑制肌球蛋白和肌动蛋白结合的作用，并抑制肌球蛋白 ATP 酶活性；TnC 能与钙结合，在肌肉收缩时活化细丝（图 16-11）。

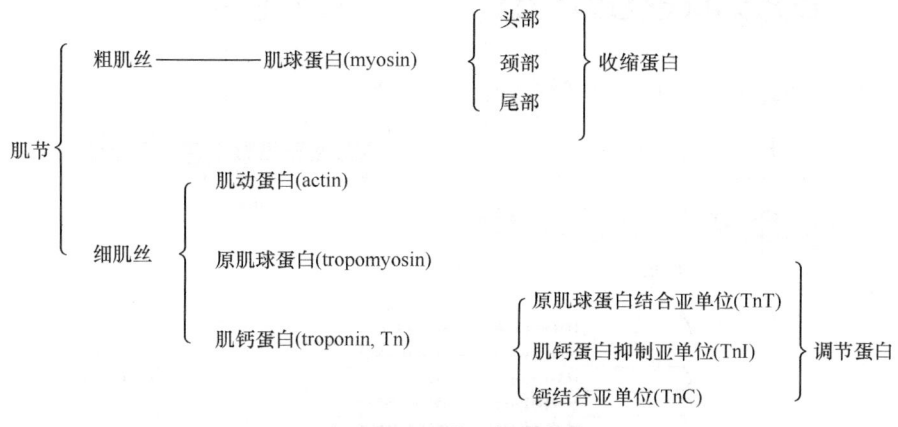

•• 图 16-11　肌节的构成成分 ••

（2）心肌纤维收缩的分子：心肌的收缩主要是由于肌原纤维的肌节收缩与舒张所致，肌节由粗肌丝和细肌丝交错排列构成，粗肌丝位于肌节中间，细肌丝位于肌节两旁，与粗肌丝部分重叠。

心肌的收缩是通过肌球蛋白和肌动蛋白的相互作用使肌节缩短实现的。细肌丝上的肌动蛋白和粗肌丝上的肌球蛋白头部有结合的位点，心肌舒张时，该位点被原肌球蛋白和肌钙蛋白复合体掩盖，阻止肌动蛋白和肌球蛋白结合，使二者保持分离状态。神经冲动沿心肌膜传导至横管，横管膜上钙通道开放，细胞外 Ca^{2+} 内流入细胞质，引起终池中的 Ca^{2+} 大量释放入细胞质，细胞质中 Ca^{2+} 水平迅速升高，Ca^{2+} 与 TnC 亚单位结合，引起肌钙蛋白空间结构改变，这种结构的改变导致原肌球蛋白向肌动蛋白的两条螺旋沟深部移动，被掩盖的肌动蛋白横桥结合位点暴露，与横桥结合；心肌收缩时，肌球蛋白头部 ATP 酶分解 ATP 提供能量，使细肌丝向肌节中央滑动，肌节缩短，心肌收缩。这个过程即为心肌兴奋 - 收缩偶联。心肌收缩结束后，细胞质中的 Ca^{2+} 被重回肌质网，细胞质 Ca^{2+} 水平降低，肌动蛋白与肌球蛋白解离，细肌丝复位，心肌舒张（图 16-12）。

2. 生化特性　Tn 是肌肉组织收缩的调节蛋白，主要存在于骨骼肌和心肌细胞中，由 TnT、TnI、TnC 三个亚单位构成，MW 分别为 37kD、21kD、18kD。骨骼肌细胞内表达的 Tn 与心肌细胞中表达的 cTn 分别由不同的基因编码，Tn 的 MW 约为 19.8kD，cTn 的肽链 N 端增加了由 26 个氨基酸残基构成的基团，cTn 的 MW 约为 22.5kD，故 cTnT 和 cTnI 是心肌细胞特有成分，其血清水平增高是心肌损伤的特异性标志物。

3. 心肌损伤时血液 cTn 变化特点　cTnT 和 cTnI 是目前心肌损伤最具特异性的标志物。心肌损伤发生后，cTnT 和 cTnI 大量释放入血，cTnT 在胞质中有少量的游离形式，AMI 发生后快速释放入血，而肌原纤维中的 cTnT 以 cTnT-I-C 复合物的形式存在，故释放较慢，3～6 小时血清 cTnT 水平开始升高，10～24 小时达到峰值，可达正常参考范围上限的 30～200 倍，10～15 天恢复至正常水平。

cTnI 无游离形式，心肌梗死发生后，主要以 cTnI-C 和少量的 cTnT-I-C 复合物形式释放入血。因此 AMI 发生后，4～8 小时血清 cTnI 水平开始升高，14～20 小时达到峰值，可达正常参考范围上限的 20～50 倍，7～14 天恢复至正常水平。

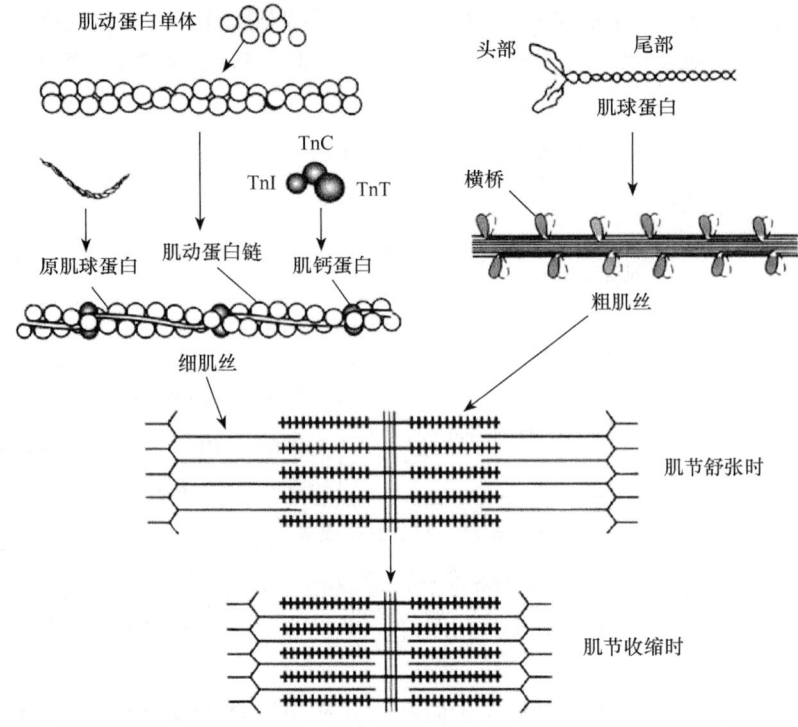

●● 图 16-12 肌节的分子组成和心肌纤维收缩的机制 ●●

【实验 16-2】 胶乳增强透射比浊法测定 cTnI

cTnI 测定方法有胶体金标免疫层析技术、ELISA 法、电化学发光法和免疫比浊法。目前，临床主要用胶体金标免疫层析技术进行定性测定；定量检测多采用化学发光法、ELISA 法和免疫比浊法。

【原理】

将特异性 cTnI 抗体结合于胶乳颗粒表面，标本与胶乳颗粒在缓冲液中混合，标本中的 cTnI 与胶乳颗粒表面的抗体结合，使相邻的胶乳颗粒彼此交联，发生凝集反应产生浊度改变，在 500~600 nm 下测定溶液浊度增加，其增加的程度与标本中的 cTnI 含量呈正相关。

【试剂】

1. **试剂 Ⅰ** 反应缓冲液，含增敏剂和表面活性剂。
2. **试剂 Ⅱ** 胶乳试剂，含结合特异抗 cTnI 抗体的胶乳颗粒及 NaN_3。
3. **cTnI 校准品** 重组人心肌 TnI-C 单链多肽。

【实践方法】

参数设置如下。

第一波长	500nm	孵化时间（incubation）	3 分钟
比色杯光径	1cm	延迟时间（delay time）	100 秒
温度（temperatrue）	37℃	间隔时间（rate time）	120 秒
吸样量（aspirate volume）	25μl	测定次数（read number）	2
试剂 Ⅰ	150μl	连续监测时间	—
试剂 Ⅱ	90μl	系数 Factor	—

不同型号的生化分析仪,严格按照说明书设定参数和操作。

【计算】

以不同浓度标准品的 ΔA 拟合多参数绘制标准曲线,测定管 ΔA 从标准曲线上查找结果。

【参考范围】

95% 正常人的上限为 0.8 ng/ml。

【临床意义】

1. 血清 cTnI 和 cTnT 水平是 AMI 敏感而特异的首选标志物,可用于 AMI 的诊断和排除。①血清 cTn 水平的变化有利于有胸痛症状而心电图不能确定的 AMI 患者的诊断;②血清 cTn 水平的变化有利于就诊较晚的 AMI 患者的诊断;③血清 cTn 水平的变化可用于 AMI 的排除诊断。AMI 发生后 6 小时,cTn 诊断灵敏度为 80%,24 小时左右灵敏度达 99%,此时血清 cTn 水平仍在正常范围内,即可排除 AMI 的发生。

2. 血清 cTnI 和 cTnT 水平的测定可用于溶栓后再灌注的辅助判断。溶栓成功者,患者血清 cTnT 或 cTnI 水平随时间呈双峰改变,第一个峰多出现在 AMI 发生后 24 小时内,是游离的 cTn 冲洗入血而致,第二个峰可出现在第 4 天,且第一个峰高于第二个峰。

3. 血清 cTnI 和 cTnT 水平的测定可用于评估梗死面积、辅助判断预后。

4. 血清 cTnI 和 cTnT 水平的测定对微小心肌损伤的诊断具有较高的灵敏度。微小心肌损伤(minor myocardial damage,MMD)是指病人有胸痛存在,但血中没有传统的心肌酶及其同工酶水平的升高,仅有 cTnI 和 cTnT 升高,表明病人有过短暂的心肌缺血。

5. 血清 cTnI 和 cTnT 水平的测定也用于心肌炎的诊断,约有 84% 心肌炎患者的血清学水平会出现升高。

(二)肌红蛋白

1. 生化特性 Mb 是横纹肌组织特有的色素蛋白,主要存在于骨骼肌和心肌的胞质中,其中骨骼肌细胞内含量为 3~9 mg/g 组织,心肌细胞内含量为 1.4mg/g 组织。Mb 的 MW 约 17.8kD,由一条多肽链和 1 个血红素分子构成,结构与血红蛋白的亚基相似。Mb 的功能是能可逆地与 O_2 结合,在肌细胞内储存和运输 O_2。因此,正常人血清中 Mb 含量非常少,主要经肾脏代谢排出,部分经网状内皮细胞代谢(图 16-13)。

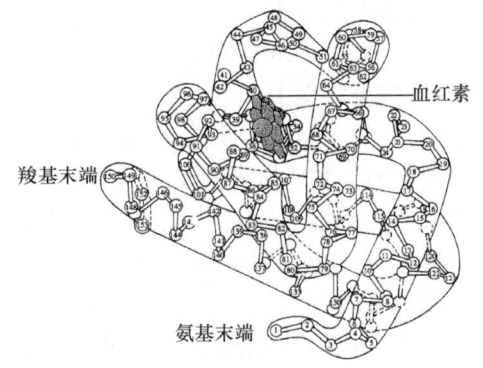

图 16-13 肌红蛋白空间结构

2. 心肌损伤时血液 Mb 变化特点 Mb 是 AMI 发生后,血清中最早可检测到的生化标志物。Mb 相对分子质量较小,AMI 发生后,Mb 大量迅速释放入血,0.5~2 小时血清 Mb 水平开始升高,5~12 小时达到峰值,可达正常上限的 5~20 倍,若无再梗死或其他损伤,18~30 小时恢复至正常水平,其增高程度与心肌损伤的程度基本一致。

【实验 16-3】 **胶乳增强透射比浊法测定肌红蛋白**

Mb 的测定方法有分光光度法、电泳法、层析法及免疫化学法。目前,临床较常用的是乳胶透射免疫比浊法,该方法灵敏度高、特异性好、测定速度快,适用于各类型自动生化分析仪。

【原理】

将兔抗人 Mb 特异性抗体结合于胶乳颗粒表面,标本与胶乳颗粒在缓冲液中混合,标本中的 Mb 与胶乳颗粒表面的抗体结合，使相邻的胶乳颗粒彼此交联，发生凝集反应产生浊度改变，在 570nm 下测定溶液浊度增加，其增加的程度与标本中的 Mb 含量呈正相关。

【试剂】

1. **试剂 I** 甘氨酸缓冲液（pH 9.0），NaN_3 1.0g/L。
2. **试剂 II** 致敏胶乳悬液，兔抗人 Mb IgG 致敏胶乳颗粒，NaN_3 1.0g/L；
3. **Mb 校准品**。

【实践步骤】

参数设置如下。

第一波长	570nm	孵化时间（incubation）	5分钟
比色杯光径	1cm	延迟时间（delay time）	一秒
温度（temperatrue）	37℃	间隔时间（rate time）	5分钟
吸样量（aspirate volume）	20μl	测定次数（read number）	2
试剂 I	200μl	连续监测时间	一秒
试剂 II	150μl	系数 Factor	—

【计算】

$$\Delta A = A_2 - A_1$$

采用非线性多点定标模式，以不同浓度标准品的 ΔA，绘制标准曲线，测定管 ΔA 从标准曲线上查找结果。

【参考范围】

正常成人 Mb<70μg/L。

【临床意义】

1. 血清 Mb 水平是检测 AMI 的最早标志物，血清 Mb 水平正常是早期排除 AMI 的重要指标。Mb 分子量较小，又分布于细胞胞质中，故当心肌细胞受损时，Mb 较早地出现在血液中。在症状发生的 4~12 小时，血清 Mb 对 AMI 的阴性预测值达到 100%，而对疑似 AMI 发生的患者，症状发生 12 小时内重复检测，如果血清 Mb 水平不升高，即可排除 AMI。

2. 血清 Mb 消除快，是判断是否有再梗死发生的良好指标。

3. Mb 作为 AMI 诊断指标时特异性较低。Mb 除在心肌细胞中含量较高外，骨骼肌细胞中含量更高，且从肾脏代谢排出。因此，血清 Mb 作为 AMI 早期诊断指标时，应考虑患者是否患有上述疾病。

（三）CK–MB 质量

CK-MB 的生化特性、心肌损伤时血液中变化特点等见前述。

CK-MB 质量的测定避免了酶活性检测中可能遇到的干扰，具有高度特异性，最低检测阈值可低至 1 μg/L，并且可在 10~40 分钟自动完成检测，提高了 CK-MB 在 AMI 早期诊断和微小心肌梗死患者诊断的敏感性。中华医学会检验分会专家委员会认为免疫抑制法测定血清 CK-MB 活性，在实验原理上存在缺陷，临床检测中会出现 CK-MB 活性检测值大于总 CK 的结果，建议有条件的实验室用质量测定取代活性测定。

【实验 16-4】 抗单克隆抗体免疫法测定 CK-MB 质量

【原理】

CK-MB 单克隆抗体免疫法的原理是将 CK-MB 单克隆抗体包被于塑料小管内的底部或塑料小球上或乳胶小球上，以捕获 CK-MB，然后用免疫酶标法或荧光法测定 CK-MB 的质量。

【参考范围】

CK-MB 质量＜50μg/L

【临床意义】

1. 血清 CK-MB 质量测定辅助 AMI 早期诊断。在胸痛发作的最初 6 小时，CK-MB 质量检测的灵敏度高于 CK-MB 活性的检测。而在最初的 6～7 小时其灵敏度与 Mb 相似，而特异性高于 Mb。

2. 血清 CK-MB 质量测定辅助诊断及评估心绞痛患者的预后。CK-MB 水平升高的不稳定型心绞痛患者心肌梗死的发生率及死亡率显著性高于其水平正常的稳定型心绞痛患者。

3. 血清 CK-MB 质量测定辅助诊断其他心肌疾病，如急性心肌炎、CK 及 CK-MB 水平也会升高，但是升高幅度不及 AMI 那么显著。

4. AMI 发生时，CK-MB%RI＞5%，而骨骼肌疾患和损伤时，以 CK-MM 升高为主。中枢神经系统疾患时，以 CK-BB 升高为主，两者的 CK-MB%RI＜5%，以便进行鉴别。

【方法学评价】

CK-MB 单克隆抗体免疫法不受 CK-BB 或巨 CK 等的影响，不会出现 CK-MB 假阳性的弊端。但是该方法需要特定的仪器，不能用自动生化分析仪，因此，普及率相对降低。

（四）蛋白标志物的时相变化与测定评价

1. 蛋白标志物的时相变化 蛋白类心肌损伤标志物中 Mb 延缓期最短，0.5～2 小时，其次为 cTnT（3～6 小时）、cTnI（4～8 小时），通常升高较早的标志物，维持较高水平的时间也较短，如 Mb 只有 18～30 小时。通过对单纯性 AMI 患者在不同时间采集标本，测得心肌标志物与时相关系，见表 16-5，图 16-14。

表 16-5　急性心肌梗死生化标志物的特点

标志物	分子量(kD)	参考范围	延缓期(小时)	活力高峰期(小时)	升高倍数	维持时间
LD	135	200～380 U/L（P→L） 109～245 U/L（L→P）	6～12	30～60	6	7～14 天
总 CK	86	男性 38～174 U/L 女性 26～140 U/L	4～10	20～30	10	3～6 天
CK-MB	86	＜10 U/L，CK-MB/总 CK＜5%，＜5.0 μg/L	3～8	16～24	20	1～4 天
Mb	17.8	＜70μg/L	0.5～2	5～12	5～20	18～30 小时
cTnI	22.5	＜0.8ng/ml	4～8	14～20	20～50	7～14 天
cTnT	39.7	＜0.5μg/L	3～6	10～24	30～200	10～15 天

2. 蛋白标志物测定评价 目前，临床上测定 cTn、Mb 及 CK-MB 质量均采用单克隆抗体免疫学方法，该方法抗干扰能力强、准确度高，特别是 CK-MB 质量的测定大大地提高了其在 AMI 诊断上的准确性。但也存在一些不足。

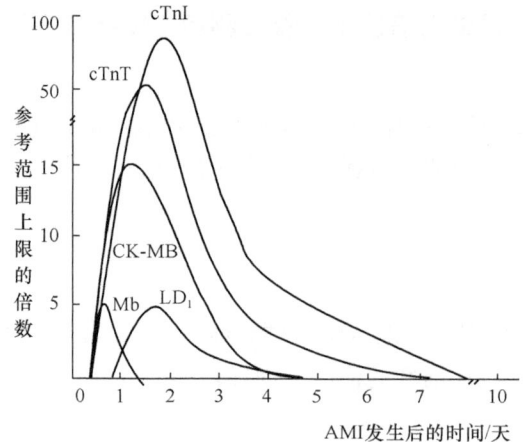

图 16-14 AMI 发生后常用心肌损伤标志物浓度的动态变化

（1）测定的标准化：cTn、Mb 及 CK-MB 质量测定多采用单克隆抗体免疫学方法，不同的单克隆抗体是由不同的抗原决定簇生成，故抗体不一致，测定结果也存在较大差异。

（2）测定的不精确性：Mb 和 CK-MB 的 $CV \leq 5.6\%$ 和 $\leq 4.2\%$，且来源于仪器和试剂的变异小于生物学变异，但实际应用中，多种分析方法的变异远大于生物学变异。

（3）测定前的因素：测定结果也受血清存放时间、稳定、反复冻融及抗凝剂等多种测定前因素影响。

第3节 心力衰竭标志物

HF 是许多心血管病如 AMI、扩展性心肌病、瓣膜病、先天性心脏病的后期表现，以左心衰较常见。HF 的实质是心室功能减退，表现为心脏射血分数（ejection fraction，EF）降低，通常正常人 EF＞60%，但当 EF＜40% 即为 HF，EF 通常以收缩末期和舒张末期的心室影像的差别计算。

长期以来，HF 的诊断主要依靠临床和物理仪器如超声心电图、胸片、心肌成像等，缺乏相应的生化标志物。最近研究发现，心钠肽、脑钠肽和 cTn 的连续测定有助于监测 HF 发生时心肌损伤的进展情况并辅助判断预后。

一、脑钠肽和心钠肽

1988 年 debold 从猪脑中发现了一种具有利钠利尿作用的多肽，命名为脑钠肽（brain natriaretic peptides，BNP），又称 B 型钠尿肽（B-type natriuretic peptides，BNP），不久发现主要分泌部位在心室，随后又发现了心钠肽（atrial natriuretic peptides，ANP）。国外大规模临床实验结果证实，BNP/NT-proBNP 是诊断心衰较好的心肌标志物，欧洲心脏病学会（European Society of Cardiology，ESC）和美国临床生化科学院（National Academy of Clinical Biochemistry，NACB）分别于 2001 年和 2004 年将 BNP/NT-proBNP 列入了《心衰诊断及治疗指南》和《心肌标志物的应用指南》中。

ANP 和 BNP 在体内均是调节体液、钠平衡及血压的重要激素，其生理作用是利钠利尿，血管扩张，减少循环血容量，ANP还是交感神经系统和肾素-血管紧张素-醛固酮系统（RAAS）天然的拮抗剂，也能减少血容量。当心内血液容积增加和左心室压力超负荷时，心肌合成和释放即可大量增加，是心衰的标志。

ANP是由心房心肌细胞分泌的28个氨基酸多肽，其来源主要是由126个氨基酸的前体（proANP）分解，生成的C末端的28肽ANP和N末端的98肽N末端心钠肽原（N-terminal pro-atrialnatriuretic peptide，NT-proANP）。血浆ANP的半衰期是2.5分钟，NT-proANP的半衰期是1～2小时，血浆NT-proANP浓度比ANP高约50倍。

BNP是由心室肌细胞和脑细胞分泌的32个氨基酸的多肽，其生成过程是134个氨基酸的脑钠肽原前体（pre-proBNP）在细胞内水解掉26个氨基酸的信号肽后，生成108个氨基酸的脑钠肽原（proBNP）并释放入血，proBNP在血液中肽酶作用下进一步水解，生成等摩尔C末端的32个氨基酸的BNP（MW3.5kD）和76个氨基酸的N-末端脑钠肽原（N-terminal pronatriuretic peptide，NT-proBNP，MW8.5kD）。血浆BNP的半衰期是22分钟，NT-proBNP的半衰期是120分钟，NT-proBNP在心衰患者血液中的浓度较BNP高1～10倍，二者都能作为HF的标志物（图16-15）。

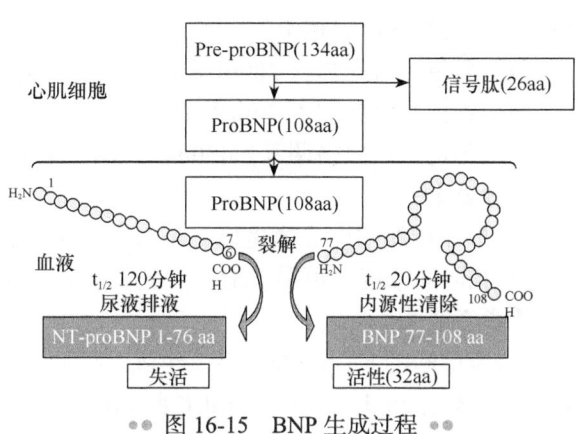

图16-15 BNP生成过程

正常成人外周血中BNP浓度仅为皮克水平，半衰期仅为22分钟。HF发生时，患者血中BNP和ANP水平均会显著性升高，其升高程度与HF的严重程度呈正比，与EF呈反比，且随着有效治疗而下降。HF中BNP作用强于ANP，血浆BNP水平的测定已更多地用于充血型HF患者的诊断、预测与监测。

调查发现，单纯检测BNP对于诊断HF的准确率为83.4%，但如果结合其他实验室检查，HF诊断准确率达90%以上。BNP的阴性预测率高达96%，即根据BNP可排除96%的非HF患者。

【实验16-5】 酶联免疫法定量测定N-末端脑钠肽原

NT-proBNP的检测方法有放射免疫法、酶联免疫法、荧光免疫法和电化学发光法。目前，临床主要应用的方法是电化学发光法，其快速、定量、敏感、特异，但需要电化学发光仪。

【原理】

羊抗人NT-proBNP抗体包被微孔板，制成固相抗体，该抗体分别与NT-proBNP及HRP标记的NT-proBNP抗体结合，形成抗体-抗原-酶标抗体复合物。复合物经过洗涤液洗涤后，加底物TMB，在HRP催化下TMB转化生成蓝色物质，最终在酸性环境中生成黄色物质，且颜色的深浅和样品中的NT-proBNP呈正相关。用酶标仪在450nm波长下测定吸光度（A值），通过标准曲线计算样品中NT-proBNP浓度。

【试剂】

酶联免疫测定 NT-proBNP 试剂盒主要试剂有：NT-proBNP 标准品（0 pg/ml、84.75 pg/ml、339 pg/ml、1356 pg/ml、5424 pg/ml）、洗涤缓冲液、酶标试剂、TMB 底物、样品稀释液、酶标包被板。

【实践步骤】

1. **加样**　设定空白对照孔、样品孔及标准孔。分别将标准液、稀释样品及空白对照 50 μl 加入酶标包被板孔底部。每孔中分别加入 200μl 酶标试剂，轻轻晃动混匀。

2. **温育**　盖上封板膜封板，室温（18～26℃）静置 3 小时。

3. **洗涤**　小心揭开封板膜，弃去液体，每孔加入 300μl 洗涤液，静置 30 秒，弃去液体，如此反复 5 次，拍干。

4. **显色**　每孔加入 200μl 底物，避光，室温（18～26℃）孵育 30 分钟。

5. **终止**　每孔加入 50μl 终止液。

6. **测定**　空白格调零，450nm 波长下测定各孔吸光度。

【计算】

以标准物的浓度为横坐标，A 值为纵坐标，绘出标准曲线，根据样品的 A 值由标准曲线查出相应的浓度，再乘以稀释倍数。

【参考范围】

心衰诊断的 NT-proBNP 界值建议：年龄<50 岁为 450pg/ml，50—70 岁为 900 pg/ml，>70 岁为 1800pg/ml。<300pg/ml（非年龄依赖性）基本可排除心衰。

【临床意义】

1. NT proBNP 是高度敏感性和特异性的心衰辅助诊断指标。

2. NT proBNP 是心衰治疗监测的辅助指标。抗心衰药物可降低 NT-proBNP 水平，如果治疗后水平下降大于 30% 时，提示心血管死亡的可能性小，而如果治疗后其水平不降反升，且升高幅度大于 30% 时，提示患者预后不好。

3. NT proBNP 是辅助鉴别诊断肺源性和心源性呼吸困难，肺源性呼吸困难 BNP/NT-proBNP 水平较心源性低。

二、心肌肌钙蛋白

血清 cTn 水平的测定对于 HF 患者的进一步危险分层及评估预后具有很大的实用价值。在对心肌病和充血性心力衰竭患者研究发现，患者血液中可检测出 cTn，虽然在正常参考范围内，但是检测出 cTn 的患者预后均较差。对稳定性充血性心力衰竭患者研究发现，左心室 EF≤45% 的患者血清 cTnT 水平显著性高于 EF>45% 患者的，即血清 cTnT 水平和 EF 存在负相关性。血清 cTn 水平与 HF 患者的预后呈反比例关系。研究发现，血清 cTnT 水平≥0.05ng/ml 的 HF 患者发生不良事件率高达 65.8%，而<0.05ng/ml 的患者只有 14.8%。

HF 是各种原因导致心肌收缩、舒张功能障碍的一种临床综合征。单一的生化标志不能反映其所有的特征，因此，连续监测和联合测定 HF 标志物将有更好的应用前景。目前研究认为血液 BNP 水平是 HF 患者发生猝死的独立预测因子。BNP 是心脏负荷的标志物，cTnT 是心肌损伤的标志物，因此，联合测定 cTnT 和 BNP，辅助判断 HF 的恶化程度更有价值。

第4节 心肌损伤标志物的选择和评价

心肌损伤标志物作为综合的无创指标在心脏病学领域已应用了半个世纪。1954年发现AST；20世纪70年代AMI的标志物是以AST、LDH及其同工酶、CK及其同工酶等血清酶组成的项目组合（即心肌酶谱）为代表；20世纪90年代以后，发展到以检测蛋白质量为主的早期标志物（如Mb）和确定标志物（如cTnT、cTnI），使诊断的灵敏度和特异性大大提高，降低了AMI的死亡率。

一、心肌损伤标志物的选择原则

目前，心肌损伤标志物按特点不同分为以下几项。

1. 早期标志物 早期标志物是指AMI发生6小时内血液水平升高的生化标志物。包括Mb、CK-MB，Mb虽然特异性不高，在AMI发生后0.5~2小时就会显著升高，是最早的标志物。

2. 中晚期标志物 中晚期标志物是症状发生2~3天或更长时间的疑似AMI患者，可选择的标志物，包括LD及其同工酶、cTnT和cTnI。

3. 确诊标志物 确诊标志物是指AMI发生后6~12小时血液水平相应升高，对心肌损伤有高的敏感性和特异性，在发病后数天仍异常的生化标志物。cTnT和cTnI在诊断AMI的灵敏度和特异性均高于心肌酶谱及CK-MB质量，是目前公认最好的确诊标志物。

4. 排除标志物 目前排除标志物有Mb、cTnT和cTnI，其中Mb在症状出现早期为阴性一般可排除AMI。

二、心肌损伤标志物的应用评价

为了充分发挥各标志物在心肌损伤诊断、治疗及预后方面的诊断辅助作用，对心肌损伤标志物的应用进行评价如下。

1. cTn是检出心肌损伤的首选标准。

2. 临床实验中只需要开展一项cTn测定（cTnI或cTnT），如果已经常规测定cTn，建议不必同时进行CK-MB质量测定。

3. 放弃所谓心肌酶学测定。辅助诊断疑似ACS患者时，建议不进行心肌酶谱测定，如LD、AST和α-HBDH。如果某些原因暂时不能开展cTn测定，可以保留CK和CK-MB测定，最好使用CK-MB质量测定法。

4. Mb为常规早期心肌损伤标志物，但是其特异性不高，主要用于早期排除AMI诊断。

5. 如果患者已有典型的可确诊AMI的心电图变化，应立即进行针对AMI的治疗。对这些患者进行心肌损伤标志物的检查，有助于进一步确认AMI的诊断，判断梗死面积的大小，检查有无合并症。如果再梗死或者梗死扩大，应减少抽血频度。

6. 对那些发病6小时后的就诊患者，无须检测早期标志物，如Mb。此时只需要测定确定标志物如cTn。

7. 尽量缩短样品测定周期。心脏标志物的TAT应严格控制在1小时内，因此对于那些人员不足或没有自动免疫分析仪的医院检验科室，为了严格控制测定周期，使用自动免疫分析仪时，可选择抗凝血标本，以免去凝血所需时间，但是值得注意的是血清和血浆标本的测定结果具有显著性差异，结果分析时需注意参考范围。另外，也可选择床旁分析仪，但床旁分析仪的变异也最大，实验室工作人员需做好仪器的选择、人员的培训、设备的维护和质量控制。

> **案例16-1问题精要**
>
> 患者发病5小时就诊，故应选择早期标记物-Mb，但Mb诊断特异性较低，因此，联合cTn检测，以提高诊断准确率。

目 标 检 测

一、A型选择题

1. 下列不属于心肌酶谱的是（　　）
   A. CK　　　　　　B. CK-MB
   C. ALT　　　　　 D. LDH
   E. α-HBDH

2. 反映心脏结构和心肌损伤的蛋白类标志物是（　　）
   A. Mb和cTn　　　B. TP
   C. ALB　　　　　 D. Hb
   E. 球蛋白

3. AMI时，血清LD同工酶变化正确的是（　　）
   A. $LD_2>LD_1$　　　B. $LD_1>LD_2$
   C. $LD_3>LD_2$　　　D. $LD_4>LD_3$
   E. $LD_4>LD_5$

4. 判断呼吸困难的慢性心力衰竭和肺部疾病的鉴别指标是（　　）
   A. cTnI　　　　　 B. CK-MB
   C. Mb　　　　　　D. hs-CRP
   E. NT-proBNP

5. 诊断心肌损伤确定性标志物是（　　）
   A. LDH　　　　　 B. CK-MB
   C. BNP　　　　　 D. cTnI
   E. Mb

6. 关于B利钠肽（BNP）即脑钠肽的说法错误的是（　　）
   A. BNP是仅由脑分泌的一种多肽激素
   B. BNP升高程度和心衰严重程度相符合
   C. BNP有很高的阴性预测价值
   D. BNP是呼吸困难病人将来发生HF的较强的预示因子
   E. BNP起排钠、利尿、扩张血管的作用

7. 用于排除心力衰竭的生物化学标志物是（　　）
   A. AST　　　　　 B. CK
   C. Mb　　　　　　D. cTnT
   E. BNP

8. AMI发生时，最先恢复正常的酶是（　　）
   A. ASTm　　　　 B. CK
   C. LD　　　　　　D. ALT
   E. HBDH

9. 下列属于传统心肌酶谱项目而现趋于淘汰的是（　　）
   A. AST　　　　　 B. CK
   C. Mb　　　　　　D. cTnT
   E. BNP

10. 血清CK-MB出现时间及达到峰值时间是（　　）
    A. 8～12小时，24～48小时
    B. 3～8小时，16～24小时
    C. 1～2小时，4～12小时
    D. 4～8小时，24～48小时
    E. 8～12小时，48～72小时

11. 血清LD出现时间及达到峰值时间是（　　）
    A. 6～12小时，30～60小时
    B. 3～8小时，9～30小时
    C. 1～2小时，4～12小时
    D. 4～8小时，24～48小时
    E. 8～12小时，48～72小时

12. 血清Mb出现时间及达到峰值时间是（　　）
    A. 8～12小时，24～48小时
    B. 3～8小时，9～30小时
    C. 0.5～2小时，5～12小时
    D. 4～8小时，24～48小时
    E. 8～12小时，48～72小时

13. 血清cTnI出现时间及达到峰值时间是（　　）
    A. 8～12小时，24～48小时

B. 3~8小时，9~30小时
C. 1~2小时，4~12小时
D. 4~8小时，14~20小时
E. 8~12小时，48~72小时

14. 心肌损伤标志物中分子量最小的是（   ）
    A. AST   B. CK
    C. Mb   D. cTnT
    E. BNP

15. LD_1 四聚体构成为（   ）
    A. H_4 B. H_3M
    C. H_2M_2 D. HM_3
    E. M_4

16. 心肌肌钙蛋白的英文缩写是（   ）
    A. AST   B. CK
    C. Mb   D. cTn
    E. Tn

17. CK 同工酶的种类（   ）
    A. 2种   B. 3种
    C. 4种   D. 5种
    E. 6种

18. 目前测定 CK-MB 时，特异性更强的检测方法是（   ）
    A. 琼脂糖凝胶电泳法测定其百分比
    B. 免疫抑制法测定其活性
    C. 抗单克隆抗体免疫法测定 CK-MB 质量
    D. 电泳法测定其亚型
    E. 离子交换色谱法测定其百分比

19. 下列关于 cTn 应用评价说法错误的是（   ）
    A. cTn 特异性高于 Mb
    B. cTn 敏感性高于 Mb
    C. cTn 是用于判断近期发生再梗死效果最好的指标
    D. cTn 可用于判断再灌注是否成功
    E. cTn 窗口期较 Mb 长

20. AMI 发生后血液中水平最先升高的标志物是（   ）
    A. AST   B. CK
    C. Mb   D. cTn
    E. Tn

21. 下列关于 BNP 的描述错误的是（   ）
    A. BNP 对于 HF 的诊断具有很强的阴性预测价值
    B. BNP 是较准确的 HF 诊断指标，但其升高幅度与 HF 严重程度无关
    C. BNP 是心肌细胞和脑细胞分泌的多肽，具有排钠、利尿和扩张血管的作用
    D. 怀疑 HF 患者应首先检查 BNP
    E. 呼吸困难的患者，BNP 是预测 HF 发生较准确的指标

22. 下列关于心肌损伤标志物的应用说法错误的是（   ）
    A. Mb 为常规早期心肌损伤标志物
    B. 临床检验中常同时检测 cTnI 和 CK-MB 治疗，以保证检测的准确性
    C. cTnI、cTnT 取代 CK-MB 成为心肌损伤的首选标志物
    D. 发病 6 小时后的就诊患者，不需检测 Mb，只需检测 cTnI 或 cTnT
    E. 如果患者已有典型的可确诊 AMI 的心电图变化，应立即治疗

23. 多用于 AMI 诊断的酶是（   ）
    A. AST 和 ALT   B. CK 和 ALT
    C. Mb 和 LD   D. CK 和 CK-MB
    E. Tn 和 LD

24. 下列哪项指标不属于传统心肌酶谱检测指标时（   ）
    A. AST   B. CK
    C. Mb   D. LD_1
    E. CK-MB

25. 心脏标志物的测定周期应控制在多长时间内（   ）
    A. 5小时   B. 4小时
    C. 3小时   D. 2小时
    E. 1小时

26. CK-MB 质量的正常参考范围是（   ）
    A. <5.0μg/L   B. <0.1ng/ml
    C. <0.8μg/L   D. <90ng/ml
    E. <50ng/ml

27. CK-MB 的正常参考范围是（   ）
    A. <10 U/l   B. <100 U/l
    C. <24 U/l   D. <280 U/l
    E. <400 U/l

28. 正常成人血清 LD 同工酶电泳结果为（   ）
    A. $LD_2>LD_1>LD_3>LD_4>LD_5$
    B. $LD_5>LD_1>LD_2>LD_3>LD_4$
    C. $LD_3>LD_1>LD_2>LD_4>LD_5$

D. $LD_1 > LD_2 > LD_3 > LD_4 > LD_5$
E. $LD_4 > LD_1 > LD_2 > LD_3 > LD_5$

29. IFCC 建议缩短测定周期（TAT）应控制在（　　）
    A. 1 小时　　　　　B. 2～4 小时
    C. 4～8 小时　　　D. 8～12 小时
    E. 12～24 小时

30. 急性心肌损伤后，血液中下列哪种指标最早恢复至正常水平（　　）
    A. CK-MB　　　　B. Mb
    C. LD_1　　　　　D. AST
    E. cTn

31. 最早能反映 AMI 发生的酶学检查是（　　）
    A. ALT　　　　　B. CK
    C. CK-MB　　　D. CK 同工酶亚型分析
    E. HBD

32. AMI 时，下列哪种血清酶持续时间可能最长（　　）
    A. Mb　　　　　B. CK-MB
    C. cTn　　　　　D. AST
    E. $CK-MM_3/CK-MM_1$

33. 对于有胸痛症状而心电图和 CK-MB 检查均正常的患者，测定下列哪项指标可帮助判断有无微小心肌损伤（　　）
    A. Mb　　　　　B. CK
    C. cTn　　　　　D. LD_1
    E. AST

34. 对胸痛发作 5 小时，疑为 AMI 的患者，可首选下列哪项生化标记物确诊（　　）
    A. cTn　　　　　B. Mb
    C. CK　　　　　D. LD
    E. AST

35. Mb 与下列哪种标记物同时检测，可提高 AMI 诊断的特异性（　　）
    A. c-反应蛋白　　B. 肌动蛋白

    C. 糖原磷酸化酶　D. 碳酸酐酶Ⅲ
    E. 肌钙蛋白

36. 下列哪种酶与心肌损伤、心脏功能关系不大（　　）
    A. cTn　　　　　B. ALP
    C. CK　　　　　D. LD
    E. AST

37. 有关 cTn 的评价，下列哪种说法不正确（　　）
    A. cTn 敏感度高于 CK
    B. cTn 检测特异性高于 CK
    C. cTn 可用于心梗的诊断
    D. cTn 用于诊断近期发生再梗死效果最高
    E. cTn 可用于判断再灌注是否成功

38. 患者男性，45 岁。突然感觉胸痛，4 小时后到医院就诊，下列哪项检查对于排除 AMI 最有帮助（　　）
    A. CK　　　　　B. CK-MB 亚型
    C. cTn　　　　　D. Mb
    E. 以上都可以

二、B1 型题
    A. AST　　　　　B. CK
    C. Mb　　　　　D. LD1
    E. cTn

39. AMI 发生后，血中最早出现的指标是（　　）
40. 用于排除 AMI 发生较好的指标是（　　）
41. 心肌缺血发生后，血中峰值出现最晚的标志物是（　　）
42. 心肌损伤确诊标志物是（　　）
43. 心肌梗死判断的较好指标是（　　）
44. 目前，已不建议用于心肌梗死辅助诊断的指标是（　　）

（周　静）

第17章 胰腺疾病检验

学习目标

掌握：EPS法、碘淀粉比色法测定淀粉酶，酶偶联法测定脂肪酶的原理、注意事项、参考范围及临床意义。

熟悉：胰腺疾病试验的方法学评价及临床意义，蛋白酶活性测定。

了解：胰腺的结构与功能，疾病时胰腺的生化改变。

能规范、熟练地操作淀粉酶、脂肪酶等项目测定。

案例17-1

男性，58岁。大量饮酒3小时后出现上腹剧烈疼痛，持续2小时，弯腰时可减轻，体温37.6℃，疑为急性胰腺炎。

问题：

1. 此时诊断急性胰腺炎比较好的指标是什么？
2. 治疗后，有比较好的观察价值的指标是什么？
3. 除了急性胰腺炎外，还有哪种疾病最容易引起血淀粉酶升高？

胰腺（pancreas）是一个重要的消化器官，它与胃、肠等消化器官所具有的特殊结构和功能，为保证各类食物的消化、吸收及利用提供了有利的条件。各消化器官之间与机体整体功能的协调统一，有赖于神经体液的调节。外环境的各种物理、化学和生物致病因素是导致胰腺疾病发生发展的主要原因，目前，因疾病而导致胰腺结构与功能改变的相关生物化学检查已被广泛应用于胰腺疾病的诊断、疗效检测和预后判断。

第1节 概 述

一、胰腺的结构和功能

胰腺位于腹膜后的十二指肠与脾之间，长15～20cm，重70～100g，是一个重要的消化器官。胰腺具有内分泌和外分泌双重功能，内分泌功能主要由散在于胰腺腺泡组织之间的胰岛细胞分泌胰岛素、胰高血糖素等激素，参与营养物质的代谢调节及血糖水平的维持；其外分泌功能主要由腺泡细胞和导管壁细胞分泌胰液，至十二指肠参与食物的消化（图17-1）。

（一）胰腺的内分泌功能

散布于胰腺的腺泡组织之间的细胞群呈岛状，称为胰岛。其分泌的肽类激素在糖类、脂类、蛋白质代谢调节及正常血糖水平维持中发挥重要作用（表17-1）。

表 17-1　胰腺主要内分泌激素生理功能表

激素	分子量	分泌细胞	生理功能
胰岛素	5700	胰岛 B 细胞	① 促进细胞对葡萄糖的摄取 ② 加速葡萄糖在细胞内的氧化与利用 ③ 促进糖原合成，抑制糖原分解 ④ 促进葡萄糖转化为脂肪酸，并以甘油三酯形式贮存 ⑤ 抑制糖异生
胰高血糖素	3485	胰岛 A 细胞	① 促进肝糖原分解和糖异生作用 ② 促进脂肪分解、酮体形成 ③ 减少蛋白质合成
胰多肽	4200	PP 细胞	调节胃液和胰液的分泌
生长抑素	1638	胰岛 D 细胞	抑制生长素及消化道激素的分泌 抑制消化腺外分泌
血管活性肠肽	3326	胰岛 D1 细胞	扩张血管、增强心肌收缩力 扩张支气管和肺血管，增加肺通气量 降低消化管壁肌张力，抑制胃酸分泌

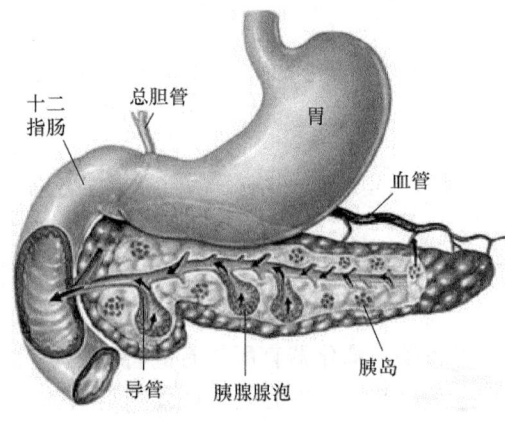

图 17-1　胰腺的解剖位置

（二）胰腺的外分泌功能

胰腺的腺泡细胞和导管壁细胞能分泌胰液，正常成人每天胰液的分泌量为 1000～2000ml。胰液是一种无色无味、略带黏性的透明碱性液体，pH 为 7.8～8.4，比重为 1.007～1.042，渗透压与血浆相近。胰液中含有水、电解质和各种消化酶。

1. 电解质　胰液中的电解质来源于血浆，包括多种阳离子和阴离子，主要阳离子有 Na^+、K^+、Ca^{2+}、Mg^{2+} 等，主要阴离子有 HCO_3^-、Cl^-、SO_4^{2-}、HPO_4^{2-} 等。阳离子的浓度与血浆相近，阴离子主要为 HCO_3^- 及一定量的 Cl^-。胰液中 HCO_3^- 的含量远高于血浆中 HCO_3^- 的浓度，为 60～140mmol/L，最高可达血浆浓度的 5 倍以上。胰液中的 HCO_3^- 由小导管的上皮细胞分泌，胰液分泌速度增加时，HCO_3^- 浓度也随之增高，胰液保持碱性，同时胰液中 Cl^- 的浓度则相对降低；胰液分泌速度很低时，HCO_3^- 和 Cl^- 浓度接近血浆，胰液中这两种离子浓度的总和是恒定的。胰液中 HCO_3^- 的主要作用是在十二指肠内与食糜中的胃酸中和，从而避免肠黏膜受到强酸的侵蚀，同时为各种胰酶消化食物提供适宜的 pH 环境。

2. 胰液中的消化酶　胰液中各种消化酶统称为胰酶，由胰腺的腺泡细胞合成、储存和释放，包括胰淀粉酶、胰脂肪酶和几种蛋白水解酶（表 17-2）。

表 17-2　胰液中的各种消化酶及主要作用

类别	名称	生理功能
糖类消化酶	胰淀粉酶	水解淀粉为 α 糊精、麦芽寡糖和麦芽糖
脂类消化酶	脂肪酶	水解三酰甘油为甘油和脂肪酸
	磷脂酶 A_2（原）	水解磷脂为溶血磷脂和脂肪酸
	胆固醇酯酶	水解胆固醇酯为胆固醇和脂肪酸

续表

类别	名称	生理功能
蛋白消化酶	胰蛋白酶（原）	属内肽酶，水解蛋白质中以碱性氨基酸羧基所组成的肽键，产生羧基末端为碱性氨基酸的肽
	胰糜蛋白酶（原）	属内肽酶，水解蛋白质中以芳香族氨基酸的羧基所组成的肽键，产生羧基末端为芳香族氨基酸的肽
	弹性蛋白酶（原）	属内肽酶，水解以中性脂肪族氨基酸的羧基所组成的肽键，产生羧基末端为脂肪族氨基酸的肽
	羧基肽酶A（原）	属外肽酶，水解中性氨基酸为羧基末端的多肽，产生芳香族氨基酸、脂肪族氨基酸及寡肽
	羧基肽酶B（原）	属外肽酶，水解碱性氨基酸为羧基末端的多肽，产生碱性氨基酸及寡肽
核酸消化酶	核糖核酸酶	水解RNA为单核苷酸
	脱氧核糖核酸酶	水解DNA为脱氧单核苷酸

（1）胰淀粉酶：胰淀粉酶（pancreatic amylase，P-AMY）为 α- 淀粉酶，最适pH6.7～7.0，能水解多糖分子中的 α-1，4糖苷键，故能将食糜中的淀粉和糖原消化为糊精、麦芽寡糖和麦芽糖，但不能消化纤维素。为示区别，来源于唾液腺的淀粉酶称为唾液淀粉酶（Sialic amylase，S-AMY）。

（2）脂类消化酶：脂类消化酶主要有脂肪酶（lipase，LPS）、磷脂酶 A_2、胆固醇酯酶等。脂肪酶能把三酰甘油水解为甘油和脂肪酸。胰液中的磷脂酶 A_2（phospholipase A_2，PLA_2）以酶原的形式存在，须经胰蛋白酶的作用才能被激活。PLA_2 催化磷脂的第二位酯键水解，生成溶血磷脂（lysophosphatide）及一分子脂肪酸。

（3）蛋白消化酶：胰液中的各种水解酶最初均以无活性的酶原形式存在，如胰蛋白酶原、糜蛋白酶原、弹性蛋白酶原、羧基肽酶A原和羧基肽酶B原等，这对于保护胰腺组织不被蛋白酶自身所消化具有重要意义。当胰液分泌到达肠腔后，胰蛋白酶原可被肠黏膜上皮刷状缘分泌的肠激酶激活为胰蛋白酶，也可以通过自身激活作用而产生活性。根据蛋白水解酶作用特点的不同，胰液中各种蛋白水解酶被分为内肽酶和外肽酶两类。内肽酶针对肽链特定部位从内部对蛋白质进行消化，而外肽酶则从肽链末端水解蛋白质。

（4）核酸消化酶：胰液中的核酸水解酶如核糖核酸酶与脱氧核糖核酸酶能把核酸水解为单核苷酸。

由于胰液中含有三种主要营养成分的消化酶，因此胰液是所有消化液中最重要的一种。当胰液分泌不足时，对糖类物质的消化影响不大，但对蛋白质和脂类的消化、吸收却有很大的影响，脂肪消化吸收障碍会引起脂肪腹泻，还会进一步影响脂溶性维生素的吸收。

正常情况下，胰腺内的蛋白酶（原）未被激活，不会引起胰腺自身消化。机体内胰腺和胰液组织中还存在一些胰蛋白酶的抑制因子，如胰蛋白酶抑制物、Kazal抑制因子和Werle抑制因子等，可以避免胰腺由于少量胰蛋白酶原在体内被激活而发生自身消化。但因胰蛋白酶抑制物在胰腺中的浓度远低于胰蛋白酶原，在急性胰腺炎发生时，大量胰液淤积在胰腺受损区域，胰蛋白酶抑制物受到破坏，胰蛋白酶和磷脂酶 A_2 被肠激酶和钙迅速激活，并催化生成具有细胞毒作用的溶血卵磷脂，可在短时间内对胰腺组织产生水解破坏作用。正常情况下，胰腺组织完整，仅有少量的胰酶进入血循环，但在急性胰腺炎发生时，胰腺组织受到破坏，大量胰酶进入血循环，血液中胰酶的水平明显升高，故测定血浆中的胰淀粉酶或胰脂肪酶浓度对诊断急性胰腺炎具有重要意义。

二、胰腺疾病的临床生物化学

胰腺疾病包括胰腺炎、胰腺创伤、肿瘤、假性囊肿、脓肿等，临床最常见的是胰腺炎。胰腺炎是一种胰腺消化酶所致的胰腺自身消化性疾病，可分为急性和慢性两类。急性胰腺炎发病急，伴血液、尿液中胰酶升高；慢性胰腺炎发病缓慢，有持续症状，导致胰腺功能和形态改变。无论是急性胰腺炎还是慢性胰腺炎，患者都出于高代谢状态，如果治疗不及时或未采取正确的营养治疗措施，会使胰腺炎的病程延长，甚至出现病情反复或病情恶化。胰腺疾病的发生过程中可出现某些激素代谢紊乱或内分泌失调。

（一）能量代谢变化

急性胰腺炎患者的能量代谢变化主要为：高代谢状态、分解代谢增强、高动力循环三大方面。

1. 糖代谢变化 急性胰腺炎诱导的应激状态可导致胰高血糖素/胰岛素比率升高，同时可以导致糖异生增加、葡萄糖氧化利用减少，引起血糖水平和血乳酸水平升高。

2. 脂肪代谢变化 急性胰腺炎患者脂肪代谢的主要特征是脂肪分解代谢明显增加和脂肪氧化增加。有12%～15%的急性胰腺炎患者存在高脂血症，尤其是高三酰甘油血症。

3. 蛋白质代谢变化 急性胰腺炎患者的蛋白质代谢变化主要为骨骼肌的蛋白质分解代谢增强，导致血浆中芳香族氨基酸水平升高，而支链氨基酸水平下降。

（二）电解质代谢紊乱

急性胰腺炎尤其是重症胰腺炎患者电解质代谢会明显紊乱，可能原因为：胰腺及胰腺周围组织出现出血、坏死，导致腹腔内大量渗液；胰腺炎时常见的呕吐、腹泻等症状造成电解质的丢失；休克、呼吸功能不全和肾衰竭等并发症；各种治疗措施如禁食、胃液抽吸、腹腔灌洗等。

1. 水、钠和氯的代谢 胃肠液中含有大量的钠离子和氯离子，急性胰腺炎患者因呕吐和胃液抽吸，导致胃液的大量丢失；同时胰腺出血、坏死和肠麻痹可引起腹腔内大量渗液，均造成水、钠、氯的丢失。急性胰腺炎早期，血容量改变不明显，但如果钠继续丢失，体液总钠量就会明显降低，最终导致血容量减少。血容量减少又刺激肾素-血管紧张素系统，反射性刺激抗利尿激素大量分泌，使口渴加剧，饮水增加，血浆渗透压下降，最终造成低渗性脱水。

若胃液丢失量大于肠液丢失量，患者可出现代谢性碱中毒；而当小肠液丢失量大于胃液丢失量，又可出现明显的代谢性酸中毒。

2. 钾的代谢 急性胰腺炎时既可引起低血钾，也可导致高血钾。禁食导致钾的摄入减少，胃液抽吸或反复呕吐可使消化液中的钾大量丢失，同时治疗时大量输入葡萄糖溶液，促进细胞内糖原合成，均可使血钾降低，造成低钾血症。在重症胰腺炎时，由于休克、严重感染、弥散性血管内凝血等可导致急性肾衰竭，引起高钾血症。

3. 钙的代谢 急性胰腺炎患者常发生低钙血症，但血钙一般不低于2.12mmol/L，重症急性胰腺炎患者可低于1.75mmol/L，低钙血症可持续至临床症状消失后4周。急性胰腺炎患者体内大量钙沉积于脂肪坏死区，被脂肪酸结合形成钙皂是引发低钙血症的主要原因，也可因刺激降钙素分泌而抑制了肾小管对钙的重吸收而引起低钙血症。但如果急性胰腺炎是由于甲状旁腺功能亢进引起，则可存在高钙血症。

4. 镁的代谢 重症急性胰腺炎患者进行腹腔灌洗治疗时，因需要大量使用无镁透析液，可使体内镁从透析液中丢失。另外，胰腺周围脂肪组织坏死时，脂肪酸与镁结合形成脂酸镁（镁皂），也可引起镁缺乏症。急性胰腺炎如由甲状旁腺功能亢进症引起，可因血钙过高而使镁从尿中丢失。

（三）胰腺炎与糖尿病

胰腺炎患者在病程中可出现一过性的糖代谢紊乱，称为胰源性糖尿病。产生的原因可能是因为胰腺炎造成胰腺外分泌功能受损，继而引起内分泌功能紊乱，临床上表现为高血糖和尿糖阳性。当血糖＞7.84mmol/L 时，提示预后不良。预后最差的是胰腺坏死并发糖尿病酮症酸中毒，常发生高渗性昏迷，这类患者往往因严重的糖代谢紊乱而不治身亡。

1. 急性胰腺炎 急性胰腺炎患者的糖代谢紊乱与胰岛素、胰高血糖素等激素水平的变化有关。急性胰腺炎侵袭胰岛的 A 细胞和 B 细胞，导致胰高血糖素和胰岛素的释放和相互间的平衡受到破坏，患者血中胰高血糖素会明显增高，胰岛素的分泌减少，因而引起血糖增高及尿糖阳性。复发性的胰腺炎和慢性胰腺炎患者，胰高血糖素和胰岛素水平以及对刺激试验的反应能力均降低，提示内分泌细胞的不可逆损害。

2. 慢性胰腺炎 慢性胰腺炎患者因胰腺组织长期受刺激引起的病理改变首先影响胰腺的外分泌功能，发展到一定程度也会造成胰岛 B 细胞变性，使胰腺的内分泌功能因 B 细胞的损伤而减弱，出现胰岛素分泌不足、糖耐量减低、血糖升高、尿糖阳性等继发性糖尿病表现。由于慢性胰腺炎和胰腺钙化症合并糖尿病者多见，且症状一般也比较严重。

3. 重症急性胰腺炎 重症急性胰腺炎患者血糖升高甚至可以引发糖尿病酮症酸中毒而致患者死亡。其原因为：重症急性胰腺炎时机体处于应激状态，胰高血糖素升高，胰岛素显著减少，造成血糖升高；同时脂肪动员分解加速，使酮体生成增加，最终导致糖尿病酮症酸中毒的发生。所以，若重症急性胰腺炎患者在治疗过程中腹痛症状已经好转，但"三多一少"症状继续存在，并伴有呼吸困难和昏迷等症状，则应考虑糖尿病酮症酸中毒。

（四）胰腺炎与高脂血症

胰腺炎和高脂血症有着密不可分的相互关系。高脂血症既能诱发胰腺炎尤其是急性胰腺炎，又是急性胰腺炎的一个并发症。

高脂血症引起胰腺炎的发病机制可能为：胰腺的毛细血管和细胞间之中存在的胰脂肪酶催化血中 TG 水解释放出大量的游离脂肪酸，损伤毛细血管内皮，加速胰脂肪酶的继续释放，形成恶性循环。进入血液的胰脂肪酶可以加速乳糜微粒的凝集，增加血液黏度，可导致胰腺毛细血管淤塞和微血栓形成，造成胰腺局部血液循环障碍。凝集的 CM 被吞噬细胞吞噬后，血清中的脂质暂时减少，但是被吞噬的大量脂肪可导致肝脾大，此时肝脾活检或骨髓检查可见单核-吞噬细胞系统的细胞内充满脂肪。

高脂血症伴发胰腺炎患者的血、尿淀粉酶水平大多正常，这是由于高脂血症时释放出一种淀粉酶抑制因子，可抑制淀粉酶的活力。在实际临床工作中，为了鉴别血脂升高是胰腺炎并发了高脂血症，还是高脂血症导致代谢性胰腺炎，可在胰腺炎恢复后 2 个月检查血脂，以明确诊断。现在普遍认为高 TG 血症能诱发胰腺炎。家族性高脂蛋白血症患者以及某些可致血清三酰甘油升高的诱因，如酗酒、高血压、妊娠等也可诱发胰腺炎。

急性胰腺炎临床表现变化很大，大多数临床表现缺乏特异性。因此，对任何急腹症的患者均应考虑本病的可能。临床考虑急性胰腺炎的诊断时，在症状和体征的基础上，应尽快做相应的实验室检查和影像学检查，为临床诊断提供进一步的支持。

三、胰腺疾病试验的评价

胰腺疾病的各种检测试验可以对急性胰腺炎、慢性胰腺炎及其他胰腺疾病进行诊断和鉴别诊断提供帮助。目前，胰腺酶的测定和胰外分泌功能的试验在临床检验中占有较重要的地位。常用的有关胰腺酶和外分泌功能的试验有以下几项。

（一）血清胰腺酶的测定

1. 血清淀粉酶、尿淀粉酶、淀粉酶同工酶测定 血清淀粉酶升高在急性胰腺炎时最多见，升高程度越大，患急性胰腺炎的可能性就越大，因此尽管特异性和灵敏度都不够高，但目前临床上还是用淀粉酶作为急性胰腺炎诊断的首要指标。急性胰腺炎时肾清除淀粉酶的能力加强，尿淀粉酶升高可早于血淀粉酶，下降晚于血淀粉酶。在淀粉酶总活性升高时，测定淀粉酶同工酶有助于对胰腺疾病进行鉴别诊断。

2. 血清胰脂肪酶测定 血清脂肪酶活性升高多与淀粉酶并行，有研究报告，急性胰腺炎时脂肪酶比淀粉酶更具敏感性和特异性，因而认为脂肪酶活性升高更有诊断意义，最好是同时检测淀粉酶和脂肪酶。脂肪酶活性升高持续时间长，所以在疾病的后期测定更有意义。

3. 胰蛋白酶测定 急性胰腺炎时，血清胰蛋白酶和淀粉酶平行升高，其峰值可达参考值上线的 2～400 倍，但其临床意义和价值尚需要观察。

（二）胰腺外分泌功能试验

1. 促胰酶素-促胰液素试验 促胰酶素-促胰液素试验（pancreozymin-sectrtin test，P-S test）是刺激胰腺，以引起胰腺外分泌活动，采集给刺激物前、后的十二指肠液和血液，测定各项指标，从各项指标的变化来评价胰腺外分泌功能。本试验属于真正的胰腺外分泌功能试验，但因其操作复杂，患者又比较痛苦，因此临床上很少应用。

2. 对氨基苯甲酸试验 对氨基苯甲酸试验（para amino benzoic acid，PABA test）是一个简单易行的胰腺外分泌功能试验，其原理是利用胰糜蛋白酶分解所给药物的能力来判断胰腺外分泌功能。其做法是给患者口服 N-苯甲酰-L-酪氨酰-对氨基苯甲酸（BTP），此药到小肠后被胰糜蛋白酶特异性地分解成 Bz-Ty 和 PABA 两部分，PABA 被小肠吸收并在肝代谢后经肾由尿排出，服药后留 6 小时尿，测 6 小时尿内所含 PABA 的量，计算其占所服药量的百分数。

胰糜蛋白酶降低主要见于胰腺功能缺损，可见于慢性胰腺炎、胰腺癌、胰腺部分切除术后等。许多药物对本实验存在干扰，特别是服用抗生素、磺胺类和利尿药后等，因此试验前应停服所有药物。有些含马尿酸盐前体的食物如梅子、李子等也能干扰测定，测试前应避免进食。留尿期间可以饮水，但要禁食。此外，肠道的吸收和肾排出速度都可以影响测定结果应加以注意。

用于诊断胰腺疾病的试验还有：粪便中氮、脂肪、胰酶等检测；木糖吸收试验和十二指肠内容物检查等。有些胰腺功能试验由于操作复杂、特异性和灵敏度不够等原因，已经很少使用。因此，临床常用的诊断胰腺疾病的试验还是血清酶和尿酶的检查。

同肝脏一样，胰腺也有很大的储备、代偿能力，往往病变严重到一定程度时，胰功能试验才显示异常。

第 2 节 胰腺疾病检验

胰腺疾病的实验室检查目前仍以胰腺酶的检测为主。

一、淀粉酶及其同工酶活性测定

胰淀粉酶（P-AMY）和唾液淀粉酶（S-AMY）都属于 α-淀粉酶，能水解 α-1,4 糖苷键，对分支上的 α-1,6 糖苷键无作用，故又称淀粉内切酶。其中 P-AMY 由胰腺分泌，是体内最重要的水解糖类化合物的酶，最适 pH6.9，相对分子量较小，约 50kD，可通过肾小球滤过，是正常情况下唯一出现于尿中的血浆酶。

人体血液、尿液、乳汁中均含淀粉酶，血液中的淀粉酶主要来自胰腺和唾液腺，尿液中淀粉酶则来自于血液。

（一）血清淀粉酶活性测定

作为胰腺疾病尤其是急性胰腺炎诊断的试验，淀粉酶活性测定应用已久，根据测定原理和底物性质的不同，淀粉酶的测定方法已超过 200 种。这些方法可归为两类：天然淀粉底物法和限定性底物法。

以天然淀粉为底物的测定方法，如淀粉分解法、糖化法和色素淀粉法等，其基本原理都是先利用含淀粉酶的患者标本（血清或者尿液）与作为底物的淀粉进行酶促反应，然后测定反应剩余底物或产物的量来计算淀粉酶的活性。多年研究认为由于天然淀粉分子结构的不确定性，不同植物来源和不同批号的淀粉，其分子结构、分子量和化学性质都不尽相同，因此会影响淀粉酶的测定，难以达到方法学标准化，测定误差大，故淀粉不宜用作底物。目前除保留碘-淀粉比色法（用于手工操作）外，这类方法已经基本上被淘汰。

现已改用限定性底物法，选用分子组成确定、结构明确、性质稳定的小分子寡聚糖作为底物，能产生稳定的限定性产物，与辅助酶和指示酶组成的淀粉酶测定系统，可以改进酶反应的化学计量关系，能更好地控制和保持酶水解条件的一致性。这些底物有小分子寡聚糖（含 3～7 个葡萄糖单位）和对-硝基苯酚-糖苷等。其中，麦芽戊糖和麦芽四糖是比较好的淀粉酶底物，试剂稳定，水解产物确定，化学计量关系明确。

1. 天然淀粉底物法（碘-淀粉比色法） 血清（或血浆）中 α-淀粉酶催化淀粉分子中 α-1,4 糖苷键水解，产生葡萄糖、麦芽糖及含有 α-1,6 糖苷键支链的糊精。在底物过量的条件下，反应后加入碘液与未被水解的淀粉结合成蓝色复合物，其蓝色的深浅与未经酶促反应的空白管比较，从而推算出淀粉酶的活力单位。

$$\text{淀粉} \xrightarrow{AMY} \text{葡萄糖、麦芽糖及糊精}$$
$$\text{剩余淀粉} + \text{碘液} \longrightarrow \text{蓝色化合物}$$

本法线性范围<400U，批内 CV 3.1%～9.0%，批间 CV 12.4%～15.1%，与对-硝基苯麦芽庚糖苷法相比较，在酶活性低时相关性较好，但酶活性较高时相关性差，因此，该法不能认为是淀粉酶测定的理想方法。但由于该法简单、易行，不需特殊设备、试剂价廉，仍然为我国目前应用较为广泛的方法。

2. 限定性底物法 目前市售试剂盒属于以寡聚糖为底物的淀粉酶测定系统，主要包括以下几种。

（1）以对-硝基苯酚-糖苷为底物的测定系统（染料释放法）：此类方法采用限定性底物

参与酶促反应，用作限定性底物的寡聚糖如戊糖、庚糖等，并连有发色团如 β-2-氯-4-硝基酚-G_7、ethylidene-G_7PNP。经酶偶联反应后，水解生成黄色色素，测定特定波长（405nm）处单位时间吸光度的变化即可了解淀粉酶活性。

对-硝基苯酚麦芽庚糖苷法为常用的染料释放法，该法以对-硝基苯酚麦芽庚糖苷（4-nitrophenyl-α-malto-heptaoside，4NP-G_7）为底物，经 α-淀粉酶及 α-葡萄糖苷酶催化的偶联反应后，可水解为葡萄糖和对-硝基酚。因对-硝基酚的生成量在一定范围内与 α-淀粉酶活性成正比，故可以通过连续监测法监测 405nm 波长处吸光度的变化来确定淀粉酶的活性。反应式如下：

$$4NP\text{-}G_7 \xrightarrow{AMY} 4NP\text{-}G_{4,3,2} + G_{3,4,5}$$

$$4NP\text{-}G_{4,3,2} \xrightarrow{\alpha\text{-葡萄糖苷酶}} 4NP\text{-}G_4 + G + 4NP$$

式中，G 为葡萄糖，4NP 为对硝基酚。

试验中所用的工具酶 α-葡萄糖苷酶来源不同时，其水解淀粉酶作用后产物的浓度也不同，可影响测定结果。

本法线性范围较大，可以达到 2000U/L，精密度好，方法简便快捷，既适合于自动化分析，也可用于手工操作，测定结果能以国际单位表示，是目前测定淀粉酶较为理想的方法。

（2）以麦芽戊糖为底物的测定系统（Du Pontaca）反应式为：

$$麦芽戊糖 \xrightarrow{AMY} 麦芽丙糖 + 麦芽糖$$

$$麦芽丙糖 + 麦芽糖 \xrightarrow{\alpha\text{-葡萄糖苷酶}} 5\ 葡萄糖$$

$$葡萄糖 + ATP \xrightarrow{己糖激酶} 葡萄糖\text{-}6\text{-磷酸} + ADP$$

$$葡萄糖\text{-}6\text{-磷酸} + NADP^+ \xrightarrow{G6PD} 6\text{-磷酸葡萄糖酸内酯} + NADPH + H^+$$

（3）以麦芽四糖为底物的测定系统（Beckman DS）反应式为：

$$麦芽四糖 \xrightarrow{AMY} 2\ 麦芽糖$$

$$麦芽糖 + 磷酸盐 \xrightarrow{麦芽糖磷酸化酶} 葡萄糖 + 葡萄糖\text{-}1\text{-磷酸}$$

$$葡萄糖\text{-}1\text{-磷酸} \xrightarrow{\beta\text{-磷酸葡萄糖变位酶}} 葡萄糖\text{-}6\text{-磷酸}$$

$$葡萄糖\text{-}6\text{-磷酸} + NADP^+ \xrightarrow{G6PD} 6\text{-磷酸葡萄糖酸内酯} + NADPH + H^+$$

以上两种测定系统中，均利用多种工具酶的偶联反应，使指示反应中 NAD^+ 生成 NADH，连续监测在 340nm 波长处的吸光度变化（△A/min），即可计算出 AMY 的活性。

很多的阴离子能够激活淀粉酶，其中以 Cl^-、Br^- 最强。血清中的三酰甘油浓度较高时，可抑制淀粉酶的活性，应将标本加以稀释，降低其影响。由于 Ca^{2+} 是淀粉酶分子的组成部分，所以除肝素外，一般抗凝剂如草酸盐、枸橼酸盐等能与 Ca^{2+} 结合而抑制淀粉酶的活性，故不宜使用。因为急性胰腺炎发病急需要尽快诊断和治疗，应该注意淀粉酶的测定方法操作要简单、快速、准确，适用于急诊检验。

【参考区间】

碘-淀粉比色法：血清 80～180U/dl

限定性底物法：血清参考值上限≤220U/L（37℃）

淀粉酶的测定结果受方法学的影响较大，不同方法的参考值也有所不同。临床所用的方法较多，因此必须了解所用的方法和参考范围，才能做出正确的诊断。

【临床意义】

升高：淀粉酶主要由唾液腺和胰腺分泌，可通过肾小球滤过。急性胰腺炎时，血和尿中的 AMY 显著增高。急性胰腺炎发病后 8~12 小时血清 AMY 开始增高，12~24 小时达高峰，2~5 天下降至正常。如超过 500U/L 有意义，达 350 U/L 时应怀疑此病。而尿 AMY 于发病后 12~24 小时开始升高，下降也比血清 AMY 慢，因此，在急性胰腺炎后期测定尿 AMY 更有价值。急性阑尾炎、肠梗阻、胰腺癌、胆石症、溃疡病穿孔及吗啡注射后等均可见血清 AMY 增高，但常低于 500U/L。

降低：由于正常人血清中 AMY 主要由肝脏产生，故血清与尿中 AMY 同时减低主要见于肝炎、肝硬化、肝癌及急性和慢性胆囊炎等。肾功能障碍时，血清 AMY 也可降低。

淀粉酶测定对检测急性胰腺炎的并发症如胰腺假性囊肿、胰腺脓肿亦有价值，此时血清淀粉酶活性多持续性增高。重症急性胰腺炎时可以引起胸腔积液和（或）腹水，积液中的淀粉酶活性甚至可以高达血清淀粉酶的 100 倍以上。

血清淀粉酶的高低与胰腺损伤程度无相关性，水肿型胰腺炎的病变较轻，但血清淀粉酶一般升高比较明显，而重症急性胰腺炎由于胰腺腺泡破坏过多，血清淀粉酶可不升高甚至明显下降。若血清淀粉酶持续升高或者下降后又升高，常表明胰腺病变有发展、扩大、复发趋势或有并发症存在。

> **链 接**
>
> 碘淀粉比色法测定血清 AMY（见酶学分析技术【实验 6-2】）

【实验 17-1】　　ESP 法测定血清 AMY

【原理】

以两种不同的单克隆抗体抑制唾液淀粉酶（S-AMY），再用亚乙基 -4-NP- 麦芽庚糖苷法（ethylidene-protected substrate，EPS 法）测定血清中胰淀粉酶（P-AMY）。反应式如下：

$$5\text{ethylidene-}G_7\text{-4-NP} + 5H_2O \xrightarrow{\alpha-\text{淀粉酶}} 2\text{ethylidene-}G_5 + 2G_2\text{-4-NP} + 2\text{ ethylidene-}G_4 + 2G_3\text{-4-NP} + \text{ethylidene-}G_3 + G_4\text{-4-NP}$$

$$2G_2\text{-4-NP} + 2G_3\text{-4-NP} + G_4\text{-4-NP} + 14H_2O \xrightarrow{\alpha-\text{葡萄糖苷酶}} 5(4\text{-NP}) + 14G$$

式中 G 为葡萄糖，4NP 为对硝基酚。

【试剂】

1. 试剂Ⅰ（缓冲液 – 激活剂 – 工具酶混合溶液） HEPES 51.7mmol/L；NaCl 72.3 mmol/L；$CaCl_2$ 1.03 mmol/L；α- 葡萄糖苷酶溶液 6KU/L；pH7.0（37℃）。

2. 试剂Ⅱ（启动试剂，即底物溶液） HEPES 51.7mmol/L；EPS 31 mmol/L；NaCl 72.3 mmol/L；$CaCl_2$ 1.03 mmol/L；pH7.0（37℃）。

3. 稀释液（NaCl 154mmol/L）

【实践步骤】

试剂Ⅰ 500μl，加血清 20μl，混匀，置 37℃平衡 300 秒，加试剂Ⅱ 100μl，混匀，延迟时间 180 秒，在波长 405nm 监测吸光度增高速率 300 秒，计算平均 ΔA/min/ 分。

详细操作步骤及计算，严格按照试剂盒说明书进行。

【参考区间】

血清淀粉酶（37℃）：≤220U/l

尿液淀粉酶（37℃）：≤1200U/l

（二）尿淀粉酶

血液中淀粉酶能被肾小球滤过，所以任何原因引起的血清淀粉酶升高时，都会使尿中淀粉酶排出量增加，急性胰腺炎时多见。急性胰腺炎时肾清除淀粉酶能力加强，其升高可早于血液淀粉酶，而下降晚于血液淀粉酶。

尿淀粉酶在发病后 12~24 小时开始升高，但下降较慢，维持时间长，1~2 周后才降至正常。此项测定适用于就诊较迟和血清淀粉酶仅有轻度升高或已经恢复正常者，但是可靠性不如血清淀粉酶。

尿液淀粉酶常采用碘-淀粉比色法或限定性底物法测定，因尿淀粉酶活性太高，故在试验前尿液标本需先稀释 20 倍再测定。

【参考区间】

碘-淀粉比色法：尿液淀粉酶活性：100~1200 U/dl

限定性底物法：尿液淀粉酶活性：≤1200 U/L（37℃）

（三）淀粉酶同工酶

血清淀粉酶包括胰淀粉酶（PAM）和唾液淀粉酶（SAM），故在淀粉酶总活性升高时同时测定淀粉酶同工酶有助于胰腺疾病的鉴别诊断。淀粉酶同工酶测定时出现两个主要区带及数个次要区带。两个主要区带的位置分别位于与胰腺和唾液腺的提纯物或分泌物电泳的位置，因此分别命名为 P-同工酶和 S-同工酶。P-同工酶升高或降低时，提示可能有胰腺疾患；S-同工酶的变化可能源于唾液腺或其他组织。测定同工酶常用的方法是琼脂糖凝胶电泳或醋酸纤维薄膜电泳。

新生儿血清淀粉酶约为成人的 18%，主要以 S-型为主，到 5 岁时接近成人水平；1 岁内测不出血清 P-型淀粉酶，1 岁后缓慢上升，至 10—15 岁达成人水平。

【参考区间】

P-同工酶：血清　　115U/L

　　　　　尿　　　800U/L

二、血清脂肪酶活性测定

脂肪酶（lipase，LPS）又称三酰甘油酶，是胰腺外分泌酶，可以水解长链脂肪酸甘油脂。血清中的脂肪酶主要来自于胰腺，少部分来自于其他组织，如胃、小肠黏膜等。

测定血清脂肪酶活性的方法有多种，如滴定法、pH 电极法、比浊法、酶偶联法和荧光法等。目前测定血清脂肪酶活性多采用比浊法或者酶偶联法。

1. 比浊法　将三酰甘油与水制成乳胶液，由于其胶束对入射光的吸收及散射作用而产生浊度，当胶束中三酰甘油在脂肪酶的催化作用下逐步水解时，胶束分裂，其浊度或光的散射相应降低，降低的速率与脂肪酶的活力有关。

由于 LPS 仅作用于脂和水界面的脂肪，只有当底物呈乳化状态时脂肪酶才能发挥作用。因此必须要有胆汁酸盐、脂肪酶、钙离子及辅脂酶（colipase）的共同参与，脂肪酶才能发挥最大的催化活性及特异性。胆汁酸盐既可以清除底物-水界面的蛋白质，包括有干扰作用的酶，同时又可以促进脂肪酶与胆汁酸-共脂肪酶结合。在胆汁酸-共脂肪酶-脂肪酶结合物中，脂肪酶才能催化底物水解。钙离子在胆汁酸盐的存在下，能促进酶对底物的结合，缩短酶促反应的延滞期。

测定脂肪酶可以用橄榄油或者三油酸甘油作底物，但市售的橄榄油必需用氧化铝吸附处理，去除游离脂肪酸，否则测定结果只为真实活性的65%。

比浊法不易制备出稳定而又能获得重复性结果的底物液，若底物浓度过大，可因初始吸光度过高而降低灵敏度。

2. 酶偶联法 反应式如下：

$$1,2\text{-甘油二酯} + H_2O \xrightarrow{LPS} 2\text{-单酸甘油酯} + \text{脂肪酸}$$

$$2\text{-单酸甘油酯} + H_2O \xrightarrow{\text{单酸甘油酯脂肪酶}} \text{甘油} + \text{脂肪酸}$$

$$\text{甘油} + ATP \xrightarrow{\text{甘油激酶}} 3\text{-磷酸甘油} + ADP$$

$$3\text{-磷酸甘油} + O_2 \xrightarrow{\text{磷酸甘油氧化酶}} \text{磷酸二羟丙酮} + H_2O_2$$

$$2H_2O_2 + 4\text{-}APP + N\text{-乙酰-}N\text{-磺酸丙基苯胺} \xrightarrow{POD} \text{醌类化合物（红色）} + 4H_2O$$

在波长546nm，比色杯光径1.0cm，进行比色测定，计算脂肪酶的活性。

方法学评价：本法线性范围为0～1500U/L。批内CV2.3%～3.1%，批间CV3.8%～5.2%。胆红素<50μmol/L无干扰，但浓度在51～307μmol/L时，可使结果降低10%～15%；游离甘油浓度>0.4mmol/L时，有明显的正干扰。

【参考区间】

比浊法：酶活性呈正偏态分布，最低为0U，单侧95%上线为7.9 U/L。

酶偶联法：1～54U/L。

【临床意义】

胰腺是人体LPS最主要来源。血清LPS增高常见于急性胰腺炎及胰腺癌，偶见于慢性胰腺炎。急性胰腺炎时，血清淀粉酶增加的时间较短，而血清LPS活性上升可持续10～15天。腮腺炎未累及胰腺时，LPS通常在正常范围。此外，总胆管结石或癌、肠梗阻、十二指肠穿孔等有时亦可增高。

链 接

TOOS

N-乙酰-N-磺酸丙基苯胺

别名：N-乙基-N-(2-羟基-3-磺丙基)-3-甲基苯胺钠盐

分子式：$C_{12}H_{18}NNaO_4S \cdot 2H_2O$

分子量：295.33

用途：水溶性试剂，用于酶光度法测定过氧化氢。新型Trinder's试剂，是高水溶性苯胺衍生物，被广泛用于诊断检测和生化试验。在新型Trinder's试剂中，TOOS是最常用的。

贮存：避光。

对光敏感。

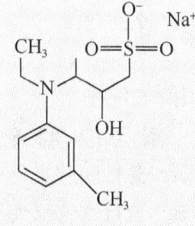

三、蛋白酶活性测定

胰蛋白酶是胰腺分泌的重要消化酶之一，人类胰腺细胞合成两种主要的胰蛋白酶，通常以无活性的酶原形式存在，即胰蛋白酶原-1和胰蛋白酶原-2。它们都储存在酶原颗粒中，在食管神经反射和（或）肠道激素的刺激下分泌入肠道，肠液中的肠肽酶可以激活胰蛋白酶，胰蛋白酶本身及组织液亦可使其激活，也可被Ca^{2+}、Mg^{2+}等离子激活。

胰蛋白酶原-1和胰蛋白酶原-2的电泳迁移率不同，两者的最适pH有差别，很少有免疫交叉反应，所以可以用免疫方法测定。

1. 血清胰蛋白酶　胰液中含有大量的胰蛋白酶，正常时胰液中的胰蛋白酶很少进入血液循环，健康人血清中存在的主要为游离的胰蛋白酶原 -1，没有游离的胰蛋白酶。急性胰腺炎时，血清蛋白酶和淀粉酶平行升高，其峰值可达参考值上限的 2～400 倍，两种胰蛋白酶的分布和急性胰腺炎的类型和严重程度有关。轻型患者 80%～99% 为游离胰蛋白酶原 -1 及极少的结合型胰蛋白酶 -1；重型患者大部分以与 α_1- 抗胰蛋白酶或 α_2- 巨球蛋白结合的形式存在，游离胰蛋白酶原 -1 仅占胰蛋白酶总量的 30%。

血清中存在的其他蛋白酶也能水解试剂中的底物，同时还有蛋白酶抑制物存在，这些对胰蛋白酶的测定结果都有影响。目前已经有测定胰蛋白酶原 -1、胰蛋白酶 -1、α_1- 抗胰蛋白酶复合物的免疫方法，尚未广泛应用于临床。

2. 尿胰蛋白酶原　由于胰蛋白酶原的分子量比较小（25kD），很容易由肾小球滤过，肾小管对两者的重吸收却不同，对胰蛋白酶原 -2 的重吸收低于胰蛋白酶原 -1，因此，尿液中胰蛋白酶原 -2 的浓度较高。在急性胰腺炎时尿中胰蛋白酶原 -2 浓度明显升高。目前用于临床测定尿胰蛋白酶原 -2 的试纸条定性方法是基于免疫层析的原理。试纸条上有两种抗人胰蛋白酶原 -2 抗体，一种标记于蓝色乳胶颗粒上，作为检测标记物，另一种固定在膜上，以捕捉标记的颗粒，显示阳性结果。按要求将试纸条的一部分浸入尿液，如果出现蓝色条带则为阳性。

有研究表明急性胰腺炎时尿胰蛋白酶原－2 的特异性为 95%，敏感性为 94%，是一个比较敏感而特异的指标，可以在急诊筛选实验时应用。若尿胰蛋白酶原－2 测定为阴性，大部分可以排除急性胰腺炎，而阳性结果时应该进一步检查以确定诊断，且需要做动态观察。

目标检测

A1 型题

1. 胰液的 pH 为（　　）
   A. 7.8～8.4　　　　B. 6.3～5.2
   C. 7.1～7.4　　　　D. 8.1～9.1
   E. 5.1～7.1

2. 一般不引起血淀粉酶升高的是（　　）
   A. 急性胰腺炎
   B. 流行性腮腺炎
   C. 十二指肠穿孔
   D. 肠梗阻
   E. 急性肝炎

3. 关于 AMY 用于诊断胰腺炎的叙述错误的是（　　）
   A. 血尿淀粉酶增高幅度与病情成比例
   B. 血尿淀粉酶增高幅度与病情不成比例
   C. 血尿淀粉酶已经增高却发生与病情不符的降低提示有坏死性胰腺炎的可能
   D. 血尿淀粉酶正常不能排除胰腺炎的可能
   E. 血尿淀粉酶持续升高数周提示有病情反复或有并发症发生

4. 对淀粉酶活性测定影响不大的因素是（　　）
   A. 淀粉酶作用的底物
   B. 所采用的工具酶
   C. Cl^- 和 Br^- 等阴离子
   D. Ca^{2+}
   E. Cu^{2+}

5. 测定血清淀粉酶临床常用的方法是（　　）
   A. 比浊法　　　　B. 电化学法
   C. EPS 法　　　　D. 酶偶联法
   E. 滴定法

6. 不是由胰腺分泌的酶是（　　）
   A. 羧基肽酶
   B. 胆固醇酯酶
   C. 脂肪酶
   D. 核糖核酸酶
   E. 肠激酶

7. 关于淀粉酶的特性，错误的是（　　）
   A. 最适 pH 为 6.9

B. 由胰腺分泌
C. 是正常唯一能在尿中出现的血浆酶
D. 分子量 5.5~6.0kD
E. 可作用于淀粉 α-1,4 糖苷键和 α-1,6 糖苷键

8. 除胰腺外，下列哪一组织器官在病理情况下可使血清及尿液中淀粉酶增高（　　）
   A. 肾
   B. 性腺
   C. 肺
   D. 唾液腺
   E. 肝

9. 关于脂肪酶的叙述，错误的是（　　）
   A. 可由肾小球滤出
   B. 被肾小管全部吸收
   C. 尿中测不出脂肪酶
   D. 可由肾小球滤出
   E. 尿中可测出脂肪酶活性

10. 以下哪个不是引起急性胰腺炎的常见原因（　　）
    A. 大量饮酒
    B. 胆道疾病
    C. 高脂饮食
    D. 胰腺导管阻塞
    E. 代谢紊乱

（杨雅麟）

第18章 内分泌功能检验

学习目标

掌握：甲状腺激素测定的原理、试剂组成和作用、临床意义、注意事项及方法评价。
熟悉：激素的概念、分类作用机制。
了解：肾上腺功能测定。
能规范熟练地操作甲状腺激素等项目测定。

案例18-1

女，50岁。因突发呼吸困难入院。有高血压病史2年，否认高血压家族史。查体：脉搏120次/分；血压32～17kPa；中度呼吸窘迫；眼底动脉狭窄，动静脉交叉压迫，无视盘水肿；两侧肺部均可听到湿啰音；心脏无杂音，可闻及重叠奔马律。

实验室检查：Na^+：140mmol/L，K^+：4.1mmol/L，Cl^-：101mmol/L，HCO_3^-：25mmol/L，Urea：4.3mmol/L，Cr：95μmol/L。心电图：正常窦性心率，左室肥大。

问题：
1. 请对本病例做出初步诊断。
2. 本病例需要做哪些鉴别诊断？
3. 本病例确诊以后需进一步做哪些检查来判断有无并发症？

机体的内分泌腺体（如：垂体、甲状腺、胰岛、肾上腺、性腺等）及分散的内分泌细胞（如存在于胃肠道、心肌、神经等处的组织细胞）组成了内分泌系统。内分泌系统与神经系统相互影响，通过复杂精细的机制，共同调节机体正常新陈代谢、内环境稳定及生殖、发育等基本生理过程。

第1节 概 述

一、激素的概念与分类

（一）激素的概念

激素（hormone）又称荷尔蒙，由内分泌腺或内分泌细胞合成并直接分泌入血的高效生物活性物质，在体内作为信使传递信息，对机体生理过程起调节作用的物质。

激素的作用具有以下特性：①特异性：激素一般能选择性地作用于某些器官和组织细

胞，产生特定的作用。②高效能性：在体内，激素的含量甚少，血液的生理质量浓度在 pg/mL～ng/mL，却足以引起显著的生理效应。③信息传递性：激素携带着调节其靶细胞代谢或功能的信息并传递给靶细胞，增强或减弱靶细胞的代谢或功能。

（二）激素的分类

1. 按激素的化学本质可分为四类 见表 18-1。

表 18-1 常见激素的来源与化学本质

激素来源	激素名称	英文名称	化学本质
下丘脑	促甲状腺激素释放激素	TRH	肽类
	促肾上腺皮质激素释放激素	CRH	多肽类
	生长激素释放激素	GHRH	多肽
	生长抑素	GIH	肽类
	催产素	OXT	寡肽
	升压素（抗利尿激素）	VP（ADH）	寡肽
腺垂体（垂体前叶）	促甲状腺激素	TSH	糖蛋白
	促肾上腺皮质激素	ACTH	肽类
	促卵泡激素	FSH	糖蛋白
	黄体生成素	LH	糖蛋白
	生长激素	GH	蛋白质
	催乳素	PRL	蛋白质
神经垂体（垂体后叶）	抗利尿激素	ADH	肽类
	催产素	oxytocin	肽类
肾上腺髓质	肾上腺素	epinephrine	氨基酸衍生物
	去甲肾上腺素	norepinephrine	氨基酸衍生物
肾上腺皮质	醛固酮	Aldosterone	类固醇类
	雄激素	Androgen	类固醇类
	雌激素	Estrogen	类固醇类
其他腺体	人绒毛膜促性腺激素	HCG	蛋白质
	前列腺素	prostaglandin	脂肪酸衍生物
胰腺	胰岛素	Insulin	蛋白质
	胰高血糖素	Glucagon	多肽
肾脏	肾素	rennin	类固醇激素
胃肠道	胃泌素	gastrin	肽类
甲状腺	甲状腺激素	thyroid hormone	氨基酸衍生物
甲状旁腺	甲状旁腺素	PTH	氨基酸衍生物

（1）氨基酸衍生物激素：包括甲状腺激素（三碘甲腺原氨酸、甲状腺素）、肾上腺髓质激素（肾上腺素、去甲肾上腺素等）、松果体激素（褪黑激素）。

（2）肽类及蛋白质激素：包括下丘脑激素（促甲状腺素释放激素、促肾上腺皮质素释放素、生长激素释放素、垂体激素（促性腺激素、促甲状腺素、生长激素等）、胃肠道激素（促胃液素、糖依赖性胰岛素释放肽、胆囊收缩素等）、胎盘激素（人绒毛膜促性腺激素、人胎盘催乳素、耻骨松弛素等）等。

（3）类固醇激素：主要是肾上腺皮质激素（皮质醇、醛固酮等）、性激素（睾酮、孕酮、雌二醇等）。

（4）脂肪酸衍生物激素：主要是前列腺素等。

2. 按激素的受体性质可分为两类

（1）胞内受体激素：甲状腺素、类固醇激素的受体在细胞液或细胞核中，这类激素通过细胞膜进入靶细胞与受体结合。

（2）胞膜受体激素：肽类及蛋白质激素、氨基酸衍生物激素（除甲状腺素外），难以直接通过细胞膜的脂质双分子层进入细胞内，而是与靶细胞表面的受体结合来引发应答，故称为胞膜受体激素。

二、激素的作用机制与调节

激素分子周游全身，与各种细胞接触，但只能识别它们的靶细胞。这是因为只有靶细胞带有能和激素分子结合的受体。受体可将激素作用的信号转化成为启动细胞内一系列化学反应的信号，最终表现出激素的生物学效应。激素与受体的结合特点为高度特异性和高度亲和性。

（一）激素的作用机制

根据受体在细胞的定位不同，可将激素的作用机制分为两种（图 18-1）。

1. 通过细胞膜受体起作用 肽和蛋白类、氨基酸衍生物类激素。

2. 通过细胞内受体起作用 主要为类固醇类激素、甲状腺激素等。

（二）激素分泌的调节

体内各种激素的分泌量是直接或间接受神经系统调节的，以反馈式调节为主要方式，即下丘脑-垂体-内分泌腺/内分泌细胞-激素调节系统，该系统任一环节异常，均可导致激素水平紊乱，产生相应的内分泌疾病（图 18-2）。

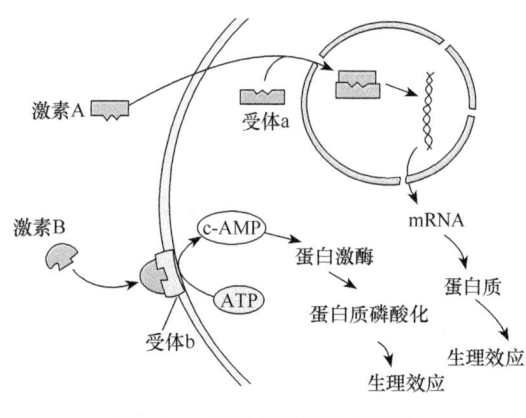

图 18-1 两种激素的作用机制

三、内分泌疾病的诊断

（一）内分泌疾病的概念

内分泌腺或内分泌组织本身的分泌功能和（或）结构异常时发生的症候群。还包括激素来源异常、激素受体异常和由于激素或物质代谢失常引起的生理紊乱所发生的症候群。

（二）内分泌疾病的诊断

内分泌疾病的诊断包括下列三个方面。

1. 功能诊断 确定患者是否存在某一内分泌功能紊乱。主要涉及两个方面：一方面是对内分泌疾病有重要参考价值的典型症状与体征；另一方面是实验室检查如激素分泌情况和动态功能的检查。

2. 病理诊断（定位及定性） 若存在紊乱，则进一步确定病变部位和性质。

3. 病因诊断 查找引起疾病的原发病因。

最后根据患者的症状、体征和实验室检查结果进行综合分析，作出正确的诊断。

四、激素的测定方法及评价

（一）激素测定的临床生化诊断方法

1. 间接检测 激素调节的生理、生化过程的检测，如甲状腺功能紊乱时检测基础代谢率，甲状旁腺功能紊乱时测定血钙。

2. 直接检测 直接检测体液中激素的浓度，或代谢产物浓度，常用的实验方法有生物化学法如高效液相色谱及免疫学方法。

3. 动态功能试验 对调节系统的某一环节施用刺激性或抑制性药物，分别测定用药前后相应的靶激素水平的动态变化，对确定导致内分泌紊乱的病变部位（环节）很有价值。

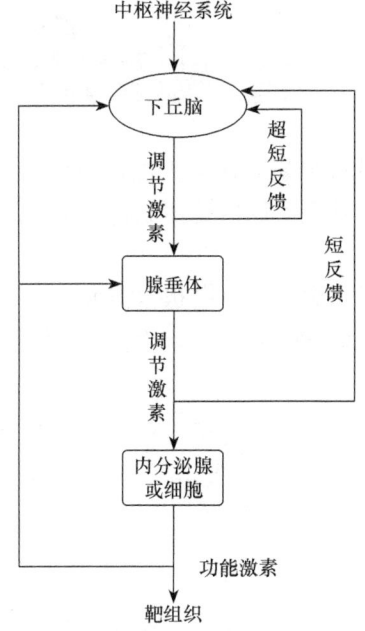

图 18-2　下丘脑 - 垂体 - 内分泌腺调节轴

（二）激素的测定方法的评价

1. 方法学评价 体液中激素浓度极低，而且还含有许多与激素性质类似的成分，难以分离和鉴别，故不能采用常规的物理化学检测方法。

用于激素测定的方法：①生物测定法：为激素测定的经典方法。灵敏度较高，能真实反映激素的生物活性；但样本量大，耗时长，使临床应用受到限制。②放射免疫分析（radio immunoassay，RIA）：有较高的灵敏度与特异性，是临床常用的方法。但该法测定的是激素的免疫活性，与其生物活性可能存在一定的差异。③酶联免疫吸附试验（ELISA）法和荧光免疫法（fluorescent immunoassay，FIA）：特异性强，灵敏度高，又无放射性核素污染，现已广泛用于临床。

由于激素检测方法的不统一和不规范，不同的实验系统测定的结果差异较大。因此，一旦选定实验系统后，不要轻易改变，应建立该系统测定的参考范围和临界范围。

2. 临床应用评价 任何一项实验的灵敏度和特异性不可能为100%，其检测的指标均会有一定的假性结果。激素测定实验系统的选择原则如下。

（1）充分了解所检测项目的临床意义与局限性。

（2）随机的激素测定不一定有意义，连续动态观察比一次测定结果可靠性更高。

（3）多项指标的联合试验可提高实验诊断的灵敏度和特异性，其检出的阳性率远高于单项试验，但假阳性率也会增加，应慎重选择检测项目的配伍。

（4）当临床需要进行确定诊断时，希望尽可能减少假阳性，应选择一个特异性高的试验，检查的阳性结果对确定诊断有益；而当临床需要排除诊断时，希望尽可能减少假阴性，应选择一个灵敏度高的实验检查，检查的阴性结果对否定诊断有益。

（5）应紧密结合临床信息，对实验检测结果进行分析和判断，避免仅凭检查结果作出诊断。

第 2 节 甲状腺功能测定

甲状腺是人体最大的内分泌腺，重 20～25g。甲状腺功能紊乱是目前最常见的内分泌疾病，其根本原因是甲状腺激素代谢紊乱，以甲状腺功能亢进最为多见，其次为甲状腺功能减退。

甲状腺激素由甲状腺滤泡分泌，包括甲状腺素（thyroxine，T_4）和三碘甲状腺原氨酸（3，5，3'-triiodothyronine，T_3），它们都是酪氨酸的含碘衍生物。

$$\text{HO}-\underset{\underset{I}{5'}}{\overset{\overset{I}{3'}}{\bigcirc}}-O-\underset{\underset{I}{5}}{\overset{3}{\bigcirc}}-CH_2-\overset{NH_2}{\underset{}{CH}}-COOH \quad 3,5,3'-\text{三碘甲腺原氨酸}(T_3)$$

$$\text{HO}-\underset{\underset{I}{5'}}{\overset{\overset{I}{3'}}{\bigcirc}}-O-\underset{\underset{I}{5}}{\overset{\overset{I}{3}}{\bigcirc}}-CH_2-\overset{NH_2}{\underset{}{CH}}-COOH \quad \text{甲状腺素}(T_4)$$

一、甲状腺激素的代谢与分泌调节

（一）甲状腺激素的代谢与分泌

1. 分泌　在垂体分泌的促甲状腺激素的刺激下，经过一系列变化，T_3、T_4 被甲状腺上皮细胞分泌、释放入血液。同时释放的一碘酪氨酸（MIT）和二碘酪氨酸（DIT）脱碘，脱出的碘可以再作用于甲状腺激素的合成。

2. 运输　血液中的甲状腺激素 98% 为 T_4，T_3 仅为 2%，但 T_3 的生理活性比 T_4 大很多，正常甲状腺激素总活性的 2/3 是由 T_3 体现的。T_3 的主要来源是周围组织中 T_4 脱碘后生成。

血液中大于 99% 的 T_3、T_4 和血浆蛋白结合，其中，主要和甲状腺素结合球蛋白（thyroxin binding globulin，TBG）结合，此外还有少量和前清蛋白、清蛋白结合。只有约占血浆中总量 0.4% 的 T_3 和 0.04% T_4 为游离的，而只有游离的 T_3、T_4 才能进入靶细胞发挥作用，和蛋白结合的部分则对游离的 T_3、T_4 起调节、稳定的作用。

3. 降解　甲状腺激素的分解代谢主要为脱碘、脱氨基和羧基、结合等反应。其中以脱碘反应为主，该反应受肝、肾及其他组织中特异的脱碘酶催化。T_4 在 5' 脱碘生成 T_3，T_3 再脱碘则失去生物活性。如 T_4 在 5 位上脱碘，则生成反 T_3（reverse triiodothyronine，rT_3）。rT_3 基本没有甲状腺激素的生理活性，但在甲状腺疾病和许多非甲状腺疾病时有临床意义的变化。

（二）甲状腺激素分泌的调节

甲状腺激素的合成与分泌主要受下丘脑 - 垂体 - 甲状腺轴的调节，同时也受血浆 TBG 的影响。

1. 下丘脑 – 垂体 – 甲状腺轴之间的调节　甲状腺激素的分泌之间受腺垂体分泌的促

甲状腺激素（thyroid-stimulating hormone, TSH）的调节。TSH 作用于甲状腺细胞膜的受体，激活腺苷酸活化酶，使甲状腺激素分泌增加，并通过促进细胞摄碘及甲状腺球蛋白的碘化，增加甲状腺激素的合成。TSH 的分泌受到下丘脑分泌的促甲状腺激素释放激素（thyrotropin releasing hormone, TRH）的控制。甲状腺激素的负反馈作用也可通过抑制 TRH 的分泌而减少 TSH 的分泌，进而控制甲状腺激素的分泌。

2. 血浆 TBG 的影响　血浆 TBG 正常而 T_3、T_4 的分泌改变，可导致游离 T_3、T_4 的增减，而引起疾病。但血浆 TBG 浓度的改变，也可导致甲状腺激素结合形式的动态平衡的变化，从而导致甲状腺激素分泌功能的改变。

（三）甲状腺激素的功能

1. 促进能量代谢与物质代谢　甲状腺激素能提高大多数组织的耗氧量，促进能量代谢，增加产热和提高基础代谢率。对糖代谢既可促进糖的吸收和肝糖原分解，又可促进组织细胞对糖的有氧代谢。在调节脂质代谢上，促进胆固醇转化为胆汁酸（作用较强），促进肝脏合成胆固醇，促进脂肪动员。生理浓度的甲状腺激素可通过诱导 mRNA 合成，增强蛋白质的同化作用，呈正氮平衡；而过高的甲状腺激素反致负氮平衡，特别是肌蛋白分解尤为显著。

2. 促进骨骼、神经系统发育并维持其正常功能　甲状腺激素可与生长激素产生协同作用，增强未成年者的长骨骨骺增殖造骨，以及蛋白质同化作用，促进机体生长发育。另一方面，甲状腺激素可刺激神经元树突和轴突发育、神经胶质细胞增殖、髓鞘的形成，影响神经系统的发育。甲状腺激素对长骨和神经系统生长发育的影响，在胎儿期和新生儿期最为重要。对成人则可维持中枢神经系统的正常兴奋性。

甲状腺激素的作用具有广泛而持久的特点。

二、甲状腺功能紊乱

甲状腺疾病包括甲状腺功能正常的甲状腺肿、甲状腺功能亢进症、甲状腺功能减退症、自身免疫性甲状腺炎及甲状腺肿瘤、正常甲状腺功能病态综合征等。

（一）甲状腺功能亢进症

甲状腺功能亢进症简称甲亢，是指各种因素所致甲状腺激素分泌过多引起的临床综合征。病因复杂多样，其中，最常见的是毒性弥漫性甲状腺肿伴甲亢（Graves 病），约占 75%，现已确定为自身免疫性疾病的一种；其次为腺瘤样甲状腺肿伴甲亢（近 15%）；亚急性或慢性淋巴细胞性甲状腺炎早期（近 10%）；而垂体瘤、甲状腺癌性甲亢、异源性促甲状腺激素综合征较少见。

（二）甲状腺功能减退症

甲状腺功能减退症简称甲减，是由多种原因引起的甲状腺激素合成、分泌不足或致生物学效应异常低下的一组内分泌疾病。其中最常见的是慢性或亚急性甲状腺炎中后期、甲状腺切除、抗甲亢药或放射性碘治疗过量、缺碘或高碘等原因，直接影响甲状腺合成和分泌 T_3 和 T_4 所致的原发性甲减；其次为肿瘤、手术、放疗等损伤下丘脑或垂体，TRH 和（或）TSH 释放不足所致的继发性甲减；抗甲状腺激素抗体及遗传性甲状腺激素受体缺陷所致的甲减较罕见。

由于甲状腺激素对骨骼和神经系统生长发育有影响，因此，甲减的起病年龄不同表现亦不同。起病于胎儿或新生儿者称呆小病或克汀病（cretinism），起病于儿童者称幼年型甲减，起病于成年者称成年型甲减。成年型甲减的主要表现为甲状腺激素对营养物质和能量代谢的调节、维持神经系统及心血管系统功能等作用减弱的各种症状。

三、甲状腺激素的测定

血清甲状腺激素测定大多采用标记免疫的方法直接测定血清中的激素浓度。包括放射免疫法（RIA）、酶联免疫分析（ELISA）和化学发光免疫法（CLIA）。

（一）测定方法简介

1. 化学分析法 血清蛋白结合碘测定法属于化学分析法。此法的原理是由于血清有机碘化物中，T_4 占 80%～90%。血清蛋白结合碘值与血清总 T_4 水平近似，可反映血清 T_4 的浓度。所测得的结果是与血浆蛋白结合的甲状腺激素碘和非激素碘的总和，特异性不高，且试验结果可受碘剂及汞剂等的影响，实验室空气中碘污染亦可干扰测定结果。已逐渐为其他方法替代。

2. 放射分析法 竞争性蛋白结合分析法（competitive protein-binding analysis,CPBA）属于放射分析法。该法利用放射标记（如 ^{125}I）的 T_4、样本中未标记的 T_4 与 TBG 竞争结合：

$$T_4 \text{ 或 } ^{125}I-T_4 + TBG \rightarrow T_4-TBG \text{ 或 } ^{125}I-T_4-TBG$$

剩余未结合的游离 T_4 或 $^{125}I\text{-}T_4$ 可被阴离子交换树脂吸附而与 TBG 结合的 T_4 或 $^{125}I\text{-}T_4$ 分离，存在于液相中。测定液相的放射性，根据校准曲线可推算样本中 T_4 的含量。样本中 T_4 越多，$^{125}I\text{-}T_4$ 与 TBG 结合愈少，液相的放射性愈低。本法操作步骤较烦琐，受多种因素影响，已被淘汰。

3. RIA 灵敏度较 CPBA 法高，经改进后具有简便、微量、稳定的优点，为目前临床实验室常用的方法。该法是利用放射性核素标记的 T_4（T_3）与样本中未标记的 T_4（T_3）对相应抗体结合的竞争作用，通过测定已标记 T_4（T_3）- 抗体复合物的放射性，算出样本中未标记 T_4（T_3）的含量。

4. ELISA 是在 RIA 的基础上，以酶及荧光作为标记手段的免疫分析法。酶的标记物稳定性好，方法简便，易于实现自动化，而且无放射性损伤。

5. 电化学发光免疫分析法（electro-chemiluminescence immunoassay,ECLIA） 为采用化学发光物质作为标记物的发光免疫分析法的一种类型，是继放射免疫、酶免疫、荧光免疫、化学发光免疫分析法之后的新一代标记免疫测定技术。它包括了电化学和化学发光两个过程。整个测定过程全自动控制，反应时间短，15～30 分钟即可出结果。该法灵敏度高，检测下限可达 1 pmol/L。得到国内多家医院临床实验室的认可和使用。

（二）血清总甲状腺素（TT_4）和总三碘甲状腺原氨酸（TT_3）测定

血清 TT_3、TT_4 测定 血清中 T_4 99% 以上与血浆蛋白结合，以与甲状腺结合球蛋白（TBG）结合为主，所以 TBG 的含量可以影响 TT_4。如当妊娠、应用雌激素或避孕药、急性肝炎、6 周内新生儿等血清 TBG 增高时，TT_4 也增高，而当应用雄激素、糖皮质激素，水杨酸、苯妥英钠等药物以及肝硬化、肾病综合征等低蛋白血症使血清 TBG 降低时，TT_4 也降低。

【参考范围】

参考范围见表 18-2。

表 18-2　不同年龄血清 TT_4、TT_3 参考范围　　　　（单位：$nmol·L^{-1}$）

	1–5	6–10	11–60	>60岁（男）	>60岁（女）
TT_4	95~195	83~173	65~156	65~130	73~136
TT_3	1.5~4.0	1.4~3.7	1.8~2.9	1.6~2.7	1.7~3.2

【临床意义】

TT_4 增高见于甲亢和 TBG 增多，TT_4 降低见于甲低、TBG 减少。甲亢时，TT_3 水平升高往往出现在临床典型症状及 TT_4 升高之前，是诊断甲亢早期及甲亢复发的灵敏指标，尤其是诊断 T_3 型甲亢的特异性指标。监测血清 TT_4、TT_3 对评价甲亢的治疗效果亦有重要意义。

（三）血清游离甲状腺素（FT_4）和三碘甲状腺原氨酸（FT_3）测定

血清 FT_4、FT_3 测定：正常情况下，血浆甲状腺激素结合型和游离型之间存在着动态平衡，但只有游离型才具有生理活性，所以 FT_4、FT_3 的水平更能真实反映甲状腺的功能，尤其是 TBG 受到影响，其浓度变化较大时更为重要。免疫法直接测定血清 FT_4、FT_3 是主要方法，但首先要用沉淀剂将血清中所有蛋白（包括 TBG）沉淀除去，再测定上清液中的 FT_4、FT_3 含量。

【参考范围】ECLIA 法：FT_4 为 10~20pmol/L。

FT_3 为 3.55~10.1pmol/L。

【临床意义】

甲亢早期，TT_4、TT_3 尚正常时，FT_4、FT_3 即可升高。所以，FT_4、FT_3 是诊断甲亢的灵敏指标。在格雷夫斯病早期或复发期，血清 FT_3 升高早于 FT_4，对于诊断甲亢 FT_3 的应用价值更优；而检测血清 FT_4，对甲低的诊断价值优于 FT_3。

常见甲状腺功能紊乱的主要生化检查结果见表 18-3，供参考。

表 18-3　常见甲状腺功能紊乱的主要生化检查结果

检查项目	甲状腺功能亢进				甲状腺功能低下		
	Grves 病	甲状腺腺样瘤	垂体腺瘤	异源性 TSH	甲状腺性	垂体性	下丘脑性
血清甲状腺素	升高	升高	升高	升高	降低	降低	降低
血清 TSH	降低	降低	升高	升高	升高	降低	降低
TRH 兴奋试验	阴性	阴性	阳性	阴性	强阳性	阴性	延迟反应

第 3 节　肾上腺功能测定

一、肾上腺皮质激素的代谢与分泌调节

肾上腺皮质由球状带、束状带和网状带构成，分别合成盐皮质激素（以醛固酮 aldosterone, Ald 为主）、糖皮质激素（以皮质醇 cortisol 为主）和性激素（包括雄激素 androgents 和雌激素 estrogens）。这三类激素都是胆固醇的衍生物，故称为类固醇激素。

（一）肾上腺皮质激素的代谢

1. 皮质激素的合成　胆固醇是合成皮质激素的基本原料，合成过程大体可分为以下几

个步骤。

27C 的胆固醇经羟化裂解作用，在 C_{20} 处脱去侧链的 6C 片段而形成重要的中间产物孕烯醇酮；孕烯醇酮经不同位置羟化、脱氢等复杂过程，分别转变成皮质醇、醛固酮、睾酮（testosterone,T）和雌二醇（estradiol,E_2）等主要类固醇激素（图 18-3）。

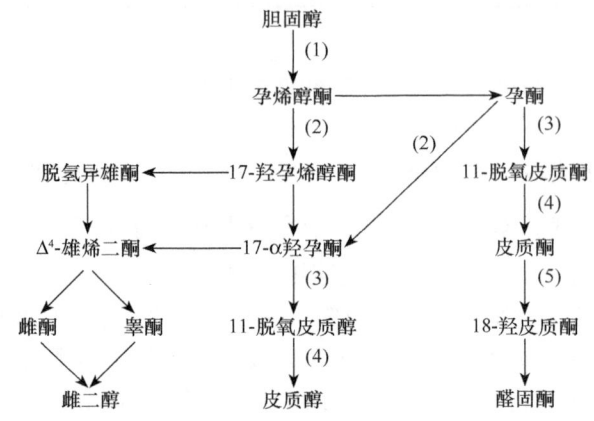

图 18-3　皮质类固醇激素的合成

（1）C_{20}～C_{22} 裂解酶系；（2）17-α 羟化酶；（3）21- 羟化酶；（4）11-β 羟化酶；
（5）18- 羟化酶

2. 肾上腺皮质激素的运输、失活与代谢　肾上腺皮质激素（主要是糖皮质激素）释放入血后主要与血浆中的皮质类固醇结合球蛋白（corticosteroid-binding globulin,CBG）可逆结合。CBG 为一种 $α_2$- 球蛋白，在肝脏合成，对皮质醇有高度亲和力。只有游离的皮质激素可进入靶细胞发挥生理作用。

糖皮质激素主要在肝细胞代谢。主要反应方式为 C-3 酮基及甾核环中双键被加氢还原，生成多种氢化代谢物，以四氢皮质醇为主，亦有少量二氢和六氢代谢物。另一重要途径是皮质醇的 C11 位脱氢生成无活性的可的松（cortisone，又称皮质素），该反应为可逆的，在调节皮质醇血浓度上有重要作用。以上代谢物及少量原形糖皮质激素与葡萄糖醛酸或硫酸根结合后，主要从尿中排泄，少量随胆汁从粪中排出，皮质醇血浆半衰期 70～90 分钟。

（二）肾上腺皮质激素的分泌调节

肾上腺皮质激素（主要是糖皮质激素）的合成和分泌主要受下丘脑 - 垂体 - 内分泌腺调节轴的控制。垂体分泌释放的促肾上腺皮质激素（adrenocorticotropic hormone，ACTH）可通过作用于肾上腺皮质束状带、网状带细胞膜上的 ACTH 受体，促进糖皮质激素，性激素合成与分泌。ACTH 持续增高可早期一过性地引起盐皮质激素分泌增加，但无持久影响。

血中游离的糖皮质激素对 CRH 和 ACTH 分泌释放进行负反馈调节，应激和其他伤害性刺激可通过调节轴促进糖皮质激素的分泌。ACTH 和糖皮质激素的分泌存在着分明的昼夜规律，生理情况下，峰值见于晨 6～8 时，低谷在午夜 22～24 时。

（三）肾上腺皮质激素的功能

1. 糖皮质激素　作用广泛，对物质代谢及多个组织器官功能均有重要影响。糖皮质激素促进肝脏的糖异生，抑制外周组织对葡萄糖的利用，升高血糖；促进肝外组织尤其是肌肉组织蛋白质与脂肪的分解，抑制其合成。糖皮质激素还能抗炎症、抗过敏，增强机体对有害刺激的耐受力。

2. 盐皮质激素 醛固酮的作用最强，主要促进肾脏保钠、保水、排钾，调节水、盐代谢。

二、肾上腺皮质功能紊乱

（一）皮质醇增多症

又称库欣病（Cushing disease），是糖皮质激素分泌过多而产生的症候群的统称。病因可分为 ACTH 过多或肾上腺增生性病变，临床大量使用糖皮质激素类药物可致医源性的皮质醇增多症。

库欣病，表现为代谢障碍，抵抗力下降及其他表现，如向心性肥胖，负氮平衡，糖耐量降低，肌萎缩，水肿，性功能紊乱，易发生真菌和细菌感染并可发展成菌血症、败血症。一些病人可出现烦躁、情绪不稳定等精神症状。

（二）肾上腺皮质功能减退症（adrenal cortical insufficiency）

是指慢性肾上腺皮质分泌糖皮质激素不足产生的综合征，原发性者称为艾迪生病（Addison disease），各种因素引起的肾上腺损伤如结核、手术、肿瘤等可致病。临床可见心血管系统、消化系统、神经系统、生殖系统等功能低下。由于血中糖皮质激素水平降低而负反馈引起垂体 ACTH 分泌增多。

三、肾上腺皮质功能检测

肾上腺皮质疾病的临床表现和体征一般是非特异性且不典型，需要依赖有关激素及其代谢产物的测定和各种动态试验才能作出正确的诊断。

（一）血、尿中糖皮质激素及其代谢产物测定

血液中的皮质醇浓度直接反映肾上腺糖皮质激素分泌情况，尿中皮质醇是血中的游离型经过肾小球滤过而来，反映血中有生物活性的糖皮质激素水平。皮质醇测定方法有 CLIA 法、ECLIA 法、HPLC 法和放射免疫法（RIA）等。

【参考范围】
血清皮质醇：138～635nmol/L（8～10AM）
　　　　　　83～359nmol/L（5PM）(RIA 法）
尿皮质醇（成人）：55～276nmol/24 小时（RIA 法）

【临床意义】
血中皮质醇增多增高主要见于肾上腺皮质功能亢进、肾上腺肿瘤、应激、妊娠、口服避孕药、长期服用糖皮质激素药物等；降低主要见于肾上腺功能减退、垂体功能减退。

（二）类固醇激素及其代谢产物测定

1. 尿 17- 羟皮质类固醇（17-hydroxycorticosteroids，17-OHCS）测定 尿 17-OHCS 是 C-17 上有羟基的所有类固醇总称，包括内源性及外源性两部分。内源性 17-OHCS 主要为肾上腺皮质分泌的糖皮质激素及其氢化代谢物，外源性 17-0HCS 主要来自食物。多采用分光光度法测定尿 17-OHCS，条件简单，但特异性差。

【参考范围】儿童：2.8～15.5μmol/24 小时尿
　　　　　　成年男性：8.33～27.6μmol/24 小时尿
　　　　　　成年女性：5.5～22.1μmol/24 小时尿

【临床意义】

17-OHCS 主要反映肾上腺皮质分泌功能。当肾上腺皮质功能亢进，如库欣病（Cushing disease）、肾上腺皮质瘤时，17-OHCS 增高；甲亢、应激、肥胖病、胰腺炎等亦可见升高。17-OHCS 含量减少见于肾上腺皮质功能减退、腺垂体功能低下、肾上腺切除术后及甲减等。

2. 17-酮类固醇（17-ketosteroids，17-KS）测定 17-酮类固醇则是 C-17 为酮基的所有类固醇统称，尿中 17-KS 同样由内源性及来自食物的外源性两部分组成，内源性 17-KS 主要为雄酮、脱氢表雄酮及其代谢产物，仅少量来自皮质醇脱氢氧化代谢物。多采用分光光度法测定尿 17-KS。

【参考范围】男性：28.5~47.2μmol/24 小时尿
女性：20.8~34.7μmol/24 小时尿

【临床意义】

尿 17-KS 测定主要反映睾丸功能和肾上腺皮质分泌功能。尿 17-KS 增多见于肾上腺皮质功能亢进、腺垂体功能亢进、睾丸间质细胞瘤、甲亢以及应用 ACTH、雄性激素和皮质激素之后。尿 17-KS 减少见于肾上腺皮质功能减退、腺垂体功能减退、睾丸功能减退以及甲减等。

（三）下丘脑-垂体-肾上腺皮质轴功能检测

下丘脑-垂体-肾上腺皮质轴功能检测及必要的动态功能试验有助于肾上腺皮质功能紊乱病变部位的确定及病变性质的判定。

1. 血浆 ACTH 测定 ACTH 是腺垂体分泌的微量多肽激素。正常 ACTH 分泌存在着皮质醇相同的昼夜节律，在肾上腺皮质功能紊乱时，ACTH 的分泌节律大多消失。

【参考区间】

早上 8 点 <26pmol/L，午夜 10 点 <2.2pmol/L（RIA 法）

【临床意义】

先天性肾上腺皮质增多症、下丘脑垂体性皮质醇增多症时，午夜 ACTH 明显增多，昼夜节律消失；在继发性肾上腺皮质功能减退症、原发性皮质醇增多症的患者，早上 8 点血浆 ACTH 明显降低，昼夜节律也消失。ACTH 兴奋试验：ACTH 可刺激肾上腺皮质合成、释放皮质醇。试验时，用 0.25mg 合成的 ACTH 肌内或静脉注射，分别在注射前和注射后 0.5 小时、1 小时采血，测定并观察血浆皮质醇的浓度变化。正常人注射 ACTH 后，峰值在 0.5 小时出现，血皮质醇较注射前的基础值至少增加 157nmol/L（7μg/dl）以上。Addison 病时，皮质醇基础值低，对 ACTH 刺激无反应；继发性肾上腺皮质功能低下者，基础多无反应；下丘脑垂体性皮质醇增多症则出现强阳性反应。

2. 地塞米松（dexamethasone，DMT）抑制试验 地塞米松是人工合成的强效糖皮质激素类药物，对下丘脑-垂体-肾上腺皮质轴可产生强烈的皮质醇样的抑制作用，主要是抑制腺垂体释放 ACTH，进而抑制肾上腺皮质激素的合成和释放，用于判断病变部位。具体实施方案很多，现在多采用 48 小时小剂量地塞米松抑制试验。即先收集 24 小时尿 2 天，测定 17-OHCS 浓度，取两数之均值作为基础对照，第三日开始口服地塞米松 0.5mg/6 小时，连续 2 天，并分别收集这两天的 24 小时尿，分别测定尿 17-OHCS 含量。也可于服药前的清晨 8 时及服后 24 小时、48 小时取血测定血浆皮质醇浓度。

四、肾上腺髓质功能检测

肾上腺髓质从组织发育上可看作是节后神经元转化为内分泌细胞（嗜铬细胞）的交感神经节，肾上腺髓质主要合成和分泌肾上腺素（epinephrine，E）、去甲肾上腺素（norepinephrine，NE）、多巴胺（dopamine，DA），三者在化学结构上均含有儿茶酚胺类，故统称为儿茶酚胺。肾上腺所释放的肾上腺素约为去甲肾上腺素的4倍，仅分泌微量的多巴胺。血液及尿中的肾上腺素几乎全部为肾上腺髓质所分泌，去甲肾上腺素、多巴胺还可来自其他组织的嗜铬细胞。

（一）儿茶酚胺的代谢与分泌调节

1. 儿茶酚胺的合成　儿茶酚胺类激素均以酪氨酸为原料，经一系列酶促反应生成。由于不同组织、细胞中酶种类及活性的差异，分别合成 NE、E 和 DA（图 18-4）。

酪氨酸 —酪氨酸羟化酶→ 多巴 —脱酸→ DA —羟化→ NE —甲基化→ E

图 18-4　儿茶酚胺类激素合成

肾上腺髓质主要合成肾上腺素以及去甲肾上腺素，两者占儿茶酚胺总量的 10%～30%。

2. 儿茶酚胺的分泌和降解　各种应激都可刺激儿茶酚胺的分泌。低血糖及大多数应激下，肾上腺髓质肾上腺素分泌率增加大于去甲肾上腺素的增加，而缺氧和窒息时，肾上腺髓质去甲肾上腺素的释放多于肾上腺素。肾上腺髓质内节前纤维神经末梢释放的乙酰胆碱对肾上腺髓质儿茶酚胺的分泌也有调节作用。

肝脏是降解儿茶酚胺的主要场所。在酶催化下，去甲肾上腺素和肾上腺素的最终产物是 3-甲氧-4 羟苦杏仁酸（香草扁桃酸，vanillymandelic acid，VMA）；多巴胺的最终产物是 3-甲氧-4 羟基乙酸（高香草酸，homovanillic acid，HVA）。VMA 和 HVA 大多与葡糖醛酸或硫酸根结合后，经肾脏随尿排出（图 18-5）。

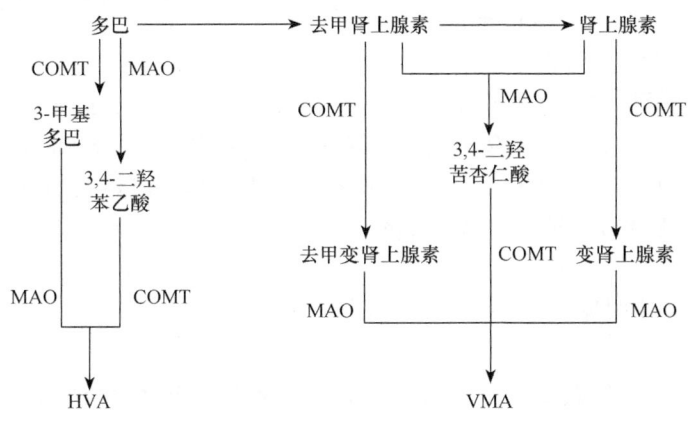

图 18-5　儿茶酚胺类激素的代谢

3. 儿茶酚胺的功能　儿茶酚胺既是肾上腺髓质分泌的激素，又是肾上腺素能神经元释放的神经递质，所以儿茶酚胺的生理功能广泛而复杂。正常情况下，儿茶酚胺以一定量分泌并迅速被组织利用，必要时释放入血。肾上腺素和去甲肾上腺素都可以直接作用于心脏，使心脏收缩力增强，心跳加快，心排出量增加；去甲肾上腺素对血管的收缩作用较为广泛；多巴胺在增加内脏和肾血流量同时，使血压下降。

肾上腺素对代谢的影响比去甲肾上腺素明显。它可促进肝糖原的分解及糖异生作用，使血糖增加，加速脂肪动员。加强能量的利用和产热，使机体处于能量的动员状态。

（二）肾上腺髓质功能紊乱

儿茶酚胺的代谢异常主要为嗜铬细胞瘤。嗜铬细胞瘤有85%～90%发生于肾上腺髓质，只有约15%在肾上腺髓质外。一般为良性肿瘤。

儿茶酚胺代谢异常的表现变化多端，临床以高代谢综合征和阵发性高血压伴心悸、多汗、头痛三联症为主要特征。早期可治愈，重者可导致心、脑损伤，甚至危及生命。

（三）肾上腺髓质功能检测

1. 肾上腺素（E）和去甲肾上腺素（NE）测定 HPLC-电化学检测法采用高灵敏度的HPLC-电化学检测法直接分离血浆的肾上腺素和去甲肾上腺素。

【参考区间】

肾上腺素：109～437pmol/L

去甲肾上腺素：0.615～3.24nmol/L

【临床意义】

嗜铬细胞瘤时，两者明显升高。如肾上腺素升高较去甲肾上腺素显著，则提示可能为肾上腺髓质嗜铬细胞瘤。原发性高血压、甲减、交感神经母细胞瘤等也可升高。降低见于甲亢、Addison病等。

2. 尿儿茶酚胺测定 利用HPLC法可测定尿中游离型儿茶酚胺。将尿液去蛋白并经阳离子交换树脂处理后，在pH6.5条件下，游离型儿茶酚胺可选择性吸附于层析柱上，改变洗脱条件，可将其洗脱下来。经电化学检测器测定，与标准物（二羟苯胺）对比后，可根据各洗脱峰的保留时间和峰高，对儿茶酚胺进行定性、定量分析。

【参考区间】

肾上腺素：2.7～108.7nmol/24小时尿

去甲肾上腺素：82.4～470.6nmol/24小时尿

多巴胺：420～2600nmol/24小时尿

3. 尿香草扁桃酸（VMA）测定 常用的方法是Pisano法，原理是将尿液酸化，用乙酸乙酯抽提以VMA为主的酚类化合物，加K_2CO_3分离出乙酸乙酯抽提液中VMA，再加入$NaIO_4$使VMA氧化成香草醛，再用甲苯选择抽提香草醛，测定其360nm处的吸光度值，与同样处理的标准液比较，求出VMA含量。

【参考范围】

10～35μmol/24小时尿

【临床意义】

帮助了解体内儿茶酚胺水平。增高见于嗜铬细胞瘤、交感神经母细胞瘤、原发性高血压；降低见于慢性肾上腺皮质功能减退。

案例18-1问题精要

1. 初步诊断为高血压、肺水肿。

2. 血浆肾素活性和醛固酮测定，进一步排除原发性醛固酮增多症；做血促肾上腺皮质激素和血、尿皮质醇激素水平测定，进一步排除库欣综合征。

3. 血脂全套和血浆葡萄糖等以明确是否合并高脂血症、糖尿病等。

第18章 内分泌功能检验

目标检测

A1 型题

1. 调节机体生理功能的两大信息传递系统是（　　）
   A. 第一信号系统和第二信号系统
   B. 第一信使和第二信使
   C. cAMP 和 cGMP
   D. 中枢神经系统和周围神经系统
   E. 神经系统和内分泌系统

2. 下列哪种激素属于含氮类激素（　　）
   A. 糖皮质激素　　B. 催产素
   C. 雌二醇　　　　D. 盐皮质激素
   E. 孕酮

3. 调节胰岛素分泌的最重要因素是（　　）
   A. 血中氨基酸水平　B. 血脂水平
   C. 血钙水平　　　　D. 血糖水平
   E. 血钾水平

4. 影响神经系统发育的最重要激素是（　　）
   A. 胰岛素　　　　B. 生长素
   C. 糖皮质激素　　D. 肾上腺素
   E. 甲状腺激素

5. 下面哪种甲状腺激素水平升高对甲亢的诊断最有价值（　　）
   A. TT_3　　　　B. TT_4
   C. FT_3　　　　D. FT_4
   E. rT_3

6. 食物中缺碘会引起（　　）
   A. Graves 病　　　B. 桥本甲状腺炎
   C. 地方性甲状腺肿　D. 急性甲状腺炎
   E. 甲状腺癌

7. 关于 ACTH 分泌方面的知识，下列说法不正确的是（　　）
   A. 受下丘脑促肾上腺激素释放激素的调节
   B. 受血中糖皮质激素的负反馈调节
   C. 受醛固酮的反馈调节
   D. 觉醒期间分泌较多
   E. 睡眠期间分泌较少

8. 决定腺垂体 TSH 分泌水平的主要因素是（　　）
   A. TRH　　　　　　B. 生长抑素
   C. T_3　　　　　D. T_3 与 T_4
   E. 生长素

9. 哪项不是促甲状腺素的生理作用（　　）
   A. 加速碘的转运
   B. 促进碘的活化
   C. 促进 T_3、T_4 的合成与分泌
   D. 刺激甲状腺细胞增生
   E. 促进甲状腺 C 细胞增生

10. 患者就诊时主诉近年来怕冷，乏力，很少出汗，嗜睡，动作缓慢，思维迟钝，记忆力差，头发脱落明显，手和下肢经常水肿，实验室检查结果见血清 FT_3、FT_4 降低，血清 TSH 升高，TRH 兴奋试验强阳性，该患者患何种疾病的可能性最大（　　）
    A. 垂体性甲状腺功能低下
    B. 亚急性甲状腺炎
    C. 甲状腺性甲状腺功能低下
    D. 甲状腺癌
    E. 下丘脑性甲状腺功能低下

11. ACTH 是下列哪种激素合成与分泌调节中最主要的生理因素（　　）
    A. 盐皮质激素　　B. 糖皮质激素
    C. 醛固酮　　　　D. 性激素
    E. 甲状腺激素

12. 糖皮质激素对代谢的作用是（　　）
    A. 促进葡萄糖的利用，促进蛋白质的合成，降低血糖
    B. 促进葡萄糖的利用，促进蛋白质的分解，降低血糖
    C. 促进葡萄糖的利用，抑制蛋白质的分解，降低血糖
    D. 抑制葡萄糖的利用，促进蛋白质的分解，升高血糖
    E. 抑制葡萄糖的利用，抑制蛋白质的分解，降低血糖

13. 不属于类固醇激素的是（　　）
    A. 糖皮质激素　　B. 睾酮
    C. 多巴胺　　　　D. 醛固酮
    E. 雌激素

14. 类固醇激素的前体是（　　）
    A. 胆固醇　　　　B. 蛋白质
    C. 葡萄糖　　　　D. 胺类
    E. 核酸

15. 下丘脑 - 垂体激素的分泌主要受垂体各种激素作用的靶腺（细胞）释放的激素的反馈调节（长反馈），主要作用于腺垂体的激素是（   ）
    A. 皮质醇			B. 甲状腺激素
    C. 雌二醇			D. 醛固酮
    E. 生长激素
16. 血中激素浓度很低，但生理作用却非常明显，这是因为（   ）
    A. 激素的半衰期很长
    B. 激素分泌持续的时间很长
    C. 激素的特异性很高
    D. 激素内存在高效能的生物放大系统
    E. 与血浆蛋白结合率低
17. 下列关于 TSH 的叙述不正确的是（   ）
    A. 由垂体前叶分泌
    B. 由 α 和 β 亚基组成
    C. TSH 测定采用血清标本，4℃稳定 5 天
    D. 刺激甲状腺的发育
    E. TSH 增高见于甲亢
18. 去甲状腺素来自（   ）
    A. 甲状腺			B. 肾上腺髓质
    C. 肾上腺皮质束状带	D. 肾上腺皮质网状带
    E. 肾上腺皮质球状带
19. 三碘甲状腺原氨酸来自（   ）
    A. 甲状腺			B. 肾上腺髓质
    C. 肾上腺皮质束状带	D. 肾上腺皮质网状带
    E. 肾上腺皮质球状带
20. 甲状腺合成和分泌的激素包括（   ）
    A. 甲状腺素
    B. 促甲状腺激素
    C. 促甲状腺激素释放激素
    D. 睾酮
    E. 雌激素
21. 垂体分泌的激素包括（   ）
    A. 甲状腺素
    B. 促甲状腺激素
    C. 促甲状腺激素释放激素
    D. 睾酮
    E. 雌激素

（蔡玉华）

第19章 治疗药物浓度监测

学习目标

掌握药物在体内代谢的基本过程,治疗药物浓度监测的意义,药物监测常用方法的优缺点及应用范围,需要进行治疗监测药物的种类。

熟悉影响血药浓度的因素,药代动力学的概念。

了解药物监测常用标本及处理要求。

能规范进行常用药物浓度测定,解释药物浓度-时间曲线的意义。

案例19-1

男18岁,45kg。3个月前出现癫痫大发作,每天服苯妥英钠0.3g。近1周来患者表现精神不振,懒言少语、纳差、头晕等症状,入院治疗。查苯妥英钠血药浓度50.08μg/ml(有效浓度范围10~20μg/ml),停药6天后查血药浓度降至36.05μg/ml,此时患者精神状态明显好转,出院后改服苯妥英钠每天0.2g。1个月后复诊,患者精神良好,无发作,查患者血药浓度为16.05μg/ml。

1. 叙述治疗药物监测的临床意义。
2. 治疗药物监测的常用范围。

第1节 概 述

治疗药物监测(therapeutic drug monitoring,TDM)是在临床药理学、药物代谢动力学和临床化学的基础上,结合现代分析检测技术所形成的一门应用性边缘学科。国外将TDM称为临床药物代谢动力学监测(clinical pharmacokinetic monitoring)。

TDM的主要任务是通过灵敏可靠的方法,检测病人血液或其他体液中的药物浓度,获取有关药代动力学参数,并应用药代动力学理论,指导个体化用药方案的制定和调整,以保证药物治疗的有效性和安全性。

如何制定有效而安全的个体化药物治疗方案,是长期以来一直困扰着临床医生的难题。当血药浓度低于治疗范围下限时,达不到有效的治疗目的;当超过治疗范围上限时,又可能出现毒性作用,特别是某些安全血药浓度上限与毒性水平接近的药物,因此,在TDM的指导下制定个体化的合理用药方案,是药物治疗学发展的必然趋势,同时,TDM工作的开展,使历来主要为诊断服务的临床化学实验室工作,开辟了积极参与临床药物治疗的新领域。

一、药物在体内的代谢过程

进入体内的药物（除血管直接给药）都要经过四个代谢过程，即吸收、分布、生物转化与排泄。该过程与血药浓度维持时间、作用快慢及强弱均有密切关系（图19-1）。

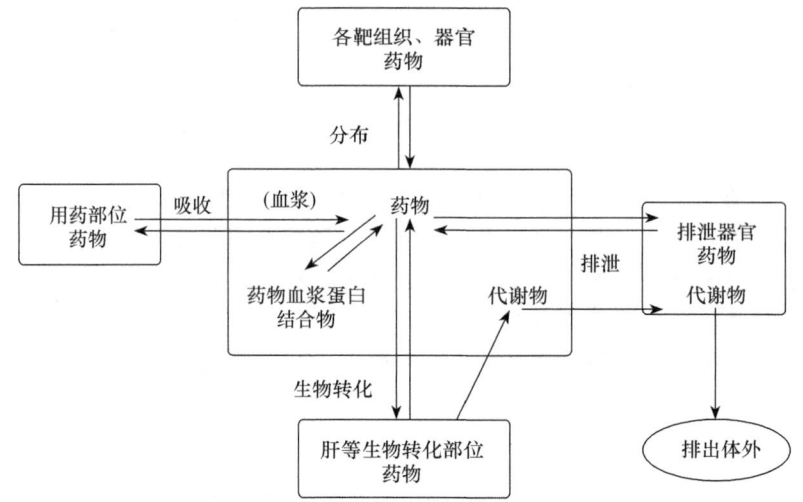

图 19-1 药物在体内的代谢过程

（一）吸收

吸收（absorption）是指药物从给药部位进入血液的过程。血管内给药不存在吸收。

1. 皮下或肌内注射给药 药物主要通过毛细血管内皮细胞间隙，以滤过方式迅速进入血液。其吸收速度主要受注射部位血管丰富程度和药物分子大小影响。

2. 口服给药 通过胃、肠道黏膜以被动扩散方式进行，主要吸收部位在小肠。影响口服药物吸收的因素主要有药物本身的脂溶性、分子大小等理化性质、药物制剂的崩解速度及溶解度、胃排空速度、肠蠕动等胃肠道功能状态以及胃肠血流动力学状况等。

某些药物口服后吸收过程中，在随肝门静脉血流经肝脏时，可有部分被肝细胞中的酶代谢失活，使进入体循环的药量减少，这一现象称"首过消除"（first pass elimination）效应。首过消除强的药物，相同口服剂量在不同个体的血药浓度可存在较大差异。

（二）分布

分布（distribution）是药物随血液循环输送至各器官、组织，并转运进入细胞内的过程。药物在体内的分布可以达到动态平衡，但大部分药物是不均匀（浓度相等）分布的。药物在体内的分布关系到药物的贮存和消除速度，关系到药物的疗效和毒性。影响药物分布的主要因素有以下几点。

1. 药物与血浆蛋白的结合率 绝大多数药物都可不同程度地和血浆蛋白迅速可逆的结合，并保持动态平衡。一般弱酸性药主要和白蛋白结合，弱碱性药和 α_1-酸性糖蛋白或脂蛋白结合。与血浆蛋白结合的药物分子量增大，既不能以滤过方式进行跨血管转运和排泄，也不能发挥作用。药物和血浆蛋白的可逆性结合，可以起到"缓释"作用，这是药物在体内的一种暂时贮存形式及调节方式。与蛋白质结合率高的药物代谢慢、作用时间长。这对于那些在血浆中溶解度非常低的药物尤为重要。但过于紧密的结合会严重降低甚至完全抑制药物的作用。因而，从药物动力学的角度而言，只有在游离药物分子的浓度一直高于其治疗浓度的前提下，药物与蛋白结合使药物在血液中的寿命延长才是有益的。

2. 药物的理化性质（分子大小、pKa、脂溶性） 分子小、脂溶性大、极性小、非解离型的药物易通过生物膜。分子大的药物其分布达到平衡的时间长，脂溶性药物在脂肪含量高的组织（脂肪、肝脏、神经组织）分布多，会造成蓄积，而水溶性强的药物则多停留在各种体液内，并很快随尿排出。

3. 组织器官的屏障作用 血脑（眼）屏障是由联接紧密毛细血管内皮细胞、并在其外包裹有一层神经胶质细胞膜形成的脂质膜屏障。只有高度脂溶性的药物才能扩散进入脑脊液、脑组织和房水。而胎盘屏障和一般生物膜没有明显的区别，在药物分布上几乎无影响。这也是孕妇用药必须考虑对胎儿影响的原因。

4. 细胞内外液 pH 差异 生理情况下细胞外液 pH 约为 7.4，细胞内液为 7.0，乳汁更低，约为 6.7。由于体液 pH 对药物解离的影响，弱酸性药将主要分布在血液等细胞外液中，而弱碱性药则在细胞内液和乳汁中分布高。根据这一原理，弱酸性药物苯巴比妥中毒时，可用碳酸氢钠碱化血液和尿液，促使脑组织中的药物向血浆转移，并减少肾小管的重吸收，加速从尿排泄。

5. 主动转运或特殊亲和力的影响 少数药物可被某些组织细胞主动摄取而形成浓集，如甲状腺滤泡上皮细胞对碘的主动摄取，使甲状腺中 I^- 浓度比血浆高数十倍。另有少数药物对某些组织、细胞成分具特殊亲和力或形成难解难离的共价结合，亦可产生药物在这些部位的高分布。

6. 器官组织血液供应的影响 血液供应丰富的组织器官药物浓度较高。

（三）生物转化

生物体对药物进行的化学转化称生物转化（biotransformation）。生物转化总的结果是使药物极性升高，有利排泄。药物的生物转化主要在肝细胞微粒体混合功能氧化酶（肝药酶）的催化下进行。

药物体内过程中生物转化的个体差异是最大的，至少有 200 余种常用药为肝微粒体混合功能氧化酶的诱导剂或抑制剂。这些药物较长期使用时，对自身及与其同时使用的其他药物生物转化能力的影响，是 TDM 工作中必须注意的。如肝药酶抑制药氯霉素使用 2 天，可使降血糖药甲苯磺丁脲稳态血药浓度上升近 1 倍。肝药酶也存在饱和性，药物浓度超过其最大转化能力时，将导致药物消除动力学方式改变。此外，某些药物代谢酶的遗传缺陷、吸烟、饮酒和茶等也可导致生物转化能力的改变。

（四）排泄

药物的排泄（excretion）排泄是药物及其代谢产物排出体外的过程。排泄器官包括肾脏、肝、腺体（乳腺、唾液腺）等，其中，肾脏是药物排泄的主要器官。

二、影响血液药物浓度的因素

影响血液中药物浓度的因素很多，除了用药剂量外，病人是否合作、药物的吸收、分布、代谢转化及排泄等因素都可对血液中药物的浓度产生影响。

（一）病人依从性影响

病人应严格按照医生的医嘱服药，如果病人不遵照医嘱服药、忘记服药、不按规定时间服药、不遵守用药的一些注意事项等都会影响血液中药物的浓度。

（二）药物吸收的影响

静脉、皮下或肌内注射给药的血药浓度比较容易估计。口服用药的吸收受到药物的扩散和胃肠道 pH 的影响，有时难以对血药浓度做出估计。多数药物由高浓度向低浓度方向被动扩散，少数药物逆浓度差主动扩散。胃液呈酸性，弱酸性药物如水杨酸和巴比妥可在胃中吸收，但胃吸收面积小，药物停留时间短，因此吸收量较少。小肠吸收面积大，通透性较胃黏膜好、血流充沛，肠腔 pH 为 4.8～8.2（下段较上段 pH 偏高），弱酸性和弱碱性药物均易被溶解吸收，因此小肠是药物吸收的主要部位。一些胃肠道疾病对药物的吸收有重要影响。

（三）药物分布的影响

药物在体内的分布受许多因素的影响，其中最主要的因素是药物与血浆蛋白的结合率、体液的 pH、药物的理化性质及其与组织的亲和力。

1. 药物与血浆蛋白的结合　药物与血浆蛋白的结合率是决定药物在体内分布的重要因素之一。不同的药物与血浆蛋白的结合率及结合部位不一致。临床上应避免同时将几种与血浆蛋白结合率高的药物同时使用，以免发生竞争置换，造成药效改变甚至产生毒性。

2. 体液的 pH　体液 pH 降低时药物与蛋白质的结合能力明显下降，游离型的药物比例增加，药效及毒性作用相应增强，因此用药剂量应酌减，以免出现中毒症状。

3. 药物的理化性质　药物的 pKa 值、解离度以及脂溶性不同会影响其分布。

4. 药物与组织的亲和力　有些药物与某些组织有较强的亲和力，造成这些组织中的药物浓度特别高，例如四环素与钙结合会沉积于骨骼和牙齿中，抑制儿童骨骼生长，使牙齿变黄。

（四）药物代谢的影响

药物代谢的快慢与血液中药物浓度的关系非常密切。

1. 药物或毒物对生物转化的抑制作用　通过抑制生物转化的某些酶类使药物代谢转化减慢。如用保泰松、双香豆素可抑制 D_{860} 的代谢，增强其降血糖作用。

2. 药物或毒物对生物转化的诱导作用　一些药物可诱导生物转化的酶合成，使药物代谢速度加快。例如苯巴比妥可诱导葡萄糖醛酸转移酶的合成，增加游离胆红素的结合和排泄，因此苯巴比妥曾用于治疗新生儿黄疸。

3. 年龄、种族、个体差异

（1）新生儿生物转化的酶缺乏，如葡萄糖醛酸转移酶在出生后逐渐生成，约 8 周后达到成人水平，因此，新生儿对药物敏感，毒副作用较大。

（2）老年人的生物转化作用减弱，如对氨基比林、保泰松等的转化作用变弱，用药应慎重。

（3）遗传因素使某些种族对药物敏感性增强。如长期服用异烟肼时可造成多发性神经炎，多见于白种人，这是由于白种人遗传性缺乏乙酰转移酶者较多，不能使异烟肼灭活而致。

（4）个体差异可能与遗传有关，例如双香豆素在人体内的半衰期差异为 7～100 小时。

4. 食物成分　蛋白质、磷脂及维生素 A 和维生素 C 使生物转化酶活性升高，药效和毒性作用减弱，当营养状况不良的情况下，应注意用药剂量。

（五）药物排泄

药物及其代谢产物排泄的主要途径是经过肾脏从尿液中排出。肾功能不全的病人，血药浓度显著升高,因此,任何损害肾功能的因素均不利于药物的排泄。

第2节 治疗药物监测

采用准确、敏感的方法测定患者的血药浓度,对指导临床制订药物剂量及其调整方案,实现个体化用药,提高疗效,降低药物副作用,以及获得个体药动学参数和新药开发方面都有重要意义。

一、治疗药物监测的常用范围

并非所有药物都需要进行 TDM,血药浓度只是药效的间接指标。当某种药物本身具有客观的、可量化的临床药效指标时,则不用 TDM,一个良好的临床指标总是优于血药浓度监测。如降压药可监测血压,降糖药可测定血糖,抗凝血药可测定凝血酶原时间等。还有一些药物安全范围大,不易产生毒性反应的药物也不必进行 TDM。

(一) 需进行 TDM 的药物应具备的基本条件

1. 血药浓度可以反映药物作用靶位的浓度。
2. 药效与药物浓度的相关性好,即治疗作用和毒性反应均呈现血药浓度依赖性。
3. 已知有效血药浓度范围和中毒浓度。
4. 建立了特异性强、灵敏度高和简便快速的检测方法。

在满足上述条件的前提下,可考虑进行 TDM。

(二) 需进行 TDM 药物的指征

1. 治疗浓度范围窄、治疗指数低的药物 某些药物的治疗浓度与中毒浓度很接近,通过 TDM 才能保证其即有效,又安全。地高辛、锂盐、茶碱、奎尼丁、甲氨蝶呤、环孢素等。某些药物的治疗浓度和中毒浓度很接近,见表 19-1。

表 19-1 某些药物的治疗浓度和中毒浓度

药物	治疗浓度	最小中毒浓度
氨茶碱	10~20µg/ml	20µg/ml
洋地黄毒苷	14~30µg/ml	30µg/ml
庆大霉素	0.5~10µg/ml	12µg/ml
地高辛	0.8~2.0µg/ml	2.0µg/ml
奎尼丁	2~5µg/ml	6µg/ml
普鲁卡因胺	10~30µg/ml	30µg/ml
环孢素 A	0.1~0.4µg/ml	0.6µg/ml

2. 长期用药 一是长期用药的患者,依从性差,不按医嘱用药。据文献报道,国外有 50% 以上的病人未按医嘱用药,表现为非依从性,从而导致治疗失败。二是许多药物是肝药酶诱导剂或抑制剂,较长期使用这些药物对自身及同时使用其他药物的生物转化将产生影响。因此,长期用药时定期进行 TDM,即可及时发现病人在治疗过程中是否停药、减量,也可发现任何改变药物体内过程的因素导致的血药浓度变化,及时调整剂量。

3. 需不同血药浓度达到不同治疗目的的药物　如地高辛对慢性充血性心衰的治疗浓度为 0.8~1.6ng/ml，治疗房颤浓度为 2.0ng/ml 左右或更高，而该浓度对慢性充血性心衰者多数会出现心律失常，借助 TDM 可将血药浓度控制在治疗目的所需范围之内。

4. 疾病表现和中毒表现难以区分的药物　多数药物中毒时有其特殊的临床症状，但少数药物的中毒表现与其疾病症状相似。如苯妥英钠治疗癫痫，过量中毒时也可导致抽搐；慢性心衰常伴心律失常，强心苷中毒也可使心衰加重并出现多种心律失常。因此，是剂量不足导致的疗效不佳，还是过量时所致的毒性反应，只能借助 TDM 才能正确诊断的客观依据。

5. 疾病影响体内药物过程的药物　可影响药物体内过程的疾病有：①胃肠道疾病影响口服药物的吸收；②肝功能不全，使用经肝代谢的药物消除变慢，血浆中药物结合蛋白减少；③肾功能不全的病人，使用经肾排泄的药物（氨基苷类抗生素等）排泄减少。如肾衰竭时，链霉素的半衰期由正常的 2~3 小时增加到 50 小时以上；④心衰、休克时的血流动力学改变对药物体内过程将产生影响。

6. 首过消除强及生物利用度差异大的药物　由于个体对药物的生物转化能力不同，可影响药物的生物利用度及血药浓度。如服用同剂量的普萘洛尔，不同个体间血药浓度差异可相差 20 倍。此外，药物的剂型、质量、胃肠功能及餐前或餐后给药均可影响药物的生物利用度（F），而改变血药浓度，因此，剂量与血药浓度不一定呈正比关系。

7. 合并用药　某些药物之间在血浆蛋白质结合、肾小管排泌等方面存在竞争性抑制，合并用药会导致药物的相互作用，而使药物的吸收、分布、生物转化和排泄发生改变，可通过测定血药浓度对剂量进行调整。例如奎尼丁和地高辛合用时，奎尼丁抑制肾小管的分泌转运体 MDR1，引起地高辛的分泌减少，血药浓度升高，引起中毒。

8. 药物治疗无效查找原因　对于明确诊断，用药恰当，但病人未出现预期疗效时，进行 TDM 可排除病人是否按医嘱服药、或因药品质量、个体差异等原因导致未达疗效浓度，正确处理，改变传统的一律换药的做法。

9. 根据负荷剂量和维持剂量设计给药方案　$DL = D_M R$（DL 为负荷剂量，D_M 为稳态时每一给药间隔时间内消除的药量，R 为蓄积系数）。如果给药时间间隔等于半衰期，则 $R=2$，$DL=2D_M$，则首剂量加倍。

10. 辨别伪劣药品　通过 TDM 可以准确地鉴定药物的种类、成分和数量，为鉴别伪劣药品提供了有力的依据。

除以上原因外，当涉及与用药有关的法律、医疗差错、医疗纠纷中，进行 TDM 可提供有价值的鉴定依据。根据上述原则，目前临床常开展 TDM 的主要药物见表 19-2。

表 19-2　临床常开展 TDM 的主要药物

分类	药物
强心苷	地高辛、洋地黄毒苷
抗癫痫药	苯妥英钠、苯巴比妥、卡马西平、扑米酮、丙戊酸钠、乙琥胺
抗心律失常药	利多卡因、普鲁卡因胺、奎尼丁、妥卡尼、丙吡胺等
β受体阻断药	普萘洛尔、阿替洛尔、美托洛尔等
平喘药	氨茶碱
抗抑郁药	丙米嗪、地昔帕明、阿米替林、多虑平等
抗躁狂症药	碳酸锂

续表

分类	药物
免疫抑制药	环孢素A、他克莫司、西罗莫司、吗替麦考酚酯
抗生素	氨基苷类、万古霉素、氯霉素等
抗恶性肿瘤药	甲氨蝶呤、环磷酰胺、阿霉素

二、治疗药物监测与药动学

药代动力学（pharmacokinetics）简称药动学，从广义上讲，泛指研究药物的体内过程，即机体对药物的吸收、分布、生物转化和排泄过程及其量变规律。狭义的药动学是指以数学模型和公式，研究体内药物和代谢物水平随时间变化的规律。在TDM工作中，药动学主要用于：①建立监测个体的体内药物浓度随时间变化的数学表达式，并求算出有关药动学参数；②应用上述动力学模型、表达式和药动学参数，制定和调整个体化的用药方案，保证药物治疗的有效、安全和经济。如无药动学基础，当测得某种体液药物浓度，仅代表取样瞬间该体液中的药物浓度。在药动学理论指导下，则可确定取样时间，并根据测定的药物浓度确定取样前后的变化规律，调整剂量。因此，药动学是进行TDM必备的理论基础。

（一）药动学基本概念和应用

1. 半衰期（half life） 是指血浆药物浓度下降一半所需要的时间，一般用$t_{1/2}$表示。

药物的半衰期反映了药物在体内消除的速度，表示了药物在体内的时间与血药浓度间的关系，它是决定给药剂量、次数的主要依据，半衰期长的药物说明它在体内消除慢，给药的间隔时间就长；反之亦然。消除快的药物，如给药间隔时间太长，血药浓度太低，达不到治疗效果。消除慢的药物，如用药过于频繁，易在体内蓄积引起中毒。

每一种药物的半衰期各不一样；即使是同一种药物对于不同的个体其半衰期也不完全一样；成人与儿童、老人、孕妇，健康人与病人，药物半衰期也会有所不同。通常所指的药物半衰期是一个平均数。肝肾功能不全的病人，药物消除速度慢，半衰期便会相对延长。如仍按原规定给药，有引起中毒的危险。根据半衰期的长短给药，可以保证血药浓度维持在最适宜的治疗浓度而又不致引起毒性反应。

2. 血药浓度-时间曲线（time-concentration curve，c-t） 以纵坐标为血药浓度，横坐标为药后时间，记录体内药量随时间变化的关系（时量关系）曲线，又称时量曲线（图19-2）。

口服单剂量药物后药时曲线可分为三期：从用药后到开始显现疗效的这段时间称潜伏期。药物保持有效浓度或基本疗效的这段时间称持续期，时间长短取决于消除速率；持续期血药浓度达到最高点时为峰浓度，该时间为峰时间（多为1.5小时），此时的吸收速率与消除速率相等，峰浓度与药物剂量成正比。当药物浓度降到有效浓度以下至未完全消除的这段时间称残留期。残留期长的药物反复应用易蓄积中毒。

药物在体内的吸收、分布、代谢及排泄是一个连续变化的动态过程。吸收使血药浓度上升；分布、代谢、排泄使血药浓度下降。曲线上升支主要反映吸收、分布状态，斜率大，表示吸收快、分布慢；下降支主要反映代谢、排泄状态，斜率大，表示消除快；药-时曲线的形态受给药途径、剂型、剂量、分布等因素影响。

3. 等剂量间隔多次给药的药-时曲线 多数疾病需连续多次给药，使血药浓度始终保

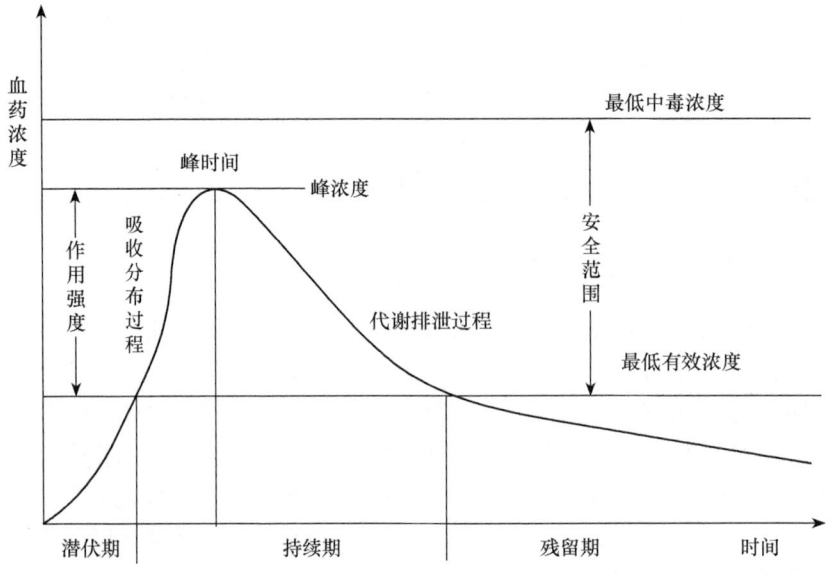

图 19-2　药 – 时曲线与量 – 效关系、时 – 效关系

持在治疗疾病的有效水平。每次给药后 1.5 小时出现一个峰值，在下一峰值之前会有一个谷值，形成锯齿形药 - 时曲线。一般经历 5～6 个 $t_{1/2}$ 后，吸收速率与消除速率达到动态平衡，锯齿形曲线在一定范围内上下波动，达到稳定态，又称坪浓度（plateau-concentration），坪值高低与剂量大小成正比，坪值波动幅度与给药量成正比。等剂量间隔多次给药的药 – 时曲线见图 19-3。

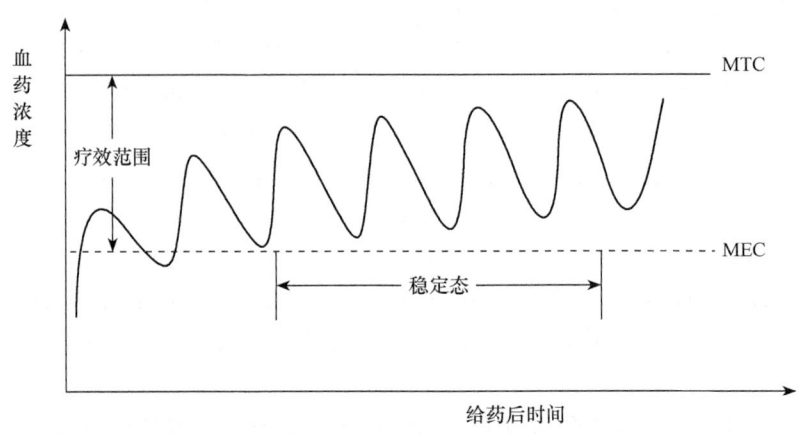

图 19-3　等剂量间隔多次给药后的药 – 时曲线

MTC（minimum toxic concentration）最低中毒浓度；MEC（minimum effective concentration）最低有效浓度

4. 生物利用度（bioavailability，F） 是指药物被机体吸收进入体循环的相对量和速率，用 F 表示，F＝（A/D）×100%。A 为进入体循环的量，D 为口服剂量。影响生物利用度的因素较多，包括药物颗粒的大小、晶型、填充剂的紧密度、赋型剂及生产工艺等，生物利用度是用来评价制剂吸收程度的指标。

生物利用度与疗效密切相关，特别是治疗指数窄、剂量小、溶解度小和急救用的药物，其生物利用度的改变，对疗效的影响尤为严重，生物利用度由低变高时，可导致中毒，甚至危及生命。反之则达不到应有疗效而贻误治疗。临床分析药物治疗无效、效差或中毒原因时，应考虑生物利用度的影响。

影响生物利用度的因素包括剂型因素和生理因素两个方面：剂型因素如药物的脂溶性、水溶性和pKa值，药物的剂型特性（如崩解时限、溶出速率）及一些工艺条件的差别；生理因素包括胃肠道内液体的作用，药物在胃肠道内的转运情况，吸收部位的表面积与局部血流，药物代谢及影响药物吸收的疾病等。

5. 表观分布容积 （apparent volume of distribution，V）是指当药物在体内达动态平衡后，体内药量与血药浓度之比值称为表观分布容积。亦可用L/kg体重表示。

$$V = 给药量 \times 生物利用度 / 血浆药物浓度$$

V是一个理论容积，并不代表体内具体的生理性容积。不同药物表观分布容积差异较大，如地高辛的V为600L（10L/kg），保泰松为7.6L，相差8倍。但V可以反映药物分布的广泛程度或与组织中大分子的结合程度。正常成人的体液总量为0.6L/kg体重，如某种药物的V≥0.6L/kg体重，表示药物向组织器官分布能力强，消除速度慢，其毒性较大；如V≤0.6L/kg体重，表示药物大部分分布于血浆中，向组织分布能力较小。V越小，药物排泄越快，在体内存留时间越短；V越大，药物排泄越慢，在体内存留时间越长。

6. 一级动力学消除 是指体内药物按瞬时血药浓度（或体内药量）以恒定的百分比消除，即单位时间内药量以恒定比例消除又称恒比消除或线性消除。绝大多数药物是以被动方式转运，因此，在治疗量范围内的消除，通常是消除速率和血药浓度成恒比，此类药物的特点是：血浆半衰期恒定，经过5个$t_{1/2}$后，体内药物可基本消除干净，每隔一个$t_{1/2}$给药一次，则体内药量（或血药浓度）可逐渐累积，经过5个$t_{1/2}$后，消除速度与给药速度相等，达到稳态。

7. 零级动力学消除 是指单位时间内药物按恒定的量进行消除，即单位时间消除的药量相等，又叫恒量消除。当机体的消除功能低下或者用药量超过机体最大的消除能力时，药物按恒量方式消除。由于血药浓度按恒定的速率消除，与血药浓度无关，故而称零级动力学消除。按零级动力学消除时，半衰期是一个不恒定的数值，随血药浓度高低而变化，当药物浓度降至最大消除能力以下时，则转为一级动力学消除。

三、治疗药物浓度监测标本的采集

用于TDM的标本主要是血液、尿液和唾液，需根据测定药物的体内代谢过程特点选用合适的标本，并在药动学理论及参数指导下确定恰当的取样时间和进行必要的预处理。

（一）常用标本

1. 血液标本 由于药物的运输、代谢和排泄都要经过血液来进行，绝大多数药物在达到分布平衡后，虽然不是均匀分布，但血药浓度和靶位药物浓度成比例，也和效应间存在量效依存关系。因此检测血液标本最能直接反映体内血药浓度的变化。我国已经建立了不少药物的治疗浓度范围及中毒水平的群体资料，并且血液也易于采集，因此，血液是TDM工作中最常用的标本。因为药物不和血浆纤维蛋白结合，许多药物的对比研究也证实了血浆和血清中的浓度相等，所以血浆和血清均可作为TDM的标本。为避免抗凝剂与药物间可能发生的化学反应及对测定过程的干扰，应首选血清为检测标本。

2. 唾液标本 唾液可无损伤地采集，为病人乐意接受。唾液标本的收集宜在自然分泌状态下进行。可采用自然吐出,或用特制的负压吸盘采集。对有口腔炎症者,炎性渗出物可能干扰测定,不宜用唾液作为 TDM 标本。

3. 尿液标本 尿液收集方便,且大多数药物(游离部分)都可从肾小球以滤过到原尿中。随着尿液的浓缩,尿药浓度逐渐升高,多数远远高出血药浓度,因此易于测定。但尿液 pH 受饮食、水电解质和酸碱平衡状态的影响较唾液 pH 的波动更大。因此,在 TDM 的实际工作中以尿为标本甚少。但对用作治疗泌尿道感染的药物,及可产生肾小管损害的药物,检测尿药浓度有意义。

4. 脑脊液标本 脑脊液中蛋白质少,对作用于中枢神经系统的药物,更接近于靶位浓度。但因标本采集困难和缺乏脑脊液的药动学资料,在 TDM 中也极少应用。

(二)标本采集时间

TDM 是指导合理给药的重要数据,其标本的采集时间对测定结果的临床价值影响较大,恰当时间与合适方法采集标本是确保血药浓度真实性的重要保证。基本原则是:在药动学理论指导下,根据 TDM 的目的及病人具体情况确定标本采集时间。

1. 监测、调整用药方案 应在血药浓度达稳态浓度后再采集。恒速静脉滴注时,稳态后,血药浓度维持恒定,任何时间采集均可。口服或注射给药时,稳态血药浓度将波动在一定范围,可测定峰值浓度和谷浓度,根据临床需要选择。

(1)了解长期用药时是否达到疗效水平:如控制癫痫发作的苯妥英钠,在短时期内靠临床表现难以判断,需靠 TDM 判断。对已知病人个体药动学参数的,可在一个给药间隔内的达峰时间及下次用药前,分别取血测定,观察二者是否均在有效血药浓度范围内。如果没有病人个体药动学参数时,最好仅在下一次给药前取样测定。因为任何药物、任一个体每次用药前血药浓度总是最低的。

(2)了解是否发生慢性中毒:对已达疗效,但需了解是否可能产生慢性毒性作用时,应在稳态后的达峰时间(time of the speak concentration,t_p)取样。若不知个体的 t_p,可在群体 t_p 均值及相邻前后时间分别取样测定,了解血药浓度是否接近或超过最小中毒浓度。

2. 急性药物中毒的诊断和疗效监测 用于诊断急性药物中毒时应立即取样测定,用于疗效监则根据临床需要,在必要时取样,了解抢救效果。

(三)标本的处理与保存

TDM 工作中,只有少数方法可直接用所采集的标本测定,多数标本需进行预处理。目的是减少干扰成分,浓缩纯化药物,以提高检测的灵敏度及特异性。预处理的项目有除蛋白、提取和化学衍生化。

1. 除蛋白 血液、唾液和尿液标本都或多或少地含有蛋白质,并对多种测定方法产生干扰,可用沉淀离心法、层析法、超滤法和超速离心法去除。其中以沉淀离心法最方便,可选用合适的酸、碱和有机溶剂,与提取同步进行,最常用。

2. 提取 为了浓缩待测组分,提高检测的灵敏度,减少干扰,除免疫化学法外,TDM 使用的多数检测方法均需进行提取,方法有液–液提取和液–固提取两种。

3. 化学衍生化反应 用光谱法和色谱法测定时,根据待测物的化学结构和检测方法的要求,通过化学衍生化反应,特异性地引入显色、发光基团,提高检测的灵敏度和特异性。

4. 保存 标本采集后,血药浓度仍处在变化之中,最好立即测定。如不能立即测定,应及时分离血清(浆)冷藏(4℃)或冷冻(-20℃)。24 小时尿液标本应加防腐剂保存。

四、药物监测的常用方法

由于治疗药物在血液中被稀释和代谢后浓度很低,因此所采用的测定方法必须是特异性强、有足够的灵敏度、并能准确反映血液中浓度的方法。选择方法时要考虑的是:首先,要考虑方法的灵敏度必须与血药浓度的水平相适应。其次,了解被测药物的理化性质。

(一)光谱法

原理:利用药物或其代谢物对紫外光有最大吸收峰或药物及代谢物受光激发后发射的荧光、药物的特异的显色反应等特点,应用紫外光、荧光和可见光分光光度法检测。

优点:设备简单,操作简便,费用低廉。

不足:灵敏度低、专一性差、易受代谢物干扰。

应用:用于测定阿司匹林、对乙酰氨基酚、氨茶碱、苯妥英钠、苯巴比妥钠等治疗浓度时血药水平高的药物。火焰发射光谱法和原子吸收光谱法特异好、灵敏度高,操作也较简便,但仅能用于检测体内微量存在的金属离子药物(血清锂和铂)。

(二)色谱法

原理:色谱法又称层析法,分为薄层色谱法(TLC)、气相色谱法(GC)和高效液相色谱法(HPLC)。通过层析作用,分离样品中理化性质不同的组分,联合适当的检测器,可同时完成定性、定量工作。

优点:特异性好,灵敏度高,重复好,可对多种药物同时检测。

缺点:技术要求高、预处理烦琐、通量不够。

应用:薄层色谱法(TLC)的灵敏度及重复性均低于其他色谱法,只用于毒物的检测,气相色谱法(GC)和高效液相色谱法(HPLC),通过微电脑控制层析条件、程序和数据处理,特异高、灵敏度高、重复性好,可同时完成同一标本中多种药物组分分析,用于绝大多数有机化合物药物的检测。

(三)免疫化学法

原理:有些药物是半抗原或抗原,可制备相应的特异性抗体,利用抗原-抗体的特异性结合检测这些药物。在TDM中多采用竞争性免疫分析,即通过定量加入的少量特异性抗体,与标本中相应的抗原或半抗原性药物及定量加入的标记药物间,产生竞争性结合,检测标记药物对抗体结合的抑制程度,和同样处理的标准管比较,可对样本中的药物定量。使用的方法有放射免疫法(RIA)、荧光免疫法(FIA)、酶免疫法(EIA)和荧光偏振免疫法(FPIA)。

优点:免疫化学法灵敏度极高,可达ng甚至pg检测水平,标本用量少,一般均不需预处理,操作简便。

缺点:试剂盒较贵,有效期短,检测样品少,易造成不必要的浪费,适用于批量检测。

应用:主要有地高辛、奎尼丁、吗啡、他克莫司、美托洛尔、环孢素A、卡马西平、克拉霉素、非洛地平等。

五、治疗药物监测的质量控制

治疗药物监测结果的可靠性应建立在有效的质量控制系统上。TDM药物浓度检测的质量控制除与其他检测的质量控制有共同之处外,因健康人血液中不含有药物,要求质控物的成分应该与检测标本的成分尽可能接近,以减少基质效应(Matrix Effect)。目前,国家卫生和计划生育委员会临床检验中心已经组织开展了 TDM 室间质量评价活动（External Quality Assessment，EQA），而 EQA 是在各实验室之间相互比较测定的，并经过一段时间后才能得到结论，所以 EQA 是回顾性的工作，是实验室之间的比较系统，是确定实验室测定结果的可靠性及可比性的评价活动。

目标检测

一、A1 型题

1. 药物治疗作用的强弱与维持时间的长短理论上取决于（ ）
   A. 受体部位活性药物的浓度
   B. 药物的血药浓度的高低
   C. 药物的消除速率常数
   D. 药物的吸收速率常数
   E. 药物的半衰期

2. 一般情况下，下列哪项可以间接作为受体部位活性药物的指标（ ）
   A. 口服药物的剂量
   B. 血浆中活性药物的浓度
   C. 药物的消除速率常数
   D. 药物的吸收速率常数
   E. 药物的半衰期

3. 关于血药浓度下列叙述不正确的是（ ）
   A. 随着血药浓度的变化，药物的药理作用有时会发生变化
   B. 随着血药浓度的变化，中毒症状发生变化
   C. 血药浓度是指导临床用药的重要指标
   D. 通过不同时间的血药浓度可以计算药动学参数
   E. 血药浓度与表观分布容积成正比

4. 关于生物利用度（F）叙述不正确的是（ ）
   A. 是药物进入体循环的量与所给剂量的比值
   B. 血管内给药时 F<1，其他给药途径时 F=1
   C. 用来衡量血管外给药时进入体循环药物的相对数量
   D. 又称吸收分数
   E. 药物进入体循环的速度和程度

5. 关于生物半衰期（$t_{1/2}$）下列叙述不正确的是（ ）
   A. 每经过一个 $t_{1/2}$，体内消除同样的药量
   B. 是药物在体内消除一半所需的时间
   C. 与消除速率常数 k 之间的关系为 $t_{1/2}=0.693/k$
   D. 用来衡量药物消除速度的快慢
   E. $t_{1/2}$ 越大，表明药物代谢、排泄越慢

6. 间隔用药时治疗药物监测的标本，采集时间一般选择在（ ）
   A. 任一次用药后 1 个半衰期时
   B. 血药浓度达稳态浓度后任一次用药后
   C. 血药浓度达稳态浓度后任一次用药后 1 个半衰期时
   D. 血药浓度达稳态浓度后任一次用药前
   E. 随机取样

7. 下列哪一个是不需要监测血药浓度的药物（ ）
   A. 地高辛   B. 茶碱
   C. 卡马西平   D. 甲氨蝶呤
   E. 雷尼替丁

8. 不需要进行血药浓度监测的情况为（ ）
   A. 长期用药   B. 生活因素有所改变
   C. 合并用药时   D. 特殊人群用药时
   E. 医生对该药物药动学特征不了解时

9. 下列哪项不是常用的血药浓度监测的方法（ ）
   A. 分光光度法   B. 气相色谱法
   C. 高效液相色谱法 D. 免疫学方法
   E. 容量分析法

10. 关于给药个体化确切的叙述是（ ）
    A. 不同的民族给予不同的剂量
    B. 不同的种族给予不同的剂量
    C. 不同年龄给药剂量不同
    D. 不同性别给药剂量不同
    E. 根据每个病人的具体情况制定给药方案

二、简答题

1. 简述机体内影响药物分布的主要因素。
2. 从药效学与药动学两方面阐述对某些药物进行治疗药物监测应考虑的主要因素。

（仲其军）

主要参考文献

柏树令. 2008. 系统解剖学. 第 7 版. 北京：人民卫生出版社
查锡良. 2013. 生物化学与分子生物学. 北京：人民卫生出版社
陈惠黎. 1990. 生物化学检验技术. 北京：人民卫生出版社
丛玉隆. 2012. 临床实验室仪器管理. 北京：人民卫生出版社
丛玉隆. 2014. 实用检验医学. 第 2 版. 北京：人民卫生出版社
杜江，孙若东，仲其军. 2013. 生物化学检验指导. 武汉：华中科技出版社
段满乐. 2010. 生物化学检验. 第 3 版. 北京：人民卫生出版社
段满乐. 2010. 生物化学检验实验指导. 北京：人民卫生出版社
冯仁丰. 2007. 临床检验质量管理技术基础. 第 2 版. 上海：上海科学技术出版社
府伟灵，徐克前. 2013. 临床生物化学检验. 第 5 版. 北京：人民卫生出版社
蒋秉坤，范钦信. 1998. 生物化学检验. 北京：人民卫生出版社
康格菲. 1998. 临床生物化学和生物化学检验. 第 2 版. 北京：人民卫生出版社
李萍. 2003. 生物化学检验. 第 2 版. 北京：人民卫生出版社
李雅江，赵朝贤. 2014. 临床生物化学检验试验. 武汉：华中科技大学出版社
刘辉. 2009. 临床医学检验技术（士）练习题集. 北京：人民卫生出版社
刘世明，罗兴林. 2008. 内科学. 北京：科学出版社
刘新光. 2006. 临床检验生物化学实验指导. 北京：高等教育出版社
陆再英，钟南山. 2010. 内科学. 第 7 版. 北京：人民卫生出版社
马晓伟. 2012. 内科学. 北京：人民卫生出版社
钱士匀. 2002. 临床生物化学和生物化学检验. 第 2 版. 北京：人民卫生出版社
钱士匀. 2007. 临床生物化学与检验实验指导. 第 3 版. 北京：人民卫生出版社
钱士匀. 2011. 临床生物化学和生物化学检验实验指导. 第 4 版. 北京：人民卫生出版社
全国卫生专业技术资格考试专家委员会. 2011. 2012 全国卫生专业技术资格考试指导临床医学检验技术（士）. 北京：人民卫生出版社
申子瑜、李萍. 2003. 临床实验室管理学. 第 10 版. 北京：人民卫生出版社
沈岳奋. 2008. 生物化学检验技术. 第 2 版. 北京：人民卫生出版社
石凌波，崔伟力，张凤川. 2008. 检验医学分析前质量控制. 北京：人民军医出版社
孙毓庆. 2002. 分析化学. 第 4 版. 北京：人民卫生出版社
王鸿利，仲人前，周新，等. 2009. 实用检验医学（上册）. 北京：人民卫生出版社
王治国. 2014. 临床检验质量控制技术. 第 3 版. 北京：人民卫生出版社
巫向前. 1995. 医学检验考试指南. 北京：人民卫生出版社
徐克强. 2015. 临床生物化学检验. 北京：人民卫生出版社
叶应妩，王毓三，申子瑜. 2006. 全国临床检验操作规程. 第 3 版. 南京：东南大学出版社
曾照芳，洪秀华. 2008. 临床检验仪器. 北京：人民卫生出版社
曾照芳，翟建才. 2001. 临床检验仪器学. 北京：人民卫生出版社
张纯洁. 2007. 生物化学检验. 北京：高等教育出版社
张秀明，温冬梅，袁勇. 2010. 临床生物化学检验质量管理与标准操作程序. 北京：人民军医出版社
赵艳霞，段怡萍. 2011. 仪器分析应用技术. 北京：中国轻工业出版社

郑铁生，陈筱菲. 2012. 临床生物化学检验. 北京：高等教育出版社
郑铁生. 2010. 临床生物化学检验教学与考试指导. 北京：中国医药科技出版社
仲其军，张淑芳. 2012. 生物化学检验技术. 武汉：华中科技大学出版社
周新，府伟灵. 2007. 临床生物化学与检验. 第 4 版. 北京：人民卫生出版社
周新，涂植光. 2003. 临床生物化学和生物化学检验. 第 3 版. 北京：人民卫生出版社
朱根娣. 2008. 第 2 版. 现代检验医学仪器分析技术及应用. 上海：上海科学技术文献出版社
庄俊华，冯桂湘，黄宪章. 2009. 临床生化检验技术. 北京：人民卫生出版社
邹雄，丛玉隆. 2010. 临床检验仪器. 北京：人民卫生出版社

生物化学检验技术教学大纲

▶ 一、课程性质和任务

《生物化学检验技术》是医学检验技术专业的一门专业核心课程，通过测定组织、体液的成分，揭示疾病变化和药物治疗对机体生物化学过程和组织、体液成分的影响，以提供疾病诊断、病情监测、药物疗效、预后判断和疾病预防有用的信息。通过本课程的学习，使学生获得医学检验技术专业初、中级专业人才所必需的生物化学检验技术的基本知识和基本技能，具有初步运用知识分析、解决生物化学检验技术问题的能力，能在各级各类医疗卫生机构、医学科研实验室、医学生物企业等单位从事本专业相关岗位的工作。本课程内容包括"总论（生化技术）""质量控制""各论（临床生物化学）"三大部分。

▶ 二、课程教学目标

通过任务引领型的项目活动，使学生掌握生物化学检验的基本知识和基本技能，具有逻辑思维能力、学习新技术的能力。能解决临床实际问题，完成本专业相关岗位的工作任务。

（一）知识教学目标

1. 掌握生物化学检验技术及实验室的基本知识。
2. 掌握光谱光度分析、电化学分析等定量技术和酶学分析技术与分子生物学技术的基本原理。掌握电泳、层析、离心等分离技术的基本原理。
3. 掌握体液蛋白质、糖类、血脂与血浆脂蛋白、电解质和酸碱平衡、肝功能、肾功能、心脏标志物、胰腺疾病、内分泌功能、（肿瘤标志物）等检验的方法学评价、测定基本原理及其临床意义。
4. 熟悉生物化学检验的质量控制原理。

（二）能力培养目标

1. 能掌握生物化学检验的基本操作技术。
2. 能使用各类分光光度计、ISE分析仪、血气分析仪、全自动生化分析仪。能进行各类电泳仪、层析、各类离心机的操作。
3. 能进行各类相关仪器设备的维护和保养。
4. 能够进行常用生化项目的测定、正确处理质控数据并对检验结果进行分析报告。
5. 能够正确处理废物、进行生物安全管理和对本专业基本业务进行初步管理。

（三）思想教育目标

1. 树立科学严谨、辩证求实的态度。
2. 培养以"服务、质量和责任"为核心的良好职业道德和尊重生命、服务健康的人文素养。
3. 具有创新意识，能尝试地学习生物化学检验技术的新知识、新技术。

三、教学大纲说明（教学内容和要求：略）

（一）适用对象与参考学时

本教学大纲主要供医学检验等专业专科教学使用，总学时建议为108~162学时（三年制和3+2学年制），其中理论教学52~78学时，实践教学56~84学时。学时数以课程内容的重要性和容量来确定。

（二）教学要求

1. 本课程以岗位职业能力为引领构建教学标准，内容的选取紧紧围绕临床工作任务完成的需要来进行，同时又充分考虑了职业教育对理论知识学习的需要，并融合了获取相关职业资格证书对知识、技能和态度的要求。

2. 本课程对理论教学部分要求有掌握、理解、了解三个层次。掌握是指对生物化学检验技术中所学的基本知识、基本理论能够融会贯通，并能初步运用相关知识和技术原理分析、解决生物化学检验技术问题。理解是指能够解释、领会概念的基本含义并会应用所学技能。了解是指能够简单理解、记忆所学知识。

3. 本课程在实践技能方面分为熟练掌握和学会两个层次。熟练掌握是指能够独立娴熟地进行正确的生物化学检验相关项目和质量控制的实践技能操作，能完成相关岗位的工作任务。学会是指能够在教师指导下进行实践技能操作。

（三）教学建议

1. 课程应充分体现任务引领、职业能力导向的课程设计思想，基于工作过程构建课程体系。通过理论教学、多媒体、个案分析、角色扮演等多种手段，并注重开展临床生化项目的"任务驱动"和"项目引导"式PBL教学内容与方法的统一，实现"理论与实践教学内容一体化、讲授与操作教学手段一体化、教室、实验室、实训基地场所一体化、专业理论操作技能与职业要求标准一体化"的"教、学、做"一体化教学，教学活动设计应与职业要求标准统一并具有可操作性，注重职业能力的发展。

2. 实践教学体系提倡"尽早接触临床，见习-实验实训-实习"递进一贯式模式的构建，以项目教学、实地教学等实境育人的方式，诱发学生的学习兴趣，教学中提畅"以实验室为家"，进行"操作规范，技术娴熟"的技能训练，注重利用院校合作平台的资源，满足学生见习、实习的需要，更加实现教学过程的实践性、开放性和职业性，发展学生的综合职业能力。

3. 课程的评价主要以理论知识和业务技能的掌握程度为考核点，强调过程评价与结果评价相结合的方式，加强实践性教学环节的教学评价，通过理论与实践相结合，重点评价学生的职业能力。

四、学时分配建议

序号	教学内容	学时数（3年）			学时数（3+2年）		
		理论	实践	合计	理论	实践	合计
1	第1章　绪论	1		1	1		1
2	第2章　生物化学检验实验室基本知识	6	8	14	10	12	22

续表

序号	教学内容		学时数（3 年）			学时数（3+2 年）		
			理论	实践	合计	理论	实践	合计
3	第 3 章	谱分析技术与电化学分析技术	4	6	10	8	6	14
4	第 4 章	电泳技术	2	4	6	4	4	8
5	第 5 章	其他常用分析技术	2		2	4	2	6
6	第 6 章	酶学分析技术	4	2	6	6	4	10
7	第 7 章	自动生化分析技术		2	2	2	2	4
8	第 8 章	生物化学检验的质量控制	4	2	6	4	2	6
9	第 9 章	血浆蛋白质检验	2	4	6	4	6	10
10	第 10 章	糖代谢紊乱检验	4	2	6	4	4	8
11	第 11 章	血脂及血浆脂蛋白检验	4	6	10	4	8	12
12	第 12 章	钠、钾、氯和酸碱平衡检验	2	4	6	4	6	10
13	第 13 章	钙、磷、镁和微量元素检验	2	2	4	2	4	6
14	第 14 章	肝脏功能检验	4	8	12	7	12	19
15	第 15 章	肾功能检验	4	4	8	4	6	10
16	第 16 章	心肌损伤标志物检验	4	2	6	4	6	10
17	第 17 章	胰腺疾病检验	1		1	2		2
18	第 18 章	内分泌功能检验	1		1	2		2
19	第 19 章	治疗药物浓度监测	1		1	2		2
	合计		52	56	108	78	84	162

目标检测参考答案

第1章

A1 型题

1. D 2. B 3. C 4. D

第2章

一、A1 型题

1. C 2. A 3. B 4. A 5. B 6. C 7. A 8. E 9. E 10. A
11. C 12. E 13. A 14. C 15. E 16. B 17. E 18. A 19. E 20. A
21. B 22. C 23. B 24. C 25. B 26. A 27. E 28. D 29. C 30. C

二、X 型题

1. ABC 2. ABE 3. BCE 4. CDE 5. CD 6. ABCDE 7. AD

第3章

一、A1 型题

1. A 2. C 3. B 4. A 5. C 6. D 7. C 8. D 9. A 10. C
11. B 12. B 13. B 14. B 15. B 16. A 17. D 18. B 19. B 20. A
21. A 22. B 23. B 24. B 25. D 26. C 27. A 28. E 29. C 30. B
31. D 32. E

二、B1 型题

33. E 34. D 35. B 36. B 37. A 38. C 39. E

第4章

A1 型题

1. B 2. D 3. E 4. D 5. B 6. E 7. A 8. B 9. C 10. E
11. D 12. B 13. C 14. A 15. B 16. C 17. D

第5章

二、A1 型题

1. D 2. D 3. B 4. B 5. A 6. E 7. C 8. A 9. B 10. E

第6章

一、A1 型题

1. B 2. D 3. A 4. C 5. C 6. B 7. C 8. E 9. D 10. A
11. B 12. A 13. B 14. E 15. A

二、A2 型题

16. D 17. A

三、B 型题

18. A 19. E 20. B 21. C 22. B 23. A 24. D 25. C

四、X 型题

26. ABDE 27. ABCD 28. ABCD 29. ABC 30. BCD

第 7 章

A1 型题

1. B 2. D 3. D 4. E 5. B 6. C 7. B 8. C 9. B 10. A
11. B 12. A 13. C 14. E 15. A 16. B 17. C 18. E 19. A 20. B

第 8 章

A1 型题

1. B 2. A 3. D 4. D 5. B 6. A 7. B 8. D 9. C 10. B
11. B 12. A 13. D 14. D 15. C 16. B 17. C 18. A 19. C 20. E

第 9 章

一、A1 型题

1. A 2. E 3. E 4. E 5. E 6. D 7. D 8. B 9. E 10. D
11. C 12. A 13. C 14. E 15. C 16. B 17. D 18. E 19. E 20. A
21. E 22. E 23. C 24. D 25. C 26. A 27. B 28. C

二、B1 型题

29. C 30. D

第 10 章

一、A1 型题

1. A 2. B 3. B 4. C 5. C 6. D 7. A 8. E 9. D 10. B
11. E 12. E 13. A 14. A 15. C 16. A

二、B 型题

17. B 18. A

三、X 型题

19. ABCDE 20. CDEF 21. ABCDE

第 11 章

A1 型题

1. D 2. C 3. E 4. D 5. A 6. E 7. C 8. E 9. ABDE
10. ABCDE 11. B 12. D 13. B 14. A 15. A 16. E 17. A
18. D 19. D 20. C

第 12 章

一、A1 型题

1. B 2. A 3. B 4. A 5. D 6. E 7. A 8. B 9. C 10. A

11. B 12. D 13. B 14. C 15. A 16. B 17. D 18. B 19. E

二、B1 型题

20. B 21. A 22. C 23. D 24. A 25. B 26. D 27. E

第 13 章

A1 型题

1. C 2. C 3. D 4. E 5. E 6. A 7. E 8. A 9. E 10. B
11. D 12. B 13. B 14. B 15. A 16. D 17. B 18. C 19. D 20. B

第 14 章

一、A1 型题

1. C 2. D 3. A 4. B 5. A 6. E 7. A 8. A 9. C 10. B
11. C 12. D 13. D 14. E 15. B 16. A 17. D 18. C 19. D 20. D
21. C 22. A 23. C 24. D 25. D 26. E 27. B 28. A 29. B 30. A
31. E 32. C 33. B 34. D

二、A2 型题

35. D 36. D 37. A 38. A

三、B1 型题

39. E 40. D 41. A 42. B 43. C 44. B 45. C 46. D

第 15 章

A1 型题

1. C 2. E 3. C 4. B 5. D 6. B 7. E 8. B 9. C 10. C
11. E 12. D 13. C 14. A 15. E 16. E 17. D 18. C 19. D 20. A
21. B 22. B 23. C 24. A 25. D 26. D 27. B 28. A 29. E 30. C
31. A 32. B 33. C 34. A 35. D 36. B 37. E 38. E 39. A 40. C

第 16 章

一、A1 型题

1. C 2. A 3. B 4. E 5. D 6. A 7. E 8. B 9. A 10. B
11. A 12. C 13. D 14. C 15. A 16. C 17. B 18. C 19. C 20. C
21. B 22. B 23. D 24. C 25. E 26. A 27. A 28. A 29. A 30. B
31. D 32. D 33. C 34. B 35. D 36. B 37. D 38. D

二、B1 型题

39. C 40. C 41. D 42. E 43. E 44. A

第 17 章

A1 型题

1. A 2. E 3. A 4. E 5. C 6. E 7. E 8. D 9. C 10. C

第 18 章

A1 型题
1. E 2. B 3. D 4. E 5. C 6. C 7. C 8. D 9. E 10. C
11. B 12. D 13. C 14. A 15. B 16. D 17. E 18. B 19. A 20. A
21. B

第 19 章

一、A1 型题
1. A 2. B 3. E 4. B 5. A 6. D 7. E 8. E 9. E 10. E